# 周文夫文集

（第五卷）

周文夫 著

社会科学文献出版社
SOCIAL SCIENCES ACADEMIC PRESS (CHINA)

在习近平总书记主持召开的党的群众路线教育实践活动省直座谈会上发言（2013 年石家庄）

中国共产党第十八届中央委员会委员，中国社会科学院党委书记、院长王伟光到河北省社会科学院调研指导工作（2014 年石家庄）

出访南非：与豪登省西南大学卓伊常务副校长签署院校学术交流协议（2013 年南非比勒陀利亚）

访问台湾：与“中国文化大学”董事长张镜湖先生互赠纪念品（2014 年台北）

生态考察（2014 年台湾日月潭）

生态调研（2014 年承德塞罕坝）

# 目　录

（2012 年 1 月 ~2017 年 6 月）

## 工作纪实

# 百家央企走进河北既要开花又要结果（节选）*

（2012 年 1 月 8 日）

**核心提示：** 2011 年，河北省成功举办百家央企走进河北战略合作恳谈会，签署了一批投资合作协议，掀开了互利共赢的新篇章。如何全面加强与央企的战略合作，落实央企走进河北战略合作协议和项目，逐项分解任务、抓好对接，争取项目早日落地，成为代表委员关注的话题。

**对话嘉宾：** 周文夫代表（河北省社科院院长）

## 提供最优质服务，把好事办好

没有千辛万苦、千言万语、千山万水、千难万险的精神，很难搞成一个项目。为此，我省应下大气力抓好实施央企入冀这件关系全局的大事，抓紧落实百家央企走进河北战略合作恳谈会签订的协议，要把好事办好，既要开花，又要结果。

优质服务是项目落地的基本保障。在服务跟进上，我省应研究项目引进

---

* 本文为河北省社会科学院院长周文夫在河北省人大、政协两会期间接受《河北日报》记者采访稿，刊载于《河北日报》2012 年 1 月 8 日。

和建设的具体优惠政策和激励措施，解决好土地、资金等要素供应问题。同时要为项目建设提供全方位、全天候、全过程的服务，提供最大程度的支持和便利，确保引得来、留得住、发展得好。

在生产上，我省应做好入驻央企项目的后续服务工作，积极主动地帮助协调解决生产经营中遇到的困难和问题。在生活上，加快推进河北“人才家园”工程，积极解决好央企在冀工作人员住房问题，完善入驻央企项目周边购物、就医、求学、安保等配套设施和功能，解除央企在冀工作人员的后顾之忧。

# 在全省宣传部长会议上的工作汇报

（2012 年 1 月 12 日）

## 一 2011年的主要工作

2011 年，我院的各项工作取得积极进展。下面，简要汇报我院 2011 年主要工作。

**（一）构建理论武装、服务决策、繁荣发展“三位一体”工作新格局和参公管理、事业管理“一院两制”新体制，取得新突破**

经过不懈努力，我院参公人员已全部完成了公务员登记，“一院两制”管理体制已经形成。同时，我院已初步形成以理论武装为龙头，以社科研究、社科联合为依托，以省社科团体、各市委讲师团、社科联和县区基层理论宣讲站为基础，把全省社科系统研、讲、联资源优化组合和有效运用的新型工作运行机制，带动了全省社会科学研究、宣传和普及，使社科院更好地发挥了“研”、讲师团更好地发挥了“讲”、社科联更好地发挥了“联”的职能，实现了“机构精简，职能不减；牌子不摘，队伍不散；资源整合，效能提高”和“三个一相加大于三”的改革初衷。

**（二）进一步深化“三个服务”的办院方针，理论宣讲、社科研究、社科联合工作取得新成效**

按照国家和我省“十二五”规划纲要的要求，制定出台了院“十二五”发展规划，明确提出了以科学发展观统领办院，坚持“为决策服务、为发展服务、为基层服务”的办院方针，落实“出精品、出人才、出效益”的总要求，健全“三位一体”工作新格局和“一院两制”新体制，大力推进四项工程，建设服务河北科学发展新智库，向着“省级一流，国内知名”更高办院目标迈进。按照规划，部署了2011年重点工作，取得了积极效果：一是在宣讲方面。组织开展了庆祝建党90周年系列宣传、研究活动，举办了河北省纪念建党90周年座谈会等活动，出版了《李大钊与中国共产党》等专著。以河北省中国特色社会主义理论体系研究中心和院党组的名义，在国家级大报大刊上推出了一批重点文章。讲师团系统共开展理论宣讲近7000场，受众110多万人次。全省理论宣讲工作站共开展宣讲5000多场，听众近100万人次。二是在应用对策研究和基础理论研究方面。围绕省领导圈定的环首都绿色经济圈建设和社会建设管理创新等10余项重大课题组织研究，得到省领导肯定。举办了季度和年度河北经济形势分析会，为领导决策提供了参考。参加了省第八次党代会报告、省“十二五”规划编制。编撰了“河北发展蓝皮书”。90余项成果获得省领导批示或各级转发采纳，完成了重大科研成果300多项。我院获准立项国家社科基金招标项目重大课题1项，1项成果获国家社科基金重点项目优秀等级，入选《国家哲学社会科学成果文库》，填补了我省在该项目的空白。三是在社科联合方面。组织全省社科力量开展了大型民生调研活动，已完成课题成果100余项。

### （三）成功举办院庆活动和全国社科院院长联席会议，扩大了我院在全国的影响

中国社科院和省委、省政府领导都高度重视会议的举办，全国政协副主席、中国社科院院长陈奎元为我院题词，时任河北省委书记张云川发来贺信，指出“省社科院建院30年来，在弘扬科学精神、传播先进文化、创新社科理论、促进科学发展等方面不懈努力、甚有成效”，并要求我院“在服务决策、服务发展、服务基层中争取更大作为”。按照省领导要求，我院认真筹备组织会议。会议取得圆满成功。省四大班子领导出席会议，来自中国

社会科学院和28个省级社科院、20个城市社科院的领导和专家近200人参加会议，是历届全国院长联席会议当中参会人数最多、规格也较高的一次会议，活动得到了省领导、中国社科院及各兄弟社科院领导的肯定。

### （四）形成了国际学术交流新格局

截至今年，我院已同日、俄、韩、英、法、意、美、加、巴西等国家及我国港台地区高等院校和科研机构，建立了长期稳定的学术交流与合作关系。

## 二 2012年工作要点

### （一）推进理论武装工作

大力实施中国特色社会主义理论武装工程，着力抓好两级“阵地”建设。及时更新充实宣讲“菜单”，接受省直机关和各市县的“点播”。加强对各市委讲师团、华北油田公司党委讲师团和各理论宣讲工作站的业务指导。

### （二）加强重大现实问题研究

谋划好“一圈一带”和社会建设等重大研究课题。不断推出更多更好的应用对策研究成果，为省委、省政府决策服务。深入开展文化改革发展问题研究。确定一批基础性理论研究课题，推出一批有见地有分量的研究成果。

### （三）深化“走基层、转作风、改文风”活动

组织专家学者开展“服务十二五、基层调研行”活动，进一步搞好大型民生调研活动。进一步推进社科联合工作，深入高校、所属学会，就学会管理和社团党建工作、社科研究基地建设、社科成果和青年专家评选等听取意见，提高服务水平。

### （四）深入开展国际学术交流与合作

已有国外高校或科研机构8个代表团拟来我院进行学术交流、合作活动，我院正在谋划召开2～3个专题国际学术会议，启动与美国院校交流、互派访问学者，继续完成与日本高校的合作课题。

# 在全省党委讲师团主任会议暨深入宣讲省第八次党代会精神座谈会上的讲话

（2012 年 1 月 13 日）

这次全省党委讲师团主任会议暨深入宣讲省第八次党代会精神座谈会，是经省社科院党组决定召开的。会议的主要任务是：深入贯彻落实党的十七届六中全会精神和省第八次党代会精神，紧紧围绕进一步加强理论武装，总结 2011 年工作，部署 2012 年任务。就此，我讲三点意见。

## 一　狠抓落实，注重实效，2011年各项工作取得新成绩

2011 年，省委讲师团系统坚持以邓小平理论和“三个代表”重要思想为指导，全面贯彻落实科学发展观，深入学习贯彻党的十七届五中、六中全会和省委七届六次全会、省第八次党代会精神，围绕中心、服务大局，充分发挥理论武装、服务决策、繁荣发展“三位一体”工作新格局带来的新优势，认真组织开展理论教育、理论研究和理论宣传，积极推进大宣讲格局建设，圆满完成了全年各项工作任务。

——理论宣讲主题鲜明、形式多样。一是广泛开展主题宣讲。紧紧围绕纪念建党 90 周年、辛亥革命 100 周年，学习贯彻党的十七届六中全会以及省第八次党代会、省两会精神，在第一时间组织理论骨干编写《河北省第八次党代会精神宣讲提纲》，以中共河北省委宣传部、中共河北省委讲师团文件印发，指导全省的理论宣讲工作。编写了《学习贯彻省“两会”精神

宣讲提纲》《继承发扬辛亥革命精神奋力实现中华民族伟大复兴——纪念辛亥革命100周年宣讲提纲》《学习贯彻党的十七届六中全会精神宣讲提纲》等，为全省理论宣讲工作提供遵循和参考。全省党委讲师团系统及其宣讲网络向基层干部群众宣讲近7000场，受众110多万人次，其中省委讲师团先后为省公安厅消防局、省矿山办、省农行、省汽车集团、新联合集团等省直机关、企业单位宣讲50余次；各市委讲师团组织理论宣讲1047场，全省22个理论宣讲工作站共开展宣讲5000多场，受众近100万人次。二是深入开展“送理论下基层”活动。针对基层干部群众关心的热点问题，先后赴衡水、石家庄、保定、张家口、邯郸等地开展集中宣讲，把党中央和省委精神准确传达到基层干部群众。三是积极开展“点播式”宣讲。及时更新完善宣讲“菜单”选题，接受省直机关和各市县“点播”。应邀为省交通厅、民政厅、公安厅、新乐市等单位做辅导报告30多场。四是运用媒体深入解读。围绕学习宣传胡锦涛总书记“七一”讲话精神、党的十七届六中全会和省第八次党代会精神，先后接受省电视台、省电台专访十余次，积极发挥舆论引领作用。

——理论研究不断深化，影响力强。一是充分发挥省邓研中心作用。河北省中国特色社会主义理论体系研究中心在中央媒体推出了一批有分量的理论文章，《李大钊与马克思主义大众化》《引导农民工有序融入城市》《科学认识和积极培育健康社会心态》《社会科学研究要关注民生》《破解文化产业发展中的深层次问题》等重点文章在《人民日报》《光明日报》刊发，人民网、中国共产党新闻网、新华网等在显著位置转载，进一步提升了河北邓研基地的知名度和影响力。二是积极开展课题研究。2011年确定的40项省委讲师团系统立项课题，成果质量有新提高，转化档次有新提升。2项成果发表在国务院发展研究中心主办的《经济要参》和《中国发展观察》上，1项被省委办公厅以《河北信息》的形式报送中央办公厅，一批成果被有关职能部门采用或被市级领导批示肯定，一批成果在全国中文核心期刊上发表。各市讲师团完成团内外各项课题85项，在市级以上报刊发表文章580篇。三是努力加强研究指导。组织编写的《河北省讲师团系统课题研究论文精选》和《科学发展观在河北的探索与实践》两书，对于进一步增强课题研究成果的指导性、实践性发挥了积极作用。《党委中心组理论学习通讯》注重全面反映全省各地各部门在贯彻落实科学发展观、推动我省经济社会又好又快发展实践进程中的特色做法和先进经验，整理并结集出版经验文章，具有很好的参考价值。四是积极开展理论研讨活动。召开了全省讲师团系统纪念中国共产党成立 90 周年理论研讨会，协助省委宣传部召开了全省纪念中国共产党成立 90 周年理论研讨会、省会社科理论界学习党的十七届六中全会精神座谈会等，营造了浓厚氛围。

——理论服务积极主动，富有成效。一是充分发挥《党委中心组理论学习通讯》和《理论信息》两个刊物的作用。《党委中心组理论学习通讯》有针对性地向各市委主要负责同志和省直各厅（局）领导同志邀稿，发挥了中心组学习阵地作用。《理论信息》围绕“十二五”规划实施、建党 90 周年和党的十七届六中全会刊发专辑 3 期，为全面深入把握会议精神、深刻认识重大理论问题、探索解决重大现实问题的有效途径提供了有价值的参考，履行了服务中心组学习职能。二是加大宣讲骨干培训力度。与省委宣传部联合举办了宣讲中国共产党成立 90 周年成就及基本经验培训班、学习宣传党的十七届六中全会精神培训班，加大了对各市委宣传部主管副部长、理论科长、讲师团主任、全省党委中心组学习秘书和基层理论宣讲骨干的培训力度。

——理论教育覆盖面广，针对性强。一是举办主题活动。以纪念建党 90 周年为契机，与省委宣传部、河北日报联合举办以“颂党恩、尽职责、做奉献”为主题的纪念中国共产党成立 90 周年党史知识竞赛活动，全省各级党组织和广大党员积极响应，共收到答卷 10 余万份，评出优秀组织奖 20 个、优秀个人奖 100 名，产生良好的社会效果。二是编写通俗理论读物。相继编写了《与党员领导干部谈“十二五”规划》《与党员干部谈党的基本知识》《与党员干部谈社会管理创新与群众工作》《与党员干部谈推动社会主义文化大发展大繁荣》系列读物，编写了《新农村新形势新政策学习问答》《理论热点·2011》等，用深入浅出、通俗易懂的语言回答干部群众普遍关心的热点问题，受到群众欢迎。

——理论队伍外延扩大，作用显著。一是深入挖掘并充分发挥专家作用。组织“理论宣讲专家资源库”专家，与河北日报共同举办“科学发展、转变方式”专家系列谈专栏，提升了理论宣传的说服力。积极为基层联系高层次专家学者授课，满足基层理论需求，使宣讲工作在理论与实践的结合上更进一步。二是进一步加强理论宣讲工作站制度化建设。出台了《理论宣讲工作站及基层理论宣讲员工作考核办法》，对考核内容及评价标准、考核程序和奖惩实施等做了明确规定，进一步促进了工作。三是健全理论宣讲激励机制。《关于进一步加强理论宣讲工作的实施意见》正在广泛征求意见，待成熟后印发执行。

总结分析2011年全省党委讲师团系统的工作，有三个突出特点。

一是超前谋划，行动迅速。2011年是宣讲任务相对较重的一年。全省讲师团系统在人员少、任务重的情况下，早谋划、早安排、早准备、早动手，各项工作得以有条不紊地开展。比如，省团理论骨干在第一时间为河北省党的十七届六中全会精神宣讲团及河北省第八次党代会精神宣讲团撰写理论宣讲提纲，并围绕省两会、辛亥革命100周年撰写宣讲提纲，为全省理论宣讲工作提供了依据，确保了宣讲工作及时、迅速、有效地开展。

二是紧扣中心，服务大局。全省讲师团系统理论工作者以高度的政治责任感，紧紧围绕纪念建党90周年、辛亥革命100周年、党的十七届六中全会以及省第八次党代会等重大政治活动及重大决策部署，积极开展理论宣讲、理论宣传、理论研究和理论教育。张家口市委讲师团积极为“学党史、学党章、学先进”活动提供师资服务、学习辅导和菜单式宣讲服务；保定市委讲师团组织的学习胡锦涛总书记“七一”讲话和纪念建党90周年宣讲、学习党的十七届六中全会精神宣讲、学习省第八次党代会和市第十次党代会精神宣讲三大“宣讲战役”等，紧跟形势，把握重点，同时确保各阶段宣讲工作紧密衔接，有序推进。

三是品牌增多，亮点突出。“河北省中国特色社会主义理论体系研究中心”组织撰写的《把建设学习型党组织作为服务科学发展的引擎》，对省社科院学习型党组织建设的做法、经验进行提炼、概括，以院党组名义在《求是》发表，中央建设学习型党组织领导小组办公室发了简报，在全国产生了较大影响。省委讲师团持续开展的“送理论下基层”活动，受到基层群众的普遍赞誉和好评。秦皇岛市委讲师团主办的“渤海大讲堂”、石家庄市委讲师团主办的“燕赵讲坛”都已成为当地的特色文化品牌。衡水市委讲师团利用手机信息拓展宣讲平台的做法，邯郸市委讲师团开展的建党 90 周年红色短信征集活动，在当地引起热烈反响。馆陶理论宣讲工作站根据群众需求深入实施“订单理论”工作模式、栾城理论宣讲工作站的村干部论坛以及衡水桃城区理论宣讲工作站的“理论咨询室”和“咨询热线”等，在满足基层群众理论需求方面取得了明显成效。

过去的一年里，全省党委讲师团系统的工作围绕中心、服务大局，成效显著、成绩喜人。在此，我代表院党组对同志们表示衷心的感谢并致以崇高的敬意！

## 二　明确任务，突出重点，确保2012年各项工作再上新台阶

### （一）进一步做好党的十七届六中全会和省第八次党代会精神的宣讲工作

这项工作仍是 2012 年党委讲师团工作的重要任务之一。要把开展大规模的集中宣讲，与专题宣讲、辅导结合起来，全面准确深入地宣讲文化体制改革、推进社会主义文化大发展大繁荣在理论上的新概括、政策上的新突破；全面准确地宣讲建设“经济强省、和谐河北”的总体要求和具体举措。要深入推进“送理论下基层”活动，深入企业、社区和学校，面对面地回答干部群众普遍关注的热点问题。要充分利用报纸、电台、电视台、网络等媒体开展理论访谈，扩大宣讲的覆盖面和影响力。要把全面讲解与重点讲解结合起来，把理论政策讲解与实际问题解答结合起来，把解疑释惑与鼓足干劲结合起来，真正把广大干部群众的思想统一到党中央和省委精神上来，把思想上的统一上升为行动上的自觉，为实现“经济强省、和谐河北”的奋斗目标提供精神动力。

### （二）进一步做好社会主义核心价值体系的宣讲工作

胡锦涛总书记在“七一”重要讲话中强调指出，发展社会主义先进文化，必须把社会主义核心价值体系建设融入国民教育、精神文明建设和党的建设全过程。庆黎书记在省第八次党代会上对推进社会主义核心价值体系建设也提出了明确要求。要紧紧围绕党的十七届六中全会提出的马克思主义指导思想、中国特色社会主义共同理想、以爱国主义为核心的民族精神和以改革创新为核心的时代精神、社会主义荣辱观等社会主义核心价值体系四个方面内容开展专题宣讲，当好社会主义核心价值体系的宣传者。要围绕社会主义核心价值体系建设的实践活动开展理论研究，总结各地各部门的典型经验和做法，为实践活动提供理论支持，当好社会主义核心价值体系的推动者。要围绕社会主义核心价值体系建设中的典型人物和事例开展宣讲，推介各地各部门建设社会主义核心价值体系的新途径、新创造以及新典型，引导人民群众解放思想、与时俱进，进行新探索、新创造，当好社会主义核心价值体系的引导者。宣讲工作要立足我省实际，不断把“惠在何处、惠从何来”的宣传教育活动引向深入，鼓舞全省人民的信心和斗志，打牢为实现“经济强省、和谐河北”而努力奋斗的思想基础。

### （三）全力做好党的十八大重要精神的宣讲工作

党的十八大将于今年下半年召开，这将是全党和全国各族人民政治生活中的一件大事。会前，要做好浓厚氛围的工作。结合党的十七届六中全会和省第八次党代会精神的宣讲，突出建设社会主义核心价值体系的宣讲，广泛开展形势政策教育，唱响科学发展的主旋律，用党的创新理论引导干部群众坚定走中国特色社会主义道路的自觉性。要提早着手准备党的十八大精神宣讲工作，结合各地各部门实际，制定详实的工作方案，做到任务明确、责任落实、安排周密、实施到位。会后，要迅速掀起宣讲高潮。组织宣讲骨干认真备课、加强研讨，先学一步、学深一层，在最短的时间内把大会精神全面、准确地宣讲出去，做到家喻户晓、人人皆知。

## 三　牢记使命，创新举措，为圆满完成全年目标任务提供有力保障

一要担当使命。党委宣讲工作机构和每一名理论宣讲工作者，是党的科学理论与科学实践的桥梁，使命光荣、任务艰巨。要进一步增强做好本职工作的责任感、使命感，创造性地开展工作，把理论武装工作落到实处，为中国特色社会主义的理论创新、思想传播和伟大实践贡献智慧和力量。

二要立足基层。理论的价值在于实践，实践的根基在于基层。作为理论工作者，要经常深入群众，体验基层工作，体会百姓喜忧，把握民众脉搏，掌握准基层真正需要什么，在与群众近距离接触中找到群众关心的兴奋点、理论与实际的结合点、宣传教育的切入点，这样才能把宣讲工作做得有的放矢。要深入推进“走转改”活动，把服务群众、实践为师固化为一种工作态度，一种思想品格、一种工作机制，把理论武装工作不断引向深入。要进一步发挥好理论宣讲工作站的作用，进一步强化工作指导，不断完善管理办法，健全激励机制，下力量抓好理论宣讲骨干的培训，把深入基层、了解基层、服务基层的阵地建设好，发挥好应有作用。要强化宣讲工作中的群众主体意识，把专家宣讲与百姓宣讲结合起来，组织群众宣讲团，积极开展群众自我教育，用百姓的视角、百姓的语言、百姓的切身感受解疑释惑，使群众在宣讲过程中坐得住、听得懂、记得牢、用得上。

三要建好梯队。坚持以老带新，积极为年轻同志搭建宣讲平台，给予他们更多机会、更多支持，让他们到宣讲第一线去锻炼，在实践中积累经验，磨砺意志，增长才干，提高水平，确保理论武装事业兴旺发达、后继有人。

四要开拓创新。不断探索理论武装工作的新形式、新载体，把理论学习、理论宣传融入群众获取信息和知识的各种渠道之中。利用文艺演出、演讲比赛、电视短片等群众喜闻乐见的形式，利用图书室、广播站、橱窗、墙报、宣传栏、阅报栏等载体，做好理论的普及和形势政策教育。要在理论武装工作中积极打造宣讲品牌，利用好各地有影响力的“讲坛”“讲堂”等平台，使宣讲的内容更加丰富、更加贴近群众的需求。要积极探索运用现代传

播手段特别是网络媒体开展理论宣讲，不断研究并利用好手机短信、微博等传输快捷、覆盖面广的宣讲平台，进一步丰富宣讲手段，增强宣讲实效。

同志们，2012 年将是党的十八大胜利召开的年份，是最终实现“十二五”时期发展目标的关键年份，让我们以饱满的政治热情、高昂的精神状态、一流的工作业绩，推动理论武装工作再上新台阶，为建设“经济强省、和谐河北”做出新的更大的贡献，向党的十八大献礼！

# 新年致词*

（2012 年 1 月 13 日）

2012 年新春佳节即将来临，在这辞旧迎新的美好时刻，我谨代表院党组向辛勤工作在全院各个岗位上的干部职工、向所有离退休的老同志、向热情支持我院发展的广大干部职工家属及各界朋友致以新年的问候和美好的祝愿！

刚刚过去的 2011 年，在我院发展史上具有重要意义。2011 年，是喜庆之年。我们迎来了党的 90 岁生日，隆重举行了建院 30 周年庆祝大会，承办了第 15 届全国社科院院长联席会议暨全国社科院院长论坛、华北地区社科院第二十八届科研管理联席会议。全国政协副主席、中国社科院院长陈奎元题写了贺词，时任省委书记张云川发来贺信。全国各省区市社科院 240 余位代表齐聚一堂，共商建设新智库之策，共谋服务“十二五”之举，为推动经济社会全面发展和繁荣发展哲学社会科学事业贡献力量。通过院庆活动、联席会议的举办，锻炼了队伍，凝聚了人心，展示了形象，彰显了我院蓬勃发展的良好态势。

2011 年，是“十二五”开局之年。我们紧紧围绕院“十二五”规划的实施，推动各项工作，促进事业发展。2011 年，理论武装工作深入推进。在《人民日报》等大报大刊发表了一批重点理论文章，围绕党的十七届六中全会和省第八次党代会精神，针对我省经济社会发展中的重大理论和现实

* 本文为周文夫发表的院 2012 年新年致词，刊载于《河北社会科学》2012 年第 1 期。

问题，举办报告会，召开研讨会，编写理论读物，开展“送理论下基层”，在学习宣传党的创新理论工作实践中发挥了积极作用。2011 年，社科研究工作成果丰硕。认真开展省领导圈定的河北省环首都绿色经济圈建设等重大课题的研究，积极参与省第八次党代会报告、省政府工作报告的起草工作，“河北经济形势分析会”品牌影响力进一步提升，国家社科基金课题立项取得重大突破，服务河北科学发展新智库建设取得新成绩。2011 年，社科联合工作有声有色。大型民生调研活动有新举措有新硕果，第七届社会科学普及周、社会科学博士论坛和燕赵文化论坛反响日益扩大，第九届社科优秀青年专家评选活动推动了社科人才建设，省社科联桥梁纽带作用得到进一步发挥。2011 年，对外学术交流迈出新步伐，巩固了与日、俄、韩、英、法、意、加等国家及我国港台地区的合作交流关系，积极拓展与美国、巴西、墨西哥等国家高等院校和科研机构长期稳定的学术交流与合作，形成了国际学术交流新格局。2011 年，体制机制创新实现新突破。原社科院九个行政处室全部参照公务员管理，公务员登记已经落实，参公管理与事业管理“一院两制”新体制搭建完成。

回首往昔，我们豪情满怀；展望未来，我们信心百倍。2012 年，是实施我院“十二五”规划打牢基础的关键一年。在新的一年里，我们将认真学习贯彻党的十七届六中全会和省第八次党代会精神，以科学发展观统领办院，坚持“为决策服务、为发展服务、为基层服务”的办院方针和“出精品、出人才、出效益”的总体要求，进一步健全理论武装、服务决策、繁荣发展“三位一体”工作新格局和“一院两制”新体制，为繁荣发展哲学社会科学事业，为建设“经济强省、和谐河北”做出新的更大的贡献！

衷心祝愿全院干部职工新年愉快、身体健康、万事如意、阖家幸福！

# 在院对外学术交流工作座谈会上的讲话

（2012 年 2 月 16 日）

今天召开一个座谈会，与外事办的同志们、科研处及近几年部分随院代表团出访的部门主要负责同志，座谈研究今年的对外学术交流工作和“走世界开放行”方案，听听大家的意见。

从“十一五”开始特别是近几年来，我们从恢复、巩固和发展与日本岩手县立大学的合作交流关系开始，经过全院上下的共同努力，已经建立起与日、俄、韩、英、法、意、美、加拿大、巴西等国家高校、科研院所的广泛合作关系，形成了我院国际学术交流合作的世界格局。这其中，外事办的工作是富有成效的。2012 年，计划有 8 个国外代表团来访，这将进一步提升我院国际学术交流的层次和水平。我们要抓住机遇、用好机遇，力促合作交流关系常态化，把对外学术交流进一步推向深入。

做好对外学术交流工作是落实院“十二五”规划的重要抓手，是实现新的办院目标的必然要求。在院“十二五”规划中，院党组提出，向着“省级一流、国内知名”更高目标迈进。通过一年多的实践，全院各项工作迈出了新步伐，各项事业有了新发展，我们努力的方向更加明确、信心更加坚定，对发展目标的认识也更加清晰、更加具体化。通过实践、认识、再实践、再认识，我们把奋斗目标细化为“省级科研一流、国内国际知名”。怎样才能真正做到国内国际知名？提高外事工作水平，广泛深入开展国际学术交流活动是题中应有之义。交流的常态化、合作的实质化、格局的世界化，是国际知名的重要标志。

“省级科研一流、国内国际知名”既是战略目标，又是战略选择。从“十一五”到“十二五”，我们一直在不懈探索创先争优的新路子来发展和壮大自己。当前，全国宣传思想文化战线正在深入开展“走转改”活动，全省宣传思想文化系统以深入落实庆黎书记提出的“一个好的精神状态，一个好的工作作风，一个好的工作业绩”为契机，积极推进“三个一”主题教育实践活动。党中央和省委的要求、两项活动的核心内容，突出了实践性，归结为一句话，就是事争一流、创先争优。从这个意义上讲，“省级科研一流、国内国际知名”，也是落实党中央、省委精神，深入推进两项活动的具体目标，这个目标既体现了共性目标的要求，又具有社科理论工作的行业特色。我们要通过抓好“走转改”和“三个一”活动，推动智库建设上水平，推进事业大发展，为建设“经济强省、和谐河北”做出更大的贡献。

如何把“三个一”主题教育实践活动做实，这就需要把活动的核心要求与全院的思想工作实际、与面临的主要任务、与亟待破解的发展难题紧密结合起来，把深入推进活动开展作为实现“省级科研一流、国内国际知名”的重要抓手，作为创新工作举措的重要载体。从这个基本认识出发，院党组研究谋划了“三走”。一是“走基层太行行”，深入我省革命老区、少数民族地区、边远贫困地区，进行革命传统教育、社情民意调研，开展社科知识普及活动和送理论下基层活动。二是“走基层沿海行”，深入秦、唐、沧沿渤海新兴增长区域，举办“沿海隆起带高层论坛”，推出一批高质量调研报告等应用性成果，为建设“经济强省、和谐河北”献计献策。三是“走世界开放行”，召开国际学术研讨会，启动互派访问学者，广泛开展国际学术交流活动。

今天听了大家的发言，几个所的主要领导同志、科研处的主要负责同志还有其他一些同志都谈了意见和想法，对进一步完善方案会有很好的帮助。外事办要在这个基础上再把方案完善一下。具体到方案的修订，我再强调三点。一要把对外学术交流活动纳入“三走”。“走世界开放行”，关键在“外事搭台、科研唱戏”。外事工作是铺路的，路打通了、铺好了，交了朋友，签了协议，目的是什么？是增强科研的国际视野，提高科研水平。所以，这项工作外事办要与科研处很好地衔接。二要把今年外事工作要做的事向

“三走”的要求靠拢，把“请进来、走出去”的内容再具体化，注意合作交流成果的运用和转化。三要把今年准备组织召开的国际学术研讨会谋划好。彭建强同志提出的建议值得认真思考。“欧美经济走势与中国经济转型”，确定这样一个研讨主题，共同话语就会比较多。像这样一个级别的国际性学术研讨会，站位一定要高。比如，曹妃甸的地位和作用很重要，但它在地图上也就是一个点。如果仅就河北谈河北，可能就会研不到一起、论不到一处。你说你的他说他的，谁跟谁说的都不搭界，萝卜白菜各有所爱，这就不是开研讨会了。我们是研究河北问题的，也可以专门谈河北的话题，但是必须站在世界格局的高度来说话。关于召开国际学术研讨会的事，应该专门搞一个细化的方案。今年不要贪多，集中力量搞一个会。干工作就如同打仗，收拢五指，攥紧拳头，打歼灭战。

把研讨会组织好，需要外事办与科研处、相关研究所紧密结合在一起来做。会议邀请、论文选题等，会前要充分沟通。需要注意的是，我们是主办方，要把论文题目选好，要选择我们具有相当研究基础的题目，研讨中依靠我们的学术水平能够说得清楚、论得明白。去年我们主办全国社科院院长论坛，作为承办方我们提出了“服务十二五，打造新智库”这个主题，那么我就要在大会发言中回答这个问题。虽然当时对智库建设的认识是初步的，但也是有相当研究基础的。所以，要把问题设计好，要把研究做深入，头一脚一定要踢开，头一炮一定要打响，让与会专家学者有所启发、有所收获。

要做好会议服务，搞好参观考察，把会议组织得有声有色，让远方来的朋友不枉此行。关于接待费用问题，要做好沟通协调，拟定协议，基本原则是，落地后的费用由主办方负担。这方面的事情，要走访一下有关大学、中国社科院等单位，他们有举办国际学术会议相对成熟规范的东西，我们要好好借鉴。要做到既不失礼节，又把事情做得恰如其分，钱花得不多，事办得挺好。目前，我们的接待工作不能说高水平，但没有出过大漏洞。与客人接触，从直觉中感到我们接待的效果还是不错的。比如去年来访的迈克尔校长，走的时候就表示今年还要来。说明我们的接待至少是达标的，人家觉得你这个单位基本上是一个重量级的，还希望继续与你对等交流。如果人家说的都是大学生的话，我们说的都是小学生的话、办的都是小学生的事，人家大老远的到这来干什么？

办好研讨会，还要考虑成果的运用。我院与参会各方有协议，科研成果共享。参会论文异地对等发表，出版论文集，努力一下应该不成问题。我们的《河北学刊》是中国社会科学核心期刊，多伦多大学、日本岩手县立大学都有，刊发论文还是有国际影响力的。

做好今年的外事工作，总体要求是，围绕建设“省级科研一流、国内国际知名、服务河北科学发展”新智库，深入开展“走世界开放行”活动，把我院的优秀成果、优秀人才推向世界。具体抓好以下几个方面的工作。

组织好出访。南非和澳、新是我院对外学术交流布局中缺少的一条线，今年应着力在这条线上有所拓展。南非是金砖五国之一，位置重要，在发展问题研究上会有许多共性课题，具有开拓价值。去年到巴西访问，启发很大，对方合作意向非常积极，表明有很多合作的契合点。此外，与加拿大的联系应该加强，不要把这一块丢了。日本、韩国与我院合作比较深入，在继续密切与岩手县立大学合作交往的同时，培育和发展好与东北大学、京都大学的合作关系。从地理位置上看，韩日相对较近，又是发达或相对发达国家，学习价值较高，交往成本较低，应该成为我们学习交流的一个重要平台。刚才有同志代表年轻人、行政管理人员提出来，能不能有机会出去看一看。从目前看，年轻人这个机会还不是很多，主要是经费有限，另外组团数量也有控制。我们目前计划的还是主要处室，科研、管理处室主要负责同志先出去走一走。青年同志们走出国门学习交流需要探索一些新路子，比如在我们的国外合作单位建培训基地，举办培训班，这样可以不受人数限制，一批多派出些同志出去，形成长效机制。要利用好访问学者这种有效途径，使学术交流的内容更加务实，时间更加宽松，形式更加多样。

要重视外语的学习和运用。你到南美去，西班牙语、葡萄牙语就得学一学，三个月就会有成效。我们出去是搞学术交流的，国际学术会议人家说的你全听不懂，怎么交流？上厕所找不着门，饭馆、车站问不到路，你怎么生存？

接待好来访。召开国际学术会议作为重点工作一定要集中精力搞好。相关要求已经讲了不少，这里不再重复。

开好外事工作会。今年要召开一次全院的外事工作经验总结会，做好工作总结报告，编辑一部专题片在会上放一放，搞好经验交流发言，把工作再推动一步。

做好基础性工作。这些基础性工作可以概括为“五个一”。一是编一本院国际学术交流合作的画册。二是搞一部院国际学术交流合作的宣传专题片。三是立一套院国际学术交流的档案。现在外事办可能保存了一些材料，但不一定是正规的档案。建档干什么？比如，我跟对方交流。对方的校长是谁？外事办主任是谁？科研谁管？主要学科是什么？知名学者有哪些，谁到我院访问过？交流中有过哪些重要活动？图片、声像、文字资料都要有。这些背景材料非常重要，也非常宝贵，做到知己知彼，对于今后进一步发展交流合作关系会有很大帮助。四是创一批国际学术交流合作项目。这项工作需要我们下下功夫。要清楚与我们合作的这些单位各有哪些长项。我所指的不是普遍意义上的长项，比如，人家生产汽车是长项，这跟我们没关系。和我们专业对口，我们有的他也有，或者我们希望发展的正好是他的特长，搞清楚这些后，我们再坐下来好好商量哪些项目可以合作。我们要认真研究这些问题，选择有发展前景、可以合作的项目，选定以后一个个地去公关、去合作，把事做到实处。这方面我们有成功的例子。与日本岩手县立大学的合作，抓了农村调查这个项目，从而抓住了深入合作的切入点，合作前景很广阔。五是搞一次国际学术交流合作礼仪讲座。请这方面的专家讲一讲，深入开展国际学术交流，这方面的知识是有需求的。

今年，对于外事办来说应该是大有作为的一年，要认真履行职责，深入总结经验，扎实推进工作，为实现“省级科研一流，国内国际知名、服务河北科学发展”新智库的办院目标做出新贡献！

# 打造新智库　服务“十二五”<br>为建设“经济强省、和谐河北”做出新贡献

## ——在院2011年度总结表彰暨“三个一”主题教育实践活动动员大会上的讲话

（2012年2月21日）

这次会议是经院党组研究决定召开的。主要任务是：深入贯彻党的十七届六中全会和省第八次党代会精神，全面总结我院2011年各项工作，表彰先进，部署推动2012年重点工作和“三个一”主题教育实践活动。

刚才，保刚同志代表院党组对我院去年的工作做了总结，大会对先进个人和集体进行了表彰。首先，我代表院党组对受到表彰的先进集体和个人表示热烈祝贺！希望受到表彰的先进集体和个人继续发挥模范带头作用。全院干部职工要以他们为榜样，锐意进取，扎实工作，共同开创我院各项事业的新局面。

过去的一年，是我院实施院“十二五”规划的开局之年。在省委、省政府的正确领导下，院党组坚持以科学发展观统领办院，带领全院干部职工，深入贯彻落实“三个服务”的办院方针，积极构建理论武装、服务决策、繁荣发展“三位一体”工作新格局，确立了参公管理、事业管理“一院两制”新体制，开创了广泛深入开展国际学术交流与合作的新局面，按照“出精品、出人才、出效益”的总要求，在建设“省级一流、国内知名”新智库的道路上迈出了新的步伐；理论宣讲、社科研究和社科联合各项工作

取得重大进展，党的建设和队伍建设及行政后勤保障工作坚强有力；有了一个好的办院方针，有了一个好的运行机制，有了一批好的成果、品牌和人才队伍，实现了“十二五”开门红，较好地发挥了我省哲学社会科学战线的领军作用，为建设“经济强省、和谐河北”提供了有力的理论支撑和智力支持。在此，我代表院党组对同志们的辛勤工作表示衷心的感谢和诚挚的敬意！

2012 年，是深入学习贯彻党的十七届六中全会精神、全面落实省第八次党代会精神、开启建设“经济强省、和谐河北”新征程的重要一年。党的十七届六中全会确立了建设社会主义文化强国的战略目标，明确提出大力发展哲学社会科学、建设一批具有专业优势思想库的重要任务，为繁荣发展哲学社会科学进一步指明了方向。省第八次党代会站在战略和全局的高度，提出了建设“经济强省、和谐河北”的奋斗目标，确立了全省科学发展的指导思想、重点任务和政策措施，提出要走出一条有中国特色、河北特点的发展路子。省委、省政府的重大工作部署为我院做好哲学社会科学工作提供了基本遵循，提出了更高要求，提供了广阔舞台，我们一定要在服务决策、服务发展、服务基层中争取更大作为。

下面，我就做好 2012 年的各项工作和推进“三个一”主题教育实践活动，讲三点意见。

## 一　扭住重大关切，抓好巩固提高，全面完成2012年各项目标任务

省委对我院的工作高度重视并寄予厚望。近日，省委主要领导在院党组呈报的《关于院机构调整以来近三年工作情况的报告》上做出重要批示。省委副书记赵勇同志批示：“社科院坚持‘三个服务’的方针，围绕中心，参政咨政，出了一批优秀成果，为又好又快发展做出了积极贡献。望扭住重大关切，出更多成果和人才。”省委书记张庆黎同志批示：“同意赵勇同志意见，一定要抓好巩固提高的工作。”省政协副主席、社科联主席刘永瑞同志也对我院工作报告做出批示。省领导既对我院办院方针、机构调整、工作思路

和工作成就充分肯定，又对我院今后工作提出更高的期望和要求。为此，我们一定要认真学习好、领会好、落实好庆黎书记、赵勇副书记等省委主要领导和分管领导的重要批示精神，坚定信心，奋发有为，凝心聚力，求真务实，在抓“巩固”上有新作为，在抓“提高”上出新业绩，出更多成果和人才。

2012 年，是我院深入实施院“十二五”规划的关键之年。全院工作的指导思想是：高举中国特色社会主义伟大旗帜，以邓小平理论和“三个代表”重要思想为指导，以科学发展观统领办院，认真贯彻党的十七届六中全会和省第八次党代会精神，围绕“建强省、促和谐、迎接党的十八大”工作主题，坚持“为决策服务、为发展服务、为基层服务”的办院方针，认真落实“出精品、出人才、出效益”的总要求，健全完善理论武装、服务决策、繁荣发展“三位一体”工作新格局与参公管理、事业管理“一院两制”新体制，努力抓好巩固提高工作，不断加强理论宣讲、社科研究和社科联合，努力打造“省级科研一流、国内国际知名、服务河北科学发展”新智库，以优异成绩迎接党的十八大胜利召开。为此，要抓好以下五方面的重点工作。

### （一）继续深化完善理论武装、服务决策、繁荣发展“三位一体”工作新格局和参公管理、事业管理“一院两制”新体制，加速形成科学高效的良性运行机制

在省委、省政府的坚强领导下，在院党组和全院干部职工的共同努力下，目前，我院的“三位一体”工作新格局和“一院两制”新体制已经确立。下一步，我们将按照庆黎书记“一定要抓好巩固提高的工作”的重要批示精神，在配套工作机制、优化资源配置、增强整合效能、促进科学发展上再创新、求突破、出业绩。要认真贯彻落实《公务员法》，积极推进“一院两制”人事制度改革。以实施人才智力聚合工程为抓手，大力加强人才队伍建设。完成院内设管理机构符合条件人员参照《公务员法》管理的后续工作和事业部门实施岗位设置管理工作。贯彻院《人才工作十年规划（2011～2020 年）》，加大人才引进力度，做好各类专家评选推荐等人才培养工作。优化发展环境，实现院内人才的合理流动和资源的高效配置。

### （二）积极开展理论教育、研究和宣传，深入大宣讲格局建设，推进理论武装工作再上新台阶

围绕党的十七届六中全会提出的巩固发展马克思主义理论学科建设，大力实施中国特色社会主义理论武装工程。要广泛开展理论宣讲，根据省党代会精神及相关安排部署，及时更新充实宣讲“菜单”，接受省直机关和各市县的“点播”，为党员干部的学习搞好服务。组织开展“送理论下基层”活动，用中央全会和省党代会精神宣传教育基层党员干部群众。加强对各市委讲师团、华北油田公司党委讲师团和各理论宣讲工作站的业务指导，积极探索在高校建立理论宣讲工作站的方式方法，加强“理论宣讲专家资源库”建设。组织撰写“惠在何处、惠从何来”形势政策教育宣传读本、《理论热点 2012》等通俗理论读物。做好党委中心组理论学习服务，办好《党委中心组理论学习通讯》和《理论信息》，搞好骨干培训和网络学习平台的建设。要深入开展理论研究，围绕中国特色社会主义理论体系、党和政府的重大工作部署开展理论研究，围绕贯彻落实省第八次党代会精神的重大理论和现实问题开展应用对策研究，加强“河北省中国特色社会主义理论体系研究中心”建设，在大报大刊发表一批理论文章，继续提升“基地”在全国理论界的影响力。围绕迎接党的十八大召开，组织开展宣传研究，引导全省人民为建设“经济强省、和谐河北”而奋斗。

### （三）加强应用研究与决策服务，推进基础理论研究，不断提升对全省经济社会的贡献力和国内外的学术影响力

围绕贯彻省第八次党代会精神，谋划好院级重大研究课题，抓住我省加速发展的新机遇，以实现“经济强省、和谐河北”奋斗目标的路径选择为重点研究方向，在继续深化“环首都绿色经济圈”研究的基础上，着重加强“河北沿海地区经济发展”的研究，加强社会建设等重大课题的研究，不断推出更多更好的应用对策研究成果，为省委、省政府决策服务，为走出一条有中国特色、河北特点的发展路子发挥智库作用。深入开展文化改革发展问题研究，紧密结合我省实际，确定一批研究课题，推出一批有见地有分

量的研究成果。

继续做好请省领导圈定或交办重大研究课题的工作。我们已筛选出事关全省经济社会发展的重大问题，呈报省领导圈阅，并将省领导圈定或交办的课题列为院重大研究课题，组织精干力量攻关，尽快推出一批“有见解、用得上”的研究成果。要突出重点，做好课题指南的发布和课题申报评审立项工作，通过发挥团队力量，拿出高水平研究成果，打造系列精品。要继续推进三级学科建设，制定学科建设规划，促进学科的健康发展。要继续举办好经济形势分析会，精心谋划主题，切实提高分析会质量，增强时效性、应用性、权威性。要继续做好“河北发展蓝皮书”的编撰工作，扩大参阅范围，实现成果的多渠道转化。要继续做好《决策参考》《决策建议》《民生专报》等直报件的编辑报送工作，提高上报质量，保证高效快捷。要积极推进我院承担的国家社科基金项目的研究工作，确保按时保质完成；要抓好 2012 年度国家社科基金项目、省社科基金项目、省软科学课题等申报立项工作，力争实现新的突破。要做好我院职称申报推荐及全省社科研究专业职称评审工作，做好专业技术职务聘任工作。

### （四）以活动为抓手，以平台为支撑，履行管理职能，发挥桥梁纽带作用，进一步推进社科联合工作

社科联合要注重搭平台、增亮点、创品牌，不断提升整体工作的质量和水平。要继续开展大型民生调研活动。把民生调研与“三走”活动紧密结合，与“走转改”活动紧密结合，深入研究我省民生方面存在的突出问题，推出有价值、有分量的研究成果。抓紧制定民生调研课题管理办法，改进和创新调研的方式方法，探索设立民生观察点，增强调研课题的指向性和针对性，推动调研成果的多渠道转化。编写理论知识普及读物和社科基础知识读本。举办河北省第八届社会科学普及周和 2012 年燕赵文化论坛。积极参与京津冀区域协作论坛，为京津冀区域协同发展建言献策。

要不断改进和完善成果评奖工作，组织好河北省第十三届社科优秀成果评奖活动，推动优秀成果的社会转化。要增强创新意识，做好河北省哲学社科研究基地的建设与管理，努力提升学术影响力。组织编写好《河北社会

科学年鉴 2012》，力争把《年鉴》办成展示全省年度科研成就、促进学术成果交流转化、引领指导全省社科研究的重要平台。要创新组织形式，办好第五届河北省社会科学博士论坛。把握导向，做好重点学术成果资助评审工作。

要开展好河北省社会科学发展研究课题的组织管理工作，坚持公开、公平、公正，从严评审，从优选拔，加强督导检查，提高研究成果服务领导决策和我省经济社会发展的水平。举办好河北省第七届社会科学学术年会，打造社科界多学科、高层次、广范围、大规模的创新学术思想交流平台。继续组织“新智库”建设课题研究，完成《河北社会科学发展研究报告 2012》。加强对各市社科联的工作指导，在部分市级社科联开展“智库”建设试点。加强社团管理工作，对所属社团进行全方位考评，开展社团评优，召开社团秘书长工作会议。加强对社团党组织换届工作的指导，搞好社团党建培训。积极争取并配合省委有关部门做好省社科联的换届工作。

### （五）加强党建、纪检监察和行政管理、科辅等工作，为构建“三位一体”工作新格局和“一院两制”新体制提供可靠保障

要加强落实重大决策部署和遵守政治纪律情况的监督检查，强化关键环节和重要岗位的监督，落实党风廉政建设责任制。要加强党的思想政治建设，深入开展创先争优和建设学习型党组织活动，建立健全党建工作责任制，加强基层党支部建设，做好工会、共青团、妇女和统战等工作，加强老干部工作，形成推动科学发展的强大合力。

《河北学刊》《经济论坛》《社会科学论坛》要进一步强化政治意识和阵地意识，加大对河北经济社会发展重大问题研究的宣传力度，严把质量关，不断扩大社会知名度和学术影响力。要进一步加强信息化工作和信息工作，继续深化“三网合一”建设，强化“三网一报”的舆论宣传功能，努力发挥对全省社会科学工作的导向作用；加大上报信息工作的力度，及时反映我院“三位一体”工作新格局和“一院两制”新体制的工作成效。

要加强行政管理和后勤服务工作，不断提高服务能力和水平。进一步完善和加强预算管理，严格执行固定资产管理有关规定，落实财务管理规章制

度。进一步强化后勤保障，优化办公环境，维护正常秩序，为干部职工愉快工作、和谐生活创造更多便利条件。

## 二　积极开展“走基层太行行”“走基层沿海行”“走世界开放行”，推动“三个一”主题教育实践活动取得实实在在的效果

为深入贯彻落实省委关于实现“一个好的精神状态、一个好的工作作风、一个好的工作业绩”的要求，省委宣传部对省直宣传文化系统“三个一”主题教育实践活动做出了安排部署。院党组按照省委和省委宣传部的工作部署，结合我院实际，决定在全院开展“三走”活动。一是开展“走基层太行行——河北‘老’‘少’‘边’区红色教育大调研”。组织院领导班子成员、中层领导干部和理论科研人员、行政管理人员深入我省革命老区、少数民族地区、边远贫困地区，进行革命传统教育，开展西柏坡精神、社会建设、河北文化品牌和社情民意调研，组织送理论下基层和社科普及活动。通过“走基层太行行”，进一步强化全院同志的宗旨意识，坚定理想信念，做讲政治的表率。二是开展“走基层沿海行——河北沿海地区发展大调研”。组织承担省委、省政府委托的重大课题科研人员深入秦、唐、沧沿渤海地区新兴增长区域，围绕“京津冀区域经济一体化”“首都经济圈纳入国家‘十二五’规划”“河北沿海地区发展规划上升为国家战略”“百家央企走进河北”等河北经济社会发展重大问题开展调研，并与京、津、辽、鲁等地专家学者进行座谈研讨，举办“沿海隆起带高层论坛”，推出一批高质量成果。通过“走基层沿海行”，提升科研人员理论联系实际能力，提高科研成果的全面性、战略性、前瞻性、实践性，做干事创业的表率，为建设“经济强省、和谐河北”献计献策。三是开展“走世界开放行——广泛开展国际学术交流与合作”。巩固与国外及我国港台地区高等院校和科研机构已有的交流合作关系，积极拓展与日、俄、韩、英、法、意、美、加、巴西等国家长期稳定的学术交流与合作，形成国际学术交流合作新格局。搞好今年国外高校、科研机构 8 个代表团来院学术交流活动，召开“欧美经济走势

与中国经济转型”专题国际学术会议，启动与美国院校交流、互派访问学者，完成与日本高校的合作课题。通过“走世界开放行”，进一步开拓世界视野，创新战略思维，把握学术前沿，推动优秀成果和人才走向世界，更好地服务河北科学发展，做讲创新的表率。我们要把“三走”活动与迎接党的十八大召开紧密结合起来，与学习型党组织建设、创先争优活动和基层建设年活动紧密结合起来，与“走转改”活动紧密结合起来，与理论武装、服务决策、繁荣发展“三位一体”工作新格局建设紧密结合起来，在全院形成脚踏实地干工作、掷地有声抓落实的好风气、好作风。

日前，我院已制定了“三走”活动实施方案。中国社会科学报、中国社会科学网和省内主要媒体对我院的经验做法做了宣传报道。刚才，刘月副院长宣读了《河北省社科院“三个一”主题教育实践活动实施方案》。当前，我院的“三走”活动已经启动，各责任部门正在按照院党组的要求精心谋划，抓紧制定具体的落实措施。下一步，院属各部门和全院干部职工都要按照院《实施方案》的安排部署，积极行动，形成合力，造出声势，坚持不懈、不折不扣地抓好目标任务的落实，确保活动收到实实在在的效果，力争在全省宣传文化系统“三个一”主题教育实践活动中走在前列。

## 三　奋发有为，真抓实干，以圆满完成全年目标任务的优异成绩迎接党的十八大胜利召开

同志们，今年下半年，党的十八大将胜利召开，做好今年的各项工作至关重要。全院同志一定要增强责任感和使命感，解放思想，开拓创新，在推进工作上多动脑筋，在强化落实上多想办法，在抓出成效上多下功夫，力争把既定的目标任务完成好。

一是要进一步提振精神，锤炼作风。事业在人，人在精神。要坚决破除萎靡不振、不思进取的暮气，牢固树立不断进取、奋发有为的朝气。要克服小进即满的思想，强化不进则退、小进也是退的意识，进一步弘扬“追求卓越、事争一流”的院庆精神，敢于与先进发达地区的兄弟社科院、讲师团、社科联比高低，按照省委、省政府的新期待比贡献，以有为争地位，以

有为树威信，以有为促发展。要坚决破除推诿扯皮、懒于政事的惰气，牢固树立攻坚克难、勇争一流的锐气。正视困难和挑战，遇到困难不回避，碰到矛盾不上交，交办任务不推托。把目标定得更高，把眼界放得更宽，把劲头鼓得更足。要坚决破除心浮气躁、急功近利的浮气，牢固树立坚定信念、永葆本色的正气。克服心态不稳、患得患失、爱发牢骚的不良情绪，克服思绪不宁、东一榔头西一棒，不能平心静气抓学习、谋发展、思长远的不良习气。自觉养成研究形势、学习政策的习惯，增强干事创业的本领，营造要干事、能干事、干成事、干大事的氛围，聚精会神抓工作，一心一意谋发展。

二是要进一步强化责任，狠抓落实。首先，要加强组织领导。强化大局观念，确保政令畅通。要坚持领导带头，一级带着一级干，一级做给一级看，指挥在前，做好表率。要加强统筹协调，坚持整体推进，形成发展合力。要严格办事程序，实施分级管理，增强决策的执行力。要狠抓工作纪律，增强效率意识，提升工作水平。要强化精品意识，注重工作质量，不断提高工作效能。要勇于创新，善于解决和化解发展中的矛盾和问题。要把科学态度与实干作风结合起来，把尊重规律与科学作为结合起来，把落实全院目标任务与本部门实际结合起来，进一步增强调查研究的能力、工作创新的能力、执行决策的能力，将工作效果作为抓落实的出发点和落脚点。其次，要强化目标责任。明确责任分工，细化工作方案，做好任务分解，建立工作台账，做到事事有人做，事事有人管，让每一个人都有目标、有任务、有责任、有压力。要坚持顶层设计，不留余地，突出重点，倒排工期。要坚决克服说而不做、决而不行、抓而不紧的不良习气。要制定切实可行的措施，做好规划安排，完善工作机制，创新工作载体和方式方法，激发大家的工作积极性和创造热情，让每一位同志都能在推动整体事业发展中体现自己的价值，找到自己的位置，做出自己的贡献。

三是要加强督导检查，切实将责任落到实处。加强制度建设，健全重大事项督查制度，做到件件有着落、事事有回音，确保重要决策、重点工作、重大项目落到实处。要完善考核机制，做到岗位职责明确，目标任务清晰，日常督查到位，年底全面考核。把考核结果作为干部选拔任用、培养教育、管理监督和激励约束的重要依据。要认真总结经验，推广先进典型，发挥示范引导作用，有效推进工作。要深入做好思想政治工作，多为群众解决实际问题，让大家心情舒畅、精神愉快地投入工作中去。

同志们，做好今年的工作，任务艰巨，责任重大。让我们在省委、省政府的正确领导下，以只争朝夕、时不我待的紧迫感和责任感，开拓创新，真抓实干，全面完成确定目标任务，为建设“省级科研一流、国内国际知名、服务河北科学发展”新智库而努力奋斗！为实现“经济强省、和谐河北”奋斗目标做出新的更大贡献！

# 河北省社会科学院2012年重点工作访谈*

（2012 年 2 月 24 日）

近日，记者就河北省社科院如何开展“一个好的精神状态，一个好的工作作风，一个好的工作业绩”主题教育实践活动，积极推动 2012 年重点工作，采访了省社科院党组书记、院长、省委讲师团主任、省邓研中心主任、省社科联副主席周文夫同志。

**记者：**周院长，按照省委要求，省直宣传文化系统正在部署开展“三个一”主题教育实践活动，请介绍一下省社科院的贯彻落实情况。

**周文夫：**庆黎书记在全省经济工作会议上明确提出，贯彻省第八次党代会精神，要实现“三个一”，即一个好的精神状态、一个好的工作作风、一个好的工作业绩。为落实好“三个一”的工作要求，省委宣传部决定在全省宣传文化系统开展“三个一”主题教育实践活动。省社科院对此高度重视，全省宣传文化系统动员大会当天，院党组召开会议，精心安排部署。明确提出作为省委和省政府直属决策研究部门、社科研究和理论宣传机构，省社科院在贯彻落实上必须出实招、见实效。院党组要求院属各部门结合自身实际做好学习传达，对承担的重点工作进行再聚焦、细谋划。院党组还要求院属河北省社会科学院网、河北省干部理论教育网、河北社会科学网和《河北社会科学》做好宣传推动，及时报道贯彻落实情况，切实增强开展主题教育实践活动的主动性、责任感。

---

* 本文刊登在河北新闻网，2012 年 2 月 24 日。

**记者：**请介绍一下省社科院在推进“三个一”主题教育实践活动中的新思路、新举措。

**周文夫：**按照省直宣传文化系统“三个一”主题教育实践活动的安排部署，为把“建强省”献计献策活动、“练内功”素质拓展活动、“走基层”蹲点调研活动、“创佳绩”合力攻坚活动的要求落到实处，院党组经过深入谋划，决定在全院开展“三走”活动。一是开展“走基层太行行——河北‘老’‘少’‘边’区红色教育大调研”。组织院领导班子成员、中层领导干部和理论科研人员、行政管理人员深入我省革命老区、少数民族地区、边远贫困地区，进行革命传统教育，开展西柏坡精神、社会建设、河北文化品牌和社情民意调研，组织送理论下基层和社科普及活动。二是开展“走基层沿海行——河北沿海地区发展大调研”。组织承担省委、省政府委托重大课题的科研人员深入秦、唐、沧沿渤海地区新兴增长区域，围绕“京津冀区域经济一体化”“首都经济圈纳入国家‘十二五’规划”“河北沿海地区发展规划上升为国家战略”“百家央企走进河北”等河北经济发展重大问题开展调研，并与京、津、辽、鲁等地专家学者进行座谈研讨。举办“沿海隆起带高层论坛”，推出一批高质量成果。三是开展“走世界开放行——广泛开展国际学术交流与合作”。巩固与国外及我国港台地区高等院校和科研机构已有的交流合作关系，积极拓展与日、俄、韩、英、法、意、美、加、巴西等国家长期稳定的学习交流与合作，形成国际学术交流新格局。搞好今年国外高校、科研机构 8 个代表团来访活动，召开“欧美经济走势与中国经济转型”专题国际学术会议，启动与美国院校交流、互派访问学者，完成与日本高校的合作课题。省委宣传部领导对我院的思路和举措非常肯定。中国社会科学报、中国社会科学网、河北电视台、河北日报等媒体做了报道。下一步，我院将按照《实施方案》的要求，抓紧抓好，抓出成效。

**记者：**可以看出，“三走”活动是省社科院今年工作的一大亮点，也是推进事业发展的重要举措。下面，再请您谈谈今年省社科院工作的主要思路。

**周文夫：**谈今年的工作思路，首先要谈到社科院当前的理论武装、服务决策、繁荣发展“三位一体”工作新格局和参公管理、事业管理“一院两制”新体制。2009 年 2 月，省委、省政府按照中央关于“精简、统一、效能”的机构改革要求，决定将省委讲师团、省社科联并入省社科院。院党组面对机构调整的新形势，坚决贯彻落实省委、省政府的决策部署，直面新挑战，抢抓新机遇，谋求新发展，深入扎实地推进机构调整，创造性地提出构建理论武装、服务决策、繁荣发展“三位一体”工作新格局和参公管理、事业管理“一院两制”新体制的总体改革思路。经过三年不懈努力，目前初步形成了以理论武装为龙头，以社科研究、社科联合为依托，以省社科团体、各市委讲师团、各市社科联和县区基层理论宣讲站为基础，优化组合和有效运用全省社科系统研、讲、联资源的新型工作运行机制，带动了全省社会科学研究、宣传和普及，使社科院更好地发挥了“研”、讲师团更好地发挥了“讲”、社科联更好地发挥了“联”的职能，实现了“机构精简，职能不减；牌子不摘，队伍不散；资源整合，效能提高”和“三个一相加大于三”的改革初衷。理论武装、服务决策、繁荣发展各项工作取得显著成效。

省委对我院的工作高度重视并寄予厚望。近日，省委主要领导在院党组呈报的《关于院机构调整以来近三年工作情况的报告》上做出重要批示。省委副书记赵勇同志批示：“社科院坚持‘三个服务’的方针，围绕中心，参政咨政，出了一批优秀成果，为又好又快发展做出了积极贡献。望扭住重大关切，出更多成果和人才。”省委书记张庆黎同志批示：“同意赵勇同志意见，一定要抓好巩固提高的工作。”这些既是对我院工作思路和工作实践的高度肯定，也是对我们的极大鼓舞和鞭策，同时还是更高的期望和要求。因此，我们一定要深入贯彻党的十七届六中全会和省第八次党代会精神，认真落实庆黎书记、赵勇副书记的重要批示精神，坚定信心，奋发有为，凝心聚力，求真务实，在抓“巩固”上有新作为，在抓“提高”上出新业绩。2012 年我院的主要工作思路是：以邓小平理论和“三个代表”重要思想为指导，以科学发展观统领办院，认真贯彻党的十七届六中全会和省第八次党代会精神，围绕“建强省、促和谐、迎接党的十八大”工作主题，继续深化“为决策服务、为发展服务、为基层服务”的办院方针，认真落实“出精品、出人才、出效益”的总要求，积极构建理论武装、服务决策、繁荣发展“三位一体”工作新格局和参公管理、事业管理“一院两制”新体制，不断加强理论宣讲、社科研究和社科联合各项工作，努力打造“省级科研一流、国内国际知名、服务河北科学发展”新智库，以优异成绩迎接党的十八大胜利召开。

**记者：**请您具体谈谈2012年省社科院主要抓好的重点工作。

**周文夫：**今年，我院将从以下四个方面抓好工作落实。一是健全理论武装、服务决策、繁荣发展“三位一体”工作新格局和参公管理、事业管理“一院两制”新体制，加速形成科学高效的良性运行机制。目前，我院的“三位一体”工作新格局和“一院两制”新体制已经基本确立。下一步，我们将按照庆黎书记“一定要抓好巩固提高的工作”的重要批示精神，在机制配套、资源整合、效能发挥上再创新、求突破，做出新成绩。二是积极开展理论教育、研究和宣传，深入大宣讲格局建设，推进理论武装工作再上新台阶。大力实施中国特色社会主义理论武装工程，广泛开展理论宣讲，及时更新充实宣讲“菜单”，为党员干部的学习搞好服务。组织开展“送理论下基层”活动。加强对各市委讲师团、华北油田公司党委讲师团和各理论宣讲工作站的业务指导。组织撰写“惠在何处、惠从何来”形势政策教育宣传读本、《理论热点2012》等通俗理论读物。做好党委中心组理论学习服务。加强“河北省中国特色社会主义理论体系研究中心”建设，在中央大报大刊发表一批理论文章。围绕迎接党的十八大召开，组织开展宣传研究活动。三是加强应用研究与决策服务，推进基础理论研究，不断提升对全省经济社会的贡献力和国内外的学术影响力。谋划好院级重大研究课题，在继续深化“环首都绿色经济圈”研究的基础上，今年将研究的重点集中到“河北沿海地区经济发展”的研究上，加强社会管理等重大课题研究。深入开展文化改革发展问题研究。继续做好请省领导圈定或交办重大研究课题的工作。做好课题指南的发布和课题申报评审立项工作。继续推进重点学科及重点扶持学科建设。继续举办经济形势分析会。继续做好“河北发展蓝皮书”的编撰工作。积极推进我院承担的国家社科基金项目的研究工作。四是以活动为抓手，以平台为支撑，履行管理职能，发挥桥梁纽带作用，进一步推进社科联合工作。继续开展大型民生调研活动，并与“三走”活动紧密结合，与“走转改”活动紧密结合。抓紧制定民生调研课题管理办法，改进和创新调研的方式方法。编写理论知识普及读物和社科基础知识读本。举办河北省第八届社会科学普及周和2012年燕赵文化论坛。积极参与京津冀区域协作论坛。组织好河北省第十三届社科优秀成果评奖活动。做好河北省哲学社科研究基地的建设与管理。组织编写《河北社会科学年鉴2012》。办好第五届河北省社会科学博士论坛。做好重点学术成果资助评审工作。开展好河北省社会科学发展研究课题的组织管理工作。举办好河北省第七届社会科学学术年会。完成《河北社会科学发展研究报告2012》。加强对各市社科联的工作指导，加强社团管理工作。

**记者：**如何确保这些工作的顺利推进和圆满完成？

**周文夫：**在明确重点工作的同时，我院将按照省委“三个一”主题教育实践活动的要求，进一步提振精神，锤炼作风。牢固树立不断进取、奋发有为的朝气，攻坚克难、勇争一流的锐气，坚定信念、永葆本色的正气。进一步加强组织领导，强化目标责任，明确责任分工。要坚持顶层设计，不留余地，突出重点，倒排工期。制定切实可行的措施，做好规划安排，完善工作机制，创新工作载体和方式方法。要加强督导检查，切实将责任落到实处。以只争朝夕、时不我待的紧迫感和责任感，开拓创新，真抓实干，努力建设“省级科研一流、国内国际知名、服务河北科学发展”新智库而努力奋斗，为建设“经济强省、和谐河北”做出积极贡献！

# 突出重点 加强社会主义核心价值体系建设*

（2012 年 2 月 25 日）

国民之魂，文化化之；国家之魄，文化铸之。河北省委八届二次全会提出深入推进社会主义核心价值体系建设，在全社会形成统一指导思想、共同理想信念、强大精神力量、基本道德规范。这是河北省委基于对社会主义核心价值体系地位作用的深刻认识和准确把握，对文化改革发展提出的明确要求和重要遵循。要把全社会的力量意志和力量凝聚起来，必须有一个能形成广泛社会共识的核心价值体系。

对河北省来说，在推进“经济强省、和谐河北”建设中，必须把建设社会主义核心价值体系作为重要的基础工程、灵魂工程、战略工程加以推进。把广泛开展“善行河北”创建活动，作为深入推进社会主义核心价值体系建设的重要载体，作为社会主义核心价值体系贯彻落实到基层的重要抓手。要抓住培育善行文化这个环节，在全社会倡导交善人、读善书、听善言、从善行，全面提升公民素质。要抓住政风、行风建设这个环节，大力推进政务诚信、商务诚信、社会诚信和司法诚信建设，全力打造诚信社会。要抓住群众性精神文明创建这个环节，大力开展文明城市、文明村镇、文明社区、文明单位建设活动，不断提高城乡文明程度。要抓住扩大“道德模范”“身边好人”影响力这一环节，大力加强

---

* 本文发表于《河北日报》2012 年 2 月 25 日。

社会公德、职业道德、家庭美德、个人品德教育，努力推出一批在全国有重大影响的先进典型，使遵纪守法、团结友爱、和睦相处、诚实守信、扶危济困在全社会蔚然成风。

# 院领导班子2011年度述职述廉报告

（2012年3月15日）

按照省委、省政府关于省管干部2011年度考核工作的要求，我本人并代表院领导班子做述职述廉报告。

2011年，是我院实施“十二五”规划的开局之年，是深化“为决策服务、为发展服务、为基层服务”的办院方针，构建理论武装、服务决策、繁荣发展“三位一体”工作新格局和参公管理、事业管理“一院两制”新体制，建设服务河北科学发展新智库，向“省级一流、国内知名”的更高办院目标迈进的关键一年。在省委、省政府的正确领导下，我院坚持以科学发展观统领办院，深入贯彻党的十七届六中全会和省第八次党代会精神，围绕中心，服务大局，各项工作取得新成效，党的建设得到新加强，各项事业实现新发展。

## 一　机构调整成效显著，“三位一体”工作新格局和“一院两制”新体制已经形成

自2009年以来，院党组面对机构调整的新形势，坚决贯彻落实省委、省政府的决策部署，立足实际，广泛调研，创造性地提出构建理论武装、服务决策、繁荣发展“三位一体”工作新格局和参公管理、事业管理“一院两制”新体制的总体改革思路。经过不懈努力，机构调整成效显著，初步形成了以理论武装为龙头，以社科研究、社科联合为依托，以省社科团体、

各市委讲师团、各市社科联和县区基层理论宣讲站为基础，把全省社科系统研、讲、联资源优化组合和有效运用的新型工作运行机制，带动了全省社会科学研究、宣传和普及，使社科院更好地发挥了“研”、讲师团更好地发挥了“讲”、社科联更好地发挥了“联”的职能，实现了“机构精简，职能不减；牌子不摘，队伍不散；资源整合，效能提高”和“三个一相加大于三”的改革初衷。2011 年，原社科院九个行政处室全部参照公务员管理，公务员登记已经完成，标志着我院参公管理、事业管理“一院两制”新体制已经形成，初步形成了科学高效的良性运行机制。

省委对我院机构调整以来的工作成效充分肯定。赵勇副书记批示：“社科院坚持‘三个服务’的方针，围绕中心，参政咨政，出了一批优秀成果，为又好又快发展做出了积极贡献。望扭住重大关切，出更多成果和人才。”庆黎书记批示：“同意赵勇同志意见，一定要抓好巩固提高的工作。”省政协副主席、社科联主席刘永瑞同志也做了批示。中国社科院领导指出：“河北院抓住了难得的历史机遇，取得的经验在全国具有原创性，工作扎实，成效显著。”全国其他省区市社科院的同行也纷纷来我院学习交流经验。

## 二　紧紧围绕服务河北科学发展，积极发挥智库作用

### （一）制定实施院“十二五”发展规划

在总结“十一五”发展经验的基础上，按照国家和我省“十二五”发展规划纲要的精神和新形势、新任务对哲学社会科学的要求，我院制定出台了《河北省社会科学院“十二五”时期（2011～2015）发展规划》。《规划》明确提出了“十二五”时期的指导思想、基本原则、目标任务、保障措施，提出以科学发展观统领办院，坚持“为决策服务、为发展服务、为基层服务”的办院方针，落实“出精品、出人才、出效益”的总要求，健全理论武装、服务决策、繁荣发展“三位一体”工作新格局和“一院两制”新体制，大力推进中国特色社会主义理论武装工程，大力推进服务河北能力提升工程，大力推进全省哲学社会科学龙头带动工程，大力推进创新型人才

智力聚合工程，以学习型党组织建设和创先争优活动引领发展环境优化，以改革创新激发发展活力，建设服务河北科学发展新智库，向着“省级一流，国内知名”更高办院目标迈进。《规划》为我院的未来描绘了灿烂的图景，指明了发展的方向。

### （二）成功举办了院庆活动和全国社科院院长联席会议

2011 年是我院建院 30 周年，又恰逢我院承办第 15 届全国社科院院长联席会议暨院长论坛。省委、省政府主要领导高度关注，做出指示。我院按照领导的指示精神，精心组织，会议于 5 月 27 日至 30 日成功举办，全国政协副主席、中国社科院院长陈奎元为院庆题词，时任省委书记张云川同志代表省委省政府发来贺信，省四大班子领导出席会议，来自中国社会科学院、28 个省级社科院、20 个城市社科院的领导和专家近 200 人参加了会议。此次会议是历届全国社科院院长联席会议中参会人数最多、规格较高，也是最隆重、最有成效的一次。人民网、新华网、中国共产党新闻网以及省内主要媒体做了集中报道和转载。通过这次活动，我们锻炼了队伍，凝聚了人心，展示了形象，彰显了蓬勃发展的良好态势，得到省委、省政府和中国社科院领导高度肯定，得到与会各省同行的一致赞誉，取得了良好的社会反响。

### （三）理论武装工作取得了新突破

一是组织开展庆祝建党 90 周年系列宣传、研究活动。举办了“李大钊与中国共产党——河北省纪念建党九十周年座谈会”“全省党委讲师团系统纪念建党 90 周年理论研讨会”“全省社科理论界研讨会”和党史知识竞赛等活动。出版了《李大钊与中国共产党》《追寻西柏坡》《西柏坡之恋》等图书。20 篇研究论文入选全省纪念建党 90 周年研讨会，1 篇入选全国理论研讨会。完成了《中国共产党思想政治工作九十年》撰稿。深入宣传胡锦涛总书记“七一”重要讲话精神，浓厚了宣传氛围。

二是深入开展理论武装工作。深化理论研究。以河北省中国特色社会主义理论体系研究中心名义，在《人民日报》《光明日报》刊发《李大钊与马克思主义大众化》《科学认识和积极培育健康社会心态》等一批重点文章，扩大了研究基地的影响力。开展主题宣讲。围绕“十二五”规划、纪念建党90周年、党的十七届六中全会以及省第八次党代会精神等内容，宣讲近7000场，受众110多万人次。我本人作为省委宣讲团成员，赴秦皇岛、唐山等地宣讲了中央全会和省党代会精神。编写了《与党员干部谈“十二五”规划》等系列读本和《理论热点·2011》《新农村新形势新政策学习问答》等通俗理论读物。组织开展了省委讲师团系统课题研究，确定了40项立项课题。编写了《科学发展观在河北的探索与实践》，供全省干部参阅。联合举办了省会社科理论界学习党的十七届六中全会精神座谈会。认真办好《党委中心组理论学习通讯》和《理论信息》，联合举办“党的十七届六中全会精神理论骨干培训班”。出台《理论宣讲工作站及基层理论宣讲员工作考核办法》，推进了大宣讲格局建设。

### （四）社科研究工作实现了新跨越

一是应用性对策研究成绩显著。我院高度重视省领导圈定或交办课题，列为院重大课题组织攻关。成立了“河北省‘一圈一带’重点发展战略”课题组，由院领导牵头，组织力量开展研究，完成的多项研究成果通过《决策参考》直报件上报省领导参阅；召开了河北省环首都绿色经济圈建设研讨会，研讨会成果综述上报省领导，时任常务副省长赵勇批示肯定；邀请国家有关部委和北京市的专家座谈河北环首都绿色经济圈建设，一组研究成果文章在《光明日报》刊发，《光明日报》加编者按特别推介；《河北省环首都绿色经济圈建设问题研究》专著也已于近期出版。组织研究人员到环首都市县及北京市、长三角、珠三角进行大型调研，调研报告得到时任常务副省长赵勇的批示肯定。按照省委、省政府的安排部署，我本人和院有关专家参加了省第八次党代会报告、年度省政府工作报告的起草工作，参与了省“十二五”经济社会发展规划编制、调研及论证工作，得到省领导和有关部门的肯定。举办了2011年度经济形势分析会，编撰出版了2010～2011年“河北发展蓝皮书”，一大批应用研究成果获得省领导批示。二是基础性理论研究水平提高。我院获准立项国家社科基金招标项目重大课题1项，这是全国哲学社会科学规划办公室设立招标项目以来，我院以及我省首次获得此立项，填补了空白。我院承担的2009年国家社科基金重点项目“《俄藏黑水城文献》汉文非佛教文献整理与研究”鉴定等级为优秀，其成果入选《国家哲学社会科学成果文库》，填补了我省入选《文库》的空白。我院还承担了中国社科院承担的国家社科基金重大项目的子课题“考古发现西夏汉文非佛教文献整理与研究”。我院还获准立项国家社科基金青年项目2项、省社会科学基金项目8项、委托课题13项、省软科学项目4项、省社会科学发展课题12项、大型民生调研课题10项。确立了院重大课题8项、重点课题25项、青年课题3项。出版了一批有影响力的学术著作，发表了一批高质量的学术论文，增强了科研竞争力。三是学科建设取得积极进展。完成了第二期重点学科、重点扶持学科考核评估和第三期重点（扶持、培育）学科的评审工作。我院经济、政治、文化、社会类重点学科、重点扶持学科和重点培育学科建设进展顺利，成效显著。四是积极推进“走基层、转作风、改文风”活动。开展了“送理论下基层”“服务十二五、基层调研行”和“社科联合走基层”活动。我本人与其他院领导班子成员带队深入基层单位或基层联系点调研，撰写调研报告，完成了一批高水平的研究成果，上报省领导决策参考。

## （五）社科联合工作迈上了新台阶

一是抓好活动，服务河北发展。组织了2011年大型民生调研活动，完成调研课题147项，13项成果得到省领导批示，9项成果在国家和省级主要报刊发表，40项成果获得省直厅局及市领导批示，39项成果获得相关部门吸收采纳。编写了理论普及读本和社科普及读物，举办了河北省第七届社会科学普及周活动。二是强化平台，拓展工作空间。组织开展了河北省第九届社科优秀青年专家评选。加强河北省社会科学研究基地建设与管理，推出了一批有影响的研究成果和学术活动。编撰完成了《河北社会科学年鉴2011》。举办了河北省第四届社会科学博士论坛。承办了2011年京津冀区域协作论坛。举办了2011年燕赵文化论坛、第六届河北省社会科学学术年会。组织评审了2011年度河北省社会科学发展研究课题，确立课题484项。完成了2012年度河北省社会科学重要学术著作资助出版工作，资助出版学术著作12部。三是夯实基础，发挥职能作用。加强对各市社科联的工作指导，召开了2011年河北省社科联工作年会。组织专家对全省社会科学发展现状深入调研，完成了《河北省社会科学发展报告》。组织市社科联负责人赴台湾开展了学术交流。加强社团管理和党建，举办了社团工作会议和学会（协会、研究会）党组织负责人培训班，对拟成立学会进行初审，成立、接收新学会5个，指导学会依法开展活动。较好发挥了社科联“桥梁纽带、组织协调、咨询服务、宣传普及”的职能作用。

### （六）国际学术交流形成了新格局

全年接待来访的国外专家学者共9批31人次，组织学术交流和研讨会8次，安排出访团组6批17人次。我作为团长率团赴巴西、墨西哥、美国进行学术交流，代表我院与巴西圣保罗州立大学、美国印第安纳大学—普渡大学韦恩堡分校签订院校学术交流与合作协议书，与巴西总统府战略事务部应用经济研究所、美国加州州立大学圣贝纳迪诺分校签订双边学术交流与合作备忘录，开辟了与美洲地区主要国家的大学、研究机构的交流渠道。孙毅副院长率团访问日本岩手县立大学和韩国京畿开发研究院，分别与它们达成了进一步开展合作研究和学术互访的意向。目前，我院已同日、俄、韩、英、法、意、美、加、巴西等国家及中国港澳台地区高等院校和科研机构，建立了长期稳定的学术交流与合作关系。

## 三　以勤政廉政为重点，全面加强机关党的建设

院领导班子自觉发挥领导核心作用，全力推进机关党的思想、组织、纪律和作风建设，为推动我院科学发展上水平提供了坚强保障。

一是党建工作和领导班子建设取得了新成效。深入开展学习型党组织建设和创先争优活动，发挥了党组织推动发展、服务职工、凝聚人心、促进和谐的作用。在学习型党组织建设中，院党组倡导并实施了“党组中心组引领工程、服务决策发展能力提高工程、全员学习队伍建设工程”，通过学习促进服务河北科学发展智库建设“升级”。2011年4月《人民日报》记者

来院采访，5 月刊发了关于我院学习型党组织建设的专题报道。2011 年 9 月，院党组在《求是》发表了《把建设学习型党组织作为服务科学发展的引擎》体会文章，对我院学习型党组织建设的做法和经验进行概括、总结、提炼，在社会上引起积极反响。在领导班子建设方面，我和院党组一班人坚持“五湖四海”、事业至上，谋事干事、求实创新，在领导全院事业科学发展的道路上经受了新考验，领导班子建设得到进一步完善加强。

二是认真落实党风廉政建设责任制。修订下发了《党风廉政建设责任制实施细则》和《院级领导干部党风廉政建设责任制目标分解》，将科研业务工作与党风廉政建设一起部署、检查、落实。加强对重点岗位、重点工作的监督检查，对干部提拔、人员聘用、业绩考核、职称评定、学术委员会选举、课题申报立项等工作，要求纪检监察部门全程介入，落实监督。严肃案件查办和警示教育。将院务公开作为加强监督、强化管理的重要措施。迄今未发现班子成员违法违纪问题。

三是认真贯彻民主集中制。在重大事项决策、大额资金使用、干部调整任免等方面坚持民主决策。尤其是在内设机构和干部调整过程中，院党组坚持民主集中制，认真贯彻执行《党政领导干部选拔任用工作条例》和干部选拔任用工作“四项监督制度”，按照党管干部原则和德才兼备标准，圆满完成了干部任职调整、公务员登记等工作，保证了全院调整工作有序、队伍思想稳定，为“三位一体”工作新格局和“一院两制”新体制的形成提供了组织保证。

一直以来，我作为院主要负责人，努力发挥“班长”的带头作用，始终坚持以科学发展观统领办院不动摇，强化马克思主义在哲学社会科学领域一元化指导地位，锤炼和增强贯彻落实科学发展观的执行力。始终尽全力贯彻落实省委、省政府重大决策部署，集全院同志之心智，为河北科学发展提供智力支持。始终坚持贯彻党的民主集中制，注意调动和发挥班子成员工作积极性，善于听取不同意见，打造领导和推动全院各项事业科学发展的坚强领导集体。始终坚持解放思想、创新思路、开拓事业，依靠全院同志智慧推动发展，依靠体制机制创新破解发展难题，依靠党的政策和发展成果化解矛盾问题。始终认真履行院党风廉政建设第一责任人的岗位职责，自觉接受班子其他同志、院纪检组和广大干部职工的监督，坚持以身作则、严于律己，对配偶、子女和身边工作人员严格管理，无违法违纪问题发生。

过去的一年，在省委、省政府的坚强领导下，院领导班子团结、依靠和带领全院广大干部职工，廉洁自律，开拓进取，扎实工作，全院各项工作取得了新成绩，事业实现了新发展。在此，我向院领导班子全体同志和全院干部职工表示衷心的感谢！

2012 年，是我院实施“十二五”规划的关键一年。在院党组的领导下，全院干部职工一定会以更加奋发有为的精神状态，深入贯彻落实党的十七届六中全会和省第八次党代会精神，锐意进取，真抓实干，创新发展，为建设“省级科研一流、国内国际知名、服务河北科学发展”新智库、繁荣发展我省哲学社会科学事业、建设“经济强省、和谐河北”做出更大贡献！以优异的成绩迎接党的十八大胜利召开！

# 在《西柏坡之恋》出版座谈会上的讲话

（2012 年 3 月 16 日）

首先，我代表省社科院对各位领导和嘉宾出席《西柏坡之恋》出版座谈会表示热烈欢迎！特别是陈晋副主任参加全国两会刚刚结束，就从百忙之中抽出宝贵时间赶来出席今天的座谈会，体现了对我院工作的高度重视和热情关心。栗战书书记、赵勇副书记和王玉梅副主席等领导同志对座谈会的筹备工作高度重视，分别做出重要指示。省委宣传部和省政协文史资料委员会的有关领导亲自参与了会议的组织工作，倾注了大量精力。本书的出版单位故宫博物院和紫禁城出版社的领导也给予我们大力的支持。在此，我代表省社科院表示衷心的感谢！

《西柏坡之恋》一书是由我院原党组副书记、副院长，省政协常委张志平同志历时五年创作完成的，是我院为迎接党的十八大胜利召开推出的重点研究成果，也是我省近年来宣传弘扬西柏坡精神的又一部精品力作。志平同志与我同在宣传文化系统工作多年，是非常要好的朋友。从 2009 年起，我们又在一个领导班子共事，关系非常融洽。他待人宽厚，为人正派，对院领导班子的各项工作热情支持和参与，对我院构建“三位一体”工作新格局和“一院两制”新体制、积极推动又好又快发展做了大量卓有成效的工作，在干部职工中有着很高的威信。志平同志是我省知名的文史专家，也是西柏坡研究的一面旗帜，他对西柏坡精神和地方革命史的研究倾注了极大的热情，发表出版了一系列高水平的研究成果，对推动我院相关学科建设和人才队伍建设发挥了很大的带动作用。

近年来，我院按照省委的要求，不断加大西柏坡精神和河北地方历史文化的研究力度，推出了一批重要的研究成果。最近，省委八届二次全会对我省的文化建设做出了部署。目前，我院按照省委的要求，围绕研究宣传和弘扬西柏坡精神，谋划安排了一系列研究和调研活动：组织开展“走基层太行行——河北‘老’‘少’‘边’区红色教育大调研”。进行革命传统教育，开展西柏坡精神、社会建设、河北文化品牌和社情民意调研。通过“走基层太行行”，进一步强化宗旨意识，坚定理想信念，做讲政治的表率。按照省委宣传部的工作安排，我院组织专家编写了《西柏坡精神学习读本》，用西柏坡精神宣传教育广大干部群众。组织开展了弘扬西柏坡精神、深化学习型政党建设等方面的理论研究，参加中宣部举办的党建征文和研讨活动等。在这里，我还要向大家透露一下，由志平同志策划并参与编写的《感动西柏坡》一书，也将于近期出版。

最后，我代表省社科院诚恳邀请各位领导继续关注和支持我院的发展，多提宝贵意见。同时，我们将继续深化西柏坡精神的研究，积极支持志平同志的研究工作，在宣传弘扬西柏坡精神方面多出成果、出好成果，为建设“经济强省、和谐河北”做出更大的贡献！

# 在院“走基层太行行——河北‘老’‘少’‘边’区红色教育大调研”活动启动仪式上的讲话

（2012 年 3 月 19 日）

风雨送春归，飞雪迎春到。在这个春意渐浓、万物萌发的日子，我们在革命圣地西柏坡隆重举行河北省社科院“走基层太行行——河北‘老’‘少’‘边’区红色教育大调研”活动启动仪式，具有十分特殊的意义。首先，我谨代表院党组，向百忙之中前来参加此次活动的各位领导，向省内新闻媒体的各位朋友表示衷心的感谢！向参加教育调研活动的同志们致以亲切的问候！

即将踏上征程之际，我代表院党组送给同志们三句话，与大家共勉，为大家壮行。

一要走出新征程。64 年前，党领导的中国人民解放军发起了举世闻名的三大战役，吹响了夺取新民主主义革命胜利的雄壮号角。64 年后的今天，党领导全国各族人民踏上了全面夺取小康社会建设新胜利的伟大征程。去年召开的省第八次党代会，张庆黎书记代表省委响亮提出了建设“经济强省、和谐河北”的战略目标。新形势新任务、新机遇新挑战，哲学社会科学工作者任务艰巨、使命光荣、大有可为。希望同志们以革命先辈为榜样，发扬敢于斗争、敢于胜利的开拓进取精神，把西柏坡作为服务河北发展、实现人生价值的新起点，为繁荣发展哲学社会科学、为党和人民的事业做出新贡献。

二要走出新境界。党中央在西柏坡时期的辉煌历史和成功经验，铸就了伟大的西柏坡精神。西柏坡精神，不仅是我们党，也是我们中华民族的宝贵精神财富。在改革开放和社会主义现代化建设的新时期，西柏坡精神被赋予了新的时代内涵，尤其需要我们深入研究、大力弘扬。当前，全省宣传思想文化系统以深入落实庆黎书记提出的“一个好的精神状态，一个好的工作作风，一个好的工作业绩”为契机，积极推进“三个一”主题教育实践活动。院党组按照省委及省委宣传部的统一部署，结合我院实际，决定在全院开展“三走”活动。“走基层太行行”作为其中的一项重要活动，率先启动，具有示范意义。希望两路“走基层太行行”的同志们深入“老”“少”“边”区，感受红色激情，体味“两个务必”，接受人生洗礼，进一步深刻理解党的根本宗旨、历史使命、优良传统，筑牢理想信念，焕发革命斗志，锤炼工作作风，在建设“省级科研一流、国内国际知名、服务河北科学发展”新智库的道路上，创先争优，不断进取。

三要走出新收获。“走基层太行行——河北‘老’‘少’‘边’区红色教育大调研”，一是受教育，二是搞调研。这两项任务，希望同志们认真把握。要学有所获。希望大家珍惜这次难得的学习机会，带着问题、带着思考、带着诚意，扑下身子、放下架子，向群众学习、向实践学习，汲取科研营养、夯实理论基础、锻造工作能力，带动全院干部职工队伍思想能力建设上水平。要研有所成。习近平同志 2011 年在中央党校学员开学典礼上专门就做好调查研究做了重要讲话，他讲道，调查研究是一项基本功，是领导干部整体素质和能力的一个组成部分。希望同志们通过“走基层太行行”，深切了解广大人民群众的需求愿望、创造精神、生动实践，把调查研究同服务决策、服务发展、服务基层紧密结合起来，通过解剖典型，研究探索实现科学发展的内在规律，建设“经济强省、和谐河北”的路径选择，促进科研工作“出精品、出人才、出效益”。

同志们，“巍巍太行催人进，猎猎红旗指行程”。现在我宣布：省社科院“走基层太行行——河北‘老’‘少’‘边’区红色教育大调研”活动正式启动！预祝活动取得圆满成功！

# 打造服务河北科学发展新智库 助力文化强省建设*

（2012 年 3 月 26 日）

省委八届二次全会是在全省上下深入学习贯彻党的十七届六中全会和省第八次党代会精神、全面推进“经济强省、和谐河北”建设的新形势下召开的一次重要会议，标志着河北文化改革发展进入了一个新阶段。会议审议通过了《中共河北省委贯彻落实〈中共中央关于深化文化体制改革推动社会主义文化大发展大繁荣若干重大问题的决定〉的实施意见》，把繁荣发展哲学社会科学作为推动文化大发展大繁荣、建设文化强省的重要内容，体现了省委对哲学社会科学地位作用的深刻认识和发展规律的正确把握，对哲学社会科学工作提出了更高工作要求和奋斗目标。省社科院是我省哲学社会科学事业的主力军，在建设文化强省进程中，承担着光荣使命和崇高责任，我们应当抓住难得机遇，大胆创新，积极作为，努力打造服务河北科学发展新智库，推动我省哲学社会科学事业繁荣，助力我省文化强省建设。

## 一　把握战略目标，抓好巩固提高，提升智库建设水平

建设文化强省是全面建设小康社会的重要保证，是建设“经济强省、和谐河北”的重要组成部分，是我省文化建设的长期战略目标。省社科院

---

* 本文刊载于河北省委宣传部《宣传信息》2012 年 3 月。

必须时刻瞄准这一目标去谋划发展思路，制定工作举措。近期，省委主要领导在我院党组呈报的《关于院机构调整以来近三年工作情况的报告》上做出重要批示。省委副书记赵勇同志批示：“社科院坚持‘三个服务’的方针，围绕中心，参政咨政，出了一批优秀成果，为又好又快发展做出了积极贡献。望扭住重大关切，出更多成果和人才。”省委书记张庆黎同志批示：“同意赵勇同志意见，一定要抓好巩固提高的工作。”省政协副主席、社科联主席刘永瑞同志对我院工作报告做出批示，既对我院工作成就充分肯定，又对我院今后工作提出更高的期望和要求。院党组立足发展新形势，落实省委新要求，总结三年工作实践，进一步把奋斗目标提升为打造“省级科研一流、国内国际知名、服务河北科学发展”新智库。这既是战略目标，又是战略选择，体现了不断进取、追求卓越的工作要求。我院将继续深化完善“三位一体”工作新格局和“一院两制”新体制，加速形成科学高效的良性运行机制，在配套工作机制、优化资源配置、增强整合效能、促进科学发展上再创新、求突破、出业绩。通过打造“省级科研一流、国内国际知名、服务河北科学发展”新智库，推动工作上水平，推进事业大发展，为建设“经济强省、和谐河北”做出更大的贡献。

## 二　突出重点任务，扭住重大关切，提高智库服务水平

省委八届二次全会指出：“坚持以重大现实问题为主攻方向，加强对全局性、战略性、前瞻性问题研究，加快哲学社会科学成果转化。”这再一次强调了提高社会服务能力和服务水平是哲学社会科学工作的责任和使命所在。落实好全会精神，就必须全面加强理论宣讲、社科研究、社科联合工作，发挥好哲学社会科学在“经济强省、和谐河北”建设中的理论支撑和引领作用，提升服务河北科学发展水平。一是加强社会主义核心价值体系宣传教育，不断推进理论武装工作。围绕巩固发展马克思主义理论学科建设，大力实施中国特色社会主义理论武装工程。广泛开展理论宣讲，组织开展“送理论下基层”活动，组织撰写“惠在何处、惠从何来”形势政策教育宣传读本、《理论热点 2012》等通俗理论读物，为党员干部的学习搞好服务。

加强“河北省中国特色社会主义理论体系研究中心”建设，加强以“两个务必”为核心的西柏坡精神研究，在大报大刊发表一批理论文章，提升“基地”在全国理论界的影响力。二是加强应用研究与决策服务，不断提升对全省经济社会建设的贡献力。围绕贯彻省第八次党代会和省委八届二次全会精神，谋划好院级重大研究课题。以实现“经济强省、和谐河北”奋斗目标的路径选择为重点研究方向，在继续深化“环首都绿色经济圈”研究的基础上，着重加强“河北沿海地区经济发展”的研究，加强社会建设等重大课题的研究，深入开展文化改革发展问题研究，推出更多更好的应用对策研究成果。三是加强工作平台和品牌建设，不断推进社科联合工作。继续开展大型民生调研活动，把民生调研与“三走”活动紧密结合，与“走转改”活动紧密结合，深入研究我省民生方面存在的突出问题，推出有价值、有分量的研究成果。积极参与京津冀区域协作论坛，为京津冀区域协同发展建言献策。改进和完善成果评奖工作，推动优秀成果的社会转化。增强创新意识，做好河北省哲学社科研究基地的建设与管理。加强对各市社科联的工作指导，在部分市级社科联开展“智库”建设试点。加强社团管理工作，对所属社团进行全方位考评。

## 三　开展“三走”活动，锤炼精神和作风，增强智库发展后劲

省委八届二次全会指出：“推动社会主义文化大发展大繁荣，队伍是基础，人才是关键。”建设服务河北科学发展新智库，需要培养一批政治思想觉悟高、业务素质能力过硬、勇于实践、敢于创新、追求真理的社科理论人才队伍。为全面提升我院干部队伍素质，院党组按照省委及省委宣传部的工作部署，结合实际，在全院开展了“三走”活动。一是开展“走基层太行行——河北‘老’‘少’‘边’区红色教育大调研”，组织院领导班子成员、中层领导干部和理论科研人员、行政管理人员深入我省革命老区、少数民族地区、边远贫困地区进行革命传统教育，开展西柏坡精神、社会建设、河北文化品牌和社情民意调研，组织送理论下基层和社科普及活动。通过“走

基层太行行”，进一步强化全院同志的宗旨意识，坚定理想信念，做讲政治的表率。二是开展“走基层沿海行——河北沿海地区发展大调研”，组织承担省委、省政府委托的重大课题科研人员深入秦、唐、沧沿渤海地区新兴增长区域，围绕“京津冀区域经济一体化”“首都经济圈纳入国家‘十二五’规划”“河北沿海地区发展规划上升为国家战略”“百家央企走进河北”等河北经济发展重大问题开展调研，并与京、津、辽、鲁等地专家学者进行座谈研讨，举办“沿海隆起带高层论坛”，推出一批高质量成果。通过“走基层沿海行”，提升科研人员理论联系实际能力，提高科研成果的全面性、战略性、前瞻性、实践性，做干事创业的表率，为建设“经济强省、和谐河北”献计献策。三是开展“走世界开放行——广泛开展国际学术交流与合作”，巩固与国外及我国港台地区高等院校和科研机构已有的交流合作关系，积极拓展与日、俄、韩、英、法、意、美、加、巴西等国家长期稳定的学术交流与合作，形成国际学术交流合作新格局。搞好今年国外高校、科研机构 8 个代表团来院学术交流活动，召开“欧美经济走势与中国经济转型”专题国际学术会议，启动与美国院校交流，互派访问学者，完成与日本高校的合作课题。通过“走世界开放行”，进一步开拓世界视野，创新战略思维，把握学术前沿，推动优秀成果和人才走向世界，更好地服务河北科学发展，做讲创新的表率。我们把“三走”活动与迎接党的十八大召开紧密结合起来，与学习型党组织建设、创先争优活动和基层建设年活动紧密结合起来，与“走转改”活动紧密结合起来，与理论武装、服务决策、繁荣发展“三位一体”工作新格局建设紧密结合起来，努力在全院形成脚踏实地干工作、掷地有声抓落实的好风气、好作风。3 月 19 日，“走基层太行行——河北‘老’‘少’‘边’区红色教育大调研”活动已经在西柏坡举行了隆重启动仪式。院 80 余名干部职工分南北两路，赴邢台县、武安市、涉县和阜平县、唐县、顺平县、蔚县调研考察，同时开展送理论下基层和社科知识普及活动。

# 调研手记

（2012 年 3 月 29 日）

今天来鹿泉市黄壁庄镇古贤村蹲点调研，是按照省委加强基层建设年活动的要求，围绕“强班子、促发展、惠民生、保稳定”开展村情民意调研，并检查我院驻村工作组工作。

古贤村，是我加强基层建设年活动的联系点。它位于鹿泉市最北部，是一个水库移民村，全村人口 2490 人，耕地 1211 亩，去年人均纯收入 5100 元。

早 7 时，我带着办公室和人事处的两名负责同志出发赴古贤村。一个小时后我们见到了在村口等候的驻村工作组组长张福兴、黄壁庄镇镇长贾肃明和村主任刘凤阁。在镇、村同志的带领下，我们先登上了位于村西的黄壁庄水库大坝，俯瞰古贤村全貌，听取刘凤阁同志对村庄规划、土地利用等情况的详细介绍。

初春暖阳下的古贤村庄，和风轻拂，春苗青葱。从大坝上下来，我们走到田间地头，察看小麦长势和土壤墒情。刘主任介绍，村里人均不足 5 分耕地，种植的农作物一年两茬，一茬小麦、一茬玉米，小麦亩产在好地块有过了 1000 斤的，一般的地块都在 800 多斤，一年下来加上玉米差不多在一千七八百斤到两千斤。我认为，要按种地说，过去种到吨粮田这就是相当不错了，如果没有特殊的技术上的突破，再往前走比较难了。20 世纪 70 年代，北方农村粮食亩产 400 斤达到“纲要”，500 斤“过黄河”，700 斤“过长江”。古贤村种地已到精耕细作，大田作物种得好、管得也好。

据刘凤阁介绍，村里还有种植大豆、花生、油葵等油料作物的，亩产一般在 400 斤左右。

古贤村有着悠久的历史，民风纯正，社会比较稳定，在来前听取院驻村工作组汇报时，就了解到村里的“道德评议”工作特色突出，很有成效。走进村庄中，与村民交谈了解到：村里从 20 世纪 90 年代起开展“道德评议”，成立了“道德评议协会”，开展“好老人”“好婆媳”“好妯娌”“好儿女”“文明诚信标兵户”“道德示范标兵户”等评选活动，倡导和引领了文明和谐的新村风。

在实际走访调研后，我们来到村民议事室，与市、镇、村领导干部和村民代表座谈。今天正好赶上石家庄市在古贤村召开现场会，鹿泉市委书记郝竹山、常务副市长刘玉渭、市委组织部部长张旭午等市领导也都在古贤村，现场会结束后，他们也来参加我们的座谈会。

座谈会首先听取了省社科院驻村工作组工作汇报。随后，村民代表、老党员、原村支部书记张振吉介绍了古贤村的历史由来和村里“道德评议”工作开展的情况，村支部书记郝林书和镇党委书记薛志森分别汇报了古贤村及全镇的经济社会发展情况和下一步工作思路。鹿泉市委书记郝竹山也谈了自己的体会，对省社科院驻村工作组一个多月来辛苦、扎实的工作表示肯定，并提出市委、市政府要发挥主观能动性，全力支持省社科院驻村工作组的工作，市财政会拿出一部分资金支持古贤村的发展。听了大家的发言，最后，我谈了几点古贤村发展的建议和对工作组进一步更好地开展工作的意见。

一要贯彻落实好省委要求。领导干部下基层，是省委加强基层建设、推动经济社会科学发展的重要决策。张庆黎书记在我省加强基层建设年活动启动仪式上讲道，我们党的事业根基在基层、血脉在基层、活力在基层。领导干部驻村入户、调研走访，直接联系群众、直接服务群众，对于进一步改进领导作风、工作作风，不断提高领导干部领导科学发展的能力和水平，推进“经济强省、和谐河北”建设，具有十分重要的意义。

二要发扬深厚历史底蕴。通过这次蹲点调研，我感觉到古贤这个有着 2000 多年历史积淀的村庄，经历了中国新民主主义革命和社会主义建设的风雨洗礼，人杰地灵、民风淳朴，人心思定、班子过硬，“两手”共抓、发展势好。

三要因地制宜发展经济。古贤村作为一个水库移民村，人多地少是劣势，但地理位置、生态环境是优势。要在发展高效农业上做文章，通过调整种植结构、增加农作物的附加值，创出品牌，让土地增值、让农民增收。工作组和村委会谋划的种植小棚韭菜项目，可以一试，社科院可以给予一定的资金、技术支持。发展高效农业要注重技术创新、注意工作方法。首先要选好种子、选好地块、选好种田能手；要注意做好因势利导工作，先行尝试、示范引导、逐步铺开。还要重视做好高效农业的产业链延伸，在采摘观光、旅游休闲产业方面进行拓展和尝试。在这方面，省社科院可以派些研究人员帮助搞个规划。

四要加强组织建设。要进一步加强基层组织建设，坚持开展好道德评议活动，不断增强党组织的战斗力，发挥好党员的先锋模范带头作用，凝人心、聚人心，带领全村群众同致富、共发展。

五要发挥好驻村工作组的作用。省社科院驻村工作组要认真落实张庆黎书记在全省动员大会上提出的各项工作要求和院党组的指导性意见，在各级党委的领导下，全力做好帮扶工作，以优良的工作作风、出色的工作业绩，在广大村民心目中留下一支永远不走的工作队。省社科院作为省委、省政府重要的决策咨询部门，要发挥好智力支持的优势，做好谋思路、做规划、找路径的工作，在促进全村事业发展方面贡献力量。

倾心交谈，无拘无束。不知不觉，一天的调研就要结束了。古贤村已经走在建设“经济强省、和谐河北”的新征程上，只要全村上下团结一心、解放思想、抢抓机遇、因地制宜、勇于创新，就一定会创造出一个更加灿烂美好的未来。

# 在院“走基层太行行——河北‘老’‘少’‘边’区红色教育大调研”活动总结交流会上的讲话

（2012 年 4 月 6 日）

今年 3 月，按照院党组“三走”的安排部署，“走基层太行行”走出了第一步！4 月要启动“走基层沿海行”，5 月要启动“走世界开放行”。今天召开总结交流会议，目的是总结第一步，走好第二步、第三步。刚才，保刚同志对我院“走基层太行行——河北‘老’‘少’‘边’区红色教育大调研”活动进行了总结，6 名调研人员代表做了精彩发言，秀平同志宣读了倡议书。这次“走基层太行行”调研活动时间长、行程远、内容丰富，是我院“三位一体”工作格局形成以后组织的比较大的一次活动，为全院“三走”活动开了一个好头。在这里，我代表院党组对参与组织调研活动的同志、向圆满完成调研任务的全体同志表示衷心祝贺和深切敬意。

下面，我就结合当前我院工作实际，讲四个问题。

## 一　深刻理解以“两个务必”为核心的西柏坡精神的深远意义

西柏坡是中国革命的五大圣地之一，新中国从这里走来。以“两个务必”为核心的西柏坡精神，是全党、全国各族人民的宝贵精神财富，是社会主义核心价值体系建设的重要内容，是建设“经济强省、和谐河北”的不竭动力，是河北人民的独特人文优势，它深深融入河北干部群众的精神血脉之中，激励着一代又一代河北人民自警、自励、自觉、自省。省委书记张庆黎同志多次强调要“大力弘扬以爱国主义为核心的民族精神、以改革创新为核心的时代精神和以‘两个务必’为核心的西柏坡精神”。为深入开展“建强省、促和谐、迎接党的十八大”宣传教育活动，我院“走基层太行行——河北‘老’‘少’‘边’区红色教育大调研”启动仪式选在西柏坡纪念馆广场举行，又从这里出发，具有十分特殊的意义。就是希望同志们以革命先辈为榜样，发扬敢于斗争、敢于胜利的开拓进取精神，把西柏坡作为服务河北发展、实现人生价值的新起点，为繁荣发展哲学社会科学、为党和人民的事业做出新贡献。

在改革开放和社会主义现代化建设的新时期，西柏坡精神被赋予了新的时代内涵，尤其需要我们深入研究、大力弘扬。当前，全省宣传思想文化系统以深入落实庆黎书记提出的“一个好的精神状态、一个好的工作作风、一个好的工作业绩”为契机，积极推进“三个一”主题教育实践活动。院党组按照省委及省委宣传部的统一部署，结合我院实际，决定在全院开展“三走”活动。“走基层太行行”作为其中的一项重要活动率先启动，具有示范意义。两路“走基层太行行”的同志们深入革命老区，感受红色激情，体味“两个务必”，弘扬践行敢于斗争、敢于胜利的大无畏精神，永不骄傲、永不自满的进取精神，不懈努力、艰苦奋斗的创业精神，接受人生洗礼，对党的根本宗旨、历史使命、优良传统有了更深刻的理解，进一步筑牢了理想信念，焕发了革命斗志，锤炼了工作作风。我坚信：这次“走基层太行行——河北‘老’‘少’‘边’区红色教育大调研”的成果必将转化为推动我院建设“省级科研一流、国内国际知名、服务河北科学发展”新智库的强大动力。

## 二　“走基层太行行——河北‘老’‘少’‘边’区红色教育大调研”活动是“三个一”主题教育活动的生动实践

省委关于实现“一个好的精神状态、一个好的工作作风、一个好的工作业绩”的要求，内涵丰富，意义深远。

好的精神状态就是要有奋发向上、充满活力的蓬勃朝气，攻坚克难、一往无前的昂扬锐气，廉洁奉公、刚正不阿的浩然正气，说到底就是要有强烈的事业心和高度的责任感，有一股为党和人民事业殚精竭虑、夙兴夜寐的精气神。

好的工作作风就是要牢记党的宗旨，坚持群众路线，想问题、做决策、办事情始终把群众利益放在首位，矢志不渝地为群众谋福祉；就是要凝神聚力，心无旁骛，把全部心思用在抓工作、干事业上，出实招、用实劲、求实效，以咬定青山不放松、不达目的不罢休的劲头真抓实干、艰苦奋斗。

好的工作业绩就是要在经济社会发展上结硕果、结大果，使整个社会更安宁、更和谐、更有活力，让老百姓过得更安心、更舒心、更顺心，创造出经得起实践、人民和历史检验的实绩。

我院把调查研究同服务决策、服务发展、服务基层紧密结合起来，彰显理论武装、服务决策、繁荣发展“三位一体”工作新格局的独特优势。通过“走基层太行行——河北‘老’‘少’‘边’区红色教育大调研”活动，研究探索实现科学发展的内在规律，建设“经济强省、和谐河北”的路径选择，以促进科研工作“出精品、出人才、出效益”。

“走基层太行行”让我们认识到，红色精神是新时期民族精神的魂魄，要弘扬传承。在建设“经济强省、和谐河北”以及实现从文化大省向文化强省跨越的进程中，我院应该进一步发挥自身优势，积极贯彻省委八届二次全会精神，以我省开展的“大力弘扬西柏坡精神”活动为契机，组织专家学者对全省各地特色鲜明的红色精神和红色文化的历史沿革、丰富内涵、重大意义以及在促进区域经济社会发展中的重要作用进行深入研究、广泛宣传、准确阐释，从理论深度、创新层面弘扬和传承红色精神，让红色精神在新时期发挥鼓舞人心、凝神聚力、促进发展的重大作用。

“走基层太行行”让我们认识到，扎根实践是繁荣哲学社会科学的法宝，要持之以恒。“基层是最好的课堂，群众是最好的老师”，社科理论工作者唯有俯下身子，扎根实践，走出书斋，跳出书本，才能真正从实践中汲取养分、从实践中获得灵感。当前，经济社会发展日新月异，实践带给我们的课题和思考层出不穷。只有准确把握社会新变化、新动向，才能提高社科工作服务决策、服务发展、服务基层的能力与水平。因此，我们必须把深入基层、深入实践作为一种理念贯彻到我院各项工作中，并使之常态化、制度化，做到坚持不懈、持之以恒。

“走基层太行行”让我们认识到，服务群众是社科理论工作者的使命，要坚定不移。无论是打造新智库还是“三个服务”，归根结底都是为人民群众谋利益，为全省经济社会发展大局服务。我院拥有一支政治坚定、业务精良、学科齐全的社科理论队伍，在全省社科理论战线发挥着龙头引领作用，承担着社科研究、理论宣讲与普及的光荣使命，必须进一步提高全院干部职工的思想认识，坚定不移地走群众路线，把服务群众作为社科工作的根本出发点和落脚点，多从群众立场思考问题，多用群众语言阐释理论，多为群众利益摇旗呐喊，真正体现出社科理论工作者应有的群众情怀和政治立场。

## 三　爱岗敬业是成就事业的基石

什么是爱岗敬业？人类社会历史的发展历程告诉我们，每一项科学发现，每一次技术进步，都闪耀着敬业精神的光辉。爱岗敬业是社会对每个社会成员个体的普遍性的、最基本的道德要求。爱岗与敬业有着紧密的联系。爱岗，就是热爱自己的工作岗位，热爱自己的本职工作。敬业，就是以极端负责的态度对待自己工作。敬业的基本意思就是恪尽职守，大致包括敬重自己所从事的工作，并引以为豪；深入钻研探讨，力求精益求精。

一是爱岗敬业才能有事业。中华民族历来有“忠于职守”“在其位谋其政”的传统。不管社会如何进步如何发展，敬业精神永远是值得推崇的。雷锋同志说过：“把简单的事情做好就是不简单，把平凡的事情做好就是不平凡。”敬业是一种境界，一种信念。敬业就是要尊重自己的工作，忠诚于自己的工作，在平凡的岗位上做出不平凡的成绩。社科事业繁荣与发展需要大家团结起来共同奋斗，爱岗敬业的实际行动必将成为社科事业发展壮大的坚实基础。

二是爱岗敬业才能实现人生价值。敬业是一种积极向上的人生态度。在平凡的岗位上怎样实现人生价值？人的价值在于奋斗、进取和奉献，做好本职工作是最基本的要求。敬业精神不是空洞的口号，而是体现在实实在在的工作中。在平凡的岗位上长期爱岗敬业、创造满意的业绩，需要坚韧不拔的毅力。站好每一班岗，做好每一件事，认真履行职责，时刻牢记职业道德，把自己所掌握的科研方法与社科事业的发展相融合，做一个爱岗敬业的社科工作者。

三是爱岗敬业才能更有地位。对我们社会科学工作者来说，我们的产品就是科研成果，“为决策服务、为发展服务、为基层服务”是我们的办院方针。提高科研工作者的科研水平，提高行政管理工作者的管理水平，增强敬业精神，力争有更大作为，才能有更高地位。

## 四　将学习雷锋精神作为推动我院各项工作的强大精神动力

2012 年 3 月 26 日上午，省委召开常委会议，传达学习全国深入开展学雷锋活动座谈会和第九届中国公民道德论坛会议精神，听取我省近期学雷锋活动开展情况的汇报，研究我省认真贯彻落实李长春同志、刘云山同志重要讲话精神，进一步深化和拓展学雷锋活动的意见。省委书记张庆黎主持会议并做重要讲话。雷锋同志虽然是一名普通的人民解放军战士，但是他又是家喻户晓的全心全意为人民服务的楷模。他有一句名言：“人的生命是有限的，可是为人民服务是无限的，我要把有限的生命投入到无限的为人民服务中去。”可以说，雷锋精神传承了中华民族的优良品德，体现了社会主义思想道德的本质要求，展现了中国共产党人的光辉品格，彰显着社会主义核心价值体系的精髓要义。雷锋精神培育、激励、鼓舞着一代又一代人的健康成长，是我们学习的榜样。雷锋精神并不仅仅体现在做好人好事上，更重要的是体现了共产党人的人生境界。在新的历史条件下弘扬雷锋精神，要学习他爱党爱国的坚定信念、助人为乐的宝贵品格、敬业奉献的高尚情操、锐意创新的进取精神、艰苦奋斗的优良作风。

当前，全省上下正在按照省第八次党代会做出的部署，奋力开创建设

“经济强省、和谐河北”的伟业。要把这个宏伟蓝图变为现实，需要动员共产党员、共青团员、干部群众，要调动一切积极因素，以“三个一”的要求来营造一个干事创业的好的氛围。说实在的，社会上一度流行对学雷锋打一个问号，说什么“应该不应该”“过时不过时”等，这确实是一种很偏颇的甚至是错误的认识。现在来说，雷锋精神不仅没有过时，而且具有现实的、深远的意义，不光过去需要雷锋，现在更需要雷锋，今后仍然需要雷锋。一个国家，一个社会，如果没有一种正义感、没有一种正确的精神方面的楷模，这个社会就不成其为一个健康的社会。如果我们每个党员、公民都能够自觉地弘扬雷锋精神，把个人的理想与伟大的目标统一起来，把个人的奋斗与伟大实践结合起来，我们的事业就会充满生机，我们的社会就会和谐稳定。

在全院深入开展学雷锋活动，要按照庆黎书记提出的“叫得响、常态化、带好头、树典型”的要求，广泛进行雷锋事迹、雷锋精神和雷锋式人物的研究宣传，广泛开展学雷锋实践活动，广泛普及爱岗、敬业、诚信、友善基本道德规范，形成践行雷锋精神、争当先进模范的生动局面，形成我为人人、人人为我的良好人际关系和社会风尚，团结互助友爱，把社科院建设成为和谐祥和的大家庭。一是要发挥理论优势，对雷锋精神做出时代阐释、赋予时代内涵，加强学习雷锋志愿服务对策、政策、措施研究，指导学雷锋活动不断深化。二是结合开展“善行河北”道德实践，推动学雷锋活动全民化。要引导全院职工通过学雷锋活动大兴互助之风、诚信之风、孝敬之风、敬业之风。三是搭建学雷锋活动平台。在全院开展创建文明处室、文明家庭、学雷锋标兵活动，坚持重在参与、重在过程的原则，使全院职工在广泛参与中学雷锋、做好事。积极开展志愿服务。以“关爱他人、关爱社会、关爱自然”为重点，开展评比表彰，褒扬先进，确保学雷锋活动取得实实在在的效果。

# 在“走基层沿海行——河北沿海地区发展大调研”活动启动仪式上的讲话

（2012 年 4 月 8 日）

按照省直宣传文化系统“三个一”主题教育实践活动的安排部署，院党组经过深入谋划，决定在全院开展“三走”活动。第一阶段“走基层太行行——河北‘老’‘少’‘边’区红色教育大调研”取得圆满成功，同志们深入我省革命老区、边远贫困地区，进行革命传统教育，筑牢理想信念，焕发革命斗志，锤炼工作作风，活动取得预期效果。

今天，我们开始启动第二阶段活动——“走基层沿海行——河北沿海地区发展大调研”。活动从唐山曹妃甸出发，分为南北两条线，利用一周左右时间，北线同志们将赴秦皇岛、锦州、营口、大连等地，南线同志们将赴天津、沧州、东营、青岛等沿海建设第一线，紧紧围绕“京津冀区域经济一体化”“首都经济圈纳入国家‘十二五’规划”“河北沿海地区发展规划上升为国家战略”“百家央企走进河北”等河北经济发展重大问题，深入港口、技术开发区、重点企业进行考察调研。

我们将深入实际，开阔眼界，对标先进省市发展经验，不断提升科研人员理论联系实际能力和发现问题、解决问题的能力，提高科研成果的实践性、前瞻性，为省委、省政府决策提供精神动力和智力支持，为实现“三个服务”的办院方针和“省级科研一流、国内国际知名、服务河北科学发展”新智库办院目标创造条件、奠定基础。

下面我对参加调研的科研人员提三点希望。

第一，希望同志们进一步加强认识，明确目标，保持不断进取、奋发有为的精神状态。

省委提出开展“三个一”主题教育实践活动，创新观念，解放思想，对实现省第八次党代会确立的建设“经济强省、和谐河北”具有重要意义。我院开展“三走”活动，是贯彻落实省委要求的具体举措。毛主席说过，人是要有点精神的。人无精神不立，国无精神不强。一个党员干部如果没有一种昂扬向上的精神，没有使命般的激情，不思进取，生命就失去了存在的价值和意义。我们社科工作者更是这样。如果没有为经济社会发展服务的使命感和紧迫感，没有一个好的精神状态、工作作风，科研生产和科研创新就是一句空谈。我院几年来取得的工作成绩也切实说明，只有在精神状态方面立朝气破暮气、立锐气破惰气、立正气破浮气，真正实现干事创业、奋发有为的精神状态，各项工作才能走上新台阶。当前我省在建设“经济强省、和谐河北”的进程中面临很多新问题、新挑战，我们的“三走”活动，就是要俯下身子，深入一线，深入调研，发现问题，解决问题，进一步转变作风，提高科研能力。希望同志们按照省委“三个一”主题教育实践活动的要求，进一步提振精神，锤炼作风，牢固树立不断进取、奋发有为的精神状态。

第二，希望同志们深入实际，多接“地气”，树立求真务实、理论联系实际的工作作风。

国务院批复《河北沿海地区发展规划》，标志着我省沿海地区发展正式上升为国家战略。这是我国在“十二五”时期推动科学发展、加快转变经济发展方式的重要战略部署，是促进京津冀和全国区域协调发展的重大举措，也是我省改革发展面临的重大机遇。当前，全省上下正在抢抓时间，下大力气推动沿海地区加速发展，举全省之力打造曹妃甸新区、沧州渤海新区新的区域增长极。作为省委、省政府的“新智库”，我院也要把研究重点放到打造我省沿海隆起带、促进沿海地区率先发展上来，要围绕曹妃甸、沧州渤海新区等沿海地区的发展路径、产业布局、交通规划、生态环保、制度创新等方方面面的问题深入研究，多提创新性、前瞻性的对策建议，服务省领导决策。我们这次对沿海地区几个省市的调研，就是要开阔眼界，对标先进，学习经验。希望同志们要带着问题去调研，做到在调研中联系实际，突出重点，结合问题搞调研，结合调研解决问题。不仅在调研成果上有收获，而且在树立求真务实、理论联系实际的工作作风上见实效。

第三，希望同志们精心谋划，攻坚克难，拿出一批高水平的调研成果。

一个好的科研项目，不光要谋划好、设计好，最终还要落实到好的成果上来，真正实现出精品、出效益。我们这次“走基层沿海行”活动安排很紧密，考察的项目多，还要召开几次座谈会，回来后各调研组要根据调研任务及时形成研究报告，及时上报省委、省政府有关领导，呈送省直有关部门领导及相关地市领导参阅。还要根据调研座谈交流的内容补充完善，精心修改，最后要搞一个“河北省沿海地区经济发展问题研究”的专项成果并及时出版。通过对成果的推介、宣传，进一步扩大我院调研活动的影响，提高我院的学术地位及在全省相关研究领域的话语权。

同志们，希望大家珍惜此次调研活动机会，走出去多看多听多思考，克服困难，认真谋划，不断提高研究水平和服务能力，提出切实可行的对策措施，促进我省沿海地区经济科学发展、促进河北省经济社会又好又快发展。希望同志们在活动中遵守团队纪律，外出注意安全，注意身体健康，以一个愉悦、充实的精神状态圆满完成此次调研任务。

# 在院“走基层沿海行——河北沿海地区发展大调研”活动总结交流会上的讲话

（2012 年 4 月 28 日）

按照院党组“三走”活动的安排部署，继“走基层太行行”圆满结束后，4 月 8 日至 16 日，我院开展了为期 9 天的“走基层沿海行——河北沿海地区发展大调研”活动。刚才，思远和新旗同志分别代表南线和北线调研组，对活动情况进行了总结，6 名参加调研的同志从不同角度、不同侧面做了精彩发言，我都赞同，也很受启发。这次调研活动虽然时间短、行程紧，但内容丰富、成果丰硕，第二个“走”达到了预期目的，实现了既定目标。在这里，我代表院党组对调研活动的圆满完成表示祝贺，向参加调研和参与工作的同志们致以敬意！

下面，我结合活动开展情况和当前工作，讲三个问题。

## 一　总体评价

大家知道，为深入贯彻落实张庆黎书记提出的实现“一个好的精神状态、一个好的工作作风、一个好的工作业绩”，深入推进省直宣传文化系统开展的“三个一”主题教育实践活动，年初院党组研究提出，在全院开展“三走”活动，目的是通过载体创新和举措创新，形成优化工作作风、提升服务能力、提高工作水平的有力抓手。“走基层沿海行”调研活动在“三走”当中与全院的中心工作联系得最为紧密，对于队伍的能力和素质建设意义最为重要，对于确保全年目标任务的圆满完成作用最为突出，应该说是“三走”活动的“重头戏”。9天时间里，调研组分南北两线，深入环渤海沿线，走进改革开放主战场，行程4000余公里，考察了20余个港口、企业和社区。所到之处，大家为如火如荼的建设场景所感染，为蒸蒸日上的发展成就所震撼，打开了科研视野，掌握了一手材料，学习了先进经验，启发了深入思考。总体评价，这次调研活动可以概括为“四个好”。

一是时机好。2011年10月，国务院批复《河北沿海地区发展规划》，标志着我省沿海地区发展正式上升为国家战略。省第八次党代会上，张庆黎书记代表省委响亮提出了建设“经济强省、和谐河北”的战略目标，明确提出举全省之力打造曹妃甸新区和渤海新区两大增长极。全省经济工作会议做出了坚持重点先行、把沿渤海地区迅速打造成新兴增长区域的战略部署。在省两会上，张庆伟省长所做的《政府工作报告》对这个问题又做了系统全面的阐述。今年1月30日和3月31日，省委、省政府分别在唐山、沧州就加快推进曹妃甸新区和渤海新区建设召开现场办公会。省委、省政府围绕沿海地区发展做出的一系列战略性部署，进一步凸显了曹妃甸新区和渤海新区在河北发展全局中的战略地位。河北如何使沿海地区变“洼地”为“高地”，打破窘境，闯向前端，做好这篇大文章，机遇和挑战并存。我院作为省委、省政府重要的决策咨询机构，在河北发展处于关键时期的关键时刻组织开展大型沿海调研活动，急河北发展之所急，想领导决策之所想，不仅时机恰当，而且意义重大。

二是选点好。这次沿海调研所选择的地区、城市以至企业在发展方面各具特色，典型性强。锦州、营口、大连是辽宁省实施“五点一线”沿海经济带开发开放战略的重点区域，三座城市在发展水平上呈“阶梯状”，对于我们开展比较性研究价值很高。天津滨海新区以当好贯彻落实科学发展观的“排头兵”定位发展，迅速成为中国经济增长“第三极”。新区为我省所环抱，对于河北发展影响力强。青岛市是山东省乃至黄河流域经济社会发展的“龙头”城市，正朝着国家级中心城市迈进；东营市作为山东半岛蓝色经济区“三个城镇组团”的重要组成部分，着力推进港区一体化，打造黄蓝融合桥头堡。这些城市在推动沿海地区经济社会发展上创造了很多鲜活经验，对于我省沿海地区的开发建设具有很好的借鉴作用。

三是形式好。这次调研活动紧紧围绕河北沿海发展这个主题，行程安排服从调研需要，活动组织服从任务需要，调研效率高、针对性强，许多好的组织形式、调研方法值得总结和推广。比如，充分发挥“三位一体”体制优势。参加这次调研活动的既有从事科研工作的专家学者，又有从事理论宣讲的骨干力量，还有从事科研组织管理工作的干部；有应用学科专家，也有基础学科学者。大家既各展优长，又取长补短，施展跨学科的综合研究能力，发挥专家库的团队攻关作用，增强了调研成效，提高了研究水平。再如，打有准备之仗。参加调研的每一位同志出发前都确定了一个调研主题，事先做功课、写方案；调研期间，带着问题搞座谈交流、听情况介绍、看工作现场，增强了调研的目的性，也增强了研究的针对性。

四是保障好。调研活动各项筹备工作细致入微，有条不紊。孙继民副院长作为“走基层沿海行”总指挥，总体调度安排；杨思远、刘月副院长分别作为南北两线指挥，亲自预先踩点、带队前行；科研处焦新旗、孟庆凯同志直接承办，院办公室盛忆东、黄军毅同志统一协调，从调研地点选择、人员配备到行程安排、活动组织，都精心设计、妥善安排，这些工作为调研活动的圆满成功奠定了良好基础。在调研周期短、任务重、战线长的情况下，调研组每到一处，都受到了当地党委、政府、新区、企业的热情接待和大力支持。中共唐山市委书记王雪峰，唐山市市长陈国鹰，中共秦皇岛市委书记王三堂，中共沧州市委副书记邓沛然，渤海新区管委会副主任张立忠，营口市市长葛乐夫，辽宁社科院党组书记、院长鲍振东，天津社科院副院长王立国，山东社科院副院长王志东、郑贵斌，大连市社科院（社科联）党组书记张莉等领导同志都接见了调研组，或陪同调研，或参加座谈会，给予调研活动极大的关心和帮助，为本次调研活动成功提供了重要的保障。特别是调研当地的党政主要领导同志，在交谈中给我们提了很多问题，也提出很多课题。他们在第一线负责某一方面的领导工作，搞开发、搞开放、搞研究，站得更高、看得更远。作为决策者，他们当前最为关心的问题、迫切需要解决的问题，都与调研组做了沟通，使我们的调研获得了更高层次的信息，使我们的研究更具有针对性。同时，调研组也和开发区、港务局、大厂企的负责人进行了面对面的交流。两方面结合起来，对我们启发非常大。另外，作为我们的同行，辽宁社科院、山东社科院、天津社科院、大连市社科院、青岛市社科院，都千方百计为我们安排考察、组织座谈，保障了我们调研活动的顺利开展。

## 二　主要收获

通过“走基层沿海行”调研活动，我们更新了观念，解放了思想，开阔了视野，明确了方向，对于更好地谋划和研究我省沿海地区发展，推进服务河北科学发展新智库建设，具有重要的现实意义和长远意义。概括活动的收获，主要有四个方面。

一是锤炼了作风。理论联系实际是我们党一贯倡导的优良作风，对于科研工作来说，它就是一条“生命线”。通过“走基层沿海行”，我们对这条“生命线”的认识更加清晰也更加真实。哲学社会科学工作者只有始终如一地“贴近实际，贴近生活，贴近群众”，扎扎实实地搞好调查研究，才能发现和把握住有价值的研究课题，提出切实可行的对策建议，在服务党委、政府决策方面真正有所作为，在科学研究的职业道路上实现人生理想和价值。

二是转变了观念。思想决定思路，思路决定出路；解放思想天地宽，转变观念办法多。通过调研活动大家应该悟出这样一个道理，发展上的“领跑者”，思想解放得早，观念更新得快，机遇面前他们以开阔的眼界谋划发展，困难面前他们以超凡的胆识推动工作。最终的结果是，他们把“不可能”变成了可能，把“想不到”变成了现实。善于用改革的办法破解前进道路上的各种矛盾和问题，善于用开放的思路谋划推动发展，敢于打破条条框框，突破传统思维定式，敢闯敢试，敢走新路。持续地解放思想，始终保持思想的活力、工作的活力，在新的起点上推动事业新一轮的大跨越、大发展。这样的思想境界应该内化成为我们推进事业发展、攻克科研难题的强大思想动力。

三是提升了能力。对于社科院来讲，提升能力应该体现在哪些方面？我想应该体现在“为决策服务、为发展服务、为基层服务”上。那么，衡量能力提升的标准是什么？我想应该是“出精品、出人才、出效益”。通过“走基层沿海行”，我们围绕加快推进河北沿海地区发展重大问题，学习经验、查找差距、对标先进，收集到了许多“第一手”材料，也进行了比较深入的思考。南北两线调研组回来后分别召开了座谈会，党组听取了调研情况汇报，感到大家都有新思考、都有新收获，我希望同时也相信调研组能够最终形成一份有价值的《河北沿海发展调研报告》，让这份代表我院科研实力、最新成果的报告，为推动“经济强省、和谐河北”建设，特别是推动河北沿海地区发展做出新贡献。

四是扩大了影响。近一段时间，“走基层沿海行”活动得到众多媒体的关注。河北电视台跟踪报道了活动情况。人民网、中国社会科学网、环球网、河北新闻网等中央和省主要媒体竞相报道和转载。院网站也同步推出调研活动专题网页，上传图片及视频新闻 40 余条。媒体和社会的广泛关注，扩大了我院的影响力，提高了我院的美誉度。希望大家以此为动力，在各自的岗位上，把工作做得更好。

## 三　三点要求

一要解放思想，改进作风，增强“为决策服务、为发展服务、为基层服务”的自觉性和责任感。省委关于实现“一个好的精神状态、一个好的工作作风、一个好的工作业绩”的要求，意义重大。这是实现省第八次党代会提出的建设“经济强省、和谐河北”奋斗目标的重要保障。没有一个好的精神状态，没有一个好的工作作风，就不可能完成艰巨的改革发展任务，实现宏伟的奋斗目标。实践表明，院党组关于开展“三走”活动的决策是正确的。通过“三走”活动，全院广大干部职工进一步树立起以“两个务必”为核心的西柏坡精神，进一步树立起求真务实、脚踏实地的工作作风，进一步夯实了我院新智库建设的基础。

深入实际开展调研是“三走”活动的重点，也是切实转变工作作风，树立正确的业绩观的重要手段。作为党委、政府的智囊团和思想库，要想发挥好决策咨询和服务发展的职责和使命，就必须时时把调查研究放在首位。

没有调查研究，没有对现实问题的深入了解，思想必然缺乏深度，提出的决策建议就缺乏针对性和实效性。忽视调查研究或调查研究不够，往往导致主观认识脱离客观实际，提出的建议一经采纳，会造成决策失误，使党和人民的事业蒙受损失。所以说，调查研究是社科工作者的基本功，是社科工作者整体素质和能力的重要组成部分。事实上，深入实际开展调研的过程既是转变作风的过程，也是解放思想的过程。老办法不可能解决所有的新问题，要搞好调查研究就必须与时俱进，在借鉴运用长期实践中积累的有效方法的同时，还要积极适应新形势新情况特别是当今社会信息网络化的特点，进一步拓展调研渠道、丰富调研手段、创新调研方式，学习、掌握和运用现代科学技术开展调研，不断提高调研的效率和科学性。

院党组举全院之力组织开展这次大调研活动，并不是单单把它作为一项活动来谋划，而是将之提升到积极推动新智库建设的战略高度来考量。目的是通过这次活动，在解放思想、转变作风的同时，进一步明确科研的方向和导向，增强调查研究的自觉性、主动性，在全院形成大兴调查研究的良好风气，不断提高“为决策服务、为发展服务、为基层服务”的能力和水平，积极提升社科研究在我省经济社会发展中的贡献力和话语权。

二要扭住重大关切，突出科研重点，深入研究“经济强省、和谐河北”建设中的重大现实问题。胡锦涛同志在党的十七届六中全会上明确指出，要立足我国社会主义初级阶段基本国情，以宽广的眼界观察世界，组织力量开展调查研究，努力回答对我国经济社会发展带有全局性、战略性的重大问题。年初，庆黎书记和赵勇副书记在我院呈报的《关于院机构调整以来近三年工作情况的报告》上做出重要批示，在充分肯定成绩的同时，要求我院扭住重大关切，抓好巩固提高的工作。这充分体现了党中央和省委对哲学社会科学工作的新要求、新期待。前不久，省委、省政府分别在唐山、沧州召开的加快推进曹妃甸新区开发建设现场办公会和加快推进渤海新区开发建设现场办公会，加上全省扶贫开发暨环首都扶贫攻坚示范区建设工作会议，完整地构成了省第八次党代会提出的两个“举全省之力”的战略框架，为实现“经济强省、和谐河北”目标开了一个好局。我们一定要深刻认识省委、省政府提出两个“举全省之力”的重要意义，主动融入、积极参与到全省经济社会建设的大局中去。

要进一步增强“问题”意识，在围绕我省沿海地区发展的研究上，要把省委主要领导指出的曹妃甸新区和渤海新区发展中面临的突出问题作为研究的重点。如渤海新区“管理体制不够顺”“项目层次不够高”“融资渠道不够多”“各类人才不够用”等问题；又如曹妃甸新区“在管理体制上，缺乏一个统一的、有力的、高效的、规范的行政管理机构”“在资金投入上，缺乏一套理念先进、方式灵活、渠道多样的投融资体制”“在设施配套上，缺乏与现代化港口、港区、港城相匹配的承载和集聚能力”“开发区内生产区和居住区的布局”等问题。要举全院之力，有效整合社科资源，把全省改革发展中攻坚克难的重点作为我们调研的重点，把省委、省政府领导提出的需要解决的重大问题作为我们研究的重点，找准坐标点，选准起跑线，务求尽早取得实实在在的效果。

三要发挥智库作用，打造调研精品，更好地服务领导决策和发展大局。调查是研究的前提，研究是调查的深化。衡量调查研究搞得好不好，不是看调研的规模有多大、时间有多长，而是看调研的成果质量怎么样，是不是能够满足领导决策的要求、经济社会发展的需要、基层干部群众的期待。从以往的情况看，有两类问题需要避免，一是调查不够的问题，二是研究不够的问题。对我们来讲，后一个问题可能更突出一些。有的同志只调查不研究，装了一兜子材料，汇报一下了事。这种调查多、研究少，情况多、分析少，不解决什么问题的调查研究，只能是事倍功半。这次“走基层沿海行”大调研活动，我们已经取得了初步的成果。刚才，从调研组代表的发言和总结可以看出，大家的功课做得很扎实，都带着问题带着课题下去调研，边看边问边听边思考，成果很丰硕。当然由于时间的原因，大家看得可能还不够仔细、了解得还不够深入，这些都可以通过各种信息渠道加以弥补。下一步就是要下功夫做好研究的工作，把零散的认识系统化、把粗浅的认识深刻化，把大量和零碎的材料经过去粗取精、去伪存真、由此及彼、由表及里的思考、分析、综合、归纳，加以系统化、条理化，透过纷繁复杂的现象抓住事物的本质，找出它的内在规律，由感性认识上升为理性认识，从而找到解决问题的正确办法，提出高质量的决策建议。各调研组要根据调研任务及时形成研究报告，及时上报省委、省政府领导和有关部门参阅。调研组成员要根据各自的学科特点和研究专长形成有价值有分量的专项成果，并及时结集出版。要精心筹备“河北省沿海经济隆起带发展高层论坛”，力争推出一批深接地气、高屋建瓴的研究成果。

同志们，时间转眼已经到了 4 月底，一年三分之一的时间已经过去了，完成全年工作的目标任务，时间紧迫，任务繁重。进入 5 月，我们将开展第三步“走世界开放行”活动。前几天院党组听取了院外办工作汇报，进行了工作调度。上半年，我们已经接待了日本京都大学、美国印第安纳大学—普渡大学韦恩堡分校代表团的来访，“走世界开放行”的工作已经展开。6 月，我院代表团也将出访日本、韩国。尤其重要的是，5 月将由我院主办“欧美经济走势和中国经济转型国际学术研讨会”，中欧美等国的专家学者将参加研讨会。我们要把工作安排好、计划好，在走好前两步的基础上走好第三步。“走世界开放行”主要活动由院外事办组织，时间跨度更大，涉及多个国家专家学者的来访，在会议筹备、学术论文准备等方面要积极、努力、精心，确保研讨会圆满成功。希望大家以咬定青山不放松、不达目的不罢休的劲头干实事、求实效，为打造“省级科研一流、国内国际知名、服务河北科学发展”的新智库，为建设“经济强省、和谐河北”而努力奋斗。

# 抓产业必须拿出实实在在的措施和办法*

（2012 年 5 月 4 日）

河北省第八次党代会明确提出了我省“一产抓特色、二产抓提升、三产抓拓展”的经济发展战略。最近省委书记张庆黎同志在省党代表会议上又进一步指出，在实施这一经济发展战略上，“必须拿出实实在在的措施和办法，把共识变为行动，把行动变为成果”。这对于引领我们树立“抓经济就是抓产业，抓发展就要抓产业”的新理念，致力于打造河北科学发展的内生动力，加快转变经济发展方式，推动全省经济快速健康发展，具有非常重要的指导意义。

## 一　立足产业确立经济发展战略，已成为推动河北经济发展的共识

产业是创造国民财富的主要部门。只有产业得到发展，才会有经济的发展、区域的振兴、民生的保障，才能为和谐社会建设打下坚实基础。我省把“一产抓特色、二产抓提升、三产抓拓展”确立为经济发展战略，既符合我省调结构转方式的实际，也有工业化、城镇化与农村现代化“三化同步”的要义，更有优化区域布局、完善产业发展环境、提升区域市场化水平的要求。从这一点上来说，确定这样一个战略，看似平淡，却蕴含深厚，视角多

* 本文刊载于《河北日报》2012 年 5 月 4 日。

维，思虑长远。

经过新中国成立60多年特别是改革开放30多年的不懈奋斗，我省经济发展有了一个好的基础。近年来，省委、省政府按照中央要求和部署，紧紧围绕实现科学发展、转变发展方式，做出了一系列重大决策部署，全省产业结构调整取得了初步成效。“十一五”期间，第一产业的基础地位继续稳固，粮食产量连续八年增产；第二产业已基本形成了以钢铁、装备制造、化工、医药、食品、建材、纺织服装为主导的产业体系，现代装备制造、电子信息、生物医药、新能源等新兴产业不断壮大，规模以上高新技术产业占工业增加值的比重提高一倍以上；第三产业发展步伐加快，服务业年均增长22.7%，高出经济增长10个百分点，现代服务业已成为国民经济快速发展的重要推动力量。三次产业结构有所改善，由2005年的14.4∶52.6∶33.0调整为2010年的12.7∶53.0∶34.3。

然而，同时我们也要看到，我省产业结构仍存在以下主要问题：一是在第一产业内部，区域特色不明显，农业产业化水平低。河北是农业大省，是全国重要的“米袋子”“菜篮子”产品生产供应基地，主要农产品产量位居全国前列。但是，河北还不是农业强省。我省是一个人口大省，城镇化水平相对较低，农业农村人口占较大比重，而且相当一部分农民还以农业为主要收入来源。目前我省农民人均第一产业纯收入低于全国平均水平，农产品加工业发展滞后，农产品加工转化率和农产品加工增值率均明显低于全国平均水平。特别是农业龙头企业数量少、规模小、产业集中度低，规模以上加工龙头企业仅占全部农产品加工企业的7%；农业增加值占全国的6.3%，而规模以上农产品加工业总产值只占全国的3.5%。二是在第二产业内部，偏重型结构仍然没有根本改变。由于历史原因，我省第二产业的发展大体上形成了一种“偏重、低端、粗放”的产业特征，与现代产业体系的要求存在很大差距。“偏重”，主要是指产业结构不合理，二产内部比例不协调。长期以来，大规模、高强度资源开发形成了我省高度依赖资源的主体工业体系。传统资源型重化产业扩张势头强劲，新兴产业和接续产业比重偏低。先进装备制造、新一代电子信息、新材料、新能源、生物医药等“新星”产业，尽管发展速度加快，但规模十分有限，还难以担当起带动全省经济社会持续、快速发展的重任。“低端”，主要是指产品结构不合理，技术含量不高，工业发展缺乏品牌意识。产品技术创新一直是我省的“老大难”问题，品牌缺失始终制约着工业层次的提高。长期以来，大多数企业重生产，轻管理创新、文化创新和经营机制创新，技术研发投入低，新产品开发、产品生命周期升级和名牌产品创建的能力及手段落后，导致企业自主创新、集成创新和引进吸收再创新能力远远落后于东部先进省市，最终形成了我省二产发展“低层次徘徊、品牌化危机、创新力萎缩、反应力迟缓”的局面。“粗放”，主要是指产能结构不合理，资源能源浪费严重。当前我省资源型产业中拥有先进大装置的企业还很少，很多企业拥有的仍是落后的装备、待淘汰的技术和高能耗、高污染的产能。由此可见，多年积累形成的结构偏重、资源消耗大、低端产品多、产能小而散、技术水平低等产业问题，严重制约着我省经济又好又快发展，尤其是对可持续发展的动力和活力方面有着重要的影响。因此，抓二产只有把提升作为着力点，才能有效地解决二产发展的难点问题。三是在第三产业内部，传统服务业比重较高，现代物流、金融保险、信息服务等生产性服务业发展滞后，服务业的整体竞争力差。例如，2010 年，中国服务业 500 强中，我省仅有 20 家，占全国的比重为 4%，低于我省 GDP 占全国 GDP 比重一个百分点。更有比较意义的是，这 20 家服务业企业总的营业收入、利润、资产、纳税、从业人员分别占全国服务业 500 强总量的 1.06%、0.66%、0.13%、0.50% 和 1.31%，说明所占比重较低，经营水平、获利能力更低，这也是我省与先进省市的本质差距。

客观地讲，多年来，正是产业整体素质不高制约着我省经济发展的质量。不解决这个矛盾，建设“经济强省、和谐河北”的目标就很难大步推进。因此，抓好河北经济，就必须落实到抓产业上，只有立足产业确立经济发展战略，才能抓住河北发展的“命门”。

## 二　把共识变为行动，将经济发展战略落到实处

当前，我省正处于推动经济转型、步入科学发展的关键时期，必须遵循客观规律，立足基本省情，把推进产业结构转型升级作为战略基点的共识，

转化为深入实施“一产抓特色、二产抓提升、三产抓拓展”经济发展战略的实际行动，做到“改造旧的、发展新的、培育好的”。瞄准国际产业链高端，加快形成以提高产业的高新技术水平为引导、以传统优势产业为依托、以基础产业和制造业为支撑、服务业全面发展的现代产业体系，努力实现三次产业相协调、有内涵的发展，走出一条符合河北实际的产业新路。

一产抓特色，就是要体现特色、特色增效。从一般意义上说，农业是一个比较经济效益低的产业，所以农业需要国家的支持和保护。但对于地方来说，哪个地方的农业更有市场竞争力，哪个地方的农业效益就更高，务农农民收入也会更高。而农业的市场竞争力，正来自农业的特色。“特色”不只是“与众不同”，更是“出类拔萃”；不只是“人无我有”，更是“人有我优”。一是要以建设4000万亩粮食生产核心区为着力点，加快大型商品粮基地建设，培育一批吨粮市、吨粮县；二是要以壮大畜牧、蔬菜、果品三大优势产业为重点，发展特色养殖业，培育八大特色果品，打造叫得响的地理标志品牌，建设一批精品蔬菜生产标准园、有机食品生产基地，以畜禽标准化养殖和水产健康养殖示范场为重点，高标准新建和改扩建一批奶牛、生猪规模化养殖小区。三是要以推进农产品精深加工为目标，抓好投资超亿元的农业产业化项目建设，支持特色农产品园区和省级以上龙头企业壮大规模，构建质量效益型农业体系。四是要强化农业科技支撑，搞好优良品种的培育、引进、繁育和推广，提高农产品科技含量。五是要提高农业与农民组织化程度，大力扶持发展各类农民专业合作经济组织，发挥区域农业整体优势，培育壮大农业市场主体。

二产抓提升，就是要优化结构、提质增效。重点是突出“两手抓”。一手抓传统产业改造升级。在改造提升、由大变强上下功夫，尤其要抓好钢铁、装备制造和石化产业。钢铁工业要实施“一控、双提、五个一批”。“一控”，就是要控制总量，一吨钢也不能增加；“双提”，就是提高产品质量，提升企业效益；“五个一批”，就是整合重组提高一批，淘汰落后拆除一批，就地改造提升一批，沿海搬迁压减一批，境外建厂转移一批；提高产业综合竞争力，加速由钢铁大省向钢铁强省的转变。装备制造业要大力发展整机和成套设备，努力实现由加工组装型向整机配套型转变。石化产业要上抓能力，尽快使原油年综合生产能力达到5000万吨左右；下抓链条，抓紧谋划建设大乙烯、大芳烃、PX、PTA和己内酰胺等下游产业项目。另一手抓战略性新兴产业崛起。集中有限资源，实施重点提升，对信息产业、生物产业、新能源、新材料四个有比较优势的产业和高端装备制造、海洋经济等有潜在优势的产业，组织实施一批重大专项，力争在局部领域形成竞争优势。要着眼于创造普遍优质的产品，大面积实行产品的更新换代，赋予文化内涵，加快在传统优势产业中开发一批“高精尖”的产品，打响品牌，打造一批具有全国知名度和美誉度的品牌产品和品牌企业，推动低端产品向高端产品迈进、上游初级产品向下游制成品延伸，提高产品的技术含量和附加值。

三产抓拓展，就是要扩大规模、提高比重。要立足于原材料工业比重大的省情，优先发展金融保险、现代物流等生产性服务业，抓紧建立钢铁、煤炭、铁矿石等大宗商品交易平台，将产业优势转化为市场优势。要立足拓展京津市场，大力发展研发设计、服务外包、总部经济等高端服务业，构建规模大、领域宽、水平高的现代服务业体系。同时，要深入挖掘燕赵历史文化资源，做大做强做精旅游休闲、商贸流通等生活性服务，建设一批规模化、专业化的康复保健、休闲旅游、养老服务基地，实现“医药养、吃住行、游购娱”的链式，吸引京津高端消费群体。要立足增多做强载体，支持城市特别是县城的商贸综合体、中心商业圈和特色商业区建设，使其成为扩大消费需求的重要载体。

## 三 把行动变为成果，在取得实效上下功夫

当前，我省经济发展战略的基调已经确定，各项经济发展目标已经明确，关键是要拿出实实在在的措施和办法，在实际工作中取得明显成果。实践证明，抓落实抓得如何，实际成果取得多少，关系到党的大政方针、决策部署能否迅速有效地贯彻落实，关系到各级党委、政府能否有效履行各项职能，关系到经济社会发展的全局。

（1）要在项目建设上取得实效。既要抓好产业发展的各类项目建设，又要按照项目管理法则推动产业发展。第一，要关注产业成长。就是引导产

业始终保持灵敏的嗅觉和机敏的反应能力，抓住每一个可能的产业播种、萌芽、成长的机会，在“做多”中做大做强做高。第二，要提高产业层级。推动产业向高端化方向坚定迈进，既照顾眼前利益，也顾及长远利益，以合理的资源、能源以及人财力消耗，获取更多的效益和更高的价值。第三，要延伸产业链条。围绕骨干企业向精深加工和高端产品延伸产业链条，围绕推进产业集群向优势区域汇聚产业链条，依托市场需求向联盟协作打造产业链条，根据循环经济和低碳经济要求向资源综合利用培育产业链条。第四，要强化产业协调。注重三次产业比例结构优化，关注各市、县域通过合理分工与相互协作，达到区域间产业的相互依存、有序运行、良性循环和共同进步。

（2）要在开拓创新上取得实效。落实需要创新，只有创新才有落实的新高度和高效益。要以新的思维思考问题，以新的眼光看待问题，以新的方法解决问题，以改革创新的精神推动工作落实。在推动我省产业结构升级过程中，要体现科学发展的要求，符合我省产业发展实际。第一，要抓好技术创新。要加强现有省级工程技术研发中心建设，有条件的省级工程技术研发中心要争取升格为国家级工程技术研发中心。中小企业要加强与大学、科研机构的联姻，形成密切的技术依托关系。鼓励多种形式的产学研合作和产业技术联盟，扶持有条件的企事业单位积极申报设立企业博士后科研工作站和博士后科研基地。第二，要抓好产业园区集聚载体创新。要全面系统科学规划各个城市新区中的大型工业开发区，优化区域产业布局，拓展工业发展空间；加快编制产业布局和园区规划，每个县区集中力量建设一个工业园区；加快发展特色园区，尽快形成产业集聚态势和错位发展格局。第三，要在循环经济发展上有所创新。在继续深入推进节能减排的基础上，按照“减量化、再利用、资源化、生态恢复”原则，以龙头企业为中心，延伸拓展接续产业和资源再生产业项目，形成产业间循环系统。科学规划、合理布局各个产业功能区和企业群，集中治污，清洁生产，最大限度地确立现代产业的生态优势。第四，要在信息化平台建设上有所创新。推进研发、产品、生产过程、管理、园区和服务六大领域信息化；推进企业信息化示范带动战略，建设面向行业的信息化服务平台以及数字化设计公共服务平台，促进信息化与工业的融合，提升区域企业创新能力。第五，要在品牌提升上有所创新。大力实施名牌战略，重点扶持技术含量与附加值高、有市场潜力的名牌产品企业扩张规模，做强做精；推进以品牌为纽带的资源整合，加大名牌培育和推介力度，建立河北名牌培育、评价、宣传机制，着力打造区域品牌，提升品牌的国内外知名度。

（3）要在优化服务环境上取得实效。既要提高产业管理的科学化水平，又要遵照产业发展的需求，提供周到、及时的服务。第一，要营造产业氛围，在全社会形成敬商、富商、安商的浓厚产业发展气氛。敬商，就是要尊重产业，既尊重企业家，又尊重小商户；富商，就是要使产业获得应有效益，让其在创造财富的同时合理合法拥有自己的财富；安商，就是要使产业“安居乐业”，以安全、安定、安宁的和谐生存环境留住产业。第二，要培育好产业土壤。产业成长一般均是由小及大，中小微企业是产业的种子。因此，要充分重视和扶持中小微企业特别是科技型中小微企业的成长，加快担保体系建设，帮助中小微企业切实解决融资难问题。第三，要降低产业成本。进一步转变政府职能、改进政府作风、提高政府效率，为产业发展创造良好的政务环境。

# 我们应当树立什么样的社会管理理念*

（2012 年 5 月 10 日）

2011 年 2 月，在省部级主要领导干部社会管理创新专题研讨班开班式上，胡锦涛总书记明确提出了新形势下加强和创新社会管理的总体思路和重点任务。此后不久，胡锦涛总书记来我省视察，也将社会建设和社会管理确定为我省四个工作着力点之一。按照总书记的指示，我省着力推动社会管理创新，出台创新社会管理的专门文件，涌现出肃宁县农村“四个全覆盖”的社会管理创新典型，肃宁县因此成为全国社会管理创新试点。

但是，我们还要看到，我省社会管理创新的进展和成效，与社会发展的需要和人民群众的期待相比，还有相当大的差距。究其原因，还是陈旧的社会管理理念作祟。主要表现在：重管控、轻服务的现象还普遍存在，一些人把“社会管理”简单地理解为“管控”，习惯行政强制，忽视服务协调；重人治、轻法治，有法不依、执法不严、违法不究的现象还没有杜绝，社会管理因为领导人变换甚至想法改变而政策多变，滥用公共权力侵犯社会成员的自由和权利；重政府“一元主体”，轻多元参与，一些人仍然将政府作为社会管理的唯一主体，将社会管理“政府负责”等同于“政府统揽”。可以说，理念陈旧今天成为制约社会管理创新的无形“瓶颈”，树立新的社会管理理念成为我们必须破解的难题。

---

* 本文系周文夫主持“河北加强和创新社会管理问题”课题时写的一篇研究文章，收入《河北加强和创新社会管理问题研究》，河北教育出版社，2013 年 5 月。

那么，在已进入 21 世纪第二个十年的今天，应当确立什么样的社会管理理念呢？我认为，立足社会主义初级阶段的中国国情和我省省情，从实现科学发展、促进社会和谐、走向全面小康乃至现代化的目标任务出发，我们今天应当树立“以人为本、服务为先、公平有效、法治保障”等社会管理新理念，体现在社会管理的全过程和各个方面，体现在社会管理的主体实践活动中，实现社会管理和社会服务的有机统一，以先进的社会管理理念引领社会管理实践创新。

——以人为本。一切为了满足人的需要，为了实现人的全面发展。以人为本，是中国特色社会主义社会管理的核心理念。以人为本，明确社会管理的目的就是让人各得其所，生活有序，实现全面发展。以人为本的理念，在今天应体现在三个方面：一是保障社会成员的各项权益，消除社会成员在生存和发展中遇到的各种障碍，增进各阶层的沟通理解，努力使公共利益最大化，使社会成员获得基本公共服务和社会生存发展保障；二是保障社会成员参与社会管理，帮助社会成员有序参与社会政策制定和执行、公共服务供给、公益事业开展，充分发挥他们的积极性、主动性和创造性；三是把社会成员满意度作为社会管理成效最重要的指标体系，充分尊重人、理解人、关心人，使社会成员权益受到切实保障，基本需求得到充分满足，引导社会成员自觉接受管理，积极有序参与管理，具备自我管理、自我服务、自我教育、自我监督的能力。

——服务为先。社会管理重点不是对社会成员的强制性管控，而是为社会成员提供公共服务。社会管理归根到底是对人的管理和服务，社会管理要落实到人身上。树立“服务优先”的理念，要求实现社会管理观念从“管理”到“服务”的转变，把服务作为社会管理核心内容和主要任务，社会管理与社会服务实现有机统一。各级政府要真正将自己看作社会的“公仆”，而不是“婆婆”，管理的主要手段不再是强制性的管控，而是非强制性的服务协调，切实实现向服务型政府的转变。政府在社会管理中的主要职能，就是为群众提供更多、更好、更均等的公共服务，大力发展社会公共事业，建立健全社会保障体系，及时解决群众最关心、最直接、最现实的利益问题，真正让群众收入更多一些、安全感更强一些、幸福指数更高一些。

——公平正义。社会成员拥有平等的社会地位，享有基本生存保障和公平发展机会，社会生活和谐有序。历史表明，公平正义是保障社会和谐运转的必备要素。社会管理的目标就是促进社会公平正义，消除或减少社会问题的发生，保障社会生活的有序运转。因此，当今社会管理理念，就是要由维护社会稳定向维护公平正义转变，把维护公民权利作为加强和创新社会管理的价值取向，努力促进社会公平正义的实现。要依法保护群众的正当合法权益，在就业创业等方面坚持公平公正公开的原则，营造机会平等、规则平等的社会氛围；要维护社会秩序，正确处理和协调社会矛盾，通过社会管理谋求建立良好的社会秩序，为经济社会又好又快发展创造良好社会环境。

——法治保障。依法实施社会管理，社会成员基本权利、社会秩序和社会生活得到法律保障。在当代中国，创新社会管理最关键的是从“人治”理念转向“法治”理念，“人治”理念体现权大于法、人高于法以及责任失衡；“法治”理念强调依法进行社会管理，社会管理在法治轨道上运行，任何社会组织和成员都必须依法进行社会管理和社会活动，对社会管理和社会活动中的任何违法问题都要严格依法处理、追究法律责任。努力在全社会形成崇尚法治、遵循法治、弘扬法治的良好氛围。要加强社会管理领域立法、执法和司法工作，使社会管理和社会活动有法可依、有法必依。在全社会树立依法办事、守法光荣的风尚，引导群众理性合法表达利益诉求。对违反宪法和法律的行为，必须坚决依法处理。深化法治理念教育，提高社会管理主体依法管理的自觉性和能力，使其真正在宪法和法律的范围内进行活动，依法履行义务，承担法定责任，不得随意损害公民权益。深入推进法治宣传，着力形成法治意识和法治习惯，让社会组织和公民个人懂得依法表达利益诉求，依法解决矛盾纠纷，依法有序参与社会管理，依法监督党委和政府的社会管理活动，使社会管理依法有序运行。

# 在2012中美欧（河北）“欧美经济走势与中国经济转型”学术研讨会上的致词

（2012 年 5 月 12 日）

大家上午好。在这春意盎然、阳光明媚的日子里，我们迎来了 2012 中美欧（河北）“欧美经济走势与中国经济转型”国际学术研讨会的隆重召开。在此，我谨代表中国河北省社会科学院，对莅临会议的英国密德萨斯大学副校长李家伟教授、李锦昌教授，美国印第安纳大学—普渡大学韦恩堡分校商学院院长张锡峰教授、金明焕教授，美国加州州立大学圣贝纳迪诺分校商学院副院长林明宪教授，美国企业家贾国城先生、江海伦女士等国内外专家学者及各位朋友莅临本次学术研讨会议表示热烈欢迎和衷心感谢！

河北省，环绕中国首都北京的京畿大省，国土面积 18.8 万平方公里，人口 7200 万人，全省东临渤海湾，西依太行山，中部是肥沃的华北平原，北部是开阔的坝上草原，属温带大陆性季风气候，四季分明。河北历史悠久，文化积淀深厚，是中华文明的重要发祥地之一。河北的泥河湾古人类遗址、涿鹿县三祖圣地、丛台赵王城、革命圣地西柏坡等，真实记录了中华文明发展的历史足迹。河北是世界第八大奇迹万里长城的起点，也是万里长城途经最长、保存最完好、建筑最具代表性的省份。河北内环京津，外沿渤海，具备独特的区位优势，今天的河北，正在成为中国北方经济社会发展最具活力和潜力的地区之一。进入“十二五”时期，我省正在举全省之力推进沿海地区发展，着力打造曹妃甸新区和渤海新区两大增长极，有力地促进了经济社会持续健康发展。2011 年，全省国民生产总值实现 24228 亿元，居全国第 6 位；全部财政收入 3020 亿元；城镇居民人均可支配收入 18292 元，农民人均纯收入 7120 元。

河北省社会科学院是省委、省政府直属事业单位，是社科综合研究、理论宣讲机构和社团机构。其前身是始建于 1963 年的河北省哲学社会科学研究所，1981 年改建为河北省社会科学院。2009 年 2 月，河北省委、省政府决定将省委讲师团、省社会科学界联合会并入河北省社会科学院，形成了理论武装、服务决策、繁荣发展“三位一体”工作新格局和参公管理、事业管理“一院两制”新体制。全院现有编制 380 人，内设处级机构 34 个，科研人员 200 余人，其中高职称人员 120 人。我们坚持“为省委省政府决策服务、为全省经济社会发展服务、为基层服务”的办院方针，落实“出精品、出人才、出效益”的总体要求，努力建设“省级科研一流、国内国际知名、服务河北发展”新智库。近年来，我院进一步加大开门办院的力度，先后与日、俄、韩、英、法、意、美、加、巴西等国 11 所高校、科研机构建立了长期稳定的学术交流与合作关系，先后派出代表团出访 80 多人次，接待国外来访 45 批 100 多人次，进一步拓展了国际学术交流的范围和区域，提升了合作的水平和层次。这次“欧美经济走势与中国经济转型”国际学术研讨会的召开，就是我院开展国际学术交流的一个重要成果。

各位专家、朋友们！从全球范围来看，目前国际经济正处在一个大转折、大变革的时期。2008 年以来的国际金融危机尚未完全复苏，欧债危机又接踵而至。这对正在进行国内产业与经济转型升级的中国（包括河北）来说，既是挑战，也是机遇。美国经济复苏前景如何？欧债危机有什么解决之道？中国产业与经济转型对全球经济格局会有什么影响？中美欧之间应该怎样互助、互利、共赢、互动？这些都是我们共同关心的问题。这次中美欧国际学术研讨会的召开，将为大家交流沟通、互相学习提供一个难得的机会。希望各位专家学者畅所欲言，在研讨国际经济形势的同时，也欢迎为我们河北的经济发展献计献策。

最后，预祝这次研讨会圆满成功！祝我们的各位外国朋友在中国河北石家庄期间生活愉快，万事如意。祝愿与会的各位朋友身体健康，工作顺利！

# 中国经济转型及其与世界经济的关联分析*

（2012 年 5 月 12 日）

改革开放 30 多年，中国取得了举世瞩目的伟大成就。经济保持了长期的高速增长，人民收入水平有了显著提高，综合国力获得了巨大提升。但也面临许多亟待解决的重大问题，比如资源短缺、环境恶化、结构失调、社会矛盾凸显等。这些问题已经严重制约了中国经济的可持续发展，实施经济转型已是迫在眉睫。同时，随着中国国际地位的不断提高和影响力的日益加深，中国经济转型不仅影响着本国经济社会的可持续发展，也会对世界经济和政治格局产生重要影响。本文着重从国际视角来研究中国的经济转型，在探讨中国经济转型必然趋势的基础之上，着重探讨中国经济转型与主要发达国家（美国和欧洲诸国）之间的关联性，并提出适当的建议或愿望。

## 一　中国经济转型：发展阶段和国际形势的迫切要求

中国经济经历多年的快速增长，成为世界第二大经济体，成就斐然。但是也应该看到，不论从人均发展水平还是从经济结构、资源环境等方面考察，要进入先进发达国家行列，中国还有很长一段路要走。与此同时，2008 年起源于美国的国际金融危机，隐患仍未根除的欧债危机，都成为对中国经

* 本文与彭建强合作，该论文提交 2012 中美欧（河北）“欧美经济走势与中国经济转型”学术研讨会，刊载于《河北学刊》2012 年第 5 期。译成英文稿发表在 *China Business Review*，2013 年第 12 卷第 4 期，David 出版公司。

济可持续发展有重要影响的外部环境因素。国际国内各种因素表明，中国经济转型迫在眉睫。

## （一）当前中国经济发展阶段特征分析：一个转型的视角

2010年，中国人均国内生产总值按年平均汇价计算超过4000美元，正处于从中等收入阶段向高收入阶段迈进的发展阶段。从国际范围内经济发展的经验看，当一国按人均收入标准进入中等收入国家行列之后，如果不能及时进行经济增长方式的转变，就有可能长期停滞在所谓的“中等收入陷阱”。蔡洪滨（2012）利用世界范围内可得的跨国经济发展数据描绘了各国在人均收入进入中等收入阶段之后经济增长道路的差异性，其研究显示，虽然世界上绝大部分国家都能摆脱人均收入在低收入阶段时面临的“贫困陷阱”，但很多国家不能够顺利跨越“中等收入陷阱”。究其原因在于，多数陷入“中等收入陷阱”的国家都没能有效克服中等收入阶段的独特挑战，比如发展模式转换、技术创新瓶颈以及社会公平性和体制改革等问题（林岗等，2011）。同样，中国在向高收入国家行列迈进的过程中也面临许多问题和挑战。

### 1. 需求结构与产业结构失衡

经济协调发展，需要驱动经济增长的“三驾马车”（投资、出口、消费）均衡发力，形成共同拉动经济增长的格局。但由于长期受赶超战略和出口导向发展模式的影响，依靠投资、出口促进经济增长，大力发展重化工业，一直是中国拉动经济的主要手段。虽然这种增长模式从一个时期来看产生了显著的效果，中国经济一直保持着平均10%左右的增长速度，但随着国际国内环境的变化，这种早期增长模式所产生的经济结构失衡问题日益严重。

一方面，从需求结构来看，高投资、低消费的需求结构安排使得中国形成巨大产能而导致对外依存度的畸高，2010年中国外贸依存度高达49%，远高于美国的22.3%和英国的44.8%，甚至还比同为发展中国家的印度（31.2%）高出十几个百分点。金融危机和欧债危机的爆发使得美欧等发达国家从过去的负债消费变为增加储蓄压缩消费，纷纷减少劳动密集型产品的进口，导致中国出口持续疲弱。据统计数据显示，2011 年净出口对 GDP 增长的贡献率为 -5.8%。

另一方面，从产业结构来看，三次产业结构比例仍不合理，且产业内部存在严重失衡。同世界其他国家相比，中国产业结构中第二产业比重过高，2009 年第二产业占 GDP 比重近 50%，远远高于世界其他国家；而第三产业比重过低，甚至还低于低收入国家（见表 1）。除此之外，从产业内部结构来看，也存在严重失衡，主要表现在工业大而不强，制造业整体素质不高，处于全球产业价值链的低端，研发投入不足，技术创新能力差；第三产业服务品质和技术水平不高，生产性服务业及信息咨询、金融保险、新闻出版、科研开发等现代服务业发展不足。

**表 1　2009 年产业结构的国际比较**

单位：%

| | 第一产业 | 第二产业 | 第三产业 |
|---|---|---|---|
| 低收入国家 a | 26.9 | 29.1 | 44.1 |
| 中下收入国家 b | 13.2 | 39.4 | 47.4 |
| 中上收入国家 b | 6.4 | 33.0 | 61.0 |
| 高收入国家 c | 1.5 | 25.6 | 72.7 |
| 中国 b | 10.4 | 46.3 | 43.4 |

注：a 为 2008 年数据；b 为 2009 年数据；c 为 2007 年数据。
资料来源：国家统计局《国际统计年鉴 2010》。

### 2. 民生问题凸显，社会矛盾增多

世界银行《东亚经济发展报告（2006）》指出，一个经济体进入中等收入阶段后，在向高收入迈进过程中，由于所处经济发展模式的要求发生了改变，以往高速发展阶段所掩盖的各种矛盾将会集中爆发，民主乱象、贫富分化、腐败多发成为陷入“中等收入陷阱”的主要特征。近些年，中国政府通过加大公共财政投入使得以社会保障为主的民生问题得到显著改善，但依然还存在一些问题，比如收入差距过大，教育、文化、医疗等社会事业依然滞后于经济发展，不同社会群体矛盾有所显现，社会阶层之间的流动性低，社会利益结构有被固化的危险。

3. 资源环境约束强化

资源、环境是经济社会可持续发展的两大基础条件，充裕的资源和良好的环境是实现经济社会可持续发展的重要保证。从资源方面看，中国水资源、土地、能源矿产、非能源矿产等的基本特征是总量丰富但人均较少，且随着经济快速发展，一些资源的储量、品种减少的速度有加快趋势；能源消费总量巨大，创造的价值与消耗的能源不成比例（王依军，2011）。改革开放以来，尤其是进入21世纪以来，中国经济持续快速增长，国内生产总值从2000年的99215亿元增长到2010年的401202亿元①。但这样的增长是以粗放的要素驱动为主，以大量消耗有限的自然资源和破坏生态环境为代价的。2009年，中国GDP占世界GDP的比例为8.5%，而耗费的煤、钢、石油的比例却高达46.9%、46.4%和10.4%，② 平均每万美元GDP能耗为2732千克标准油，远高于美欧发达国家，甚至高于发展中国家。

**表2　2009年世界各国每万美元GDP能耗**

| 国别 | GDP能耗（千克标准油/万美元） | 国别 | GDP能耗（千克标准油/万美元） |
|---|---|---|---|
| 中国 | 2732 | 英国 | 995 |
| 美国 | 1703 | 印度 | 1945 |
| 日本 | 1260 | 世界 | 1828 |
| 德国 | 1209 | | |

资料来源：世界银行数据库。

从环境方面看，中国目前的整体环境质量与发达国家相比有相当大的差距。2010年化学需氧量（简称COD）排放量虽比2009年有所下降，但还没有根本改变中国排放量居世界第一的局面；二氧化硫（$SO_2$）排放量是美国的2倍；七大水系存在不同程度的污染，其中海河为重度污染，黄河、辽河为中度污染，松花江、淮河为轻度污染；有酸雨监测的494个城市中，出现

① 《中国统计年鉴2011》。

② 黄海燕、黄振奇：《加快转变发展方式，实现第三次经济转型》，《宏观经济管理》2011年第1期。

酸雨的城市 249 个，占 50.4%。[①]

4. 存在影响经济持续健康发展的体制障碍

从改革开放到现在，中国实现了由计划经济体制向市场经济体制的转轨，市场主体得到大力发展，商品服务市场化运作已基本成熟，有力推动了中国的经济和社会发展。但依然还存在影响经济持续健康发展的体制障碍。

社会主义市场经济体制尚不健全，市场发育程度还有待提高。虽然中国市场化进程在非国有经济发展、市场中介组织发育、产品市场发育等方面有了长足进展，但在要素市场发育程度以及政府和市场的关系两方面的进展还相对缓慢（樊纲等，2011）。

财税体制还不适应经济发展需要。主要表现为财权和事权关系失衡，现行财税体制对于鼓励创新和创业力度不够，还无法有效体现资源、能源价格等。

政府改革进展缓慢。如果说改革初期的主要改革内容是对企业，尤其是国有企业的改革，则当前的改革则是进一步深化政府改革。改革开放三十余年，中国政府在价值理念、职能调整、机构优化、完善机制和依法行政等方面进行了不懈的探索、改革与创新，实现了向现代化的政府治理体系的转变。但依然存在一些问题，比如政企不分，政府职能越位、缺位、错位，以行政手段配置资源，监督机制运行不畅等。

### （二）国际经济形势的日益复杂：中国经济转型的要求

源自美国的金融危机还未尘埃落定，发端于希腊的欧债危机又波澜起伏，这使得全球经济复苏趋缓，下行风险加大；美欧等发达国家失业率居高不下，私人需求不足；加之国际大宗商品价格高位震荡，全球通胀压力依然较大，国际金融市场动荡不安，增加了世界经济复苏的不确定性。由于美欧是中国最大的出口市场，因此美欧危机对中国经济影响的最直接表现就是外需不振，出口下跌。不仅如此，美国等西方国家已渐渐意识到以往过度依赖金融服务拉动经济的模式缺少“根基”，易受到经济危机的冲击，因此试图改变过度依赖负债消费的发展模式，增加研发和基础设施，大力支持本国高

---

① 《2010 中国环境状况公报》，2011。

技术产业发展及其产品的出口。

另外，洪都拉斯、越南、斯里兰卡、印度等发展中国家利用比中国更低廉的资源和劳动成本，生产与中国相同的劳动密集型产品，并向欧美等国家出口，对中国构成了严峻的挑战（林岗等，2011）。

与此同时，受世界经济复苏状况的影响，针对中国的贸易保护主义明显抬头。2012 年 3 月 19 日至 22 日，短短 4 天之内，美国针对中国输美产品发起 5 起贸易救济案，包括 4 次反倾销或反补贴裁决和 1 次“双反”（反补贴和反倾销）调查。[①] 与以往不同的是，此番贸易保护行动除了美国等发达国家，一些发展中国家也加入其中，频频在 WTO 对中国发起贸易救济起诉。仅 2011 年前 8 个月，阿根廷、墨西哥、巴西、土耳其、印度等发展中国家的涉华贸易救济案件已多达 40 起左右，其中新发起案件 14 起。[②] 2012 年，经济陷入困境的发达国家和一些发展中国家都会借助贸易保护主义，保护本国的工业，增加本国的就业机会，这将使我国面临更为严峻的贸易保护形势（韩秀申，2012）。

困难丛生的国内环境，形势复杂的国际环境，共同决定了中国原有的经济发展方式已难以为继。要想实现经济持续健康发展，必须转变中国经济发展模式，调整经济结构，更加自觉地把扩大内需作为中国经济增长的战略基点，增强发展的内生动力（张宇燕，2012a，2012b）。

## 二　中国经济转型与世界经济的关联分析

工业革命催生了世界市场的形成，国与国之间的经济联系日益紧密。尤其是 20 世纪 80 年代以后，随着信息技术革命的深入和扩展，经济全球化进程加快，世界经济越来越融为一个有机的整体。任何一个国家，尤其是比较大的经济体，其经济波动都将会对世界其他国家产生影响，更不用说中国这样一个国际影响力日益提升的大国。

---

① http：//www. qstheory. cn/gj/rdjjgj/201203/t20120326_ 147954. htm.

② http：//business. sohu. com/20110826/n317463738. shtml.

### （一）转型：经济持续发展的重要途径

经济转型最初多指传统的社会主义国家从以高度集中的计划经济为主配置资源转向以市场为主配置资源的市场经济的过渡。进入21世纪以来，随着世界经济形势的变化，尤其是发展中国家面临“中等收入陷阱”、发达国家深陷“债务危机”，经济转型不再局限于一类经济体，而是世界各国都在思考的重大发展问题。因此，如今的经济转型一语，更多指经济发展模式、发展要素、发展路径等的转变。具体而言，对于发展中国家来说，就是发展模式由粗放到集约，经济体制由政府主导到市场主导，发展要素由主要依靠资源到主要依靠科学技术；而对于发达国家来说，就是思考新一轮的经济结构调整，由过于注重金融虚拟经济转为加强实体经济，重新关注制造业的重要作用。

从国际经验看，经济转型不是社会主义社会特有的现象，任何一个国家在实现现代化的过程中都会面临经济转型的问题，不论是发达国家还是新型工业化国家，无一不是在经济转型升级中实现持续快速发展的。吴敬琏（2006）以理论综述的方式揭示了先进工业化国家从早期经济增长模式向现代经济增长模式再到信息时代的转变的过程（见表3），及这种转变所带来的经济增长率的巨大提高。

**表3　先进工业化国家经济增长模式的转变**

| 时　间 | 增长阶段 | 主要内容 | 驱动因素 | 主导产业 |
|---|---|---|---|---|
| 1770年以前 | “起飞”前阶段 | 对自然资源的开发 | 更多自然资源投入 | 农业 |
| 1770～1870年 | 早期经济增长 | 大机器代替手工劳动 | 资本积累 | 重化工业 |
| 1870～1970年 | 现代经济增长 | 效率提高 | 技术进步 | 与服务业一体化的制造业 |
| 1970年以后 | 信息时代 | 用信息技术改造国民经济 | 信息化 | 信息产业 |

资料来源：吴敬琏《中国增长模式抉择》，上海远东出版社，2006，第44页，表24。

20 世纪五六十年代开始，东亚新兴工业化国家和地区纷纷选择了出口导向型经济发展道路，并创造了世界发展史上的奇迹。以日本与亚洲“四小龙”为例，1950～1970 年，日本以每年接近 10% 的经济增长速度“震惊了世界”；1960～1980 年，亚洲“四小龙”也保持了多年的持续高速增长（全毅等，2010）。但作为一种现代化赶超模式，当赶超目标实现之后，由于其面临的内外部限制愈益严重，且无法继续参考发达国家的经验，所以无法期望这种模式能进一步提升人民的经济福利（速水佑次郎，2003）。为了破解这种出口导向型发展模式所面临的诸多困境，从 20 世纪七八十年代开始，日本和亚洲“四小龙”开始调整经济结构，进行经济转型，改革行政、财政、金融体制，促进经济增长方式由出口主导型向内需主导型转型，产业结构向信息化、技术密集型转变。经济的成功转型，使得日本和韩国顺利迈过中等收入阶段，进入高收入国家行列。

经济转型是一个经济体实现持续发展的重要途径，不论是先进发达国家，还是后起的发展中国家。不同的是，由于不同国家所具有不一样的文化、思维和传统规范，会发展出相异的发展道路，哪种道路更好，更适合本国经济持续健康发展，需要留待客观现实的评判。

### （二）中国经济转型对世界经济的影响

自改革开放以来，中国的经济社会有了巨大的发展，综合国力大大增强，国际影响力和在世界经济中的地位也进一步提升，促进了世界经济增长，中国经济成为世界经济增长的重要驱动力之一。根据世界银行数据计算可以发现，中国经济增长对世界 GDP 增长的贡献率呈上升状态。从 2005 年至 2010 年，中国经济增长对世界经济增长的贡献仅次于美国，排名世界第二（见表 4）。

如今，中国原有的经济发展模式已难以为继，需要进行转型。作为有着近 1/5 世界人口的大国，中国的经济转型必然会对世界经济产生深远影响。首先，中国促进内需增长，中国国内消费市场将会扩张，带来巨大的进口需求，这将为世界各国提供巨大的机会，也将成为世界经济增长的新动力。其次，中国推动产业升级，尤其是把推动服务业的发展作为产业结构优化升级的战略重点，并且将从知识产品生产和知识型服务两个层面推动中国加快向知识型经济社会迈进，这一切将有利于进一步推动全球产业结构的优化升级，并给拥有科技和服务业优势的世界发达经济体带来更多的参与和合作机会。最后，中国以“资源节约型、环境友好型”为目标的经济转型不仅会带动世界各国增强环境保护的力度，促进全球环境质量的提高，还将在造就新经济增长动力方面起到国际引领作用。

**表 4　世界主要国家对世界经济增长的贡献**

| 汇率法 | 年份 | | | | | |
|---|---|---|---|---|---|---|
| | 2005 | 2006 | 2007 | 2008 | 2009 | 2010 |
| GDP 总量(当年价,亿美元) | | | | | | |
| 中国 | 22569 | 27130 | 34931 | 45218 | 49913 | 59266 |
| 美国 | 125797 | 133362 | 139950 | 142969 | 140481 | 145867 |
| 日本 | 45522 | 43626 | 43779 | 48799 | 50330 | 54588 |
| 德国 | 27663 | 29027 | 33238 | 36237 | 32986 | 32805 |
| 英国 | 22801 | 24441 | 28110 | 26575 | 21732 | 22488 |
| 印度 | 8340 | 9513 | 12424 | 12160 | 13773 | 17271 |
| 世界 | 456583 | 495063 | 558489 | 613045 | 580883 | 631239 |
| GDP 增速(%) | | | | | | |
| 中国 | 11.3 | 12.7 | 14.2 | 9.6 | 9.2 | 10.4 |
| 美国 | 3.1 | 2.7 | 1.9 | 0.0 | -3.5 | 3.0 |
| 日本 | 1.9 | 2.0 | 2.4 | -1.2 | -6.3 | 4.0 |
| 德国 | 0.7 | 3.7 | 3.3 | 1.1 | -5.1 | 3.7 |
| 英国 | 2.1 | 2.6 | 3.5 | -1.1 | -4.4 | 2.1 |
| 印度 | 9.3 | 9.3 | 9.8 | 4.9 | 9.1 | 8.8 |
| 世界 | 3.5 | 4.0 | 4.0 | 1.4 | -2.3 | 4.2 |
| 对世界经济增长的贡献(%) | | | | | | |
| 中国 | 15.96 | 17.40 | 22.20 | 20.00 | 34.37 | 23.25 |
| 美国 | 24.40 | 18.18 | 11.90 | 0 | -36.80 | 16.51 |
| 日本 | 5.41 | 4.41 | 4.70 | -6.82 | -23.73 | 8.24 |
| 德国 | 1.21 | 5.42 | 4.91 | 4.46 | -12.59 | 4.58 |
| 英国 | 3.00 | 3.21 | 4.40 | -3.41 | -7.16 | 1.78 |
| 印度 | 4.85 | 4.47 | 5.45 | 6.94 | 9.38 | 5.73 |
| 世界 | 100.00 | 100.00 | 100.00 | 100.00 | 100.00 | 100.00 |

资料来源：世界银行数据库。

### （三）世界经济变化对中国经济转型的影响

全球化背景下的今天，世界各国之间更多地表现为相互依赖，相互影响。中国的经济转型不仅对世界经济产生了影响，反之，世界经济变化必然会影响中国经济转型之路。

国际金融危机和美欧主权债务危机不仅拖累了世界经济整体的发展，更主要的是暴露了许多深层次的经济结构性问题。对美欧发达国家来说，最突出的经济结构性问题就是产业空心化。针对此次经济危机所显现出来的产业空心化现象使得美欧开始意识到发展实体经济的必要性，把向实体经济回归、实施“再工业化”作为产业结构调整的战略选择。值得注意的是，这种“再工业化”并非简单地将已外迁工业整体搬回国内，而是在继续强化传统产业既有优势的同时，努力在新兴技术产业的竞争中抢占制高点，突出的表现就是以新能源、新材料为代表的低碳经济形态的崛起。美欧的经济结构调整对于中国的经济转型而言增加了许多不确定性因素。原因在于，这种结构调整恰恰与中国经济转型中的产业转向有相似之处，这种相似之处将会对中国在新兴技术产业领域的发展及相关市场占领上形成激烈的竞争，且发达国家所具有的整体研发能力和技术优势远高于中国，这无形之中增加了中国经济转型之路上的困难。

## 三　构建新型的、健康的国际合作关系

由于美国金融危机、欧洲债务危机所致的世界经济下滑，不仅西方发达国家经济复苏乏力、就业缺乏，连新兴经济体也不得不通过紧缩政策抑制通胀。在一些国家面临自身矛盾困扰的情况下，新的贸易、投资和金融保护主义已初露端倪，愈演愈烈的贸易摩擦随处可见，地区争端此起彼伏，这不仅无助于局部问题的解决，而且还将对世界整体经济秩序产生不利影响。在这种背景下，世界各国亟须从共同责任、共同利益出发，共同努力，构建新型的、健康的国际合作关系。

长期以来，以商品和服务贸易以及资本流动为主要内容的国际经济交

往，在看似紧密融合的形式下，其实一直隐含着一种利益分配关系上的不平等。这种利益分配的不平等是由各国之间政治地位不对等和技术经济垄断所形成的先发主导权力造成的。这种不对等的国际经济关系，特别表现在发达国家与发展中国家之间。因此，构建新型的、健康的国际合作关系，首先应该注意要给世界各国特别是发展中国家应有的话语权。而所谓新型的、健康的国际合作关系，则应是在世界范围内构建一种更为公平合理的相互包容性增长模式，任何一个国家要从关注和照顾到他国利益中，实现自身利益的增长，最终达到一种和谐共赢、良性循环的可持续增长格局。

中国正值经济转型的关键时期，发展的道路上还存在许多不确定性因素。所以一个相对平稳的外部环境对于中国经济的顺利转型至关重要。针对最近美欧发达国家频频抬头的贸易保护主义及与中国日益增多的贸易摩擦，中国在继续保持对外贸易政策的稳定性和连续性的同时，要充分利用 WTO 争端解决机制，积极应对各类贸易摩擦。与此同时，还要注重调整进出口产品结构、市场结构和地区结构，加大开拓新兴市场，实施多元化外贸发展战略。

自冷战结束以来，世界格局发生了很大变化，国际体系中积蓄了较大的变革力量，而金融危机和债务危机将催化变革的速度。但美欧发达国家为了尽快摆脱经济低迷状态，不惜频频使用贸易保护手段来钳制别人的发展，比如对中国。此种做法对我国经济转型进程、产业结构调整升级、政府调控经济的手段甚至是人民就业及福利产生负面影响。同时，美欧对华贸易保护政策也无法根本解决其国内就业乏力、经济复苏缓慢等问题，反而会削弱中国和美欧等国家携手共同推动全球经济复苏的努力。因此，在当前危机时期，各国都有责任处理好自身事务，加强合作，而非以邻为壑。只有反对片面的贸易保护主义，才有可能促进世界经济强劲、健康、可持续增长。

## 四 结束语

经济转型和创建新型国际合作关系等议题都还面临一系列理论和实践问题，甚至在一些关键问题上还需要突破和创新。比如经济转型成功与否的衡量标准是什么，指标设定是否精确科学；再如在创建新型国际合作关系中，国际制度和法律的约束力和执行力如何得到保证。这些都需要各国学界和政府的进一步深入探讨和研究。

## 参考文献


1. 〔日〕速水佑次郎：《发展经济学——从贫困到富裕》，李周译，社会科学文献出版社，2003。
2. 蔡洪滨：《中国经济转型与社会流动性（上）》，《比较》2012 年第 1 辑。
3. 樊纲、王小鲁、马光荣：《中国市场化进程对经济增长的贡献》，《经济研究》2011 年第 9 期。
4. 韩秀申：《外贸前景喜忧参半》，《中国报道》2012 年第 1 期。
5. 黄海燕、黄振奇：《加快转变发展方式，实现第三次经济转型》，《宏观经济管理》2011 年第 1 期。
6. 林岗、王一鸣、黄泰岩、马晓河等：《迈过“中等收入陷阱”的中国战略》，经济科学出版社，2011。
7. 全毅、金泓汎等：《亚太地区的发展模式与路径选择：基于东亚与拉美发展道路的比较分析》，时事出版社，2010。
8. 王依军：《中国资源环境现状：统计数据的呈现》，《中国统计》2011 年第 7 期。
9. 吴敬琏：《中国增长模式抉择》，上海远东出版社，2006。
10. 张宇燕：《2011 年世界经济形势回顾与展望》，《求是》2012a 年第 2 期。
11. 张宇燕：《全球经济“微”乐观》，《国际商报》2012b 年 3 月 26 日。

# 实施哲学社会科学创新工程 建设服务河北科学发展新智库*

（2012 年 5 月 17 日）

近年来，河北省社会科学院深入贯彻“为决策服务、为发展服务、为基层服务”的办院方针，构建理论武装、服务决策、繁荣发展“三位一体”工作新格局，向建设“省级科研一流、国内国际知名、服务河北科学发展”新智库的更高办院目标迈进。在河北省委、省政府的正确领导下，我院全面完成了机构调整任务，理论宣讲、社科研究和社科联合各项工作取得了巨大成绩，发挥了全省哲学社会科学事业的领军作用，为建设“经济强省、和谐河北”提供了有力的理论支撑和智力支持。

## 一　实施哲学社会科学创新四大工程，明确服务河北科学发展新智库发展方向

2009 年 2 月，按照中央“精简、统一、效能”机构改革要求，河北省委、省政府决定，将省委讲师团、省社科联并入省社科院。2011 年，原社科院九个行政处室全部参照公务员管理，我院参公管理与事业管理“一院两制”新体制已经形成。这次机构调整，是河北省委、省政府在河北省哲

* 本文是周文夫在华北地区社科院第二十九届科研管理联席会议上的发言。会议在山西省太原市召开。

学社会科学领域贯彻落实科学发展观的新创举，是省哲学社会科学事业管理体制改革的新突破，也给全省哲学社会科学繁荣发展带来了难得的机遇。院党组创造性地提出构建理论武装、服务决策、繁荣发展“三位一体”工作新格局和参公管理、事业管理“一院两制”新体制的总体改革思路，得到省委、省政府领导的充分肯定和全院干部职工的衷心拥护。目前我院已初步形成了以理论武装为龙头，以社科研究、社科联合为依托，以省社科团体、各市委讲师团、社科联和县区基层理论宣讲站为基础，把全省社科系统研、讲、联资源优化组合和有效运用的新型工作运行机制，带动了全省社会科学研究、宣传和普及，使社科院更好地发挥了“研”、讲师团更好地发挥了“讲”、社科联更好地发挥了“联”的职能，实现了“机构精简，职能不减；牌子不摘，队伍不散；资源整合，效能提高”和“三个一相加大于三”的改革初衷。

“十二五”时期，我院按照国家和河北省“十二五”规划纲要对哲学社会科学工作提出的新要求，结合河北院的实际，出台了河北省社科院的“十二五”时期发展规划。明确提出了以科学发展观统领办院，大力推进中国特色社会主义理论武装工程，大力推进服务河北发展能力提升工程，大力推进全省哲学社会科学龙头带动工程，大力推进创新型人才智力聚合工程。今年以来，我们紧紧围绕院“十二五”规划的安排部署开展各项重点工作，取得了良好效果。

——实施中国特色社会主义理论武装工程，积极开展宣讲工作。围绕河北省第八次党代会组织主题宣讲活动，重点围绕马克思主义中国化时代化大众化、社会主义核心价值体系和形势政策，开展宣讲工作。强化省邓小平理论、“三个代表”重要思想和科学发展观研究中心作用，打造学习服务平台，以“河北省干部理论教育网”为载体，建立省市县三级党委中心组学习网络，实现全省县以上党委中心组学习网络化全覆盖。健全大宣讲格局。加强对各市委讲师团的工作指导，充分发挥职能作用。推进县区理论宣讲站建设，完善基层理论宣讲工作站运行机制。

——实施服务河北发展能力提升工程，多出成果，出好成果。通过强化重大课题研究，建立重大科研项目快速反应机制，进一步增强为省委、省政府决策服务的能力。紧密跟踪党委、政府的重大决策，加强对建设“经济强省、和谐河北”进程中的重大现实问题研究，以省委、省政府领导为我院圈定或直接交办的课题为重点，推出系列精品成果。集中全院骨干科研力量，邀请院外知名专家，开展跨学科团队攻关。2011 年，我院围绕全省发展战略开展的“河北省环首都绿色经济圈建设研究”在这方面做了有益的尝试，成绩斐然。我们通过组织研究人员到环首都市县及北京市、长三角、珠三角进行大型调研活动，召开河北省环首都绿色经济圈建设研讨会，邀请国家有关部委和北京市的专家谈河北环首都绿色经济圈建设，在光明日报刊发专版成果，产生了良好的社会反响。一系列研究成果得到省委、省政府领导的批示肯定。《河北省环首都绿色经济圈建设研究》著作出版，产生了良好的社会反响。今年以来，我们又开展了“走基层沿海行”河北沿海地区发展大调研活动，这也是我省沿海地区发展规划上升为国家战略后，我院组织专家力量开展的又一项重大调研活动，以期为河北沿海地区发展提供强有力的智力支持。

——实施全省哲学社会科学龙头带动工程，发挥好桥梁纽带作用。组织协调好全省哲学社会科学学术研究活动，开展好哲学社会科学咨询工作，促进社会科学理论研究成果社会化。紧密结合我省经济社会发展中突出问题，抓好以保障和改善民生为重点的调研选题，同时将选题范围向全省各市县区的具体问题延伸，服务当地党委、政府决策，持续推出优秀成果，提高调研成果对领导决策的贡献率。抓好“社科优秀成果评奖”“社科优秀青年专家评选”，提高《河北社会科学年鉴》和社会科学普及读物的编写质量，搞好社会科学普及周、河北省社会科学学术年会、燕赵文化论坛、社科博士论坛和京津冀区域协作论坛等重大活动，实现资源整合，不断增强对社科工作者的凝聚力、对决策层的影响力、对社会大众的吸引力。

——实施人才智力聚合工程，建设高层次人才队伍。大力实施人才强院战略，以能力建设为核心，以领军人才、骨干人才、青年后备人才队伍建设为重点，着力推进人才体制机制全面创新，为智库建设提供人才保障。加强管理人才队伍建设，以处级干部队伍及其后备干部队伍建设为重点，统筹推进各职能部门干部队伍建设。完善学习培训与实践锻炼相结合的干部教育培养机制，建立干部轮岗交流制度，切实加强后备领导干部培养。加强专业技术人才队伍建设，全面提高科研、宣讲人员的学习能力、研究能力、交流能力、科研组织能力。支持更多的科研人员走出去学习培训、进修深造、做访问学者、参加国内国际学术会议。鼓励科研人员在承担重大课题和重大项目中提升科研水平。切实加强青年科研人才培养，继续资助在职硕士博士学历学位教育。加大人才引进力度，重点引进一批急需学科的学术带头人、后备人才和博士人才，促进结构优化。

## 二　以科研为中心，围绕重点工作，完善载体，不断提高新智库的服务能力和学术水平

——扭住重大关切，深入研究“经济强省、和谐河北”建设中的重大现实问题，在全省经济社会发展中发挥智库更大作用。胡锦涛同志在党的十七届六中全会上明确指出，要立足我国社会主义初级阶段基本国情，以宽广的眼界观察世界，组织力量开展调查研究，努力回答对我国经济社会发展带有全局性、战略性的重大问题。年初，省委书记张庆黎同志和省委副书记赵勇同志在我院呈报的《关于院机构调整以来近三年工作情况的报告》上做出重要批示，在充分肯定成绩的同时，要求我院扭住重大关切，抓好巩固提高的工作。体现了党中央和省委对哲学社会科学工作的新要求、新期待。省委、省政府决定加快推进曹妃甸新区、渤海新区开发建设及全省扶贫开发和环首都扶贫攻坚示范区建设，这是省第八次党代会提出的两个“举全省之力”的战略框架要求。我院已经深刻认识到省委、省政府提出两个“举全省之力”的重要意义，积极主动地参与到全省经济社会建设的大局当中。院党组要求举全院之力，有效整合社科资源，把全省改革发展中攻坚克难的重点作为我们调研的重点，把省委、省政府领导提出的需要解决的重大问题作为我们的研究重点，找准坐标点，多出成果，出好成果，为全省经济社会发展提供智力支持。

——瞄准对接学术研究前沿，不断提高学术话语权。积极承担国家社科基金项目，瞄准、对接国家学术前沿开展研究，不断提高我院学术话语权。

作为国家社科基金项目学科组评审专家，我院孙继民副院长2011年投标的国家社科基金重大项目“黑水城汉文文献整理与研究”获准立项，这是全国哲学社会科学规划办公室从2005年设立招标项目以来，我省首次获得立项，填补了我省在招标项目立项的空白。完成的国家社科基金项目“《俄藏黑水城文献》汉文非佛教文献整理与研究”鉴定为优秀，并成功入选《国家哲学社会科学成果文库》。此成果的入选，是我省自2005年国家规划办设立《国家哲学社会科学成果文库》以来的首次，填补了空白。2012年4月25日在北京召开的2012年度国家社科基金项目评审会议上，又作为优秀成果得到表彰。《国家哲学社会科学成果文库》是贯彻落实党中央关于繁荣发展哲学社会科学精神的重要举措，是推进学术创新、引导学风建设的重要途径，也是国家表彰奖励哲学社会科学研究优秀成果的重要形式。《国家哲学社会科学成果文库》入选成果反映了当前我国哲学社会科学研究相关领域的领先水平，体现着较高的学术荣誉。

——加强重点学科建设，进一步夯实科研基础。近年来，我院不断完善学科建设工作机制，强化重点学科、重点扶持学科带动作用，抓好重点培育学科建设，实现了各学科的全面发展。实践证明，学科建设作为科研工作的重要抓手，有力地促进了我院科研工作迈上新台阶，对提高我院地位、提升形象、扩大社科院的知名度和促进今后的可持续发展有着重要的积极意义。在院党组的正确领导下，经过广大科研人员的努力，我院已经完成了两期重点学科建设，第三期重点（扶持、培育）学科建设期已经开始。经过认真评审，确立了农村经济学等5个重点学科、人口社会学等4个重点扶持学科、人力资源开发等4个重点培育学科，并对重点、扶持学科的首席专家和重点培育学科的首席研究员颁发了聘书，进一步明确了重点学科的建设任务。日前，我院印发了《第三期重点（扶持、培育）学科建设三年（2011.7～2014.6）发展规划》，要求各学科不断优化人才队伍结构，壮大科研实力，提升学术影响，为实现我院更高办院目标做出积极贡献。

——开展经济形势分析，编撰“河北发展蓝皮书”，打造品牌成果。编写“河北发展蓝皮书”系列和举办“河北经济形势分析会”已经成为我院的重要品牌。“河北发展蓝皮书”已经连续出版了14年，由原来的单卷本扩充到现在的五卷本，包括经济、农村经济、社会发展、文化产业、人才报告五卷。在蓝皮书出版后，我院第一时间向省委、省政府等四大班子领导及省直主要部门和市县领导进行赠阅，并与省内有关媒体联系，以不同形式宣传推介蓝皮书成果，进一步扩大了蓝皮书和我院的影响。与此同时，在蓝皮书五卷本的基础上，我们还形成一本《河北发展蓝皮书总报告》，每年向省人大、政协两会代表和委员们呈送，不断发挥哲学社会科学的咨政作用，得到与会代表和委员的称赞。

不断提高“河北经济形势分析会”季度分析会和年度分析会的质量，精心谋划主题，在搞好宏观经济形势分析预测的同时，还关注全省经济社会热点问题，加强与重要媒体合作，不断增强分析会的时效性、应用性、权威性。分析会研讨成果以情况报告上报省委、省政府领导，得到省领导的批示肯定，进一步扩大了分析会的影响。

## 三 搭建平台，创新形式，推动服务河北发展新智库建设水平再上新台阶

创新科研活动的有效载体，是推动科研深入开展的有效方法。2012 年河北省在全省宣传文化系统开展“一个好的精神状态、一个好的工作作风、一个好的工作业绩”主题教育实践活动。为了更好地落实这一主题实践，院党组决定在全院范围内深入开展“三走”活动，即“走基层太行行——河北‘老’‘少’‘边’区红色教育大调研”“走基层沿海行——河北沿海地区发展大调研”“走世界开放行——广泛开展国际学术交流与合作”。“三走”活动是我院在“建强省、促和谐、迎接党的十八大”的大背景下，深入贯彻落实省委“三个一”主题教育实践活动的要求，强化宗旨意识，理论联系实际的一个创新，得到了省委宣传部领导的肯定。为确保“三走”活动取得实效，要求把“三走”活动与迎接党的十八大召开紧密结合起来，与学习型党组织建设和创先争优活动紧密结合起来，与“走转改”活动紧密结合起来，与理论武装、服务决策、繁荣发展“三位一体”工作新格局紧密结合起来，目的就是为深入推进服务决策、服务发展、服务基层，建设

“省级科研一流、国内国际知名、服务河北科学发展”新智库提供有力人才支撑和坚强组织保证。

——“走基层太行行——河北‘老’‘少’‘边’区红色教育大调研”。此项活动已经圆满完成，并取得显著成果。今年3月，调研团在西柏坡举行了启动仪式后，南北两线调研团同时从西柏坡出发。南线调研团赴邢台、邯郸，北线调研团赴保定、张家口，深入太行老区，接受红色教育，调研县域经济，考察特色文化，进行宣讲科普活动。此次教育调研活动行程较长，内容丰富。大家普遍感觉此次红色教育调研活动收获很大，既有红色教育的洗礼，又有加快太行山老区发展的思考，进一步了解了基层干部群众丰富的实践活动，了解了老区人民对社会科学的需求，增强了社会科学工作者的责任感和使命感。探索了理论服务基层、服务群众的新途径，必将转化为推动我院建设“省级科研一流、国内国际知名、服务河北科学发展”新智库的强大动力。

——“走基层沿海行——河北沿海地区发展大调研”。围绕“京津冀区域经济一体化”“首都经济圈纳入国家‘十二五’规划”“河北沿海地区发展规划上升为国家战略”“百家央企走进河北”及我院承担省委、省政府领导委托的重大研究课题，组织科研人员深入我省的唐山、秦皇岛、沧州沿渤海地区新兴增长区域开展调研，并赴天津、辽宁、山东等地进行调研，适时邀请省内外专家举办“河北沿海隆起带高层论坛”，推出一批高质量成果。目的就是通过“走基层沿海行”，提升科研人员理论联系实际能力，发现问题、解决问题的能力，提高科研成果的实践性、前瞻性，为建设“经济强省、和谐河北”献计献策。“走基层沿海行”活动已经取得阶段性成果。4月9日，调研组在唐山曹妃甸新区渤海国际会议中心举办河北省社科院“走基层沿海行——河北沿海地区发展大调研”活动启动仪式后，分南北两线展开调研。北线调研组在周文夫院长、刘月副院长的带领下赴我省秦皇岛和辽宁省锦州经济技术开发区、营口鲅鱼圈开发区、大连长兴岛经济技术开发区等地调研。南线调研组在孙继民副院长、杨思远副院长的带领下赴天津滨海新区，河北渤海新区和山东东营、青岛、济南等地调研。“走基层沿海行”调研活动使我们的科研人员进一步更新了观念，解放了思想，开阔了视野，明确了方向，对于更好地谋划和研究我省沿海地区发展，推进服务河北科学发展新智库建设，具有重要的现实意义和长远意义。“走基层沿海行”活动得到众多媒体的关注。河北电视台报道了活动情况，人民网、中国社会科学网、环球网、河北新闻网等中央和省主要媒体竞相报道和转载。院网站也同步推出调研活动专题网页。媒体和社会的广泛关注，扩大了我院的影响力，提高了我院的美誉度。4 月 28 日，我院召开了“走基层沿海行——河北沿海地区发展大调研”活动总结交流会。总体评价这次调研活动，可以概括为四个好：时机好、选点好、形式好、保障好。主要收获是：锤炼了作风、转变了观念、提升了能力、扩大了影响。要求科研人员要解放思想，改进作风，增强“为决策服务、为发展服务、为基层服务”的自觉性和责任感；要扭住重大关切，突出科研重点，深入研究“经济强省、和谐河北”建设中的重大现实问题；要发挥智库作用，打造科研精品，更好地服务领导决策和发展大局。调研期间得到了辽宁社科院、天津社科院、山东社科院、大连市社科院、青岛市社科院等兄弟院的大力支持和帮助，再次表示深深的感谢。

——“走世界开放行——广泛开展国际学术交流与合作”。巩固与国外及我国港台地区高等院校和科研机构已有的交流合作关系，积极拓展与日、俄、韩、英、法、意、美、加、巴西等国家长期稳定的学习交流与合作，形成国际学术交流新格局。一是实施“走出去”战略，努力推动院优秀成果和优秀人才走向世界。我院今年计划派出 4 个代表团，分别赴日本、韩国、南非、新西兰、澳大利亚、美国、加拿大等国家和我国台湾地区进行学术交流和考察，并派出 4 名中青年学者赴美国进行为期半年的访问交流。二是实施“请进来”战略，搞好 2012 年国外高校、科研机构 8 个代表团来院访问学术交流活动，召开“欧美经济走势与中国经济转型”等专题学术研讨会，启动与美国院校交流、互派访问学者，完成与日本高校的合作课题。通过“走世界开放行”，进一步开阔国际视野，创新战略思维，把握学术前沿，掌握最先进的科研方式方法，推动优秀科研成果和人才走向世界，更好地服务河北科学发展。目前，此项活动已经取得重要成果。3 月初，日本京都大学农学研究科学者秋津元辉教授一行访问我院，对我省新农村建设进行了实地考察，并举办“中日农村发展学术研讨会”。4 月 6 日至 7 日，日本早稻田大学副教授张剑波先生访问省社科院，就日本侵华战争的相关问题与院相关学者进行了交流和探讨，双方就开展进一步合作研究和拓宽学术交流等问题进行了磋商，并达成合作意向。4 月 17 日，美国印第安纳大学—普渡大学韦恩堡分校校长迈克尔·沃泰尔先生、副校长沃尔特·布兰森先生等一行 8 人，对我院进行了成功访问。5 月 12 日，我院召开了“欧美经济走势与中国经济转型”学术研讨会，来自英国密德萨斯大学、美国印第安纳大学—普渡大学韦恩堡分校、美国加州州立大学圣贝纳迪诺分校及我省有关大学的专家、教授出席研讨会，围绕美国经济复苏前景、欧债危机的解决之道、中国产业与经济转型对全球经济的影响等大家关心的问题进行了交流研讨。“走世界开放行”活动正逐步深入开展。

同志们，实施哲学社会科学创新工程，是一项长期的任务。经过几年的发展，河北院在新智库建设方面取得了一定的成绩，但还存在诸多不足，我们也想借此机会向兄弟院学习宝贵的发展经验。我们相信，2012 年，我院的各项事业会有一个更快的发展。我也真诚地希望各位同行、朋友有机会到河北走一走、看一看，给我们传经送宝。

# 省社科院开展“走基层太行行”“走基层沿海行”“走世界开放行”活动情况的汇报*

（2012 年 5 月 23 日）

今年初，按照省委要求和省委宣传部关于省直宣传文化系统“三个一”主题教育实践活动的安排部署，我院紧密结合中宣部和省委宣传部关于开展“走转改”活动的基本要求，紧密结合本院实际，组织开展了“走基层太行行”“走基层沿海行”“走世界开放行”活动，将理论宣讲、社科研究、社科联合和干部人才队伍作风建设融入“三走”活动当中，取得了较好的效果。

下面，我代表院党组就我院开展“三个一”主题教育实践活动、“走转改”活动情况和取得的初步成效，以及下一步“三走”活动的安排做简要汇报，请予指导。

## 一　活动基本情况

1 月 29 日，省直宣传文化系统“三个一”主题教育实践活动动员大会结束后，当天上午我院就召开了院党组会议，研究部署贯彻落实意见。院党组提出要在全院范围内开展“三走”活动，将主题教育活动落实到促进工作作风转变上，落实到举措创新上，落实到促进工作业绩提升上。2 月 21

* 本文是周文夫向省委宣传部领导所做的关于省社科院“三走”活动的汇报稿。

日，召开了全院“三个一”主题教育实践活动动员大会，就开展“三走”活动做了进一步安排部署。中国社会科学报、中国社会科学网和省内主要媒体也对我院的“三走”活动做了重点报道。

3 月 19 ~24 日，我院组织开展“走基层太行行——河北‘老’‘少’‘边’区红色教育大调研”活动。参加人员以院领导、行政管理、科研人员和青年科研骨干为主体，目的是感受“红色太行”的革命精神，深刻理解党的根本宗旨、历史使命、优良传统，在广大干部职工中树立起以“两个务必”为核心的西柏坡精神和求真务实、脚踏实地的工作作风。3 月 19 日，在革命圣地西柏坡纪念馆广场举行了隆重的启动仪式，全体院领导参加了启动仪式，我做了动员讲话。当日，分别由曹保刚、兰英山、孙毅、张福兴、胡银山、王新明等院领导带队冒雪出行。南线调研组一行 37 人，赴邢台前南峪和邯郸武安、涉县等地，北线调研组一行 34 人，赴保定阜平县、唐县、顺平县和张家口蔚县。调研期间，调研组开展了送理论下基层和社科普及活动，接受当地群众的现场咨询，向当地捐赠了电脑及科普读物；走访慰问了老党员和贫困户。在调研中，大家一方面感受红色激情，接受革命传统教育；另一方面走入群众中间，近距离观察当地经济社会发展现状；走进厂房车间、田间地头，与基层干部群众面对面交流生产生活中遇到的问题、困惑；就群众关心的热点理论问题和形势政策开展集中宣讲。在受到教育、升华思想境界的同时，从中了解到基层干部群众的所思、所盼、所急，掌握了来自基层一线的鲜活素材。

4 月 8 ~16 日，我院组织开展了“走基层沿海行——河北沿海地区发展大调研”活动。目的是紧紧围绕我省沿海地区发展正式上升为国家战略和省委、省政府提出的把沿渤海地区迅速打造成新兴增长区域，举全省之力打造曹妃甸新区和渤海新区两大增长极的重大举措，发挥社科理论优势，深入研究如何使沿海“洼地”变成发展“高地”，破解制约瓶颈，提供发展良策。调研组以相关院领导和科研、宣讲部门的所长、主任为主体。4 月 9 日，在唐山曹妃甸举行启动仪式，我做了动员讲话。之后，分别由我、孙继民、杨思远、刘月等院领导带队参加，调研组分南北两线开展实地调研。北线调研组先后赴秦皇岛、锦州、营口、大连等地，南线调研组先后赴天津、沧州渤海新区和山东东营、青岛、济南等地。9 天时间行程 4000 余公里，考察了 20 余个港口、企业和社区。调研期间，调研组一行与地方党委、政府决策者谈发展思路，和企业高管直接对话，跟工程技术人员及基层管理者交谈，同当地专家学者研讨交流，学习了经验，对标了先进，查找了差距，打开了科研视野，掌握了一手材料，启发了深入思考。调研活动受到了当地党委、政府的高度重视和大力支持，唐山、秦皇岛、沧州市委和市政府的主要领导或分管领导王雪峰、陈国鹰、王三堂、邓沛然等，辽宁、天津、山东以及调研所到之地的社科院、社科联领导都陪同调研或参加座谈，为调研活动提供了重要保障。通过“走基层沿海行”，进一步解放了思想，更新了观念，拓宽了思路，增强了开放意识和创新意识；进一步提升了理论联系实际能力，发现问题、解决问题的能力，提高了科研成果的全局性、战略性、前瞻性、实践性。更为可贵的是，广大社科理论工作者从基层改革创新、科学发展的生动实践中汲取了科研营养，从一线干部群众的理论需求中明确了科研方向，拓展了服务决策、服务发展、服务基层的新途径。

“走世界开放行——广泛开展国际学术交流与合作”是我院“三走”活动的又一重要内容。“走世界开放行”实际上也是走基层，是在世界范围内与最基层、最基础的科研教学基本单位和科研人员，进行交流与合作。目前，“走世界开放行”活动“请进来”按计划顺利开展。3 月 5～12 日，日本京都大学农学研究科的专家学者访问我院，对我省新农村建设进行了实地考察，并共同举办了“中日农村发展学术研讨会”。4 月 6～7 日，日本早稻田大学专家学者访问我院，就日本侵华战争的相关问题与我院有关学者进行了交流和探讨。与日本高校合作完成了当代农村发展趋势研究课题，使参与课题的研究人员受到了锻炼。4 月 17 日，美国印第安纳大学—普渡大学韦恩堡分校校长迈克尔·沃泰尔一行访问了我院，双方就落实合作协议、人才培养、互派代表团等问题进行了协商，达成了广泛共识，推进了合作的实质化进程。5 月 12 日，我院主办了中、英、美等国家高校、科研机构学者参加的“欧美经济走势与中国经济转型”专题国际学术研讨会议，研讨会着眼于把握欧美经济走势，掌握国外研究动态，为我国及河北经济转型提出有针对性的建议，会议取得了圆满成功。通过“走世界开放行”，聚焦国际学术前沿，开阔了国际视野，创新了战略思维，扩大了我院的国际学术影响力，提升了国际学术交流的层次和水平，为优秀成果和人才走向世界提供了契机和平台。

## 二　活动取得的效果

我院开展的“三走”活动，完成了阶段性目标任务，取得了实实在在的效果。一是坚定了信念。通过“三走”活动，深入革命老区，感受红色激情，体味“两个务必”，弘扬践行敢于斗争、敢于胜利的大无畏精神，永不骄傲、永不自满的进取精神，不懈努力、艰苦奋斗的创业精神，全院同志对党的根本宗旨、历史使命、优良传统有了更深刻的理解，坚定了马克思主义阵地建设的信念和决心。大家进一步认识到，红色精神是新时期民族精神的魂魄，扎根实践是繁荣哲学社会科学的法宝，服务群众是社科理论工作者的使命，爱岗敬业是成就事业和实现人生价值的基础。二是锤炼了作风。通过调研活动，全院同志深刻认识到，理论联系实际不仅是党一贯倡导的优良作风，更是社科理论工作的“生命线”。哲学社会科学工作者，只有始终如一地“贴近实际，贴近生活，贴近群众”，在精神状态方面立朝气破暮气、立锐气破惰气、立正气破浮气，树立崇高追求，自觉服务人民，才能发现和把握住有价值的研究课题，提出切实可行的对策建议，在服务党委、政府决策方面真正有所作为，在科学研究的职业道路上实现人生理想和价值。三是转变了观念。通过调研活动，全院同志清醒认识到，只有不断地解放思想，更新观念，善于用改革的办法破解前进道路上的各种矛盾和问题，善于用开放的思路谋划推动发展，敢于打破条条框框，突破传统思维定式，敢闯敢试，敢走新路，始终保持思想的活力，才能保持工作上的活力，推动事业实现新跨越和新发展。通过“三走”活动，还进一步树立了开门办院、开放办院的意识。四是拿出了成果。“走基层太行行”和“走基层沿海行”结束后，我院及时召开了总结交流会，并分别撰写完成了综合调研报告和专项报告。参与调研的专家根据各自的学科特点和理论专长积极开展研究，完成的调研成果已陆续上报省委、省政府领导和有关部门，并得到重视和采纳。五是扩大了影响。“三走”活动得到了众多媒体的关注。河北电视台跟踪报道了活动情况；人民网、中国社会科学网、环球网、河北新闻网等中央和省内主要媒体竞相报道和转载。媒体和社会的广泛关注，扩大了我院的影响力，提高了我院的美誉度。在“走下去”的同时做到“走出去”，加强了和其他省市社科部门的联系与协作，扩大了与国外高校、科研机构的交流与合作，在更高的平台上谋发展，获得了广泛好评，树立了良好形象。

## 三　下一步工作思路

近期，中宣部部长刘云山同志发表重要讲话，要求社科理论界也要“走转改”。下一步我们将根据党中央、省委精神和部领导的要求，进一步深化“走转改”活动，力争取得更大的成效。

一要加强学习，提高认识。组织全院干部职工认真学习刘云山在2012年度国家社科基金项目评审工作会议上《社科理论界也要“走转改”》的讲话精神，重点在社科理论工作“从哪里来、到哪里去”问题上提高认识，在“为了谁、依靠谁”问题上努力实践，在“建设什么样的队伍、怎样建设队伍”问题上创新举措，把“走转改”活动向广度和深度推进。

二要继续推进，完成任务。“走基层太行行”和“走基层沿海行”已结束，“走世界开放行”活动完成阶段性任务，下一步工作重点是“走出去”。今年下半年，计划派出4个代表团，分别赴日本、韩国、南非、新西兰、澳大利亚、美国、加拿大等国家进行学术交流和考察；派出4名中青年学者赴美国进行为期半年的访问交流；积极寻求与韩国、南非、澳大利亚、新西兰等国家决策咨询机构和研究部门合作，探讨研究合作的新领域。

三要推出成果，服务决策。在调研考察的基础上，紧紧扭住省委、省政府的重大关切，特别是围绕加快推进河北沿海地区发展重大问题，重点破解渤海新区和曹妃甸新区发展上的难题、瓶颈，分期分批推出一批调研成果，举办“河北省沿海经济隆起带发展高层论坛”等，力争推出一批深接地气、高屋建瓴的研究成果，报省委、省政府领导参阅。形成的有价值有分量的专项成果，并结集出版。

“走转改”活动不是应时之举，而是长远之策。我们将深入总结经验，结合社科理论工作实际，积极推动“走转改”常态化、机制化，建立和完善重大调研专项经费保障、领导下基层蹲点、科研人员暑期调研等制度，做到政策上支持、体制上保障、机制上激励、制度上规范、措施上推动。同时要进一步加强督导，将“走转改”活动不断引向深入。

# 打造新智库　服务“十二五”*

## ——为建设“经济强省、和谐河北”和文化强省做出新贡献

（2012 年 5 月 26 日）

**主持人：**长城网的各位网友朋友，大家好，这里是正在播出的“文化强省”网上系列访谈节目，我是坤宁。本次“文化强省”系列访谈节目由河北省委宣传部主办、长城网承办。目的是贯彻党的十七届六中全会、全国两会，省第八次党代会及省委八届二次全会的会议精神，突出建设“文化强省”和“三个一”的活动宗旨，全面分析与展示当前和今后一个时期我省宣传文化系统面临的形势、已经取得的成绩效果以及对未来的规划构想。今天是系列访谈的第七期，我们邀请到了省社科院党组书记、院长周文夫同志，就省委提出的实现建设文化强省奋斗目标，与我们广大网友进行交流。我们欢迎周院长，请周院长跟我们长城网的网友打一个招呼。

**周文夫：**主持人好。

**主持人：**您好。

**周文夫：**各位网友好。今天很高兴来到长城网“文化强省”节目与大家进行交流。

**主持人：**我们也再次欢迎周院长。我们知道在建设“文化强省”实践中，河北省社科院发挥着重要的作用，但是有的网友可能对省社科院，尤其是在 2009 年机构整合后的情况了解得不多，我们请周院长简单地跟咱们网

* 本文是周文夫接受长城网“文化强省”网上系列访谈第七期节目访谈稿。

友做一下介绍。

**周文夫：**好。现在的河北省社会科学院是省委、省政府直属的事业单位，它是省社科综合研究机构、理论宣讲机构和社团机构。2009 年 2 月开始，省委、省政府决定把省委讲师团、省社科联、省邓研中心并入省社会科学院，这应该说是省委在河北省社科理论界机构调整上贯彻落实科学发展观的一次实践，当然也为我们全省哲学社会科学理论界提供了一个进一步发展的机遇。

按照省委、省政府决定的要求，社科院党组必须迎接新的挑战，抢抓新的机遇，寻求新的发展，所以根据社科院的实际情况和发展需要，创造性地提出要建设理论武装、服务决策、繁荣发展“三位一体”的工作新格局和参公管理、事业管理“一院两制”的新体制。经过上上下下近三年的努力调整，这个任务基本上完成了，形成了这样一个新的机制和体制。在河北省社科理论界乃至全国社科理论界，这是一个创新。

通过这个机构调整，我们现在做到了职能不变，机构精简，牌子不摘，队伍不散，人员整合，效率提高，实现了“三个一相加大于三”的改革初衷。应该说这个改革的成功赢得了社会的承认，也赢得了省委、省政府的认可，同时也得到了全院干部职工的衷心拥护。

**主持人：**在建设“文化强省”中，咱们省社科院发挥着一个怎样的作用呢？

**周文夫：**因为它是一个理论宣讲机构、社科研究机构，也是社科联合的机构，它作为省委、省政府的决策研究部门，是思想库、智囊团，所以它在“文化强省”建设里面，在建设“经济强省、和谐河北”的工作里面承担着重要的历史使命，承担着重大的历史责任。尤其是它在社会主义核心价值体系建设上，推动社科理论武装上，在决策服务研究上，在社科联合组织管理上，它要提供理论支撑、智力支持，也参与一些管理。

**主持人：**据我们所知，目前省社科院“三走”活动开展得有声有色，应该说这是具体服务“文化强省”建设、推进“三个一”主题实践活动的创新之举，请您为我们介绍一下“三走”活动开展的初衷以及目前的一个状态。

**周文夫：**好。“三走”就是按照中央宣传部和省委宣传部对社科理论宣传系统“走转改”的要求，也按照省委的要求和省委宣传部“三个一”主题教育实践活动的安排部署，我们社会科学院党组采取的具体实施步骤。“三个一”的要求是有一个好的精神状态、好的工作作风和一个好的工作业绩。落实到社会科学院就是要立足于自己的本职工作，在理论宣讲、社科研究、社科联合上要做好自己的本职工作，需要有好的精神状态，好的工作作风，也要有好的工作业绩。“走转改”也有相应的要求，实际上内在是一致的。所以在今年初，省委宣传部安排部署了“三个一”主题教育实践活动以后，社科院党组当即召开了党组会议，研究贯彻落实。“三走”，第一个“走”就是“走基层太行行”，主要是在革命老区接受红色传统教育，来坚定社科院干部职工的理想信念，培养艰苦朴素、艰苦奋斗的工作作风，要建设“省级一流、国内知名”的社科院智囊库，为河北经济发展服务。第二个“走”就是“走基层沿海行”。

**主持人：**“走基层沿海行。”

**周文夫：**“走基层沿海行。”它就是为了适应在“十二五”期间河北沿海地区发展上升为国家战略，结合里边的重大实际问题进行调研，在沿海、在秦、唐、沧一带进行调研。同时我们北线延伸到辽宁半岛，走了锦州、营口，一直到大连；南线延伸到山东的胶东半岛，走了天津渤海新区、黄骅港，到了济南和青岛。

第三个“走”就是“走世界开放行”，就是进行广泛的国际学术交流与合作。“走世界开放行”与走基层有什么关系呢？我们认为“走世界开放行”这个活动实际上也是走基层，它只不过是在世界范围内与国际上一些科研教学的最基层的机构、最基础的科研人员进行交流与合作。

三个“走”组合起来以后，那就是我们希望能够走出一个好的精神状态，走出一个好的工作作风，走出一个好的工作业绩。

**主持人：**咱们这三个“走”目前是怎样的一个开展情况呢？

**周文夫：**开展情况大体是这样。在今年3月，我们在革命圣地西柏坡走出第一步。

**主持人：**第一步是革命圣地西柏坡。

**周文夫：**对，“走基层太行行”在这里举行启动仪式。然后一路向南，从西柏坡出发，一直到邯郸涉县129师师部；一路向北，一直走到了狼牙山，走到了张家口蔚县。深入基层，深入村庄，深入住户，访贫问苦，体察民情。同时送理论到基层，把一些电教设施也送到基层，进行理论宣讲。访问老党员、老干部，接受红色革命传统教育。4月，我们又完成了“走基层沿海行”，在唐山的曹妃甸进行启动仪式。一路向北，刚才我讲了，一直走到了大连，一路上一直走到青岛。这个是到码头、港区、社区、大城区进行调研。这一路上与地方主要的负责同志进行交流、直接面谈，同时与企业的高管直接进行交流，与基层的职工、管理人员、工程技术人员进行交谈，和当地的社科理论工作者进行研讨，商讨河北沿海地区经济发展的对策。通过与山东的黄、蓝发展战略对比，又与辽宁的“五点一带”经济发展战略对比，都是国家级的战略，对比来看河北沿海地区发展的国家战略要采取什么样的步骤。学习他们的长处，加强合作和交流，来推动河北沿海地区发展。同时根据省委、省政府的要求，在沿海地区要达到两个经济增长极，一个是举全省之力要打造曹妃甸，另一个是我们的黄骅港，推动经济发展。

通过这个“走”我们收获很大。看到了我们的长处，也看到了我们的短处。

**主持人：**有待改进的。

**周文夫：**也学到了对方、外地的一些长处，也看到了它存在的问题，需要我们加强和改变的地方。

**主持人：**您刚才说的第三步呢？

**周文夫：**第三步，“走世界开放行”，进行国际学术交流与合作。第三步也开始走出了它的前半步，也走出来了。前半步主要就是凭着我们近几年来，“十一五”以来，尤其到“十二五”，我们院里实行开门办院、开放办院，与世界上一些科研教学机构建立了比较长期稳定的学术合作交流关系。在这个基础上，我们进一步进行国际学术交流。所以我说这个前半步主要的就是请进来。今年以来，有八个国外的学术交流团体访问我院，主要集中在美国、巴西、加拿大、英国、法国、意大利、日本、韩国、俄罗斯，还有澳大利亚、新西兰这些国家。在我们前半步请进来阶段，有日本的学者访问了我们院，进行了中日农村现代化建设的交流。前不久，我们又召开了由中国、英国和美国学者参加的国际学术交流会，叫作“欧美经济走势与中国经济转型”，它为我们提供了在金融危机之后和欧债危机的状况底下我们的对外经济交流与合作问题，为我们中国的经济转型一直到为我们河北经济转型提供一些借鉴，会议开得非常成功。

我们还有后边的工作，第三步“走”的后半步，那就是我们准备在下半年，组织一些学术交流团体出去进行交流。比如说我们要组团去日本、韩国进行交流，去美国、加拿大，还有南非、新西兰、澳大利亚等国家和我国台湾地区进行国际学术交流与合作。通过交流，一个是锻炼我们的队伍，同时开阔国际视野，培养战略性的思维，以便更好地建设我们的经济强省、文化强省、和谐河北提供借鉴和服务。同时我们也要派我们的一些学者到国外去进行访问和交流。

**主持人：**感谢周院长给我们介绍了这么多“三走”的情况。在围绕“文化强省”建设，咱们省社科院今年都有哪些重点工作呢？

**周文夫：**对于“经济强省、和谐河北”建设和文化强省的建设，我们决策研究部门、社科理论部门，都有责无旁贷的责任和任务。结合着省委八届二次全会提出的“推动哲学社会科学”和“文化大发展大繁荣”。我们要利用这个机会，既加强自身的建设，同时也要加强运用对策方面的研究。我们在“十二五”期间规划了四个工程。

**主持人：**是哪四个工程？

**周文夫：**第一个就是推动决策发展的能力提升工程，还有就是核心价值体系建设和理论武装的工程，还有就是在全省哲学社会科学界的引领工程，还有我们自身的人才聚集和队伍建设的工程。通过这四个工程来提高我们的决策服务的能力、社科研究的能力，同时也有交流、交往、合作。

在具体的工作里面，我们第一个方面要继续完善理论武装、服务决策、繁荣发展“三位一体”工作的新格局和“一院两制”的新体制，在社会主义核心价值体系的建设上，在理论武装工作上争取上台阶、上水平。

第二个方面要积极开展理论教育研究和宣讲，深入形成大宣教的格局，推动理论武装上台阶，上水平。

第三个方面要加强应用研究与对策研究，这个主要是给河北的决策发展服务的，拿出用得上、管用的科研成果来，服务省委、省政府的决策，服务河北经济决策发展和文化的大繁荣大发展。

第四个方面要抓好我们的活动平台，利用社科联的桥梁纽带作用来动员组织全省的社科理论工作者，为我们的经济社会发展和文化繁荣发展服务。从这几个方面做出我们应有的贡献，迎接党的十八大召开。

**主持人：**在节目的最后，我们请周院长跟我们长城网的网友说上几句话，来结束咱们今天的访谈。

**周文夫：**哲学社会科学是一个民族的思维能力和基本素质的表现，所以哲学社会科学知识的普及至关重要。希望广大的网友要更多地了解哲学社会科学，学习哲学社会科学的知识，普及哲学社会科学的知识，建设社会主义核心价值体系，来支撑我们河北的“经济强省、和谐河北”建设的需要，推动文化大繁荣大发展，对我们河北的未来、河北的明天抱有一个良好的愿望，实现这个良好的目标。

**主持人：**感谢周院长的讲解。

# 以“三走”为抓手深入推进“走转改”*

（2012 年 5 月 28 日）

今天召开院党组会议，专门研究和部署贯彻落实以“三走”推进“走转改”工作。下面，我讲三点意见。

## 一　认识要再深化

一是思想要有新激励。省委领导对近一段时间以来我院各项工作给予充分肯定，认为在原有较高的起点上又有许多新变化，展现出许多新气象。对我院以“三走”为抓手推进“走转改”给予充分肯定。认为“真重视”，见事早、动手快，体现了当好省委、省政府“思想库”“智囊团”的使命担当和责任追求；认为“有特色”，既上山又下海，既走内又走外，有声有色，扎扎实实，体现了创新精神和务实态度；认为“成效好”，从解决精神状态和工作作风着手，注入了开拓进取、奋发有为的“精气神”，给社科理论界带来一股清新务实之风，为我省社科理论界“走转改”和“三个一”活动的开展带了个好头。省委领导的肯定，说明我们以往所做的工作取得了一些成绩，同时更应该清醒地看到，这是对我们今后把工作做得更好给予的鼓励和鞭策，是寄予的期待、是更高的要求、是难得的机遇，应该成为激励我们不断开拓进取的强大动力。

* 本文为周文夫在院党组研究深入开展“走转改”活动会议上的讲话。

二是认识要有新高度。“走转改”既是活动内容，更是方向要求。党的十七大、十七届六中全会和省委对哲学社会科学工作做出的一系列重要指示，反映了党和人民的事业、新的时代发展对哲学社会科学的新要求，在社科理论界深入开展“走转改”活动，是坚持党的哲学社会科学政治属性、彰显哲学社会科学时代价值、履行哲学社会科学工作责任的必然要求。只有站在全局和战略的高度来认识“走转改”活动，才能自觉地把思想和行动真正统一到党中央和省委部署上来，变要我“走转改”为我要“走转改”，使活动收到实实在在的效果。“十一五”以来，我们坚定不移地贯彻“三个服务”的办院方针，各项工作和事业发展取得了有目共睹的新成绩。“走转改”活动的开展，为我们深入贯彻“三个服务”增添了新动力、提供了新抓手。今年以来我院开展的“三走”活动特别是取得的实际效果有力地证明，“走转改”是深化“三个服务”的“助推器”。贯彻省委要求、深入推进“走转改”活动，需要全院上下进一步坚定信心、统一思想，把活动开展与深化“三个服务”工作实践结合起来，与在“三位一体”工作格局下推进哲学社会科学创新体系建设结合起来，与“建促迎”“三个一”活动开展结合起来，与确保全年各项目标任务圆满完成结合起来，统筹安排，协调推进，为推动哲学社会科学事业的发展繁荣努力做出新贡献。

三是问题要有新答案。坚持人民至上，服务党和国家工作大局，是以马克思主义为指导的社科理论工作的本质要求，应该成为广大社科理论工作者的共同追求。“我是谁、为了谁、依靠谁”，是社科理论工作从业人员首先需要面对的基本问题，也是哲学社会科学工作获得最广泛最可靠最牢固的群众基础和力量源泉的根本问题。解决和回答好“三个谁”的问题，要着眼于从认识、实践的基本方法入手，在实践—认识—再实践—再认识的过程中不断得到升华。要深入总结“三走”活动，让一幅幅与基层群众亲密接触、与社会实践深度贴近的生动场景感动情怀、感染心灵、升华思想、固化信念，在科研工作中转化为坚定地服从和服务于党和人民崇高事业的理想，转化为为河北的发展进步鼓与呼的志向，转化为以实践为课堂、把群众当老师的真诚态度，转化为“从群众中来，到群众中去”“从实践中来，到实践中去”的科学方法，转化为“接地气”“有底气”的丰硕成果。

四是目标要有新境界。"十二五"时期，院党组提出了新的更高的办院目标：建设"省级科研一流、国内国际知名、服务河北科学发展"新智库。深入推进"走转改"，要把活动目标与我院的发展目标有机地结合起来着力推动，努力在队伍的思想建设、素质建设、能力建设上下功夫，促进新智库建设不断迈出新步伐、跃上新台阶。

办公室负责把中共中央政治局委员、中央书记处书记、中宣部部长刘云山讲话《社科理论界也要"走转改"》印发全院。院属各部门要结合各自工作实际、研究实际、干部职工的思想实际，认真组织学习，切实把思想和行动统一到讲话精神上来，统一到省委的活动部署上来。学习的组织和落实工作，请保刚同志牵头院"走转改"活动办、"三个一"活动办负责。

## 二　活动要再推进

一要抓好活动，善始善终。我院"三走"活动的前两步"走基层太行行""走基层沿海行"已按计划圆满完成，取得了阶段性成果。"走世界开放行"活动的下一步工作重点要放在"走出去"上。要精心组织、缜密安排，走出好声势、走出好形象、走出好效果，重点在拓展对外学术交流的新渠道、开辟对外科研合作的新领域方面有所突破，为我院"三走"活动画上一个完满的句号，为我院开展对外学术交流奠定更好的基础。请继民同志牵头外事办做好相关工作。

二要深化活动，建章立制。"走转改"活动不是应时之举，而是长远之策。要深入总结经验，积极推动"走转改"活动常态化、机制化。重点抓好几个方面的机制和制度建设，如建立和完善重大调研专项经费保障制度、领导下基层蹲点制度、社科理论工作暑期调研制度等。此项工作请保刚同志牵头院"走转改"活动办、"三个一"活动办研究、落实。

三要总结活动，带个好头。要进一步总结和提炼我院"走转改"和"三走"活动好的做法、好的经验，加强与中宣部、省委宣传部及省内外重要新闻媒体的沟通和联系，及时上报信息，把省委领导要求我院"带个好头"这个任务完成好。此项工作请刘月同志牵头。

## 三　任务要再落实

近些年来，省委领导同志为我院出题目、交任务、压担子，充分表明我院服务决策的能力和水平在不断提升，我院在省领导心目中的地位在不断提高，我院在服务全省经济社会发展中的贡献力在不断加大，愈来愈得到省委、省政府的重视和信任。任务能否完成、完成得怎样，这也是检验我们“走转改”成效的一道试题，我们要能担重任、能堪大用，用心思、下功夫，把领导交办的任务完成好。关于“三走”工作，我院先前研究部署的研究工作都有所涉及，也取得了一定的研究成果。下一步，要组织精干力量，谋划落实方案，细化工作措施，明确时限和质量要求，把任务落实到部门、落实到人头，确保研究工作顺利实施、研究任务如期完成、领导满意。此项工作请孙继民同志牵头科研处组织实施。

# 发挥社科理论工作优势
# 深入推进“建促迎”宣传教育活动*

（2012 年 7 月 5 日）

按照省委宣传部“建促迎”活动实施意见，我院结合自身实际，发挥理论武装、服务决策、繁荣发展“三位一体”工作新格局优势，积极谋划，创新载体，精心组织，推动活动深入开展，取得显著成效。

## 一 深入开展“三走”活动，把“三个一”主题教育实践活动落到实处

一是“走基层太行行”。由院领导带队，组织中层干部和社科理论工作者、行政后勤管理人员 80 余人，沿太行山麓，赴邢台、邯郸、保定、张家口等“老、少、边”区，接受红色革命传统教育，开展送理论下基层、社情民意调研和社科普及活动，针对群众关心的热点理论问题和形势政策开展集中宣讲。通过“走基层太行行”，广大干部职工对党的根本宗旨、历史使命、优良传统有了更加深入的理解和把握，进一步树立起以“两个务必”为核心的西柏坡精神和求真务实、脚踏实地的工作作风。

二是“走基层沿海行”。紧紧围绕我省沿海地区发展规划正式上升为国

---

* 本文为周文夫在省委宣传部“建强省、促和谐、迎接党的十八大”宣传教育活动调度座谈会上的发言。

家发展战略和省委、省政府提出的把沿渤海地区迅速打造成新兴增长区域、举全省之力打造曹妃甸新区和渤海新区两大增长极的重大举措，由院领导带队，组织科研所室负责人和承担省重大课题科研人员共30余人，深入环渤海沿线的秦、唐、沧等地开展调研，深入毗邻的天津、辽宁、山东等沿海地区学习考察，行程4000余公里，考察了20余个港口、企业和社区。调研后形成了《河北沿海地区开发建设中需要关注的几个问题——环渤海省市沿海地区发展考察报告及比较研究》《我省沿海地区深度新闻宣传与信息对接的建议》等报告。通过“走基层沿海行”，进一步解放了思想，更新了观念，拓宽了思路，增强了开放意识和创新意识，提升了科研能力。关于我省经济社会发展的系列重大课题正在深入研究之中。

三是“走世界开放行”。今年3月，日本京都大学学者访问我院，并共同举办了“中日农村发展学术研讨会”。4月，日本早稻田大学学者到我院访问交流；美国印第安纳大学—普渡大学韦恩堡分校校长迈克尔·沃泰尔一行访问了我院，双方就落实合作协议、人才培养、互派代表团等问题达成共识，推进了合作的实质化进程。5月，我院主办了中、英、美等国家高校、科研机构学者参加的“欧美经济走势与中国经济转型”专题学术研讨会，着眼于把握欧美经济走势、为我国及河北经济转型提出有针对性的建议，研究成果综述已报省委、省政府主要领导、分管领导参阅。6月，刘月副院长率领我院代表团成功访问了日本、韩国等高校和科研合作单位。通过“走世界开放行”，聚焦国际学术前沿，开阔了视野，扩大了我院学术影响力，为优秀成果和人才走向世界提供了契机和平台。

6月21日，《光明日报》头版刊发了《到“源头”去　引“活水”来——河北省社科院结合实际“走转改”》的专题报道。同月，我院在省直宣传文化系统“三个一”活动主题演讲会上荣获一等奖。

## 二　深入开展理论宣传和社科研究，为迎接党的十八大浓厚氛围

组织召开了全省党委讲师团系统深入宣讲宣传省第八次党代会精神座谈

会。举办全省党委讲师团系统青年理论宣讲骨干培训班。举办以“建强省、促和谐、兴文化”为主题的河北省第八届社会科学普及周，组织300多个会员单位的3000余名专家学者与实际工作者深入基层，开展形式多样的宣传普及活动。以实现“经济强省、和谐河北”奋斗目标的路径选择为重点研究方向，将省领导圈定的“环首都绿色经济圈”“河北沿海地区经济发展”“农村现代化的路径及对策”“文化强省建设”“社会管理与创新”等课题列入院重大、重点课题，对研究工作给予重点支持。围绕重大民生问题，立项调研课题350项，组织全省社科工作者集体攻关。组织编写《惠在何处　惠从何来：与干部群众谈党的惠民政策》一书，由人民日报出版社出版，向全国发行，省委加强基层建设年活动办公室将该书发至每一个省驻村工作队，作为面向农村、农民解读政策的依据。组织编写的《三农政策学习问答2012》《河北省惠农政策200问》等读本，受到干部群众欢迎。

下一步，我们将积极推进五项具体工作的落实，确保如期完成，以“一个好的精神状态，一个好的工作作风，一个好的工作业绩”迎接党的十八大胜利召开。一是做好迎接党的十八大、宣传党的十八大的各项准备工作，营造良好舆论氛围；二是围绕刘云山同志在我省张家口调研讲话时提出的“四个创造经验、走在前列”开展研究，对于如何进入全国第一方阵、如何创造经验、如何走在前列等问题进行理论阐释，给出实现目标任务的路径选择；三是围绕社会主义核心价值体系建设，从理论和实践相结合的角度，拿出一篇研究报告；四是要在“走基层沿海行”调研基础上，尽快完成调研报告，拿出调研成果，上报省委、省政府领导和有关部门参阅；五是围绕“河北精神”开展研究。

# 在加强和创新社会管理课题调度会上的讲话

（2012 年 7 月 5 日）

今天召开一个小型会议，主要是研究部署加强和创新社会管理这个课题的任务。刚才两位所长把主要任务都给大家安排了，我下面再讲三个问题。

## 一　课题背景和缘由

加强和创新社会管理问题研究这个题目是 2011 年由省委主要领导同志圈定的课题，列入了我院重大课题系列。社会管理问题是社会学所一直关注和研究的问题，这次邓研所也加盟进来，一起来做这个课题，是因为它是一个重大的课题，需要集中精力和力量把这个事情做好。这既有现实的需要，也有学科建设的需要，当然，第一位的还是用于对策研究的需要。

把社会管理真正地提到党和国家的议事日程上来，是从 2004 年党的十六届四中全会开始的。党的十六大点了个题，十六届四中全会明确提出要推进社会管理体制创新的问题。2007 年 10 月，党的十七大报告提出要健全党委领导、政府负责、社会协同、公众参与的社会管理格局，来健全基层管理体制。2011 年 2 月，胡锦涛总书记在省部级主要领导同志研讨班上发表重要讲话，指出要扎扎实实地提高社会管理的科学化水平，建立中国特色社会主义社会管理体系。2011 年 3 月，又把标本兼治、加强和创新社会管理独立成篇，写进了国民经济和社会发展的“十二五”规划纲要。2011 年 5 月，中央政治局召开会议研究和加强社会管理问题。2011 年 7 月，党中央、国务院印发了关于创新社会管理的意见。2011 年 9 月，召开了全国电视电话会议，主题还是提高社会管理的科学化水平。从中央整个一系列部署来看，从党的十六大、十七大到即将召开的十八大，可能还是一个重要的课题。党的十七大的时候，总书记在中央党校省部级干部研讨班讲话，那是给党的十七大以后的工作做了铺垫。实际上 2011 年的讲话从研讨内容上来说，为党的十八大奠定了一个专项任务的基础。

按照党中央的部署，2011 年 4 月，河北省委召开了加强和创新社会管理的电视电话会议，会议上强调要从最关键的问题、最紧要的工作抓起，推动社会建设管理迈上新的台阶。2011 年 11 月，省第八次党代会召开，强调以保障民生为重点加快社会建设。整个过程下来以后就理出一个头绪来，党中央国务院、省委省政府，全国到河北省，社会管理创新的任务都提到了党和政府的工作日程上。我们是省委、省政府直属政策研究机构，得跟上这个步伐来做这个事情。这个工作从省里做了部署之后，社会学所着手作为一个大的课题来考虑，这已经是两年以前的事了。这两年多时间里，他们着手了前期的调研工作。去年我们院参加了省第八次党代会报告的起草，还成立了几个小组，有一个社会建设小组，这个小组让咱们当组长，我们起草了一部分报告内容。这个任务我们完成得还不错，省委办公厅还来信表扬我们。

从去年下半年以来，我们贯彻落实省第八次党代会精神，要把这个课题深入地做一做，做大、做好，在力量调配上就组成了这样一个课题组。主干力量就是由社会学所和邓研所的科研人员组成，两位所长直接负责来主持做这个课题。目的是在尽量短的时间里拿出有一定分量的科研成果，为河北的社会建设管理创新提供理论支撑和智力支持。在这个中间也曾经有过几次加快工作的考虑，但基本上每年都跟着省委、省政府的重点工作走了，没有顾到这方面。特别是去年，我们曾经考虑是不是暑期的时候作为社会建设的重点课题讨论？作为重点课题。省委重点研究这个事情，我们就得跟上来。结果去年省委、省政府敲定还是继续研究调整经济结构的问题。这在时间上让我们又喘了一口气，因为暑期要研究下一年的重点课题。

这次我们要下决心搞这个课题。今天就算是重大课题组成员的第一次会议，这个课题开始启动。组织形式是由院里头牵头，然后由伟文她们来主持。

我们这些课题是经过上上下下多少次的研究。我们把焦处长也请过来，要做好服务保障工作，保障大家集中精力做好研究。这个课题的起因、立项就是这么一个过程。从“十一五”开始到现在，基本上每年都在跟着省委、省政府走，每年大概是有一本河北省社会科学院重大课题系列。今年是河北沿海地区发展要求，去年是环首都绿色经济圈建设，2010 年是加快河北经济发展方式转变，2009 年是构建河北现代产业体系。2008 年没有出书，主要搞城镇化建设三年大变样。再往前走，2007 年是沿海强省建设。事事有轮回，2007 年的时候搞科学发展观、沿海强省建设的路径，今年又轮回来了。

## 二 加强和创新社会管理课题研究的意义

加强和创新社会管理，胡锦涛总书记在政治局会议上讲了几个事关：第一个是事关巩固党的执政地位，第二个是事关国家长治久安，第三个是事关人民安居乐业。对抓好用好我们省这个重点发展机遇期、实现党和国家事业发展、实现全面建设小康社会奋斗目标具有重大战略意义。不管是搞宣传的，还是搞决策研究的，实际上有一个宗旨，就是四个字“姓党为民”。世界上决策研究机构很多，智囊团很多。我们现在也提出来搞智库，就是思想库、智囊团。智库是和国际接轨的东西，既有我们思想库、智囊团的含义，又与国际接轨。通俗解释就是理论支撑和知识保障、智力支持。这个智囊团是什么？不是反对党，更不是反政府武装。你是吃皇粮的，你是党和政府的智囊团、思想库，所以必须得姓党。共产党执政，这是一个立场问题。你的服务宗旨，共产党的智囊团，为人民服务是根本宗旨。这个东西不是空的，而是我们在思考问题、观察问题、分析问题、研究问题、提出对策时候的立场和观点。因为你姓党，所以要秉持为人民服务的宗旨，接下来是为党分忧、为民谋利，这是连带的。所以说从这个意义上说，共产党的智囊团应该说维护的是绝大多数人的利益，为人民服务是宗旨。

思考河北省的社会建设问题，要考虑河北的大环境。河北是人口大省，7200 万人口。经济总量第六，人口也是第六。经济大省、文化资源大省，这个大是产生社会问题多的因素。7000 万人口的大省，书记、省长怎么转啊？保定市15个县市区，一个市委书记一年到一个县里头去两次就相当不错了，基本上去不了两次，去一次都很不容易。同时河北省还具有环京津（尤其是环首都）、沿渤海的特殊区位。还有前所未有的发展机遇，就是沿海地区上升为国家战略，京津冀一体化进入“十二五”规划，冀中南地区进入国家层面的开发区，百家企业央企进河北，百家高校、科研机构进河北。我们又承办了全国的科学年度大会，要来3000名科学家、100个院士。需要把这些特有的东西研究研究，共性的东西结合起来，将来研究至少做学问的话有创新点。然后从社会建设的创新上面，我们有独特的条件和独特的优势，这是工作创新的基本条件。应该说河北社会建设具有更为重要、更为特殊的战略意义。一个是重要，一个是特殊的战略意义。“护城河”，同时还有7200万人民的福祉。所以第八次党代会报告讲什么？民生和民心，民心顺则天下和静。研究社会问题，立足于民生、人民福祉。所以提出了以保障改善民生为重点加快社会建设。这是河北的起点，中央也是这么要求的。

## 三　研究内容和要求

这个研究内容有这么几个事。一个是基本立论。按说任何一个题目的研究的结论，应该是在调查研究之后得结论。但是咱们这个研究放在哪个层面上，脑子要清楚。所以我说的这个不是具体的结论，而是大的指导思想的问题。关键词是什么？社会管理，总体适应，立足于我们国家，也立足于河北省。这个话怎么说呢？也就是说，经过长期的探索和实践，首先，我们国家社会管理和国情、和社会主义制度总体上是适应的。其次，矛盾凸显、任务繁重。随着实际情况的变化，我们国家社会管理的理念、思路、体制、机制、法律、政策、方法、手段等方面，还存在很多不适应的地方。特别是到了矛盾凸显期、发展机遇期，还有个社会转型、经济发展方式转变。处在这个过程里，很多的社会矛盾会凸显出来。发展不平衡的问题、贫困带贫困人口的问题，甚至流动人口管理的问题、社会治安的问题、公共服务均等化的问题、城乡差别的问题，一系列的问题。有的时候疏导不好、解决不好那就会出现矛盾激化。再次，加强和创新社会管理，是推进中国特色社会主义社会管理体系的自我完善和发展。研究这个东西，基本的立论要把握好，不会走很多弯路。不适应里头要怎么适应？这就是我们这个课题研究的主攻方向。从这三句话里选出中间这一句话。不适应的地方，我们得找出它的原因，然后研究怎么适应、完善和发展，这就是我们这个课题的主攻方向。

这段时间看了些材料，有些学者已经开始深层次探讨社会管理创新，提到四个方面的问题和不足。

第一，发展理念缺失。社会建设在很长一个时间里头，屈从于经济建设。政绩的考核长期偏重GDP，影响了社会建设。这个里头就要辩证看了。我们从“文化大革命”结束之后，1978年底召开的党的十一届三中全会，把整个的党和国家的工作中心转移到经济建设上来。抓经济建设，方向是对的，现在也是要坚定不移的。一个中心嘛，那就是经济建设是中心。但是那时候我们缺乏科学发展观指导，尤其是地方的考核，很长一个时期偏重GDP。我们就是走一个赶超经济，就是快，大规模、上规模、追求数量。这么多人口，缺衣少食的，吃不饱饭填不饱肚子，那怎么能够生存、发展呢？肯定要解决衣食住行的问题，同时还要赶超。我们不搞原子弹、不搞氢弹行吗？也得搞啊。也得搞基础设施，炼钢炼铁，也得搞这个东西。所以这个工作是有惯性的，发展到一定阶段，追求数量的时候污染也诞生了。

第二，分税制改革。1994年推行分税制。分税制的成绩首先说是很大，保证中央财政作用很大，但是在社会建设上有个问题是值得注意的。分税制以后，形成了财政收入中央集权，财政支出责任地方化，政府间的事权财权不匹配，这就是个矛盾。这个矛盾比较突出，所以地方政府的财政支出压力不断加大，什么任务都给地方了，并且一票否决。好多东西一票否决，不是否书记就否县长，先否县长后否书记。当时计划生育是，好多都是，地方压力非常大。这个时候有限的人力、物力、财力势必制约着政府的社会建设发展。这个分析我觉得是有一定的深度的。将来很好地研究研究河北的状况是个什么状况？我研究了一下，我觉得这个制约不是一般的制约，是制约了地方政府开展社会建设和社会管理能力的形成和职能的发挥。能力形成，职能发挥，是这个东西。本来社会建设政府应该管这个事情，公益事业应该管。但是它没有力量，力量相对薄弱，责任又给它压力很大。现在解决这个问题，就是中央的财政转移支付，上级对下级的转移支付。转移支付的使用也有科学性的问题。这是一个客观存在的矛盾，体制改革配套的问题，体制问题造成的。

第三，社会政策碎片化。像城乡二元化、身份的分割、区域分割等，这些问题已经浮到水面上来了。这个城乡分离，这是长期的一个政策，城乡分割。这一个城市户口、一个农村户口，差别太大了。我们现在很多人，包括你们在座的，实际上上数三代基本回到农村。多数是这个情况。城乡二元结构，实际上是长期形成的。要从它的积极意义上说，它确实保障了城市的建设和发展。要不然的话很多贫困的人口都随便地进到城市里来，可能先进生产、先进管理、科学技术聚集的地方就是一塌糊涂，所以通过城乡二元的结构，保证了先进生产力发展，必须得有一部分先进。去年，我们几个去了趟巴西和墨西哥，看了看圣保罗，看了看墨西哥城，那个贫困带和城市带离得太近了。最后形成什么，咱们没有深入的研究。墨西哥城现在成了什么结构呢？成了多层带一样那个结构。主城区全是穷人，吸毒的，贫困者。车路过那儿不敢停，也不敢开玻璃，也不敢照相。所以省份不同、城乡不同，最后一些优惠政策都显得非常零碎，凑不到一起。为什么叫建立社会管理体系？也就是综合的构置政策、设置政策，建立这个机构机制，是这个问题。

现在回过头来看，要解决二元结构的问题，就是靠工业化，靠城镇化。城镇化不可能都成为大城市，像北京那个城市摊煎饼式的，摊到那个程度是不行的。像美国的一些大城市，洛杉矶地区，规模太大了，但是都是组团式的。东京和洛杉矶没法比，因为它空间太小了，但是组织得非常好。东京80%以上的公职人员，5天工作日里头基本上都乘公交车。公交搞得好，轻轨、公共汽车、地铁、有线、无线，都有，不坐私家车。到礼拜天的时候，休闲出去了开私家车，都有车。

第四，社会管理方式、方法相对来说比较落后。这个就不展开说了。

所以从加强管理创新上来说，自我完善发展上，大家应该注意这四个方面。

第一，要深入贯彻落实科学发展观。现在，新中国成立60多年，改革开放30多年，我们已经具备了改革或者改变社会管理一些问题的物质基础，也还要看到这一点。现在财政转移支付也是有力量的，还可以做一些事情。还有贯彻落实科学发展观，落实依法治国方略，发挥政治优势。我们的共产党领导、社会主义制度，这是政治优势。管理社会上，我们这次到拉美就有体会，就像刚才我说那个，刷房子都刷不成，这就是他们没有这个政治优势。所以，先要总结我们成功的经验，再来借鉴国外的经验，借鉴国外的有益做法，积极推进社会管理的理念、体制、机制、制度、方法的创新。创新就在理念、体制、机制、制度、方法上创新，这是我们创新的地方，搞研究着力点要做这个东西，在这儿下功夫。最终的落脚点，就是建成适合中国特色社会主义的社会管理体系，全面提高社会管理的科学化水平。

我这段时间跟大家也讨论、研究、学习、思考了一些问题。我觉得从当前来说，无论从理论上还是实践上，这才是加强和创新社会管理的主要任务，也是我们的主攻方向。我们这个大课题，方向就是在这个地方攻关。你不能研究了半天，这个制度不行，这个基础不行。再不行，离不开河北省，你还得在这儿干这个活儿。制度不行，社会主义制度还是个自我完善和发展，你不能大方面一说，我们就没事干了，我们都失业了。如果从方法论上说，实际上还是毛主席过去讲的老话，就是要过河，解决船和桥的问题。大的目标有了，我们的现实基础就是此岸，我们的目标就是彼岸，怎么从此岸到彼岸，要解决船和桥的问题。拿出对策方法来，每一个章节上研究的问题都要在这儿下功夫。

大的方针有了，中国特色社会主义社会管理体系有了，最后是要激活几个积极性，调动整个社会的积极性，科学稳定发展。要搞一个中国特色社会主义社会管理体系，要把碎片整合好，把分割要调整好，最后提高管理的科学化水平。这个地方是需要我们展开思想，放开眼界，放手放脚地大胆去创造，去创新。但是，不是无中生有，你要立足于实际，同时吸收外国的一些先进的管理、一些先进的理念。比如说，我们过去还是比较集中在政府管得多，什么都管。经济体制改革起步的时候，我们讲过一句话，讲什么呢？说政府过去管了很多自己不该管的事情，但是该管的事情又没有管好。后来又说我们是“一管就死，一放就乱”。现在，社会管理实际上也可以借鉴这个方法论，“管住，管好，放开，搞活”。管不住，一管就死了，一放就乱了，这就是你没本事。这个东西还没有研究透，还没有建立起与之相适应的体制、机制、方法。管住还要管好，放开还要搞活，你看这个东西就是辩证法，是一个度。什么事情都有个度的问题，这就是需要我们做文章的地方。

第二，基本理论问题都说了，然后就是基本概念。基本概念需要规范使用，那就需要你们去研究了。注意一些概念需要规范化，还要考虑通用性，赋予它内涵也可以，概念的创新也可以，但在概念的使用上要规范。比如说，社会管理，什么叫社会管理？现代社会管理，什么叫现代社会管理？和常规的社会管理有什么不同？社会管理创新，在哪些方面去创新？这都是需要研究的。

第三，就是成果的形态。咱们这个设计，在内容里头，准备搞成什么呢？两个主报告，第一章、第二章，我指定两个所长每人都亲力亲为来做这个事情。将来至少从这个里头要产生出两个直报件，报给省委、省政府主要领导。子报告、子课题 6 个，那就是三、四、五、六、七、八章，这个在书上做了章节，总体设计是这个。6 个子研究课题的文字成果，也可以考虑那个直报件和参考报件的问题。主报告是指令性计划，子报告是指导性计划，就那么去做，欢迎你们年轻人加入进来，写得好的话，咱们有成就。然后两个附件，我看你们拉的这个不错，已经拉出来了。我翻到的一些材料，主要的典型我看你们基本上差不多都有了。开始是主报告，也就是主题。主课题，子课题，加到一起是八章，加附录两章，共十章。序言我写，不列入子课题里边，到时候需要帮助，我就找你们。我们还有个编委会，让他们进入我们这个序列里边。然后十个章节加到一起，出一本书，20 多万字，就是个专著。这个思路我几个地方都讲过了。这是个什么思路呢？这是一个长计划、短安排的思路，从短的上说，课题布置下去之后，应对对策研究有时效，主报告、子报告里头做直报件，必须及时报东西。

这几年，我们就是采取这样的一个形式，以大课题的形式，及时形成一个课题组，这是个虚拟性的组织。你们算是比较集中的，有的是更分散的，院里头整个好多人集中到一起。“沿海”就比较宽泛了，这不是一个所、两个所的事了。虚拟的组织就是联合作战，就像部队的集团军合成军一样，海陆空都有。同时，这个所是基本建制，便于学科建设和人员成果。每天让你今天弄这个，明天弄那个，谁也不行，这东西一塌糊涂了，最后弄得不知道干什么了。必须有专业方向。所以我们这个学科建设，重点学科、重点扶持学科、重点培育学科，就是练基本功的，你的基本功就是我们的看家本事。为什么比研究室不同，你就是这个学科建设比他强，同时有充裕的时间。有专业学科，就像兵种一样，海、陆、空、二炮什么都有，你自己练自己的技术，提高自己的技能和水平。然后到作战的时候，联合作战，就是我们的课题，训练管理。最后我们这一本书，是把所有参与人的名字和成果都要落实到成果的载体上。20 多万字，一本书正式出版，肯定都有成果。这就是长计划短安排，应急的有，长期的也有，基础建设也有，应用研究也有。这个形式现在看起来还是可以的，将来咱们再走几年，最后把它搞成系列了。对河北的发展，智力支持也好，智能服务也好，做出我们应有的贡献。

第四，我说几个具体事。一个就是主报告、子报告，还有附件，一共成书的话是十章。看看大体上每一章是不是掌握在两万五千字这么个幅度。时间我们跟两个所长也商量一下，看看 11 月中旬交稿子，四个半月时间，差不多了。头里是两个主报告，这个得拿出来，一个是五千字的直报件，这是精品，这个得报书记、省长，第三季度完成差不多。给点调研补贴，主报告每章补贴小型调研费和资料费两万块钱差不多吧，子报告附录一章补贴一万块钱。保证能够够用，有大的活动咱们再说。

# 在全院领导干部会议上的讲话

（2012 年 7 月 6 日）

院党组研究决定，今天召开全院领导干部会议，主要任务是对处级领导干部选拔、任（聘）用工作进行动员和部署。

刚才，保刚同志宣读了院《处级领导干部任（聘）用工作实施意见》，下面我就做好这次处级领导干部任（聘）用工作讲三点意见。

## 一　统一思想，着眼全局，充分认识做好处级领导干部选拔任（聘）用工作的重要性

做好处级领导干部任（聘）用工作，既是加强干部队伍建设的需要，也是优化结构、增强干部队伍活力的需要，对于健全我院“三位一体”工作新格局和“一院两制”新体制、促进各项事业又好又快发展具有十分重要的意义。

首先，做好处级领导干部任（聘）用工作是推动我院各项事业健康发展的重要组织保证。毛泽东同志指出，政治路线确定之后，干部就是决定的因素。邓小平同志也讲，中国的事情能不能办好，关键在人。关键在于我们要有一支好的干部队伍。我院经过 31 年的发展壮大，特别是机构调整 3 年以来的持续发展，已经站在一个新的历史起点上。去年，我们集中各方智慧，编制了反映时代要求、体现干部职工意愿的“十二五”规划，进一步明确了“十二五”时期的发展目标、主要任务、重点工作和具体举措。可

以说，蓝图已经绘就，目标已经明确，关键在于狠抓落实。实现“十二五”规划确定的各项目标任务，需要依靠全院干部职工的共同努力，尤其需要一批“政治上靠得住、工作上有本事、作风上过得硬、干部群众信得过”的中层领导干部。我们要从事业发展的全局出发，从落实人才强院战略的高度着眼，开发、配置、利用好干部人才资源，为实现我院“十二五”发展目标、建设“省级科研一流、国内国际知名、服务河北科学发展”新智库提供坚强有力的组织保证。

其次，做好处级领导干部任（聘）用工作是深化我院干部人事制度改革的客观要求。深化干部人事制度改革是党的十七大和十七届四中全会提出的一项重要任务。2009 年底，中央制定下发了《2010—2020 年深化干部人事制度改革规划纲要》。2010 年 9 月，省委出台了《关于贯彻〈2010—2020 年深化干部人事制度改革规划纲要〉实施意见》。为了认真贯彻落实中央《规划纲要》和省委《实施意见》，进一步深化我院干部人事制度改革，院党组在 2011 年底制定印发了《人才工作十年规划（2011—2020 年）》，把推进干部人事制度改革作为我院未来十年人才工作体制机制改革创新的重点任务。我们要充分利用这次处级领导干部任（聘）用工作的契机，结合“一院两制”新体制要求，积极探索干部选拔任（聘）用的新形式、优化结构的新途径、增强合力的新机制，为促进我院各项事业健康发展选好干部、配好班子、建好队伍。通过严格规范的组织程序，给“想干事、善谋事、会干事、能成事”的干部疏通渠道、搭建平台，择优选拔到中层领导岗位上来，这正是贯彻落实中央《规划纲要》精神，在推进人事制度改革方面迈出的重要一步。

最后，做好处级领导干部任（聘）用工作是加强我院干部队伍建设的重要途径。处级领导干部队伍在全院整个管理运行体系中，处于承上启下、内接外联的重要位置，是谋事的主体、干事的骨干、成事的关键。院党组高度重视处级领导干部队伍建设，近年来做了大量卓有成效的工作，中层领导班子和领导干部队伍的素质能力不断提升。他们在各自的岗位上，团结带领干部职工，围绕中心，服务大局，锐意进取，扎实工作，为我院的改革发展贡献了自己的智慧和力量，这是我们应该充分肯定的。但与此同时，我们也必须清醒地认识到，随着形势的变化和事业的发展，目前处级领导干部队伍的结构、素质、能力和水平，与建设服务河北科学发展新智库、向着“省级科研一流、国内国际知名、服务河北科学发展”更高办院目标迈进的要求相比，与院党组和全院干部职工的期望相比，与我院事业的长远发展相比，还有许多不相适应的地方。因此，我们必须把这次处级领导干部的任（聘）用工作，作为加强我院中层领导干部队伍建设的重要途径，按照公开、平等、竞争、择优的原则，选拔干部、使用干部，培养干部、提高素质，优化结构、激发活力，建设一支素质过硬、能力突出、结构合理、作风优良的领导干部队伍。

## 二　把握方向，坚持标准，认真负责地做好处级领导干部选拔任（聘）用工作

院党组高度重视本次处级领导干部选拔任（聘）用工作，在认真调查研究和反复讨论修改的基础上，形成了现在的实施意见。关于本次处级领导干部任（聘）用工作的指导思想和基本原则，实施意见中已做了明确规定，希望同志们深刻领会，认真执行。为了圆满完成本次处级领导干部任（聘）用工作，应该重点把握好以下四个方面。

一要把握好正确的用人导向。正确的用人导向，对于做好处级领导干部任（聘）用工作、提高选人用人公信度具有决定性作用。党的十七届四中全会《决定》指出：“把干部的德放在首要位置，是保持马克思主义执政党先进性和纯洁性的根本要求和重要保证。”要始终注重干部的党性人品，德才兼备，这是选用干部的核心问题。德与才是干部素质不可或缺的两个方面。有德无才，难以担当重任；有才无德，终究要败坏事业的发展。干部选拔工作的基本功能，就是要为优秀人才的脱颖而出营造良好的氛围，搭建广阔的平台，选拔出优秀的人才，从而提高干部队伍的整体素质，增强干部队伍的生机与活力。因此，在这次处级领导干部任（聘）用工作中，我们要始终坚持正确的用人导向，严守“德才兼备、以德为先”的用人标准，按照规定的条件和程序，选拔出品德好、能力强、贡献大、作风正、奋发有

为、勇于担当且群众公认的中层领导干部。对干部的评价，要把民主推荐、竞聘演讲与聘期考核及日常考核结果结合起来综合评定，看票数而又防止简单地以票取人。我们要在严格执行《党政领导干部选拔任用工作条例》的前提下，做到不拘一格选人才。既要选好干部，又要配好班子，力求做到优化配置，人尽其才，才尽其用。真正使我们的干部任（聘）用工作有利于保持全院的和谐稳定，有利于充分调动各方面的积极性，有利于我院各项事业的蓬勃发展。

二要把握好主要任务。这次处级领导干部任（聘）用工作的主要任务有两项。第一项任务，做好院属事业部门处级领导岗位第五轮聘任工作。按照刚才宣读的《处级领导干部任（聘）用工作实施意见》，关于院属事业部门处级干部聘任条件、办法和年龄界限，第五轮基本保持了与第四轮政策规定的连续性。对事业部门符合续聘条件的现任处级领导干部，全部续聘；对事业部门空缺的处级领导岗位，采用民主推荐与竞聘上岗相结合的办法选拔聘用。根据我院报送省编办的核编报告核定职数，本次竞聘的事业部门空缺处级领导岗位 6 个。当然，这只是事业部门人员聘任的第一步，下一步将对其他事业管理人员、专业技术人员和工勤技能人员进行岗位聘任，逐步实现全员由身份管理向岗位管理的转变。另外，按照以往 3 年任期计算，事业部门处级领导干部续聘、竞聘的任职年龄以 2011 年 4 月（上一轮为 2008 年 4 月）为界，即正处级领导岗位任职年龄界限不超过 56 周岁（1955 年 3 月 31 日以后出生）；副处级领导岗位的任职年龄界限不超过 54 周岁（1957 年 3 月 31 日以后出生）。这里同志们应该知道，第五轮聘任工作延后了一年零两个月时间，主要是“机构调整时期人员冻结”造成的，希望大家理解，并按实施意见要求做好新一轮聘任工作。第二项任务，做好参公管理部门处级领导职位补充调整工作。这次参公管理部门处级领导职位的空缺，采取平职调整与民主推荐选拔相结合的方法补充。对于空缺职位，或在现有参公管理部门同职务层级内，根据工作需要平级调整任用合适人选；或采取民主推荐、组织考察、院党组研究决定的办法，择优选人。根据我院报送省编办核编报告核定，我院目前参公部门空缺处级领导职位 9 个。下一步，待省编办对我院核编报告正式批复后，还要申请省公务员局核定我院处级及以下非领导职务职数空缺，按照组织程序统一实施选拔任用补充。

三要把握好新老交替。新老交替是自然规律。为从组织上保证全院工作的连续性和稳定性，我们要在这次处级领导干部任（聘）用工作中，按照干部队伍“四化”要求，注重提拔优秀年轻干部，以利于优化干部队伍结构，增强发展活力和后劲。据统计，目前，我院现有60名处级领导干部中，55周岁以上的20人，占33.3%；50周岁以上不满55周岁的13人，占21.7%；45周岁以上不满50周岁的24人，占40%；40周岁以上不满45周岁的2人，占3.3%；35周岁以上不满40周岁的1人，占1.7%，还没有35周岁以下的副处级领导干部。中层干部队伍明显呈现年龄老化、老中青梯次结构不尽合理的现状。由于各种原因，还有三分之一的科研科辅部门没有配齐副职，而在近几年内，我院就有近半数的正处级领导干部先后退休。如不及时培养、补充优秀的年轻干部，中层主要领导干部后继乏人的窘况将会凸显，必须引起高度重视。因此，要加大年轻处级领导干部培养选拔力度，加强老中青相结合的干部梯队建设，保持干部队伍平稳有序顺利交替，保证我院各项事业的可持续发展。

四要把握好程序规范。严格履行程序是做好干部任（聘）用工作的重要保证。没有程序的严肃性，就没有干部任（聘）用工作的科学性、权威性。这次事业部门处级领导岗位竞聘工作，按照公布空缺岗位和竞聘条件、个人申请、资格审查、竞职演讲和民主测评、组织考察、党组讨论决定、任前公示、办理聘用手续8个环节进行；参公管理部门处级领导职位补充调整工作，按照公布空缺职位数量和条件要求、资格审查、民主推荐、组织考察、党组讨论决定、任前公示、办理任职手续7个环节进行。要严格落实规定要求，严谨细致、认真负责地做好各个环节的工作，不能随意简化和变通，坚持时间服从质量，做到程序一步不缺、环节一步不少。特别是要做好竞聘演讲测评和民主推荐工作。竞聘演讲和民主推荐是展示个人才华、了解干部职工意愿的有效途径，要积极参与、认真组织。充分落实群众的参与权、知情权、选择权和监督权。

## 三　加强领导，严肃纪律，确保处级领导干部任（聘）用工作有序进行

这次处级领导干部任（聘）用工作，是在我院“三位一体”工作新格局和“一院两制”新体制形成后，第一次集中组织实施。时间紧，任务重，头绪多，政策性强，涉及面广，工作要求很高。在此，我提四点要求。

一要加强领导，精心组织。处级领导干部任（聘）用工作是一项政策性强、严肃细致的工作，是一件事关我院未来发展的大事。对这项工作院党组高度重视。各部门要严格按照院党组统一部署和要求，做好深入细致的思想政治工作，使广大干部职工提高认识，统一思想，端正态度，积极参与。人事处要在做好前期大量准备工作的基础上，加强协调和指导，精心组织，周密安排，规范操作。纪检组要全程监督。积极稳妥地做好这次处级领导干部任（聘）用各个环节的工作。

二要顾全大局，服从安排。这次处级领导干部任（聘）用工作是对各级干部特别是对领导干部党性观念和组织纪律观念的一次考验。在工作中，一定要讲政治、讲党性、守纪律，正确评价自己，正确对待同志。要以事业为重，树立大局观念，服从组织安排，严格遵守党的组织纪律和工作纪律，从讲政治的高度来认识这次任（聘）用工作，正确对待干部的上下、进出、留转，自觉接受群众监督，坚决杜绝违纪现象的发生。

三要积极配合，认真履职。这次处级领导干部任（聘）用工作要持续三周左右时间。各部门处级领导干部都要正确处理好任（聘）用工作与日常工作的关系，增强党性观念，顾全大局，坚守岗位，保证思想不散、秩序不乱、工作不断、衔接有序，确保各项工作任务的圆满完成。

四要严肃纪律，风清气正。在这次处级领导干部任（聘）用工作中，要认真按照中央的有关规定，严肃组织人事纪律。要坚持原则，大力弘扬正气，正风肃纪，坚决反对选人用人上的不正之风，严禁拉选票、走关系、跑风漏气、跑官要官等各种违纪违规行为。要时刻筑牢思想上的防线，明确行为上的界限，不越纪律上的红线。违反《党政领导干部选拔任用工作条例》

及有关文件规定者，一经发现，严肃处理，直至取消资格，不予任（聘）用。切实使这次干部提拔调整的过程，真正成为凝聚人心、增进团结的过程，成为激发活力、振奋精神的过程，有力推动我院各项事业的发展。

同志们，从今天开始，处级领导干部任（聘）用工作就全面启动了。相信大家一定能够深刻认识这次处级领导干部任（聘）用工作的重要性，统一思想，提高认识，倍加珍视团结，倍加顾全大局，倍加维护稳定，按照院党组的要求，团结一致，扎实工作，以高度的政治责任感和历史使命感，切实把这项事关全局的任务完成好，为建设“省级科研一流、国内国际知名、服务河北科学发展”新智库，促进我院各项事业又好又快发展做出更大的贡献，以“一个好的精神状态、一个好的工作作风、一个好的工作业绩”，迎接党的十八大胜利召开！

# 努力提升党员干部思想政治素质<br>自觉维护党的纯洁性*

（2012 年 7 月 12 日）

按照省委组织部的统一要求，今天党课主题定为：努力提升党员干部思想政治素质，自觉维护党的纯洁性。

我想联系全院党员干部思想工作实际，就认真学习贯彻党中央关于保持党的纯洁性和先进性的要求，扎实推进领导干部思想政治素质提升工程，着重讲三个问题：一是加强党性修养，以高度的政治自觉维护党的纯洁性；二是坚持“六个突出”，努力提升党员干部思想政治素质；三是做好“五个结合”，在新智库建设中发挥党组织战斗堡垒作用和党员先锋模范作用。在此和同志们一道学习、共勉。

## 一　加强党性修养，以高度的政治自觉维护党的纯洁性

胡锦涛总书记在十七届中央纪委七次全会上的重要讲话，准确把握世情党情国情的新变化，紧紧围绕我们党面临的长期执政考验、改革开放考验、市场经济考验、外部环境考验和精神懈怠的危险、能力不足的危险、脱离群众的危险、消极腐败的危险，从应对这些新形势下党的建设面临的风险和挑战出发，充分论述了保持党的纯洁性的极端重要性。讲话深入分析当前党内

* 本文为周文夫在省社科院党组书记讲党课时的讲稿。

在思想、组织、作风等方面存在的不纯现象，以及这些问题对党同人民群众的血肉联系、党的执政地位巩固和执政使命实现的严重危害，深刻指出了保持党的纯洁性的现实紧迫性。我们一定要从党和人民事业发展的高度，充分认识保持党的纯洁性的重大意义，不断增强党的意识、政治意识、危机意识、责任意识，切实做好保持党的纯洁性的各项工作。

从本质上讲，党的纯洁性与先进性是一致的，纯洁性是先进性的前提和基础，先进性是纯洁性的体现和保证。一个政党只有始终保持党的纯洁性，才能永葆党的先进性；只有始终保持党的纯洁性，才能夯实党的建设新的伟大工程的基础。共产党人的党性，是党员的纯洁性的一种表现形式，是党员高度的政治觉悟、理论修养、思想品格的根本标志。注重党性修养和党性锻炼，是我们党加强党员队伍建设的鲜明特色和成功经验。保持党的纯洁性需要每一名党员干部从自我做起，坚定理想信念，弘扬优良传统，保持自身清正廉洁。在群众眼里，我们党纯洁与否，就体现在身边每名党员的一言一行、一点一滴。只有保持每一名党员的纯洁，才能保持党员队伍的纯洁，才能保证党的纯洁。这就要求广大党员干部要过好思想关、作风关、廉洁关。

思想关。当前的核心是要加强“信仰、信念、信心”教育，使党员干部坚定信仰、信念，坚定中国特色社会主义的信心，不断清除思想“尘埃”。信仰纯洁是共产党人最根本的纯洁。作为党员和党的干部，要经常思考和解决好入党为了什么、当干部干些什么、身后留下什么的问题，在大是大非面前必须保持清醒认识，在大风大浪面前必须坚持正确立场，在各种诱惑面前必须筑牢思想防线。

作风关。作风就是一个政党、一个团体以至一个人的内在素质、品质在实践中、在工作中处理与其对象的关系的实际表现。它是内与外、知与行、学与德的统一，是具有稳定倾向性的行为风格。共产党的作风就是党在思想、政治、组织、工作、生活等各方面一贯表现出来的态度和行为，包括思想作风、工作作风、生活作风以及学风、文风，等等。保持党的作风纯洁，必须及时整治党风建设中存在的突出问题，尤其是要注意庸懒散和好人主义等不良风气。现在好人主义盛行，有问题不指出，有过错不批评，毫无原则地护短等，这些庸俗作风盛行的地方，往往是党组织和领导上政治软弱、作风涣散的地方，也是党员干部问题较多的地方。

廉洁关。党的纯洁性同一切腐败现象是根本对立的，每一名党员干部都要绷紧廉洁自律这根弦，坚守纯洁性的底线，在任何情况下都能稳得住心神、管得住行为、守得住清白，做到一尘不染、一身正气。

我院现有基层党支部 31 个，截至 2012 年 6 月底，党员总数为 387 名，其中离退休党员 118 名，在职党员 269 名，在职党员占全院职工总人数的 79%。这么一支党员队伍，如果每一名党员都能按照党员的标准严格要求自己，必将对我院的科学发展起到巨大的推动作用。总的来讲，我院基层党组织战斗堡垒作用和党员先锋模范作用发挥明显。今年 3 月，按照中组部、省委组织部、省直工委的通知要求，我院各党支部严格按规定程序和定级标准进行了自评和党员群众测评，机关党委会对各党支部进行了分类定级，并已上报。全院没有明显落后的党支部，总体发展势头良好。但是在工作中我们也发现，少数党员处于“边缘化”状态，用群众的话说“是党员，但没有党员样”；有的党员自我要求不高，理想信念动摇；有的宗旨观念淡薄，不服务、不带头，混同于一般群众，甚至成为工作中的“挡头”；有的党员纪律意识不强，自由散漫，经常不参加组织生活，不按时缴纳党费，不认真完成党组织分配的工作。虽然每年各支部都进行民主评议党员，但在具体工作中，由于党支部对不合格党员的标准难以认定和把握，个别党支部书记和党员不愿得罪人，影响了党员队伍整体素质，降低了党组织的凝聚力和战斗力。“流水不腐，户枢不蠹”，保持党的纯洁性，不仅要严把入口，还要畅通出口。徒有其名的共产党员，不能发挥模范带头作用，就应该及时清退，这样才能保证党员队伍的纯洁性，增强广大党员的责任感。纯洁性建设，对党的各级组织来说，就是要提高自我净化、自我革新、自我完善、自我提高的能力；对党员干部来说，就是要保持思想纯洁、作风纯洁和清正廉洁。

## 二　坚持“六个突出”，努力提升党员干部思想政治素质

为认真开展党员干部纯洁性教育，省委书记张庆黎指出，要在全省深入

实施思想政治素质提升工程，确保党员干部队伍有好状态好作风好业绩。要把政治思想纯正、群众感情纯真、工作能力纯熟、工作作风纯朴、做人做事纯净作为新形势下保持党的纯洁性的基本要求，作为检验党员干部是否称职的根本标尺，有针对性地解决干部队伍中存在的不作为、好人主义和浮躁等问题。在6月1日举行的河北省领导干部思想政治素质提升工程主题报告会上，庆黎书记强调，必须做到“六个突出”，即政治上要突出忠诚和坚定，工作上要突出干事和担当，作风上要突出勤奋和亲民，团结上要突出规矩和自觉，方法上要突出大局和重点，廉洁上要突出干净和刚正。这“六个突出”是在深入分析时代特征和河北省情的基础上，结合河北党员干部所肩负的光荣任务提出来的，具有鲜明的针对性和指导性，也为我省广大党员干部进一步提升思想政治素质提供了重要遵循，指明了努力方向。是对新形势下全省党员干部队伍的具体要求，也是全省各级干部提升思想政治素质的重要内容。全院各党支部和全体党员干部一定要认真领会“六个突出”的深刻内涵和重要意义，切实把“六个突出”的要求贯彻落实到提升思想政治素质的实践中去。

提升党员干部思想政治素质，首先要认识到其重要性。素质是一个人的品德、学识、情操、能力、风度等诸要素的综合。它是对人最本质、最真实、最能代表内心世界的深刻反映。素质有高低之分，而素质的高低又会影响着一个人的今天和明天。社科院工作，无论哪个层次、哪个岗位，都是权力、责任、义务的统一。无论哪一个人、哪一项工作，都是具体的，其工作做得如何，对部门、对单位全局都会产生重要的影响。而且应当看到，同样的岗位不同的人来承担，会出现不同的结果，这就是人的素质作用和价值所在。这就要求我们设好岗、选好人、用好人，并不断提高人的素质。

素质非人生而有之，它是一个人后天学习和实践的结果。古今中外，任何称职的、卓越的领导者，任何能够干出一番事业的成功者，任何靠个人的表现留给人们美好印象的实践者，他们所做出的建树，都是同勤于学习提高、善于实践总结和不断丰富自己分不开的。素质是人们知识、内涵和实践经验的总结，是智慧的结晶。勤于学习、善于思考，并把主观愿望同客观实际结合好的人，会体现出头脑更加聪明、心胸更加开阔、道德更加高尚、事业更加有成的高层次的素质。重视提高人的素质，既是我们党的一项光荣传统，又是我们党的一条基本经验。毛泽东同志早就指出："政治路线确定之后，干部就是决定的因素。"充分体现了干部素质的重要性。新时期、新阶段，党中央和省委提出保持党的纯洁性和先进性，扎实推进领导干部思想政治素质提升工程，讲的还是这个问题。

一个人的素质表现在多方面，但主要的应有政治素质、思想素质和业务素质等。

政治素质。作为一名国家公职人员，特别是党员领导干部，站稳立场是政治素质的突出体现。在任何情况下，不糊涂，不迷失方向，不消极，永远成为事业发展和社会前进的动力。具备良好的政治素质，既要有坚定的政治信念和远大的革命理想，又要有强烈的事业心和高度的责任感。政治素质具体化为奋斗目标，就是政治方向；转化为观念形态，就是政治观点；落实到行动上，就形成政治行为规范；运用于实践之中，就形成观察、分析问题的立场和方法，体现政治鉴别力和敏锐性。

思想素质。思想素质所反映出的道德和情操，是一定社会调整人们之间以及个人和社会之间行为规范的总和，做得好可以体现出一个人良好的境界、价值和声誉，做不好就会反过来影响一个人的声誉、威信，甚至会使一个人在众人之间威信扫地。我们中华民族历来就有注重道德型人才，注重人的品德情操的优良传统。德高才能望众，才能产生强大的影响力和感召力。古今中外特别是当今社会，不难发现"因德而成败"的事例。这就要求我们，特别是年轻人，要自觉地培养自己，努力成为坚持原则、光明磊落、公道正派、通情达理、严于律己、宽以待人等良好思想品德的人。

业务素质。业务素质实际是能力素质，是一个人知识、智慧和技能等综合的外在表现。业务素质是指人的实践和积聚，在能力方面所具有的一定水平。一个人的业务素质如何，不是自封的，更不是瞎捧的。业务素质的提高，我们在学习型党组织建设中已经提出了许多具体要求，也取得了明显成效。

目前从我院总的情况看，党员干部队伍思想政治素质是好的。绝大多数同志政治信念坚定，事业心、责任感强，有团队精神和进取意识，职责明确，工作努力，成绩显著，为保证全院“三位一体”工作的有序运行，起到了重要的作用。大家靠党性原则，靠奉献精神，靠责任感、使命感，比较好地完成了各自的工作任务。

在肯定成绩的同时，也应看到存在的问题和不足。一是从思想政治素质标准上来看，有的同志对自己要求还不够严，工作积极性不够高，进取意识不够强。二是在一定程度上存在共性“散”和个性“闲”的问题。三是个别同志存在责任心不够，党性意识、纪律意识、服务意识较差的问题。

这里我想说说“散”和“闲”的问题。比如，有的同志上班晚来早走，开会不按时出席或中间走人，工作不重视，拖拖拉拉，团队精神不强，凝聚力差，想自己和本单位的利益多，维护集体利益不够等。个别同志虽有自己的岗位，有自己的职责，就是不积极主动地做工作，应付了事，体现不出积极性和责任心，表现出一种闲散现象，造成了忙的人有干不完的活，闲的人无事可做，这就是主观因素或个人素质问题。常言讲，闲人有闲心。如果一个人的心思能力不能用在工作上，就容易无事生非、自由主义、传小道消息等。这些问题都不同程度地影响到我院工作的正常运行，涣散了一些同志的工作激情和斗志。日前，按照院党组的要求，院纪检组、监察室对“走基层太行行”“走基层沿海行”活动出勤情况进行了通报批评，希望能引起大家的足够重视。要在集体活动中树立大局意识、集体观念，做到有令则行、有禁则止，加强组织纪律性。

这里我还想谈谈担当精神。是否具有担当精神，是否能够忠诚履责、尽心尽责、勇于担责，这是检验每一个党员干部身上是否真正体现了共产党人先进性和纯洁性的重要方面。如果一事当前，不是首先想到自己应该担当起什么样的责任，做出什么样的贡献，而是一味考虑和计较个人得失，遇到矛盾绕着走，碰到问题不敢抓，面对风险不敢闯；如果热衷于做表面文章，热衷于哗众取宠和追逐个人功利；如果不思进取。那么，不仅党和人民的事业难以向前推进，而且会损害党的形象，会让人民群众失望而丧失对我们的信任。敢于担当，既是我们事业发展的要求，也是每名党员干部应该具备的精神状态。我们要在全院干部队伍建设中大力倡导担当精神，努力形成勇于担当、敢于担当的用人导向，让想干事的人有机会，会干事的人有作为，干成事的人有前途。

## 三　做好“五个结合”，在新智库建设中发挥党组织战斗堡垒作用和党员先锋模范作用

维护党的纯洁性，提升党员干部思想政治素质，主体是党员干部，任务是提高思想政治素质，落脚点是做好全院工作。在继续抓好学习型党组织建设的同时，全院党建工作的重点就是围绕纯洁性建设，提升党员干部思想政治素质，增强党员干部的大局意识、责任意识、创新意识，增强服务河北经济社会科学发展和实现自身事业科学发展的能力。具体工作中，应做好“五个结合”。

一是坚持党建工作与新智库建设相结合。党组织是社科院事业发展的领导核心，广大党员是社科院事业发展的中坚力量；党组织的建设、党员的先锋模范作用，必须落实到我们的各项具体工作中去，融入社会科学研究和社科机构管理之中。建设“省级科研一流、国内国际知名、服务河北科学发展”新智库是我院的奋斗目标。坚持党建工作与新智库建设相结合就是要以党建工作确保新智库建设的正确方向，党建工作要成为新智库建设的重要动力，要渗透到新智库建设的各个领域，要渗透到各项具体工作中去，与解决实际问题相结合，与各项具体活动相结合，与具体工作过程相结合，并做到与新智库建设目标相一致，与各项工作程序相一致，把党建工作做到实际工作的重要环节上，推动新智库建设上新台阶。因此，我们要着眼于提高党员干部的素质和能力，努力加强和改进党建工作，增强党组织的创造力、凝聚力和战斗力，为真正把社科院建设成为省委、省政府的合格思想库、智囊团提供坚实的政治保证和组织保证。

二是坚持强化党的使命感和增强党员的责任感相结合。作为执政党党员，要有崇高的使命感。每个党员的使命感与我们党所肩负的重任和使命是紧密联系的。这种使命感如何来落实？胡锦涛总书记就如何繁荣哲学社会科学指出：“哲学社会科学界要大力发扬理论联系实际的优良学风，围绕改革

开放和现代化建设亟待解决、广大干部群众关心的重大理论和现实问题，深入调查，深入钻研探索，组织协同攻关，努力拿出无愧于时代的成果，更好地为人民服务、为党和政府决策服务。”这就是党赋予我们的崇高使命。作为社科院的党员，更要增强责任感和使命感，一定要在河北经济社会发展中增强党的使命感，在新智库建设中体现党的责任感。要意识到我们首先是共产党员，再来才是研究员；社科院是党和政府的“新智库”，姓党为民，为党分忧履职，为民尽责谋利，不仅要在组织上入党，更要在思想上入党。要强调个人利益与整体利益相结合，作为党组织要注重群众利益，关心个人利益；个人也要注重党的利益，把党的利益摆在第一位。否则，遇到阻力不可能勇往直前。

三是坚持党员教育和党员的组织管理相结合。抓好全院党员队伍建设，必须从教育和管理两个方面着手。党员教育内容涉及方方面面，最根本的是党性教育。抓好党员的党性修养既是我们党自身建设的特点和优势，也是提高党员素质的根本途径。党性，说到底就是用无产阶级的世界观去改造非无产阶级的世界观，用党和人民利益至上的原则去克服个人主义思想。开展党性教育，就是要教育党员养成个人服从组织、局部服从全局、下级服从上级、全党服从中央的组织纪律观。党性不是遥不可及的，更不是高不可攀的。党员的党性如何，直接贯穿其思想和行动的全过程，最集中地反映在实际工作中，最突出地体现在对待利益得失上。作为党员领导干部，加强党性修养，要摆正干部和群众的利益关系；作为普通党员，加强党性修养，要端正个人与组织的位置关系。要加强党员队伍管理。哲学社会科学的繁荣发展需要宽松的学术环境，但宽松不等于放松，对不良现象和不正之风绝不能姑息迁就，更不能讲情面、丧失原则。对那些组织活动参加不积极、与党组织若即若离的，在思想教育的基础上还要用纪律加以规范和约束。对那些在工作中不能充分发挥模范带头作用的，要给予提醒和批评。对那些有损党的肌体、破坏党的纪律、造成不良影响的，要按有关规定进行处理。总之，就是要通过有效的教育和管理，充分发挥广大党员在我院各项事业中的先锋模范作用。

四是坚持党员意识和学者意识结合。作为集党员与学者身份于一体的党员学者，如何既做一个优秀的党员，又做一个出色的学者？这就需要将党员意识与学者意识结合起来、统一起来。党员意识是一种政治意识，是共产党员对自己所应具有的理想、信念、使命、宗旨、权利、义务在思想上的认同，是党员内心深处对组织的归属感，对党的理论和实践的认同感，承担党员责任与义务的使命感，遵守组织纪律的严肃感，对党员独特身份的荣誉感。它要求每个党员，无论在哪个岗位和地方，都要时刻牢记自己的党员身份，时时、事事、处处坚持党性原则，自觉遵守党的章程，贯彻执行党的路线方针政策，接受党的领导，维护党的威信，坚定不移地为党的事业奋斗。学者意识是一种职业意识，与学者担负的使命、治学特点有内在的关联，也往往会影响到学者的行为方式。学者意识是与求新意识、独立意识、自由意识联系在一起的，要求“自由的思想，独立的思考”，要求研究无禁区，思维无束缚，表达无教条。正确处理党员意识与学者意识的关系，需要党员学者必须牢记：自己首先是一名共产党员，在党组织内必须遵守党的章程、服从党的纪律、执行党的决议；自己同时又是一名学者，在学术界要模范遵守学术规范。社会科学作为一项社会事业所要求的责任意识，学术活动作为一种合作活动所要求的团队精神，科学研究作为一种诚实劳动所要求的求实态度，知识生产作为一个创造过程所要求的创新勇气，都是与共产党员的优秀品质完全吻合的。至于学者担当的认识世界、传承文明、创新理论、资政育人、服务社会的角色，非但与党员意识不矛盾，而且是与党员意识高度一致的。因此，党员学者完全可以在崇尚科学、追求真理与维护党和人民根本利益的基础上，实现党员意识与学者意识的有效结合和有机统一。实践中，只要每一名党员学者有清醒的党员意识，特别是纪律观念，是完全可以处理好这方面的关系的。党员学者可以将追求真理与遵守纪律统一起来，就是通常所说的“研究无禁区，宣传有纪律”。而党和人民对党员学者的更高要求与期盼是，党员学者要以党的创新理论即中国特色社会主义理论体系的立场、观点、方法指导社科理论研究，又以社科理论研究的优秀成果丰富党的创新理论，进一步指导和服务经济社会发展及文化的大发展大繁荣。

五是坚持政治原则与讲究工作方法相结合。党建工作既要坚持原则，又要讲究工作方法。在坚持政治原则和讲究工作方法上，我们同志常犯两种错误：一种是，不坚持党的政治原则，把党的信仰、党的原则抛到九霄云外，使党交给的本来该完成好、做好、协调好的事情，没有完成好、做好、协调好；另一种是，既忘记了党的原则，又不讲究工作方法。这样导致同志之间搞不好关系，不利于团结，不仅造成工作上的冲突，而且影响整体效能的发挥。因此，工作中要不断改进方式方法，既要有原则性，又要有灵活性。在做思想政治工作时，我们应该以表扬为主，批评为辅，表扬与批评相结合。以精神鼓励为主，物质奖励为辅，精神与物质鼓励相结合。对带有原则性的问题，要本着对党员干部成长进步负责的态度，不回避、不遮掩、不迁就、不姑息，敢于直言。要从帮助、团结党员干部的愿望出发，使广大党员干部从内心认识到自己的问题所在。对非原则问题，要学会让步，体现灵活性，所谓“大事讲原则，小事讲风格”就是这个道理。

同志们，办好社科院的事情，关键在党，在于发挥好全院各级党组织的战斗堡垒作用和每一位共产党员的先锋模范作用。目前，在建设“经济强省、和谐河北”的伟大征程中，我们尤其需要一支清正廉洁、勤政为民的高素质党员干部队伍，需要一个风清气正、和谐稳定的良好发展环境。日前，在省委理论学习中心组学习会议上，省委提出了着力改善发展环境和生态环境两大任务。我们坚信，在省委的正确领导下，院党组带领同志们一定能够把全院党员干部队伍建设好、管理好、运用好，一定能够如期实现建设“省级科研一流、国内国际知名、服务河北科学发展”新智库的办院目标，为建设“经济强省、和谐河北”做出社科理论工作者应有的新的、更大的贡献！

# 在河北省沿海地区发展研讨会上的讲话

（2012 年 7 月 18 日）

时值盛暑，烈日炎炎。然而，今天我们在渤海之滨气候宜人的“黄金宝地”曹妃甸新区，迎来了与会的各位朋友和同志，共同研讨河北沿海地区发展这一重大课题，却又心清气爽，才思涌动。

本次会议历时两天，今天进行的是大会讨论交流，明天我们还将对曹妃甸进行实地考察。这次会议虽然时间不长，但内容充实，讨论热烈，开得非常圆满，非常成功。

在短短一天的研讨中，曹妃甸新区、渤海新区的领导系统地介绍了两区开发建设的状况与未来发展设想，让我们了解了我省沿海地区发展的最新情况，各位专家以自己的专业视角，围绕河北省沿海地区的发展问题，各抒己见，畅所欲言，为河北省沿海地区加快发展发表了很多真知灼见和富有建设性的意见。在此，我代表主办单位河北省社会科学院，向各位专家在会上所做的精彩发言表示感谢！

近年来，作为省委、省政府的思想库、智囊团，河北省社会科学院每年都围绕省委、省政府重大决策部署，针对河北发展面临的重点难点问题开展对策研究。河北省沿海地区发展问题研究是继加快转变河北经济发展方式研究、河北省环首都绿色经济圈建设问题研究之后，我院承担的又一重大研究课题。

加快推进河北省沿海地区发展，是河北省第八次党代会提出的重大战略部署，是河北省委、省政府贯彻落实中央精神、实施国家区域发展总体战略的具体举措。

2011年10月，国务院批准实施《河北沿海地区发展规划》，标志着河北沿海地区发展正式上升为国家战略，这是党中央、国务院完善我国沿海经济布局的重大战略决策，是推动河北沿海地区又好又快发展、促进京津冀区域协调发展、进一步增强环渤海地区辐射带动能力的重大举措。

为落实国家的重大决策部署，2012年初，河北省委、省政府专门在曹妃甸、渤海新区分别召开现场办公会，要求举全省之力，助推两大增长极加速发展，推进沿海地区开发建设。为此，河北省社会科学院组织精干研究力量，成立了河北省沿海地区发展问题重大课题组进行研究。为做好这一重大课题研究，今年4月，我院专门组织专家开展了“走基层沿海行——河北沿海地区发展大调研”活动，先后深入我省秦皇岛、唐山、沧州以及邻近的天津、山东、辽宁沿海地区进行考察调研，实地走访了各地港口、开发区和重点企业，与考察地市主要领导、港口集团等企业领导和三省市专家学者就推进沿海地区加快发展、集聚生产要素和创新体制机制等方面的经验和做法进行了交流。考察结束后形成的《河北沿海地区开发建设中需要关注的几个问题》《我省沿海地区深度新闻宣传与信息对接的建议》等调研报告，获得省委、省政府主要领导的肯定性批示。

这次在曹妃甸召开的河北省沿海地区发展研讨会，是根据省委、省政府有关领导的指示精神举办的，也是河北省沿海地区发展问题专题研究的第二个重要阶段。目的就是希望汇集全国知名专家学者的智慧，倾听各位专家对河北沿海开发的建议，同时吸收天津、辽宁、山东等邻近沿海省份沿海地区开发建设的经验，进一步理清河北沿海地区发展思路，找到推动河北沿海地区快速发展的有效途径，加快河北建设“经济强省、和谐河北”的步伐。

下面，我就本次会议的主要特点和主要观点讲几点意见。

## 一　本次会议的主要特点

### （一）会议议题紧扣沿海发展大势

河北沿海地区发展规划上升为国家战略后，河北省沿海地区经济发展开始逐渐发力，国内外知名企业和战略投资者纷至沓来，沿海地区建设取得巨大成绩。但河北省沿海地区开发建设过程中的一些问题也开始凸显，迫切需要从战略实施层面对河北省沿海地区发展问题进行研究。这次研讨会的召开，是河北省沿海地区发展规划上升为国家战略后，召开的一次关于河北省沿海发展问题的研讨会，对全面落实国家宏观战略部署、推进河北省沿海地区发展具有重要的现实意义。这次会议的召开可以说是恰逢其时，意义重大。

### （二）具有较高的专业水准

这次会议邀请的都是国内、省内沿海经济、区域经济研究方面的专家，有着深厚的理论功底和丰富的研究经验，掌握了大量第一手的调查资料，不少学者还参与了国家和相关省份沿海经济、区域经济发展规划的制定，这为我们学习借鉴全国沿海地区的开发建设经验，破解河北省沿海地区开发过程中的重点、难点问题，提供了高质量的参考资料和智力支持。

### （三）研讨内容丰富、目标清晰

在此次研讨会上，围绕河北省沿海地区经济发展问题，专家们开展了全方位探讨，有对河北省沿海地区打造沿海增长极、行政管理体制创新、生态环境建设、旅游产业发展、人口聚集、沿海地区差异化发展等具体问题的研究，也有对天津、辽宁、山东等邻近沿海省市发展的经验借鉴，还有对河北省沿海与内陆腹地互动、京津冀区域协调发展等层面问题的研究，会议气氛热烈，内容丰富，富有特色，是一次难得的学术交流会议，会议取得圆满成功。

## 二　主要观点

综合大家讨论情况，结合我自己的一些理解，我将此次研讨会的主要观点概括如下。

### （一）加快河北省沿海地区发展必须要发挥和利用好河北的比较优势、后发优势

21 世纪是海洋的世纪。沿海地区是世界上最具潜力和发展空间的领域。世界各国都把发展海洋经济、沿海经济列为本国的重大发展战略。我国改革开放后珠三角、长三角的崛起，都是沿海地区快速发展的成功案例。作为最后一个获得国家战略支持的沿海省份，河北长期没有独专的政策支持。相反，起步晚所带来的人才稀缺、观念意识落后、环渤海港口尤其是河北与周边港口的竞争以及环保压力，都是河北必须直面的挑战。但从比较优势、后发优势的角度看，河北也有着自己独特的优势。从比较优势看，河北环京津的区位优势、完整且相对发达的工业基础体系、较为完善的交通体系、广阔的内陆腹地资源以及较为深厚的文化底蕴，是河北沿海地区发展的独特优势。从后发优势的角度看，后发者可以从先行者的成功与失败中吸取经验和教训，少走弯路，加快发展的步伐。当前，我国沿海开发热潮已经兴起，渤海湾天津、辽宁、山东三地沿海开发开放走在了我省前面，在许多方面进行了探索。河北省可以参考借鉴三省（市）以及全国的先进经验，结合我省沿海开发实际，制定出台更优的政策举措，拓展河北发展的空间，化劣势为优势，推动河北沿海地区的加速发展。

### （二）从大面积成片开发转向围绕重大项目落地，梯次推进、滚动开发，是河北沿海地区开发战略的必然选择

将有限的资源投入一些重点区域，并逐渐对区域产生扩散性影响，是实现区域持续、快速发展的重要途径。我省沿海地区的特点决定了曹妃甸新区、沧州渤海新区两大增长极的开发建设必须要正确处理好当前和长远的关系，正确处理好项目引进和基础设施建设之间的关系，正确处理好大项目与中小项目之间的关系。在实践中，必须坚持有所为、有所不为，坚持开发一片、建设一片、收获一片，坚持优先保障重点项目落地区域的基础设施配套需求，坚持大项目引进和中小项目引进并举，才能形成梯次推进、滚动开发的良性循环，实现沿海开发的持续、快速发展。

**（三）优化整合港口资源，提升群体优势和整体竞争力，是河北沿海地区加速发展的必然选择**

“河北港口集团”的成立标志着我省港口整合迈出了重要一步。但是，“河北港口集团”对运营成熟的京唐港、黄骅港没有实质性的约束和协调作用，省内港口仍然是各自为战，互相争夺货源，产生了严重的内耗。因此，河北省必须要抓紧制定沿海港口整体发展规划，统筹协调沿海各港口之间的关系，科学界定港口功能，合理配置港口资源，引导其错位发展、差异化发展，着力打造港口群体优势，才能实现和扩大港口对产业发展、经济发展的辐射带动作用。

**（四）海陆统筹，发展飞地经济，是推动沿海地区与内陆腹地经济良性互动的重要途径**

实现沿海地区经济发展潜力、活力必须强化与内陆腹地经济的互动发展。“飞地经济”是实现海陆良性互动发展的有效途径。但河北省沿海地区“飞地”经济仍处于概念层面。河北必须从海陆统筹发展的角度，结合产业转型升级要求，通过建设“飞地型产业区”，加强与省内及西北、华北等内陆地区合作，形成河北沿海地区发展的新优势。具体政策上，应积极支持内陆地区在河北省沿海经济带范围内建立属于自己的产业园区，带动和加速沿海地区经济的发展。同时，要争取国家政策支持，对省外内陆地区在河北省沿海地区建立的“飞地型产业区”给予相应的优惠政策。

**（五）推进投融资平台群体建设，是实现沿海开发建设加速发展的必然要求**

当前，河北省沿海地区开发面临巨大的资金压力，尤其是曹妃甸新区和渤海新区建设，先期的政府投入和银行贷款已陆续进入了还贷期，而相应的产出效益还不理想，政府和银行均面临巨大压力。为破解沿海地区开发过程中的资金瓶颈，必须超前谋划、尽快行动，多渠道、全方位地推进沿海开发投融资平台群体建设。相关建议在专家们的论文中已有体现，我就不再一一赘述。

### （六）从常规路径向全方位改革创新转变，是加快河北沿海地区发展的必然选择

体制机制创新是推动经济发展由量向质转变的重要因素。加快河北沿海地区发展，常规性的制度突破与创新已经不能满足需要，必须实施体制机制上的全方位改革创新。当前，要重点做好以下四个方面的工作。一是理顺管理体制，最大限度地释放发展活力，构建精干、高效、扁平化的管理新框架。要赋予沿海开发区充分的招商引资自主权，允许开发区管委会在产业目录范围内自主批准投资数额较大的建设项目，缩短项目审批周期，提高审批效率，释放发展潜能和发展活力。二是尽快构建起支撑沿海地区发展的全方位政策保障体系。要依照国务院批复的《河北沿海地区发展规划》重点建设任务要求，向国家争取相关支持政策，同时制定出台我省自主决定的配套支持政策。选择部分区域或市县设立“省级综合配套改革试验区”，研究并制定出台一揽子支持政策，鼓励其加快发展，以衔接好《河北沿海地区发展规划》实施和快速崛起。三是在曹妃甸获批“保税港区”的同时，应努力创造条件，建设一批不同层次的开放物流载体，如出口加工区、保税区、A 型 B 型保税物流中心、保税仓库和出口监管仓库等，使之成为推动港口与内陆腹地互动发展的重要支点。四是要着力将改善发展环境和生态环境作为推动沿海地区经济发展的重要动力和源泉。要把改善“两个环境”放在更加突出的战略位置，把生态环境和发展软环境作为吸引投资兴业的最大优势和亮点。

除此之外，专家们在讨论的过程中，从不同的角度、不同的层面，提出了针对河北省沿海地区发展问题对策的很多“个性化”方面的意见。无论是专家们所发表的共性意见，还是个性化的意见，对于河北省沿海地区发展来讲，都是值得我们认真研究和借鉴的。我们将充分吸收研讨会的主要观点，整理上报省委、省政府领导决策参考，尽快地将各位专家的智慧转化为推动河北省沿海地区加快发展的理论和实践依据。

最后，在研讨会即将结束之际，我们再一次感谢与会各位专家为这次会议所做的充分准备！感谢唐山市委、市政府和曹妃甸新区对本次会议给予的

大力支持和热情服务！感谢为了本次会议的如期举行并取得圆满成功做出努力的所有同志们！

我们相信，在中央和河北省委、省政府的正确领导下，在各位专家的鼎力支持下，在河北人民的共同努力下，河北省沿海地区发展的前景一定会更加美好！曹妃甸将以河北沿海地区两大增长极之一的崭新面貌展现在渤海之滨，为建设“经济强省、和谐河北”做出更大的贡献！

# 河北加快转变经济发展方式的经验和启示*

（2012 年 9 月 5 日）

加快转变经济发展方式，是我国经济领域的一场深刻变革，关系改革开放和社会主义现代化建设全局。自党的十七大明确提出加快转变经济发展方式的战略任务以来，我省全力推进实施，取得了显著成效。尤其是省第八次党代会提出深入实施“一产抓特色、二产抓提升、三产抓拓展”的经济发展战略，全省加快转变经济发展方式迈出了坚实的步伐。我省实践中诸多符合河北实际、具有河北特点的有效做法和经验，为进一步加快转变经济发展方式提供了有益启示。

## 转变发展方式是经济发展的主线

转变经济发展方式，既要体现经济领域中数量的变化，又要寻求经济运行质量的提升和结构的优化。同时，因为各省市区的基础条件不同，增长模式各异，所以转变经济发展方式对各地有着不同的要求。

2011 年以来，省委准确把握“一个全国独有、一个前所未有、两个同时并存”的基本省情，找到了河北发展新的坐标点和起跑线。我省自然地理条件特殊，外沿渤海、内环京津，11 个设区市全部与外省市相邻，是全国唯一兼有海洋、平原、湖泊、盆地、丘陵、山地、高原、沙漠的省份。这

* 本文发表于《河北日报》2012 年 9 月 5 日。

些对我省利用外部要素、生产力布局、城镇化结构、各市产业发展重点等都有重要影响。从经济发展的特殊性来看，虽然我省经济总量排名居全国第6位，但我省经济长期形成和存在过度依赖资源、能耗高、成本高、效益低以及经济结构不合理、城乡结构不合理等突出问题，严重制约着经济社会又好又快发展，具体表现为六个方面。

一是生产力布局不尽合理。我省城区重化工业布局过多，对城市发展、城市环境影响较大；有着487公里长的海岸线，但开发利用不够。二是产业结构矛盾较为突出。在第一产业内部，区域特色不明显，农业产业化水平低；在第二产业内部，“偏重、低端、粗放”的产业结构仍然没有根本改变；在第三产业内部，传统服务业比重较高，现代物流、金融保险、信息服务等生产性服务业发展滞后，服务业的整体竞争力较差。三是要素投入结构不尽合理，经济增长过度依赖资源型产业。四是城乡结构不尽合理，城镇化水平不高。五是科技创新能力不够强。六是发展环境总体偏差，生态环境总体一般。

由此可见，加快推进我省经济发展方式转变，既要遵循经济发展方式转变的一般规律，又要借鉴先进地区的经验和做法，更要把握我省的实际情况，发挥优势巧定位，着力解决经济发展中的主要矛盾和特殊问题，这是我省加快转变经济发展方式的关键。

## 我省加快转变经济发展方式的主要经验和做法

转变经济发展方式是一项复杂的系统工程。近年来，我省围绕科学发展主题和加快转变经济发展方式主线，把调整经济结构作为转变经济发展方式的战略重点，通过不懈努力，取得了显著成效。

一是不断优化生产力区域布局。省第八次党代会明确提出，要充分发挥环京津、沿渤海优势，着力抓好环首都绿色经济圈、沿海经济隆起带、冀中南经济区建设，举全省之力打造曹妃甸和渤海新区两大增长极，举全省之力推动贫困县乡村开发建设和贫困人口尽快脱贫致富。两个“举全省之力”重大发展战略的实施，将使我省生产力布局得到进一步优化，有利于把河北沿海地区建设成为沿渤海地区新兴增长区域、京津城市功能拓展和产业转移的重要承接地、全国重要的新型工业化基地、我国开放合作的新高地、我国北方沿海生态良好的宜居区，把环首都周边贫困县构筑成展示扶贫开发成果的一道亮丽的风景线。

二是以产业结构调整为重点，带动经济结构全方位调整优化。以传统产业改造升级为首要任务，坚持走新型工业化道路，扎实有序推进钢铁、装备制造、石化等传统产业改造升级，引导传统产业从单纯依赖规模扩张向追求高科技、高附加值、低能耗转变，由规模扩张向创新驱动转变，使之成为全省调结构、转方式的强力引擎；以打造拳头产业和支柱企业为重点，提高产业集中度，优化存量结构，按照“存量调强”的思路，先后组建了河北钢铁、冀中能源等多家大公司、大集团，实现了资源向优势企业集聚，提高了整个产业的竞争力；按照“增量调优”的基本思路，通过各种政策措施，引导资金投向装备制造、新能源、生物制药、新材料、信息产业等高技术产业和新兴服务业，新兴产业蓬勃发展。

三是以节能减排为动力，推动经济结构优化。近年来，我省实施了节能减排“双三十”工程，以此推动技术改造和新技术的应用。此项工程的实施，淘汰了一大批高耗能、高资源消耗和高污染的落后产能。

四是把科技进步和创新作为调结构、转方式的中心环节，贯彻到建设经济强省的各个方面。2011 年，我省组织实施了 100 项国家科技重大专项和省级重大成果转化项目，专利申请量 16680 件、专利授权量 10970 件。目前，我省 6 万多家企业已实现创新成果 2.56 万项，创造直接经济效益超过 40 亿元。

五是以城镇化水平的提升推动经济结构优化。近年来，着眼于全面提升城市建设管理水平、增强后续发展能力，把各方面的工作往深里做、往实处抓，全省城镇化水平进一步提高，城镇综合承载能力得到了大幅提升，为现代服务业和高技术产业发展奠定了重要基础，整体经济结构得到了进一步优化。

## 我省加快转变经济发展方式的几点启示

加快转变经济发展方式既是一场攻坚战，又是一场持久战。今后，要在取得已有成绩和经验的基础上，把加快转变经济发展方式进一步贯穿到经济社会发展的全过程和各领域。

一是进一步打开解放思想总开关，转换思路，务求在“加快”上取得突破。转变经济发展方式是一个不断变化、不断调整的动态过程。在新形势下推动发展方式转变，关键要在“加快”上下功夫。对我省而言，要努力实现三个转变：即由局部的结构调整向全方位的结构调整转变；由过去关注一两个重点环节向关注整个结构调整链条转变；经济结构调整的实施主体由以政府为主向全社会协调联动转变。要进一步解放思想，善于用改革的办法破解前进道路上各种矛盾和问题，善于用开放的思路谋划和推动工作，特别是要善于抄近道、迈大步，“借船出海”“借梯上楼”，实现“三级跳”，使河北发展的活力更足、步伐更快。

二是以产业结构调整为重点，带动经济结构全方位调整优化。今后一个时期，我省发展能否实现质的提升，最为关键的是能不能打好经济结构调整这场攻坚战。要把产业结构调整作为重中之重，深入实施“一产抓特色、二产抓提升、三产抓拓展”的经济发展战略。“一产抓特色”，就是要体现特色、特色增效。以建设粮食生产核心区为着力点，以壮大畜牧、蔬菜、果品三大优势产业为重点，以推进农产品精深加工为目标，提高农业与农民组织化程度。“二产抓提升”，就是要优化结构、提质增效，一手抓传统产业改造升级，一手抓战略性新兴产业崛起，着眼于创造普遍优质的产品，大面积实行产品的更新换代，加快在传统优势产业中开发一批“高精尖”产品，打造一批具有全国知名度和美誉度的品牌产品和品牌企业。“三产抓拓展”，就是要扩大规模、提高比重。优先发展金融保险、现代物流等生产性服务业，大力发展研发设计、服务外包、总部经济等高端服务业，做大做强做精旅游休闲、商贸流通等生活性服务业。

三是继续加快推进新型城镇化，带动城乡矛盾解决和统筹协调发展。目前我省正处于城镇化加速推进期，面临加快发展和转型升级的双重任务。因此，要坚定不移地推进城镇化，重点是进一步完善城市配套设施，深入推进道路交通、园林绿化、污水垃圾处理等专项提升行动，使生产要素流动高效、配置合理，使人民群众生活便利便捷。要聚集优质产业，把优化城市布局与产业布局结合起来。强化精细管理，突出严字当头，探索建立科学有效的管理体制和运行模式，使一切皆有标准、一切皆有规矩、一切皆有秩序。

四是以提高科技创新能力为突破口，坚持科技引领、创新驱动。要充分利用京津科技优势提高我省创新能力，吸引京津创新要素和产业转移，提升我省产业档次。政府要进行超常规、高强度科技投入，带动全社会 R&D 水平的快速提高，形成政府高强度投入带动全社会增加科技投入的良好局面，尽快使我省 R&D 占 GDP 比重达到全国平均水平以上。要加强企业创新能力，建立以企业为主体的创新体系，打造高水平的创新平台。

五是以节能减排和行业对标活动为重要抓手。节能减排是从约束角度推进发展方式转变的主要载体。要进一步淘汰落后产能，开发应用节能技术和循环经济技术，开发出新的、较少依赖资源的、对环境影响小的产品。要进一步深化行业和企业对标行动，瞄准行业的先进科技水平对标，不断降低能耗、提升企业的技术水平和产品附加值。

六是以体制机制创新为主要动力。其一，以提高执行力为重点，推进体制机制改革，把发展战略、工作思路转化为工作举措和具体的制度，增强可操作性，将任务和目标分解落实到具体的工作中。其二，与推进发展方式转变相适应，完善组织领导机制。

七是以着力改善发展环境和生态环境为根本保障。当前，京津冀区域经济一体化、首都经济圈纳入国家“十二五”规划，《河北沿海地区发展规划》全面实施，冀中南地区被列为国家层面的重点开发区域，百家央企进河北，百家院所校进河北，这些都为加快转变经济发展方式提供了前所未有、千载难逢的大机遇。但要把这些政策优势、区位优势转变为经济优势和发展优势，必须有良好的发展环境和生态环境。如果发展环境和生态环境不优化，再好的优势也难以发挥，再好的机遇也难以抓住，再好的目标也难以实现。抓环境建设，关键是在“着力”二字上下功夫。一方面，着力改善发展环境。要采取硬措施，着力深化行政体制改革，着力完善和落实扶持政策，着力规范市场秩序，着力加强和创新社会管理，着力优化政治生态。另一方面，着力改善生态环境。要采取大动作，实施大工程，构筑大支撑。通过“两个环境”的改善，为河北加快转变经济发展方式，建设“经济强省、和谐河北”奠定坚实基础，提供坚强保障。

# 在辽宁社会科学院建院50周年庆祝大会上的致词

（2012 年 9 月 24 日）

金秋时节是收获的季节。正当全党全国人民喜迎党的十八大胜利召开、举国上下企盼国庆佳节和中秋佳节临近之际，辽宁社科院迎来五十华诞。在这喜庆、祥和、美好的时刻，我谨代表河北省社科院，并受同仁委托代表各地方兄弟社科院，向辽宁社科院表示热烈祝贺！向辽宁社科院的全体同仁送上良好的祝愿！

春华秋实。五十载创新发展，成绩斐然，令人瞩目。辽宁院自创立以来，始终坚持以马列主义、毛泽东思想、邓小平理论和“三个代表”重要思想为指导，全面落实科学发展观，坚持为党和政府决策服务，为辽宁经济、政治、文化和社会发展服务，立足本省，面向全国，与时俱进，开拓创新，取得了可喜的成绩，在很多领域、很多方面创造了新鲜经验，走在了全国同行的前列。尤其自党的十七大以来，辽宁院在宣传党的创新理论和方针政策方面做出了突出业绩，在基础研究和应用研究方面推出了大批成果，在深化各项制度改革方面迈出了坚实步伐。近年来，辽宁院围绕环渤海地区发展与合作，深入开展省情调研，多项成果受到各级党委、政府的肯定和采纳。这些经验都值得我们学习和借鉴。

河北省和辽宁省山水相依、人文相近，又同是环渤海省份，都承担着加快转变经济发展方式、加快推进沿海地区经济发展和全面建设小康社会的历史重任。辽宁社科院和河北省社科院都肩负着认识世界、传承文明、创新理论、资政育人、服务社会的神圣职责。河北院近年来致力于“为决策服务、为发展服务、为基层服务”的办院方针，努力构建理论武装、服务决策、繁荣发展“三位一体”工作新格局，向着“省级科研一流、国内国际知名、服务河北科学发展”新智库的目标迈进。几十年来，特别是近几年来，河北院和辽宁院携手并进，在共同的事业中建立起深厚的友谊。更加值得称道的是，今年4月，我院开展“走基层沿海行”活动，到辽宁沿海地区开展学习调研，鲍振东院长在百忙之中亲自带领辽宁院相关同志赶赴调查地点，热情接待、悉心安排，保证了我院调研活动圆满完成，令我院调研人员深受感动。在今后的工作中，我们将进一步坚持经常联系，交流经验做法，深化科研合作，促进共同发展。

五十华彩正值壮年，百尺竿头更进一步。我们衷心希望并相信，辽宁院一定会继续高举中国特色社会主义伟大旗帜，以更加奋进的姿态、更加务实的作风、更加扎实的工作，组织带领全院广大社科工作者，继往开来，乘势而上，抓住机遇，开拓奋进，在新的起点上做出无愧于时代的辉煌业绩，为繁荣发展我国的哲学社会科学事业，为推动辽宁的经济社会发展贡献智慧和力量，以优异的成绩迎接党的十八大胜利召开！衷心祝愿辽宁院明天会更好！祝大会圆满成功！

# 担当使命开拓创新 建设服务河北科学发展新智库*

（2012 年 9 月 24 日）

近年来，河北省社科院认真贯彻落实党中央关于繁荣发展哲学社会科学的一系列重大决策部署，紧紧围绕省委、省政府中心工作，紧密结合河北经济社会发展实际，不断解放思想、更新观念、开拓创新，服务决策、服务发展、服务基层的能力和水平不断提升，服务河北科学发展新智库建设迈出新步伐。

## 一 把握机遇，明确目标

“十二五”时期是我国全面建设小康社会的关键时期，是深化改革开放、加快经济发展方式转变的攻坚时期，也是经济体制深刻变革、社会结构深刻变动、利益格局深刻调整、思想观念深刻变化的转型期。置身于新的发展阶段，面对复杂的发展环境，党的十七届六中全会通过了《中共中央关于深化文化体制改革推动社会主义文化大发展大繁荣若干重大问题的决定》，对繁荣发展社会主义文化做出了战略部署，其中提出了繁荣发展哲学社会科学的一系列重要的指导意见。《决定》特别强调指出：“坚持和发展

* 本文为周文夫在辽宁社科院承办的推动社会主义文化大发展大繁荣与地方社科院使命理论研讨会上的交流发言稿。

中国特色社会主义，必须大力发展哲学社会科学，使之更好发挥认识世界、传承文明、创新理论、资政育人、服务社会的重要功能。”

《决定》关于繁荣发展哲学社会科学的一系列新的重大部署，是党在中国特色社会主义伟大实践中对哲学社会科学发展规律的高度把握，是更加充分地发挥哲学社会科学作用、不断开创中国特色社会主义事业新局面的战略创举。深刻领会、深入贯彻《决定》精神，既是实现哲学社会科学大发展大繁荣的难得机遇，也是推进哲学社会科学大发展大繁荣的新任务、新要求，这应当成为哲学社会科学战线的普遍共识和共同使命。

结合河北院实际学习贯彻《决定》精神，推进事业实现新的发展，需要回答和解决好三个方面的问题。

一是“上台阶”问题。“十一五”时期，我院认真贯彻党的十七大精神，坚持以科学发展观统领办院，确立了“为决策服务、为发展服务、为基层服务”的办院方针，提出了“出成果、出人才、出效益”的工作总要求，明确了“省级一流，国内知名”的办院目标。在全院上下的共同努力下，长期以来制约我院发展的“三个不适应”（科研成果、人才队伍状况不适应我省经济社会又好又快发展和繁荣哲学社会科学的需要；基础设施和科研条件不适应出成果、出人才的需要；制度、机制、管理不适应自身建设的需要）有了很大改变。进入“十二五”时期，经济社会发展对理论和社科工作的需求度日益增加，如何变压力为动力，抓住新机遇，实现跨越式发展，成为摆在我们面前的一个重要问题。

二是“求突破”问题。“十一五”时期，院党组确立了“为决策服务、为发展服务、为基层服务”的办院方针。“三个服务”更加突出社科理论工作的服务功能，更加注重社科理论工作的社会价值，在服务决策、服务发展与服务基层群众的有机统一中，推动了工作水平的提升，社科理论工作的应有作用得到了进一步发挥，社会影响力不断扩大。全会《决定》指出，要坚持以重大现实问题为主攻方向，加强对全局性、战略性、前瞻性问题研究，加快哲学社会科学成果转化，更好服务经济社会发展。在贯彻落实党的十七届六中全会精神过程中，我们深深感到，党委、政府决策对理论和社科工作的期望值不断增大，我院工作与之紧密对接的压力进一步加大，科研成果深层次转化的压力进一步加大。深入贯彻落实“三个服务”的办院方针，怎样才能实现新突破、取得新成就，值得深入思考。

三是“增效能”问题。2009 年 2 月，按照中央“精简、统一、效能”机构改革要求，河北省委、省政府决定，将省委讲师团、省社科联并入省社科院。这次机构调整，是我省哲学社会科学事业管理体制改革的新突破，也给全省哲学社会科学繁荣发展带来了难得的机遇。面对机构调整的新形势，院党组立足实际，在广泛调查研究的基础上，创造性地提出构建理论武装、服务决策、繁荣发展“三位一体”工作新格局和参公管理、事业管理“一院两制”新体制的总体改革思路，得到省委、省政府领导的充分肯定和全院干部职工的衷心拥护。到今年 4 月，以参公人员工资到位为标志，新的工作格局和管理体制得到了全部落实。“三位一体”工作新格局整合了社科研究、理论宣讲以及社科社团管理等资源，形成了更为强大的工作合力。在全新的工作格局下，如何实现机构整合效益的最大化，充分发挥机构整合所带来的新优势，我们面临探索和把握新的工作规律、实施制度和机制创新的压力。

为回答和解决好这些问题，院党组坚持以学习贯彻《决定》精神深化认识，依靠解放思想、更新观念推进工作。经过深入调查研究，我们对“十二五”时期的办院目标进行了细化，明确为建设“省级科研一流、国内国际知名、服务河北科学发展”新智库，使这一目标更加具体化、更有针对性、更具操作性。围绕实现办院目标，院党组谋划新抓手、提出新要求，有力地推动了工作。

## 二　创新举措，推动工作

今年初，按照省委要求和省委宣传部关于在省直宣传文化系统开展“三个一”（一个好的精神状态、一个好的工作作风、一个好的工作业绩）主题教育实践活动的安排部署，我院紧密结合“走转改”活动，组织开展了“走基层太行行”“走基层沿海行”“走世界开放行”活动。

一是“走基层太行行——河北‘老’‘少’‘边’区红色教育大调研”

活动。参加人员以院领导、行政管理人员、科研人员和青年科研骨干为主体，目的是感受“红色太行”的革命精神，深刻理解党的根本宗旨、历史使命、优良传统，在广大干部职工中树立起以“两个务必”为核心的西柏坡精神和求真务实、脚踏实地的工作作风。调研活动分为南北两线，分赴我省“老”“少”“边”区。调研期间，调研组开展了送理论下基层和社科普及活动，接受当地群众的现场咨询，捐赠电脑及科普读物，走访慰问老党员和贫困户。调研中，大家一方面感受红色激情，接受革命传统教育；另一方面走进厂房车间、田间地头，近距离观察当地经济社会发展现状，与基层干部群众面对面交流生产生活中遇到的问题、困惑，就群众关心的热点问题和形势政策广泛开展宣讲。大家在受到教育、升华思想的同时，也从中了解到基层干部群众的所思、所盼、所急，掌握了来自基层一线的鲜活素材。

二是“走基层沿海行——河北沿海地区发展大调研”活动。目的是紧紧围绕我省沿海地区发展正式上升为国家战略和省委、省政府提出的把沿渤海地区迅速打造成新兴增长区域、举全省之力打造曹妃甸新区和渤海新区两大增长极的重大举措，发挥社科理论优势，深入研究如何使沿海“洼地”变成发展“高地”，破解制约瓶颈，提供发展良策。调研组分南北两路，深入环渤海沿线的秦、唐、沧等新兴增长区域开展调研，深入毗邻的天津、辽宁、山东沿海地区学习考察，行程5000余公里，考察20余个港口、企业和社区，听地方决策者谈发展思路，和企业高管直接对话，与当地专家学者座谈交流，学习经验，对标先进，查找差距。通过“走基层沿海行”，进一步解放了思想，更新了观念，拓宽了思路，增强了开放意识和创新意识；进一步提升了理论联系实际能力和发现问题、解决问题的能力，提高了科研成果的全局性、战略性、前瞻性、实践性。更为可贵的是，广大社科理论工作者从基层改革创新、科学发展的生动实践中汲取了科研营养，从一线干部群众的理论需求中明确了科研方向，拓展了服务决策、服务发展、服务基层的新途径。

“走基层沿海行”调研活动受到了当地党委、政府和兄弟省市社科院的高度重视和大力支持，辽宁、大连、天津、山东社科院领导亲自陪同调研或参加座谈，为调研活动提供了重要保障。借此机会，我代表全院干部职工表示衷心的感谢。

三是“走世界开放行——广泛开展国际学术交流与合作”。一方面，我们坚持“请进来”。3 月 5 ~ 12 日，联合日本专家到河北农村开展调研，就新农村建设问题举办“中日农村发展学术研讨会”。5 月 12 日，由我院主办的 2012 中美欧（河北）“欧美经济走势与中国经济转型”学术研讨会在石家庄举行。会议邀请美国印第安纳大学—普渡大学韦恩堡分校、美国加州州立大学圣贝纳迪诺分校、英国密德萨斯大学、美国格林证券公司、美国凯悦资本投资公司知名专家学者、企业家和我省专家学者就相关热点问题进行深入研讨交流。研讨会着眼于把握欧美经济走势，掌握国外研究动态，为我国及河北经济转型提出有针对性的建议，取得了圆满成功。另一方面，我们坚持“走出去”。在巩固发展与日、俄、韩、英、法、意、美、加、巴西等国家高校、学术科研机构长期稳定学术交流合作关系的同时，今年我们努力在构建全球性的交流合作格局上迈出新步伐。10 月，我们将组团赴南非、新西兰，落实与相关科研机构的合作交流意向，寻找研究合作的新领域。通过“走世界开放行”，我们努力聚焦国际学术前沿，开阔了国际视野，创新了战略思维，扩大了我院的国际学术影响力，提升了国际学术交流的层次和水平，为优秀成果和人才走向世界提供了契机和平台。

## 三　注重成效，扩大影响

新的思路、新的举措，收到了好的效果。

一是领导给予支持肯定。我院开展的“三走”活动一开始就得到了省委领导及省委宣传部的关心和支持，对我院以“三走”为抓手推进“走转改”给予充分肯定。认为“真重视”“有特色”“成效好”，给社科理论界带来一股清新务实之风，为河北省社科理论界“走转改”和“三个一”活动的开展带了个好头。要求我们认真总结，形成经验报中宣部。

二是媒体给予高度关注。“走基层沿海行”活动得到众多媒体的关注。河北电视台跟踪报道了活动情况。人民网、中国社会科学网、环球网、河北新闻网等中央和我省主要媒体竞相报道。6 月 21 日，《光明日报》头版刊发了《到“源头”去 引“活水”来——河北省社科院结合实际“走转改”》的报道。8月27日，《人民日报》理论版刊发了《社科理论界“走转改”如何深入下去》，介绍了我院“三走”活动经验。媒体和社会的广泛关注，扩大了我院的影响力，提升了我院的美誉度。

三是推出一批好成果。《“欧美经济走势与中国经济转型”学术研讨会情况报告》《我省沿海地区深度新闻宣传与信息对接交流的建议》《关于提升我省文化产业园区建设水平的建议》《河北沿海地区开发建设中需要关注的几个问题》《就地就近转移是农民工就业的主渠道》等一批研究报告得到省领导的肯定批示。

# 在“河北发展蓝皮书”编撰工作座谈会上的讲话

（2012 年 10 月 19 日）

今天，我院召开“河北发展蓝皮书”编撰工作座谈会，主要是传达第十三次全国皮书年会精神，总结研究和部署我院“河北发展蓝皮书”的编撰出版工作。刚才，新旗同志传达了全国皮书会议的精神，大家进行了讨论发言，与会同志发言比较踊跃，提的建议非常好。继民副院长做了重要讲话，他的很多观点、意见，事先我们已经进行了沟通，讲得很好，我很赞同。

下面我讲三点意见，供大家研究、施行。

## 一　皮书14年不易

刚才继民同志做了总结，我院“河北发展蓝皮书”从一卷本到五卷本，从 1998 年单卷本、2005 年四卷本到 2006 年的五卷本直至发展到现在的规模，在发挥自身作用上，成绩是不可低估的。在座的许多同志，特别是担任主编的同志，从开始做到现在，还在坚持继续做下去，付出了辛勤的劳动，也看到了收获。蓝皮书不仅在省情研判上发挥了重要作用，同时也逐步形成了我们河北省社会科学院自己的品牌。大家对蓝皮书的定位，或者是对它的阐述，基本上是到位的。我院蓝皮书不仅是一个品牌、一个传播的载体或者工具，也是锻炼队伍的阵地。

## 二 皮书不能“疲”

为什么这么说？一件事情坚持做 14 年，已经很不容易，还要坚持继续做下去，而且要做得更好，会更加有难度。但是，我来院六七年，与大家共同做这件事情，把蓝皮书作为品牌向省委汇报、向社会宣传，深感我们取得的成绩是不言而喻的。2009 年，《河北发展蓝皮书总报告》编印后，接受《河北青年报》记者采访，不是介绍我个人的观点，是介绍大家的观点，收到了很大反响。我院率先研究了河北省经济发展，有经济学版本的报告，还有农村经济方面的研究，综合在一起，有些分析和预测做得非常准确。《河北青年报》是独家采访的新闻，事后多家网站进行了转载推介，取得了不错的效果。但这些影响还是相对较小，今后应进一步发展。

目前，通过全院上下的反映、沟通，特别是这次座谈大家谈的内容，感到我院的蓝皮书有点“疲劳”。具体表现是时间迟、研判平、亮点少、影响小。既有自身工作的问题，也有形势发展要求越来越高、我们行动相对迟缓的问题。蓝皮书有点疲了，研究队伍也有点疲劳了，不容易出新了。然而，这不是大家的责任，而是研究皮书品牌在新形势下如何满足需要、推陈出新的问题。

我认为皮书不能“疲”。14 年辛苦打造的皮书平台，发展到现在的规模和影响，是不能丢的。一是科学发展的要求。河北省要建设“经济强省、和谐河北”，有许多课题需要研究，有许多平台需要发布信息，为社会做引导，为决策做参考。二是省情研判的要求。省情的发展是动态的，有基数又有动态。有些同志认为这个题目是一次性的，始终从这个角度出发，难以出新。这么研究是否可行？我认为不是不行。蓝皮书要求省情研判的周期是一年，是动态的，年度之间的基本情况可能相似，但形态上是有变化的。国际国内形势不可能一直向好，甚至会出现年度内多次变化。如美国次贷危机发生的那一年，年初国内外形势乐观，鼓励投资；几个月后形势恶化，要求保证基本面；后来又转为控制规模、稳增长。2009 年，我院蓝皮书围绕次贷危机快速变化的形势下功夫搞研究，发挥了很大作用。换句话说，假如蓝皮书能够做到始终透彻分析国际国内形势变化，进行科学研判，那么就不会停留在随时变换方向的层面。同时，我院的人员、资料、手段等资源有限，频繁更换主题，研究新问题，思路很新鲜，但不一定能提出真知灼见。因此，选择多个方向展开评价研究是不现实的。总之，研判省情的变化，不断地研究国内外发展形势，进行正确的判断、引导，为决策提供服务，才能够真正体现出我院蓝皮书的价值。如当前省委提出的“着力改善发展环境、着力改善生态环境”，就是建立在省情研究基础上的。党代会、人代会及每个时间段召开的会议，都在研究分析省情，概括得妥当与否，直接决定下一步的发展。所以省情研究非常需要蓝皮书。三是自身品牌的要求。辛辛苦苦十几年打造的品牌不能丢，大家都不希望丢掉蓝皮书的品牌。但是如何把蓝皮书做好？我认为要坚持“两个面对”“三个服务”的定位。我院的优势在于既属于官办的决策研究部门，官办背景、皇粮供养，又拥有社会角色，是第三方评价机构。面对党委、政府，面对社会，我院围绕老百姓关心的物价、工资等热点问题展开研究，取得的成果得到了社会各界的认同。新闻媒体多次邀请我院学者发表言论，有力地说明了我院作为第三方的评价机构，比政府超脱，做出的成果比较客观、可信。同时，我院拥有一支高素质的专业科研队伍，学历高、职称高，比民营更有说服力，发表的言论更具权威性，与国外民营的第三方评价机构拥有较高权威性是同一个道理。可以说，面向党委、政府决策，是我们的职能；面向社会服务，也是我们的职业操守。所以“两个面对”，面对党委、政府，面对社会，方向不能动摇。同时，蓝皮书的定位还要坚持服务决策、服务发展、服务基层。因为我院是职能部门，本职功能决定定位，只能把蓝皮书做好，这是大方向，不能动摇。维君同志说的是具体角度，从大方向中考虑，角度是可以调整的。具体从哪些角度去服务、去切入，是需要深化的问题。为决策服务，党委、政府是我们产品最大的买家。面向社会、面向企业，也为大企业、大集团做好服务。同时要为基层做好服务，基层也是我们的市场，既是服务又是市场，要进一步开拓市场。我院一直开展研究，但是做得还远远不够。现在，社会管理都在创新，许多系统和部门都在深化自己的工作职能。如最近中纪委下发了一份文件，要把纪检监察的组织机构深入非公有制企业集团中。中纪委本来是监督党员干部的机构，发展到非公有制经济实体中，实际上就是创新监察职能形式，跨出对党员干部监督的固有形式，在法律法规允许的范围内，像香港廉政公署那样，扩大自己的工作职能。我院也要创新，蓝皮书的阵地不能丢，要开拓阵地，要继续深化做好蓝皮书品牌。

今后蓝皮书的发展方向要坚持全体性、战略性、前瞻性、创新性、实践性的原则方针。

## 三　皮书必须亮品牌

这个品牌必须擦亮，大家讨论出了许多方法，科研处要认真归纳整理，采纳吸收建设性的意见，总结出好的建议。今天座谈的目的是讨论，大家有不同的意见都是很好的。在此，关于皮书怎么亮品牌，我强调六点具体要求。

一是必须保持时效性。蓝皮书主要是对省情的研判评估，然后引导决策参考。如果本年度的研究内容时效过了，那么提供的成果就不仅仅是拖延时间的概念。例如，我院的蓝皮书、经济形势分析会、三个经济研究所开展的研究、承担的专项任务等，如果在全省经济工作会议之前没有做出来上报，那么成果的时效性基本就没有了，成了宣传产品，失去了研究成果的价值。又如在省人大、政协两会之前，正是决策需要的时候，尤其是省长的政府工作报告，提前 10 天或半个月拿出成果呈报省领导，将会对起草政府工作报告产生影响。再如，在新一年度经济工作规划安排前，也要拿出成果上报。2011 年的全省工作部署，发改委、财政厅等部门每年要进行年度规划，各个战线都要开会贯彻会议精神，这时需要拿出多种形式的成果上报领导决策参考，不仅是调研报告，还应将我院举办的年度经济形势分析会的内容整理出来，在经济工作会议之前形成上报成果。此外，还有哪些服务决策的形式呢？近年来，我院坚持参加国务院信息中心举办的高层经济形势论坛，有时候我去听听，有时候科研处参加，将会议资料整理后，呈报省委、省政府领导，讲述全国的发展形势，为分析河北省发展形势提供参考。有些年份做得比较好，提前上报全国经济形势报告，发挥了时效性。有些年份却在全省经济工作会议开完后才上报，成了马后炮，效果大打折扣。

院党组要求蓝皮书总报告在两会之前编印出来，总体上坚持得不错。但是蓝皮书始终存在数据困惑的问题。这个数据怎么用？刚才继民同志讲了兄弟省份社科院的一些做法，我院可以借鉴。我也一直思考这个问题。作为省十一届人大代表、5 年的人大代表、主席团的成员，我坐在主席台上听政府工作报告。省长报告中的数据采用预计数据，政府部门报告也是对当年的预计，如 2011 年预计财政收入是多少，预计国民生产总值是多少。我从中受到启发，蓝皮书的数据截止到 9 月份，研究成果意义不大，要尝试采取预计的做法，把数据做到年底。当然，采用预计数据，一方面，需要我院做大量的工作，建立多方面的信息沟通渠道，建立规范的信息采集渠道，解决数据收集问题。另一方面，还需要解决数据分析工具的问题。今后，我院可以加大经费支持力度，配备专业人员，认真筛选。研究经济学的同志，尤其是 20 世纪 50 年代这批人，特别关注研究工具。在数理模型分析上，好多经济学家短腿，就像哑巴外语，能看点东西，却不能会话，一出国便想学外语，回国后又没时间。还有数学，数学分析是一件艰辛枯燥的事情，包括很多专业性知识。如现在的金融、证券、保险、信息等行业，已形成了以年轻人为主的队伍。中层干部三十几岁，总监，年薪好几十万。硕士、博士等高学历的年轻人拥有丰富的知识储备和技能。相比较而言，50 年代的人已经落伍了，很多数理统计模型看不懂，一直研究了几十年经济，无法理解公式，仅限于看结论、观点、走向。今后，我院招聘人才，也要引进一些专做数理模型分析的人才。此外，还可以适当配套经费选点软件，解决研究手段问题。蓝皮书面临的困难，一方面是数据来源，不能做无米之炊；另一方面是手段，分析数据必须有工具，要有加工的炊具。假如缺乏数据分析工具的话，我院要加强建设，解决工具问题，将来用预计数据做到年底。想办法在预计数据上下功夫，疏通渠道，采集数据。年初，各部门在研究规划和安排新一年的工作，正是需要蓝皮书五卷本的关键时期。如果五卷本编撰出版的速度赶不上需求，就会成为一堆废纸。五卷本的编撰工作付出了艰辛劳动，却因为时间上拖后了十天半个月，效果大打折扣。

我院的蓝皮书总报告每年及时呈送给省两会代表和委员。刚开始是送原书，从 1998 年、1999 年、2000 年送单卷本蓝皮书，有的代表看着嫌多。现在，改为把总报告呈送两会，有的还嫌少。需求不一样，有人看总报告就满足需求，有人打算深入研究，总报告的内容满足不了需求。所以，五卷本的出书速度还要加快。省长的政府工作报告出来了，蓝皮书就可采用报告中的预计数据。同时，我院调研报告的研究角度应是多方面的，既可以评价 11 个地市，评价 170 多个县市区，还可以评价某个部门的工作以及生态、民生等问题。这些方面我院做得还不够。要加大研究力度，运用数据和手段，将研究做实做深，要经得起质疑和推敲，蓝皮书既要提升质量和话语权，也要坚持时效性。

二是必须提升质量。蓝皮书研究的过程包括综合、比较、分析、研判、预测等环节，核心是研判和预测，需要加强重视。

三是必须扩大影响。蓝皮书出版后，报送、赠阅、宣传、推介、评价、反馈等工作还有欠缺，要做到位。今后应尝试推介会、新闻发布会等宣传形式，但前提是建立在提高蓝皮书质量的基础上。否则影响扩大了，蓝皮书的判断不准、基本点有点偏，反而会损害我院的形象。

四是必须对外开放。我院应加强学习交流，联合协作。保持现有蓝皮书的布局不变，提高编撰质量，再拿出一本综合性蓝皮书，加入全国皮书俱乐部进行学习交流。还要邀请外面的专家来我院进行培训，主编也可以出去参会交流，提升质量，开门办院。

五是创新管理评价机制。关于如何评价蓝皮书成果，大家提了很多意见。概括来说，一方面拓展蓝皮书研究成果，要往深里做、往实里做，而扩大领域范围要慎重；另一方面通过加入全国皮书俱乐部，摸索新路子，进一步规划拓展新领域。

六是适当增加经费。现在经费确实紧张，可以考虑适当增加。

我讲了三点，和大家共同深入思考这些问题，接下来要有所行动，不能坐而论道。原有的要继续做好，还要开拓创新，归纳思考如何开展工作。总体上，蓝皮书的品牌是不能丢的，必须做好，而且有很大的发展空间。蓝皮书受党政机关、社会各界的关注程度提高了，才能够有力地说明蓝皮书的作用发挥出来了。

# 在院党组（扩大）会议上的讲话

（2012 年 10 月 24 日）

刚才，我们学习传达了省委、省政府最近召开的“全省着力改善发展环境、着力改善生态环境动员大会”“创先争优活动总结大会”两个重要会议的精神和庆黎书记、赵勇副书记等领导同志的重要讲话精神。这两个会议是在我省全面落实省第八次党代会和省委八届二次全会精神、加快推进“经济强省、和谐河北”建设、喜迎党的十八大胜利召开的重要时刻召开的。会议就推进我省科学发展、加快转变经济发展方式以及加强党的建设等做出了全面部署，意义重大。学习领会好这两个会议精神，对于顺利实现我院“十二五”规划确定的目标任务，加快推进我院“新智库”建设，圆满完成我院今年的各项重点工作，非常重要。省委宣传部部务会议传达了李长春、刘延东等中央领导同志来河北视察时的重要讲话精神和省委书记张庆黎同志的贯彻意见，对我省文化强省建设具有重要指导意义。经院党组研究，决定将今天的党组会扩大到各部门主要负责同志，目的是对三个会议精神让大家先学早学、学深学透，认真按照省委要求，紧密结合自身实际，早安排、早部署、早落实。下面，我就学习贯彻好两个重要会议精神及部务会议精神，抓好当前和今后的各项重点工作，全面完成年初确定的全年目标任务，讲四点意见。

## 一　充分发挥我院理论武装的特色优势，做好迎接党的十八大、宣传党的十八大精神的准备工作

党的十八大将于近期在北京召开。这次大会是在我国全面建设小康社会

的关键时期和深化改革开放、加快转变经济发展方式的攻坚时期召开的一次十分重要的大会。大会将高举中国特色社会主义伟大旗帜，以邓小平理论和“三个代表”重要思想为指导，深入贯彻落实科学发展观，认真总结过去5年的工作和党的十六大以来的实践，回顾总结党团结带领全国各族人民坚持和发展中国特色社会主义的历史进程和宝贵经验，全面审视当今世界和当代中国发展大势，全面把握我国发展新要求和人民群众新期待，科学制定适应时代要求和人民愿望的行动纲领和大政方针，对全面推进我国改革开放和社会主义现代化建设、全面推进党的建设新的伟大工程做出战略部署。学习宣传贯彻党的十八大精神，将成为今后一个时期各级党委、政府和广大干部群众首要的政治任务和头等大事。我院作为省委、省政府直属的社科研究和理论宣传机构，职责所在，使命所系，更是义不容辞，责无旁贷。因此必须带头学习研究，深入宣传贯彻，坚持研究推动、宣传带动，不断将学习宣传持续推向深入。

今年以来，我院发挥优势，突出重点，围绕迎接党的十八大召开积极营造理论氛围，做了大量卓有成效的工作。先后与省委宣传部联合举办了省社科理论界学习胡锦涛总书记“7·23”重要讲话座谈会和“改善两个环境”座谈会，组织开展了“建强省、促和谐、迎接十八大”知识竞赛活动，发挥“河北省中国特色社会主义理论体系研究中心”的作用，在《人民日报》《光明日报》等大报大刊推出重要宣传研究文章；组织开展了“惠在何处、惠从何来”宣传教育活动，编写了理论读物，出版了《在科学理论的广阔道路上——党的十六大以来河北省理论研究成果文集》，编写完成学习型党组织建设系列丛书，深入开展了“送理论下基层”、社科知识普及活动和理论宣讲活动，受到各级党委、政府和干部群众的欢迎和肯定。今后，我们要按照党中央和省委的部署，继续做好迎接党的十八大和宣传党的十八大精神的各项工作。要围绕党的十八大精神组织开展宣传和理论研究，撰写一批理论解读文章，力争在“大报大刊”刊发；要适时组织理论骨干开展大规模、各层次的集中宣讲和辅导，深入开展形势政策教育活动；要采取多种形式组织开展“送理论下基层”活动，用党的十八大精神指引教育基层党员干部群众；要及时更新充实宣讲“菜单”，接受省直机关和各市县的“点播”，为党员干部的学习搞好服务；要继续办好《党委中心组理论学习通讯》和《理论信息》，搞好骨干培训和网络学习平台建设。切实发挥好理论武装的引领作用，把学习宣传贯彻党的十八大精神不断推向深入。

## 二 围绕改善“两个环境”，加强我省经济社会发展中重大理论和现实问题研究，进一步提升研究能力和服务水平

省第八次党代会明确提出了建设“经济强省、和谐河北”的奋斗目标，为我省经济社会又好又快发展描绘了美好前景。今年是全省上下深入贯彻省第八次党代会精神，积极推进“经济强省、和谐河北”建设的第一年，也是关键的一年。省委、省政府以着力改善发展环境、着力改善生态环境为突破口，抓住了制约我省科学发展的牛鼻子。河北要发展，改善环境是关键，着力改善“两个环境”，体现了省委、省政府对我省发展现状的清醒认识和对发展规律的深刻把握。作为省委、省政府的“智囊”和“参谋”，全院上下必须深刻认识到着力改善“两个环境”对于推动河北科学发展的重要意义，切实把思想和行动统一到省委、省政府的决策部署上来，发挥自身优势和特长，加强应用研究与决策服务，为积极推进我省“两个环境”的彻底改善想办法、出点子、求实效。

今年以来，我院深入贯彻省第八次党代会精神，不断深化“为决策服务、为发展服务、为基层服务”的办院方针，对省领导圈定的事关全省经济社会发展的重大课题组织科研力量深入研究。在继续深化“环首都绿色经济圈”研究的同时，着重加强“河北沿海地区经济发展”研究和加强社会建设等重大课题的研究，推出了一批重要成果。其中《“欧美经济走势与中国经济转型”学术研讨会情况报告》《我省沿海地区深度新闻宣传与信息对接交流的建议》《关于提升我省文化产业园区建设水平的建议》《河北沿海地区开发建设中需要关注的几个问题》《就地就近转移是农民工就业的主渠道》等得到省委、省政府领导张庆伟、赵勇、马兰翠、杨汭等同志的肯定批示。开展了对“河北省思想文化建设进入全国第一方阵”课题的调研。

举办了“2012上半年河北经济形势分析会”和“河北省沿海地区发展研讨会”，为领导决策提供了有价值的建议。特别值得一提的是，我院举全院之力组织开展的“走基层太行行”“走基层沿海行”“走世界开放行”的“三走”活动，推出了一批重要的调研成果，在全省乃至全国产生了积极反响，大大提高了我院在国内外的知名度和影响力，提升了我院“新智库”建设的水平。今后，我院要按照省委、省政府关于改善“两个环境”的要求和部署，进一步树立大局意识和责任意识，调整研究方向，聚集研究重点，围绕改善“两个环境”深化调查和研究，争取多出成果、出好成果。要着重抓好“河北发展蓝皮书”的编撰工作，谋划组织好河北经济形势分析会，组织好大型民生调研活动，切实推动我省“两个环境”建设取得更大成效，为“经济强省、和谐河北”建设提供更加有力的理论支撑和智力支持。

## 三　总结经验完善制度健全机制，推动我院创先争优活动常态化、长效化

前不久，胡锦涛总书记和习近平同志就创先争优活动做出重要批示，为进一步巩固和扩大创先争优活动成果，努力推进创先争优常态化、长效化指明了方向。近日，省委创先争优活动领导小组召开总结大会，对我省创先争优活动进行全面总结，对巩固和深化活动成果，推进创先争优常态化、长效化做出重大部署。自创先争优活动开展以来，在党中央和省委的正确领导下，在院党组的直接指导下，我院各级党组织组织广大党员围绕主题主线创先争优，围绕加强和创新社会管理创先争优，围绕服务人民群众创先争优，围绕加强基层组织建设创先争优，围绕落实“三个一”要求创先争优，始终着眼党的先进性、纯洁性建设这个根本任务，始终贴近中心工作，始终抓住激发党员主体作用这个关键，始终注重加强基层组织建设这个堡垒工程，始终把握党要管党这个基本要求，不断提高党建科学化水平。实践证明，党中央做出的深入开展创先争优活动的决策部署是完全正确的。我院的创先争优实践符合工作实际，有力地提振了全院广大党员干部的精神状态和工作作风，实现了目标任务，取得了显著成效，积累了宝贵经验，为“省级科研

一流、国内国际知名、服务河北科学发展”新智库建设积蓄了强大动力，为“经济强省、和谐河北”建设提供了智力支持。

按照党中央统一安排部署，集中性创先争优活动即将告一段落，转入基层党组织和广大党员经常性创先争优。要不断巩固扩大创先争优活动成果，着力推动创先争优的常态化、长效化。赵勇副书记在创先争优活动总结大会上讲话，提出三个具体要求：一要使创先争优成为广大党员干部的自觉；二要使创先争优成为加强党的建设的长效制度；三要使创先争优成为加强党的建设的长期抓手。全院各级党组织和广大党员干部要认真学习胡锦涛等中央领导同志的批示精神和省委创先争优活动领导小组会议精神，进一步把思想和行动统一到省委的要求和部署上，统一到深入推进创先争优的具体实践上，统一到为建设“经济强省、和谐河北”提供强大动力上，统一到为建设“新智库”做出不懈努力上。不断深入研究和切实抓好创先争优长效机制建设，认真总结创先争优活动创造的成功经验和有效做法，把有效做法制度化、管用经验长效化，继续保持集中性创先争优活动激发出来的热情和干劲，不断巩固和扩大创先争优活动成果。不断扎实推进创先争优常态化、长效化建设，要与为党的十八大胜利召开营造良好环境和学习贯彻党的十八大精神结合起来，与落实“两个举全省之力”和着力改善“两个环境”决策部署结合起来，与开展加强基层建设年活动结合起来，与深入开展“走转改”活动结合起来，使创先争优成为广大党员的价值追求和自觉行动，把创先争优融入实际工作和岗位职责中，不断推动全院各项事业发展。

## 四　继续保持旺盛的激情和高昂的干劲，团结协作、发奋工作，确保全年目标任务圆满完成

今年已经过去了三个季度，全年的各项工作即将进入收尾阶段。在这里要特别强调一下，到年底只有两个多月时间了，时间紧，任务重。这个“官”能否收好，决定着全院的整体目标任务能否圆满完成。在座的各位同志都是各部门的主要负责人，大家要认真对照年初确定的目标任务，把各项工作理一理、排一排，把每一项工作都要抓紧、做实，已经完成的工作也要

来一次回头看，进一步补充、完善，不甩尾巴、不留死角，确保年初确定的各项目标任务按时、保质保量地完成。同时，各部门也要围绕认真贯彻落实党的十八大精神，考虑谋划明年的工作，打好“谱”，定下“调”，早打算、早安排，各级课题设计、各项重要活动、各类工作项目要及早调研，及早拿出方案。这里还要特别强调一下维稳工作。前段时间，院党组按照省委的要求下发了加强维稳工作的通知。按照通知的要求，各部门已经传达到每一位同志。在全院上下的共同努力下，目前我院的维稳形势不错。接下来的几个月，同志们要继续绷紧维稳这根弦，管好自己的人，看好自己的门，办好自己的事，保证不出事、不添乱，毫不松懈地把维稳工作做好。

同志们，要完成今年的目标任务，我们还有很多工作要做，时间紧迫，任务艰巨。让我们在省委、省政府的正确领导下，以只争朝夕、时不我待的紧迫感和责任感，开拓创新，真抓实干，为顺利实现年初确定的目标任务，为建设“省级科研一流、国内国际知名、服务河北科学发展”新智库而努力奋斗！以优异成绩迎接党的十八大胜利召开！

# 在全省宣传部长会议上的发言

（2012年11月22日）

在党的十八大刚刚闭幕不久，全省上下兴起学习、宣传、贯彻党的十八大精神高潮之际，省委宣传部及时召开会议，贯彻党中央和省委的决策部署，对我省宣传文化系统学习宣传活动进行精心安排，为我们下一步的学习宣传活动提供了重要遵循。

党的十八大是在我国进入全面建成小康社会决定性阶段召开的一次十分重要的大会。党的十八大报告全面总结了过去五年以至十年的工作成绩和基本经验，在深入分析形势的基础上提出了今后五年和更长时期的奋斗目标和任务。它是新形势下党团结带领全国各族人民沿着中国特色社会主义道路继续前进、为全面建成小康社会而奋斗的政治宣言和行动纲领。报告主题鲜明、内涵丰富、高屋建瓴、高瞻远瞩，有实践基础、有理论创新，有全局视野、有战略谋划。通篇充满新意，处处体现出中国共产党人与时俱进的创新精神。党的十八大报告对哲学社会科学工作提出了新要求，赋予了新使命，提出要“深入实施马克思主义理论研究和建设工程，建设哲学社会科学创新体系”，为我们的社科理论工作明确了未来的工作重点和努力方向。

自党的十八大召开以后，我院按照党中央和省委的通知要求，开展了一系列的学习宣传活动，把学习宣传贯彻党的十八大精神作为当前和今后的首要政治任务和头等大事。党的十八大开幕当天，我院组织集中收看了党的十八大开幕式的实况。院党组理论学习中心组在集中收看的基础上，进行了认真讨论，并对全院下一步的学习活动进行了安排部署。11月9日，我院与省委宣传部联合召开了省社科理论界学习党的十八大精神座谈会，为全省宣传文化系统的学习活动开了个好头。近日，我院认真履行理论宣讲的工作职责，已经制定了党的十八大精神宣讲方案，正在组织精干力量撰写宣讲提纲。我院还向院属部门、各市委讲师团、所属学会社团发出学习通知，提出学习宣传的要求，在全省社科界积极形成学习宣传的合力，进一步浓厚学习宣传的氛围。

下一步，我们将认真落实党中央要求和省委及省委宣传部的工作安排，做好学习宣传贯彻党的十八大精神的各项工作，以党的十八大精神为指导，做好今年的各项工作，同时认真谋划明年的工作，努力发挥好党和政府的智囊团、思想库的作用。

第一，发挥理论武装的优势，做好党的十八大精神的宣传。我院将认真落实张庆黎书记在省委扩大会议和省委八届三次全会传达学习贯彻党的十八大精神时的讲话要求，在“抓学习”“抓宣讲”“抓结合”上下功夫，发挥宣传宣讲和理论研究优势，为深入学习贯彻营造浓厚氛围、做好各项准备。围绕党的十八大精神，结合我省实际撰写宣讲提纲；指导各市委讲师团、华北油田公司党委讲师团、各理论宣讲工作站开展好宣传、宣讲工作；举办学习党的十八大精神培训班；组织开展“送理论下基层”集中宣讲活动；组织社科理论界学习研讨活动；加强中国特色社会主义理论体系和社会主义核心价值体系建设研究，组织撰写一批重点理论文章，争取多在大报大刊发表；发挥《党委中心组理论学习通讯》、《理论信息》和河北省干部理论教育网等宣讲平台作用，为学习党的十八大精神提供优质的服务。

第二，以党的十八大精神为指导，进一步深化社科理论研究。我院将围绕党的十八大报告提出的一系列新思想、新观点、新论断，确定一批重点研究课题，结合河北实际，开展专项研究。以重大现实问题为主攻方向，加强应用研究与决策服务。继续做好请省领导圈定或交办重大研究课题的工作。继续围绕建设“经济强省、和谐河北”的奋斗目标和文化体制改革、文化产业发展开展研究。认真总结今年开展的“三走”活动的成功经验，组织开展改善“两个环境”大型调研活动，力争推出一批有分量、用得上的重要成果；着重抓好“河北发展蓝皮书”的编撰工作；谋划组织好河北经济形势分析会。

第三，发挥社科联合的职能和特点，把学习宣传党的十八大精神落到实处。我院将利用学科、学术优势，发挥平台、纽带作用，积极探索“联”的机制，不断创新“联”的形式。以党的十八大精神为指导，进一步完善《关于加强新时期社会科学界联合会工作的意见》，积极推动《河北省哲学社会科学普及办法》及早出台；进一步打造燕赵文化论坛、京津冀晋蒙区域协作论坛、河北省社会科学博士论坛、全省社会科学学术年会、大型民生调研等品牌活动项目；进一步创新社会科学发展研究课题立项、学术著作资助评审、《河北社会科学年鉴》编撰等工作的组织与管理；加强学会管理和社团党建工作；加强社科研究基地建设；做好社科成果和青年专家评选工作。

第四，按照党的十八大报告的要求，积极推动哲学社会科学创新工程建设。我院将按照党的十八大对哲学社会科学创新体系建设的要求和部署，积极推进哲学社会科学创新工作。推动社科研究的机制体制创新，加强学术观点与理论创新，加强学科体系创新，优化科研组织管理体制，创新人才培养使用方式，建立科学用人制度，提高科研方法和手段的现代化水平，完善科研支撑系统与后勤保障体系，进一步加强与国外科研机构的人才和科研合作。

各位领导，这次会议后，我院将按照会议要求，结合工作实际，发挥自身优势，将学习宣传党的十八大精神的活动扎实推进，确保各项活动落到实处，收到实效。

# 在院党组（扩大）会议上的讲话

（2012 年 11 月 22 日）

今天，我们在这里召开院党组（扩大）会议，主题是学习传达党的十八大精神和省委八届三次全会精神以及全省宣传部长会议精神，认真落实党中央和省委的决策部署，按照省委宣传部的工作要求，对全院兴起学习、宣传、贯彻党的十八大精神热潮进行再动员、再部署；以党的十八大精神和省委全会精神为指导，推动当前和今后工作。经院党组研究，决定将今天的党组会扩大到全院副处级以上干部和副高级以上职称的科研人员，目的是让大家先学早学、学深学透，并紧密结合工作职责和自身实际，早安排、早部署、早落实。刚才，我们集中学习了党的十八大精神传达提纲，传达了省委八届三次全会精神和全省宣传部长会议精神。下面，我就学习、宣传、贯彻党的十八大精神和省委全会精神，抓好全院当前和今后的重点工作，讲三点意见。

## 一　充分发挥理论武装的特色优势，积极推动全省兴起学习、宣传、贯彻党的十八大精神的热潮

党的十八大是在我国进入全面建成小康社会决定性阶段召开的一次十分重要的大会，选举产生了以习近平同志为总书记的中央领导集体。党的十八大报告全面总结了过去五年以至十年的工作成绩和基本经验，在深入分析形势的基础上提出了今后五年和更长时期的奋斗目标和任务，勾画了在新的历

史条件下全面建成小康社会、加快推进社会主义现代化、夺取中国特色社会主义新胜利的宏伟蓝图，是我们党团结带领全国各族人民沿着中国特色社会主义道路继续前进、为全面建成小康社会而奋斗的政治宣言和行动纲领。党的十八大刚刚闭幕，11月16日，第十八届中央政治局立即召开会议，对学习、宣传、贯彻党的十八大精神进行研究部署。17日，中央政治局进行第一次集体学习，习近平总书记就紧紧围绕坚持和发展中国特色社会主义、深入学习宣传贯彻党的十八大精神发表了重要讲话。20日，省委召开八届三次全会，对在全省兴起学习宣传贯彻党的十八大精神的热潮做出部署。今天上午，省委宣传部又召开全省宣传部长会议，认真落实党中央和省委的要求，对全省宣传文化系统学习宣传贯彻党的十八大精神的活动进行安排。这些都为我院下一步的学习宣传活动提供了重要遵循。学习贯彻好党的十八大精神和省委全会精神，对于顺利实现我院“十二五”规划确定的目标任务，加快推进我院“新智库”建设，具有非常重要的意义。

我院作为省委、省政府直属的社科研究和理论宣传机构，肩负着理论武装、深化研究、宣传普及的重任，更要把深入学习、宣传、贯彻党的十八大精神，作为当前和今后一个时期的首要政治任务和头等大事。要认真谋划，带头学习研究，深入宣传贯彻，坚持学习先行、研究推动、宣传带动，不断将学习宣传活动持续推向深入。

党的十八大召开以来，我院按照党中央和省委的通知要求，把学习宣传贯彻党的十八大精神作为头等大事来抓，开展了一系列学习宣传活动：党的十八大开幕当天，我院组织集中收看了党的十八大开幕式的实况；院党组理论学习中心组在集中收看的基础上，进行了认真讨论，并对全院下一步的学习活动进行了安排部署；11月9日，我院与省委宣传部联合召开了省社科理论界学习党的十八大精神座谈会，为全省宣传文化系统的学习活动开了个好头。下一步，我院要在落实庆黎书记提出的“抓学习”“抓宣讲”“抓结合”的“三个抓”要求上下功夫。认真履行理论宣讲的工作职责，积极制定完善党的十八大精神宣讲方案，迅速组织精干力量撰写宣讲提纲；要及时组织社科专家撰写一批理论解读文章，争取多在大报大刊发表；要积极指导各市委讲师团、华北油田公司党委讲师团、各理论宣讲工作站开展好宣传、宣讲工作；要与有关部门举办好学习党的十八大精神理论骨干培训，组织好社科理论界学习研讨活动，鼓励专家学者通过省内新闻媒体和各种宣传平台开展党的十八大精神的阐释、解读；组织开展“送理论下基层”集中宣讲活动；及时更新充实宣讲“菜单”，接受省直机关和各市县的“点播”，为党员干部的学习搞好服务；搞好学习平台建设，办好《党委中心组理论学习通讯》、《理论信息》和河北省干部理论教育网。要及时向院属部门、各市委讲师团、所属社团发出学习通知，提出学习宣传的要求，在全省社科理论界形成学习宣传的强大合力，切实发挥引领作用，进一步浓厚学习宣传的氛围，把学习宣传贯彻党的十八大精神活动不断推向深入。

## 二　深入贯彻省委八届三次全会精神，深化社科理论研究，服务河北科学发展

在党的十八大刚刚闭幕，全省上下兴起学习宣传贯彻党的十八大精神的热潮之际，省委召开八届三次全会，以党的十八大精神为指导，对我省深入落实科学发展观、加快转变经济发展方式，建设“经济强省、和谐河北”和全面建成小康社会进行了全面部署。庆黎书记代表省委在会上做了重要讲话。他强调，要自觉用科学发展观统领全局，努力保持经济平稳较快发展，全面展开“两个举全省之力”的重大部署，激发各项事业发展的生机与活力，深入做好保障和改善民生的各项工作，努力实现从文化大省向文化强省的跨越，全力维护社会和谐稳定的大局，努力提高党的建设科学化水平。我们要深刻认识省委八届三次全会对于推动全省经济社会发展的重要指导作用，切实把思想和行动统一到省委、省政府的决策部署上来，把力量凝聚到省委全会确定的各项任务上来。

今年以来，我院深入贯彻落实省第八次党代会和省委八届二次全会精神，认真履行职责，发挥智库作用，对省领导圈定或交办的事关全省经济社会发展的重大课题，组织科研力量研究攻关，推出了一批重要成果，为领导决策提供了有价值的建议，得到省委、省政府领导的肯定批示。我院举全院之力组织开展的“三走”活动，推出了一批重要的调研成果，在省内乃至

全国产生了积极反响，大大提高了我院在国内外的知名度和影响力，提升了我院“新智库”建设的水平。

下一步，我院要深入贯彻好省委八届三次全会精神，按照庆黎书记重要讲话精神的要求，发挥社科研究优势，不断深化对我省经济社会发展中重大理论和现实问题研究，进一步提升我院“为决策服务、为发展服务、为基层服务”的水平。要继续做好省领导圈定或交办的重大研究课题的研究工作；继续围绕建设“经济强省、和谐河北”的奋斗目标和文化体制改革、文化产业发展开展研究；要认真总结“三走”活动的成功经验，进一步推动重要调研成果的转化；要继续围绕省委、省政府提出的改善“两个环境”的要求和部署开展调研活动，提供决策咨询和对策服务；要重点抓好“河北发展蓝皮书”的编撰工作，谋划组织好河北经济形势分析会，为河北科学发展提供更加有力的理论支撑和智力支持。

## 三　以党的十八大精神和省委全会精神为指导，认真谋划好明年的各项重点工作

同志们，2012 年很快就要过去。今后一段时间，各位院领导和院属各部门的负责同志要拿出精力，认真思考、谋划明年的工作，把制订明年的工作计划摆上重要议事日程。2013 年，我院要坚持以党的十八大精神和省委八届三次全会精神为指导，继续坚持“三个服务”的办院方针，落实“三个出”的总要求，进一步发挥“三位一体”工作新格局和“一院两制”新体制的优势，积极推进哲学社会科学创新体系建设，加快建设服务河北科学发展“新智库”。要进一步抓好理论武装工作，发挥好宣传宣讲和理论研究优势，为深入学习贯彻党的十八大营造浓厚氛围，要重点加强中国特色社会主义理论体系和社会主义核心价值体系建设研究，积极开展理论教育、研究和宣传，深入大宣讲格局建设，推进理论武装工作再上新台阶。要进一步加强社科研究工作，发挥好党和政府的智囊团、思想库作用，以重大现实问题为主攻方向，加强应用研究与决策服务，提高科研能力，推进基础理论研究，推出一批有见地、有分量、用得上的重要研究成果，不断提升对全省经

济社会发展的贡献力和国内外的学术影响力。要进一步推进社科联合工作，发挥好平台、纽带作用，利用学科、学术优势，积极探索“联”的机制，不断创新“联”的形式。以党的十八大精神为指导，加强社团党建工作。要进一步提高服务水平，努力建设全省社科工作者之家。要按照党的十八大对哲学社会科学创新体系建设的要求和部署，积极推进哲学社会科学创新工作。推动社科研究的机制体制创新，加强学术观点与理论创新，加强学科体系创新，优化科研组织管理体制，创新人才培养使用方式，建立科学用人制度，提高科研方法和手段的现代化水平，完善科研支撑系统与后勤保障体系，进一步加强与国外科研机构的人才和科研合作。2013 年是实现我院“十二五”规划的关键一年，同志们一定要开动脑筋，解放思想，勇于创新，工作谋划要突出创新、突出特色、突出效果，争取工作有新亮点，活动有新突破，水平有新提高。

从现在起到年底，我们只有短短一个月了，时间非常紧迫，任务还很艰巨。会后，各部门要认真对照年初确定的工作，仔细理一理项、算一算账，没做完的要抓紧完成，已经完成的要继续做实做细，确保不留死角、不甩尾巴，按时保质保量地完成好各项目标任务。

同志们，让我们在党的十八大精神的正确指引下，紧密团结在以习近平同志为总书记的党中央周围，在省委、省政府的坚强领导下，振奋精神、凝心聚力，切实把党的十八大精神和省委八届三次全会精神学习好、宣传好、落实好，圆满完成年初确定的各项目标任务，为建设“省级科研一流、国内国际知名、服务河北科学发展”新智库而努力奋斗！

# 学习贯彻党的十八大精神 推动社科联事业新发展*

（2012 年 11 月 26 日）

大家好！十分感谢天津社科联为全国社科联协作会做出的积极努力，感谢会议为我提供今天发言交流的机会。下面，我就河北社科联一年来的工作和体会向同仁们做个介绍和汇报。我发言的题目是：学习贯彻党的十八大精神，推动社科联事业新发展。

党的十八大报告指出，建设社会主义文化强国，必须走中国特色社会主义文化发展道路，坚持为人民服务、为社会主义服务的方向，坚持百花齐放、百家争鸣的方针，坚持贴近实际、贴近生活、贴近群众的原则，推动社会主义精神文明和物质文明全面发展，建设面向现代化、面向世界、面向未来的，民族的科学的大众的社会主义文化。

繁荣发展哲学社会科学，是建设社会主义文化强国的题中应有之义。在当前机遇和挑战并存、我国发展仍处于可以大有作为的重要战略机遇期的新形势下，社科联工作同样面临新的历史使命和时代课题，哲学社会科学研究的任务更为繁重、责任更为重大。

三年多来，河北省实施社会科学机构资源整合，注重把“理论武装、服务决策、繁荣发展”有机结合起来，妥善摆布各项工作的关系，使之协调统一、相互促进，形成紧密衔接、良性互动的工作格局。充分调动专业技

* 本文为周文夫在天津社科联承办的全国社科联协作会上的发言。

术人员和行政管理人员共同推进河北社会科学发展的自觉性、主动性，树立“一个整体”“一个团队”的理念，形成活力迸发、运转高效的工作体制。重点是抓好四个方面的工作。

第一，发挥“联”的优势。一是努力把握哲学社会科学规律和社科联的工作规律，改进社科联工作方式，提高服务水平。通过深入走访和调研，了解全省社会科学界的愿望与要求，维护社会科学工作者的正当权益，帮助他们解决工作和生活中的实际困难，充分调动哲学社会科学工作者的积极性、创造性，为哲学社会科学研究发展创造良好环境。二是发挥社科联合优势，通过课题立项、科研督导、编写成果要报等工作，协调全省哲学社会科学学术研究活动，开展哲学社会科学咨询工作，引导哲学社会科学工作者经常关注和深入研究重大现实问题，促进社会科学理论研究成果的社会化，及时把优秀研究成果运用于各项决策中。三是创新哲学社会科学人才培养模式，不断完善、创新成果评奖和专家评选机制，在大力弘扬尊重劳动、尊重知识、尊重人才、尊重创造，努力营造人才辈出、人尽其才的良好环境的同时，在学术活动、社科评奖、课题管理、学会建设等工作中，加强全省哲学社会科学队伍思想道德建设和学风建设，引导哲学社会科学工作者树立良好的职业精神和职业道德，发扬严谨治学、崇尚精品的优良学风。四是在坚持正确政治方向的前提下，在组织的学术年会、博士论坛等活动中，充分发扬学术民主，鼓励不同学术流派、不同学术观点相互切磋和争鸣，加快建设以学科体系、学术观点、科研方法和科研组织管理创新为主要内容的哲学社会科学创新体系，营造尊重差异、包容多样、生动活泼、健康和谐的学术环境，努力把社科联建成全省哲学社会科学工作者之家。

第二，做强品牌项目。一是紧密结合我省经济社会发展中突出问题，抓好大型民生调研品牌活动，进一步完善课题管理办法，以保障和改善民生为重点选好调研选题，并将选题范围向全省各市县区的具体问题延伸，持续推出优秀成果，服务当地党委、政府决策，提高调研成果对领导决策的贡献率。二是在燕赵文化论坛、社科博士论坛等活动中，统筹基础理论研究与应用对策研究、传统学科与新兴学科、国家层面研究与地方层面研究，推动各学科、各领域研究均衡发展、良性互动，着力提升科研质量，多出优秀成果，多出优秀人才，不断增强哲学社会科学研究可持续发展能力。三是加强京津冀区域协作，在京津冀三地的社会科学工作者和自然科学工作者的协同研究活动中，突出京津冀三地文化同根同源、文化脉系也相同或相近的特点，努力加强京津冀之间的合作，积极开展文化产业协同发展研究，发挥河北的后发优势，吸引生产要素向河北流动，促进京津冀文化产业区域协调发展，多推出实践性和应用性强的成果，为党委、政府科学决策提供支持。四是搞好社会科学普及，鼓励和引导广大哲学社会科学工作者贴近实际、贴近生活、贴近群众，深入开展调查研究，近年组织编写的《讲主题　谈主线》系列读物5册和《食品安全知识百问》《百姓理财（一）》等，均是从实践中提炼编写题材，从群众中发掘思想智慧，保证了社会科学普及读物质量，促进了社会科学研究成果的转化与普及。

第三，加强管理指导。一是进一步强化政治意识和责任意识。加强学会管理，建立健全学会日常工作报告制度、学会重大活动报批备案制度、学会联系制度、分类管理制度、社团党建工作指导制度，引入目标管理和绩效评估、激励机制，实现学会动态化、规范化管理，推动学会标准化创建工作，学会标准化率在“十二五”末力争达到50%以上。二是加强对各设区市社科联的业务指导，增进省市间的协调联动，把业务指导工作做细做实，抓好对各市社科联的“评先”工作，开好工作年会，推广先进经验，开展市级社科“智库”建设，促进整体水平提高。同时，根据党中央和省委要求，加强对全省民办社科研究机构的管理和指导。三是加强团体会员专兼干部的队伍建设，每年举办两次学会和各市社科联负责人的培训，注重培养青年骨干，组织他们参加省内外、国内外学术交流活动，鼓励他们积极探索新形势下社会科学团体工作的新思路和新途径，为社会科学团体事业的可持续发展打好基础。四是加强对全省社会科学团体工作的统筹规划，充分发挥各级各类哲学社会科学研究机构的作用，鼓励跨学会、多学科的联合攻关研究活动，正确引导和管理社科团体主办的各种研讨会、报告会、讲座等载体，使其健康发展。

第四，强化工作抓手。一是抓好“社科优秀成果评奖”和“社科优秀青年专家评选”，完善哲学社会科学研究激励机制。建立和完善符合哲学社会科学研究特点的分类评价标准，构建以创新和质量为导向的多元评价体系，更加注重学术原创性和实际应用价值，建立了“河北省社会科学专家库”和精品成品库，进一步激发全省哲学社会科学工作者的创造活力和创新潜能。二是抓好河北省哲学社会科学研究基地建设。为顺应学科发展和理论研究的新趋势、新要求，推进学科建设和科研创新，与省内6所高校联合建立了6个研究基地。建设研究基地以结构合理、特色鲜明、管理科学、协调发展为导向，延伸了社科联的活动范围和科研领域，形成了社科联自己的研究队伍和科研特色。三是抓好“河北省社会科学发展课题”和“河北省年度重要学术著作出版资助项目评审”。及时搜集各级各类哲学社会科学项目的研究进展、经费来源、研究人员分布、课题研究布局和方向，统筹协调课题评审、科研督导、经费投入、成果转化，不断提高经费使用效益。在项目评审中，鼓励跨学科跨部门跨地域专题研究，创造条件大力促进基础学科之间、基础学科和应用学科之间、哲学社会科学和自然科学之间的渗透融合，在推动各学科互为借鉴、共同发展中培育新的学科增长点。四是抓好河北省社会科学学术年会工作和《河北社会科学年鉴》编撰，充分发挥个人研究与集体攻关的优势，建立创新平台，培育创新主体，实现资源整合，推动科研组织管理创新，不断增强对社科工作者的凝聚力、对决策层的影响力、对社会大众的吸引力。

此外，我们按照党中央关于社科理论界也要“走转改”的要求抓了自身建设，开展“三走”，深入基层调查研究，收获很大。《光明日报》以《到“源头”去　引“活水”来——河北省社科院结合实际“走转改”》为题头版介绍了我们的经验做法。

最后，向各位同仁报告两件事情。

一是今年以来，在深入调研基础上，我们组织起草了《新时期加强社科联工作的意见（草案）》，分管省委、省政府领导已同意，经与省编办、组织部、财政厅、文化厅、住建厅等省直部门协调，也获得支持，省委书记已批准提交省委常委会研究。如能通过施行，会对河北社科联工作有一个大的推动。

二是今年12月省社科联要换届，近日省委决定为省社科联增设一名常务副主席（正厅级），增设一名副主席（副厅级）。前天，已全部在社科院班子内部和机关内部推荐产生，对社科院班子是一个很大的支持和加强。

# 深入学习贯彻党的十八大精神 开创哲学社会科学繁荣发展新局面*

（2012 年 11 月 29 日）

大家好！十分感谢深圳院为全国社科院院长联席会议做出的积极努力，祝贺深圳院建院 20 周年。感谢会议为我提供今天发言交流的机会。下面，我就河北院一年来的工作和体会向同仁们做个介绍和汇报。我发言的题目是“深入学习贯彻党的十八大精神　开创哲学社会科学繁荣发展新局面”。

在全党全国各族人民认真学习贯彻党的十八大精神的喜庆日子里，我们社科理论界召开第 16 届全国社科院院长联席会议。会议专门安排“贯彻党的十八大精神，推动哲学社会科学的创新和繁荣”主题研讨，非常必要，非常及时。党的十八大报告指出，建设社会主义文化强国，必须走中国特色社会主义文化发展道路，坚持为人民服务、为社会主义服务的方向，坚持百花齐放、百家争鸣的方针，坚持贴近实际、贴近生活、贴近群众的原则，推动社会主义精神文明和物质文明全面发展，建设面向现代化、面向世界、面向未来的，民族的科学的大众的社会主义文化。

繁荣发展哲学社会科学，是建设社会主义文化强国的题中应有之义。在当前机遇和挑战并存、我国发展仍处于可以大有作为的重要战略机遇期的新形势下，社会科学工作同样面临新的历史使命和时代课题，哲学社会科学研究的任务更为繁重、责任更为重大。当前，我们要把学习贯彻党的十八大精

* 本文为周文夫在深圳市社科院承办的第 16 届全国社科院院长联席会议上的发言。

神作为一项重大政治任务抓紧抓好，真正把思想和认识统一到党中央要求上来，切实把会议精神转化为推进哲学社会科学繁荣发展的强大动力。

## 一　积极推动学习宣传贯彻党的十八大精神的热潮，把学习贯彻党的十八大精神引向深入

党的十八大报告，围绕坚持和发展中国特色社会主义提出一系列新思想、新观点、新论断，为推动科学发展、促进社会和谐提供了重要指导方针。新的形势和新的任务给哲学社会科学繁荣发展带来了新的机遇，为哲学社会科学发展指明了方向。这就要求我们社科界必须认真贯彻落实党的十八大精神，把握新机遇，担负新使命，应对新挑战。我们认为，学习贯彻党的十八大精神必须坚持正确方向，必须注重工作实效，必须联系工作实际。今年以来，河北省社科院深入贯彻落实党中央和省委要求，在全院深入开展“走转改”“三个一”等主题教育活动。全院上下进一步坚定信心、统一思想，把活动开展与深化“三个服务”工作实践结合起来，与在“三位一体”工作格局下推进哲学社会科学创新体系建设结合起来，与“建促迎”“三个一”活动开展结合起来。进一步深化了重大问题研究，服务改革发展稳定大局。紧紧围绕建设“经济强省、和谐河北”，结合河北实际，开展系列精品课题研究和经济形势分析预测，推出了一批有深度、有价值、有影响的研究成果，提升了智库水平。围绕学习型党组织建设、学习实践社会主义核心价值体系等内容，开展宣讲和专题辅导，创新宣讲方式，发挥理论引领作用。丰富社科联合手段，充分挖掘社科资源，不断拓展工作平台，促进全省社科事业繁荣发展。

党的十八大召开以来，我院按照党中央和省委的要求，把学习宣传党的十八大精神作为头等大事来抓，开展了一系列宣传活动：党的十八大开幕当天，我院组织收看党的十八大开幕式的实况；院党组理论学习中心组在集中收看的基础上，进行了认真讨论，并对全院下一步学习进行了安排部署；11月9日，我院与省委宣传部联合召开了省社科理论界学习党的十八大精神座谈会，为全省文化系统学习活动开了个好头。下一步，我们要认真履行理论

宣讲的工作职责，积极制定完善党的十八大精神宣讲方案，组织精干力量撰写宣讲提纲；及时组织社科专家撰写一批理论解读文章，在大报大刊发表；积极指导各市委讲师团、理论宣讲工作站开展好宣讲工作；与有关部门做好学习党的十八大精神理论骨干培训，组织好社科理论界学习研讨活动；组织开展“送理论下基层”集中宣讲活动；及时更新充实宣讲“菜单”，接受省直机关和各市县的“点播”，为党员干部学习搞好服务；搞好学习平台建设，办好《党委中心组理论学习通讯》、《理论信息》和干部教育网，通过多种形式，把学习党的十八大精神活动不断推向深入。

## 二　围绕中心，服务大局，深化社科理论研究，服务河北科学发展

今年以来，我院迎接党的十八大、深入贯彻河北省第八次党代会和省委八届三次全会精神，不断深化“为决策服务、为发展服务、为基层服务”的办院方针，对关系全省经济社会发展的重大问题进行了深入研究，做了大量卓有成效的工作。

一是围绕中心、服务决策，推出一批重要成果。先后与省委宣传部联合举办了社科理论界学习胡锦涛总书记“7·23”重要讲话座谈会和改善“发展环境、生态环境”座谈会；发挥“河北省中国特色社会主义理论体系研究中心”的作用，在《人民日报》《光明日报》等大报大刊推出了《社科理论界“走转改”如何深入下去》等一批重要宣传研究文章。组织开展了“惠在何处、惠从何来”宣传教育活动，编写了《在科学理论的广阔道路上——党的十六大以来河北省理论研究成果文集》，继续深化加强“河北沿海地区发展”等重大课题研究，推出了一批重要成果。其中，《河北沿海地区开发建设中需要关注的几个问题》《我省沿海地区深入新闻宣传与信息对接交流的建议》《关于提升我省文化产业园区建设水平的建议》《就地就近转移是农民工就业的主渠道》等得到了省委、省政府领导同志的肯定批示。

二是深入基层，开展重大调研活动。为深入贯彻社科界“走转改”活动和河北省委“三个一”主题教育活动的要求，河北省社科院上半年深入

开展了“三走”活动（“走基层太行行”“走基层沿海行”“走世界开放行”），将主题教育活动落实到促进工作作风转变上，落实到举措创新上，落实到促进工作业绩提升上。“走基层太行行——河北‘老’‘少’‘边’区红色教育大调研”活动中，干部职工深入西柏坡、保定、张家口等革命老区，感受红色激情，体味“两个务必”，弘扬践行不懈努力、艰苦奋斗的创业精神，接受人生洗礼，进一步筑牢理想信念、锤炼工作作风。“走基层沿海行——河北沿海地区发展大调研”活动中，科研人员分为南北两线分赴冀、津、辽、鲁等沿海地区开展实地调研，调研团同当地党政领导、企业负责人、一线工人进行了深入座谈交流，详细了解当地经济社会发展、企业生产经营情况。通过“走基层沿海行”，在全院形成大兴调查研究的良好风气，不断提高“为决策服务、为发展服务、为基层服务”的能力和水平，围绕加快推进河北沿海地区发展重大问题，学习经验、对标先进、查找差距，收集到了许多“第一手”材料，进行了深入思考。调研组及时形成了一批有价值有分量的专项研究报告，上报省委、省政府领导，得到多次肯定批示。在此基础上，我们还组织召开了“河北省沿海地区发展高层论坛”，邀请国内知名专家和省内行政机关、科研单位的领导专家围绕河北省沿海地区的发展问题展开研讨，为河北省沿海地区加快发展提出真知灼见。

三是深化开门办院，举办重大国际学术交流活动。为进一步提升国际学术交流的层次和水平，促进与国外高校、科研院所的广泛合作，把优秀成果、优秀人才推向世界，近年来经常性地邀请国外科研机构的专家学者来院访问交流，我院也派出代表团分赴日本、韩国、新西兰、澳大利亚、美国、加拿大等国家和我国台湾地区进行学术交流和考察。今年，我们重点开展了“走世界开放行”活动，继续扩大国际学术交流活动的力度，先后有 8 个国外代表团访问我院，我院也派出 6 个代表团出访。5 月，我院主办了“2012 中美欧（河北）‘欧美经济走势与中国经济转型’学术研讨会”，邀请美国印第安纳大学—普渡大学韦恩堡分校、美国加州州立大学圣贝纳迪诺分校、英国密德萨斯大学、美国格林证券公司及国内、省内知名专家学者，就欧美经济走势与中国经济转型相关热点问题进行深入研讨交流。通过国际学术交流活动，培养了一批具有国际视野的科研和管理骨干人才，为更好地服务决策、服务发展奠定坚实的基础。

通过“三走”活动，我院推出了一批重要研究成果，在省内乃至全国产生了积极反响，大大提高了我院在国内外的知名度和影响力，提升了我院“新智库”建设的水平。《光明日报》头版刊发《到“源头”去　引“活水”来——河北省社科院结合实际“走转改”》，介绍了我院的经验做法。

四是发挥“联”的优势，推动社会科学繁荣发展。其一，发挥社科联合优势，通过课题立项、科研督导、编写成果要报等工作，协调全省哲学社会科学学术研究活动，引导哲学社会科学工作者经常关注和深入研究重大现实问题，促进社会科学理论研究成果的社会化，及时把优秀研究成果运用于各项决策中。其二，紧密结合我省经济社会发展中突出问题，抓好大型民生调研品牌活动，持续推出优秀成果，服务当地党委、政府决策。其三，在燕赵文化论坛、社科博士论坛活动中，推动各学科、各领域研究均衡发展、良性互动，着力提升科研质量，多出优秀成果，多出优秀人才，不断增强哲学社会科学研究可持续发展能力。其四，加强京津冀区域协作，积极开展文化产业协同发展研究，促进京津冀文化产业区域协调发展。其五，搞好社会科学普及，鼓励和引导广大哲学社会科学工作者深入开展调查研究。近年组织编写的《讲主题　谈主线》系列读物 5 册和《食品安全知识百问》《百姓理财（一）》等，均是从实践中提炼编写题材，从群众中发掘思想智慧，保证了社会科学普及读物质量，促进了社会科学研究成果的转化与普及。其六，抓好“社科优秀成果评奖”和“社科优秀青年专家评选”，完善哲学社会科学研究激励机制，建立了“河北省社会科学专家库”和精品成品库，进一步激发全省哲学社会科学工作者的创造活力和创新潜能。其七，抓好河北省哲学社会科学研究基地建设，与省内 6 所高校联合建立了 6 个研究基地，延伸了社科联的活动范围和科研领域，形成了社科联自己的研究队伍和科研特色。其八，抓好“河北省社会科学发展课题”和“河北省年度重要学术著作出版资助项目评审”，在推动各学科互为借鉴、共同发展中培育新的学科增长点。其九，抓好河北省社会科学学术年会工作和《河北社会科学年鉴》编撰，促进社会科学繁荣发展。

## 三　以党的十八大精神为指导，认真谋划好明年的各项工作，开创哲学社会科学发展新局面

地方社科院作为党和政府的思想库和智囊团，既是哲学社会科学研究机构，又是党的意识形态工作的重要战线。我们一定要认真学习宣传贯彻好党的十八大精神，深入研究党的十八大提出的重大理论和现实问题，进一步研究新课题、总结新经验、形成新知识，进一步做好明年的各项工作，努力做好党和政府的思想库、智囊团，开创哲学社会科学发展新局面，为社会主义文化大繁荣大发展做出新的贡献。

一是进一步抓好党的十八大精神的学习宣讲工作。要把学习党的十八大精神作为社科院当前的一项首要任务，集中一段时间，采取中心组学习、专题辅导、座谈研讨等形式，组织全院同志深入学习领会报告精神，将思想和行动统一到党的十八大提出的决策和部署上来。集中组织撰写一批把握准确、思想深刻、说服力强的理论文章，在重要报刊上发表，形成学习贯彻党的十八大的良好氛围。组织宣讲部门，深入基层、深入群众，做好党的十八大精神的阐释和宣传工作。通过把党中央的决策转换成河北语言和老百姓语言，解疑释惑，析事明理，搭建起党的十八大精神与基层干部群众之间的桥梁和纽带。结合宣传系统“走转改”活动，开展社会主义核心价值体系教育，组织科研人员深入基层、深入群众开展调查研究，弘扬理论联系实际、严谨治学的优良学风，增强哲学社会科学工作者的社会责任感和使命感。

二是深入研究党的十八大提出的重大理论和现实问题，多出成果，出好成果。党的十八大报告有许多新论述、新判断和新提法，如“五位一体”“道路自信、理论自信、制度自信”“美丽中国”“既不走封闭僵化的老路，也不走改旗易帜的邪路”等。我们要对这些新论述开展多角度综合性的研究，努力提高服务党和政府工作大局的能力。要以重大现实问题为主攻方向，加强应用研究与决策服务，提高科研能力，推进基础理论研究。要深入研究影响和制约科学发展的突出问题，结合两个“举全省之力”、着力改善“发展环境、生态环境”等中心工作，深入研究人民群众反映强烈的热点难

点问题，深入研究党的建设面临的重大理论和实际问题，形成一批有价值有分量有影响的理论成果，为省委、省政府和实际工作部门提供依据和理论支持。

三是进一步推进社科联合工作，促进社会科学繁荣发展。发挥好平台纽带作用，利用学科、学术优势，积极探索“联”的机制，不断创新“联”的形式；以党的十八大精神为指导，加强社团党建工作；进一步提高服务水平，促进哲学社会科学的繁荣发展。

同志们，让我们在党的十八大精神正确指引下，紧密团结在以习近平同志为总书记的党中央周围，坚持贯彻落实科学发展观，按照党中央要求和部署，深入学习贯彻党的十八大会议精神，扎实工作，开拓进取，为建设“省级科研一流、国内国际知名、服务河北科学发展”新智库而奋斗，为繁荣发展哲学社会科学、全面建成小康社会做出新的更大的贡献。

# 五省社科院长谈《中原经济区规划》*

（2012年12月10日）

**编者按：** 近日，国务院正式批复了《中原经济区规划（2012—2020年）》。是继中原经济区写入国家“十二五”规划、国务院出台指导意见之后，中原经济区建设取得的又一重大成果，标志着中原经济区上升为国家战略的“三步走”工作部署全面完成，标志着中原经济区建设进入了整体推进、全面实施的新阶段。《规划》的批复实施，使中原经济区建设的目标任务更加明确，发展布局更加清晰，政策支持更加有力。为进一步把握《规划》的精神和要求，我们特别邀请中原经济区涉及的五省社科院的院长，就《规划》的战略意义、基本特点、主要内容以及如何抓好《规划》的落实等问题，进行深入访谈。

**喻新安：** 河南省社会科学院院长、研究员

**周文夫：** 河北省社会科学院院长、教授

**李中元：** 山西省社会科学院院长、研究员

**杨俊龙：** 安徽省社会科学院副院长、研究员

* 本文是周文夫及河南、山西、安徽、山东四省社科院院长接受《河南日报》记者采访稿，刊载于《河南日报》2012年12月10日。

唐洲雁：山东社会科学院院长、研究员

谷建全：河南省社会科学院副院长、研究员

**记者：**《规划》的编制出台对中原经济区建设乃至全国区域协调发展有什么重要意义？

**喻新安：**党的十八大刚刚闭幕，国务院就正式批复了《规划》。这是继中原经济区写入国家“十二五”规划、国务院出台《指导意见》之后，中原经济区建设取得的又一重大成果，是指导和推进中原经济区建设和河南发展的纲领性文件，是河南发展史上一个新的里程碑，标志着我省推进中原经济区上升为国家战略的“三步走”工作部署全面完成，标志着中原经济区建设进入了整体推进、全面实施的新阶段，意义十分重大。具体可从三个角度去把握。

一是站在国家战略高度去审视。《规划》的编制实施，对于深入贯彻落实国发〔2011〕32号文件精神，进一步完善全国区域发展总体格局，促进东部地区产业转移、西部地区资源输出和南北区域交流合作，拓展内需增长空间，形成与长江中游地区南北呼应、带动中部地区崛起的核心地带，具有重要的战略意义。随着《规划》的实施，该区域将成为引领中西部地区经济发展的强大引擎和支撑全国发展新的增长极。

二是从中原经济区本身去审视。《规划》的编制实施，有利于发挥中原地区综合优势，挖掘发展潜力，增强整体竞争力，克服国际金融危机带来的不利影响，实现经济社会又好又快发展；有利于进一步完善促进中原崛起的政策体系，切实加大支持力度，不断增强对全国发展的支撑能力；有利于加强区域合作，协调推动重大基础设施建设，推动中原地区形成一体化发展新格局，确保实现全面建设小康社会的宏伟目标。

三是立足河南的角度去审视。《规划》的编制实施，有利于河南在全国发展大局中明晰发展定位、发挥自身优势，有利于河南持续探索不以牺牲农业和粮食、生态和环境为代价的新型“三化”协调科学发展的路子，是贯彻落实科学发展观、加快经济发展方式转变的深入实践，是对拥有一亿人口的大省、一个最具中国特色的地区如何破解各种发展难题、和全国同步进入全面小康社会的一种极大支持。《规划》的编制实施，既符合国家重大战略意图，又紧扣中原经济区和河南发展实际，既是党的十八大精神的深刻体现，又是我们贯彻落实党的十八大精神的生动实践，必将指引中原经济区在更高起点上实现新的跨越，在带动中部地区崛起和服务全国大局中发挥更大作用。

**周文夫：**《规划》的批复实施，是继中原经济区写入国家“十二五”规划、国家出台指导意见之后中原经济区建设取得的又一重大成果，标志着中原经济区建设进入了整体推进、全面实施的新阶段。目前，我国经济正处于转型升级的关键时期，推动区域战略规划上升为国家战略是当前区域经济发展转型、全国产业重新布局、培育经济增长极、促进区域发展的主流模式。然而，河南省及周边省份相邻的地区还多处于各主体经济区的边缘地带，《规划》的出台，有利于指导中原经济区范围内各区域发展潜力的整合，有利于推动中部崛起的战略支撑和增长板块的培育，更加有利于将中原经济区科学建设为连接京津冀、环渤海、长江三角洲、武汉城市群和关中—天水经济区的枢纽地区。尤其是，作为中原经济区建设的核心任务，探索一条不以牺牲农业和粮食、生态和环境为代价的“三化”协调科学发展路子，更是河南、河北及周边省份乃至全国发展共同面临的一道难题。在这一背景下，国家从战略全局和长远发展的高度出台了《中原经济区规划（2012—2020年）》，对于河北抢抓机遇、应对挑战、破解难题、加快发展具有重要战略意义。

一是有利于河北跨越发展。从发展实际来看，河北与河南基本处于同一发展阶段。都是人口大省和国家粮食主要产区，经济发展总量多年来也较为接近。同时，在发展中都面临农村人口多、农业比重大、保量任务重、经济结构不合理、公共服务水平低等问题。此次公布的《规划》，我省邯郸市、邢台市的基础设施建设、产业基地建设、历史文化遗产保护、扶贫开发等一大批重点项目被纳入其中，国家将在新型现代农业、新型工业化、新型城镇化等多个方面对两市提供支持，河南、山东、山西也将加大与两市在诸多领域的区域合作，这就为河北自身的跨越发展引进了外来动力、注入了新的活力。

二是有利于省内各区域协调发展。当前，曹妃甸新区、渤海新区已经成为带动冀东、冀中板块迅速崛起的重要增长极，作为河北经济板块中相对薄弱的冀南地区已经成为全省经济发展的一个洼地，迫切需要培育一个新的经济增长极来带动区域发展。因此，《规划》的正式批复，标志着冀南地区的发展正式进入国家战略规划，冀南新区成为河北省继唐山曹妃甸新区、沧州渤海新区之后重点打造的又一发展战略重点，通过加快冀南新区的示范和引领，打造区域增长极，推动整个冀南板块加快发展，将有利于在全省形成优势互补、整体协调发展的格局。

三是有利于推进邯（郸）邢（台）一体化发展。邯郸、邢台两地人文相亲、地缘相近、经济联系紧密、区域合作基础较好，但由于受行政区界限的制约，在基础设施建设、产业发展、生态环境保护和社会事业发展等方面缺乏统筹协调，区域合作水平还有待提高。这次《规划》明确提出“支持河北省在邯郸、邢台建设冀南区域合作示范区，推进邯（郸）邢（台）一体化，重点发展装备制造、现代物流等产业，探索跨区域产业合作、利益共享、产业与生态融合发展、投融资体制改革创新等新机制”。这就明确了邯郸、邢台两地发展的方向和重点，对于下一阶段河北进一步优化空间布局，加强区域联动发展，提升一体化发展水平有了重要意义。

**李中元：**《规划》出台对于山西来说，意义重大，影响深远。

一是为山西经济转型带来了新动力。大家都知道，2010 年国务院批准设立山西省为国家资源型经济转型综合配套改革试验区。近几年，紧抓这个机遇，山西在推进经济转型方面步伐大大加快，一大批非煤转型项目建成投产，形成了新的产业支撑。这次《规划》为山西转型发展、跨越发展带来了新动力。不仅是纳入其中的长治、晋城、运城三个市，整个山西都将从中受益。两大经济区在资源、产业、市场等方面具有较强的互补性，庞大的中原市场将为山西产业转型升级提供广阔空间，近期晋城、运城等市已经开始谋划融入中原经济区战略。

二是为区域合作拓展了新空间。未来山西与中原地区的合作将进一步拓宽。长期以来，晋东南就与豫西北有着紧密的经济联系，如黄河金三角地区就是国内跨省域合作较早的区域。这一区域历史同根、文化同源、风俗相近，合作关系源远流长。但是，由于行政区划限制，合作中存在许多问题，在规划对接、要素流动等方面受到很多制约，比如在高速公路建设方面就存在衔接不畅的问题。《规划》突破行政区划，坚持经济区理念，将在跨行政区域合作领域加大创新力度，在合作机制和区域政策上形成新优势，打破地域限制，拓展合作领域，优化资源配置。

三是为“稳增长”提供了新支撑。当前我国经济增速放缓迹象比较明显，2012 年第三季度，GDP 同比仅增 7.4%，创 14 个季度以来新低。虽然最近有企稳迹象，但鉴于美欧经济复苏乏力，稳增长的任务仍比较繁重。山西、河南等中原地区，经济结构不合理，资源类产业比重大，城镇化水平低，“三农”问题突出，稳增长面临诸多矛盾与挑战。《规划》的出台，伴随着一批重点项目的实施，以及各项支持政策的落实，有利于激发巨大内需潜能，增强发展的内生动力，为稳增长、调结构提供了新支撑。

**杨俊龙：**我省宿州、亳州、淮北、阜阳、蚌埠五市及淮南市凤台县、潘集区被纳入规划范围，这标志着加快皖北发展正式进入国家战略规划，也意味着皖北地区有了第一个国家级规划，对皖北地区乃至我省发展全局具有重大的战略意义。

首先，有利于形成全省协调发展新格局。《规划》几易其稿，从目前确定的范围看，我省从之前的两市版本、四市版本跃升至五市二县区的七地版本，获得了仅次于河南的规划范围，几乎与皖江示范区规划形成连接。这意味着继皖江示范区之后，安徽有了第二个国家级规划，几乎覆盖全境，将成为推动皖北跨越式发展、促进安徽加速崛起的重要增长极，从而有效促进全省区域协调发展。

其次，有利于增创区域经济发展新优势。这次规划将沿淮经济带作为载体，并将我省上报的一批重大项目也列入其中，这将为皖北地区发展提供新的契机。沿淮经济带中包括淮南、蚌埠两地，有着丰富的岸线资源、水资源，能源优势明显，科研实力较强。尤其是经过多年的建设，沿淮地区的基础设施建设达到了一定的水平，包括交通、城市配套能力都很强，完全可以承载大项目。在《规划》的引领下，这些地区吸引外资优势将更加明显。

最后，有利于激发区域经济发展新活力。《规划》除提出一系列先行先试政策外，还针对我省明确提出，支持安徽以沿淮经济带、现代产业园区和美好乡村建设为载体，建设皖北"三化"协调发展先行区，鼓励在区域合作发展、城镇提质扩容、新农村建设、城乡土地管理制度改革等方面积极探索，增强内生发展动力和活力。这极大地赋予了皖北地区在重点领域和关键环节先行先试的政策空间，有利于皖北加快形成城乡一体化发展新格局，与全省同步全面建成小康社会。

**唐洲雁：**从国家的层面来说，《规划》的出台，为全国区域协调发展提供了重要支撑。新中国成立以来，我国区域发展战略不断调整，经历了均衡发展、非均衡发展、协调发展三个阶段，区域布局不断完善优化。目前，我国已形成了长江三角洲、珠江三角洲和环渤海经济圈三大增长极，增强了东部地区经济发展的活力，同时也带动全国经济快速发展。在中西部地区，武汉经济圈、成渝经济区沿长江向我国西南欠发达地区延伸，而在沿海发达地区向欠发达的西北地区延伸的陇海兰新经济带的中段，也应当形成一个具有强力支撑作用的经济区域。《规划》的发布实施，对于完善全国区域经济发展布局、加快沿海发达地区产业转移、带动西部地区原材料产业发展、加强区域间的经济合作具有重要意义。内陆地区将形成与沿海三大经济区遥相呼应的四大经济区（圈），即中原经济区、武汉经济圈、成渝经济区、关中—天水经济区，这些经济区（圈）将共同支撑中国内陆地区经济发展。

从中原经济区的层面来说，《规划》的出台，标志着中原经济区建设进入了整体推进、全面实施的新阶段，这对中原地区实现跨越发展具有重要意义。众所周知，中原经济区是我国传统的农业大区，农业人口超过1亿人，人多地少、农业比重大、农村人口多，"三农"问题在全国具有代表性。《规划》的出台和实施，将有利于为我国统筹解决"三农"问题积累经验。此外，中原经济区涵盖5省、30市、2县1区，将探索省际边缘区协调发展的机制和对策，推进中原地区多层次多领域的经济合作，对推进区域市场化进程进而推动全国区域协调发展也具有重要的典型意义。

从山东省的层面来说，《规划》的出台，对于推动鲁西南地区发展具有重要意义。在本次规划中，山东省的聊城市、菏泽市和泰安市东平县被纳入

《规划》范围。在山东省范围内此前已有山东半岛蓝色经济区和黄河三角洲高效生态经济区相继被确定为国家战略，但其范围以山东东部、北部为主，均不包含菏泽市、聊城市和泰安市。山东省纳入《规划》范围的相关市、县，在地理位置上与河南省相邻，人口众多，是传统农业区和粮食主产区，基础条件和发展阶段与中原地区十分相似，工业化、城镇化和农业现代化处于加速发展阶段，经济社会发展水平相近，与河南的融合互动方面有着天然的基础和优势。《规划》发布实施，鲁西南地区将享受到国家给予中原经济区的各项支持政策，对经济社会发展将产生巨大的推动作用。同时，可以依托中原腹地进一步开拓市场，加强区域内资源和产业合作，推动毗邻地区融合发展。

**记者：**《规划》具有哪些鲜明的特色？

**谷建全：**《规划》紧扣科学发展的时代主题，立足现有发展基础，明确提出了中原经济区当前和今后一个时期经济社会发展的总体要求、主要任务、工作重点和政策措施，既反映新时期国家对中原经济区的新要求，又体现中原经济区的发展实际和比较优势；既谋划中原经济区长远发展的战略安排，又满足中原经济区当前发展的迫切需要，具有鲜明的特点。

一是突出了核心任务。在国务院《指导意见》的基础上，《规划》充分肯定、吸收和借鉴了河南的实践探索，对中原经济区建设的核心任务做了进一步提升和深化，鲜明地提出了“两不三新”“三化”协调科学发展的路子，并把这条路子作为《规划》编制的主线，突出强调了新型城镇化的引领作用、新型工业化的主导作用和新型农业现代化的基础作用，还把新型农村社区建设作为新型城镇化的重要内容单独成节进行阐述。

二是突出了空间布局。“一核四轴两带”的总体空间布局，是基于中原经济区现有实际基础和未来发展要求所做出的战略部署，因为中原城市群经过多年培育和打造，能够成为引领辐射带动中原经济区整个区域发展的核心区域。依托路桥通道、京广通道和东北西南向、东南西北向运输通道，能形成带动中原经济区全部区域的四条发展轴。由此还可形成与之相衔接的南北两大经济带，从而形成覆盖中原经济区全域的区域布局。这样的空间布局，有利于深化中原经济区区内分工合作、互动发展；有利于密切中原经济区与其他经济区联系，推进开放发展；促进东部地区产业转移、西部地区资源输出和南北区域交流合作，促进全国区域协调发展。

三是突出了改革创新。《规划》把体制机制创新和政策支持放在重要位置，在稳妥推进人地挂钩工作、建立农村人口有序转移机制、建立健全资金筹措机制和深化行政审批制度改革、创新行政管理体制等方面提出了制度创新要求，并在粮食生产核心区建设、产业升级和投资引导、统筹城乡发展、生态补偿等方面明确了支持政策，突出强调了开展“三化”协调发展的创新示范，体现了鼓励大胆探索、先行先试的精神，必将推动中原经济区形成以改革促创新、促发展，由农业大区向现代强区转变的新局面。

四是突出了开放发展。《规划》首次正式界定了中原经济区的空间范围，5 省 30 市 3 县的架构，是经过了多个版本的反复斟酌和权衡最终确定的，最大可能地兼顾了中原地区的发展实际和需要，这本身就是以开放的理念、开放的机制、开放的市场，以区域经济思维推进区域合作的结果。《规划》还专门提出要促进区域联动发展和开放合作，打造高水平开放合作平台，全面提升对内对外开放水平，建设内陆开放高地。这突出体现了突破行政区限制和体制障碍、促进城乡和区域一体化发展的开放理念。

**周文夫：**我认为，总体上看，《规划》有四个鲜明的特点。

一是发展道路清晰。就是要探索不以牺牲农业和粮食、生态与环境为代价的新型城镇化、工业化和农业现代化协调发展的路子，这是历史赋予中原大地的神圣使命。回顾改革开放以来的区域经济发展史，在“三化”协调发展上我们有着深刻的教训。在“三农”问题突出、资源环境约束偏紧的中原地区探索这条路子，任务并不轻松，但是清晰的发展道路将使得区域经济发展少走弯路，加快实现跨越式发展。

二是战略定位准确。中原经济区的五大战略定位，可以说把区域比较优势与未来发展潜力有机地结合起来。对于一个区域来说，只有遵循了区域比较优势的发展战略才是可持续的，战略定位就是要解决区域比较优势与发展战略之间的匹配问题。围绕这五大战略定位，我们可以更好地挖掘比较优势，激活发展潜力，在更高层面上加快区域发展步伐。

三是空间布局合理。我认为“一核四轴两带”的空间布局不仅符合中原实际，更是对中原区域发展格局的一种新认识。理论上讲，空间布局调整就是资源优化配置。“米”字型发展格局不仅提升了陇海、京广两大经济发展轴，更重要的是把太原、合肥、重庆、济南等纳入发展视野，将培育形成联系晋陕蒙、面向长三角、连接山东半岛、直通大西南的新的区域发展轴，全面加强了中原经济区与周边主要经济区的经济联系，大大提高了区域资源配置效率，这一空间发展理念和战略眼光是非常超前的。伴随着沿着“米”字型发展轴基础设施建设的强化，未来整个中原地区将从中长期受益，其中蕴含着巨大的能量。

四是重点领域突出。该规划既比较全面，又突出了重点。在农业、制造业、战略性新兴产业、服务业等领域，聚焦资源优势和产业基础，突出了发展重点，形成了一个特色明显、优势突出、竞争力强的现代产业体系。在城镇化、基础设施建设、生态环境保护与资源节约等领域，谋划了一批重点项目，如能源基地建设、“四区三带”生态网络建设、新型农村社区建设等，与产业发展相互支撑、相互促进，将进一步强化中原地区的发展优势。

**喻新安：**《规划》的特点主要有以下四个方面。

战略定位清晰。《规划》与国务院《指导意见》相衔接，进一步明晰了中原经济区的五大战略定位，即国家重要的粮食生产和现代农业基地、全国“三化”协调发展示范区、全国重要的经济增长板块、全国区域协调发展的战略支点和重要的现代综合交通枢纽、华夏历史文明传承创新区。《规划》对五大战略定位的具体描述更加明确和清晰，例如，“建成全国新型农业现代化先行区”，“探索建立人口集中、产业集聚、土地集约联动机制”，“成为与长江中游地区南北呼应、带动中部地区崛起的核心地带”，这些都是一些创新的提法。

核心任务明确。“探索不以牺牲农业和粮食、生态和环境为代价的新型城镇化、工业化和农业现代化协调发展的路子”是中原经济区的核心任务，贯穿于《规划》全文。明确提出了新型城镇化、工业化和农业现代化的概念，并且把新型城镇化放到了前面，结合中原地区实际，凸显了新型城镇化的引领作用。全文用推进新型农业现代化、加快新型工业化进程、加快推进新型城镇化三章内容具体表述了“两不三新”“三化”协调的核心任务，使得中原经济区建设的核心任务进一步明确。

布局更加具体。与国务院《指导意见》把空间布局作为一小节相比，《规划》把空间布局作为单独一章列出来，使得空间布局更加细化和具体。例如，“打造核心发展区域”明确提出“促进郑州、开封、洛阳、平顶山、新乡、焦作、许昌、漯河、济源9市经济社会融合发展，形成高效率、高品质的组合型城市地区和中原经济区发展的核心区域”。“构建‘米’字型发展轴”明确了沿陇海发展轴、沿京广发展轴、沿济（南）郑（州）渝（重庆）发展轴和沿太（原）郑（州）合（肥）发展轴，而且具体到了各个发展轴的节点城市。

政策支持有力。《规划》进一步细化了政策支持，除了在各章提出的政策支持外，还专门列出一章“创新‘三化’协调发展的体制机制”，对中原经济区建设的支持更加有力。例如在“完善政策支持体系”一节里面，从粮食生产核心区、产业升级和投资引导、统筹城乡发展、生态补偿等方面分别提出了具体的政策，政策支持的针对性更加增强。这一章还新增加了“开展‘三化’协调发展创新示范”一节内容，支持河南省开展“三化”协调发展先行先试和安徽省建设皖北“三化”协调发展先行区，充分体现了对“三化”协调发展的高度重视。

**谷建全：**《规划》除前言外，正文共12章，全文约2.7万字。在全面分析中原经济区发展的基础上，《规划》提出了中原经济区建设的指导思想、战略定位、发展目标、空间布局和主要任务。在指导思想上，重点突出了“主题主线”、“两不三新“和“六个着力”，即以科学发展为主题，以加快转变经济发展方式为主线，探索不以牺牲农业和粮食、生态和环境为代价的新型城镇化、工业化和农业现代化协调发展的路子，着力稳定提高粮食综合生产能力，着力推进产业结构优化升级，着力促进城乡一体化发展，着力建设资源节约型和环境友好型社会，着力保障和改善民生，着力促进文化发展繁荣，推动中原经济区实现跨越式发展，在带动中部地区崛起和服务全国大局中发挥更大作用。这既体现了党的十八大关于经济建设的有关精神，又符合区域科学发展的战略取向。《规划》还进一步明确了中原经济区的五大战略定位，即国家重要粮食生产和现代农业基地、全国“三化”协调发展示范区、全国重要经济增长板块、全国区域协调发展的战略支点和重要的现代综合交通枢纽、华夏历史文明传承创新区。五大定位既符合中原经济区发展的实际，又体现了中原经济区发展的比较优势。

《规划》按定性和定量两个层次，着重从经济发展、结构调整、资源环境、民生改善四个方面，制定了2015年和2020年中原经济区的发展目标。到2015年，初步形成活力彰显、崛起态势强劲的经济区域；到2020年，建设成为城乡经济繁荣、人民生活富裕、生态环境优良、社会和谐文明，在全国具有重要影响的经济区。根据定性目标，规划设定了16个定量指标，主要有：人均地区生产总值2015年达到3.8万元，2020年达到6万元；粮食综合生产能力2015年达到1亿吨，2020年达到1.08亿吨；服务业增加值比重2015年达到32%，2020年达到37%，城镇化率2015年达到48%，2020年达到56%；单位地区生产总值能耗2015年比2010年下降16%，2020年比2010年下降30%左右；2012～2020年耕地保有量一直维持在1423万公顷的水平上；城镇居民人均可支配收入2015年达到2.5万元，2020年达到3.8万元；农村居民人均纯收入2015年达到1.05万元，2020年达到1.6万元。总体来讲，这些指标的选取和指标值的确定，既突出了“两不牺牲”、“三化”协调、民生改善，又力求精简、突出重点，既积极向上，又务实稳妥。

此外，规划的内容还体现在以下方面。

新型“三化”协调是中原经济区建设的核心任务。《规划》始终把探索“两不三新”科学发展的路子放在最重要的位置上。强调要推进新型农业现代化，构建具有中原特点的现代农业产业体系，夯实“三化”协调发展的基础；加快新型工业化进程，坚持做大总量和优化结构并重，发挥壮大优势产业，加快淘汰落后产能，有序承接产业转移，促进工业化与信息化融合、制造业与服务业融合、现代科技与新兴产业融合，推动产业结构优化升级，发挥新型工业化在“三化”协调发展中的主导作用；发挥城市群辐射带动作用，构建大中小城市、小城镇、新型农村社区协调发展、互促共进的发展格局，走新型城镇化道路，引领“三化”协调发展。

优化空间布局是中原经济区建设的关键环节。《规划》按照核心带动、轴带发展、节点提升、对接周边的原则，提出要加快形成“一核四轴两带”放射状、网络化空间格局。“一核”，就是促进郑州、开封、洛阳、平顶山、新乡、焦作、许昌、漯河、济源9市经济社会融合发展，形成中原经济区发展的核心区域。“四轴”，就是加快壮大沿陇海发展轴、沿京广发展轴，培育沿济（南）郑（州）渝（重庆）发展轴和沿太（原）郑（州）合（肥）发展轴，构筑以郑州为中心的“米”字型重点开发地带。“两带”就是培育壮大沿邯（郸）长（治）—邯（郸）济（南）经济带和沿淮经济带，其布局构想符合全国主体功能区规划的要求，也符合生产力布局的基本规律。

构建功能配套、安全高效的基础设施体系是中原经济区建设的有力支撑。《规划》进一步明确了中原经济区建设现代化基础设施的基本思路。“按照‘统筹规划、合理布局、适度超前’的原则，加强交通、能源、水利和信息等基础设施建设，构建功能配套、安全高效的现代化基础设施体系，为中原经济区建设提供强有力的支撑。”经济要发展，基础设施必先行，中原经济区要实现宏伟的发展目标，必须加快构建功能配套、安全高效的基础设施体系。

加强生态环境保护和资源节约利用是中原经济区建设的重要前提。《规划》根据科学发展观的要求，提出的基本思路是：“坚持绿色、低碳、可持续发展理念，加强生态建设和环境保护，大力发展循环经济，提高资源节约集约利用水平，努力构建资源节约、环境友好的生产方式和消费方式，建设绿色中原、生态中原，增强区域可持续发展能力。”不牺牲生态和环境，是中原经济区建设的前提条件，加强生态环境保护和资源节约利用，是中原经济区建设的必然选择。

建设和谐中原是中原经济区建设的出发点和落脚点。《规划》强调：“加快推进以保障和改善民生为重点的社会建设，健全惠及广大城乡居民的基本公共服务体系，提升保障能力，推进中原经济区经济社会协调发展。”规划思路充分体现了中原经济区科学发展的内在要求。

促进区域联动发展和开放合作是中原经济区建设的根本要求。《规划》指出：完善中原经济区联动发展机制，打造高水平开放合作平台，促进区域共同发展繁荣，全面提升对外开放水平，建设内陆开放高地，强化全国区域协调发展的战略支点作用。这一思路既符合市场经济发展的基本规律，又顺应了区域经济一体化的发展潮流。

创新体制机制是中原经济区建设的不竭动力和源泉。《规划》对体制机制创新给予了充分的重视。强调指出："鼓励大胆探索，先行先试，深化改革，创新机制，不断破解'三化'协调发展体制机制难题，以改革促创新、促发展，推动农业大区向现代经济强区转变。"进一步明确了中原经济区体制机制创新的重点、难点和切入点，为中原经济区破解"三化"协调发展体制机制障碍指明了方向。

**杨俊龙：**我认为，《规划》的主要任务包括以下几个方面。

一是推进"三化"协调发展。在"两不牺牲"的高要求下实现"三化"协调发展，关键是要高起点谋划建设一批适合"三化"协调发展的重点项目，在现代农业、先进制造业、战略性新兴产业、现代服务业等领域，培育一批新技术、新企业、新行业，形成新的产业支撑，逐步扭转区域产业发展过度依赖资源消耗和投资驱动的局面，加快实施创新驱动发展战略，推进经济发展方式的实质性转变。加快培育发展大中原城市群，提升城镇功能与城市品位，探索推进新型农村社区建设，切实发挥城镇化对"三化"协调发展的引领作用。

二是促进区域战略合作。进一步打破行政界限和市场分割，完善区域联动发展机制，实现区域一体化发展。重点要在省际交界地区率先开展跨区域战略合作，共建一批区域合作示范区，如晋陕豫黄河金三角地区承接产业转移示范区、晋东南豫西北合作示范区、冀南区域合作示范区等。支持省际交界区域开展区域协调发展实验，在产业园区共建、利益分配机制等方面大胆创新，积累经验。支持中原经济区作为一个整体加强与其他经济区的合作，如举办"中原经济区国际投资贸易洽谈会"等，密切与长三角、珠三角等经济区的联系。

三是加快制度及政策创新。要把中央的支撑政策和措施用好、用足，深化制度创新，在行政审批制度改革、国有企业改革、财政管理体制改革、城乡土地管理制度改革、资源税改革等方面敢于突破。在政策层面要积极向国家争取支持，加大中央财政转移支持力度，支持粮食主产区提高保障能力，在传统产业改造、新兴产业培育、产业集聚发展、生态补偿等方面，争取国家更大的支持。

**周文夫：**《规划》首当其冲的就是“融合发展”，总基调就是“合作共赢”。中原经济区相比山西综改区、皖江城市带、武汉城市圈、长株潭、鄱阳湖生态区等诸多事关中部崛起的国家级战略，是唯一一个跨省域的发展战略，是区别于其他战略的开放型战略。中原经济区涵盖5省30个市外加3个县区，其担负着一个独特的、不同于其他战略的历史使命，就是在推动河南与周边省市开展区域合作中尝试开创合作新模式、破解行政体制分割、寻求融合发展突破口。具体而言，《规划》明确提出5省要在推进新型农业现代化、加快新型工业化、推动新型城镇化、建设现代化基础设施、加强生态环境保护和资源节约利用、建设和谐中原、促进区域联动发展和开放合作以及创新“三化”协调发展体制机制八大方面合作建设中原经济区。

就河北而言，邯郸、邢台被纳入中原经济区这个大框架下，是顺应区域合作大发展趋势下的必然之举。《规划》在阐述加快新型工业化进程的相关内容中明确提出，“推动冀南冶金石化装备集群化发展”“提升豫北冀南钢铁产业整体竞争优势”“支持邢台、邯郸等老工业基地城市加快调整改造”，通过加快中原经济区新型工业化进程提升邯郸、邢台两市的产业竞争力。在涉及加快推进新型城镇化发展相关方面，《规划》提出，“推动邯郸、安阳、邢台、鹤壁、聊城、菏泽、濮阳等北部城市密集区提升发展”“邯郸依托冀南新区建设全国重要的先进制造业基地”。在这个问题上，可以十分清晰地看到，中原经济区不仅需要郑汴洛这样一个城市群作为整个经济区的发展核心，而且需要若干各具特色的次一级发展核心和增长极，因此，涉及邯郸、邢台的北部城市密集区，以及依托冀南新区发展推动邯郸成为重要中心城市，都将是加快中原经济区新型城镇化进程的重要支撑。尤其，邯郸作为晋冀鲁豫四省交界区域中心城市、中原经济协作区的发起城市，需按照《规划》的指导引领，发挥产业聚集、交通枢纽、商贸物流、文化旅游等发展优势，大力推进与中原经济区在产业、交通、市场和旅游等多方面的深度融合，不断推动邯郸在中原经济区建设中实现互惠共赢、共同发展。

**记者：**您认为要抓好《规划》的落实，需要采取哪些主要举措？

**唐洲雁：**我认为应重点突出以下三点。

一要以区域经济为理念，深化区域合作。中原经济区涉及5省30市3县，落实好《规划》，建设好中原经济区，必然要求深化区域内部的合作。为此，要以区域经济理念谋划和推进区域发展，着力破除行政壁垒；加大基础设施、公共服务等资源的共享力度，避免重复建设；充分发挥各地在资源、能源、人力资源、市场、消费潜力等方面的比较优势与合作的积极性、创造性，加强区域内各经济要素的优势互补，找准最佳合作点和突破口，有重点、有针对性地开展多领域的交流与合作，实现区域资源配置效益最大化，打造区域发展新优势。

二要以重点项目为带动，强化重点突破。以项目为抓手，加强体制机制创新，突出示范带动作用，构建互信合作机制。以交通、能源、工业、旅游等领域为突破口，大力拓展和推进产业、经贸、信息、能源、资源、人力和基础设施等领域的具体合作项目，不断拓宽合作新领域，积极推动产业结构优化升级，加强生态环境保护与修复，加快形成以项目带动合作、以合作深化领域、以务实实现双赢的区域合作新机制。

三要以改革开放为动力，推进先行先试。坚持开放发展，加强与周边经济区对接。从承接产业转移、提高产业链接和协作配套水平入手，密切资源、能源等领域合作。积极参与产业分工，深化经贸合作，推动形成对内对外开放发展新格局。要充分利用《规划》赋予的先行先试的政策创新机会和制度创新空间，把握全局、明晰目标，着眼长远、发挥优势，系统规划、谋定后动，借力人地双挂钩、资源税、排污权和碳排放交易等国家在重点领域和关键环节的探索、试点等，在先行先试中破解制约发展的瓶颈问题，破解“三化”协调等带有普遍意义的发展难题。

科学贯彻《规划》，推动各项任务全面落实，我认为应做到“六要”。

一要形成共识，通力合作。中原经济区覆盖5省30个地市以及3个县区，各地区应充分认识和把握《规划》跨省实施这一显著特点，通过强化“合作共赢”的大局观，明确五省融合发展的核心理念；通过强化“优势互补”的发展观，提升五省互惠共赢的认同度；通过强化“跨越发展”的奋进观，增强五省齐心协力的使命感。通过增进河南、河北、山东、山西、安徽携手合作的共识，依靠五省广大干部群众的共同努力，科学贯彻落实《规划》，才能保证中原经济区建设各项任务的扎实推进。

二要加强组织领导，明确责任主体。各省各级政府都应加强组织领导，制定具体的实施方案，在统筹协调的基础上明确分工，建立考核机制落实责任，科学推动《规划》的实施。建立河南、河北、山东、山西、安徽五省政府主要领导参加的联席会议制度，以及主要部门领导参与的协调机制，切实做好对上衔接、对下指导和统筹协调各区域整体推进，做好相关政策和具体项目的对接。

三要统筹好政府和市场的关系，充分发挥各级主体能动性。推动《规划》的顺利实施，不能只依靠政府的行政作用，必须处理好政府和市场的关系问题。市场应该作为资源配置的基本机制，充分运用市场自身调节作用，调动企业、个人等市场主体的积极性。同时，政府必须发挥积极的引导作用，对促进产业升级和多样化投资行为进行协调，并对动态增长过程中先行者产生的外部性予以补偿。

四要积极整合各类优惠政策，扩大政策扶持效应。在目前以河南为主体、延及周边的区域范围内，就涉及了“中原经济区”和“山西省国家资源型经济转型综合配套改革试验区”两大国家发展战略。所以，在推进《规划》的实施过程中，应注重统筹推进区域内其他重大战略，有效整合相关优惠政策，突出政策的叠加效应。各地、各部门也应认真梳理《规划》中的相关政策，找准支持政策与本区域、本部门工作的对接点，扩大政策扶持效应。

五要加强与中央有关部门的沟通衔接，提高中央指导支持力度。《规划》是指导河南、河北、山东、山西、安徽五省相关区域今后一个时期发展改革和编制相关规划的重要依据，覆盖范围广，涉及内容多，要顺利实施离不开中央相关部门的协调和支持。尤其，在《规划》指导下进行的部分区域、具体行业以及重大项目的相关规划及建设方案，更离不开中央相关部门的指导与审批。因此，加强与中央沟通，做好相关工作的衔接和协调，在资金投入、项目建设、政策实施等方面寻求中央的支持，更有利于《规划》

的科学贯彻。

六要加强与社科理论研究的结合，为《规划》的贯彻落实提供智力支持。《规划》的出台为中原经济区发展提供了千载难逢的机遇，也是摆在广大社科工作者面前的新课题。譬如，在中原经济区内部存在经济同质化发展、产业竞争激烈的环境下，如何破解行政体制分割、强化区域合作；在各地城乡发展不平衡的现实下，如何加快城乡一体化进程；在多种区域文化并存的条件下，如何推动中原文化大发展。诸如此类的诸多课题，急需社科界的理论支撑与智力支持。因此，河南、河北、山东、山西、安徽五省社科理论界应加强沟通交流，积极开展联合调研，组织骨干力量开展相关课题研究，充分发挥好“思想库”和“智囊团”作用。

**谷建全：**我认为应着重注意以下几个方面。

一是突出新型城镇化引领。以新型城镇化引领“三化”协调发展，是河南在实践探索中发展思路的持续提升和不断创新，是实现“三化”协调发展的内在要求，也是“两不牺牲”倒逼机制下的现实选择。《规划》明确提出，“强化新型城镇化引领作用、新型工业化主导作用、新型农业现代化基础作用”。把“加快推进新型城镇化”作为单独一章。同时，《指导意见》提出的“支撑和推动‘三化’协调发展”，在《规划》里面进一步延伸为“引领‘三化’协调发展”。尤其是把“探索推进新型农村社区建设”作为单独一节内容，明确提出，把新型农村社区建设作为推进城乡一体化的切入点，为统筹城乡发展、发挥新型城镇化引领作用找到了突破口。

二是强化重大项目支撑。项目是规划实施的抓手，对经济社会发展具有重要的带动作用。《规划》进一步强化了交通、能源、水利、信息化、生态、文化、民生等方面的重大项目支撑，同时把一些重大工程和项目用专栏的形式表现出来，使得中原经济区建设有了具体的抓手。例如，专栏 9、10、11 分别列出了铁路网、公路、内河航运建设重点工程；专栏 12、13 分别列出了能源基地和水资源保障工程；专栏 14 列出了“四区三带”生态网络建设重点；专栏 15 列出了包括教育、医疗卫生、文化、就业服务、社会服务、人口和计划生育在内的基本公共服务体系建设工程。《规划》在实施过程中，应以《规划》提出的大批重大项目建设为抓手，强化项目支撑带动作用。

三是抓好郑州航空港经济综合实验区建设。中原地区作为内陆地区，对外开放的时间和程度都远不及沿海地区，对外开放水平不高是经济发展的一条短腿。《规划》明确提出要发展内陆开放型经济，建设内陆开放高地。同时把建设郑州航空港经济综合实验区单独作为一节表述，具体提出了实验区的发展方向和目标，突出体现了郑州航空港经济综合实验区在中原经济区建设中的重要作用。《规划》在实施过程中，也要把郑州航空港经济综合实验区作为中原经济区建设的重要战略突破口，抓好实验区建设，把其打造成为全国重要的航空经济集聚区，成为生态、智慧、和谐宜居的现代航空都市和中西部地区对外开放的新高地、中原经济区的核心增长区域。

**记者：**您认为在落实《规划》的过程中，还需要注意哪些问题？

**喻新安：**《规划》批复标志着中原经济区建设进入了整体推进、全面实施的新阶段。无论是从规划内容本身，还是从中原经济区发展的内外环境来看，《规划》实施都占尽各种有利条件。规划实施尽管具备各种有利条件，却不等于一定能够顺利和成功实施。根据中原经济区发展实际，《规划》实施中还需要正视以下四方面的问题。

一是树立科学发展理念的问题。思想决定行动。没有思想的大解放、理念的大更新，就没有经济区的大发展。《规划》强调“科学发展”“以人为本”“建设资源节约型和环境友好型社会”等，都体现了党的十八大精神。由于长期以来传统发展理念的惯性影响，地方经济官员的自利性，以及传统绩效评价和政绩考核办法的导引，在地方政府中传统的发展理念根深蒂固、影响力很大。科学发展的理念是否真正被理解透彻，真正转化为各级政府和各部门的自觉行动，情况并不乐观。如果在实施《规划》中不解决好这个问题，我们所做的工作将会不断地与国家的发展要求有落差，经济区发展就会偏离《规划》所确定的发展目标和战略定位，《规划》的实施也不可能顺利。

二是把握国家战略意图的问题。要实施好《规划》，既要发挥主观能动性，因地制宜，突出发展特色，探索“两不三新”科学发展的路子，又要理解好规划中所体现的国家战略意图，绝不能似懂非懂、似是而非。比如：

《规划》提出“探索不以牺牲农业和粮食、生态和环境为代价的新型城镇化、工业化和农业现代化协调发展的路子”，就是说中原经济区建设不能再重复以往许多经济区是以牺牲和削弱农业和粮食、破坏生态和环境为代价的发展老路，在发展模式、发展途径上都有新的更高的要求，必须以科学发展观为统揽，坚持“两不牺牲”承诺，促进新型“三化”协调发展，在实现又好又快发展中起到典范作用。因此，如果我们不准确理解和把握国家战略意图，并自觉服从国家战略意图，今后在《规划》实施中可能会遇到很多不必要的曲折和困难。

三是理解规划内容的问题。规划是发展的第一资源，规划节约是最大的节约，规划浪费是最大的浪费。对《规划》内容模棱两可，知之甚少，就谈不上实施好规划，更谈不上发挥规划的指导作用。对国家在《规划》中体现的支持政策措施不了解、不领会，就无法充分挖掘《规划》的潜在价值，无法有的放矢地争取国家的支持。《规划》中的每一段文字每一句话，都是经过字斟句酌、反复推敲的，准确表达了国家及各有关部门对经济区的支持领域和支持程度。今后不仅是中原经济区争取国家核准和审批项目的重要依据，也是用足用好国家各项支持政策的重要依据。如果我们不认真研究、弄通弄懂规划内容、理解规划实质，还以为“规划规划，墙上挂挂”，那就大错特错。

四是规划实施的协调一致性问题。为统筹《规划》建设和管理，《规划》提出建立中原经济区五省政府高层协调机制，为中原经济区开放合作提供了重要的组织保障。但从实际来看，协调的难度依然比较大。尤其是如何建立比较精干高效、指挥灵活的组织机构；如何分析《规划》实施中涉及的主要利益主体及满足利益主体的利益诉求机制；如何完善组织机制、利益分配机制、冲突协调机制；如何把握空间开发时序，合理配置土地、资金等生产要素；建立什么样的参与机制，畅通参与渠道，确保5省的30个设区市和3个县（区）有效参与经济区开发建设，等等。这些问题能否及时解决，决定着能否按照《规划》确定的发展方向和目标，有效整合经济区各类发展资源，实现经济区一体化发展。

**杨俊龙：** 我认为应着重处理好以下四个关系。

一要处理好政府与市场的关系。要坚持市场导向、政府推动，把促进区域战略合作与引导资源要素优化配置结合起来，遵循市场规律，充分发挥市场配置资源的基础性作用。加强规划引导，支持先行先试，强化政策扶持，建立完善联动发展机制，共同营造开放、公平、竞争、有序的市场环境，促进要素便捷流通和资源优化配置。同时，积极发挥商会、行业协会等民间组织的作用，形成“党政推动、企业主体、民间参与、各界协力”的运行机制。

二要处理好赶超与转型的关系。从总体上说，中原经济区作为全国后发地区，人口多、底子薄、基础弱、发展不平衡的基本区情没有从根本上改变。这就决定了必须加快发展，实现赶超，缩小与发达地区的差距。同时，要看到中原经济区创新能力、产业结构、发展质量的提升与发展速度、经济总量的提升之间存在较大落差，发展的协调性、可持续性和核心竞争力不强，这就要求必须加快转型发展。因此，要把“转型”和“赶超”有机结合起来，坚持“好”字优先，“快”在其中，争取又好又快。紧紧抓住发展第一要务，做到在赶超中转变、在赶超中调整、在赶超中提升、在赶超中增效，为更长时期又好又快发展打下坚实基础。

三要处理好传承与创新的关系。要把各区域发展中好的思路、好的做法持续地传承下来、坚持下去，一任接着一任干，一张蓝图绘到底，一以贯之谋发展。同时，要敢于创新、率先突破，勇于先思先谋、抢抓先机，不能守着政策要政策、机遇当前不作为。要着力先行先试，凡是不违反国家和省委、省政府大政方针的，都可以大胆地试。先干不争论、先试不议论、先做不评论，允许探索中有失误，不允许工作中无作为。从而激发方方面面的活力和动力，在先行中转型，在先试中赶超。

四要处理好当前与长远的关系。当前发展是长远发展的基础，长远发展是当前发展的继续。建设中原经济区是一项长期的战略任务，必须注意把当前利益与长远利益结合起来，既要考虑当前发展的需要，更要考虑未来发展的需要。一方面，要立足当前抓发展，抓住经济社会发展的关键环节，防止出现大起大落，实现经济增长的速度、质量和效益的统一，解决经济社会发展中的深层次矛盾，为未来发展奠定坚实的基础；另一方面，要着眼长远谋发展，绝不能以破坏环境、浪费资源为代价求得一时繁荣，坚决防止低水平扩张、粗放经营等短期行为，要多做打基础、管长远的工作。

**李中元：**《规划》如何在实践层面执行好、落实好，我认为要突出三点。

一是尽快搭建一批区域合作平台。首先是政府层面，要加快建立五省政府高层协调平台，如省长、市长联席会议制度，定期组织市长论坛，统筹协调区域发展重大问题；其次是企业层面，要引导建立中原经济区企业高层论坛，加强企业家之间的交流合作。

二是推进关键环节先行先试。规划中提出的几个关键环节，可以说抓住了要点，稳妥推进人地挂钩工作、建立农村人口有序转移机制、设立农村金融改革实验区等，事关区域发展全局，应积极推进、及时总结、尽快推广。

三是加快解决一些历史遗留问题。由于受到过去行政区划的限制，五省在基础设施对接联网、企业跨区域战略合作、科技创新合作等方面存在一些历史遗留问题。借此契机，应该加快推进解决。

对于山西来说，要加快融入中原经济区，尚需把握几个关键点：一是转变区域发展理念，就是要突破行政区划观念，积极主动融入中原经济区建设，把转型综改区与中原经济区的双重利好结合起来，加快山西经济转型、跨越发展步伐，建设新山西。二是加快制定融入中原经济区，在省级层面、市级层面，要积极推进制定融入中原经济区发展规划，理清融入思路，明确融入战略，当前晋城、运城、长治等几个市已经开始相关研究。三是选准突破口。近期可以把基础设施对接、产业合作、科技创新等作为战略突破口，在交通、环保、能源、信息等领域实现基础设施联网对接，在能源产业、装备制造业、新材料、化工、农产品深加工等领域强化企业合作，融入区域产业分工合作体系。在科技创新领域，依托重点产业，联合创建一批国家级重点实验室和研发中心，尝试组建区域性产业技术创新联盟等。

# 在全省社科研究专业高级评委会上的讲话*

（2012 年 12 月 17 日）

今天，我们召开 2012 年社科研究专业高级评委会，对全省申报社科研究专业的专业技术人员进行职称评审，下面我就做好今年的评审工作讲三点意见。

## 一 准确把握政策，按照科学发展观和正确人才观的要求开展评审工作

近年来，全省职称改革工作按照“调整功能定位，健全分类体系，完善评价机制，实现科学管理”的目标要求，坚持继承与创新并举、服务与管理并重，逐步走上了政策公开、程序公开、管理制度化的良性轨道。社科研究职称评审工作是加强社科研究队伍建设的重要途径和具体抓手，是培育、检验、评价社科人才的关键机制。深化职称制度改革，加快全省社科研究专业技术队伍建设，是贯彻党的十八大精神的具体体现，是变人才大国为人才强国的具体实践。党历来重视人才，重视对人才的培养，重视人才的使用。我们一定要认真贯彻党的十八大精神，把党的十八大精神落实到职称评审工作中。在评审中我们要重点把握四点。一是坚持围绕中心，服务大局。把发现全省有潜力的社科人才和评价人才作为我们评审的核心价值，始终把

* 本文为省社科研究高级评委会主任周文夫在省社科研究专业高级评委会上的讲话。

目光放在最大限度地发挥专业技术人才先进生产力作用，有效地服务河北经济社会发展的目标上。二是坚持“以人为本”的人才理念。充分发挥职称评审对专业技术人员队伍的激励与导向作用，准确考察业绩、能力，引导专业技术人员不断提高自身素质。三是坚持科学衔接。做到职称申报、评审、聘用和聘后管理的有机结合。四是坚持适度倾斜。要加大对基层专业技术人员评审政策的倾斜力度，吸引和稳定优秀社科人才服务于基层，在基层进一步扩大社科研究的影响，直接服务于经济社会发展。

## 二　坚持标准，规范操作，科学评价，实现评审工作公平、公正

省职改办有关文件和《社会科学系列申报高职人员量化计分测评办法》已经做了很明确的刚性规定，对每一个人都是公平的，评审工作必须严格执行评审标准，宁缺毋滥，决不轻易评上一个不够格的，也决不让真正的符合条件的尖子人才落第。这次我们评委会共接收全省社科研究申报材料 79 份，包括正高 25 份，副高 54 份，其中破格晋升的 4 人，同级转评的 14 人。评审期间，各评委在给申报人计分时，要以量化表上的给分标准为准绳，以申报人提供的各方面的材料为依据，要减少随意性。我们专业实行的是正高进行公共题和专业题双答辩，副高只进行业务水平答辩。今年我们仍然采取在各考核组答辩现场抽公共题、专业题由阅卷评委根据申报人提交的材料并结合申报人的研究方向出题的做法，每位申报人的答辩时间由各组长根据本组情况在规定时间内自行掌握。坚持申报材料中有弄虚作假行为的和答辩不合格的一票否决制度。坚持评审淘汰制度，实行浮动淘汰率，在不低于省职改办规定的淘汰率基础上，上不封顶，淘汰率服从于评审质量。每个考核组要预评出不低于 2 名拟淘汰者，待小组长碰头会和大评委会推荐时再进行横评，确保评审质量。对拟淘汰者各考核组一定要给出书面淘汰意见，并为其明确地指出今后的努力方向。

评审中，遇特殊情况或有疑难、有争议的问题，要坚持集体研究，重大问题要由考核组、评委会全体会议研究决定。

## 三　加强领导，遵守纪律，集中决策，确保评审工作的圆满完成

职称评审工作政治性、政策性、敏感性都很强，要切实严肃纪律。我在这里重申，为了保证评审正常秩序，大家要自觉遵守相应的纪律要求：各小组之间、评委之间，要团结协作，充分发表意见，充分酝酿，但不要出现情绪化言行；内部争论，不要向外透露；考核人员、评委在评审期间无重大事项一般不要离开驻地；会议期间不要开手机，不准私人接待参评人员来访；等等。当然，我们也要积极为评委们创造条件，劳逸结合。省纪委驻社科院纪检组胡银山书记和赵巍同志对这次评审会进行全程监督，纪检组在5010房间，有什么问题各委员可以直接向纪检组反映。

各位评委、专家，紧张的评审工作开始了。希望各位能够不负重托，从推进全省社科研究专业队伍建设、树立社科研究工作者良好形象、为我省经济社会发展提供优秀的社科人才保障的高度，充分认识到责任之重大，使命之艰巨。通过评委会的共同努力，使我们的评审工作取得圆满成功！

# 在我院第二次专业技术岗位聘用推荐会上的讲话

（2012 年 12 月 20 日）

今天，我们召开由院职改领导小组成员、中级以上科研人员和教研室、行政处室代表参加的第二次专业技术岗位聘用推荐会，这是根据我院第二次专业技术岗位聘用实施办法的要求，经院党组研究决定召开的。刚才继民同志宣读了院《第二次专业技术岗位聘用实施办法》。为了做好这次聘用工作，科研处、职改办做了大量调研摸底工作，印发了专业技术岗位第二次聘用竞聘人员业绩材料和竞聘高、中职岗位人员情况公示表，请大家了解竞聘人员的业绩情况，这对于我们搞好二次聘用工作奠定了坚实的基础。2009 年我院进行了首次专业技术岗位聘用，在省职改办下达的岗位结构比例控制标准内，我们科学设岗，合理聘用，全院 214 位专业技术人员各得其岗。今年是我院三年聘期结束，新一轮聘用的开始。下面我就本次聘用工作讲几点意见。

## 一　三年来，科研工作取得很大成绩，为建设“经济强省、和谐河北”提供了有力的理论支撑和智力支持，新智库建设迈上新台阶

2009 年以来，在省委、省政府的正确领导下，我院坚持以科学发展观统领办院，围绕中心，服务大局，积极构建“三位一体”工作新格局，进

一步整合社科资源，形成强大合力，社科研究及各项工作取得很大成绩，为建设“经济强省、和谐河北”提供了有力的理论支撑和智力支持。

1. 应用研究实现重大发展

一是围绕中心，服务大局。每年把省委、省政府领导圈定的重点课题和省领导交办的任务作为研究重点。每年以一个重大课题为龙头，组织科研骨干力量开展研究，推出系列研究成果，打造科研精品。如2009年的“构建符合河北实际的现代产业体系”研究，2010年的“加快转变河北经济发展方式”研究，2011年的“河北省环首都绿色经济圈问题研究”，今年的“河北沿海地区经济发展问题研究”等。这些重大研究课题的系列研究成果，都得到了省领导的充分肯定，进入了决策，发挥了智库作用。二是抓精品创品牌。3年来，围绕我省经济社会发展的热点难点问题，我们有一大批重要应用研究成果在《人民日报》《光明日报》《经济日报》《求是》《河北日报》等大报大刊发表，有一大批重要研究报告得到中央和省级领导同志的重要批示并转发有关部门采用。今年12月12日当天，张庆黎书记在我院两个成果直报件上分别做出批示——“社科院对这两个课题研究很及时”“很有参考价值”，并批转有关领导同志参阅。

2. 基础研究影响力日益增强

近年来，我院积极开展具有地方特色的基础学科研究，学术影响力逐渐增强。一是我们在河北地方史研究、传统历史文化研究方面始终坚持求实创新，进一步扩大了在学术界特别是历史学界的影响。在隋唐史和宋史研究上，保持既有优势，又开辟新的研究领域。二是对俄藏黑水城所出唐宋时期文书研究，重视新材料的研究和利用，开辟了一个新的重要的研究领域，相关成果已经引起国内外学术界的广泛重视。三是在李大钊研究和华北抗日战争史研究方面，已经和国内外研究前沿接轨，保持既有特色，不断开辟新的研究领域，取得了一定的突破。四是在中国特色社会主义理论、河北文化、马克思主义中国化等方面与现实需要紧密结合，推出了一批有影响的著作和文章。五是开展了新时期河北人文精神和善行河北等重大理论问题研究，举办了一系列学术研讨会，进一步扩大了我院的学术影响力，取得了良好的社会效果。

3. 学科建设和课题申报取得新突破

一是我院学科建设进一步完善。几年来相继完成了第二期重点学科、重点扶持学科考核评估和第三期重点（扶持、培育）学科的评审工作。第三期学科在继续做好重点学科、重点扶持学科的同时，我们又增加了重点培育学科，使我们的学科建设更加全面完善。目前，我院有农村经济学、区域经济学、中国特色社会主义理论体系研究、河北地方史与传统历史文化研究、当代文化（文学）与河北文化发展研究 5 个重点学科；人口社会学、马克思主义哲学与现代化、服务经济、李大钊与区域史研究 4 个重点扶持学科；人才资源开发、地方法制建设、新闻传播学、宏观经济政策学 4 个重点培育学科。二是印发重点（扶持、培育）学科建设三年发展规划，进一步促进学科建设。按重点学科建设要求，组织第三期 5 个重点学科、4 个重点扶持学科、4 个重点培育学科制定学科建设三年发展规划，以《第三期重点（扶持、培育）学科建设三年（2011.7～2014.6）发展规划》（冀社科发〔2012〕4 号）文件印发，对于进一步促进我院重点学科建设健康发展将起到积极作用。三是各级课题申报工作不断取得新突破。2009 年以来，我院获准立项国家社科基金重大课题项目及重点课题项目 7 项，国家社科基金青年项目 6 项，省社会科学基金项目 56 项，委托课题 26 项，省软科学项目 27 项，省社会科学发展课题 47 项。

4. 学术影响力和社会影响力迈上新台阶

一是我院专家围绕我省经济社会发展的重大战略性问题多年在省委理论学习中心组或省委常委集中学习会上做专题讲座，向省领导面对面地建言献策，研究成果直接送达河北省最高决策层。二是通过《决策建议》和《决策参考》两个直报件，将课题研究成果、举办系列重大专题研讨会的成果直接呈报省主要领导，许多成果得到省领导的批示采纳。三是编撰《河北省经济形势分析与预测》等五卷本蓝皮书，强化省情研究，蓝皮书总报告每年送省人大、省政协两会，供与会代表和委员参考，拓宽了科研成果服务决策的渠道。四是每年举办年度“河北经济形势分析会”，会议成果上报省领导参阅，多项被批示采纳。五是围绕重大经济社会发展问题，举办学术研讨会，先后举办了建设黄金海岸新区打造经济增长战略极研讨会、转变河北经济发展方式构建现代产业体系研讨会、河北人文精神研讨会、河北沿海地区发展研讨会等一系列研讨会，进一步扩大了智库影响。六是深入基层，开展“三走”活动。为深入贯彻社科界“走转改”活动和河北省委“三个一”主题教育活动的要求，我院今年上半年深入开展了“走基层太行行”“走基层沿海行”“走世界开放行”的“三走”活动，将主题教育活动落实到促进工作作风转变上，落实到举措创新上，落实到促进工作业绩提升上。“走基层太行行——河北‘老’‘少’‘边’区红色教育大调研”活动中，干部职工深入西柏坡、保定、张家口等革命老区，感受红色激情，体味“两个务必”，弘扬践行不懈努力、艰苦奋斗的创业精神，接受人生洗礼，进一步筑牢了理想信念，锤炼了工作作风。“走基层沿海行——河北沿海地区发展大调研”活动中，科研人员分为南北两线分赴冀、津、辽、鲁等沿海地区开展实地调研，调研团同当地党政领导、企业负责人、一线工人进行了深入座谈交流，详细了解当地经济社会发展、企业生产经营情况。通过“走基层沿海行”，在全院形成大兴调查研究的良好风气，不断提高“为决策服务、为发展服务、为基层服务”的能力和水平，围绕加快推进河北沿海地区发展重大问题，学习经验、对标先进、查找差距，收集到了许多“第一手”材料，进行了深入思考。调研组及时形成了一批有价值有分量的专项研究报告，上报省委、省政府领导，得到多次肯定批示。

5. 国际学术交流活动迈出新步伐

一是国际学术交流日益增多。为进一步提升国际学术交流的层次和水平，促进与国外高校、科研院所的广泛合作，把优秀成果、优秀人才推向世界，近年来，我院和国际科研团体的交流日益广泛，范围日益扩大，已经和日本、俄罗斯、韩国、美国、加拿大、巴西、英国、法国、意大利、新西兰、澳大利亚等国家以及中国香港、台湾地区的高校、研究机构建立了稳定的学术交流与合作关系。二是举办国际学术研讨会，进一步扩大了我院的国际影响。今年 5 月，我院主办了“2012 中美欧（河北）‘欧美经济走势与中国经济转型’学术研讨会”，邀请美国印第安纳大学—普渡大学韦恩堡分校、美国加州州立大学圣贝纳迪诺分校、英国密德萨斯大学、美国格林证券公司等国内外知名专家学者和企业界人士，就欧美经济走势与中国、河北经济转型相关热点问题进行深入研讨交流。通过国际学术交流活动，为科研和管理人员拓展了国际视野，提升了科研、管理能力；为更好地服务决策、服务发展培养、锤炼了人才队伍。

6. 科研机制建设不断取得新成效

一是推行课题立项招标制，通过公平竞争，整合和优化科研力量配置。主管院领导牵头负责，首席专家、学术带头人带动，科研骨干及青年科研人员积极参加，保证课题研究质量。二是实行重大科研项目目标责任制，探索建立以重大课题为纽带的虚拟研究中心，吸纳院内外、省内外重大高端人才，开展集群式研究，形成互补、合成、高效的研究优势。三是优化科研组织管理手段，充分运用不同层次的课题立项评审、专家成果评选评奖等资源，落实科研全过程动态管理，确保重大研究项目的顺利实施，实现科研效益的最大化。四是抓好管理制度创新，制定和完善科研课题管理、成果管理、成果奖励等规定，形成公平、规范、富于效能的管理运行机制。五是完善重点学科、重点扶持学科管理，使学科体系进一步得到优化，资源配置更趋合理，为实现科研效率的最高化、效能的最佳化、成果的最优化提供更加有力的保证。

## 二　领导重视，精心组织，规范实施，严格把握，充分用足用好专业技术人员岗位聘用优惠政策

1. 党组重视，争取有利政策

做好岗位聘用工作，不仅仅关系到专业技术人员的个人利益，还关系到全院的长远发展，关系到专业技术队伍的和谐稳定，关系到不断提高队伍素质等各个方面。因此，对职称工作，院党组历来十分重视。为了最大限度地争取有利于科研人员的优惠政策，院领导和职改办的同志多次到省职改办汇报我院的实际情况，争取得到省职改办的支持。经省委、省政府研究批准，使我院的高职比例达到了55%，和“211工程”学校一样的政策。这就为我院的聘用工作奠定了良好的基础。整个聘用工作，在院党组领导下，由职改领导小组及办公室组织实施，彭建强副院长增补为领导小组成员。

2. 精心组织，规范操作

在专业技术岗位聘用中，我们始终坚持科学制定聘用方案，不断规范聘用程序，严格制定、执行聘用条件。2009 年首次专业技术岗位聘用后，省人社厅出台了全省《事业单位专业技术岗位聘用试行办法》（这个办法现挂院内网），这一办法对受聘人员应具备的基本条件、资历条件、聘用程序等做了具体规定。依据省里的聘用办法，结合具体实际，院党组认真研究并实施了我院《专业技术岗位第二次聘用工作实施办法》。目前，全院专业技术人员都已经经过聘期考核、业绩公示，按照实施办法规定的各条款对号入座，有空岗并且够条件申报的同志大多数都进行了竞聘申请，也有个别同志放弃了竞聘晋升，我们也尊重他们的选择。在实施中，我们坚持公开、公平、公正、竞争、择优的原则。岗位聘用工作领导小组办公室的同志们始终坚持以人为本、精心组织、严谨细致、不留或少留遗憾的工作态度，在多次对省内有关单位进行调研、参考兄弟单位经验的基础上，加班加点，为本次聘用做了大量工作，付出了辛勤的劳动。

3. 把握政策，公开透明

（1）关于聘期的调整问题。按照省职改办的文件，全省聘期规定为 1 ~ 3 年。我院实行的是两种形式，一种是每三年为一个聘期，所有专业技术人员都要重新进行一次续聘或竞聘；另一种是在有空岗的前提下，对新晋升人员在次年，经过一定程序，可聘至相应级别的最低等级。按照这个原则，我院专业技术岗位首次聘用是在 2009 年 4 月，第二次聘用工作本应在今年 5 月份完成。由于我院实行“一院两制”新体制，编制、人员有了较大的调整，新的事业编制、参公与事业人员比例的确定与下达需要很多程序，经过很多部门，审批时间也较长。因此，我们将首次聘用期限延长到今年 12 月，延长半年。现在把二次聘用工作做好，争取明年开始第二次岗位聘用。

（2）关于竞聘岗位职数的产生问题。这里有几个问题需要特别说明一下。第一个问题，岗位职数有调整。首先，由于参公管理与事业管理人员分流，相对 2009 年第一次岗位聘用时，事业人员总数减少，职称职数自然减少。比如，2009 年我院二级岗 6 个，现在核定为 5 个。其次，经过精密计算分析，通过努力，我们现有岗位职数能够满足现有人员聘用，略有剩余，大家可以放心，不会落聘；最后，为了保证我院顺利实行“一院两制”新体制，处在正高岗位上的院班子成员和部分行政管理人员参公后，退出了职称岗位，也是一种贡献。这样，二、三、四级正高岗位都腾出了岗位。如果院领导们在二级岗位上，那么现在5个二级岗就是满编，现在院领导退出职称岗位，就为三级岗的同志腾出了几个二级岗。第二个问题，二级岗有了优惠政策。冀人社发〔2010〕57号《河北省事业单位专业技术岗位聘用管理办法（试行）》中，特别规定了“全国杰出专业技术人才、享受国务院特殊津贴专家、管理期内的省管优秀专家”，这三类人员可以不受本单位二级岗位设置数额限制受聘于二级岗位。这一政策的出台体现了省委、省政府对专业技术拔尖人才的肯定和爱护。但据了解，这一政策使用还没有完全到位，有不确定性，我们的态度是尽力用足用好不占岗位聘用的优惠政策。

（3）要保持政策的连续性。综合考虑上述多重因素，院党组研究决定，既要争取优惠政策最大化，又要保持政策连续性。最终采取的聘用办法和工作步骤是：原聘考核合格者续聘；缺岗补聘；争取优惠政策多聘；推荐名额“宽打窄用”，排队依次待聘。比如，首次已经聘用二级的同志和其他级别的人员（参公者除外），只要已经通过三年述职和年度考核合格者，这次继续续聘，不再参加同等级的竞聘。争取参加上一等级的同志竞聘，竞聘职数是，二级岗位推荐7人，三级岗位推荐7人，以此排列。如推荐表所列名单、名额。

## 三　讲大局，讲团结，讲贡献，以饱满的热情积极参与竞聘，以平和的心态对待结果

在首次岗位聘用中，专业技术人员体现出了积极参与、充分展示、讲竞争、讲团结的良好素质，有了很好的开端。经过三年的锤炼，我们专业技术队伍整体素质有了进一步的全面提升。为顺利完成我们这次的聘用工作，我提几点要求。

### 1. 严肃聘用纪律

职称的动态聘用本身就是一种改革，它有利于专业技术人员的思想稳

定、队伍稳定，有助于事业的发展。改革、稳定、发展是大局，院党组要求，每位专业技术人员都要牢固树立大局意识，正确对待自己，正确对待他人，要以公正、平和的心态对待这次聘用。党的十八大明确提出要“教育和引导党员、干部牢固树立正确的世界观、权力观、事业观”，“决不允许有令不行、有禁不止”情况的发生。我们要按照党的十八大提出的要求，遵守纪律没有特权、执行纪律没有例外，切实做到纪律面前人人平等。坚决反对传播小道消息、搞小动作、拉推荐票、恶意攻击他人、无理取闹等违纪行为，一经发现决不姑息迁就，要严肃查处，并取消本人的竞聘资格。

2. 讲团结，增强全院凝聚力

在聘用工作中，我们一以贯之地大力提倡讲大局、讲团结、讲贡献。通过我院实现“一院两制”编制调整，可以清楚地看到，全院是一个有机的整体。无论是科研、科辅，还是行政管理人员，牵一发而动全身。多年来，行政人员作为我院专业技术编制的组成部分，为更多地争取全院专业技术岗位职数起到重要作用，是不可或缺的基数。没有这些基数，我院专业技术人员就不可能被全部聘用、各得其岗。据了解，省内多数大专院校评、聘职称竞争激烈，有的大学几十个人等待副高晋升职数，晋升后不能与待遇挂钩、高职低聘的比比皆是。应该说我院争取到的专业技术聘用岗位的现状在全省是最好的，这方面行政人员作为编制基数功不可没，同时也是全院同志讲大局、讲团结的结果。我院的科研科辅人员要相互尊重，工作只有分工不同，没有贵贱之分，行行出状元。院里执行的聘用政策也是一视同仁的，没有歧视政策。科辅人员中也有博士，也有职称，晋升无障碍。有凭借着自己出色的工作和发表高质量科研成果而在晋升时名列前茅的，但同时也有一味地以自己是科辅人员、有服务工作为理由要求照顾，这条路也越来越走不通了。同理，科研人员中也有个别人不思进取，或者对本院交给的科研任务不上心、成果少，到晋升竞聘时才怨天尤人、牢骚满腹。这些同志应该好好反思一下，自己为什么没有被推荐，为什么大家对你不认可。只有清楚自己的不足，才能进步。我们院是专业技术人员集中的单位，科研是主流，优秀的科辅人员也绝不会被埋没，无论科研科辅，只要你优秀，一样可以晋升，一样可以受聘。大家一定要有大局观念，不能仅看眼前利益。唯有全院专业技术人员心往一处想，劲往一处使，不拉偏套，不使反劲，在思想、科研上比学赶帮超，才能使聘用工作真正成为促进事业发展的强大动力。

3. 加强政治思想工作，正确对待聘用结果

我们的主观愿望是使每位专业技术人员各得其所、顺心满意；但客观上由于每位专业技术人员的情况不同、期望值不同；加之岗位数额的限制，一些岗位的竞争十分激烈，会有一些同志竞聘不到上一级岗位。这就要求我们各级领导干部和工作人员，要有针对性地做好思想工作，做好政策解释工作，依靠政策妥善处理聘用过程中可能出现的各种具体问题，使广大专业技术人员能正确对待岗位聘用，正确对待竞聘结果。

希望大家在投票时，本着对社科事业负责、对我院专业技术队伍负责、对自己和他人负责的态度，郑重投下自己手中的一票。最后预祝本次岗位聘用工作圆满完成，预祝专业技术人员能获得满意的岗位。

# 在院党组2012年度民主生活会上的发言

（2012 年 12 月 31 日）

按照省纪委、省委组织部关于 2012 年度民主生活会的安排部署，院党组今天召开民主生活会，主题是“学习贯彻十八大精神，坚持讲政治、顾大局、守纪律，着力改善发展环境和生态环境，进一步保持党的先进性和纯洁性”。这次民主生活会是在全省上下深入贯彻落实党的十八大精神和省委八届三次全会精神，努力实现“经济强省、和谐河北”的奋斗目标和全面建成小康社会的新形势下召开的，对于我院认真总结 2012 年各项工作，谋划好 2013 年重点工作，加快建设“省级科研一流、国内国际知名，服务河北科学发展”新智库具有重要意义。会议之前，院党组按照上级要求精心部署，制定了详细工作方案，认真征求各部门意见建议；班子成员联系自身的思想工作实际，结合各自的工作分工，认真总结经验，深入查找问题，虚心听取意见，积极提出改进工作的措施。这些为开好民主生活会打下了坚实基础。下面，我代表院党组，并联系自己的思想和工作实际，做总结分析发言。

## 一　高举旗帜，把学习宣传贯彻党的十八大精神作为首要政治任务

一是先学一步，学深一层，努力发挥示范带头作用。党的十八大召开以后，我院按照党中央和省委的通知要求，开展了一系列的学习宣传活动，

把学习宣传贯彻党的十八大精神作为当前和今后的首要政治任务和头等大事。党的十八大开幕当天，我院组织集中收看了开幕式的实况。院党组理论学习中心组在集中收看的基础上，进行了认真讨论，并对全院下一步的学习活动进行了安排部署。院党组根据省委《关于认真学习宣传贯彻党的十八大精神的决议》要求，专门制定了《关于认真学习宣传贯彻党的十八大精神的实施意见》。领导班子成员按照《实施意见》的具体安排进行了学习，并参加了省委统一组织的集中学习，进一步深化了对党的十八大精神的认识。我院还与省委宣传部联合召开了省社科理论界学习党的十八大精神座谈会，为全省宣传文化系统的学习活动开了个好头。根据党中央和省委的统一部署，及时向院属部门、各市委讲师团、各市社科联以及所属社团发出学习通知，提出学习宣传的要求，在全省社科理论界迅速形成学习宣传的强大合力。

二是解疑释惑，浓厚氛围，全力做好理论武装工作。今年年初，院党组就提出把迎接党的十八大召开和学习宣传党的十八大精神、省第八次党代会精神作为理论武装工作的头等大事来抓。一年来，我院先后组织召开了全省党委讲师团主任会议暨深入宣讲宣传省第八次党代会精神座谈会，举办了全省党委讲师团系统青年理论宣讲骨干培训班，与省委宣传部联合举办了省委八届二次全会精神宣讲工作培训班，召开了省社科理论界学习胡锦涛总书记“7·23”重要讲话座谈会。组织开展深入推进“惠在何处、惠从何来”宣传教育活动，编写出版了理论读物。组织开展了“送理论下基层”、社科知识普及活动和理论宣讲。编辑出版了《党的十六大以来河北省理论研究成果文集》，编写完成了《与党员干部谈党的先进性和纯洁性建设》。发挥“河北省中国特色社会主义理论体系研究中心”作用，在《人民日报》《光明日报》等重要报刊发表了一批理论研究文章。党的十八大召开后，我院及时制定了党的十八大精神宣讲方案，撰写了宣讲提纲，更新了宣讲“菜单”；围绕贯彻党的十八大精神和省委八届三次全会精神，确定了一批重点研究课题；发挥《党委中心组理论学习通讯》、《理论信息》和河北省干部理论教育网的作用，为全省党员干部学习党的十八大精神提供理论服务，积极推动全省兴起学习贯彻党的十八大精神的热潮。

## 二　围绕中心，把服务河北科学发展新智库建设摆在突出位置

一是扭住重大关切，发挥智囊作用。今年年初，省委书记张庆黎、省委副书记赵勇等省领导要求我院要“扭住重大关切，出更多成果和人才”。院党组认真落实省委领导的重要批示精神，努力发挥党和政府的“思想库”作用，紧紧围绕建设“经济强省、和谐河北”奋斗目标和省委、省政府提出的两个“举全省之力”的重大部署以及着力改善“两个环境”的要求，组织科研力量针对事关全省经济社会发展的重大问题深入研究。其中，《“标志性突破”意味着什么》和《全面建成小康社会目标在大多数地区总体实现的科学内涵及重大举措》等研究成果得到张庆黎书记等省领导的肯定批示。庆黎书记批示：“社科院对这两个课题研究很及时。”《“欧美经济走势与中国经济转型”学术研讨会情况报告》《我省沿海地区深度新闻宣传与信息对接交流的建议》《关于提升我省文化产业园区建设水平的建议》等成果得到张庆伟、赵勇等省领导的肯定批示。我院举办的“河北省经济形势分析会”为领导决策提供了重要参考，取得了良好的社会效果，《综述报告》上报后得到张庆黎书记等省领导的肯定批示。庆黎书记批示：“很有参考价值。”开展了2012年大型民生调研活动，确定民生调研课题350项，有多项调研成果得到省领导肯定批示或有关部门采纳。完成了2012年度河北省社会科学发展研究课题的立项工作。围绕文化强省建设和弘扬西柏坡精神组织研究宣传，承办了“弘扬西柏坡精神，加强新时期党的建设”全国学术研讨会。举办了《西柏坡之恋》出版座谈会，王玉梅等省领导出席并讲话。举办了“河北省沿海地区发展研讨会”，举办了第八届社会科学普及周、燕赵文化论坛、全省社科博士论坛、全省社科学术年会，联合举办了京津冀晋蒙区域合作论坛，完成了第十三届省社会科学优秀成果奖评审工作、学术著作资助评审、社科研究基地建设、《河北社会科学年鉴》编撰等工作。与省政协共同组织开展了“文化建设与发展环境”与“生态环境建设”专题调研，为领导决策提供了有价值的建议。

二是创新科研方法，开展“三走”活动。按照省委“三个一”的要求和省直宣传文化系统“三个一”主题教育实践活动的安排部署，结合“走基层、转作风、改文风”的活动要求和自身实际，我院组织开展了“走基层太行行”“走基层沿海行”“走世界开放行”大调研活动，深化了科研组织和科研方法的创新，推动了学科建设和人才队伍建设，在省内外产生了积极影响，得到省委、省政府的肯定。在“走基层太行行——河北‘老’‘少’‘边’区红色教育大调研”活动中，院领导班子成员、中层领导干部和理论科研人员、行政管理人员深入我省“老”“少”“边”区，开展西柏坡精神、社会建设、河北文化品牌和社情民意调研，接受革命传统教育，组织送理论下基层和社科普及活动，针对群众关心的热点理论问题和形势政策开展集中宣讲，进一步强化了宗旨意识，坚定了理想信念。在“走基层沿海行——河北沿海地区发展大调研”活动中，院领导班子成员和承担省委、省政府委托重大课题的科研人员深入环渤海沿线的秦、唐、沧等新兴增长区域，深入毗邻的天津、辽宁、山东沿海地区，围绕河北经济发展重大问题开展调研，形成了系列调研成果。通过“走基层沿海行”，进一步增强了开放意识和创新意识，提升了科研能力。通过“走世界开放行——广泛开展国际学术交流与合作”活动，扩大了我院的国际学术影响力，提升了国际学术交流的层次和水平，为优秀成果和人才走向世界提供了契机和平台。《人民日报》《光明日报》等中央和省内主要媒体报道了我院的经验；全省宣传文化系统“三个一”主题教育实践活动简报和《河北快报》介绍了我院“三走”活动的情况。

## 三　开拓创新，把健全“三位一体”工作新格局作为事业发展的重要标志

2009 年 2 月，省委、省政府按照中央关于“精简、统一、效能”的机构改革要求，决定将省委讲师团、省社科联并入省社科院。经过近四年的努力，我院已经确立起理论武装、服务决策、繁荣发展“三位一体”工作新格局和参公管理、事业管理“一院两制”新体制。形成了以理论武装为龙

头，以社科研究、社科联合为依托，以省社科团体、各市委讲师团、社科联和县区基层理论宣讲站为基础，把全省社科系统研、讲、联资源优化组合和有效运用的新型工作运行机制。带动了全省社会科学研究、宣传和普及，使社科院更好地发挥了“研”、讲师团更好地发挥了“讲”、社科联更好地发挥了“联”的职能，实现了“机构精简，职能不减；牌子不摘，队伍不散；资源整合，效能提高”和“三个一相加大于三”的改革初衷。今年年初，省委书记张庆黎、省委副书记赵勇等省委主要领导和分管领导在我院党组呈报的《关于院机构调整以来近三年工作情况的报告》上做出肯定批示，提出“一定要抓好巩固提高的工作”的更高要求。院党组认真学习领会和贯彻落实省委领导的重要批示精神，提出把工作的着力点放在抓巩固提高上，使“三个一相加大于三”的改革效能得到充分发挥。形象地说，就是宣讲工作添了“嘴”，社科研究长了“腿”，社科联合多了“人”。

一是资源配置更加高效合理。今年以来，我院充分发挥学科齐全、研究力量雄厚的特点和优长，加强理论宣讲专家库建设，将我院的一批从事社科研究的知名专家充实到宣讲队伍中来，大大增强了宣讲工作的实力。专家库153名专家中我院占到了68名，“菜单式”理论宣讲题目扩展到48个。现在，讲师团不仅是宣讲工作的组织者，还是名副其实的宣讲团。“河北省中国特色社会主义理论研究中心”积极壮大撰稿人队伍，组织我院科研骨干参与中国特色社会主义理论的研究，取得了积极效果，“研究中心”的品牌越擦越亮。二是科研机制进一步优化。我院充分发挥全省讲师团系统和社科联系统的组织优势，推动社科研究向下延伸、向基层靠近。在“三走”活动中，院党组精心安排，基层讲师团和社科联积极配合，为“走转改”活动提供了可靠保证。科研人员在调研中切实感受到工作的便利，促进了科研工作与基层实际的紧密融合，推动了社科研究方式的进一步转变，培育了科研工作新的增长点。三是制度建设得到进一步加强。院党组深入贯彻赵勇副书记等省领导到省社科联指导工作时的指示精神，坚持“两为”工作方针，坚持“两创”基本方向，坚持“两联”自身建设格局，努力推动社科联建设。在省委、省政府领导和永瑞主席的关心支持下，我院积极争取和推动省委办公厅、省政府办公厅联合印发了《关于加强新时期社会科学界联合会工作的意见》，为社科联工作争取到更多的政策支持和更大的发展空间。四是“举全院之力”成为完成重大活动、促进事业发展的独特优势。在省社科联“四大”换届工作中，面对时间紧、任务重、责任大的紧迫形势，院党组周密部署，提出举全院之力办好省社科联第四次代表大会的明确要求，使原先需要几个月甚至半年才能完成的筹备组织工作在短短的半个月内就顺利完成，并且实现了省委提出的“一个好报告、一个好班子、一个好作风”的工作要求，大会的圆满成功和工作高效得到省领导的肯定和全省社科界的一致称赞。

## 四　率先垂范，把党的建设和廉政建设作为确保事业健康发展的重要保障

一是坚持党的干部路线，公道正派选人用人，严格遵守组织人事纪律。今年7月，我院进行了干部调整，实施了院属事业部门处级领导岗位第五轮聘任和参公管理部门处级领导职位补充调整工作，对院属内设机构处级领导干部进行了民主推荐。院党组认真遵循《党政领导干部选拔任用工作条例》等有关规定，把好选人用人关，将一大批年富力强、德才兼备的干部选拔到领导岗位上，增强了干部队伍活力，激发了工作热情。在职称聘任中，党组按照《关于做好全省事业单位专业技术岗位聘用工作的通知》精神，从有利于事业发展大局、严守政策规定、确保科研人员切身利益出发，确立了原聘考核合格者续聘、缺岗补聘、争取优惠政策多聘、推荐名额“宽打窄用”排队依次待聘的聘任原则。实际工作中严格落实制度规定的程序和步骤，注重扩大群众的知情权、选择权、参与权和监督权。纪检组对干部选拔、职称聘任工作进行了全程监督，确保了公正公平，保证了聘任工作平稳顺利，干部职工普遍反映良好，没有发生违纪违规问题。

二是深入推进党建工作和基层建设年活动。院党组高度重视党建工作，努力提升党员干部思想政治素质，自觉维护党的纯洁性和先进性，在新智库建设中充分发挥党组织战斗堡垒作用和党员先锋模范作用。今年7月12日，我给全院党员干部上了一次党课，主题就是“努力提升党员干部思想素质，

保持党员纯洁性”。要求广大党员干部要过好思想关、作风关、廉洁关，不断提高思想政治素质，自觉维护党的纯洁性和先进性。在基层建设年活动中，我院按照省委的要求，成立了由院党组成员、副院长张福兴同志为组长的驻村工作组开展重点帮扶。院党组高度重视，多次听取汇报，研究解决帮扶难题。我亲自带队到古贤村调研，将古贤村确定为自己的联系点，并要求发挥好我院作为省委、省政府“智库”的职能作用和独特优势，倾全院之力做好帮扶工作。先后有多位院领导和20多个处室所的百余名同志到村里帮助开展工作。经过一年来的努力，帮扶村的基层组织健全，发展思路明确，干群关系和谐，村街宽敞洁净，设施健全完备，充分展示了祥和、活力的农村新景象。在有关部门的综合考核中，我院以全票获得最高档次评价，张福兴同志荣获“全省开展加强基层建设年活动优秀驻村工作队员”的称号。

三是严格执行廉洁自律各项规定。作为党风廉政建设第一责任人，我本人在工作中认真落实第一责任人职责，努力发挥“班长”的带头作用。本人始终把贯彻落实科学发展观作为第一要务统领全院工作，始终在政治上同党中央保持高度一致，全力贯彻落实省委、省政府的重大决策部署。认真贯彻落实党的民主集中制，注意调动和发挥班子成员工作积极性，善于听取不同意见，打造领导和推动全院各项事业科学发展的坚强领导集体。认真履行院党风廉政建设第一责任人的岗位职责，坚持以身作则、严于律己，对配偶、子女和身边工作人员从严要求，严格遵守《廉政准则》的有关规定，无违法违纪问题发生。

当然，我们也清醒地看到，在全院各级领导班子及党员干部政治思想素质上、在教学科研能力水平上、在科研及各项工作考核评价上、在行政后勤管理服务上、在干部人才队伍教育培养上，我们还存在不少问题和不同程度的缺点及不足，需要在今后工作中认真加以解决和改进。

明年，2013年，是全面深入贯彻落实党的十八大精神和省委八届三次全会精神的第一年即关键年，也是全面深入贯彻落实我院“十二五”发展规划和推进哲学社会科学创新工程的第三年即攻坚年。中央和省委、省政府对社会科学工作提出新要求，全院干部职工和全省社科工作者抱有新期盼，服务决策科学发展赋有新任务。由此决定，新的一年全院总的工作思路可概括为：要使理论武装阵地建设迈上新台阶，要使服务河北科学发展“智库”建设实现新突破，要使社科联合社团建设取得新进展。

今后，我与院党组各位同志将以这次民主生活会为契机，不断加强党性修养，进一步增强责任意识、大局意识、服务意识，切实提高解决实际问题的能力、狠抓工作落实的能力、推动科学发展的能力，担负起党和人民交给我们的重要职责。一是继续深入学习宣传贯彻好党的十八大精神和省委八届三次全会精神，把握全院科学发展方向；二是着力改善发展环境，倾全院之力打造服务河北科学发展“新智库”；三是加强党风廉政建设，认真贯彻执行中央《关于改进工作作风、密切联系群众的八项规定》，始终艰苦奋斗，厉行勤俭节约，认真落实领导干部廉洁从政若干准则，保持党的先进性和纯洁性；四是大力弘扬求真务实的工作作风，改进会风文风，牢记习近平总书记“空谈误国、实干兴邦”的谆谆告诫，做到敢作为、勇担当，讲实话、干实事，言必信、行必果。我们坚信，在省委、省政府的坚强领导下，在全院广大党员干部职工的共同努力下，只要我们深入贯彻落实科学发展观，以奋发有为的精神状态和求真务实工作作风，开拓进取，扎实工作，就一定能够积极推进哲学社会科学创新工程和“新智库”建设，为建设“经济强省、和谐河北”和全面建成小康社会做出新的更大的贡献。

# 《河北加强和创新社会管理问题研究》序言*

（2012 年 12 月 31 日）

摆在各位读者面前的《河北加强和创新社会管理问题研究》，是由省委领导圈定、我院承担完成的河北省社会科学院重大系列课题的最终成果之一。在河北教育出版社付梓出版之际，将河北省社会管理创新的背景意义、形势任务与思路举措予以简要阐述，权作本书的序言。

自人类社会产生以来，社会管理就成为人类维护社会秩序、协调社会关系、保证社会正常运行的治理活动。在漫长的文明史上，中国形成了完备严密的社会管理体系，尤其是封建专制的社会管理绵延数千年。中华人民共和国成立后，中国共产党逐步建立了与计划经济相适应的社会管理体制。从 20 世纪 70 年代末起，我们党开启中国特色社会主义事业发展的新时期。在短短的 30 多年里，中国实现从贫穷向总体小康的历史跨越，并向全面小康迈进。伴随体制改革深化和经济长足发展，中国社会开始发生全面深刻的转型，社会经济成分和经济利益多样化、社会生活方式多样化、社会组织形式多样化、就业岗位和就业方式多样化，导致社会结构剧烈变动，社会阶层剧烈分化，利益关系根本调整。社会建设滞后经济建设、社会结构滞后经济结构、社会管理滞后社会转型的问题在新世纪新阶段日益显现。社会管理理念重经济、轻社会，重管控、轻服务，重人治、轻法治；社会管理手段重刚性、轻柔性；政府部门条块分割，社会管理各自为政，不能适应多元需求的

---

* 《河北加强和创新社会管理问题研究》，河北教育出版社，2013。

社会管理需要；社会管理的薄弱环节甚至空白日益增多，社会问题日益凸显，社会不和谐因素增多，社会矛盾日益显现，影响社会和谐与发展。在这样的历史条件下，加强和创新社会管理成为全面建成小康社会、继续推进社会主义现代化建设的必然选择，成为摆在全党面前的重大课题。

适应时代发展需要，党的十六届四中全会首次把社会管理创新提到党和国家的议事日程上来。党的十七大提出要健全党委领导、政府负责、社会协同、公众参与的社会管理格局。2011 年 2 月，胡锦涛同志在省部级主要领导同志专题研讨班上向全党提出建立中国特色社会主义社会管理体系的重大任务。同年 3 月，十一届全国人大三次会议把加强和创新社会管理写进了国家经济和社会发展“十二五”规划纲要。7 月，党中央、国务院印发《关于加强和创新社会管理的指导意见》。处于京畿之地、肩负首都护城河职责的河北省积极贯彻落实党中央部署，河北省委、省政府当月出台了《关于加强和创新社会管理推进社会建设的实施意见》。11 月，河北省第八次党代会对未来五年社会管理创新专门做出具体部署。两年来，河北省积极转变社会管理理念和政府管理职能，积极创新政府社会管理模式，积极推进社会管理体制改革和制度建设，积极推进以改善民生为重点的社会建设，社会管理形势明显改善，首都“护城河”作用充分发挥。但迄今为止，社会管理领域还有很多理论与实践问题亟待解决，与市场经济发展和社会发展相适应的社会管理理念还没有完全确立，与高度复杂化的利益结构和日益多元化的社会需求相适应的社会管理体制还很不完善，与协调社会利益关系、化解社会矛盾相适应的群众利益诉求表达、权益维护和矛盾纠纷调处等机制还不完善，与依法管理相适应的依法执政、依法行政的社会管理方式还没有转变，进一步深化社会管理创新、建设中国特色社会主义社会管理体系，对我们河北而言仍然任重道远。

站在新的历史起点上，党的十八大报告强调：“要围绕构建中国特色社会主义社会管理体系，加快形成党委领导、政府负责、社会协同、公众参与、法治保障的社会管理体制，加快形成政府主导、覆盖城乡、可持续的基本公共服务体系，加快形成政社分开、权责明确、依法自治的现代社会组织体制，加快形成源头治理、动态管理、应急处置相结合的社会管理机制。”贯彻落实党的十八大和省第八次党代会精神，需要对我省社会管理创新的目标任务和思路举措进行顶层设计；需要总揽全局，统筹兼顾，整体谋划，从最广大人民的根本利益出发，超越区域、部门、阶层、群体和社会成员个体利益与思维的局限，对社会管理创新全局性、关键性问题进行前瞻性、系统性和持续性研究；需要科学制定社会管理基本方略，统筹调度社会资源，切实维护人民利益，回应民生期待，化解社会矛盾，促进公平正义，实现社会环境安全、社会运行规范有序、社会发展充满活力，为加速建设“经济强省、和谐河北”进程、为河北人民生活更加幸福提供良好社会环境。

就河北而言，社会管理创新的战略性目标就是建设和谐河北，为河北全面建成小康社会提供良好发展环境。实现这个目标，需要完成协调社会关系、规范社会行为、解决社会问题、化解社会矛盾、促进社会公正、应对社会风险、保持社会稳定等主要任务。协调社会关系，就是建立健全和完善各种社会机制，着力解决人们最关心、最直接、最现实的利益问题，建立完善兼顾各方面诉求的公平合理的利益格局。规范社会行为，就是健全完善社会成员共同的行为准则，并在实际社会活动中切实遵循。解决社会问题，就要积极推进社会管理体制改革，及时改革调整不合理的社会体制和社会政策，努力解决群众反映强烈的社会问题，防止社会问题积累爆发。化解社会矛盾，就是要以科学合理的制度和政策预防社会矛盾产生，及时发现并综合运用行政、法律、经济、协商、思想工作等手段措施解决各种社会矛盾。促进社会公正，最根本的是完善法治，健全制度，从法律、制度和政策上努力营造机会公平、规则公平的社会环境，实现利益合理分配，缩小收入差距，维护公民政治、经济、文化和社会等方面的合法权益。应对社会风险，就是要增强应对社会风险的能力，通过决策风险评估等制度举措减少社会风险，通过完善预警机制及时应对社会风险并最大限度减少损失。保持社会稳定，就是从建设“经济强省、和谐河北”和维护首都安全的高度，自觉通过协调社会关系、规范社会行为、解决社会问题、化解社会矛盾、促进社会公正、应对社会风险来保持社会稳定和谐。此外，我们还要加强和完善流动人口、特殊人群管理和服务，加强和完善基层社会管理和服务体系，加强和完善公共安全体系，健全完善食品药品安全和安全生产监管体制，完善社会治安防控体系和应急管理体制，加强和完善非公有制经济组织和社会组织管理，加强和完善信息网络管理，加强和完善公民思想道德建设，等等。

完成上述目标任务，我们需要创新社会管理理念、标准和体制。创新社会管理理念，就是在全社会摒弃传统的社会管理理念，树立“以人为本、服务为先、公平正义、法治保障”的社会管理理念。以人为本，就是一切为了满足人的需要，为了实现人的全面发展；服务为先，就是社会管理重点不是对社会成员的强制性管控，而是优先为社会成员提供公共服务；公平正义，就是社会成员拥有平等的社会地位，享有基本生存保障和公平发展机会；法治保障，就是依法实施社会管理，使社会成员基本权利、社会秩序和社会生活得到法律保障。创新社会管理标准，就是确立安全和谐、规范有序、充满活力的标准，依此构建社会管理的目标和成效评价体系。通过社会管理创新，做到既保障社会的安定有序、规范运行、调控有力，又能激发全社会的创造活力、降低社会运行成本、提高社会运行效率，在有序的基础上最大限度激发社会活力。创新社会管理体制，就是要理顺党组织、国家机关与社会、公民的关系，在党委领导下，转变政府社会管理职能，强化非政府组织作用，发挥社会多元管理主体的作用，将政府自上而下的管理职能与社会自下而上的自发力量有机融合，形成“党委领导、政府负责、社会协同、公众参与、法治保障”新的社会管理体制。党委领导，就是各级党委要在社会管理中发挥总揽全局协调各方的领导核心作用。政府负责，就是通过职能科学定位和根本转变，充分履行政府管制、服务、协调和动员的社会管理职责，充分发挥政府在社会管理中的主导作用。社会协同，就是充分发挥社会组织整合社会资源、协调社会关系的作用，建立政府机构与社会组织功能互补、良性互动的管理网络。公民参与，就是努力拓宽公民参与渠道，增强公民意识，引导公民依法有序参与社会管理。法治保障，就是社会管理依法进行，社会秩序依法规范，社会活动依法运行，社会成员依法行事。

社会管理创新是一项庞大的系统工程，需要社会各方面的保障；提高社会管理科学化水平，需要加强社会管理法律、体制机制、能力、人才队伍和信息化建设。各级党委要切实发挥领导核心作用，坚持科学、民主和依法执政，切实准确把握社会管理规律，科学制定社会管理大政方针，不断提升引领社会、组织社会、管理社会、服务社会的能力，切实维护人民利益，为实现社会管理创新提供政治保障。要努力推进以改善民生为重点的社会建设，回应民生期待，努力使全体人民学有所教、劳有所得、病有所医、老有所养、住有所居，使改革发展成果更多更公平地惠及全体人民，化解利益矛盾，促进公平正义，不断提高人民幸福指数，为社会管理创新提供民生保障。要健全机制体系，畅通群众诉求表达渠道，完善信访问题化解机制，健全劳动关系协调机制，落实社会稳定风险评估机制，推进社会诚信体系建设，健全完善多元化的矛盾纠纷化解机制，使社会管理有章可循、有序运行，为社会管理创新提供机制保障。要致力建设高素质社会管理队伍，通过完善培养和评价、使用和激励等方面的制度体系，不断提高党政机关工作人员特别是党政领导干部的社会管理能力，培养大批社会工作专门人才，为社会管理创新提供人才保障。要着力推进法治化进程，通过推进社会管理立法，强化社会管理执法，坚持公正司法，有法可依、有法必依、执法必严、违法必究，真正做到社会管理依法进行，为社会管理创新提供法治保障。

综上所述，《河北加强和创新社会管理问题研究》全面贯彻落实党的十八大和省第八次党代会精神，从河北省情出发，借鉴省外乃至国外社会管理实践经验，全面考察河北加强和创新社会管理面临的形势和任务，深入探索河北加强和创新社会管理的基本思路与举措，系统研究了健全维护群众权益机制、完善基层社会管理和服务体系、加强社会组织建设与管理、加强公共安全体系建设、加强思想道德建设与教育、完善信息网络服务管理等方面的重要问题。可以说，本书对河北社会管理创新这个重大课题研究进行了初次全面系统的尝试，希望能对今后进一步深化研究起到抛砖引玉的作用。然而，中国特色社会主义社会管理创新刚刚起步，社会管理创新研究探索仍在进行，我们还有许多理论问题需要深入探讨，还有更多规律性的东西需要研究把握，还有许多实践问题需要严谨求证。我们唯有在社会管理创新领域继续不懈探究，推出更多更好的研究成果，方能很好履行省委、省政府“思想库”“智囊团”的职责，更好为省委省政府决策服务、为全省经济社会发展服务，为基层服务，方能显示社会科学认识世界、传承文明、创新理论、资政育人、服务社会的重要作用，方能为我省全面建成小康社会、实现建设“经济强省、和谐河北”奋斗目标提供更好的理论支撑和智力支持。

此中不妥之处，敬请读者批评指正。

# 在全省宣传部长会议上的发言

（2013 年 1 月 9 日）

在全国宣传部长会议刚刚结束不久，省委宣传部就组织召开了这次全省宣传部长会议，安排部署今年全省宣传文化战线的重点工作，非常及时和必要。会议之后，省社科院将认真贯彻落实会议要求，进一步谋划和组织好我院的各项重点工作，推动整体工作再上新台阶。

## 一　2013年我院的重点工作

2013 年，我院将高举中国特色社会主义伟大旗帜，以邓小平理论、“三个代表”重要思想、科学发展观为指导，认真贯彻落实党的十八大和省委八届二次、三次全会精神，坚持“为决策服务、为发展服务、为基层服务”的办院方针，全力推进哲学社会科学创新工程和中国特色社会主义“新智库”建设，要使理论武装主阵地建设迈上新台阶，要使服务河北科学发展“智库”建设实现新突破，要使社科联合社团建设取得新进展，为建设“经济强省、和谐河北”和全面建成小康社会做出新的更大的贡献。

### 1. 以学习贯彻党的十八大精神和省委全会精神为主线，推动理论武装主阵地建设迈上新台阶，做到“四个抓好”

按照庆黎书记在省委常委扩大会议和省委八届三次全会上提出的“抓学习”“抓宣讲”“抓结合”的要求，我院将紧紧围绕学习宣传贯彻党的十八大精神和省委八届三次全会精神，重点抓好理论宣讲、理论研究和理论服务。一是抓好理论宣讲。继续开展“送理论下基层”集中宣讲活动，完善宣讲菜单，接受省直机关和各市县点播，组织编写党的十八大精神解读读本和形势政策教育宣传读本。二是抓好理论研究。继续深化中国特色社会主义理论体系和社会主义核心价值体系建设研究，确定重点研究选题，组织理论研讨活动，争取在大报大刊发表一批重点文章。三是抓好理论服务。继续发挥《党委中心组理论学习通讯》、《理论信息》和河北省干部理论教育网等宣讲平台的作用，搞好中心组学习服务。四是抓好宣讲网络建设，健全大宣讲格局，加强对各市委讲师团、华北油田公司党委讲师团、各理论宣讲工作站的工作指导，推动理论宣讲工作站向乡村延伸，构建省、市、县、乡、村五级宣讲网络。

2. 以服务建设“经济强省、和谐河北”和全面建成小康社会为重点，推动服务河北科学发展“智库”建设实现新突破，做到“四个突出”

一是突出重点。围绕省委、省政府工作重心，将省领导圈定或交办的课题列为院级重大研究课题，组织精干力量攻关，进一步加强研究的时效性、针对性和可操作性。二是突出效果。重点围绕“经济强省、和谐河北”建设和全面建成小康社会的路径选择、两个“举全省之力”的重大部署、冀中南经济开发建设、着力改善“发展环境、生态环境”、“善行河北”、文化体制改革和文化产业发展等重大现实问题，开展深入研究。三是突出影响。积极推进基础理论研究，抓好重点学科建设和河北地方文化的研究，做好国家社科基金项目、省社科基金项目等研究组织工作，不断提升河北文化在国内外的知名度和话语权。四是突出创新。组织“两个环境”调研活动，举办“善行河北”学术研讨会，抓好“河北发展蓝皮书”的编撰工作，组织河北经济形势分析会，做好《决策参考》《决策建议》直报件的编辑报送工作。

3. 以发挥桥梁纽带作用、建好社科工作者之家为目标，推动社科联合社团建设取得新进展，做到“四个加强”

一是加强制度建设。认真落实省委办公厅、省政府办公厅制定下发的《关于加强新时期社会科学界联合会工作的意见》，积极推动《河北省哲学社会科学普及办法》及早出台。二是加强工作创新。推进河北省社会科学智库建设工程，在市级社科联开展智库建设试点，为各级政府决策服务。三是加强平台建设。抓好大型民生调研、社会科学普及周、燕赵文化论坛、社科博士论坛、社科学术年会、京津冀晋蒙区域协作论坛等品牌活动，抓好社科优秀青年专家评选、哲学社会科学研究基地建设、社会科学发展课题、年度重要学术著作出版资助项目评审、《河北社会科学年鉴》编撰等重点工作。四是加强组织建设。完善学会管理，加强党的建设，加强各市县社科联工作的指导，支持和鼓励有条件的省内骨干高校、扩权县（市）、大型经济组织建立社科联组织。

## 二　对宣传文化系统的几点工作建议

按照庆黎书记提出的“以十八大精神为指引，谋长远、抓当前，谋全局、抓大事，谋根本、抓基础”的要求，围绕服务大局，唱响主旋律，打好主动仗，掀起学习宣传贯彻党的十八大精神的热潮。在推动理论武装不断深入的同时，重点谋划几项贴得紧、抓得实、传得开、叫得响的活动。

### 1. 突出道德建设的主题，进一步扩大“善行河北”活动的影响

一要通过治理道德领域存在的突出问题，推动互助、诚信、敬业、孝老之风成为人们普遍遵守的社会道德规范。二是坚持用社会主义核心价值体系引导人们的思想和行为，增强人们的道德判断力和道德荣誉感，将党的十八大报告中概括的社会主义核心价值体系的“24 个字”基本要求落到实处。三是加大褒扬真善美、贬抑假恶丑的宣传力量，组织“善行河北”先进事迹图片展，拍摄《善行河北》系列专题片，鼓励全体社会成员从现在做起、从自我做起、从身边做起，建设互助友善社会、诚信社会、进取社会、爱老携幼的幸福家园，进一步扩大在国内的美誉度。

### 2. 建议在全省开展“改善两个环境，建设美丽河北”宣传教育引领活动

以转观念、变方式为重点，引领人们从自己做起、从点滴做起促环境改善。通过开展这一活动，把社会各界、各行业和广大社会成员组织到“改善两个环境，建设美丽河北”实践活动中来，推动形成风清气正、开放文明、和谐稳定的发展环境和生产转型、天蓝水净、地绿山青的生态环境。

3. 项目优选，推进文化强省战略

一是大力实施文化惠民工程。以“三个平台”建设为抓手，实施“城镇社区、乡村社区加网络社区”公共文化建设工程。二是进一步深化文化企业改制后的内部机制创新。三是全省统一谋划，资源共享，打造一批文化旅游品牌，如坝上自然生态文化旅游带、张—承文化草原大休闲旅游产业群产业带等。四是创新文化精品生产机制，打造经得住实践检验的精品力作。

# 在全院青年科研、管理人员座谈会上的讲话

（2013 年 1 月 10 日）

寒冬辞旧岁，瑞雪迎新年。在新的一年开端之际，我们在此召开我院近几年新进青年科研、管理人员座谈会。看到大家朝气蓬勃，充满活力，我非常高兴。在此，我代表院党组对你们表示热烈的欢迎！你们的到来给我院带来了新的活力，注入了新鲜血液，使我对我院未来的发展更加充满信心。刚才，大家的发言讲得都很好，畅谈了来院工作的体会和感受，也提出了一些建设性的建议，我听了也很受启发。借此机会，我讲几点意见和想法。

## 一　近年来我院各项工作取得显著成绩，形势喜人

2009 年 2 月，省委、省政府决定，将省委讲师团、省社科联并入省社科院，4 月，又调整了院领导班子，翻开了我院发展史上新的一页。这次机构调整，是省委、省政府在我省哲学社会科学领域贯彻落实科学发展观的新创举，是省哲学社会科学事业管理体制改革的新突破，也给全省哲学社会科学繁荣发展带来了难得的机遇。院党组立足本院实际，创造性地提出构建理论武装、服务决策、繁荣发展“三位一体”工作新格局和参公管理、事业管理“一院两制”新体制。几年来，机构调整成效显著，初步形成了以理论武装为龙头，以社科研究、社科联合为依托的新型工作机制，我院各项工作取得了显著成绩，实现了“三个一相加大于三”的改革初衷。

1. 理论武装取得新突破

我们紧紧围绕党的十七届四中、五中全会和党的十八大精神，学习实践

科学发展观，学习实践社会主义核心价值体系等内容，广泛开展宣讲和专题辅导。在《人民日报》《光明日报》《经济日报》《求是》《河北日报》等大报大刊发表了一批理论文章，发挥了党的创新理论引领作用。特别是党的十八大后组织宣讲部门，深入基层、深入群众，做好党的十八大精神的阐释和宣传工作，在省内主要媒体开办学习专栏，以系列专题文章深化政策解读。大力加强“河北省中国特色社会主义理论体系研究中心”建设，实施中国特色社会主义理论武装工程。在组织开展“送理论下基层”活动、构建大宣讲格局等方面都实现了新的突破。

2. 社科研究实现新跨越

一是我们紧紧围绕省委、省政府重大战略部署开展决策服务。近几年，省委、省政府主要领导直接给我院交办重大研究任务和圈定课题，大大提高了我院服务决策研究的针对性。我们每年以一个重大课题为龙头开展研究，推出系列研究成果，打造科研精品。如 2009 年的“构建符合河北实际的现代产业体系研究”，2010 年的“加快转变河北经济发展方式研究”，2011 年的“河北省环首都绿色经济圈问题研究”，2012 年的“河北沿海地区经济发展问题研究”。今年还要开展河北省冀南地区发展问题研究。这些重大研究课题的系列研究成果，都得到了省委、省政府领导的充分肯定，进入了决策，发挥了智库作用。二是我们创办的《决策建议》和《决策参考》两个直报件，将课题研究成果直接呈报省委、省政府主要领导和分管领导，几十项研究成果获得省委书记、省长等省领导的批示，并转发有关部门采纳。三是推动重点学科建设更加全面完善。我们在第二期重点学科、重点扶持学科的基础上，在第三期又增加了重点培育学科，这样我们的重点学科有 5 个，重点扶持学科 4 个，重点培育学科 4 个，涵盖了基础、应用各个学科，使学科体系更加完整。四是连续多年举办年度经济形势分析会、编撰出版《河北省经济形势分析与预测》等蓝皮书，《河北发展蓝皮书总报告》呈送省人大代表、政协委员，蓝皮书五卷本送省四大班子领导、省直厅局和市县领导、大型企业、科研部门和有关媒体，产生了广泛的影响，也为各级党政领导决策提供了有价值的参考。五是去年我们开展“走基层太行行”“走基层沿海行”“走世界开放行”的“三走”活动，让科研人员深入基层，广接地气，获得了第一手资料，开阔了视野，收获很大，一批研究报告得到领导肯定。六是我院的国际学术交流日益广泛，先后与日本、俄罗斯、韩国、美国、加拿大、巴西、英国、法国、意大利、新西兰、澳大利亚等国家以及中国香港、台湾地区的高等院校、科研机构建立起长期稳定的交流合作关系，2012 年 5 月还主办了“2012 中美欧（河北）‘欧美经济走势与中国经济转型’学术研讨会”，邀请美国印第安纳大学—普渡大学韦恩堡分校、美国加州州立大学圣贝纳迪诺分校、英国密德萨斯大学、美国格林证券公司等国内外知名专家学者和企业界人士，就欧美经济走势与中国特别是河北经济转型相关热点问题进行深入研讨交流。通过国际学术交流活动，为科研和管理人员拓展了国际视野，提升了科研、管理能力；为更好地服务决策、服务发展培养锻炼了人才队伍。七是围绕重大经济社会发展问题，举办了几十次重大学术研讨会，进一步扩大了智库影响，提高了我院知名度和学术地位。

3. 社科联合迈上新台阶

近年来，我们发挥好平台纽带作用，利用学科、学术优势，积极探索“联”的机制，不断创新“联”的形式，继续增强“联”的合力。我们组织开展大型民生调研，完成几百项调研成果，其中多项成果得到省以上领导的批示肯定；开展全省社科普及周活动，通过抓活动服务河北发展。以党的十八大精神为指导，加强社团日常监管和党建工作。组织了一批学术论坛和学术活动。编写了一批理论知识普及读物和社科基础知识读本。成功组织了社科优秀青年专家评选活动，进一步做好河北省哲学社科研究基地的建设与管理。年前我们还进行了社科联的换届工作，这就为我省的社科联合工作创造了更加有利的条件。

## 二　当前我院的发展面临难得的机遇，时不我待

“十二五”时期，是我国全面建成小康社会的关键时期，是深化改革开放、加快经济发展方式转变的攻坚时期，我国发展仍处于可以大有作为的重要战略机遇期。面对新阶段、新环境，哲学社会科学理论的指导作用日益凸显，社科理论工作的舞台更加广阔。党中央和省委高度重视理论武装和哲学

社会科学工作，提出繁荣发展哲学社会科学的一系列指导意见，国家把“实施哲学社会科学创新工程”正式列入“十二五”规划，党的十八大也给文化建设、繁荣发展哲学社会科学指明了新的发展方向。

省第八次党代会提出了建设“经济强省、和谐河北”的奋斗目标。当前，全省上下正齐心协力，为实现这一目标共同努力奋斗。在这一进程中，我省经济社会发展对理论和社科工作的需求度日益增强，各级党委、政府科学决策对理论和社科工作期望值日益增加。可以说，我院迎来了加快发展的重要机遇期。2011 年，院党组带领全院干部职工，制定并开始实施《河北省社会科学院“十二五”时期（2011～2015）发展规划》。2012 年，全院干部职工凝心聚力，积极奋斗，深入贯彻“为决策服务、为发展服务、为基层服务”的办院方针，全面落实“出精品、出人才、出效益”的总要求，健全理论武装、服务决策、繁荣发展“三位一体”工作新格局，各项工作取得了很大成绩，省委领导也做出了重要批示，对我院工作成效给予充分肯定。2013 年，我们要在已经取得成绩的基础上，再接再厉，继续以改革创新激发发展活力，大力推进中国特色社会主义理论武装工程、服务河北科学发展能力提升工程、全省哲学社会科学龙头带动工程、人才智力聚合工程，围绕贯彻党的十八大和省委八届二次、三次全会精神，中央和我省经济工作会议精神，围绕“经济强省、和谐河北”建设、全面建成小康社会的路径选择、城镇化战略、冀中南地区加快发展、着力改善“发展环境、生态环境”、社会主义核心价值观、“善行河北”、党的建设、文化产业发展等一系列重大现实问题，深入开展研究，向着“省级科研一流、国内国际知名、服务河北科学发展”新智库更高办院目标迈进，着力推动理论武装工作迈上新台阶，着力推动服务河北科学发展智库建设实现新突破，着力推动社科联合社团建设取得新进展。

## 三　未来我们的事业和前途一片光明，充满希望

历史是一条长河，我们的社科事业也是一条长河。未来我院发展充满希望，你们个人的发展进步也充满希望。青年同志是我们事业的未来，青年同

志要继承优良传统，珍惜美好时光，吸取经验教训，千方百计做好今后的工作。在此，我对大家提六点希望。

一要胸怀远大理想。年轻人只有胸怀理想，才能目光远大；只有胸怀理想，才能够意志坚定，百折不挠。理想是人生的灯塔，是指引人们前进的方向。年轻的社科工作者，必须按照党的要求，牢固树立理想信念，扎扎实实地做好科研管理工作，自觉将个人的理想与祖国的命运、人民的意愿结合起来。只有这样，才能永葆朝气蓬勃的精神状态，才能获得不断进步的强大动力，也才会为发展繁荣社科事业做出自己应有的贡献。青年科研人员要把自己的专业知识与实际需要结合起来，出成果，出好成果；青年管理人员要进一步增强服务意识，努力奉献，扎实做好本职工作，为科研工作创造良好的工作环境。只有这样，心往一处想，劲往一处使，我们的各项工作才会百尺竿头再进步。

二要坚持终身学习。年轻同志思想活跃，知识结构新，精力充沛，接受新鲜事物快，这是我们的优势。但也存在实践机会少、工作经验缺乏、考虑问题不全面的不足。因此，青年同志一定要充分认识学习的重要性，不断提高学习能力，勤于学习，善于学习，树立终身学习的观念。要在工作中虚心向老同志学习，学习老一辈社科工作者的优良传统和扎实作风。要深入基层实践，了解基层的情况，只有这样才能更好地认识国情、省情、县情，更好地认识社会，更好地胜任科研工作。年轻同志不但要加强政治理论学习，学习党的方针政策，学习专业知识，还要学习人文科技、哲学历史、经济法律等各方面的知识，学习为人处世的方法，努力早日成为知识面宽广、底蕴深厚、在专业科研领域有独立见解的专家。

三要扎实做好工作。我们既要树立远大的理想，同时更要脚踏实地扎扎实实做，干好每一项工作。只有从一点一滴做起，由小到大，把远大的志向与脚踏实地的作风结合起来，才不会好高骛远、眼高手低。对待事业要有一种敬业精神，对待工作要一丝不苟。古人云：处处留心皆学问。任何事情只要用心去做，以高度负责的态度去做，善于在小事之中体悟大道理，就会有所收获。扎实做好日常工作，就需要青年科研人员树立竞争意识、市场意识、精品意识、团队意识，克服浮躁心态，以艰苦奋斗的精神在科研工作的道路上奋勇前进。

四要勇于不断创新。社科事业是一项常新的事业，这就要求我们要适应时代，牢固树立创新意识。要发挥青年人的优势，保持激情活力，不断创新工作方法、形式和内容，不断适应经济社会的新形势、新要求。只有不断创新，才能与时代同步，始终站在时代潮头；只有不断创新，才能出符合实际要求的成果，出管用的成果，出优秀的精品成果，也才能与时俱进，发挥好党和政府思想库、智囊团的作用。

五要团结和谐相处。团结就是力量。创造好团结和谐共事的优良环境，是我们做好科研工作的基础。总的讲，我院的各个处所，按照院党组的要求，认真开展思想建设，广大党员干部互相学习，互相帮助，整体环境良好。但也有个别单位、个别同志做得不够好。作为新来的青年同志，在实际工作中，一定要把团结问题当作一个大事认真做好。做好团结，最根本的是自身要以诚待人。在同事之间做到以诚相待、以善相待、以友相待。做到不利于团结的事不做，不利于团结的话不说，损害他人和集体利益的事不干，只有这样我们大家才能和谐相处，团结共事，也才能在和谐的环境中愉快工作，也才能促进我院科研工作的健康发展。

六要遵章守纪尽责。制度和纪律是我们做好一切工作的保证。无论是科研人员还是管理人员，都要认真遵守国家的法律法规。青年同志尤其要注意严格遵守我院的各项规章制度和纪律。无论在什么岗位，都要认真履行好岗位职责，做好本职工作。要利用所学知识，发挥青年人的聪明才智，创造性地开展工作。同时，要杜绝上班时间闲聊、上网玩游戏的现象，严格请假制度，以严明的纪律保证我们各项工作的及时落实，为我院的发展贡献力量。

最后，希望大家在新的一年，认真学习，努力工作，不断创新，不断进步，为我院的科研工作和全省哲学社会科学事业发展做出自己的贡献！

# 担当使命真抓实干　以理论武装新业绩推进“经济强省、和谐河北”建设*

（2013 年 1 月 15 日）

这次党委讲师团主任会议是在全省上下深入学习宣传贯彻党的十八大和省委八届三次全会精神的新形势下召开的。1 月 9 日召开的全省宣传部长会议、1 月 11 日召开的 2013 年度省委常委会第一次会议对抓好党的十八大精神学习、宣传、贯彻和理论武装宣讲工作，均做出新的安排部署，提出新的更高的要求。因此，我们这次会议主要任务是：深入贯彻落实党的十八大和省委八届三次全会精神，回顾总结全省党委讲师团系统 2012 年工作，部署 2013 年任务，统一思想，凝聚力量，真抓实干，以理论武装工作的新业绩，为建设“经济强省、和谐河北”、全面建成小康社会提供强大的理论支撑和思想动力。

刚才，十一个市委和华油党委讲师团对 2012 年的亮点工作进行了汇报交流，大家的工作成绩和成功经验为我们进一步做好理论武装工作奠定了良好基础。会议还对 2012 年度的先进集体和先进个人进行了表彰。在此，我代表省社科院党组、省委讲师团对受到表彰的单位和同志表示热烈祝贺！全省党委讲师团系统的同志要以先进为榜样，锐意进取，奋发工作，推动理论武装工作再上新台阶。

根据会议安排，今天下午还要进行以深化党的十八大精神宣讲工作为主

---

* 本文系周文夫在全省党委讲师团主任会议暨党的十八大精神宣讲工作推进会上的讲话。

题的经验交流，希望与会同志加强沟通，加强联系，相互学习，相互促进，共同把这次会议开好。

下面，根据会议主题，我讲三点意见。

## 一　围绕中心，服务大局，2012年理论武装工作成绩显著

2012 年，全省党委讲师团系统高举中国特色社会主义伟大旗帜，以邓小平理论、“三个代表”重要思想、科学发展观为指导，深入贯彻落实党的十七届六中全会和党的十八大精神，深入贯彻落实省委八届二次、三次全会精神，围绕全省工作大局和中心工作，充分发挥“三位一体”工作格局新优势，履职尽责，奋发作为，在理论武装工作各方面取得了突出成绩，为建设“经济强省、和谐河北”做出了积极贡献。

理论宣讲广泛深入。一是围绕党的十七届六中全会、党的十八大和省委八届二次、三次全会精神的学习贯彻等重大政治任务，围绕“弘扬西柏坡精神”“善行河北”“惠在何处、惠从何来”等全省阶段性重要活动，组织规模性专题宣讲。省团加强工作谋划和组织，及时指导全省讲师团系统统筹做好专题宣讲工作；在第一时间组织理论骨干编写会议精神宣讲提纲，编辑宣讲资料，印发全省，为全省宣讲工作提供重要遵循；教研骨干提前着手，认真备课，深入机关、企事业单位、农村、社区等进行现场宣讲辅导。各市委讲师团、理论宣讲工作站在完成全省性宣讲工作的同时，围绕各地中心工作开展各具特色的宣讲。如邯郸的“惠民好声音”宣讲活动，选聘群众语言丰富、表达能力强、热爱宣讲工作的人员组成特色宣讲小分队，运用说唱、快板、演讲等形式，到基层进行宣讲；衡水冀州的“农民理论家”宣讲活动，从各类协会选聘种养能手，进行理论培训，充实宣讲队伍，让这些“农民理论家”在帮助群众致富的同时进行理论、政策宣传，等等。这些特色活动对推动各地经济社会发展发挥了重要作用。据不完全统计，2012 年全省党委讲师团系统（含理论宣讲工作站）共开展理论宣讲 21520 场次，受众 243 万人次。二是开展“送理论下基层”活动，满足基层群众理论需

求。年初，省团结合省社科院开展的“走基层太行行”活动，在保定顺平县南腰山村、张家口蔚县开展了现场咨询、科学普及和集中宣讲活动。12月，围绕党的十八大和省委八届三次全会精神，在沧州市运河区开展集中宣讲；此外，还组织4支理论宣讲工作队赴全省8个市、16个理论宣讲工作站，为基层深入学习领会党的十八大和省委八届三次全会精神提供理论服务。三是开展“菜单式”“点播式”宣讲，丰富理论宣讲形式。以迎接党的十八大召开、学习宣传党的十八大和省委八届三次全会精神为主线，开列了48个“菜单”式宣讲题目，通过河北省干部理论教育网等平台对外公布，接受各地各单位学习“点播”。2012年接受点播50余次，受众3万余人。各市委讲师团和理论宣讲工作站积极创新宣讲形式和载体，丰富宣讲内容。如，石家庄的“燕赵讲坛”在专家备选、宣传舆论、现场服务、课题选择等环节不断拓展思路，保持了讲坛的高水准，在省会市民中的影响越来越大；沧州肃宁依托中央党校远程教育网建立了“周末讲堂”，将中央党校的最新培训课程及时收录储存，利用每周周五播放，增强了党员干部的学习培训质量，等等。这些工作形式提高了宣讲的影响力和覆盖面，收到良好效果。

理论研究成果丰硕。一是在大报大刊推出了一批有影响力的文章，彰显了理论研究实力。组织教研骨干以“河北省中国特色社会主义理论体系研究中心”名义撰写了《社科理论界“走转改”如何深入下去》《科学发展观：推动中国特色社会主义事业发展的根本指针》《推动城市社区文化活动创新发展》《把生态文明建设放在突出位置》等文章，分别发表在《人民日报》《光明日报》《经济日报》等国家级报刊，提升了“中心”在全国理论界的影响和地位。二是全系统年度科研课题数量和质量进一步提高。年初，围绕我省经济社会发展中的重大理论、现实问题及干部群众关心的热点难点问题，确定62项年度立项课题，立项数量较往年有较大幅度增加。从申请结项情况看，在中央部委期刊和核心期刊发表的成果数量较往年有较大幅度增加。三是加强了理论研讨和成果转化。组织召开全省党委讲师团系统学习宣传省第八次党代会精神座谈会，与省委宣传部联合召开省社科理论界学习胡锦涛同志“7·23”重要讲话座谈会，承办了“产业集群发展座谈会暨银企保对接会”，有力推动了全省重大理论问题的研究。编撰出版了《在科学理论的广阔道路上——党的十六大以来河北省理论研究成果文集》，总结、梳理党的十六大以来我省在重大理论和实践问题研究上所取得的进展和成果，发送各级领导干部参阅。

理论服务进一步增强。一是不断提高学习辅导刊物和学习服务网质量，指导各级干部的理论学习。《党委中心组理论学习通讯》及时刊登各级党委中心组学习动态、经验和体会，推进党委中心组学习的规范化和常态化，全年刊发各级领导干部学习体会文章近百篇。《理论信息》摘选我国及我省经济社会发展中面临的重大理论和现实问题的前沿研究成果，为党员干部学习适时提供参考资料，全年摘发消息四百多条。特别是党的十八大召开后，及时组织力量编撰相关辅导材料，两刊以“专辑”形式发送各级党委学习中心组和基层干部群众，受到欢迎和好评。河北省干部理论教育网充实学习资源，开办特色栏目，为全省理论学习和工作交流搭建了平台。二是积极编写通俗理论读物，推进了理论普及。编写了《与党员干部谈文化改革发展》《〈论文化建设——重要论述摘编〉辅导读本》《与党员干部谈党的先进性和纯洁性建设》等理论读物。《惠在何处　惠从何来：与干部群众谈党的惠民政策》《河北省惠农政策 200 问》等书籍还被省委加强基层建设年活动办公室发至每一个省驻村工作队，作为面向农村、农民解读政策的依据。《理论热点 2012》《“三农”政策学习问答 2012》等品牌读物，继续受到干部群众的关注和欢迎。

队伍建设不断加强。一是强化理论骨干培训。与省委宣传部联合举办省委八届二次全会精神宣讲工作培训班，邀请中央和省内知名专家学者对省直社科理论工作者、各市县党委中心组学习秘书、基层理论宣讲骨干等 160 余人进行了培训。党的十八大召开前，举办了青年理论宣讲骨干培训班，对全系统 70 多名青年宣讲骨干进行了系统培训。党的十八大闭幕后，组织全系统宣讲骨干 30 余人赴北京，学习观摩北京市党的十八大精神宣讲工作，聆听参与党的十八大报告起草工作有关专家的宣讲报告，为宣讲骨干在第一时间准确把握党的十八大精神创造了有利条件；协助省委宣传部召开了“学习贯彻党的十八大精神宣讲动员培训会”，省委宣讲团成员、省市有关领导干部、理论工作者等380人参加了动员培训。各市委讲师团积极建立市、县、乡、村四级宣讲网络，对宣讲骨干进行培训，把各职能部门的领导、驻村干部、大学生村官等吸收为兼职宣讲人员，并注意在基层群众中发现“名嘴”，建立百姓宣讲员队伍。二是强化理论宣讲工作站建设。为宣讲站联系高层次专家学者授课，满足基层理论需求；帮助宣讲站开展“书香机关”“农村书屋”建设；组织工作队深入宣讲站进行调研，支持帮助宣讲站开展工作。宣讲站的硬件建设、人才培养得到了普遍加强。各宣讲站结合实际组织开展了各具特色的理论宣讲工作，成为基层宣讲工作的前沿阵地。

回顾2012年全省党委讲师团系统的工作，感到有三个亮点值得认真总结和继续发扬。一是政治意识强，为大局服务的观念树得牢。理论武装各项工作都能够自觉围绕党中央和省委的决策部署谋篇布局，有力支持了中心工作，充分发挥了讲师团的职能作用。二是机遇意识强，“有为才有位”的观念树得牢。紧紧把握学习宣传贯彻党的十八大精神这一彰显理论宣讲工作重要地位的有利契机，早谋划，早动手，早准备，在第一时间拿出了宣讲提纲，编写了辅导材料，培训了宣讲骨干，有力推动了全省宣讲工作，提升了讲师团的影响力。三是开放意识强，善用新优势的观念树得牢。立足构建大宣讲格局，运用“三位一体”工作格局新优势，将全省社科工作骨干纳入理论宣讲专家资源库，扩充了实力，形成了新的宣讲和研究优势，提高了整体工作水平。

2012年所取得的突出工作成绩，是全省党委讲师团系统同志们共同努力的结果。在此，我代表院党组对同志们表示衷心的感谢并致以崇高的敬意！

## 二　认清形势，担当使命，全面做好2013年理论武装工作

2013年是全面贯彻落实党的十八大精神的开局之年，是实施“十二五”规划承前启后的关键一年，是加快建设“经济强省、和谐河北”进程、为全面建成小康社会奠定坚实基础的重要一年，各项工作任务艰巨繁重，需要全省上下凝心聚力，团结奋斗。讲师团作为我省党的理论武装工作的重要力

量，担负着用党的十八大和省委八届三次全会精神武装党员干部、教育人民群众的重大职责。要通过我们的工作，使广大干部群众能够在思想上同心同德、目标上同心同向、行动上同心同行，形成建设“经济强省、和谐河北”、全面建成小康社会的强大合力。全省党委讲师团的同志一定要认真贯彻落实党的十八大和省委八届三次全会精神，进一步增强政治意识、责任意识，担当使命，奋发作为，努力开创理论武装工作新局面，出色完成党和时代赋予我们的光荣任务。

2013 年理论武装工作的指导思想是：高举中国特色社会主义伟大旗帜，以邓小平理论、“三个代表”重要思想、科学发展观为指导，认真贯彻落实党的十八大对理论武装工作的新要求，坚持“两为”方向，坚持“三贴近”原则，开阔思路，创新方法，夯实基础，拓展领域，要使理论武装主阵地建设迈上新台阶，不断提升理论武装工作水平，为建设“经济强省、和谐河北”、全面建成小康社会提供有力的理论支撑。

为此，要重点抓好以下几方面工作。

### （一）当好主力军，把党的十八大精神宣讲工作引向深入

学习宣传贯彻落实党的十八大精神是全省党委讲师团系统当前和今后一个时期的首要政治任务。2012 年 11 月 22 日，学习贯彻党的十八大精神中央宣讲团动员会在京召开，中共中央总书记习近平做出重要批示，对做好党的十八大精神宣讲工作提出殷切希望。省委八届三次全会做出的《中共河北省委关于认真学习宣传贯彻党的十八大精神的决议》明确提出：“发挥各级讲师团和各级党校、行政学院干部培训教育主阵地作用，抓好各级领导干部的培训轮训工作。”全省党委讲师团系统要按照习近平总书记的指示和省委要求，结合各地工作实际，充分发挥主阵地作用，在学习宣传贯彻党的十八大精神中当好主力军。一是抓好在职干部的学习宣讲。主动搞好各级党委中心组的学习服务，制订好计划，列出专题，组织研讨和交流活动，促进各级党委中心组在党的十八大精神学习贯彻中发挥示范作用。积极参与各级干部的学习培训工作，为学习培训提供教师队伍和辅导资料。二是抓好基层党员群众的学习宣讲。按照省委要求继续组织好层层宣讲，在开展集中宣讲的

基础上，通过举办座谈会、研讨班、培训班、学习班、理论考试、知识竞赛、演讲比赛等形式，推动宣讲不断深入。要拓展宣讲领域，探索对民营企业职工及个体从业者的有效宣讲途径，确保宣讲不留死角。三是搞好研究阐释工作。紧密结合我省经济社会发展实际，围绕党的十八大提出的新思想、新观点、新论述、新举措，围绕广大干部群众关注和提出的理论与实际问题，开展深入研究、通俗阐释，帮助干部群众全面准确理解。四是配合媒体搞好党的十八大精神的宣传。充分利用媒体阵地，通过刊发文章、开辟专栏、参加访谈节目等形式，扩大宣讲覆盖面和影响力。

在宣讲中，注意把握三项要求：一是突出重点，联系实际。对党的十八大精神的宣讲要全面准确、深入透彻。既要从整体和全局上系统把握其精神实质，深入阐述党的十八大的重大意义和重大贡献，又要突出重点，深入阐述党的十八大报告中的重大理论观点、重大战略思想、重大工作部署，把党的十八大精神讲明白、讲清楚、讲透彻。要紧密结合河北实际，结合各地各部门实际，结合当前要解决的热点难点问题，区分不同对象，及时调整、充实宣讲内容，力求突出重点、讲清亮点、阐释难点，增强说服力和感染力。二是创新形式，灵活方式。要不断创新宣讲形式，用活宣讲方法，确保干部群众愿意听、听得懂、记得住。在开展大规模灌输式宣讲的基础上，注重向“小型化、分众化、具象化”转变。把单向灌输变为双向交流，把“以我为主导”变为“以群众为主导”，把“课堂上课”变为“面对面谈心”。要善于利用自己熟悉的情况、掌握的第一手资料，以身边人讲身边事，在理论与实践的结合中讲清道理。要善于运用多媒体教学手段，使宣讲更加具体形象，易于为广大干部群众理解接受。三是加强组织，做好服务。省委讲师团要加强对党的十八大精神宣讲工作的组织指导和协调，培训好宣讲队伍，发现典型，推广经验，做好管理和服务。各讲师团和理论宣讲工作站要创造性地开展工作，对辖区内机关企事业单位和街道、社区、农村等基层的宣讲工作做好统筹安排，积极探索行之有效的工作方法，使宣讲工作落到实处。

### （二）打好主动仗，把两会精神宣讲到位

即将召开的全国和全省两会将对我国和我省 2013 年经济社会发展做出

整体部署，这是对党的十八大和省委八届三次全会精神的具体贯彻。宣讲好两会精神是将党的十八大和省委八届三次全会精神的学习宣讲引向深入的重要途径，也是党委讲师团的一项重要任务。各讲师团、宣讲工作站要早谋划、早部署，为两会精神宣讲做好充分准备。要给广大干部群众讲清楚2013年的发展形势，讲清楚2013年工作总体安排、主要目标和重大任务，讲清楚做好2013年工作的新要求。宣讲中要注意做到三个结合：一是把两会精神宣讲与党的十八大精神宣讲结合起来，把广大干部群众思想认识进一步统一到党中央和省委的决策部署上来，把行动落实到推动我省经济社会新发展、开创各项事业新局面上来。二是把两会精神宣讲与我省“十二五”发展结合起来，进一步增强全省干部群众工作的责任感和使命感，促进“十二五”规划提出的各项目标任务的落实。三是把宣讲两会精神与倡导实干精神结合起来，让实干成为干部群众的自觉选择，在全省形成攻坚克难、昂扬奋进的精神状态，为实现两会既定目标打牢精神基础。

### （三）做好“思想库”，加强重大理论和实践问题阐释和研究

理论研究是理论武装工作的基础，也是讲师团发挥职能作用的重要体现。要以省邓小平理论、“三个代表”重要思想和科学发展观研究中心为依托，以省委讲师团年度课题为纽带，加大研究工作组织力度，发挥集中攻关优势，进一步拓宽研究成果转化途径，全面提升全系统整体研究实力和水平。一是围绕推进马克思主义中国化时代化大众化，围绕中国特色社会主义理论体系在河北的实践开展基础理论研究，打造河北理论研究高地。二是聚焦省委、省政府和各地党委、政府中心工作，紧扣省委八届三次全会对“五位一体”现代化建设和党的建设做出的重大部署，突出“稳增长、调结构、攻重点、抓改革、惠民生、优环境”等重点工作开展决策研究，提供决策咨询。三是围绕干部群众普遍关注的热点难点问题开展研究，为理论宣传普及工作奠定基础。四是加强理论武装自身工作规律研究，提高工作的科学性，推动理论武装工作创新发展。要注重前期调研，通过深入扎实的调研，找准需要研究的问题和研究的方向。要注重合力攻关，积聚更多研究者的智慧，提高研究成果的含金量。要注重成果的转化，拓宽转化渠道，促进成果效益的最大化。

### （四）打造亮点品牌，提升讲师团工作话语权和影响力

新形势下，理论武装工作的任务越来越繁重。在有限的人力、物力和财力条件下，我们的工作不可能全面出击、面面俱到。需要我们打破常规，以创亮点、创品牌的方式来带动和促进工作的全面开展。一是抓活动品牌造声势。继续开展好“送理论下基层”活动，要认真总结近几年的活动经验，分析研究活动开展中存在的问题和需要改进的方向，在活动形式、活动内容上不断创新，提升活动的有效性和影响力。二是抓研究品牌树权威。要找准定位，发挥特长，运用好省委讲师团系统年度课题的导向作用，积极打造讲师团系统的学科优势。力争经过不懈努力，在若干理论研究领域拥有自己的话语权。三是抓服务品牌聚人气。要提高《理论热点》等品牌读物的编写质量，使问题选择更贴近群众，论述方式更开放多样，语言使用更清新质朴，将思想性、知识性、可读性融于一体，增强吸引力、亲和力。要办好《党委中心组学习通讯》《理论信息》，开拓办刊思路，提高稿件采编质量，在增强权威性、针对性上下功夫。要建好河北省干部理论教育网，根据受众需求多设置特色栏目。要订好宣讲“菜单”，多出“拿手菜”“特色菜”，增加点播量。四是建队伍品牌强根基。省和各市都要建立一支理论功底深、学识渊博、作风过硬的理论宣讲和研究队伍，都要培养自己的知名宣讲家、宣讲员，能够在全省有名气、在全国有影响。各讲师团和理论宣讲工作站都要树立品牌意识，都要有自己的“一招鲜”，这样全省党委讲师团的工作才能熠熠生辉、星光灿烂。

## 三　振奋精神，真抓实干，聚合推进理论武装工作正能量

党的十八大明确提出在全面建成小康社会决定性阶段广大党员干部要秉持“解放思想，改革开放，凝聚力量，攻坚克难”的精神状态。对全省党委讲师团系统而言，也必须有一个积极向上的良好精神状态，才能凝聚和迸发方方面面的正能量，更好地担当使命，不负重托，完成理论武装各项任务。

要进一步坚定理想信念。理想信念是鼓舞人们前进的强大动力，更是共产党人强大的精神支撑。邓小平同志曾经说过：“为什么我们过去能在非常困难的情况下奋斗出来，战胜千难万险使革命胜利呢？就是因为我们有理想，有马克思主义信念，有共产主义信念。”习近平同志在第十八届中央政治局集体学习党的十八大精神时明确指出：“对马克思主义的信仰，对社会主义和共产主义的信念，是共产党人的政治灵魂，是共产党人经受住任何考验的精神支柱。”作为党的理论工作者，更应当把对马克思主义的坚定信仰作为人生支柱。有这种坚定的理想信念支撑，才始终对党充满深厚感情，对党的理论创新坚信不疑；有这种坚定的理想信念支撑，才能把学习、研究、宣传党的创新理论作为毕生追求；有这种坚定的理想信念支撑，才能把传播和捍卫马克思主义作为神圣职责，坚守意识形态阵地，大力弘扬时代主旋律；有这种坚定的理想信念支撑，才能在理论工作实践中始终坚持马克思主义的立场观点方法，始终坚持正确的政治方向，体现高度的理论自觉和理论自信。讲师团系统的每一位同志都应当进一步坚定对马克思主义的信仰，自觉用中国特色社会主义理论体系武装头脑，把理想信念建立在真学真懂真用的基础之上，不断增强政治敏锐性和政治鉴别力，积极宣传、阐释党的理论和路线方针政策，坚持用科学理论引领社会思潮，努力在多元中立主导、在多样中谋共识、在多变中把方向。

要进一步树立终身学习理念。教育者必先受教育，武装人首先要武装好自己。作为理论工作者必须始终把学习放在第一位。要系统学习马克思主义理论体系和马克思主义发展史，学习党史，学习中国特色社会主义理论体系，学习我国经济社会发展形势、国际形势发展的特点和趋势，学习经济、法律、科技等多方面知识，学习职业精神、职业技能。通过坚持不懈学习，不断提高政治素质和工作能力。通过坚持不懈学习，提升修养境界，完善品德人格。要把学习与工作紧密结合在一起，实现工作学习化、学习工作化。要把学习当成一种生活态度、一种工作责任、一种精神追求，努力做到活到老，学到老，成为学习的模范，为全省广大干部群众树立良好学风起到积极示范作用。

要进一步锻造勇于创新、攻坚克难的能力。新形势下的理论武装工作面临许多新问题、新挑战，如受众群体的多样化所带来的思想观念的多样化，受众对常规理论宣讲、教育方式的麻木、冷漠和厌倦，工作方式不多，机制不健全，等等。要在理论武装工作上取得新的业绩，我们必须解放思想，从“求稳”和“守摊”的观念中解放出来，敢于攻坚克难，敢于突破常规，敢于追求卓越。要开阔工作思路，在构建大宣讲格局上取得新突破，团结和吸纳更多的力量参与理论武装工作。要创新工作方法，创造出更多的干部群众喜闻乐见的理论宣讲形式，把枯燥的理论变成欢快的节目、引人入胜的故事，增强吸引力。要开辟工作新领域，利用网络、手机等新媒体，创造新的工作平台。只要我们拥有攻坚克难的勇气、开拓创新的精神，就能够不断开拓工作新局面，实现事业新发展。

要进一步弘扬求真务实、真抓实干的作风。2012 年 11 月 29 日，习近平总书记在参观《复兴之路》展览时发出了“空谈误国、实干兴邦”的谆谆告诫。12 月，中央政治局出台了《关于改进工作作风、密切联系群众的八项规定》。这是新一届中央领导集体以实际行动向全党发出的改进作风、改进党风的召唤。作为党的理论工作者，一定要牢记习近平总书记的告诫，认真贯彻落实中央要求，弘扬求真务实、真抓实干作风，扎扎实实地做好理论武装工作。要继续深入开展“走转改”活动，深入基层、深入群众、深入实践，时刻关注现实，紧密贴近群众，掌握社会热点难点问题，了解干部群众的理论需求和心理感受，从群众实践中寻找理论创新的灵感，从群众语言中汲取理论阐释的养料，从群众关切中消除理论传播的盲区，使理论武装工作能够有的放矢。要“虚功实做”，加强工作谋划和组织实施，把理论武装工作的总目标具体落实到每项工作、每项活动中去。要加强制度建设，加强量化管理，完善工作考核评价体系，在全系统营造求真务实、真抓实干的良好氛围。

同志们，让我们在省委、省政府的坚强领导下，自我加压，奋发作为，不负重托，不辱使命，以积极的工作态度和饱满的精神状态，在 2013 年继续创造更辉煌的工作业绩，不断开创理论武装工作新局面，为建设“经济强省、和谐河北”、全面建成小康社会贡献智慧和力量。

# 2013年新春贺词*

（2013 年 1 月 31 日）

一元复始，万象更新。值此新春佳节来临之际，我谨代表院党组向全院广大干部职工和离退休老同志致以诚挚的节日问候和美好的新年祝福！

2012 年是我院丰收的一年。一年来，我院按照省委主要领导提出的“一定要抓好巩固提高的工作”的更高要求，进一步使“三位一体”工作新格局和“一院两制”新体制的改革效能得到充分发挥。完成了第二轮技术职称人员岗位聘用工作，进行了第一批次处级干部的选拔任（聘）用工作，思想政治和行政后勤提供了有力的支持和保障。按照省委要求和省委宣传部关于“三个一”主题教育实践活动的部署和“走转改”的要求，我院组织开展了“走基层太行行、走基层沿海行、走世界开放行”“三走”大调研活动，推动了科研组织、研究方法和手段的创新，大大提升了新智库建设水平，扩大了社会影响。以学习贯彻党的十八大精神为主线，深入开展理论武装工作，理论宣讲和理论研究取得积极成效，一批理论文章在中央大报大刊发表。继续深入贯彻“三个服务”的办院方针，河北沿海地区发展、河北社会管理创新、省委八届三次全会重大问题解读、2012 年度经济形势分析会综述等一大批服务决策研究成果获得中央领导和省委、省政府主要领导肯定批示，大大提升了成果社会贡献力。不断创新“联”的形式，努力发挥桥梁纽带作用，召开了省社科联四次代表大会，圆满完成换届任务，以省

* 本文为周文夫发表的院 2013 年新春贺词，刊载于《河北社会科学》2013 年第 1 期。

委、省政府两办名义下发了《关于加强新时期社会科学界联合会工作的意见》，社科联合工作实现了新跨越。一年来，我院的各项事业取得显著成绩，在打造“省级科研一流、国内国际知名、服务河北科学发展”新智库的道路上迈出了坚实步伐。这些成绩的取得是省委、省政府正确领导的结果，是全院干部职工团结努力的结果，在此我代表院党组对同志们表示衷心感谢！

2013年是实施院“十二五”规划攻坚的一年。我院将全力推进哲学社会科学创新工程和中国特色社会主义“新智库”建设，要使理论武装主阵地建设迈上新台阶，要使服务河北科学发展“智库”建设实现新突破，要使社科联合社团建设取得新进展。我相信，在新的一年里，只要我们凝心聚力、开拓创新、真抓实干、锐意进取，全院的各项事业发展一定会再上一层楼！衷心祝愿大家新年快乐、阖家幸福、万事如意！

# 真抓实干　创新发展　推动我院新智库建设实现新跨越*

（2013 年 3 月 8 日）

这次会议是经院党组研究决定召开的。主要任务是：深入贯彻党的十八大和省委八届三次全会、省两会精神，回顾总结过去一年的工作，表彰先进，对 2013 年的重点工作进行安排部署。在此，我代表院党组对受到表彰的集体和个人表示热烈祝贺！希望全院同志要以先进为榜样，扎实苦干，共同开创我院事业发展的崭新局面。

刚才，保刚副院长代表院党组对我院 2012 年的工作做了全面总结，我完全同意。过去的一年，我院在省委、省政府的坚强领导下，高举旗帜，围绕大局，坚持"为决策服务、为发展服务、为基层服务"的办院方针，落实"出精品、出人才、出效益"的总要求，工作亮点多，活动影响大，成果评价高，智库建设迈出了新步伐。一年来，我院认真贯彻省委、省政府领导的重要指示和批示精神，以学习宣传贯彻党的十八大精神为主线，理论武装工作取得积极成效；以"三走"活动为抓手，推动了全院作风文风改进、科研组织管理创新和国际学术交流与合作；以服务党委、政府中心工作为主攻方向，科研成果的质量和水平明显提升；以召开省社科联第四次代表大会为契机，开创了全省社科联合工作新局面；以深化内部改革为动力，激发了全院干部和人才队伍的工作热情和活力；以党建、科辅、行政后勤为保障，

* 本文为周文夫在全院 2012 年度总结表彰大会上的讲话。

推动了全院各项工作迈上新台阶。以上这些成绩的取得，是省委、省政府正确领导的结果，是全院干部职工团结奋斗的结果。在此，我代表院党组向同志们表示衷心感谢!

下面，我就做好2013年各项重点工作，讲三点意见。

## 一 认清新形势，把握新任务，切实增强做好社科理论工作的自觉性

2013年，是全面贯彻党的十八大精神的开局之年，是实施“十二五”规划承前启后的关键一年，是为全面建成小康社会奠定坚实基础的重要一年。省委八届三次全会根据党的十八大精神做出的战略部署，结合省第八次党代会精神和“十二五”规划的要求，把今后五年的奋斗目标概括为：建设“经济强省、和谐河北”取得标志性突破，全面建成小康社会目标在大多数地区总体实现，全面深化改革开放任务在重要领域取得重大进展。省十二届人大一次会议进一步明确了今后五年我省经济社会发展的奋斗目标、重大任务和战略举措。今后一个时期，我省将认真坚持稳中求进的工作总基调，紧紧围绕主题主线，全面深化改革开放，加快产业优化升级，切实保障改善民生，着力改善“两个环境”，保持社会和谐稳定，推动经济社会持续健康发展，加快建设“经济强省、和谐河北”进程，在全面建成小康社会新征程上迈出坚实步伐。元旦前夕，习近平总书记深入我省贫困地区调研指导工作，对扶贫开发工作做出重要指示，省委、省政府认真贯彻习近平总书记重要指示精神，对我省的扶贫开发进行了全面部署，打响了新一轮扶贫攻坚战。当前，我省已站在一个新的历史起点上，发展机遇难得，发展前景广阔。新的形势和新的任务，要求我们必须认真学习党的十八大精神和习近平总书记的一系列重要指示精神，深入贯彻省委全会和省两会精神，自觉把思想统一到党中央和省委的决策部署上来，把力量凝聚到实现省委、省政府确定的目标任务上来。

我院作为省委、省政府直属的社科研究、理论宣传机构和社团机构，一直以来努力发挥党和人民“思想库”“智囊团”作用，承担着服务决策、服务发展、服务基层的重要职责。面对新形势、新任务、新机遇、新挑战，广

大社科理论工作者要始终保持逢山开路、遇河架桥的开拓精神，不断弘扬与时俱进的理论品格，敢于和善于分析回答干部群众思想上和现实生活中迫切需要解决的重大理论和实际问题，不断推进理论创新、实践创新。因此，我们要进一步树立政治意识，对于党的基本政治路线、重大原则问题、重要方针政策，有正确的立场、鲜明的观点、坚定的态度；要进一步树立服务意识，坚持以人民为中心的工作导向，不断满足群众精神文化需求；要进一步树立问题意识，善于发现问题、研究问题、回答问题，积极推动问题的解决，凝聚推动发展的正能量；要进一步树立创新意识，不断推动社科理论工作与时俱进、健康发展。

## 二　强化“三个服务”，抓好巩固提高，加快建设服务河北科学发展新“智库”

2013 年，是实施我院“十二五”发展规划承上启下的攻坚一年。全院工作的指导思想是：高举中国特色社会主义伟大旗帜，以邓小平理论、“三个代表”重要思想、科学发展观为指导，认真贯彻落实党的十八大和省委八届二次、三次全会精神，坚持“为决策服务、为发展服务、为基层服务”的办院方针，全力推进哲学社会科学创新工程和中国特色社会主义“新智库”建设，要使理论武装主阵地建设迈上新台阶，要使服务河北科学发展“智库”建设实现新突破，要使社科联合社团建设取得新进展，为建设“经济强省、和谐河北”和全面建成小康社会做出新的更大的贡献。为此，要重点抓好四方面的工作。

### （一）以学习贯彻党的十八大精神和省委全会精神为主线，推动理论武装主阵地建设迈上新台阶

要按照张庆黎书记在省委八届三次全会和省委常委扩大会议上提出的“抓学习”“抓宣讲”“抓结合”的要求，紧紧围绕学习宣传贯彻党的十八大精神和省委八届三次全会精神，重点抓好理论宣讲、理论研究、理论服务和宣讲网络建设。一是抓好理论宣讲。按照党中央关于开展“走基层”宣

讲活动的要求，深入开展内容丰富、形式多样的“送理论下基层”活动，面向农村群众、企业职工、高校师生等不同群体，进行对象化、分众化、互动化宣讲；积极拓展理论宣讲专家资源库规模，不断壮大宣讲队伍的实力；进一步完善宣讲菜单，接受省直机关和各市县点播；组织编写党的十八大精神解读读本和形势政策教育宣传读本，解答干部群众关心的热点难点问题。二是抓好理论研究。继续深化中国特色社会主义理论体系和社会主义核心价值体系建设研究，确定重点研究选题，组织理论研讨活动，在大报大刊发表一批重点文章，积极推动中国特色社会主义的宣传教育，进一步增强广大干部群众的道路自信、理论自信、制度自信。三是抓好理论服务。继续发挥《党委中心组理论学习通讯》、《理论信息》和河北省干部理论教育网等宣讲平台的作用，搞好中心组学习服务，把加强学习型党组织建设与加强改进党委（党组）理论中心组学习结合起来，坚持不懈地用中国特色社会主义理论体系武装党员干部。四是抓好宣讲网络建设，健全大宣讲格局。加强对各市委讲师团、华北油田公司党委讲师团、各理论宣讲工作站的工作指导；推动理论宣讲工作站向乡村延伸，构建省、市、县、乡、村五级宣讲网络；发现、培养、培训更多基层理论宣讲员，不断提升理论素养和宣讲能力。

### （二）以服务建设“经济强省、和谐河北”和全面建成小康社会为重点，推动服务河北科学发展“智库”建设实现新突破

去年，省委、省政府对我院的科研工作给予多次肯定。庆黎书记批示“社科院的课题研究很及时”“很有参考价值”。我院一定要按照庆黎书记的要求，更加突出应用研究成果的时效性和实用性。今年主要围绕建设“经济强省、和谐河北”和全面建成小康社会的总体目标，着力扭住冀南地区经济发展、河北城镇化道路、改善“发展环境、生态环境”、“善行河北”、文化体制改革和文化产业发展等重大现实问题，深入调查研究，多出成果和人才。一是突出重点。围绕省委、省政府中心工作，继续做好请省领导圈定课题或交办任务的工作，并将其列为院级重大课题系列研究项目，组织精干力量攻关，进一步增强研究成果的针对性、时效性和实际应用价值。这里需要强调一下，请省领导圈定课题或交办任务，进行重大

课题系列研究，是我院发挥职能作用、提升自身影响的重要举措。通过几年来坚持不懈的努力，这项工作服务决策发展的应用效应和社会影响越来越大，受重视程度越来越高。仅去年一年，就有多项成果获得庆黎书记、庆伟省长、赵勇副书记等省委、省政府主要领导和分管领导的重要批示，多项成果得以转化采用。实践证明，这项工作方法对路，措施得当，组织得力，效果显著，对于提升我院的新智库建设水平起到了提纲挈领、纲举目张的作用。所以，这项工作我们还要继续抓好，争取更大的成效。二是突出实效。重点围绕我省冀南地区被列为国家层面的重点开发区域这一重大战略，同时紧密结合中原经济区上升为国家战略的重大机遇，积极开展冀南地区经济发展问题研究和新时期河北省城镇化道路问题研究。赴邢台、邯郸、安阳、鹤壁、新乡、郑州等地开展“走基层中原行”调研活动，召开“冀南经济区发展研讨会”，推出有分量、有价值的调研成果，为省委、省政府领导提供决策咨询，为冀南经济区发展和我省城镇化建设献计献策。三是突出影响。积极推进基础理论研究，抓好重点学科、重点扶持学科、重点培育学科的建设，加强河北精神和地方特色文化的研究，做好国家社科基金项目、省社科基金项目、院级重大课题等的组织管理和研究推动，继续扩大我院影响，不断提升河北文化在国内外的知名度和话语权。四是突出创新。组织好院优秀科研成果评奖工作；开展改善生态环境、发展环境的调研活动；组织举办“善行河北”学术研讨会，开展“善行河北”相关理论研究，推进“善行河北”研究成果的宣传、推广和转化；以《河北经济社会发展报告》（蓝皮书综合卷）加入社会科学文献出版社组织的全国“皮书”出版系列为契机，提高蓝皮书编撰质量，扩大在全国的影响；组织好河北经济形势分析会；做好《决策参考》《决策建议》直报件的编辑报送工作。

### （三）以发挥桥梁纽带作用、建好社科工作者之家为目标，推动社科联合社团建设取得新进展

要认真贯彻省委关于加强社科联工作的重要指示，紧紧抓住省委办公厅、省政府办公厅下发《关于加强新时期社会科学界联合会工作的意见》和全面贯彻省社科联“四大”精神的新机遇，做到“四个加强”：一是加强

制度建设。认真落实《关于加强新时期社会科学界联合会工作的意见》，积极推动《河北省哲学社会科学普及办法》及早出台。二是加强工作创新。推进河北省社会科学“智库”建设工程，在市级社科联开展“智库”建设试点，为各级党委、政府决策服务。三是加强平台建设。深入贯彻党中央和省委关于改善民生的决策部署和有关要求，继续深化大型民生调研活动；继续开展好社会科学普及周、燕赵文化论坛、社科博士论坛、社科学术年会、京津冀晋蒙区域协作论坛等品牌活动，抓好社科优秀青年专家评选、哲学社会科学研究基地建设、社会科学发展研究课题立项、年度重要学术著作出版资助项目评审、《河北社会科学年鉴》编撰等重点工作。四是加强组织建设。完善学会管理，加强社团组织党的建设，加强对各市社科联工作的指导，支持和鼓励有条件的省内骨干高校、扩权县（市）、大型经济组织建立社科联组织。要进一步推动社科联合工作举措创新，树立品牌意识，构筑各种学术活动的新平台；强化组织建设，建立社科团体管理的新标准；创新宣传普及，开辟社科成果传播转化的新渠道；改进评优管理，探索社科奖励的新机制；提高服务水平，营造社科家园建设的新气象。

### （四）以开展党的群众路线主题教育活动为载体，推动党建、科辅、行政后勤等各项工作实现新提升

要深入贯彻党的十八大精神，按照党中央和省委的部署，深入开展以为民务实清廉为主要内容的党的群众路线主题教育活动。认真落实中央政治局《关于改进工作作风、密切联系群众的八项规定》和《中共河北省委关于贯彻落实中央政治局“八项规定”的办法》等文件精神，深入推进作风建设。认真贯彻中央纪委十八届二次全会和省纪委八届三次全会精神，严格落实党风廉政建设责任制，抓好反腐倡廉各项工作。按照省委关于深化加强基层建设年活动的要求，积极指导和支持院驻阜平县石滩地村工作组的帮扶工作。进一步做好工、青、妇和老干部工作，发挥好院专家咨询组和老教授协会的作用。要进一步健全信息工作机制，加大信息上报工作的力度，不断提高“三网一报”办网办报水平。加强信息化制度建设，严格落实院信息化工作领导小组例会制度。加快数字资源建设步伐，保障网络与信息安全。《河北

学刊》《社会科学论坛》《经济论坛》要坚持正确的办刊方向，加强对我省经济社会发展重大问题研究的宣传，不断推出精品力作。要进一步加强人才队伍建设，做好人才培养、引进和管理等工作。进一步加强对外学术交流，深化与国外以及我国港台地区高校、科研单位的合作，加快我院走向世界的步伐。深入研究“三位一体”工作新格局下的财务运行规律，既要严格执行政策规定，又要积极开拓创新。进一步完善行政和后勤保障等工作，优化办公环境，维护工作秩序，不断提高服务能力和水平。

## 三　聚合正能量，实现新发展，为全面完成2013年各项目标任务而奋斗

目标要实现，落实是关键。聚合推动发展的正能量已经成为上至总书记、下至普通民众的共同“热词”，成为时代发展的最强音。深化改革是正能量，改善民生是正能量，反腐倡廉也是正能量。正能量可以理解为一切给予人向上的希望、促使人不断追求幸福的动力和情感。对于我院来说，服务党和政府工作大局，推动哲学社会科学繁荣发展，全面完成今年的目标任务，同样需要聚合推动发展的正能量。这种正能量来自奋发有为的精神状态，来自求真务实的工作作风，来自创新发展的工作合力。

### （一）要始终保持奋发有为的精神状态

“锐意进取则兴，消极懈怠则亡。”保持奋发有为的精神状态，根本在于坚定信念、牢记使命；核心在于加强学习、提升能力；关键在于矢志奋斗、为民务实。首先，坚定信念、牢记使命是保持奋发有为精神状态的前提和基础。“革命理想高于天。”全院干部职工必须坚定理想信念，牢记为民使命，把事业当作一种追求，把发展当作一种责任，始终做到斗志昂扬、精神饱满。其次，加强学习、提升能力是保持奋发有为精神状态的路径和方法。全院干部职工必须把加强学习变成履职尽责的第一需要和第一习惯，在学习中创新，始终保持思想领先、发展领先。最后，矢志奋斗、为民务实是保持奋发有为精神状态的目的和意义。工作在不在状态，关键看成效，全院

干部职工要积极发挥主动性和创造性，认真回答现实问题，努力满足群众需求，把工作的着力点放到服务决策、服务发展、服务基层上来。

### （二）要大力弘扬求真务实的工作作风

成功缘于实干，实干才能兴邦。面对艰巨繁重的工作任务，我们必须大力弘扬求真务实的工作作风。广大党员特别是党员领导干部要切实增强政治意识、大局意识、忧患意识、责任意识，认真贯彻党中央和省委关于改进工作作风、密切联系群众的各项规定，树立科学的发展观，把求真务实贯穿于工作中，落实在行动上，能够做到在大事难事面前勇挑重担，在急难险重面前挺身而出，在关键时刻和风险挑战中经得起考验。广大科研人员要认真落实党中央和省委关于“转变作风，端正学风，改进文风”的有关要求，树立正确的业绩观，深入基层接地气、深入群众通底气、深入实际壮胆气，拓宽工作思路，提高研究水平，增强咨政建言实效，在服务社会、服务群众中实现最大价值。深入开展“大讲善行之理，倡导科研诚信”主题道德实践活动，加强教育引导，促进学术自律，构建科研诚信和学术道德建设的长效机制。全院广大干部职工要有踏石留印、抓铁有痕的劲头，聚精会神谋发展，心无旁骛搞科研，形成人心思进、心齐气顺的浓厚氛围。

### （三）要努力形成创新发展的工作合力

干事创业需要克难攻坚的勇气，更需要创新开拓的魄力和团结协作的合力。要坚持创新驱动发展，积极推动工作机制的创新、方式方法的创新、工作举措的创新。要继续深化“三位一体”工作新格局和“一院两制”新体制，积极发挥举全院之力办大事的独特优势，努力形成科学高效的运行机制。要强化责任落实，各项工作要善始善终，善作善成，说到做到，不打折扣，承诺的就坚决兑现。要加强工作督导，做到各项工作有部署、有督促、有检查、有奖惩。要强化制度建设，坚持和完善各项学习制度、调查研究制度、民主决策制度、责任追究制度、公开办事制度，以制度建设保证事业发展。全院同志要始终把团结放在突出位置，做到工作中相互尊重、工作上相互支持、生活上相互关心，以团结增强凝聚力，提高战斗力，促进生产力。

领导干部要严于律己、以身作则，要求别人做到的，自己首先要做到，以突出的工作能力、良好的工作作风、出色的工作业绩来获得大家的认可。全院同志特别是各部门负责人要带头执行党组决策，认真完成领导交办的任务，要把顶层的决策力、中层的执行力和基层的创造力紧密结合，掷地有声抓落实，脚踏实地干工作，努力把我院的各项事业提高到一个新的水平。

一年之计在于春，万物复苏春意浓。2013 年的各项工作已经全面铺开，从现在开始，大家都要把本职工作牢牢放在心上，紧紧抓在手上，切实在行动上紧张起来，在工作上忙碌起来，为做好全年的各项工作开好局、起好步。

同志们，让我们更加紧密地团结在以习近平同志为总书记的党中央周围，在省委、省政府的坚强领导下，真抓实干，创新发展，为建成“省级科研一流、国内国际知名、服务河北科学发展”新智库更高办院目标而努力奋斗，为建设“经济强省、和谐河北”和全面建成小康社会做出应有的贡献！

# 信札二则*

（2013 年 3 月 29 日）

日本岩手县立大学

中村庆久校长：

来信收悉，谨祝中村校长及贵校同仁一切安好。

去年 11 月，中村校长率团访问河北省社会科学院取得了圆满成功！不仅加深了两院校之间的友谊，更为促进双方的学术交流与合作奠定了坚实的基础。中村校长在我院做的学术报告给我们展示了国际前沿的研究成果，大家受益匪浅。

我们非常珍视两院校十多年的友好合作关系，并将持续安排院代表团访问岩手县立大学，进行更为广泛、深入的学术交流与合作。同时，我代表河北省社会科学院邀请中村校长与贵校的专家学者再次访问我院，让我们共谋合作，再叙友情。

最后，祝愿中村校长及贵校各位同仁身体健康，工作顺利。祝愿两院校友谊长存，共同发展。

此致

敬礼！

河北省社会科学院院长　周文夫

2013 年 3 月 29 日

---

* 河北省社会科学院与日本岩手县立大学拥有十多年的学术交流与友好合作关系。2012 年 11 月中村校长访问河北省社科院后，回国致信周文夫院长，感谢热情接待。周文夫院长复信中村校长，托付岩手县立大学刘文静教授转达。

文静教授：

您好！

2012 年 11 月 27 日来函收悉。不知何故，今年 3 月方见，迟复为歉。并随复中村校长函，望转交。

中村校长一行的来访很成功，我知道个中凝聚了你的辛劳。多年来，你为两院校之间的学术交流与合作做出了重要贡献。为此，我代表河北省社科院以及家乡人民对你表示感谢！

正如你信中所说，由于条件的变化，双方合作交流也面临一些客观因素的影响，今后还需要在合作形式与合作内容上做进一步的研究谋划，包括不断提高翻译的水平。我们坚信，经过双方努力，已经建立起来的长期友好合作关系和学术交流会继续深入进行下去。衷心希望你在这方面继续做出新的贡献。

另特告知，彭建强研究员已晋升为副院长、社科联副主席，也望你与他加强联系，商议合作。

周文夫

2013 年 3 月 29 日

# 河北省社科院工作汇报

（2013 年 4 月 2 日）

首先感谢和欢迎许宁副省长一行在百忙之中到我院调研指导工作，这充分体现了省政府对哲学社会科学事业的高度重视和对我院工作的关心。下面，将我院有关情况作一简要汇报。

## 一　省社科院基本情况

河北省社会科学院（河北省邓小平理论、“三个代表”重要思想和科学发展观研究中心，中共河北省委讲师团，河北省社会科学界联合会）是省委、省政府直属事业单位，是省社科研究、理论宣传机构和社团机构。其前身是始建于 1963 年的河北省哲学社会科学研究所，1981 年改建为河北省社会科学院。2009 年 2 月，省委、省政府决定，将省委讲师团、省社科联并入省社会科学院。经过 4 年努力，已经确立起理论武装、服务决策、繁荣发展“三位一体”工作新格局和参公管理、事业管理“一院两制”新体制。全院现有编制 381 人，内设 34 个处室所。其中，行政管理机构 9 个、社团工作机构 5 个、教学科研机构 15 个、科研辅助机构 4 个、社科发展中心 1 个。院学科设置突出河北特色，门类比较齐全。现有农村经济学、区域经济学、中国特色社会主义理论体系研究、河北地方史与传统历史文化研究、当代文化（文学）发展研究 5 个重点学科，有人口社会学、马克思主义哲学与现代化、服务经济、李大钊与区域史研究 4 个重点扶持学科，还有 4 个重点培育学科。科研、教学及其辅助人员占全院人员总数2/3左右。其中，现有7名享受国务院特殊津贴专家，4名省管优秀专家，14名省有突出贡献中青年专家，11名省社会科学优秀青年专家，1名全国宣传文化系统“四个一批”人才，2名省优秀专业技术人才，9名河北省宣传文化系统“四个一批”人才，13名省新世纪“三三三人才工程”人选，14名“省中青年社科专家五十人工程”人选。

2009年机构调整后，4月省委、省政府对院领导班子进行了调整。院党组坚决贯彻落实省委、省政府的决策部署，面对新挑战，抢抓新机遇，谋求新发展，扎实推进机构调整和事业发展，努力构建“三位一体”工作新格局和“一院两制”新体制，深入贯彻“为决策服务、为发展服务、为基层服务”的办院方针。省委、省政府主要领导和分管领导多次做出重要批示，对我院办院方针、机构调整、工作思路和工作成效充分肯定，并提出了更高的期望和要求。目前，我院按照省委、省政府的要求，正在不断深化和优化管理体制和运行机制，进一步抓好巩固提高的工作，力争取得更大的成效。

## 二　近年来的主要工作

“十一五”时期，我院遵循党中央关于“繁荣发展哲学社会科学”的精神和省委“多出成果、出好成果”的要求，提出了“三个服务”的办院方针。机构调整后，我院将“三个服务”的办院方针向理论宣讲、社科研究、社科联合等领域延伸和覆盖。“十二五”时期，我院提出以科学发展观统领办院，继续坚持“三个服务”的办院方针，落实“出精品、出人才、出效益”的总要求，健全“三位一体”工作新格局和“一院两制”新体制，大力推进中国特色社会主义理论武装工程，大力推进服务河北能力提升工程，大力推进全省哲学社会科学龙头带动工程，大力推进创新型人才智力聚合工程，以学习型党组织建设和创先争优活动引领发展环境优化，以改革创新激发发展活力，建设“省级科研一流、国内国际知名、服务河北科学发展”新智库的更高办院目标。2011年9月，院党组在《求是》发表了《把建设学习型党组织作为服务科学发展的引擎》体会文章，对我院学习型党组织建设的做法和经验进行概括、总结、提炼，中央建设学习型党组织领导小组办公室发了简报，在全国产生了较大影响。《人民日报》《光明日报》《经济日报》《河北日报》等先后对我院学习型党组织建设和创先争优活动进行了报道，大大扩大了我院的知名度。

2012年，我院围绕中心、服务大局，主要做了四项工作。一是以学习宣传贯彻党的十八大精神为主线，理论武装工作持续推进。召开了深入宣讲宣传省第八次党代会精神座谈会、学习胡锦涛总书记“7·23”重要讲话座谈会、学习党的十八大精神座谈会等活动。通过“送理论下基层”等活动深入宣传党的十八大精神和省委八届三次全会精神，开展理论宣讲2万多场，受众240余万人次。开展了深入推进“惠在何处、惠从何来”宣传教育活动；编辑出版了系列理论读物；以“河北省中国特色社会主义理论研究中心”的名义在国家级报刊发表多篇理论文章。二是加强应用对策和基础理论研究，社科研究工作取得积极成效。围绕深入贯彻省委八届三次全会精神，以实现建设“经济强省、和谐河北”奋斗目标的路径选择为重点研究方向，着重加强“河北沿海地区经济发展”的研究以及加强社会建设等重大课题的研究，一年来共完成科研成果610多项，多项成果得到省委、省政府主要领导的肯定批示，成果质量和受重视程度实现了新的突破。基础理论研究取得丰硕成果，出版了多部学术著作，发表了一批高质量学术论文，十多项成果获省社会科学优秀成果奖和社科基金项目优秀成果奖。举办了河北省经济形势分析会，出版了“河北发展蓝皮书”。三是开展社科活动和平台建设，社科联合工作取得新进展。在省委、省政府领导的关心支持下，以省委、省政府“两办”名义出台了《关于加强新时期社会科学界联合会工作的意见》。按照省委、省政府领导的要求，顺利召开了省社科联第四次代表大会，实现了省委提出的“一个好报告、一个好班子、一个好作风”要求。开展了大型民生调研活动，确定民生调研课题350项，有多项调研成果得到省领导肯定批示或有关部门采纳。举办了社会科学普及周、燕赵文化论坛、社科博士论坛、社科学术年会等品牌活动。开展了学术著作资助评审、《河北社会科学年鉴》编撰和社科研究基地建设。完成省社科优秀成果评奖、社科发展课题立项等工作。四是按照省委“三个一”和“走转改”活动要求，组织开展“三走”大调研活动。在“走基层太行行——河北‘老’‘少’‘边’区红色教育大调研”活动中，院领导和行政管理、科研人员深入我省“老”“少”“边”区，开展西柏坡精神、社会建设、河北文化品牌和社情民意调研，接受革命传统教育，组织送理论下基层和社科普及活动，进一步强化了宗旨意识，坚定了理想信念。在“走基层沿海行——河北沿海地区发展大调研”活动中，院领导和科研人员深入环渤海沿线的秦、唐、沧等新兴增长区域和天津、辽宁、山东等毗邻沿海省份，围绕河北经济发展重大问题开展调研，举办了“河北省沿海地区发展研讨会”，形成了系列调研成果，进一步增强了开放意识和创新意识，提升了科研能力。在“走世界开放行——广泛开展国际学术交流与合作”活动中，举办了“欧美经济走势与中国经济转型”国际学术研讨会，大大扩大了我院的国际学术影响力。《人民日报》刊发了我院《社科理论界“走转改”如何深入下去》的理论文章，《光明日报》以《到“源头”去　引“活水”来——河北省社科院结合实际“走转改”》为题在头版显要位置报道了我院经验。

## 三　今后的几项重点工作

2013 年我院将高举中国特色社会主义伟大旗帜，以邓小平理论、“三个代表”重要思想、科学发展观为指导，认真贯彻落实党的十八大和省委八届二次、三次全会精神，继续坚持“三个服务”的办院方针，全力推进哲学社会科学创新工程和中国特色社会主义“新智库”建设，努力实现“三个新”。

### （一）以学习贯彻党的十八大精神和省委全会精神为主线，推动理论武装主阵地建设迈上新台阶

做到“四个抓好”。一是抓好理论宣讲。按照党中央关于开展“走基层”宣讲活动的要求，深入开展“送理论下基层”活动；完善宣讲菜单，接受省直机关和各市县点播；组织编写党的十八大精神解读读本和形势政策教育宣传读本，解答干部群众关心的热点难点问题。二是抓好理论研究。继

续深化中国特色社会主义理论体系和社会主义核心价值体系建设研究，在大报大刊发表一批重点文章。三是抓好理论服务。继续发挥《党委中心组理论学习通讯》、《理论信息》和河北省干部理论教育网等宣讲平台的作用，搞好中心组学习服务。四是抓好宣讲网络建设，健全大宣讲格局。推动理论宣讲工作站向乡村延伸，构建省、市、县、乡、村五级宣讲网络。

### （二）以服务建设“经济强省、和谐河北”和全面建成小康社会为重点，推动服务河北科学发展“智库”建设实现新突破

做到“四个突出”：一是突出重点。围绕省委、省政府中心工作，继续做好请省领导圈定课题或交办任务的工作，并将其列为院级重大课题系列研究项目，组织精干力量攻关，进一步增强研究成果的针对性、时效性和实际应用价值。二是突出实效。开展“走基层中原行”调研活动，重点围绕中原经济区上升为国家战略背景下我省冀南地区如何“对接中原”，组织专家赴邢台、邯郸、安阳、鹤壁、新乡、郑州等地开展调研，为领导决策提供咨询，为冀南经济区发展和我省城镇化建设献计献策。三是突出影响。抓好重点学科、重点扶持学科、重点培育学科的建设，加强河北精神和地方特色文化的研究，做好国家社科基金项目、省社科基金项目、院级重大课题等的组织管理和研究推动。四是突出创新。开展改善生态环境、发展环境的调研活动，开展“善行河北”理论研究，组织好河北经济形势分析会，编撰好“河北发展蓝皮书”。

### （三）以发挥桥梁纽带作用，建好社科工作者之家为目标，推动社科联合社团建设取得新进展

做到“四个加强”：一是加强制度建设。认真落实《关于加强新时期社会科学界联合会工作的意见》，积极推动《河北省哲学社会科学普及办法》及早出台。二是加强工作创新。在市级社科联开展“智库”建设试点工作。三是加强平台建设。继续深化大型民生调研活动，开展好社科普及周、燕赵文化论坛、博士论坛、学术年会等品牌活动，抓好社科优秀青年专家评选、社科研究基地建设、社科发展课题立项、学术著作出版资助评审、《河北社

会科学年鉴》编撰等重点工作。四是加强组织建设。完善学会管理，加强社团党建，支持和鼓励有条件的省内骨干高校、扩权县（市）、大型经济组织建立社科联组织。

下一步，我院将认真贯彻落实党的十八大精神和全国两会精神，深入贯彻全省领导干部会议和省委常委扩大会议精神，结合许宁副省长今天到我院调研时的重要讲话要求，对今后的工作进行再聚焦、再夯实，以锤子钉钉子的精神，努力推动全院的各项工作再上新台阶。

# 加强我省海洋环境治理的对策建议*

（2013 年 4 月 16 日）

海洋生态环境是海洋经济可持续发展的基础条件。河北省沿海特殊的地理区位及资源环境禀赋，使得河北省海洋生态环境问题异常复杂，生态环境保护任务艰巨。主要表现在以下几个方面。（1）渤海是半封闭内海，自身水体更新缓慢，纳污净化能力有限。有专家估计，渤海海水的循环周期为 40 ~ 200 年。（2）重化工业集聚，环境压力激增。河北省重化工业向沿海迁移，目的是建立起完善的循环经济产业链，但大石化项目迟迟不能落地，导致钢循环产业链、油循环产业链未能有效链接，难以实现真正意义上的"零排放"，使得原本脆弱的渤海环境危机加重。（3）前"因"后"果"，陆海分治，导致海洋污染治理成效甚微。陆源污染物是海洋污染最主要的污染源，2011 年，全省主要河流污染物入海总量 4.9 万吨，再加上深海管线排污、农业面源污染等，海洋环境管理部门对于陆源污染难以实施有效控制与监管。（4）渤海环境保护规划"纸上谈兵"，河北难以独善其身。海水水体的流动性特征，决定了海洋环境治理的协同性。尽管环渤海三省一市对于加强渤海环境保护已达成共识，在国务院的直接干预下，出台了《渤海环境保护总体规划（2008—2020 年）》，但从实际来看，显得"雷声大雨点小"，海洋环境协同治理仍未形成有效合力。

海洋环境问题的复杂性与环境主体的多元利益诉求，决定河北省海洋生态环境问题需要制度创新，推进海洋环境管理向海洋环境治理转变。

---

* 本文系时任河北省政协常委周文夫为省政协十一届二次常委会议提交的会议发言稿。

## 一 加快完善海洋环境保护法规体系

1. 推进我省海洋环境保护由地方政府规章向地方性法规升级

我省于2012年12月出台了《河北省海洋环境保护管理规定》，规定的出台将有效推进我省海洋环境保护工作。但严格意义上来讲，规定尚属于地方政府规章，不能适应当前海洋环境管理的需要。鉴于目前海洋环境保护的复杂性，加快推进地方政府规章上升为地方性法规势在必行。目前山东、浙江、江苏、福建、海南等沿海各省均出台了地方性法规——海洋环境保护条例。

2. 完善渤海区域海洋环境保护协调机制

尽管就渤海海域的环境保护问题，环渤海三省一市已初步建立起协调机制，《渤海环境保护总体规划（2008—2020年）》正在实施，但在发展的压力下，各方都不愿意因大规模生态建设而放缓发展的步伐。要在海陆统筹、河海统筹、区域统筹的原则下，从国家层面完善区域性共同防治海洋环境污染的协调机制，建立环渤海生态补偿基金，制定污染防治的地方性法规、污染控制标准以及共同防治污染的措施。通过区域环境合作机制，协调解决海岸、海域和流域间重大环境问题。

## 二 强化公众海洋环境保护意识，畅通公众参与海洋环境保护的途径

1. 强化公众海洋环境保护意识

公众是保护海洋环境的重要责任人。通过公众环境意识的培育和强化，不仅能通过自律而减少环境污染，而且有利于实现有效的社会监督，并形成一种倒逼机制来强化企业和政府的责任。

2. 建设海洋环境信息披露制度

通过海洋环境信息的及时公布，引导公众参与海洋环境建设的全过程，包括决策参与（对环境法律、法规、政策、规划、计划及开发建设项目实施之前的参与）、过程参与（对环境法律、法规、政策、规划、计划及开发

建设项目实施过程中的参与）和后评价参与（对环境政策及项目实施后的效果评价参与）。

3. 建立环境公益诉讼制度

允许与环境污染没有直接利害关系的公民、法人和其他组织，对环境污染行为提起民事诉讼，扩大公众对环境案件的参与权。

## 三　加快建设河北省海洋环境优良标志性区域，以生态文明引领沿海地区产业升级，拓展海洋环境容量

有效地保护生态环境，发展绿色经济，进行绿色开发，变掠夺式发展模式为可持续发展模式，是河北沿海地区发展的前途所在。河北沿海发展规划指出："要努力把河北沿海地区建设成为我国新型工业化基地和科学发展的示范区。"未来，河北沿海经济区除了依托港口发展钢铁、石化等重化工产业外，发展滨海旅游、船舶制造、服务外包、创意产业、信息服务等绿色临港产业，更符合建设新型工业化基地和科学发展示范区的要求。

1. 加大海洋自然保护区建设力度

海洋自然保护区以保护海洋自然环境和自然资源为目的，既能保护一部分海洋生态系统的天然本底，又能减少或消除人为的不利影响，改善海洋环境，维持海洋生态平衡，从而实现海洋资源的有序利用。目前我省已建立各类型海洋自然保护区 5 处，要加快落实《河北省海洋环境保护规划》，完善现有保护区基础设施，推进新建保护区的论证与规划。

2. 加快推进国家海洋公园的选址建设

国家海洋公园是海洋特别保护区的一种，与海洋自然保护区的禁止和限制开发不同，海洋公园作为海洋特别保护区的一种类型，按照"科学规划、统一管理、保护优先、适度利用"的原则，在有效保护海洋生态和恢复资源的同时，允许并鼓励科学合理的开发利用活动，是高端旅游业的有效支撑，有助于实现生态环境效益与经济社会效益的双赢。其他沿海各省已加大了建设力度，我省在这方面明显滞后。要依托昌黎黄金海岸国家级自然保护

区、石臼坨诸岛省级自然保护区等优质海洋资源，加快选址建立河北省海洋环境优良标志性区域——国家级海洋公园，并以此为依托，放大优质环境对高端人才、高端产业的吸引力，进而推动沿海地区产业结构升级，并有效扩展河北沿海环境容量。

## 四　加强海洋环境污染监控，以防为主，防治结合

海洋环境治理的根本目的在于杜绝污染的发生。要改变海洋环境污染由原先的“末端控制”向“源头控制”转移。即由侧重于对污染物产生后的排放限制或废物产生后的处理、处置等方面的控制，转向注重对海洋污染的源头控制，推行清洁生产的预防污染战略。

1. 坚持海陆联动，实施海陆联合监控

通过海洋环境保护与陆域污染控制、河流入海口污染治理与流域污染控制相结合，以入海污染物总量控制指标为依据，实施海上污染及陆域城市生活污水、工业废水、生活垃圾等污染控制，统筹保护海洋环境。

2. 建设海洋及海岸工程污染预警体系

落实海洋环境影响评价制度，对新建海洋及海岸工程的周边海域实施全程环境监管，对已建涉海工程建立严格的环境影响后评估制度，有效预防海洋环境污染。严格实施围填海指标控制，加强围填海区域环境监测，紧密跟踪围填海临近海域的环境变化。

3. 建设海上污染监控体系

加强海洋倾废区监管力度，坚决实施海洋倾废许可证制度，加强倾废区环境动态监测，动态掌握倾废区环境质量状况。加强海上油气开采区环境监测，严防重大溢油事故对海洋环境造成污染。加强港口船舶污染物接收处理系统建设，实现港口船舶污染物定点达标排放。

## 五　加快推进海洋受损生态系统修复工程建设

对于海洋环境的治理，不仅要抬高环境准入门槛，拓展环境容量，减轻

环境压力，还要对已造成的环境污染进行处理。通过利用海洋生态系统的自我恢复能力，辅以人工措施，可以使遭到破坏的生态系统逐步恢复，向良性循环方向发展。要以北戴河关联海域为重点，针对河道断流、湿地萎缩、岸滩侵蚀、林地减少等突出问题，采取综合措施，系统开展河流及河口综合整治、滨海湿地保护、潮间带退养还滩、封滩育林、加宽海岸基干林带、拓展陆域纵深防护林等建设，逐步恢复河道径流和水体自净能力，扭转湿地萎缩局面，降低海水入侵强度，构建多层次生态屏障，逐步修复近岸陆域受损生态系统。以近岸养殖区综合整治为重点，加强渔业资源增殖放流，转变养殖方式，控制捕捞强度，逐步恢复近岸海域生态系统功能。

# 委员建议：以生态文明引领沿海地区产业升级[*]

（2013 年 4 月 23 日）

“海洋环境问题的复杂性与环境主体的多元利益诉求，决定了我省海洋生态环境问题需要制度创新，推进海洋环境管理向海洋环境治理转变。”省政协委员周文夫建议，加快建设我省海洋环境优良标志性区域，以生态文明引领沿海地区产业升级，拓展海洋环境容量。

## 建立环境公益诉讼制度

《河北省海洋环境保护管理规定》已于 2012 年 12 月出台，是推进我省海洋环境保护工作的重要举措。“目前山东、浙江、江苏、福建、海南等沿海省份均出台了地方性法规。”周文夫委员提出，鉴于目前海洋环境保护的复杂性，加快推进地方政府规章上升为地方性法规势在必行。

周文夫认为，通过公众环境意识的培育和强化，不仅能通过自律而减少环境污染，而且有利于实现有效的社会监督，形成一种倒逼机制来强化企业和政府的责任。他建议，建立海洋环境信息披露制度，通过海洋环境信息的及时公布，引导公众参与海洋环境建设的全过程，包括决策参与、过程参与和后评价参与。建立环境公益诉讼制度，允许与环境污染没有直接利害关系

* 本文系周文夫接受《河北日报》记者薛惠娟采访稿，刊载于《河北日报》2013 年 4 月 23 日。

的公民、法人和其他组织，对环境污染行为提起民事诉讼，扩大公众对环境案件的参与权。

## 加快建设国家级海洋公园

周文夫委员认为，有效地保护生态环境，发展绿色经济，进行绿色开发，变掠夺式发展模式为可持续发展模式，是河北沿海地区发展的前途所在。未来，河北沿海经济区除了依托港口发展钢铁、石化等重化工产业外，发展滨海旅游、船舶制造、服务外包、创意产业、信息服务等绿色临港产业，更符合建设新型工业化基地和科学发展示范区的要求。“海洋自然保护区以保护海洋自然环境和自然资源为目的，既能保护一部分海洋生态系统的天然本底，又能减少或消除人为的不利影响。”周文夫委员说，目前我省已建立各类型海洋自然保护区 5 处，要完善现有保护区基础设施，推进新建保护区的论证与规划。

与海洋自然保护区禁止和限制开发不同，海洋公园在有效保护海洋生态和恢复资源的同时，允许并鼓励科学合理的开发利用活动，是高端旅游业的有效支撑。“其他沿海各省已加大了建设力度，我省在这方面明显滞后。”周文夫呼吁，依托昌黎黄金海岸国家级自然保护区、石臼坨诸岛省级自然保护区等优质海洋资源，加快选址建立河北省海洋环境优良标志性区域——国家级海洋公园，并以此依托，放大优质环境对高端人才、高端产业的吸引力，进而推动沿海地区产业结构升级，并有效扩展河北沿海环境容量。

## 源头控制海洋环境污染

海洋环境治理的治本之策在于杜绝污染的发生。周文夫委员建议，海洋环境污染要由原先的“末端控制”向“源头控制”转移，即从侧重于对污染物产生后的排放限制或废物产生后的处理、处置等方面的控制，转向侧重于对海洋污染的源头控制，推行清洁生产的预防污染战略。

他提出，通过海洋环境保护与陆域污染控制、河流入海口污染治理与流域污染控制相结合，以入海污染物总量控制指标为依据，实施海上污染及陆域城市生活污水、工业废水、生活垃圾等污染控制。落实海洋环境影响评价制度，对新建海洋及海岸工程的周边海域实施全程环境监管，对已建涉海工程建立严格的环境影响后评估制度。严格实施围填海指标控制，加强围填海区域环境监测，紧密跟踪围填海临近海域的环境变化。加强海洋倾废区监管力度，坚决实施海洋倾废许可制度，加强倾废区环境动态监测，动态掌握倾废区环境质量状况。加强海上油气开采区环境监测，严防重大溢油事故对海洋环境造成污染。

**相关链接**

我省沿海特殊的地理区位及资源环境禀赋，使得海洋生态环境问题异常复杂，生态环境保护任务艰巨。渤海是半封闭内海，水体自身更新缓慢，纳污净化能力有限。同时，重化工业集聚，环境压力激增。我省重化工业向沿海迁移，目的是建立起完善的循环经济产业链，但大石化项目迟迟不能落地，导致钢循环产业链、油循环产业链未能有效链接，难以实现真正意义上的“零排放”，使得原本脆弱的渤海环境危机加重。另外，陆源污染物是海洋污染最主要的污染源，海洋环境管理部门对于陆源污染难以实施有效控制与监管。不同行政区域的协同机制也至关重要。尽管环渤海三省一市加强渤海环境保护已达成共识，在国务院的直接干预下，出台了《渤海环境保护总体规划（2008—2020 年）》，但从实际来看，显得“雷声大雨点小”，海洋环境协同治理仍未形成有效合力。

# 中原经济区发展考察报告及启示*

（2013 年 5 月 3 日）

近期，我们围绕冀南地区对接中原经济区发展，对我省邢台、邯郸地区和河南省部分地区展开了实地调研。学习了解到河南近年来在推进“三化”协调发展、集聚产业发展要素和破解体制机制障碍等方面的一些经验做法，了解到在《中原经济区规划（2012—2020 年）》获批后河南为推进中原经济区合作发展的谋划与想法。对于我省优化区域布局和加快发展步伐，以及推进冀南地区对接中原经济区发展，具有重要的借鉴意义，现汇报如下。

## 一　河南省促进区域经济发展的经验做法及对我省的启示

### （一）主动布局“能够集聚产业链企业”的引擎性“航空母舰”项目，来置换传统产业存量、调整产业结构

能够延伸产业链、集聚配套企业的“航母”项目是带动区域整体发展的“引擎”，比如，汽车、火车、船舶、飞机等交通装备制造，黑白大家电，大乙烯石化项目，源头性煤化工项目等。我国先进地区的发展经验中无一例外都具有这一特点，比如：上海的汽车、造船和百万吨乙烯项目，天津的百万

* 本文为周文夫任组长主持院课题组形成的研究成果，此成果专报省委、省政府主要领导。

吨乙烯、汽车、大飞机、大推力火箭、卫星和空间站项目等。天津的百万吨乙烯项目投产一年就吸引了下游化工企业100多家入驻，成为名副其实的“大引擎”。从河南的经验看，主动引资招商布局这类引擎性“母体”项目也是其坚定不移的产业提升路径，比如，鹤壁市引进中石化的150万吨（远期540万吨）煤—甲醇—烯烃（MTO）项目，以替换其落后的煤电产业，将原来的煤电园区提升为“煤—电—化—材”一体化的循环经济园区。该项目大致相当于一个百万吨乙烯项目的带动能力，预留了大片后备土地为煤化工下游接续企业入园做好准备。洛阳的宇通客车、新乡的新飞专用车、郑州的日产和马自达汽车等都规划建设了专门的工业园区，吸引了大批零部件及周边配套企业进驻，成为当地大规模集聚产业链企业、带动当地产业结构提升的“航空母舰”。

反观我省，在主动出击、有目的有计划地招商布局引擎性“母体”项目方面还有一定差距。像河北钢铁、新兴铸管等单体企业和一些引进的央企项目虽然规模巨大，但却不是能够集聚配套企业的“母体企业”，缺少带动配套企业的能力，难以影响改变产业结构和不合理布局。等待多年的曹妃甸、沧州的百万吨乙烯项目仍然未能如愿落地。唐山的动车装配项目至今未能实现大规模集聚配套企业的目标。峰峰和开滦两个以煤焦化为龙头的循环经济煤化工园区虽然建设水平较高，但规模太小，受煤焦化副产品产能的局限，延伸煤化工后续产品无法达到相应规模，达不到大规模集聚配套企业的量级，充其量只能算是“精致”的“小增长点”。除了石家庄格力工业园、邯郸美的工业园、张家口沃尔沃汽车园、保定长城汽车基地以外，全省还未形成真正带动一方发展的“产业引擎”。而这四个大项目的落户也是历尽了千辛万苦，当地“一把手”亲自坐镇，千方百计跑办才最终实现的。总体来看，我省各地相对缺乏“谋大局”的引资意识和能力，对引进“航空母舰”类的重大项目缺乏“主动瞄准、定向追踪、锁定攻坚”等一系列系统有效的办法和手段。缺乏“航母”引擎项目，对我省优化产业结构、提升产业层次具有较大的影响。

### （二）以“就近城镇化”为特点的新型农村社区建设模式，为县域发展探索出了一条“三化”协调的新路子

近年来，在不牺牲粮食和生态环境的前提下，河南各地充分发挥新型城

镇化的引领作用，按照“镇村一体，一园多能，产城融合”的原则，实施“大镇区”发展战略，在人多地少的平原地区逐步走出了一条“就近城镇化”的新型农村社区建设的路子。主要做法是动员几个村的农户向附近交通区位条件好的村镇搬迁集聚，建设新型社区，实现农民集中居住和向城镇生活方式的转型。通过村房换楼房、提高土地利用率，可以置换、节约出较多的建设用地，用于社区建设和产业园区建设。对于盘活的土地，统一规划、统一建设新型社区，政府统一提供配套基础设施、统一提供行政管理和公共服务。龙头企业将流转土地统一使用，统一规划建设现代农业示范区和加工制造园区，农户以流转土地作为资本参与企业盈利分成。同时企业和政府部门负责培训农村劳动力，并吸纳其相当一部分在加工制造企业中就业，其他富余劳动力可利用优惠政策开展服务业个体经营和在政府提供的公共服务岗位就业。这种模式以集中居住、转移和扩大就业、设施完善的新型农村社区为载体，推动农村结构包括城乡结构、就业结构、消费结构、文化结构、公民权益结构、居住环境结构、社会治理结构的全面转换，让农村能够就地就近实现城镇化转换，可一步到位地实现村民向市民的转变，是一种农业现代化、新型工业化和新型城镇化“三化”协调发展的新模式。从河南的实施效果看，只要补偿合理、尊重农民意愿和需求，农民的积极性就很高。最终能够真正实现农民居住环境城镇化、公共服务城镇化、就业结构城镇化和消费方式城镇化。

我省平原地区与河南相似，人多地少，粮食保障任务重，城镇化水平和农民收入水平相对较低，破解“三农”问题、推进城乡一体化发展任务艰巨。河南的“两不、三化”的新型农村社区建设模式，为县域统筹发展提供了经验借鉴。

### （三）拉大城市框架建设城市新区，以新城建设为切入点集聚产业和人口，带动老城改造

从调研中发现，河南省市县两级城镇面貌焕然一新，建成区面积都较大，几乎都已建设新城或城市新区。比如，郑州的郑东新区相当于石家庄市建成区规模，加上刚获批的航空港综合实验区和综合保税区、经济开发区，

大郑州市的建成区面积大致相当于石家庄市两倍，达到近500平方公里。新乡平原新区、鹤壁新城、洛阳新区、开封新区、焦作新区、许昌新区等，都体现了拉大城市框架、以新型城镇化带动新型工业化和农业现代化的思路。郑东新区的建设大气漂亮，城市功能比较完善。通过新城建设集聚人口和生产、生活要素，迁移老城的行政单位，从而为老城赢得改造的空间，重新布局建设了许多文化产业和高端服务业项目。这种以增量布局促使存量调整、以新城建设推动旧城改造的思路值得我省借鉴。

反观我省，历史上省、市、县三级城市规划都没有放开手脚，没有拉开城市框架，规划水平较低，“小马拉大车”“千城一面”“县城建成乡镇貌”问题较为突出。从目前的城市建设水平看，省会石家庄落后郑州十年，我省其他市、县的城区发展落后南方先进省份约二十年，就连珠三角、苏南和浙江的一个乡镇的建成区都比我们的县城甚至个别设区市还要大。城区的“小、弱、丑”直接制约了城市高端产业集聚和先进制造业的发展。

### （四）持续谋划支撑务实发展的开放平台，造就区域经济快速成长的强力“助推器”

先进地区经验表明，真正走向大开放、大合作就必须加快开放平台建设，围绕区域特色谋划开放平台并不断提升层次，才能支撑起开放合作的大舞台。近年来，河南依托区位优势和区域特色，谋划建成了一大批经济技术开发区、改革实验区、城市新区、出口加工区、海关特殊监管区和口岸群，其中漯河、开封、许昌、鹤壁4个开发区升级为国家级经济技术开发区，南阳、安阳高新技术开发区上升为国家级，重点建设了180个产业集聚区。郑州商品交易所、中原第一个综合保税区和出口加工区、全国第一个航空港经济综合实验区，都已成为中原经济区发展的引擎和国家内陆开放的高地。此外，还建成了一批保税物流中心、国家干线公路物流港、铁路集装箱中心站等。这些开放平台极大地提升了河南省经济的规模与水平，成为全省承接产业转移的重要载体。目前河南正在谋划建设内河航运网的新平台，力争实现内陆大省通江达海的新型物流开放格局。河南突破内陆意识，谋划和建设开放高地的经验做法值得我们学习与借鉴。

### （五）坚持科学规划、"百年规划"和"一张蓝图绘到底"，在推进科学发展中形成"对正确事物要坚守、破解难题要坚韧、干成事要坚决"的"潜规则"

从调研中发现，河南各地的发展无论是新型农村社区，还是新城建设、产业集聚区发展，都得益于高起点的规划和对规划的坚持。比如，郑东新区的规划是按照"百年规划"的要求，经过国际招标、科学评审、市民投票，最终确定了日本黑川纪章先生的设计方案。规划引入了生态城市、共生城市、环形城市、新陈代谢城市、地域文化城市等先进理念，确保了按规划建设将建成"全国最有特色的新区"的目标。郑州市将规划通过法律程序固定下来，经过人大会通过、国务院备案，确保了新区规划在执行过程中不因领导的更迭而变化。其间确有不少项目、公司要求突破原有规划，甚至使用攀亲利诱等各种手段，但都被各级领导顶了回去，也曾遇到资金、土地、招商、经济危机等各种困难和障碍，但都被各级政府千方百计成功破解，坚持了下来。对新区规划的实施，历届郑州市委、市政府坚持了"一张蓝图绘到底"，一任接着一任干，郑东新区从无到有、从小到大，已经发展成为占地 150 平方公里、80 万人口的现代化新城，同时成为一个展示河南形象的窗口和中原经济区最具活力的经济板块。坚持"一张蓝图绘到底"已成为河南新城建设、园区建设、农村社区建设的"潜规则"。

反观我省，一些城市、园区规划起点较低、水平较差，规划编制组织者舍不得花钱借助外智来绘制大手笔"蓝图"。别说百年规划，有些规划连几年都维持不了。有了好的规划能否坚持执行又是一个考验。从我省各类城市规划和园区规划看，只有少数能坚持按规划建设完成。由此可见，"对正确事物要坚守、破解难题要坚韧、干成事要坚决"恰恰是我省推进科学发展最欠缺的"软肋"。

### （六）通过塑造城市名片和改善发展环境，提升社会形象和美誉度，促进投资环境持续向好

区域形象作为经济社会发展的综合反映，是一种无形资产，它影响着人

们的自信心和自豪感，影响着发展的活力和动力，影响着开放水平的广度和深度，影响着地区的认可度和美誉度，对区域发展具有强大的推动作用。河南曾经历了一段社会形象的低潮期。但是，近年来，河南以塑造城市名片和改善发展环境为抓手，社会形象和美誉度提升较快。在打造城市名片方面，各市根据自身比较优势和区域特色创建属于自己的城市发展名片，比如，鹤壁创建国家循环经济示范市，济源创建城乡一体化试点市，南阳建设高效生态经济示范市，焦作建设经济转型示范市等。在倾力打造城市名片的同时，河南全省把优化环境作为塑造“活力河南、魅力河南”的最大工程、最大品牌、最大保障。在不断改善硬环境的同时，把软环境建设作为硬任务，坚持以硬手段抓软环境，使“信用河南”“法制河南”“文明河南”“阳光河南”赢得外界的认同，投资环境日益优化。

从我省看，近两年“善行河北”活动开展得有声有色，在很大程度上提高了我省在全国的社会形象，有效地扭转了前些年负面事件对河北形象造成的负面影响。但是在城市名片塑造方面仍做得不够。除了保定的“中国电谷、低碳城市、汽车城”在全国有一定知名度外，大多数城市还没有打造出全国享有美誉度的城市名片。城市名片的塑造应上升到优化发展环境的高度加以重视，才能够把内部环境的改善通过对外窗口展示出来。

### （七）坚持不懈地解放思想，鼓励通过创新破解难题，培育“精于谋事、勤于做事、善于成事”的党政干部队伍风气，锻造强大的推进发展能力

从调研中可以深切地感受到，河南各级党政干部在对外开放、产业发展、城市建设、“三化”协调等诸多方面保持了旺盛的推进热情，时刻瞄准安徽、湖北、湖南等中部地区其他省份反省自身的差距与不足，处处体现出危机意识、竞争意识和机遇意识，干部队伍勇闯难关、务实推进发展的能力令人刮目相看。据了解，河南省委、省政府多年来一直坚持以解放思想求突破，以务实创新破难题，针对“内陆意识”提出了“换脑子、挖根子、变法子、装轮子、闯路子”的“五子登科”新思路，以务实重干的用人导向促使干部队伍思想观念和推进发展能力实打实地、静悄悄地转变。

反观我省，在一定程度上仍然存在“封闭、保守、自弱”的内陆心态和“等、靠、要”的惰性心理，在部分党政干部中仍不同程度地存在竞争意识、危机意识和机遇意识不强，科学谋划、破解难题、开拓创新的劲头和能力不够的问题，习惯于凭老经验、用老办法去解决前进中的新问题。与河南相比，我省党政干部队伍推进发展的魄力和能力有待提高，必须引起高度重视。

## 二　加快我省科学发展步伐、推进冀南地区对接中原经济区的对策建议

### （一）深入开展“解放思想”学习教育和创新实践活动，在改进工作作风、提高执行力和推进能力方面取得新突破

解放思想是实现科学发展的总开关。就河北实际来说，解放思想就是要把开放、务实、创新作为思想认识转变的主基调，从根本上转变制约科学发展的领导方式、思维方式和行为方式。一是开展“解放思想、改革开放、创新驱动、科学发展”教育实践六大行动，即以实施“解放思想大讨论、观念问题大排查、工作作风大整顿、方式方法大变革、动力机制大创新、用人导向大优化”六大行动为抓手，着力构建三种方式转变的长效机制。二是省、市、县各部门开展常规的“解放思想大讲堂”活动，这是后发地区走向经济腾飞的重要经验之一。每月定期请专家、著名企业家、部委领导来讲，当地主要负责人要亲自参加并听讲，长期坚持下来。既可以开阔视野、解放思想，又可以借机宣传本地经济和社会发展。三是开展执行力提效“六标”活动。“寻标”：在本行业和全省、东部地区寻找党政职能部门执行力效能最优标准。“对标”：对照最优标准，找出差距。“定标”：各级各部门结合实际和职责，制定改善事项，并向全社会公示承诺。“达标”：围绕创优事项，扎实开展追赶、超越最优标准的创建活动。“评标”：由企业、企业家、新闻单位和百姓代表投票评选最优部门，公示结果。“兑标”：根据评选结果，公开兑现奖罚承诺和干部任用措施。

## （二）全力引资布局“能够集聚配套企业”的“航空母舰”型大项目

除了沿海地区适合发展炼化一体化大石化项目外，内陆资源型地区也有适合其发展的“母体”项目。比如，绿色煤气化和煤液化的源头性项目，其下游产品达两万多种，是典型的“母体”项目，但产能必须达到很大规模、使用一体化装置生产的化工原料成本才合算，否则就无法吸引下游企业扎堆集聚。我省煤炭资源丰富，又有三条北煤南运的大通道，理应做足做好煤炭的文章，培育循环经济型大煤化产业集群，在为我省赢得经济增长的巨大动力的同时，置换和淘汰一批布局分散的小化工企业产能，从根本上提升产业档次，缓解大气环境和水污染问题。由此建议：一是瞄准中石化、中石油、中海油等央企，继续加大跑办力度，积极推进千万吨炼油百万吨乙烯炼化一体化项目落户沿海地区。二是成倍扩大现有峰峰和开滦煤焦化循环经济产业园的规模，依托开滦、峰峰以及大型央企和兄弟省市大型煤企布局建设新的煤气化、煤液化“航母”型项目，高水准建设具有全国意义的大型绿色煤化工循环经济产业园。三是千方百计引进汽车、飞机和造船等交通装备制造项目和家电产业群，同时提供一切必要条件留住本土汽车企业的新扩产能。

## （三）选择具备条件的地区试行“就近城镇化”的新型农村社区模式

我省广大平原区区位交通条件较好的乡镇、城市近郊区、产业集聚区周边地区都可以按照“分类指导、科学规划、群众自愿、就业为本、打造特色、量力而行、尽力而为”的原则，积极尝试“就近城镇化”、“三化”协调的新型农村社区模式。一是要综合考虑土地利用、城乡建设、产业布局、人口分布，与城市总体规划、土地利用总体规划、产业集聚区规划、扶贫规划、现代农业规划相结合，高起点高标准规划建设新型农村社区，明确社区选址、功能布局、建设容量和人口规模，既考虑经济功能，又注重宜居功能、生态功能和就业、就学、就医、社会保障、文化体育等各方面内容，配套建设基础设施、公共服务设施和产业创业就业项目。二是要坚持产业发展与社区建设同步规划，始终把就业安置、创业引导作为新型农村社区建设的首要任务。鼓励靠近产业集聚区的农村社区以产业集聚区内企业为就业依托；远离产业集聚区的社区要积极引导支持群众创业，规划建设农民创业园，出台支持新型农村社区建设居民贷款政策，创立创业基金，以创业带动就业。三是突出重点，示范带动。选择不同地域条件的示范社区开展高标准建设，在示范带动上实现突破。引导条件较好、建房积极性较高的农村率先启动新型农村社区建设。四是创新机制，多元投入。采用市场化运作方式，综合运用土地、资金、信贷、费用减免等优惠政策，吸纳社会资金和民间资金参与新型农村社区建设。加大新型农村社区建设项目包装推介力度，加强招商引资，积极引进战略投资者、大企业投入建设与发展新型社区产业项目。

**（四）转变城市发展方式，坚持“一张蓝图绘到底”，着力破解新城建设中的难点问题，努力实现新城建设与老城改造同步协调**

当前，我省绝大多数设区的市都谋划了城市新区建设，有的市已将城市规划范围扩大到周边县（市），甚至还实现了“按区管理”的体制，设区的市层面基本上已经实现了拉大城市框架的目标。但是，由于规划水平有限，加上新城建设中遇到棘手的土地、资金、居民搬迁等难题，往往无法坚持下来，“走走停停”“只画图不动手”的现象较为普遍。为此建议如下。第一，各个设区的市要舍得花钱聘请“规划大师”高标准编制城市（新城）规划，突出特色，避免千城一面。省有关部门要全力支持和帮助各市跑批规划。省要支持有条件的扩权县（市）规划筹建县城的“新区”，必要时调整县城城市规划。第二，破解难题要多“取经”、敢尝试，比如，郑东新区开发建设采用的“特区＋公司”城建体制，实行“土地、地上配套基础设施”捆绑招拍，综合运用产业基金、股权投资、项目代建制，普遍推行城市公用基础设施 BOT、TOT、BT 等模式，实施“阳光拆迁”和“三公开一统一”制度等。我省城建部门应组织各市县相关部门赴先进地区搞专题调研取经，借鉴先进经验，结合本地实际，创造性地破解推进新城建设中的各项难点问题。

第三，坚持“一张蓝图绘到底”。无论是城市规划还是产业集聚区规划，尽可能地上升到法律的层面固定下来，防止在推进过程中一遇到形势不好时就“走样”的情况发生。第四，统筹考虑老城改造与新城建设中的协调问题，出台相关优惠政策鼓励老城行政管理实体和生活要素向新城迁移，促进人口向新城集聚，同步规划腾出的空间发展文化创意产业或高端服务业。

### （五）全方位打造城市名片，提升以城市为载体的社会形象

坚定“通过全方位打造城市名片提升社会形象和环境美誉度”的策略，充分利用经济特色、重大事件、文化旅游资源、重大节庆品牌等各种资源，紧密融合地域特色，有效整合，整体包装，树立各具特色、全国向往的城市品牌。由此建议如下。一是以培育城市优势产业集群开发城市品牌。依托城市特色产业优势，培养名牌产业集群，带动产业结构优化，从而塑造出像“中国电谷、汽车城”之类的城市品牌。二是以环境优化提升城市品牌。结合地理条件做优做美城市环境，以优美的环境吸引各地的新技术和优秀人才来城市就业创业，提升城市整体价值，比如衡水可以打造“水岸湖城”，邢台可以打造“百泉之城”，以水和绿胜出。抓好投资软环境的营造，打造最便捷服务、最舒心生活的亲商环境，赢得美誉。三是以文化积淀提炼城市品牌。城市文化是城市品牌的核心，要提炼城市文化的精髓，并将之升华到城市发展理念。引进一些享誉全国的文化产业主题园区，培育有影响力的文化龙头企业，着力发展特色突出的节庆会展文化产业，集中组织开展一批高层次的文化交流活动和重大事件，进而深度发掘和整合具有地域特色的文化资源，以此形成具有当地特色、全国享有美誉度的历史文化和精神内涵的文化产品，塑造城市品牌。

### （六）加快冀南地区对接融入中原经济区的步伐

以河南为主体的中原经济区已上升到国家战略，国家会陆续出台一些利好的政策措施促进其发展。邯郸、邢台两市身处其中，必须考虑如何用足用好相关政策，在工作机制、基础设施、旅游、文化产业、开放平台等方面率先对接融入中原经济区，实现与其共享成果、合作共赢。

1. 加大政策支持力度，鼓励用足用活国家政策“红利”

尽快制定和出台冀南地区与中原经济区合作对接的实施意见，出台一系列有利于对接合作的“河北版”优惠政策措施。梳理国家《中原经济区发展规划》中的优惠政策导向和涉及冀南地区的产业项目、基地、基础设施项目，有针对性地提出向国家争取的政策措施。比如，“冀南钢铁产业结构升级”列入《中原经济区规划（2012—2020 年)》，我省可就势提出邯邢地区申请国家钢铁产业结构调整试点政策；邯邢的石化装备、煤机、储能装备、专用汽车、新材料、光伏高新技术基地和产业集聚区等列入规划，我省可将上述园区和基地组织申报国家新型工业化示范基地、国家级经济技术开发区或高新技术开发区等。

2. 建立冀南地区对接融入中原经济区的工作协调机制

省级层面可以仿照长三角的协调机制建立中原经济区豫冀两省协调会议制度，作为与国务院及各部委的衔接机构和涉及两省在经济区建设中重大问题，如政策的统一和协调、基础设施建设、产业合作布局、生态建设、环境保护等事项的决策机构。在地市级层面可以建立市长联席会议制度，进行定期的沟通与协调，解决发展过程中可能出现的矛盾和问题，以实现互利共赢。在企业层面，可以通过建立跨（行政）区域的行业协会、商会、企业家联谊会等形式深化企业的交流与合作，从而形成发挥各自比较优势又紧密合作互利共赢的工作机制。

3. 强化基础设施的对接，密切与中原经济区的经济联系

在中原经济区发展规划的框架下，结合我省和河南、山西、山东的交通网络现状和规划，强化与周边省份尤其是与豫北、鲁西北地区公路、铁路建设的对接。在邯黄、邯长、邯济铁路建设的基础上，尽快开展这三条铁路的复线建设和邢和铁路建设的前期工作。抓好石林高速、邯大高速的开工建设，打造中原区北翼一小时交通圈。进一步扩建提升邯郸机场，使之成为覆盖中原地区的区域性航空枢纽。全面实施冀南地区与豫、晋、鲁部分县市之间公路改造升级工程，加大县乡道路改造力度，完善高速公路和县乡公路的连接线，使省际交通运输更加便利。加强信息基础设施建设，实现交通公共服务信息平台和物流信息平台的跨省共建共享。开展冀南与山西、河南的水

源地、湿地保护与恢复共建活动，协调好河流上下游蓄水工程的规划与建设。多措并举，为冀南地区与中原经济区的全面对接打造坚实的基础设施基础。

4. 抓好文化旅游领域的对接，共享“华夏历史文明传承创新区”的品牌

统筹开发冀南与周边内陆地区旅游资源，联手打造旅游精品线路，构建区域一体化旅游产业带。建立冀南与河南、山西、山东等中原经济区地域的无障碍旅游通道，实施旅游一卡通和直通车。促进旅游与文化、会展等融合发展，通过市场化运作，尝试联手举办、统一冠名、轮流坐庄的大型文化节庆和会展。齐心合力，共同打造以中原文化为核心的华夏历史文明知名旅游目的地和旅游集散地。

5. 借力借势中原经济区的开放核心平台，实现开放平台的大联盟

一是打造“空港联盟”。四省交界区域内目前只有邯郸建成较大机场，在《中原经济区规划（2012—2020 年）》中也被要求扩建和提升，因此加快谋划邯郸的航空口岸建设，启动邯郸机场及航空一类口岸建设项目应提上日程。由于国家批准了郑州航空港综合经济实验区并附带综合保税区，未来郑州空港的保税物流规模将成倍扩大，其空间的承载力、仓储、中转、报关效率等都将面临挑战。而未来郑州吸引省外空港货源，必然需要在中原经济区北翼地区寻找一个“喂给港”，才能扩张面向华北地区的空港货源。未来的邯郸航空口岸可与郑州空港组成“空港联盟”，邯郸空港作为郑州空港的“喂给港”，争取郑州航空港综合试验区及综合保税区功能、政策在邯郸空港物流区的部分延伸，分担其部分业务，最终把邯郸空港打造成为郑州航空港驻邯郸“办事处”。如果实现，将大大增强邯郸吸引高端制造企业扎堆集聚的能力，同时又不会伤及郑州空港的地位，两全其美，互动共赢。二是加快内陆公铁口岸的建设。可依托黄骅港、烟台港和青岛港开展建设，适时建设冀南“内陆港”及二类口岸。大力推进面向天津港、黄骅港和青岛港的冀南国际集装箱多式联运中转站建设，使其初步具备口岸查验监管功能，从而建成中原经济区北翼重要的区域性物流中心和全国二级物流节点城市。依托“内陆港”争取设立“出口加工区”和“保税区”，构建一批面向冀中南地区的保税物流中心，有效地将四省交界区域内的货源集聚起来，由此催生发育出数量较多、规模较大的特色专业市场和县域特色产业集群。

# 在全省宣传部长座谈会上的发言

（2013年5月9日）

刚刚闭幕的省委八届五次全会围绕解放思想、改革开放、创新驱动、科学发展，对抓好全省经济发展的战略重点进行了动员部署，为我省如期实现“两个翻番”的目标提供了可靠保障和重要遵循。省社科院作为省委、省政府的“思想库”和“智囊团”，将按照省委的要求，从四个方面抓好全会精神的贯彻落实。

## 一　采取有力措施，抓好省委全会精神的学习传达

一是做好院内学习传达。省委全会结束后，院党组第一时间组织党组和班子成员认真学习会议精神和省领导重要讲话精神，研究深化贯彻落实的具体举措，做出安排部署，要求院属各部门做好学习传达，将会议精神传达到全院每一位同志。二是做好宣传报道。充分利用院“三网一报”及时报道院属各部门的贯彻落实情况，进一步增强全院干部职工贯彻落实省委全会精神的自觉性。三是组织好系统内学习。向各市委讲师团、各市社科联、所属社团发出学习通知，提出学习宣传的要求，迅速在全省社科界积极形成学习宣传的氛围。

## 二　发挥理论优势，抓好省委全会精神的宣传宣讲

一是围绕省委全会精神抓好理论宣讲。及时撰写宣讲提纲，利用“送

理论下基层”和科普周等活动形式，组织理论骨干开展集中宣讲和辅导，进行形势政策宣传；更新充实宣讲“菜单”，接受省直机关和各市县的“点播”，为党员干部的学习搞好服务。二是围绕省委全会精神抓好理论研究和理论服务。发表一批理论解读文章，组织编写省委全会精神解读读本；发挥《党委中心组理论学习通讯》、《理论信息》和河北省干部理论教育网等宣讲平台的作用，搞好中心组学习服务。三是抓好宣讲网络建设。加强对各业务部门的指导，推动理论宣讲工作站向乡村延伸，构建省、市、县、乡、村五级宣讲网络。

## 三　聚焦科研重点，抓好省委全会精神的研究

一是围绕省委全会提出的“全力打好四大攻坚战”，组织科研骨干深入一线进行调查研究，开展科研攻关，力争提出一批有价值的决策建议。二是在继续深化“环首都绿色经济圈”研究和“河北沿海地区经济发展”研究的基础上，重点搞好“走基层中原行”调研活动，围绕推动工业转型升级、县域经济发展、县城建设、工业园区建设开展调研，为推动冀中南地区科学发展提供智力支持。三是围绕省委全会提出的工作重点，谋划组织好河北省经济形势分析会，为省委、省政府提供决策参考和咨询建议。

## 四　组织好解放思想大讨论，努力推动科研创新

一是成立院解放思想、改革开放、创新驱动、科学发展大讨论活动领导小组，由院长周文夫同志任组长，曹保刚、孙继民同志任副组长，其他班子成员及秘书长任成员，成立办公室，明确职责分工。二是在全院深入开展解放思想、改革开放、创新驱动、科学发展大讨论活动，按照“树立四种思维、学习四种方法手段”的要求，不断促进科研方式转变，推动理论创新，努力使我院在解放思想、改革开放、创新驱动、科学发展中走在前、做表率。三是进一步树立开放意识，坚持开门办院和“走出去”战略，在继续深化与欧美亚有关国家高校和科研机构合作的基础上，今年重点拓展与南

非、新西兰等国高校、科研机构的合作，不断扩大国际学术交流，开拓国际视野，提升科研水平。四是全力推进哲学社会科学创新工程，进一步强化广大科研人员“为决策服务、为发展服务、为基层服务”的意识，落实“出精品、出人才、出效益”的总要求，推动我院新智库建设不断迈上新的台阶。

# 在省直部门学习贯彻省委八届五次全会精神座谈会上的发言

（2013 年 5 月 13 日）

省委八届五次全会，是在河北发展的重大时间节点上召开的一次关键性会议，实现了党的十八大精神在河北的具体化。全会围绕解放思想、改革开放、创新驱动、科学发展，对抓好全省经济发展的战略重点进行了动员部署，为我省如期实现“两个翻番”的目标提供了可靠保障和重要遵循。会议结束后，我院马上安排部署，第一时间做好全会精神的学习贯彻。5 月 10 日，院党组召开扩大会议，学习传达省委八届五次全会、省委“解放思想、改革开放、创新驱动、科学发展”大讨论活动领导小组第一次会议精神，研究深化贯彻落实的具体举措，做出安排部署。下一步，我院将从四个方面抓好贯彻落实。

## 一　先行先学，当好引领者

一是做好自身学习。院党组要求院属各部门做好学习传达，将会议精神传达到全院每一位同志。充分利用院“三网一报”及时报道院属各部门的贯彻落实情况，进一步增强全院干部职工贯彻落实会议精神的自觉性。二是组织好系统内学习。向各市委讲师团、各市社科联、所属社团发出学习通知，提出学习宣传的要求，迅速在全省社科界积极形成学习宣传的合力。三是引领全社会学习。争取在大报大刊上发表一批理论文章，解读宣传全会精神，组织编写全会精神解读读本，进一步形成学习宣传贯彻全会精神的浓厚氛围。

## 二　集中宣讲，当好传播者

一是围绕省委全会精神抓好理论宣讲。及时撰写宣讲提纲，利用“送理论下基层”和科普周等活动形式，组织理论骨干开展集中宣讲和辅导，进行形势政策宣传。更新充实宣讲“菜单”，接受省直机关和各市县的“点播”，为党员干部的学习搞好服务。二是围绕省委全会精神抓好理论服务。发挥《党委中心组理论学习通讯》、《理论信息》和河北省干部理论教育网等宣讲平台的作用，配合省委宣传部，搞好中心组学习服务。三是抓好大宣讲格局建设。加强对各市委讲师团、华北油田公司党委讲师团、各理论宣讲工作站的工作指导。推动理论宣讲工作向乡村、社区延伸，加快省、市、县、乡、村五级宣讲网络覆盖试点建设。

## 三　深入研究，当好推动者

一是围绕省委全会提出的“全力打好四大攻坚战”的重要部署和赵勇副书记等省领导对我院的具体指示，认真谋划一批研究课题，组织科研骨干深入一线进行调查研究，开展科研攻关，加强科研督导，力争提出一批应用价值大、时效性和可操作性强的决策建议。二是在继续深化“环首都绿色经济圈”研究和“河北沿海地区经济发展”研究的基础上，重点搞好“走基层中原行”调研活动，围绕推动工业转型升级、县域经济发展、县城建设、工业园区建设开展调研，为推动冀中南地区科学发展献计献策。三是围绕省委全会提出的工作重点，谋划组织好河北省经济形势分析会，为省委、省政府提供决策参考和咨询建议。

## 四　搞好智库建设，当好践行者

我院在大讨论中将努力发挥引领作用，积极提供智力支持，争取走在前、做表率。一是加强活动领导，成立院大讨论活动领导小组，周文夫院长任组长，曹保刚、孙继民副院长任副组长，院党组成员、副巡视员及秘书长任成员，成立办公室，明确职责分工。研究制定院大讨论活动推进方案，制定落地框架图，做到目标明确、任务明确、进度明确。二是坚持边学习、边讨论，边找差距、边整改。按照“树立四种思维、学习四种方法手段”的要求，强化广大科研人员“为决策服务、为发展服务、为基层服务”的意识，促进科研方式转变，推动理论创新，推动我院“新智库”建设不断迈上新的台阶。三是积极组织征求中外社科专家学者的意见和建议，为河北赶超发展提供智力支持。树立开放意识，坚持开门办院和“走出去”战略，在继续深化与欧美亚有关国家高校和科研机构合作的基础上，重点拓展与南非、新西兰等国高校、科研机构的合作，不断开阔国际视野，提升科研水平。

# 民生调研：社会科学服务经济社会发展的重要途径*

## ——专家学者纵论河北“保障和改善民生，推进社会建设”大型调研活动

（2013 年 5 月 14 日）

**编者按：** 河北省社会科学界联合会组织开展的“保障和改善民生，推进社会建设”大型调研活动，从 2008 年开始，至今已经进行了 5 年。活动围绕人们普遍关心的民生问题开展全省性专题调研。5 年来，活动取得丰硕成果，先后完成立项课题 1200 余项，有的被中央领导同志批示，有的得到河北省领导批示肯定，有的论文、调研报告在中央和省级重要报刊发表，产生了良好的社会影响。活动规模大、持续时间长，有力带动了全省社科工作者转变学风，深入实际开展调查研究，使社科成果服务经济社会发展的贡献率不断提升，为社会科学繁荣发展注入了勃勃生机和巨大活力。现在刊发相关专家学者、负责同志对此项调研活动的意义及经验进行研讨的文章，以飨读者。

* 本文为一组由周文夫等署名撰写的专栏文章，刊载于《光明日报》2013 年 5 月 14 日。

# 繁荣发展社会科学之本

河北省社科院院长、省社科联第一副主席　周文夫

大型民生调研活动的成功开展及其取得的显著成效，不仅为社会科学的繁荣发展积累了丰富经验，也为推动理论创新提供了有益启示。

高度关注民生，是社会科学繁荣发展的动力源泉。研究民生问题，促进民生问题解决，既是当今社会科学研究的重大课题，也是社会科学繁荣发展的动力源泉。这项大型民生调研，就是适应时代发展新要求，顺应人民过上更好生活新期待，关注研究民生问题，反映群众呼声和利益诉求，寻求符合科学发展、保障和改善民生的方法、经验，为党和政府解决民生难题提供科学的决策参考。事实证明，好的经验、好的方法、好的研究成果都是出自社会实践和对实际问题的研究。民生调研活动作为关注民生的具体实践及其在实践中创造的新经验，不仅成为社会科学工作者取之不尽、用之不竭的研究素材和学术源泉，也有力推动了社会科学的繁荣和发展。

坚持以人为本，是社会科学繁荣发展的根本要求。搞好民生研究，努力使研究成果转化为提高人民幸福指数的智力支持，要求社会科学研究聚焦和反映广大人民群众的利益，为增进人民的福祉建言献策。我们以改善民生为目标，关注人的生活质量、幸福指数，树立济世为民的科研理念，把想群众之所想、急群众之所急、言群众之所盼、解群众之所忧作为科研课题研究的价值取向，不断推进理论创新，真正把为人民服务、为社会主义服务落到实处；立足于民生实际，汲取人民群众的智慧，使关注改善民生的科研成果更好地体现人民群众意志和愿望，为人民群众享受到改革发展成果提供更加多样化的选择路径。

坚持“三贴近”，是社会科学繁荣发展的有效途径。社会科学研究关注民生，就要贴近民生领域各方面实际，贴近与民生息息相关的群众，贴近社会生活的方方面面。我们联系当前社会、地方的实际，围绕中心、服务大局，抓住事关科学发展、和谐发展的重大民生问题和人民群众最关心最直接最现实的利益问题，深入调查研究，问政于民、问需于民、问计于民，准确

把握人民群众的思想脉搏、心理需求和生活追求，提出符合社会和时代需要的民生理念，得出解决民生问题的锦囊妙计；努力从人民群众广阔和丰富的实践中提炼研究题材，汲取思想营养，把人民群众创造的新鲜经验升华为理论，不断开拓新的理论视野，为改善民生、服务群众提出真知灼见。

实施联合攻关，是社会科学繁荣发展的有效方式。改善民生是一项系统工程，涉及社会的方方面面，需要各方面的协同配合。求解民生改善之道的课题调研，也需要多学科知识的互补和多学科人才的联合攻关，需要能够联合攻关的科研团队和善于率领联合攻关的学术领军人物。我们通过整合研究资源、人才队伍，组织跨学科、跨部门、跨地域联合攻关，深入开展应用研究和对策研究，取得良好的社会效果。这就告诉我们，实现社会科学的繁荣发展，就要不断创新社会科学研究联合攻关的体制机制，优化社会科学队伍人才结构，创建高水平复合型科研创新团队，培养一大批学科领军人物；鼓励和扶持更多关注民生研究的社科工作者大胆实践，勇于创新，努力推出更多促进经济社会又好又快发展的精品力作；高度重视社会科学人才培养，努力造就高素质的社科研究队伍，让更多治学严谨、善于理论联系实际和具有创新思维的社会科学学术领军人物脱颖而出，使社会科学的繁荣发展具有持续强劲的后劲。

## 社科研究要关注民生

全国哲学社会科学规划办公室副主任　杨庆存

“保障和改善民生，推进社会建设”大型调研活动不仅取得丰厚成果，产生重要影响，而且积累了可资借鉴的实践经验，给社科研究和科研管理部门以深刻启迪。

第一，责任意识与大局观念鲜明。“为生民立命”是社会科学的内在本质要求，社会科学研究服务于政府决策，推动民生改善，体现着历史担当的自觉和学术境界的高度。河北省社科工作者紧密结合本省实际，深刻把握研究改善民生问题的战略意义，以围绕中心工作、服务政府决策为目标，精心策划，准确定位，根据不断发展变化的新形势、新任务、新部署，科学确定调研题目，深入开展基层调研，及时提供思想成果和对策建议，体现着清醒坚定的政治觉悟和鲜明正确的学术方向，体现着强烈的责任意识和可贵的大局观念。这是民生调研活动获得成功的重要基础。

第二，科学安排与突出重点并重。民生问题繁杂多样，涵盖广泛，开展大型民生调研活动面临的问题多、难度大。社科工作者立足本省实际，着眼于调研成果可行性、科学性和可操作性，全面考虑，统筹协调，集中多方面的智慧和力量，精心制定实施方案。在省委、省政府的大力支持下，成立领导小组和专家委员会，确立组织保障，协调工作和筹措经费，广泛征集调查研究题目，设置议题库，把涉及民生的重大社会问题、热点问题和难点问题作为首先考虑的重点，诸如经济发展、文化建设、社会管理、居民收入、城乡低保、社会稳定、义务教育、环境保护、创业就业、住房保障、困难群体生存状态、医疗卫生服务、食品医药安全，等等。既要全面系统又要突出重点，既要有长远的战略规划又要有当前的具体目标，既要有宏观层面的思考又要有微观层面的建议。

第三，遵循规律与求真务实。社科研究有其自身的特点、规律。深刻认识和自觉遵循规律，才能保证研究成果的科学性和严谨性。比如，实事求是地客观观察和深刻认识社会现象，科学采集案例和严密数据统计，尊重事实又不为表面现象所迷惑，注意规律探索，等等。河北民生大型调研活动体现着时代责任的学术自觉，体现着求真务实的科学精神，深入基层，深入群众，深入生活，以敏锐的眼光，从纷繁复杂的社会现象中发现和抓取直接影响广大人民群众生活、直接关系当代社会建设的重大现实问题，既深入分析挖掘问题的深层原因，又提出解决问题的思路办法，理论研究与典型调查结合，定性分析与定量分析结合，即时研究与预测研究结合，从应用研究中升华理论，又以理论支持和指导实践，用丰厚的研究成果服务于政府决策，在促进和推动全省工作方面发挥了重要作用。

第四，注重对策与讲求效果。这是民生调研大型活动最突出、最重要、最具特色的亮点。问题意识是开展社科研究必须具备的重要前提。发现问题、分析问题、解决问题，更是社会科学研究自身必须经历的基本过程。河北民生大型调研活动坚持深入基层、深入实际，把发现问题和解决问题作为工作的重要目标，致力于提出科学的对策建议，注重研究成果的实用、有用、管用和好用，注重成果转化的效果。河北社科工作者把调研设计和成果转化机制作为着眼点，努力争取直接纳入政策制定或积极影响政府决策，一批重要成果成为制定政策的科学依据。

第五，队伍培养与学风建设。社会科学发展繁荣，人才是关键；社会科学研究，队伍培养是重点。社会科学人才队伍的培养和严谨扎实的学风建设，不仅是国家文化发展和理论创新的重要基础，而且也是实现国家可持续发展战略的重要保证。民生调研活动，积极引导专家学者走出书斋，深入基层，深入群众，深入实际，深入了解人情、世情和国情，掌握原生态的第一手材料，获取原生态的基础数据。这为专家学者提供了了解社情民意、发现研究课题的好机会，提供了历练实际调研真本领、真功夫的好机会，创造了提升分析问题、解决问题、锻炼才干的好机会。因此，调研成果真实地反映了人才培养、学风建设达到的水平和取得的成效。

我们看到，民生调研的过程，充满着爱国爱民的深厚情感、不畏艰辛的敬业精神和求真求实的科学态度，既有多方面调查研究的实际成果，又有社会科学研究的方法论启示。我们殷切期待，民生调研活动继续爆发出更加强大的学术活力和更加旺盛的生命力，期待建立大型专题数据库，科学设置长期观察点、调研点和数据采集点，提高预测性、预见性和前瞻性，形成开放性、动态性、累积型的权威数据库，既立足河北又着眼全国、面向世界，成为国家民生问题的观测点，为河北省的发展和国家的振兴发挥更大作用、做出更多贡献。

## 社科研究的常青树

河北大学副校长　康书生

参与民生调研活动实践，对我来说，收获的不仅仅是些许科研成果，更有许多深切感悟。

第一，社会科学工作者应具有社会责任感。凡处在社会中的每一位公民，都应履行一定的社会责任，应当关注社会的进退、民族的兴衰、民众的甘苦。而作为一个社会科学工作者，应具有更加强烈的社会责任感，更应时刻关注社会发展和民生需求。我们的科学研究工作应当从国家、民族、民众的利益出发，心为民生所想、情为民生所系、力为民生所使、功为民生所用，为社会进步和民生改善、为国家和民族的“风调雨顺”，尽一份应有的义务和贡献，以无愧于历史和社会赋予我们的责任。民生调研活动正是这一理念的实践。

第二，民生问题是科学研究不竭之源。民生问题关系重大，民生需求广泛复杂、层次多样，且不断发展变化，这就给科研工作者提供了源源不断的研究课题，供我们去探究、去解决。我们不必为了找到理想的科研选题而封闭起来、闭门造车。只要眼睛向下、脚踏实地、深入社会、深入民间、深入农村，以忧国忧民的情愫、报国为民的责任感和使命感，了解一下人民群众的生存状况、生活质量、困难和诉求，我们就会得到大量真正有实际意义的研究课题。

第三，服务民生是科学研究的重要目标。在研究层次上，不论是高深的理论论证还是一般的问题分析与对策研究；在研究方法上，不论是复杂的模型公式还是简单的加减乘除；在成果体量上，不论是长大丰盈还是短小简洁。只要是研究的成果能实实在在地为解除民生困顿、改善和提高民生水平提供帮助，就是好的成果，就能为社会、民众和政府所接受、肯定和支持。

民生调研活动，因为密切关注民生才广受社会各方关注，因为接入民生“地气”也就有了茁壮成长的基础。致力于民生问题研究，是社会科学研究的长青之路。

## 改善民生的金融途径

邯郸银行行长　郑志瑛

2008 年以来，我先后承担了河北省社科联民生调研课题 5 项，重点就小微金融有关问题进行了系统调研，厘清了小微金融的一些理论和实践中的错误认识，也大大促进了我供职的邯郸银行的科学发展，为进一步扩大小微贷款、改善民生进行了有益探索。

研究表明，小微金融具有市场性、民生性、普惠性、稀缺性、创新性、成长性、高成本性、非系统重要性等基本特征。大量国内外银行的经验和数据表明：小微企业贷款的不良率可以大大低于大企业贷款。之所以形成“小微企业贷款=高风险贷款”的“假说”，可能来自我国大型银行过去的统计，那时国有大银行用发放大企业大额贷款的模式，发放小微企业小额贷款。飞行员用驾驶飞机的技术去开电瓶车，结果电瓶车散架了，并不能证明“电瓶车比飞机风险高”。如果这一假说为真，那么银行在发放小微企业小额贷款时自然应该比大企业贷款更严格、更苛刻，那样小微企业贷款岂不更难实现？实际上，国有大行剥离的巨额不良贷款多是国有大企业造成的。我们经过大量调研认为：不良贷款率与企业产权的相关度大于与企业规模的相关度；小微企业贷款的高定价源于高操作成本，而不是高风险；高风险的小微企业贷款主要源于落后的信贷体制机制技术。

长期以来，“小微企业贷款=高风险贷款”，是学术界和银行业普遍接受的观念，这是小微金融供给不足的思想原因，也是对小银行存在一定政策歧视的理论根源。扩大小微企业贷款目前还面临诸多机制性障碍，一些先验的、根深蒂固的观念时常通过不同形式、不同机会表现出来。如主营小微企业贷款的小型城市商业银行在资本约束、拨备要求、发行次级债、上市等方面有意无意地受到一些政策歧视，事实上存在“小银行=差银行”的假说。证实小微金融不具高风险性，创新小微金融学的基本理论，对于放手支持小银行发展、扩大小微企业贷款、增加就业改善民生，意义重大。

邯郸银行秉承服务民生的理念，坚持“中小企业银行”的市场定位，践行小微金融学理论，引进德国储蓄银行的微贷技术，按照“扫街营销、挂图作业，上门送贷、不重抵押，等额还款、廉洁高效”的要求，打响“邯银微贷，责无旁贷”品牌。目前全行中小企业贷款占全部公司贷款的80%，其中小微企业贷款占40%、户数占90%；全部不良贷款率仅0.2%，其中小微企业贷款不良率仅0.03%；2012年净资产收益率达27.2%，大大高于全国银行业平均水平。邯郸银行小微企业贷款不仅实现了商业可持续，还受到了社会各界的广泛好评，荣获全国文明单位称号，被河北省政府授予“金融创新奖”，在“2012中国商业银行竞争力评价”中位居中型城商行第

5位，在“中国金融机构金牌榜”评选中连续入围“最具成长性中小银行”——小微企业信贷与小银行发展、民生调研与民生实践，在这里实现了正向反馈、良性互动，取得了良好的经济效益和社会效果。

## 改善民生推动科学发展

北京外国语大学校长　韩　震

在建设中国特色社会主义实践中，人民群众的生活既是我们思考问题和工作的出发点，也是我们工作的落脚点。近年来，河北民生调研真实反映了人民的心声，体现了河北人民建设美丽河北、和谐河北、幸福河北的热切愿望。

第一，关注民生才能找准发展的目的，促进经济社会的科学发展。发展必须坚持以人为本。人民群众生活有了保障，生产才能发展，而且人民群众的需要提出了生产的新目标，经济发展就有了新空间和新动力。譬如，现在人民群众的物质生活水平提高了，内需就必然增加，生产发展就有了市场动力。我们不能把民生与发展对立起来，而是要把握二者之间的统一性，使民生和发展之间成为相互促进的良性关系。一句话，民生不是不要发展，而是需要更科学的发展。

第二，关注民生才能重视社会的公平正义，促进和谐社会的构建。民生就是人民群众的生计。其中，最基本的就是衣食住行，这是社会公平的基础。马克思主义经典作家早就提醒我们不要忽视这样一个基本事实，即人们首先必须吃、喝、住、穿，然后才能从事其他活动。保障民生首先要保障基本民生，要通过完善低保、大病救助等制度设计，兜住特困群体的基本生活，即通过补短板来编织一个覆盖全社会的安全网。要提高居民收入，特别是低收入者的收入，持续扩大中等收入群体。民生得不到保障，人民群众不能安居乐业，社会就不会安定。另外，必须以发展的眼光看待民生，即人民群众的生活应该随着社会的发展而不断得到改善。这里，一方面是衣食住行等生活水平的提高，另一方面是人民群众文化生活、接受教育的机会和精神生活的提高。经济实力和国家综合实力发展，为共同富裕和全体人民生活水平的提高奠定了物质基础，公平正义是社会主义最核心的价值理念，而社会正义的基础是民生公平。所以，我们必须通过制度建设保障社会公共资源分配的公正、公平和公开，切实解决收入分配不公、贫富差距悬殊问题，增强人们的幸福感。目前，民生的差异突出表现在城乡差别上，因此，河北同全国一样，要实现公共资源保障民生的公平，也要在“社会保障的城乡接续”方面跟进，通过城镇化和城乡一体化，逐渐实现民生和公共资源保障方面的一体化和均等化，为和谐河北、幸福河北奠定基础。

第三，关注民生才能考虑人民群众方方面面的利益以及子孙后代的利益，促进实现永续发展。民生的底色是人民群众的衣食住行，但其提升和发展的空间却是无限的。就业是民生之源，保障了就业，增加了劳动收入的比例，人民群众的衣食住行就在其中了。民生首先要实现温饱，但不能把民生停留在温饱层次上，要根据生产水平的提高不断提高层次；民生需要物质生活的保障，但不能仅仅保障物质生活，还需要文化精神生活的提高；民生不仅仅是生活好，还要发展好，这就需要增加教育的投入、促进义务教育的均等化发展和各类各级教育质量的提升；民生不能仅仅是一代人的事情，还必须保障子子孙孙的福祉；民生的永续发展就必须基于发展的永续性，我们的经济发展和社会发展就必须考虑可再生能源、循环经济等，这就为发展提出了新课题。一句话，民生需要社会可持续的发展。

## 科学决策的重要依据

河北省委政策研究室副巡视员　张建国

经验告诉我们，凡是成功的决策，无不基于对世情之变、地情之变、民情之变的深切感悟、深刻认知、深透把握。特别是在经济政治文化生态等多因素相互交织渗透、民众利益诉求多元化的今天，科学决策必须以民生为依据，也只有在深入民生调研的基础上才能确保决策的科学性。作为服务省委、省政府决策的一个有效载体，河北省社科联组织开展的以“保障和改善民生，推进社会建设”为主题的大型民生调研活动，即充分说明了这一点。

“知屋漏者在宇下，知政失者在草野。”决策好不好，民众最清楚。当前百姓最关心的莫过于民生问题，民生连着民心。要做到决策正确、科学、合乎民心，就要多听听群众怎么看、怎么想，绝大多数群众理解不理解、接受不接受、支持不支持。否则，决策一旦背离民心民意，执行起来就会麻烦不断乃至引发社会冲突。

一项决策的出台，往往牵一发而动全身，只有体现最广大人民群众意志和愿望的决策才有生命力。当今，科学的决策必须是兼顾各种不同利益群体的决策。通观现实社会中的某些决策，人们之所以觉得其不科学，不只是决策者的知识水平使然，也不只是决策执行不力，其中不少是决策时对民生研判的偏差所致。这些决策常常是呼应了一部分群体的诉求，却忽视或损害了另外一些人的利益。在以利益调整为鲜明特点的改革深入进行的背景下，决策特别需要兼顾各种不同群体的利益。只有通过深入调查研究，真正懂得民生真情，兼顾各种群体的利益诉求，决策才能具备“科学的前提”。

决策与民生关系密切。做什么，不做什么，怎么做，由谁来做，做到什么程度，往往是差之毫厘，则谬以千里。在过去结构相对简单的传统社会，城乡情况大同小异，可以一叶知千秋，只要解剖一个“麻雀”就可以了。今天则不然，地情千差万别，社情错综复杂，民生悬殊各异。只有真正沉下心，同群众面对面，与群众交朋友，酸甜苦辣同体验，“零距离”沟通，掌握真实的不同群体的第一手信息，才能“不畏浮云遮望眼”，真正读懂民众的心思，得到决策的科学依据。

信息社会，现代化的技术手段为我们掌握和获取民生信息提供了极大便利，但现代信息传播手段和渠道无论怎样先进发达，都有“信号不灵”或信息失真的“盲区”，都不能替代到现场亲眼所见、亲耳所闻，更需要加强调查研究。因为许多细节是书面材料没有反映的，基层民众的心绪状态也往往反映不出来。而许多时候，细节具有决定意义，情绪更有重要意义。唯有身临其境、身心体悟，才能感民生之冷暖、知民意之诉求，确保各级决策的科学正确。

# 坚持"有中生新""无中生有"在转型升级中加快发展*

（2013年5月29日）

省委八届五次全会指出，当前河北正处于由大转强、蓄势待发的新阶段，既面临经济发展的大好机遇，也面临转型升级的严峻挑战。河北要加快科学发展，实现从经济大省到经济强省的跨越，必须牢牢把握战略机遇和有利条件，在四面潮起、竞相发展的形势下，坚持"有中生新"和"无中生有"，下大决心推动转型升级。

## 加快转型升级在河北具有特殊重要性

从国际看，自发生国际金融危机以来，世界经济结构深度调整，发达国家的企业和要素资源外溢加速，新兴国家和发展中国家以更大的开放力度，积极吸引外资，加快发展步伐。从国内看，东部沿海地区以创新驱动为动力，加快产业结构战略性调整，抢占发展制高点；中西部地区凭借资源、劳动力和后发优势，大力吸引东部沿海产业转移，努力在新一轮竞争中加速崛起；东北老工业基地经过十年奋斗，已由部分中心城市带动转向全面振兴发展。从我省周边看，京、津、鲁、豫、辽等省（市），或积极建设国际开放型大都市，或加快建设我国北方经济中心，或全力打造中部崛起龙头，或引领

* 本文刊发于《河北日报》2013年5月29日。

东北老工业基地全面振兴。我省是东部沿海省份，处于正在加快发展的环渤海地区，面临慢进则退、停滞则衰的严峻挑战，加快发展的压力尤为巨大。

从我省实际看，经过30多年的改革开放，我省实现了经济平稳较快发展，经济总量不断攀升，产业基础不断夯实，已经成为名副其实的工业大省。但要看到，我省传统产业比重大，原材料工业多，传统产业中钢铁、石化、建材等占比79.1%，产业结构明显偏重，资源能源利用效益低的产业特征没有根本扭转；主要支柱产业处于产业链低端、多数产品附加值低的产品特征没有根本改变，转型升级的要求尤为迫切。同时，我省也是环境治理压力较大的省份，节能减排降碳的硬性约束尤为明显，不加快转型升级，河北的发展就会“断粮”。

国内外、省内外发展形势警示我们，加快转型升级时间紧迫、任务艰巨。就像省委八届五次全会指出的，我省工业转型升级，无异于“华山一条路”，必须痛下决心，坚持“有中生新”“无中生有”两手抓、两手硬，强化基地支撑、龙头带动、品牌引领、集群发展，以重点突破带动全局。

## 准确把握时代脉搏　处理好加快发展和转型升级的关系

发展是硬道理，是第一要务，任何时候都要紧紧咬住发展不放松。党的十八大报告明确指出：“以经济建设为中心是兴国之要，发展仍是解决我国所有问题的关键。”国情如是，省情亦如是。我省正处于工业化、城镇化快速扩张和深入发展时期，正处于从传统农业向现代农业转变的历史阶段，人民群众的需求日益增长，对就业、增收、民生保障的要求越来越高，所有这些，要求我省必须加快发展步伐。只有加快发展，才能解决前进道路上的各种矛盾和问题；只有加快发展，培育更多更好的增长点，努力扩大经济总量，才能为转型升级创造条件，提供坚实基础。

加快转型升级，是为了实现更好的、高质量的发展。转型升级可以为加快科学发展提供不竭动力。长期以来，我省一直是资源依赖型大省，经济大而不强的特征十分明显。随着经济的快速发展，资源环境约束越来越大，经济质量效益低和发展不可持续问题越来越突出。特别是最近，国家要求我省降低能源消耗总量，并对石家庄、唐山、保定、廊坊四市实行大气污染物特别限值控制。这就要求我省必须在加快推进转型升级上下功夫、见实效。传统产业比重偏大是我省经济的短板，但同时传统产业也是我省经济的根基，这就决定了我省对传统产业既不能简单地淘汰关闭，也不能放任自流。简单淘汰关闭就会使我们丢掉“饭碗”、失去发展根基，放任自流就会被市场淘汰、被时代淘汰。所以，必须以创新驱动为抓手，立足于“有中生新”和“无中生有”，通过转型升级加快科学发展。

## 抢抓发展机遇　迎接转型挑战　加快科学发展步伐

当前，我省发展已进入一个新的阶段，既面临难得的大好机遇，也面临严峻挑战。总体上看，机遇远远大于挑战。只要我们善于把握大势，趋利避害，抢抓机遇，乘势而上，依靠改革、开放、创新，就能走出一条科学发展的新路，实现跨越赶超。这需要我们在六个方面实现突破。

一是抢抓战略机遇，突出战略重点。对发展而言，丧失机遇是最大的损失。当前我省面临加快发展的多重机遇：环渤海地区成为国家开放重点，北京辐射外溢日益明显，首都经济圈上升为国家战略，冀南地区进入中原经济区国家战略。抢抓战略机遇，既要统筹谋划，又要突出重点。沿海地区率先发展，重点是加快发展临港产业，特别要突出抓好临港工业。围绕钢铁产业，打造先进制造业基地；围绕港口运输，打造现代物流基地；围绕煤油气电等能源产业，打造现代基础产业基地。培育环京津地区新的增长极，重点是建设一批环京津卫星城和产业园区，主动疏解京津发展压力，积极承接京津要素转移。做大做强县域经济和县城，要以繁荣壮大民营经济为突破口，做大做强县城经济和园区经济，实现产城互动发展，并带动新农村建设和扶贫攻坚协调推进。要把加快发展现代农业作为发展壮大县域经济的基础，积极推进农业产业化经营，大力发展高效农业、优质农业和生态农业，提升农业综合竞争力。

二是迎接转型挑战，加快升级步伐。对发展而言，忽略挑战是最大的风险。发展形势和政策约束已经对我省工业转型升级形成倒逼机制。我省能否加快发展，关键在于能否在尽可能短的周期、以尽可能小的代价加快转型升级步伐。转型升级既要立足于“有中生新”，在传统产业基础上“生”出新产品、新工艺、新领域，促进传统产业获得新的发展；也要加快“无中生有”，以新能源、电子信息、生物医药、高端装备制造等为重点，培育壮大战略性新兴产业。传统产业获得新生，既要加快产业链条的纵向延伸，也要加强产业集群的横向拓展。培育战略性新兴产业，既要瞄准国际高端，也要注重产业配套。以培育发展战略性新兴产业，带动传统产业的改造提升；以传统产业的改造提升，支持战略性新兴产业发展壮大。努力构建以战略性新兴产业为引领、以优质高效重化工业为支撑、以现代服务业为纽带、以现代农业为基础的河北现代产业体系。

三是坚持创新驱动，强化科技引领。科技是第一生产力。科技引领、创新驱动，是推动科学发展的最根本最关键的力量。无论是传统产业“有中生新”，还是战略性新兴产业“无中生有”，都离不开科技创新的支撑；打好四大攻坚战，也必须依靠创新驱动。所以，创新驱动要贯穿于经济发展的各个领域、各个环节。加强创新驱动既要重视人才引进和人才培养，也要重视人才发展环境。没有人才“种子”，再好的环境土壤，也不会“高产增收”；没有良好的发展环境，再优秀的人才，也难以“落地生根”。人才和发展环境是决定创新驱动能否取得实效的关键。要制定完善促进科技创新的体制机制，加大人才引进和人才培养的力度，加强业务竞争和业绩考核，为推进我省科学发展奠定坚实基础。

四是鼓励全方位竞争，完善市场机制。市场是优化配置资源的重要手段，市场机制的核心是竞争。竞争意味着低价、优质和高效。市场经济条件下，竞争无处不在，无时不在。鼓励全方位竞争，重点是要突出发挥好市场机制和法治的作用。既要大力发展市场竞争主体，加快培育和完善市场体系，也要不断健全规范的市场运行规则，以法治规范市场行为。鼓励全方位竞争尤其要增强忧患意识。市场经济条件下，不存在屹立不倒的超级企业，也不存在长久不变的产业形态。只有使竞争意识深入骨髓，加快发展和转型升级才能不断取得新成绩。

五是增强开放意识，树立开放自信。邓小平同志在改革开放之初就曾深刻地指出："要做到发展，必须坚持对外开放、对内改革。"当前，世界经济全球化、区域经济一体化日益深化，凭借先进的信息技术和交通工具，生产要素已经实现全球范围内的优化配置。你中有我、我中有你，已是经济合作的常态。对外开放不仅仅是简单地引进资金、技术、人才等生产要素的过程，更是一个思想解放、更新观念、转变方式的过程。增强开放意识，必须破除两种狭隘思想：一种是破除"贪图小利"的思想。要敢于牺牲眼前利益，放弃"蝇头小利"，让利于投资者，用优质资源、优质服务，大力引进战略投资者，推动河北加快发展。另一种是破除"肥水不流外人田"思想。实践证明，固守"肥水不流外人田"思想，外资企业就难以进入，内资企业也难以壮大，只能贻误时机、贻误发展。只有努力营造"你赚钱我保护，你发展我铺路，你纳税我服务，你困难我帮助"的服务意识，在扩大开放中不断挖掘发展潜力，才能主动赢得发展先机。

六是强化改革意识，增强发展动力。改革是中国最大的红利。经过30多年的快速发展，我国人口红利、资源红利逐渐消失，只有不断深化改革，才能获取发展的新动力。强化改革意识，必须破除"满、等、旧"的落后观念。"满"即故步自封、小成自满，自满就会停滞，停滞必然落后，只有常怀改革永无止境的心态，才能实现新跨越新发展。"等"即等待观望、畏缩不前，等待就意味着良机丧失，畏缩就意味着逃避挑战，只有破除"等靠要"的被动思维，才能迎难而上，加快发展。"旧"即因循守旧、不思进取，因循守旧必然导致故步自封，不思进取必然导致思想僵化，只有增强改革意识，才能变被动为主动，不断开创改革发展新局面。

# 立足河北改革　走向世界开放

## ——建设服务决策、服务发展、服务基层新智库*

（2013 年 6 月 21 日）

近年来，河北省社科院认真贯彻落实党中央关于繁荣发展哲学社会科学的意见和河北省委的重大决策部署，在中国社科院的亲切关怀和大力支持、指导下，在新智库建设上进行了积极探索和有益尝试，初步建立起立足河北改革、走向世界开放，服务决策、服务发展、服务基层的新智库。下面，结合会议主题，联系我院新智库建设的实践，谈一谈我们对新智库建设的理解、做法和思考。

进入“十二五”时期，我院以科学发展观统领办院，继续坚持“为决策服务、为发展服务、为基层服务”的办院方针，落实“出精品、出人才、出效益”的总要求，健全理论武装、服务决策、繁荣发展“三位一体”工作新格局和参公管理、事业管理“一院两制”新体制，大力推进中国特色社会主义理论武装工程，大力推进服务河北能力提升工程，大力推进全省哲学社会科学龙头带动工程，大力推进创新型人才智力聚合工程，以学习型党组织建设和创先争优活动引领发展环境优化，以改革创新驱动激发发展活力，提出建设“省级科研一流、国内国际知名、服务河北科学发展”新智库的更高办院目标。科学的目标定位为我院新智库建设明确了发展方向。

---

* 本文为周文夫在北京市社科院承办的全国社科院院长座谈会上的发言，中国社科院院长王伟光出席座谈会。

## 一　积极推进体制改革，为新智库建设奠定制度基础和体制、机制支撑

2009年，河北省委、省政府决定，将河北省委讲师团、河北省社科联并入河北省社科院。我院坚决贯彻落实省委、省政府的决策部署，创造性地提出构建理论武装、服务决策、繁荣发展“三位一体”工作新格局和参公管理、事业管理“一院两制”新体制的总体改革思路。目前已经形成以理论武装为龙头，以社科研究、社科联合为依托，以省社科团体、各市委讲师团、各市社科联和县区基层理论宣讲站为基础，把全省社科系统研、讲、联资源优化组合和有效运用的新型工作运行机制，实现了“机构精简，职能不减；牌子不摘，队伍不散；资源整合，效能提高”和“三个一相加大于三”的改革初衷。我院参公人员已全部完成了公务员登记，“一院两制”管理体制已经形成，总体运行状态良好。“三位一体”工作新格局和“一院两制”新体制的形成为新智库建设奠定了制度基础和体制、机制支撑。改革成效得到中国社科院和河北省委、省政府的充分肯定。武寅副院长率中国社科院代表团出席了河北院建院30周年庆祝大会，会上发表重要讲话指出：“河北院抓住了难得的历史机遇，取得的经验在全国具有原创性，工作扎实，成效显著。”我院干部职工深受鼓舞！

## 二　全力推动科研创新和学科建设，真正担负起党委、政府思想库、智囊团的职责和作用

一是以“走转改”为切入点，创新科研组织方式。近年来，我院按照中宣部“走转改”的要求和省委宣传部的安排，组织科研人员和行政后勤管理人员，广泛开展了“走基层太行行——河北‘老’‘少’‘边’区红色教育大调研”活动、“走基层沿海行——河北沿海地区发展大调研”活动、“走基层中原行——河北冀南地区发展大调研”活动，使全院干部职工受到了“西柏坡精神”和革命传统教育，深入了解了社情民意，开阔了眼界，

学习了经验，积累了资料，形成了一批科研成果。二是以走向世界开放办院为导向，开展“走世界开放行——广泛开展国际学术交流与合作”活动。采取“走出去”“请进来”的办法，组织科研人员、中层管理干部与国际上的专家学者及管理者进行人员互访、学术研讨、学者研修、项目合作等多方面的交流合作。截至目前，我院已同亚、非、拉、欧、美、澳六大洲主要国家和我国港台地区共22个科研机构和高校建立起较为长期稳定的学术交流与合作关系，国际学术交流的合作伙伴由点到线到面，初步形成一个“走向世界”的新格局，为我院新智库建设搭建了国际交流平台，拓展了更为广阔的国际合作空间。《人民日报》刊发了我院《社科理论界“走转改”如何深入下去》的理论文章，《光明日报》在头版以《到“源头”去　引“活水”来——河北省社科院结合实际“走转改”》为题报道了我院的经验做法。三是以激发科研创新活力为目标，加强学科建设和科研成果评价体系建设。为完善学科布局，我院出台了《关于设立重点培育学科的暂行规定》，构建起重点学科、重点扶持学科、重点培育学科三级重点学科建设新机制和首席专家制度，实行动态管理，建立优势和特色突出的重点学科群，现有5个重点学科、4个重点扶持学科、4个重点培育学科。同时，制定出台了院《重要科研成果奖励办法》和《优秀成果评奖办法（试行）》，进一步调动了科研人员的积极性和创造性。

## 三　加强思想、组织、作风建设和行政后勤管理，为新智库建设提供坚强有力的思想政治和行政后勤保障

一是开展加强学习型党组织建设活动。组织实施了党委理论学习中心组引领工程、全员学习队伍建设工程和服务决策发展提高工程的三大工程，把学习型党组织建设作为建设服务河北科学发展新智库的引擎，取得明显实效。《求是》发表了我院党组《把建设学习型党组织作为服务科学发展的引擎》的体会文章。中央学习型党组织建设协调小组办公室简报刊发了我院的专刊，新华社发了通稿，人民日报、光明日报、经济日报和中央电台、电

视台等媒体先后对我院学习型党组织建设和创先争优活动进行了报道。二是加强干部人才队伍建设。制定《处级领导干部任（聘）用工作实施意见》，实施了参公部门处级领导职位补充调整和参公部门主要负责人轮岗，今年春节前后，共提拔任（聘）用处级干部 30 名，处级干部平均年龄下降 5 岁，初步形成老中青梯队。在职称评定上，完成了院属事业部门第五轮全员岗位聘用和第二次专业技术岗位聘任，高职岗位比例达到了 55%。在基础设施上，改造了办公大楼，美化了庭院，完善了职工生活设施，干部职工的办公和生活条件得到较大改善。三是加强干部队伍作风建设。在转作风、正学风、改文风上下功夫、动真格，取得明显成效。

## 四　坚持改革开放和注重求真务实，新智库建设取得积极成果

一是应用对策研究成果丰硕。仅 2012 年就完成应用性科研成果 612 项，多项成果得到国家领导人以及省委、省政府主要领导和分管领导的批示肯定。由省委、省政府主要领导交办或圈定的重大课题，如《构建符合河北实际现代产业体系研究》《加快转变河北发展方式研究》《河北省环首都绿色经济圈问题研究》《河北沿海地区经济发展问题研究》《“标志性突破”意味着什么》《河北省社会各阶层思想动态 2011 年分析与 2012 年预测》《借鉴先发地区经验打造我省沿海地区率先发展增长极》《关于抢抓战略机遇支持冀南地区快速崛起的建议》等课题成果，均得到省委书记、省长和分管省领导的批示肯定或转化采用。其中，《切实防范民生实践中的不良倾向》《着力依法破解缠访闹访等非正常上访难题》《关注民生诉求新变化，完善民生政策》等课题成果分别得到李克强、张德江、回良玉、马凯等中央领导的批示肯定。二是基础理论研究取得积极进展。获准立项国家社科基金招标项目重大课题 1 项，填补了省内立项空白。国家社科基金重点项目“《俄藏黑水城文献》汉文非佛教文献整理与研究”鉴定等级为优秀，入选《国家哲学社会科学成果文库》，填补了省内空白。承担了中国社科院承担的国家社科基金重大项目的子课题“考古发现西夏汉文非佛教文献整理与

研究”。首次获得国家社科基金后期资助项目立项，获得国家社科基金重点课题和青年课题立项多项。此外，燕赵文化研究、李大钊研究也都取得显著成就。三是以河北省中国特色社会主义理论体系研究中心名义组织在大报大刊发表了一批理论文章。整合、锻炼了河北的理论队伍，在全国产生了积极影响。

## 五　今后学习贯彻全国社科院长座谈会精神，加强新智库建设的思路

下一步，我院将深入贯彻落实党的十八大和省委八届五次全会精神，以我省正在开展的“解放思想、改革开放、创新驱动、科学发展”大讨论活动为契机，按照本次座谈会精神和中国社科院领导重要讲话要求，抓住服务决策、服务发展、服务基层新智库建设这条主线，集中抓好六方面工作：一是理论武装做到“全覆盖、面对面”；二是服务决策科研成果要增强全局性、战略性、前瞻性、针对性和可操作性；三是社科联合更好地发挥“桥梁”“纽带”作用；四是科研管理和学科建设要创新体制机制；五是干部人才队伍建设要为新智库建设提供组织保障和人才支撑；六是要提升领导班子的领导科学化水平。

# 在院深入开展党的群众路线教育实践活动动员大会上的讲话

（2013 年 7 月 1 日）

这次会议是经院党组研究决定召开的。主要任务是，认真贯彻党中央要求和省委决策，对我院开展党的群众路线教育实践活动进行动员部署。今天恰逢建党 92 周年纪念日，在这个特殊的日子召开这样的会议更有特别重要的意义。今天上午，省委已经召开河北省深入开展党的群众路线教育实践活动动员大会，对全省深入开展教育实践活动做出部署。今天下午，我院即刻召开全院教育实践活动动员大会，足以表明开展教育实践活动十分重要也十分紧迫。刚才，刘月副院长宣读了《院党组关于开展党的群众路线教育实践活动的实施方案》。下面，我就组织开展好全院党的群众路线教育实践活动，讲三点意见。

## 一　深入学习，统一思想，充分认识教育实践活动的重大意义

围绕保持党的先进性和纯洁性，在全党开展以为民务实清廉为主要内容的党的群众路线教育实践活动，是党的十八大做出的重大部署。这是新形势下坚持党要管党、从严治党的重大决策，是顺应群众期盼、加强学习型服务型创新型马克思主义执政党建设的重大部署，是推进中国特色社会主义伟大事业的重大举措。5 月 9 日，中共中央下发了《关于在全党深入开展党的群

众路线教育实践活动的意见》。6 月 18 日，党中央召开了党的群众路线教育实践活动工作会议，对全党深入开展教育实践活动做了动员部署。习近平总书记在会上做了重要讲话，从贯彻党的十八大精神、坚持和发展中国特色社会主义的高度，从实现党的执政使命、奋斗目标的高度，深刻论述了这次教育实践活动的重大意义，精辟阐述了教育实践活动的指导思想、目标要求和重点任务，高屋建瓴、思想深刻、内涵丰富，是全党深入开展教育实践活动的基本遵循和纲领性文件。6 月 22 ~ 25 日，中央政治局围绕对照检查中央八项规定落实情况、讨论研究深化改进作风措施召开专门会议，习近平总书记主持会议并发表重要讲话。昨天，中央政治局委员、中组部部长赵乐际同志来我省视察指导工作，要求河北教育实践活动要发挥示范带动作用，走在全国前列。7 月 1 日，也就是今天上午，省委召开河北省深入开展党的群众路线教育实践活动动员大会，就认真贯彻党中央精神、在我省深入开展教育实践活动提出了重要指导意见和具体要求。党中央和省委的要求为我院深入开展教育实践活动指明了方向，提供了遵循。我们一定要认真学习好、领会好，统一思想、提高认识，增强责任感、使命感，切实增强开展好这次教育实践活动的决心和信心。

从我院的实际情况看，开展好教育实践活动，有着非常重要的现实意义。“十一五”以来，特别是 2009 年机构调整以来，我院不断深化“三个服务”办院方针和“三个出”总要求的贯彻落实，着力解决影响和制约我院发展的“三个不适应”，原有的矛盾和问题在很大程度上得到解决或明显好转，新智库建设取得重大进展。这充分体现了我院各级党组织和党员干部队伍具有较强的凝聚力和战斗力。但是，随着世情、国情、党情的变化，新形势、新任务对我们提出了新的要求，我院在发展过程中也出现了新问题和新矛盾。如，现有的理论宣讲网络还不能完全适应基层干部群众对宣讲工作“全覆盖”“面对面”的要求和期盼；前瞻性、战略性的应用研究还不能完全适应新时期各级党委、政府对决策咨询服务更高层次的需求；社科联合的力度和水平还不能完全适应全省广大社科工作者对发挥自身作用、实现自身价值的热切渴望；人才队伍建设还不能完全适应我院智库建设更高办院目标对国际化、高层次人才的紧迫需要，这一切都在影响和制约着我院事业的进一步发展和新智库建设目标的顺利实现。

上述新的不适应固然有客观方面的原因，但主观上我院一些党员干部的宗旨意识、大局意识不强，事业心、责任心、进取心不够，思想作风、工作作风不硬，工作能力和水平不高，这是更为重要的原因。在全院深入开展教育实践活动，就是要使广大党员、干部特别是院处级领导干部，带头深刻认识教育实践活动的全局性、战略性意义，深刻认识教育实践活动的现实必要性、现实紧迫性，有针对性地解决好自身的模糊认识、思想障碍，认清使命、提高本领，着力解决影响我院改革发展的实际问题，不断推进我院智库建设上水平，为服务决策、服务发展、服务基层做贡献。

## 二　把握要求，结合实际，扎实推进教育实践活动深入开展

院党组按照党中央和省委要求，制定了我院《关于开展党的群众路线教育实践活动的实施方案》，对我院教育实践活动的指导思想、目标要求和方法步骤都提出了明确要求。院属各部门要结合实际，认真贯彻落实。

要准确把握教育实践活动的指导思想。这次教育实践活动，要高举中国特色社会主义伟大旗帜，坚持以马克思列宁主义、毛泽东思想、邓小平理论、“三个代表”重要思想、科学发展观为指导，贯彻好党的十八大以来党中央和省委做出的重大工作部署和要求，紧紧围绕保持党的先进性和纯洁性，以为民务实清廉为主要内容，以处级以上班子和党员领导干部为重点，切实加强全院党员马克思主义群众观点和党的群众路线教育，贯穿“照镜子、正衣冠、洗洗澡、治治病”的要求，把贯彻落实中央八项规定精神作为切入点，进一步突出作风建设，坚决反对形式主义、官僚主义、享乐主义和奢靡之风，树立宗旨意识，强化群众观点，着力改进作风、提高能力、解决问题、健全机制，着力打造“开拓创新、知行合一、求真务实、公正廉洁”的新时期干部人才队伍，为更好地服务于河北跨越赶超、科学发展，发挥思想库、智囊团作用，进一步贯彻“三个服务”的办院方针和“出精品、出人才、出效益”的总要求，为实现我院“省级科研一流、国内国际

知名、服务河北科学发展”新智库建设目标提供有力保证。

要准确把握教育实践活动的基本原则。在教育实践活动中，一定要把握好四条原则：一是坚持正面教育为主，组织党员干部通过认真学习，实现自我教育，联系工作实际，自觉查找不足，明确努力方向，模范践行社会主义核心价值观，坚守共产党人精神追求。二是坚持批评与自我批评，开展积极健康的思想斗争，敢于揭短亮丑，敢于改正缺点，敢于修正错误，真正让党员干部思想受到教育、作风得到改进、行为更加规范。三是坚持领导带头，主要领导亲自抓，上级带下级、主要领导带班子成员、领导干部带一般干部，一级抓一级、层层抓落实，高标准、严要求，力争认识高一层、学习深一步、实践先一着、剖析解决突出问题好一筹。四是坚持统筹兼顾，要把机关作风建设与贯彻落实党的十八大和省委八届五次全会精神结合起来，与贯彻院“十二五”规划及加强新智库建设结合起来，与我院正在开展的各项重点工作结合起来，把党员干部在活动中激发出来的工作热情和进取精神转化为做好工作的动力。

要准确把握教育实践活动的目标要求。这次教育实践活动的主要任务是，教育引导党员干部树立群众观点，弘扬优良作风，解决突出问题，保持清廉本色，进一步提高党员干部思想水平，进一步转变作风，进一步密切党群关系，进一步树立为民务实清廉形象。要把作风建设放在突出位置，集中解决形式主义、官僚主义、享乐主义和奢靡之风“四风”问题，对准焦距、找准穴位、抓住要害，不“走神”、不“散光”。要结合我院实际，找准“四风”的具体表现，突出重点，加紧整改：一是在反对形式主义方面，要突出解决知行不一，研究与实际联系不紧密，成果的应用性、时效性、可操作性不强等问题；二是在反对官僚主义方面，要突出解决脱离群众、深入基层不够、工作拖拉疲沓、效率不高等问题；三是在反对享乐主义方面，要突出解决精神涣散、进取心不强、艰苦奋斗思想不牢等问题；四是在反对奢靡之风方面，要突出解决铺张浪费、资金使用效率不够高、节约意识不够强、跑冒滴漏等问题，切实把教育实践活动的各项目标要求落到实处。

要严格执行教育实践活动的方法步骤。根据党中央和省委要求，按照我院《实施方案》的安排，认真从三个环节扎实推进教育实践活动的开展。

第一，学习教育、听取意见环节要把加强理论武装摆在第一位，采取多种形式进行学习宣传和思想教育，组织党员干部走进基层、贴近群众，深入开展调查研究，提出调研题目，选择基层调研点，召开不同层次、不同人士座谈会，广泛听取干部群众意见。第二，查摆问题、开展批评环节要贯彻整风精神，组织开好一次高质量的专题民主生活会，认真查摆“四风”方面存在的突出问题，进行党性分析和自我剖析，开展批评与自我批评。第三，整改落实、建章立制环节要落实正风肃纪的各项措施和制度规定，针对存在的问题，提出解决对策，制定和落实整改方案，集中治理突出问题，注重从体制机制上解决问题，研究出台加强作风建设的具体制度和规定，形成长效机制。要坚持进度服从质量的原则，坚决做到标准不走样、程序不变通、环节不减少。在完成规定动作的同时，结合自身特点做好自选动作，努力使教育实践活动取得实实在在的效果。

## 三　加强领导，注重引领，确保教育实践活动取得实效

这次教育实践活动，时间紧、要求高、任务重。中央领导把河北作为教育实践活动联系点，省委书记亲自担任省委活动领导小组组长，党中央和省委对活动寄予厚望，人民群众充满期待。因而，全院党员干部一定要增强责任意识和紧迫感，把开展好这项活动作为一项重大政治任务，切实摆上重要议事日程，精心组织，周密安排，确保我院教育实践活动扎实有效地开展。

### （一）加强组织领导

为切实加强对教育实践活动的领导，我院成立了党的群众路线教育实践活动领导小组，我任组长，曹保刚、孙继民同志为副组长，其他党组成员、副巡视员及秘书长任成员。下设活动办公室，刘月同志兼任办公室主任，抽调相关处室的同志，成立综合一组、综合二组、成果组、督导组。活动实行“一把手负总责、分管领导具体抓”的工作责任制，整体活动由党组书记负总责，党组成员分别抓好分管部门的活动，各处室所长对本部门的活动负责。同时，将活动方案中的每项工作层层分解，落实到具体部门，明确时间

要求，确保按期完成。坚持定期督导，确保每一个环节和工作要求落到实处。

### （二）要突出自身特点

我院是省委、省政府的直属社科研究、理论宣传机构和社团机构，担负着武装群众、联系群众、服务决策的职责。在教育实践活动中要继续开展“送理论下基层”活动，工作重心向下沉，与基层群众面对面，使我院成为马克思主义理论武装的坚强阵地；继续大兴调查研究之风，认真做好省情调研，经常深入基层，了解社情民意，注重成果的转化应用，发挥思想库、智囊团作用；继续发挥社科联合的平台作用，加强同全省社科工作者的联系，提升服务水平，努力建成全省社科工作者之家。

### （三）要发挥引领作用

省委对我院高度重视，在这次教育实践活动中我院被委以重任。作为省委党的群众路线教育实践活动领导小组办公室成员，具体负责省委党的群众路线教育实践活动领导小组办公室理论成果组的工作。由我担任组长，刘月同志担任副组长，成员有我院的焦新旗、王彦坤和党校、高校同志。我院一定不辜负省委的信任，认真履行职责，在全省教育实践活动中发挥积极作用。同时我院要发挥理论优势，做好宣传、阐释、研究工作，组织专家学者围绕教育实践活动主题，在大报大刊上发表一批理论文章，总结经验，宣传典型，浓厚氛围，汇聚推动教育实践活动的正能量。

### （四）要确保取得实效

开展教育实践活动重在实效。我院要按照党中央和省委的要求，通过这次教育实践活动着力形成一批有价值、有分量、有影响的实践成果、制度成果和理论成果。在实践中，要引导党员干部特别是各级领导干部不断提高调查研究、掌握实情的能力，提高科学决策、民主决策的能力，提高解决问题、化解问题的能力，提高宣传群众、组织群众的能力。在制度机制上，要注意把党中央、省委的要求和我院的实际需要、新鲜经验结合起来，制定新的制度，完善已有的制度，废止不适用的制度，抓紧建立健全各种规章制度，针对薄弱环节，堵塞制度漏洞，以作风建设的新成效凝聚起推动我院各项事业发展的强大力量。

同志们，深入开展党的群众路线教育实践活动是我院当前的一项最重要的政治任务，意义重大、任务繁重、时间紧迫，全院广大党员干部一定要高度重视起来、积极行动起来。让我们紧密团结在以习近平同志为总书记的党中央周围，以高度的政治责任感、良好的精神状态和扎实的工作作风，把教育实践活动组织好、开展好，为贯彻落实党的十八大和省委八届五次全会精神，推进我省赶超跨越、科学发展贡献力量。

# 完善农村教育　提升人力资本 促进贫困地区稳定脱贫和良性健康发展*

（2013 年 7 月 3 日）

按照省政协关于扶贫专题调研的要求，我就完善农村教育、提升人力资本、促进贫困地区稳定脱贫和良性健康发展问题做了些调研和思考。

贫困地区的发展，资金可以外援，项目可以外引，专家可以外聘，但高素质劳动力、技能型人力资本却不能主要依靠外援。所以，扶贫必须扶智。随着扶贫工作的不断深入，“以工补农、以城带乡”的逐步推开，贫困地区的发展将步入持续快速轨道。完善贫困地区农村教育体系，建立起适宜贫困地区发展的人力资源储备，是推动我省贫困地区稳定脱贫和实现良性健康发展的根本所在。

## 一　当前贫困地区农村教育存在的不足

一是农村基础教育与农村实际联系不够，“小农民”不懂“大农业”，农村发展后继无人。

早在 20 世纪 20 年代，教育家陶行知先生就提出“教育必须和社会结合，教育要围绕当下的生活展开，并且为生活提供能动的促进作用”。毛泽东在 50 年代也提出“劳动人民知识化，在教育内容上，既强调识

* 本文为周文夫在河北省政协十一届三次常委会议上的书面发言。

字学文化，又兼顾农业技术的传授，教育与生产相结合，要学生课本里增加一点农业课程等”。正是这一时期，“耕读小学”和“农民夜校”催生了大批农村“土”专家，有效地推动了农业、农村的发展。据1980年统计资料显示，河北省仅队、社级农业科技组织就达20.7万，村一级科技人员有37.5万人，相当于每万名农业人口拥有82个农业科技人员。

自20世纪70年代末恢复高考以来，教育改革的重点放在重建高等教育及为“考大学”做准备的重点中小学建设上，农村义务教育逐步瞄准城市，培养目标以城市为导向，课程设置逐步趋向“离农性”和“应试性”。尽管这种“离农”应试教育制度为有真才实学的农村学子提供了平等竞争、施展才华的平台，有其合理性。但从农村发展的视角来看，现有的教育制度一方面加速了农村人才的外流；另一方面以升学作为培养目标的农村基础教育，难以在教育内容上与农村学生生活经验建立起适当的联系，脱离了“农村真实的教育环境”和“离农教育”的价值取向，使得农村孩子对于农业生产漠视又茫然，既看不起又不会干，尤其使那些不能升入高等院校的农村学生难以很快融入当地的生产发展之中。与此同时，国有农业科技专业部门不断上移，基层科技人员大幅缩减。截止到“十一五”末，河北省从事农、林、牧、渔服务业研究的机构数为60个，从业人员为4380人，单位在职科技活动人员3635人、科学家与工程师2823人。省、市、县、镇四级农业技术推广机构3262个，农技推广人员24483人（见表1），全省每万名农村人口人均科技人数仅为7人；如果以农村从事农林牧渔业的从业人口来计算，每万名农业从业人员拥有的农业技术人数也不足20人。近几年，随着农业社会化服务体系建设的加快，其在一定程度上填补了农业技术推广的空缺，农民合作组织、农业龙头企业和农业专业户承担起了一定范围内的农业技术的推广，但总体仍然满足不了需要，贫困地区尤为突出。丧失了群众基础的农业科技推广仅靠现有的人力、物力，始终难以突破“最后一公里”的瓶颈。缺少了农业科技的支撑，贫困地区农业现代化难以为继。

**表 1　2010 年河北省农业科技研发机构与人员构成**

| 机构性质 | 机构类别 | 区域类别 | 机构数量（个） | 科技人员实有人数（人） |
|---|---|---|---|---|
| 国有 | 农业科研和技术开发 | | 60 | 4380 |
| | 农业技术推广 | 省级 | 8 | 364 |
| | | 地市级 | 84 | 1694 |
| | | 县级 | 568 | 7322 |
| | | 乡镇级 | 2602 | 15103 |
| 民营 | 农民合作组织 | | 16560/32670 | |
| | 农业龙头企业 | | 3306 | |
| | 种粮专业大户 | | 7215 | |

注：2010 年全省农村人口为 3993 万人，其中农林牧渔业从业人口为 1472 万人。根据省农业厅提供资料整理。

二是农村职业教育单纯围绕城市求发展，“不伦不类”没市场。

贫困县多是农业大县，农村富余劳动力多。由于贫困县经济不发达，自身吸纳农民就地转产转业空间有限。因此以劳力输出为导向的贫困地区职业教育发展定位偏重于以服务城市为目标，在专业设置上倾向于家政、厨师、保安、电焊、旅游、纺织、建筑、计算机等城市发展所需的专业。上述做法，一方面，导致职业教育与贫困地区县域经济发展脱节，不仅涉农的学校和专业寥寥无几，与县域主导产业相关的专业也不多，难以有效支撑县域经济发展。另一方面，贫困地区职业中学教学质量难以满足城市发展需要。有研究表明，职业教育培养成本是同级普通教育的 2.6 倍，主要用于实训基地建设和学生技能训练。城市发展的日新月异决定了职业教育实训基地建设和实训内容更新频率加快，决定了职业教育投入的高成本。而贫困地区单薄的财力，难以支撑农村职业学校跟上步伐。目前占全省 1/4 弱的贫困县（国家级贫困县 39 个），其省级重点职中只占全省的 1/8 强（全省 108 所省级重点职中，贫困地区仅占 14 席）。不面向需求的职业培训最终导致学生学的内容不伦不类，“毕业等同于失业”。转移出来的劳动力由于技术含量低，也只是从事城市里最没有技术含量、最苦、最累的简单工作，收入微薄。这也是导致农民转移不彻底、离乡不离土的重要因素。

## 二　建立与县域经济发展相适应的农村教育体系是推动贫困地区发展的根本所在

随着城乡一体化进程的加快，农村教育承担着多元化的责任：一是“为升学的教育”，满足一部分学生升学的需求，开辟农村青年向上的流动渠道；二是为城市输送经过培养、有一定素质和技能的劳动力；三是为农村本地发展培养有用人才，即新农村建设的主体新农民，这三者之间相融又互不替代。对于贫困地区来说，未能升学的初高中毕业生比例很高，为新农村建设培养新型农民是农村基础教育首要责任。

### （一）优化农村基础教育模式，完善教学内容

农村基础教育目标的扩展，需要课程内容的跟进，需要引入职业技术教育内容。2001 年教育部的《基础教育课程改革纲要（试行）》中明确规定：“从小学到高中设置综合实践活动并作为必修课程，其内容包括信息技术教育、研究性学习、社区和社会实践以及劳动与技术教育。”但事实上，由于课程设计老师和学生以及社区的实际安排内容围绕城市展开，适合农村地区条件性课程资源不足，或师资力量薄弱使得一些课程实施无疾而终。因此要面向农村学生的生活世界和社会现实，优化农村基础教育课程，在中小学课程中增加农业相关基础知识，增加与农村生产生活相关的技能教育课时。

1. 挖掘课程资源，优化农村中小学课程结构

综合实践活动课是新一轮基础教育课程改革中最大的亮点。其整体性、实践性、开放性和自主性决定了综合实践活动课在增强学生的综合能力、培养学生的社会化方面具有显著优势。农村自然和人文方面的丰富资源、农村经济社会发展的生动实践是农村课程资源开发与利用取之不尽的资源。农村学校要立足本土，挖掘地域特色，将民风民俗、民间歌舞、农业耕植等与农村生产、生活相关的文化和技能、技法等纳入校本教材，增强学生对自然的感知和对家乡的热爱。这既是农耕文化得以传承的根本，也是农村文化产业得以发展的基础。

2. 探索新形势下农村初中普教与职教相结合的办学模式

结合当地生产与经济建设的实际，在初中普通教育中逐步渗透职业教育因素这一做法，早在20世纪90年代就已开始试点，河北省先后探索出了丰宁县超前发展农村教育促进经济发展、安国郑章建设乡镇综合教育小区和唐山新区实行小学学区一体化管理等农村素质教育的成功经验，培养出一大批可用人才，有力地支撑了县域经济的发展。鉴于贫困地区发展人才资源严重匮乏的现实情况，可以充分借鉴已有经验，适时推进新形势下贫困地区初中与职教相结合的办学模式。在保证学科教学大纲和教学基本要求的前提下，对教材中理论联系实际内容进行适当调整，增补与当地关系密切的经济、生产、文化、历史、地理、生活等方面的知识，并从中探索与职教的结合点。通过渗透式教育模式，同步提升人力资源文化素质和职业能力，推进农村劳动力资源的开发和合理配置。

3. 整合资源，开发农村素质教育实践基地

借助农业科技产业园、农业龙头企业、非物质文化遗产传承基地等建立农村素质教育实践基地，通过联结学校与社会、学习与生活，培养学生的实践能力、创新能力及其职业意识、科技意识和市场意识。

## （二）围绕地方经济建设，优化职业教育培训

职业教育是地方经济的内生需求，必须根据地方产业结构调整、生产技术变化、经济增长需要等不断调整。

1. 完善县、乡、村三级农村职业教育网络

要充分利用农业院校、农业广播学校、农村中小学、中等农业学校、农业技术推广中心和培训中心等各类学校及培训机构现有的培训场所、设备、师资等资源，开展包括学历教育、远程教育、短期培训、专题讲座等形式的农村职业教育。我省曲周县与中国农大建立的全国首家农科教网络利用晚上、星期天或农闲时期组织农村干部、农民进行技术咨询、宣传、培训、教育，有效地提高了全民科技素质和技术水平，具有很强的推广价值。

2. 以市场为导向，科学设计职业教育培训计划

农村职业技术教育的专业设置要围绕县域经济发展、城市化以及农村劳

动力转移等现实情况，坚持培训与转产转业紧密结合。要根据县域经济发展战略，本着灵活设置、宽窄并存的原则，开设服务于县域经济发展的专业，将支撑县域主导产业发展的有关专业办成品牌专业。要围绕扶贫产业设专业，产业扶贫是当前扶贫最有效的措施之一，围绕贫困地区扶贫产业，设置与之相配的专业和人才培训计划，推动扶贫产业的可持续发展。要强化学校与城市行业、企业的联系，设立有行业专家参加的专业指导委员会，确保专业的培养目标、教学内容与企业需求一致，实现人力资源的稳定输出。

3. 加强骨干示范性职业学校建设

要把发展农村职业教育作为实施扶贫战略和建设社会主义新农村的切入点，以县为单元，整合教学资源，培养建立一所规模比较大、培养能力比较强，能起骨干示范作用的职业中专，服务于全县经济社会的发展。强化政府投入，以加强标准化建设为抓手，进一步改善办学条件和提高教学质量。建设具有先进性和示范性的实用实训基地，增强学校的教学能力和自我发展能力，为掌握扎实的专业知识和实践技能创造条件。

# 关于抢抓战略机遇<br>支持冀南地区快速崛起的建议*

（2013 年 7 月 4 日）

2012 年底，国务院批复了《中原经济区规划（2012—2020 年）》（以下简称《规划》），我省冀南地区（包括邯郸和邢台两市）位列其中。《规划》是国家大力促进中部地区崛起的又一重大举措，体现了中原经济区在全国改革发展大局中的重要战略地位。《规划》对邯郸和邢台两市进行了功能定位和导向性规划，提出了相应的发展方向、发展重点和框架性政策措施。如何抢抓中原经济区发展上升为国家战略的重大机遇，积极推进冀南地区与中原对接，更多地享受到国家支持中原经济区发展的政策，促进冀南地区快速崛起，打造我省新的经济增长极，是当前我省面临的必须认真思考的重大区域发展战略问题。我院课题组近期到我省冀南地区和河南省安阳、鹤壁、新乡、郑州等部分地区进行了调研，形成如下意见和建议。

## 一　冀南地区是我省建设经济强省的重要支撑

冀南地区位于我省南部、中原经济区北翼，历史上一直是中原腹地，具有承东启西、南接北引的战略枢纽地位，区位优势独特，交通条件优越，在全省区域经济协调发展中具有重要支撑作用。

---

* 本文为周文夫任组长主持课题组形成的研究成果，此成果专报省委、省政府主要领导。

1. 冀南地区是我省经济发展的重要支撑

一是区域经济总量较大。2012年，冀南地区GDP总量为4555.7亿元，占全省的比重为17.1%；财政收入为500亿元，占全省的比重为14.4%；固定资产投资3641.4亿元，占全省的比重为18.5%。二是产业实力强劲。冀南地区是我省的重化工业基地，钢铁、煤炭、建材、装备制造等在全省占有重要地位，太阳能光伏、新材料等战略性新兴产业发展迅速，也拥有一批像冀中能源、新兴铸管、中钢邢机、邯钢、晶龙等国内外知名的大型企业和企业集团。三是拥有一批在全省影响大、增长快的产业聚集区。特别是邯郸的"冀南新区"是继曹妃甸新区、渤海新区之后我省又一个起点高、发展快、带动性强的战略性增长极。邢台的"百里产业带"也是我省重要的产业发展带之一。

2. 冀南地区是我省东出西联的重要枢纽和做大做强沿海经济的重要腹地

冀南地区区位独特、交通便利。京港澳、大广、青兰高速纵横；京广、邯长－邯济、邯黄铁路交叉；邯郸机场作为支线枢纽机场，进出港率在全国支线机场中名列前茅。特别是邯黄铁路的建设，将使邯郸的出海口由原来的两个变为三个，最短距离由原来的距天津港450公里、距青岛港580公里缩短为距黄骅港370公里。冀南地区还是中原经济区北部邯（郸）长（治）—邯（郸）济（南）经济带的中心枢纽，可带动长治、安阳等周边地区成为黄骅港的腹地。在如今港口竞争取决于腹地竞争的形势下，冀南地区作为黄骅港的直接腹地和对晋冀鲁豫交界地区的重要影响与带动力量，它的发展壮大将成为我省提高东出西联水平和层次、壮大渤海新区的关键因素。

3. 冀南地区是我省聚集发展要素、打造新的经济增长极的又一战略平台

长期以来，我省是一个发展要素特别是高层次发展要素相对短缺的省份。近几年依托沿海地区和环首都地区，引进了一批重大项目，促进了企业、人才、资金等发展要素向我省的聚集，获得了快速发展。冀南地区拥有区位交通、产业基础、市场容量、要素配套、生态资源等多方面比较优势，《规划》中明确提出"邯郸依托冀南新区建设全国重要的先进制造业基地，成为在中原经济区内具有重要影响力的中心城市"。邯郸历史上就是晋冀鲁豫四省交界地区首位度较高的中心城市和商贸物流中心，特别是在原有的

13 市加盟的中原经济协作区（1985 年成立）中具有首席城市地位，与周边地区形成了紧密的经贸联系，近几年又打造了冀南新区等发展平台，可以有效吸纳周边以及国内外的发展要素，打造以邯郸为中心、辐射晋冀鲁豫交界区域的城市群。这是我省落实国家区域发展战略，建设“经济强省、和谐河北”的又一个重要发展平台和战略性增长极。

## 二　冀南地区发展面临不进则退的严峻形势

《规划》的出台，在给我省冀南地区发展带来重大机遇的同时，也带来了严峻的挑战。

其一，河南正在加快推进规划实施，其他各省也在加快对接。《规划》出台之后，河南省积极组织规划落实和实施，既造声势（《规划》出台后河南即组织五省社科院院长研讨《规划》，又在博鳌论坛组织高端对话会），又加快争取国家具体政策和省内重点项目的实施。山东、山西、安徽三省在政府工作报告中提出“对接中原经济区”“争取中原经济区相关政策”“加强与兄弟省（区、市）的交流合作，对接中原经济区”等要求，争取享受到国家规划带来的政策机遇。可以说，中原经济区各方都在抢抓先机，我省对接中原工作相对滞后，如何加快采取相应对策，争取享受到《规划》上升为国家战略带来的好处，已是迫在眉睫的重大课题。

其二，争取享受国家具体政策尚需深入谋划和积极跑办，需要多方付出艰苦努力。国家针对《规划》出台了政策性意见，在《规划》中从粮食生产核心区建设、产业升级和投资引导、统筹城乡发展、生态补偿等方面进一步明确了 29 项普惠性支持政策，涵盖财政、金融、投资、产业、土地等多个方面，其中针对邯郸和邢台的政策共有 9 条。如果冀南地区不能落实、享受到相应的政策，将成为支持政策的塌陷区。但目前这些政策还是指导性的，实质性的支持政策需要通过造声势、细谋划、搭平台、立项目、多跑办才能真正落实，这既需要省里积极支持，又需要进行省际协调，必须尽早谋划、加快推进。

其三，相邻区域已搭建起较高的发展平台，区域竞争更加激烈。河南各地已经加快了谋划与发展的步伐。从我们调研走访到的安阳、鹤壁、新乡、郑州等市来看，在新区建设、园区发展、产业升级、项目引进、“三化”协调等方面已经走在了前面，为未来发展搭建了较高的平台。从城市新区建设看，四个市都已经谋划建设了新区，其中郑东新区已经建设了十年，成为全国有名的引领新型城镇化科学发展的典型。从国家级产业园区看，安阳有两个国家级开发区（安阳国家高新技术产业开发区，安阳林州红旗渠国家经济技术开发区）、鹤壁有一个（鹤壁国家经济技术开发区）、新乡有两个（新乡国家高新技术产业开发区、新乡国家经济技术开发区）、郑州有两个（郑州国家高新技术产业开发区、郑州国家经济技术开发区）。除了郑州两个国家级开发区是较早升格为国家级开发区外，其余全部是2010年以后才升格为国家级园区的。近期，郑州航空港经济综合实验区发展规划又已获得国家批复。从“三化”协调方面看，河南省各市都已经建成了一批统筹城乡发展示范区，优化了土地资源配置和产业结构，提高了城镇化率，为进一步发展创造了有效载体和平台。

从冀南地区的邯郸和邢台两市来看，目前还没有一个国家级开发区，城市新区规划、城乡统筹等也相对滞后，发展平台较低，在区际竞争中处于相对不利地位。如不引起高度重视，冀南地区在未来区域经济发展中将有被边缘化的危险。

## 三　对接中原、促进冀南地区快速崛起的建议

近些年来，我省围绕充分发挥环首都、沿渤海优势，实施了一系列重大举措，促进了沿海地区和环首都地区的快速发展。冀南地区作为中原经济区的重要组成部分，又是全国主体功能区划的重点开发区域，支持冀南地区加快发展，提升其在晋冀鲁豫交界区域的竞争力和影响力，对于优化我省区域经济布局、建设经济强省具有重要战略意义。

1. 成立相应组织机构，协调对接中原重大问题

建议省里成立对接中原经济区办公室，负责编制《规划》框架下冀南地区的实施意见；组织调整、完善相关专项规划，与《规划》实现无缝对接；

协调冀南地区对接中原的有关事项；组织与中原经济区其他省、市进行各方面的合作与交流；研究制定支持冀南地区加快发展的政策措施等。

2. 制定实施意见、推进方案和省级层面支持政策，确保国家规划落实和支持政策到位

加快编制出台我省落实《规划》的实施意见与推进方案。同时，加快对《规划》中的29项普惠性政策和9条针对冀南地区的个性化政策进行研究，提出落实规划和政策意见的重大举措、具体项目和具体政策措施，明确任务分工和责任部门，向国家相关部委积极申请跑办，确保政策落地。特别是《规划》中涉及支持冀南地区的邯（郸）邢（台）一体化、钢铁产品结构升级、改扩建邯郸机场和新建邢台机场等政策事项，建议省里对此进行认真研究，首先给予政策支持，同时向国家积极争取、省际认真协调，确保国家优惠政策和重大建设项目在我省落到实处。

3. 推进邯邢一体化发展，建设区域一体化示范区

《规划》提出，“鼓励省际交界地区依托交通、物流、产业等优势，开展区域合作，打造中原经济区区域合作示范区”“支持河北省在邯郸、邢台建设冀南区域合作示范区，推动邯（郸）邢（台）一体化”。建议根据《规划》要求，制定相应的实施意见和方案，明确目标任务与实施步骤，扎实推进邯邢一体化发展。

4. 支持冀南地区加快开发区建设，争取更多开发区升格为国家级开发区，夯实发展平台

一是加强高新技术开发区和经济技术开发区建设，为聚集产业、招商引资提供更好平台。二是切实加快邯郸经济技术开发区和邢台高新技术开发区申报国家级开发区步伐，尽快升格为国家级开发区。

5. 突出重点区域，将“冀南新区”打造为我省第三增长极

冀南新区总面积1215平方公里，其中核心区150平方公里、协调区450平方公里、统筹发展区615平方公里，主要包括“一区两港九园”，是我省南部地区发展最快、潜力最大的新区。建议将其列为我省继曹妃甸新区、渤海新区之后的第三增长极，给予政策倾斜和重点支持，以带动我省南部地区快速崛起。

# 全省宣传部长座谈会汇报材料

（2013 年 7 月 8 日）

现将我院今年上半年工作总结及下半年重点工作安排简要汇报如下。

## 一　上半年的主要工作

我院深入贯彻党的十八大和省委八届五次全会精神，按照省委宣传部的统一安排，主要完成了五项重点工作。

### （一）积极开展解放思想大讨论活动

一是先行先学，当好引领者。在各类媒体参加节目、发表文章 10 余篇次，在《河北日报》发表《坚持“有中生新”、“无中生有”在转型升级中加快发展》等重点文章，产生良好反响。二是深入研究，当好推动者。认真谋划一批研究课题，一项成果获省委书记肯定批示，并批转秦、唐、沧市委主要领导参阅；一项成果获常务副省长肯定批示。征集上报调研报告 223 篇。三是集中宣讲，当好传播者。与省委宣传部联合举办中心组秘书和宣讲骨干培训班，做专场辅导报告 30 余次。四是搞好智库建设，当好践行者。起草《关于加强智库建设的指导意见》等 4 个文件。坚持开门办院，同六大洲主要国家和我国港台地区 22 个科研机构和大学建立长期稳定的学术交流与合作关系。

### （二）加强理论武装主阵地建设

组织开展“送理论下基层”活动。编写《科学发展观词语解》《三农政策学习问答》等理论读本，并发放至全省深化加强基层建设年活动 5000 个帮扶村中。在《人民日报》《求是》发表 4 篇重点理论文章。

### （三）加强服务河北科学发展智库建设

在继续深化“环首都绿色经济圈”研究和“河北沿海地区经济发展”研究的基础上，下力量搞好冀南地区对接中原经济区调研活动，重点围绕“四大攻坚战”开展调研。开展“走基层中原行——河北冀南地区发展大调研”活动，调研报告获常务副省长肯定批示。组织优化“两个环境”调研。召开善行河北理论研讨会、上半年经济形势分析会及四大攻坚战研讨会。出版“河北发展蓝皮书”系列。上报《决策参考》11 篇，5 篇获省领导批示。3 项课题获国家社科基金项目立项。

### （四）加强社科联合社团建设

抓紧落实省委、省政府“两办”《关于加强新时期社会科学界联合会工作的意见》，推动保定、邢台等四市出台地方性《意见》。开展市级社科联智库建设工程试点。完成社科发展研究课题和民生调研课题立项评审。

### （五）加强干部人才队伍建设

开展参公部门处级领导职位补充调整和参公部门主要负责人轮岗工作。

## 二　下半年的工作思路

我院将以深入开展党的群众路线教育实践活动为主线，积极推进服务决策、服务发展、服务基层新智库建设，确保全年目标任务圆满完成。

### （一）深入开展党的群众路线教育实践活动

及时制定实施方案，成立领导机构，7 月 1 日下午召开全院教育实践活动动员大会。下一步我院将在组织开展好自身活动的同时，积极发挥理论优势，发挥引领作用，做好宣传、阐释、研究工作，在大报大刊上发表一批理论文章，总结经验，宣传典型，浓厚氛围，在活动中走在前、做表率。在这次教育实践活动中我院被委以重任，作为省委党的群众路线教育实践活动领导小组办公室成员，具体负责理论成果组的工作。我院一定不辜负省委的期望，切实履行好工作职责。

### （二）理论武装做到“全覆盖、面对面”

宣讲工作向下沉，积极构建五级网络宣讲。两条线并进，在利用传统的宣讲办法开展“送理论下基层”等活动的同时，利用现代网络手段开辟网络宣讲新途径。在理论热点上，除了编写书籍进行解读外，还将充分利用网络平台和基层力量，实现面对面。

### （三）服务决策科研成果增强全局性、战略性、前瞻性、针对性和可操作性

把省委八届五次全会提出的“四大攻坚战”和省委提出的影响科学发展的10个重点问题作为开展科研工作的主攻方向，调整工作思路，着力研究和解决我省科学发展中存在的突出问题，为领导决策提供有价值的意见建议。

### （四）社科联合更好地发挥“桥梁”“纽带”作用

探索新形势下学会工作、社团党建等工作面临的新课题，提高学术水平，提高决策服务能力，联合团结全省社科理论工作者，为河北科学发展做贡献。贯彻省委、省政府“两办”文件精神，完善制度，推动市县完善、建立社科联组织。

### （五）科研管理和学科建设创新体制机制

在现有体制机制的基础上，按照创新驱动的要求，提高科研管理和学科建设水平，整合社科资源力量，提高科研水平。

### （六）干部人才队伍建设为新智库建设提供组织保障和人才支撑

进一步优化干部人才队伍结构，加强部门之间岗位交流，优化干部管理

机制，激发干部干事创业的激情。加强科研骨干人员培养，重点培养科研队伍领军人才。加强深层次国际学术交流，人才培养与国际接轨。

### （七）提升领导班子的领导科学化水平

按照干部科学化管理和廉政建设的要求，加强理论学习，规范工作分工，焕发干事激情，增强领导科学发展的能力和水平，把各项工作做得更好。

# 院领导班子2012年度述职述廉报告*

（2013 年 7 月 10 日）

按照省委、省政府关于省管干部2012年度考核工作的要求，我本人并代表院领导班子做述职述廉报告。

2012年，是我院实施院“十二五”规划打牢基础的重要一年，是深化“为决策服务、为发展服务、为基层服务”的办院方针，健全完善理论武装、服务决策、繁荣发展“三位一体”工作新格局和参公管理、事业管理“一院两制”新体制，向着打造“省级科研一流、国内国际知名、服务河北科学发展”新智库的更高办院目标迈进的关键一年。在省委、省政府的正确领导下，院党组团结带领全院干部职工围绕中心，服务大局，开拓进取，扎实工作，各项工作取得新成效，党的建设得到新加强，各项事业实现新发展。

## 一　高举旗帜，把学习宣传贯彻党的十八大精神作为首要政治任务

一是先学一步，学深一层，努力发挥示范带头作用。党的十八大召开以后，我院按照党中央和省委的通知要求，开展了一系列的学习宣传活动。党的十八大开幕当天，我院组织集中收看了开幕式的实况。院党组理论学习中心组在集中收看的基础上，进行了认真讨论，并对全院的学习活动进行了安排部署。根

* 本文为周文夫在院省管干部考核大会上做的述职述廉报告。

据省委要求，院党组专门制定了《关于认真学习宣传贯彻党的十八大精神的实施意见》，领导班子成员按照《实施意见》的具体安排进行了学习，并参加了省委统一组织的集中学习，进一步深化了对党的十八大精神的认识。我院还与省委宣传部联合召开了省社科理论界学习党的十八大精神座谈会，为全省宣传文化系统的学习活动开了个好头。根据党中央和省委的统一部署，及时向院属部门、各市委讲师团、各市社科联以及所属社团发出学习通知，提出学习宣传的要求，在全省社科理论界迅速形成学习宣传的强大合力。

二是解疑释惑，深厚氛围，全力做好理论武装工作。2012 年初，院党组就提出把迎接党的十八大召开和学习宣传党的十八大精神、省第八次党代会精神作为理论武装工作的头等大事来抓。一年间，我院先后组织召开了全省党委讲师团主任会议暨深入宣讲宣传省第八次党代会精神座谈会，举办了全省党委讲师团系统青年理论宣讲骨干培训班，与省委宣传部联合举办了省委八届二次全会精神宣讲工作培训班，召开了省社科理论界学习胡锦涛总书记“7·23”重要讲话座谈会。组织开展深入推进“惠在何处、惠从何来”宣传教育活动，编写出版了理论读物。组织开展了“送理论下基层”、社科知识普及活动和理论宣讲。编辑出版了《党的十六大以来河北省理论研究成果文集》，编写完成了《与党员干部谈党的先进性和纯洁性建设》。发挥“河北省中国特色社会主义理论体系研究中心”作用，在《人民日报》《光明日报》等中央报刊组织撰写发表了一批理论研究文章。党的十八大召开后，我院及时制定了党的十八大精神宣讲方案，撰写了宣讲提纲，更新了宣讲“菜单”，组织宣讲活动；围绕贯彻党的十八大精神和省委八届三次全会精神，确定了一批重点研究课题；发挥《党委中心组理论学习通讯》、《理论信息》和河北省干部理论教育网的作用，为全省党员干部学习党的十八大精神提供理论服务，积极推动全省兴起学习贯彻党的十八大精神的热潮。

## 二　围绕中心，把“省级科研一流、国内国际知名、服务河北科学发展”新智库建设摆在突出位置

一是扭住重大关切，发挥智囊作用。2012 年初，时任省委书记张庆黎、

省委副书记赵勇等省领导对我院工作做出批示，要求我院“扭住重大关切，出更多成果和人才”。院党组认真落实省委领导的重要批示精神，努力发挥党和政府的“思想库”作用，紧紧围绕建设“经济强省、和谐河北”奋斗目标和省委、省政府提出的两个“举全省之力”的重大部署以及着力改善“两个环境”的要求，组织科研力量针对事关全省经济社会发展的重大问题深入研究。其中，《“标志性突破”意味着什么》和《全面建成小康社会目标在大多数地区总体实现的科学内涵及重大举措》等研究成果得到时任省委书记张庆黎等省领导的肯定批示。《“欧美经济走势与中国经济转型”学术研讨会情况报告》《河北沿海地区经济发展问题研究》《我省沿海地区深度新闻宣传与信息对接交流的建议》《关于提升我省文化产业园区建设水平的建议》等成果分别得到张庆伟、赵勇等省领导的肯定批示。我院举办的“河北省经济形势分析会”为领导决策提供了重要参考，取得了良好的社会反响，《综述报告》上报后得到张庆黎书记等省领导的肯定批示。庆黎书记批示：“很有参考价值。”2012 年，我们开展了大型民生调研活动，确定民生调研课题 350 项，有多项调研成果得到省领导肯定批示或被有关部门采纳。完成了 2012 年度河北省社会科学发展研究课题的立项工作。围绕文化强省建设和弘扬西柏坡精神组织研究宣传，承办了“弘扬西柏坡精神，加强新时期党的建设”全国学术研讨会；举办了《西柏坡之恋》出版座谈会，王玉梅等省领导出席并讲话。举办了“河北省沿海地区发展研讨会”，举办了第八届社会科学普及周、燕赵文化论坛、全省社科博士论坛、全省社科学术年会，联合举办了京津冀晋蒙区域合作论坛，完成了第十三届省社会科学优秀成果奖评审工作、学术著作资助评审、社科研究基地建设、《河北社会科学年鉴》编撰等工作。与省政协共同组织开展了“文化建设与发展环境”和“生态环境建设”专题调研，为领导决策提供了有价值的建议。

二是创新科研方法，开展“三走”活动。按照省委“三个一”的要求和省直宣传文化系统“三个一”主题教育实践活动的安排部署，结合“走基层、转作风、改文风”的活动要求和自身实际，我院组织开展了“走基层太行行”“走基层沿海行”“走世界开放行”大调研活动，积极推进科研组织和科研方法的创新，在省内外产生了积极影响，得到省委、省政府的肯定。以坚定理想信念为目标，开展了“走基层太行行——河北‘老’‘少’‘边’区红色教育大调研”活动，深入我省“老”“少”“边”区，开展西柏坡精神、社会建设、河北文化品牌和社情民意调研，接受革命传统教育，进一步强化宗旨意识，为新智库建设提供了坚强的思想保障。以“到‘源头’去　引‘活水’来”为科研取向，开展了“走基层沿海行——河北沿海地区发展大调研”活动，深入环渤海沿线的秦、唐、沧等新兴增长区域和天津、辽宁、山东等毗邻沿海省份，围绕河北沿海地区经济发展重大问题开展调研，进一步增强了开放意识和创新意识，提升了科研能力，为新智库建设提供了可靠的科研保障。以推进国际合作、培养国际化人才为目标，开展了“走世界开放行——广泛开展国际学术交流与合作”活动。截至目前，我院已同亚、非、拉、欧、美、澳六大洲主要国家和我国港台地区 22 个科研机构和大学建立起长期稳定的学术交流与合作关系，为我院新智库建设拓展了广阔的国际合作交流空间。人民日报、光明日报等中央和省内主要媒体报道了我院“三走”活动，《光明日报》头版以《到“源头”去　引“活水”来——河北省社科院结合实际“走转改”》为题，专题报道了我院“三走”活动；全省宣传文化系统“三个一”主题教育实践活动《简报》和省委《河北快报》刊发了我院“三走”活动的经验做法。

## 三　开拓创新，把健全“三位一体”工作新格局作为事业发展的重要标志

2012 年，我院已经确立起理论武装、服务决策、繁荣发展“三位一体”工作新格局和参公管理、事业管理“一院两制”新体制。年初，时任省委书记张庆黎在我院党组呈报的《关于院机构调整以来近三年工作情况的报告》上做出肯定批示，并提出“一定要抓好巩固提高的工作”的更高要求。院党组认真学习领会和贯彻落实省委领导的重要批示精神，提出把工作的着力点放在抓巩固提高上，使“三个一相加大于三”的改革效能得到充分发挥。

一是资源配置更加高效合理。2012 年以来，我院充分发挥学科齐全、研究力量雄厚的特点和优长，加强理论宣讲专家库建设，将我院的一批从事

社科研究的知名专家充实到宣讲队伍中来，大大增强了宣讲工作的实力。宣讲专家库中153个宣讲专家我院占到了68人，“菜单式”理论宣讲题目扩展到48个。现在，讲师团不仅是宣讲工作的组织者，而且是名副其实的宣讲团。“河北省中国特色社会主义理论研究中心”积极壮大撰稿人队伍，组织我院科研骨干参与中国特色社会主义理论的研究，取得了积极效果，河北“研究中心”的品牌越擦越亮。二是科研机制进一步优化。我院充分发挥全省讲师团系统和社科联系统的组织优势，推动社科研究向下延伸，向基层靠近。在“三走”活动中，院党组精心安排，市、县基层讲师团和社科联积极配合，为“走转改”活动提供了可靠保证，使科研人员在调研中切实感受到工作的便利，促进了科研工作与基层实际的紧密融合，推动了社科研究方式的进一步转变，培育了科研工作新的增长点。三是制度建设得到进一步加强。院党组深入贯彻赵勇副书记等省领导到省社科联指导工作时的指示精神，坚持“两为”工作方针，坚持“两创”基本方向，坚持“两联”自身建设格局，努力推动社科联建设。在省委、省政府领导和永瑞主席的关心支持下，我院积极争取和推动省委办公厅、省政府办公厅联合印发了《关于加强新时期社会科学界联合会工作的意见》，为社科联工作争取到更多的政策支持和更大的发展空间。四是“举全院之力”胜利完成省社科联第四次代表大会换届工作。在省社科联“四大”换届工作中，面对时间紧、任务重、责任大的紧迫形势，院党组周密部署，提出举全院之力办好省社科联第四次代表大会的明确要求，院内相关处室协同配合，使原来需要几个月甚至半年才能完成的代表大会筹备组织工作在短短的半个月内就顺利完成，并且实现了省委提出的“一个好报告、一个好班子、一个好作风”的目标要求，大会的圆满成功和工作高效得到省领导的肯定和全省社科界的一致称赞。

## 四　率先垂范，把党的建设和廉政建设作为确保事业健康发展的重要保障

一是坚持党的干部路线，公道正派选人用人，严格遵守组织人事纪律。2012年7月，我院进行了干部调整，实施了院属事业部门处级领导岗位第

五轮聘任和参公管理部门处级领导职位补充调整工作，对院属内设机构处级领导干部进行了民主推荐。院党组认真遵循《党政领导干部选拔任用工作条例》等有关规定，把好选人用人关，将一大批年富力强、德才兼备的干部选拔到领导岗位上，增强了干部队伍活力，激发了工作热情。在职称聘任中，党组按照《关于做好全省事业单位专业技术岗位聘用工作的通知》精神，从有利于事业发展大局、严守政策规定、确保科研人员切身利益出发，确立了原聘考核合格者续聘、缺岗补聘、争取优惠政策多聘、推荐名额“宽打窄用”、排队依次待聘的聘任原则，实际工作中严格落实制度规定的程序和步骤，注重扩大全院干部职工的知情权、选择权、参与权和监督权，驻院纪检组对干部选拔、职称聘任工作进行了全程监督，确保了公正公平，保证了聘任工作平稳顺利，干部职工普遍反映良好，没有发现违纪违规问题。

二是深入推进党建工作和基层建设年活动。院党组高度重视党建工作，努力提升党员干部思想政治素质，自觉维护党的纯洁性和先进性，在新智库建设中充分发挥党组织战斗堡垒作用和党员先锋模范作用。2012 年 7 月 12 日，我给全院党员干部上了一次党课，主题是“努力提升党员干部思想素质，保持党员纯洁性”。要求广大党员干部要过好思想关、作风关、廉洁关，不断提高思想政治素质，自觉维护党的纯洁性和先进性。在基层建设年活动中，我院按照省委的要求，成立了由院党组成员、副院长张福兴同志为组长的驻村工作组到鹿泉市古贤村开展重点帮扶。院党组多次听取汇报，研究解决帮扶难题。我带队到鹿泉市古贤村调研，将古贤村确定为自己的联系点。经过一年来的努力，帮扶村的基层组织、干群关系、村街面貌发生了很大变化，经济社会健康发展，展示出祥和、活力的农村新景象。我院工作组获石家庄市“全市开展加强基层建设年活动优秀驻村工作组”称号，张福兴同志荣获“全省开展加强基层建设年活动优秀驻村工作队员”的称号。

三是严格执行廉洁自律各项规定。作为党风廉政建设第一责任人，我本人在工作中认真履职尽责，努力发挥“班长”的带头作用。本人始终把贯彻落实科学发展观作为第一要务统领全院工作，始终在政治上同党中央保持高度一致，全力贯彻落实省委、省政府的重大决策部署。认真贯彻落实党的民主集中制，注意调动和发挥班子成员工作积极性，善于听取不同意见，打造领导和推动全院各项事业科学发展的坚强领导集体。认真履行院党风廉政建设第一责任人的岗位职责，坚持以身作则、严于律己，对配偶、子女和身边工作人员从严要求，严格遵守《廉政准则》的有关规定，无违法违纪问题发生。

当然，我们也清醒地看到，在全院各级领导班子及党员干部政治思想素质和作风建设上、在教学科研能力水平提升上、在科研及各项工作考核评价体系设置上、在行政后勤管理服务上、在干部人才队伍教育培养上，我们还存在不少问题和不同程度的缺点及不足，需要在今后工作中认真加以解决和改进。

2013 年，是全面深入贯彻落实党的十八大精神和省委八届五次全会精神的关键年，也是全面深入贯彻落实我院“十二五”发展规划和推进哲学社会科学创新工程的攻坚年。我们将深入学习贯彻党的十八大和省委八届五次全会精神，充分运用省解放思想大讨论活动的成果，深入开展党的群众路线教育实践活动，按照习近平总书记提出的“照镜子、正衣冠、洗洗澡、治治病”的总要求，整风肃纪，以奋发有为的精神状态和良好的工作作风，把社科院的工作做得更好，使理论武装阵地建设迈上新台阶，“省级科研一流、国内国际知名、服务河北科学发展”新智库建设实现新突破，社科联合社团建设取得新进展，为全省打好“四大攻坚战”，为河北跨越赶超、科学发展提供智力支持和理论支撑。

# 发言提纲*

（2013 年 7 月 12 日）

总书记好！我作为一名社会科学理论工作者，就当前正在开展的党的群众路线教育实践活动，谈一点感受，提两点建议。

## 一点感受

这次教育实践活动深得党心民心，初战开局良好。好就好在：时机好、主题好、氛围好，别开生面。

时机好。党的十八大以来，我们党和国家的社会政治生活出现了许多新气象，实现“两个一百年”目标和中华民族伟大复兴中国梦鼓舞人心，深化改革开放激励人心，保障改善民生温暖人心，出台和落实中央八项规定赢得人心。正如习近平总书记指出的那样，“实现党的十八大确定的奋斗目标和中国梦，要求全党同志必须有优良作风”。所以，现在开展党的群众路线教育实践活动，大势所需，正逢其时。

主题好。这次教育实践活动聚焦作风建设，特别是紧扣“四风”问题，切中要害，有的放矢。事实上，贯彻执行中央八项规定以来，至少在制止铺张浪费和公款大吃大喝上已经取得显著成果，国家省钱、干部轻松、百姓高

* 2013 年 7 月 11 日至 12 日，中共中央总书记习近平到河北省视察指导党的群众路线教育实践活动。7 月 12 日上午，习近平总书记亲自主持召开河北省直座谈会。本文是周文夫在座谈会上的发言。

兴，进一步激发了广大党员干部群众参与纠正“四风”的积极性和主动性，为开展好教育实践活动奠定了基础、开了好头。

氛围好。活动自上而下，中央政治局带头搞活动，开展批评与自我批评，要求别人做的自己首先做到，要求别人不做的自己绝对不做，干部服气，群众信服。总书记提出的“照镜子、正衣冠、洗洗澡、治治病”的四句话总要求，形象生动，简明扼要，鞭辟入里。领导干部听后心领神会，基层党员干部群众听得懂、记得住，一开始就明白了这项活动干什么、怎么干。

从6月18日党中央召开教育实践活动工作会议，到6月25日新闻报道中央政治局召开专门会议总结检查中央八项规定落实情况，又到7月1日河北省委召开动员大会，我们社科界的党员干部职工，经历了由学习到振奋、由振奋到积极投身活动之中的过程。我院党组在前一段开展解放思想大讨论的基础上，进一步征求全院党员干部职工意见建议，初步查摆梳理了一些问题，最为突出的是脱离群众、脱离实际，关起门来搞研究，不察实情、不接地气、不贴中心，写出的论文没有多少实际价值，研究的成果不能提供有效的决策参考，把关注点放在了评奖上、职称上，这实际上也是官僚主义、形式主义的表现。我们针对这些问题，坚持边学边查边改，按照要求扎实做好各个环节、各个步骤的工作，争取最好的效果。

## 两点建议

第一，在教育实践活动中，应当弘扬“两个务必”的西柏坡精神，发扬党的优良传统，在实现“两个一百年”目标和中国梦的进程中，走好新时期的“赶考路”。

第二，在教育实践活动中，应当坚持知行合一。现实表明，“四风”形成原因复杂，“四风”存在由来已久，“四风”特性容易反弹。正因如此，目前必须聚集起中央率先垂范、全党广泛参与、干部自觉行动、人民监督评判的巨大正能量，形成克服纠正“四风”的浓厚氛围。要坚持边整边改见成效，取信于民；要坚持有破有立抓建制，巩固成果，使密切联系群众成为党员干部长期、自觉的行为规范。

# 在全院深入开展党的群众路线教育实践活动动员推进会上的讲话

（2013年7月12日）

按照省委党的群众路线教育实践活动领导小组的统一部署和督导组的工作安排，院党组决定，今天下午召开院深入开展党的群众路线教育实践活动动员推进会，对全院开展教育实践活动进行再动员、再部署。

下面，我代表院党组，就深入贯彻党中央和省委要求，扎实推进教育实践活动，讲三点意见。

## 一 加强学习，提高认识，进一步增强深入开展教育实践活动的自觉性

围绕保持党的先进性和纯洁性，在全党开展以为民务实清廉为主要内容的党的群众路线教育实践活动，是党的十八大做出的重大部署。这是新形势下坚持党要管党、从严治党的重大决策，是顺应群众期盼、加强学习型服务型创新型马克思主义执政党建设的重大部署，是推进中国特色社会主义伟大事业的重大举措。5月9日，中共中央下发了《关于在全党深入开展党的群众路线教育实践活动的意见》。6月18日，中央召开了党的群众路线教育实践活动工作会议，对全党深入开展教育实践活动做了动员部署。习近平总书记在会上做了重要讲话，深刻论述了这次教育实践活动的重大意义，精辟阐述了教育实践活动的指导思想、目标要求和重点任务，是全党深入开展教育实践

活动的基本遵循和纲领性文献。6 月 22 ~ 25 日，中央政治局围绕对照检查中央八项规定落实情况、讨论研究深化改进作风措施召开专门会议，习近平总书记主持会议并发表重要讲话。6 月 30 日，中央政治局委员、中组部部长赵乐际同志来我省视察指导工作，要求河北教育实践活动要发挥示范带动作用，走在全国前列。7 月 1 日，省委召开河北省深入开展党的群众路线教育实践活动动员大会，就认真贯彻中央精神、在我省深入开展教育实践活动提出了重要指导意见和具体要求。院党组按照省委要求，认真学习有关会议精神和重要讲话精神，统一思想，提高认识，为阐释、推进全省教育实践活动和我院深入开展教育实践活动做了必要准备。

7 月 1 日全省召开动员大会之后，当日下午我院即刻召开深入开展党的群众路线教育实践活动动员大会，对在全院深入开展教育实践活动进行动员部署，全院科级以上干部和中职以上专业技术人员参加会议，标志着我院党的群众路线教育实践活动正式启动。按照省委要求，我院成立了党的群众路线教育实践活动领导小组，制定了活动实施方案。院活动领导小组办公室多次召开工作会议，细化分工，明确责任，各工作组制定了工作方案。7 月 4 日，我院有关人员参加了省直单位和省委督导组培训工作会议，进一步了解了教育实践活动的总体任务，明确了活动内容，掌握了方法步骤，领会了具体要求。进一步健全直接联系群众制度，院领导班子成员都分别确定了各自基层联系点。7 月 9 日，院党组通过了《领导班子克服“四风”十项承诺》。各部门按照院党组的统一安排，迅速召开会议，学习传达有关会议精神，组织党员干部认真研读中国特色社会主义理论体系、党章、十八大报告、习近平总书记的一系列重要讲话精神以及《论群众路线——重要论述摘编》等必读篇目，加深广大党员干部对党的群众路线教育实践活动的认识和理解。

省委对我院高度重视，在这次教育实践活动中我院被委以重任，作为省委教育实践活动领导小组办公室成员，具体负责理论成果组的工作。理论成果组几次召开会议，研究制定工作方案，按要求分步骤积极推进工作。下一步我们一定要按照党中央和省委的要求，加强学习，统一思想，提高认识，增强责任感、使命感，切实增强开展好这次教育实践活动的决心和信心。

## 二　结合实际，贯彻要求，扎实推进我院的教育实践活动深入开展

我院要按照省委对教育实践活动的安排部署，紧紧聚焦“四风”这个主要任务，以“照镜子、正衣冠、洗洗澡、治治病”的整风精神解决突出问题，以“转作风、见行动、惠民生、聚民心”的专项行动提振群众信心，以建立完善四项重要制度巩固教育实践活动的成果，切实抓好三个重要环节，推动教育实践活动深入扎实开展。

### （一）结合实际，聚焦和查找“四风”方面存在的突出问题

重点对照中央4号文件和习近平总书记讲话中列举的表现，逐条对号、逐一查摆。集中解决形式主义、官僚主义、享乐主义和奢靡之风“四风”问题，结合我院实际和解放思想大讨论活动形成的共识，找准“四风”的具体表现，突出重点加紧整改：一是在反对形式主义方面，要突出解决知行不一，研究与实际联系不紧密，成果的应用性、时效性、可操作性不强等问题；二是在反对官僚主义方面，要突出解决脱离群众、深入基层不够、工作拖拉疲沓、效率不高等问题；三是在反对享乐主义方面，要突出解决精神涣散、进取心不强、艰苦奋斗思想不牢等问题；四是在反对奢靡之风方面，要突出解决铺张浪费、资金使用效率不够高、节约意识不够强、跑冒滴漏等问题。通过查找问题，寻求思想根源和产生的原因，提出切实可行的解决办法，确保“四风”问题在较短时间内得到根本解决和扭转，将《领导班子克服“四风”十项承诺》落到实处。

### （二）突出重点，认真落实教育实践活动“四句话”总要求

“照镜子”，主要是“五照五看”：以党章为镜，看是否符合共产党员标准；以廉政准则为镜，看廉洁自律方面存在哪些突出问题；以党中央的新要求为镜，看落实中央八项规定、克服“四风”方面存在哪些突出问题；以群众期盼和意见为镜，看克服“四风”着力解决哪些突出问题；以焦裕禄、

谷文昌、杨善洲等先进典型为镜，看自己对标先进、修身正己的努力方向。“正衣冠”，主要是按照为民务实清廉的要求，严明党的纪律特别是政治纪律，敢于触及思想，正视矛盾和问题，端正自身行为，维护良好形象。“洗洗澡”，根据征求到的意见，在自查自纠、自我整改的基础上，深入剖析存在问题的原因，以整风精神开展批评和自我批评，既解决实际问题，又解决思想问题。“治治病”，主要是坚持惩前毖后、治病救人的方针，区别情况、对症下药，对作风方面存在问题的进行教育提醒，对问题严重的进行查处。

### （三）把握实质，扎实推进教育实践活动“四个专项行动”

围绕解决群众反映强烈的问题，从具体事情做起，按照“十对照、十整治”的主要内容，围绕着力解决的十个突出问题，结合我院工作实际，重点在治理各类会议、清理各类评比考核培训表彰、整治推诿扯皮、规范公务接待、整治不作为乱作为、清理“小金库”、制止铺张浪费、加强对联系群众工作的检查等方面，开展正风肃纪行动。在全院开展“强队伍、提能力、建智库”提质提效行动，进一步形成拒绝借口、雷厉风行、狠抓落实的工作作风。

### （四）贯彻要求，建立健全教育实践活动的“四项重点制度”

在按照党中央和省委要求建立健全相关制度的基础上，针对正风肃纪中发现的问题，结合我院实际抓好四项重点制度建设。一是公开承诺制度。院领导班子及成员从带头遵守党的政治纪律、贯彻民主集中制、保持与人民群众的密切联系、廉洁从政等方面，确定承诺事项，向全院做出公开承诺，接受各方面监督。二是直接联系群众制度。院领导班子成员分别联系各自分管部门、各业务指导单位，了解政策落实情况，帮助解决实际问题。三是干部考核选拔任用制度。建立健全我院体现改革、发展、稳定、作风等重点内容的干部政绩考核体系，用科学的政绩考核评价推动作风转变。完善有利于优秀人才脱颖而出、有利于激发干部干事创业热情的选拔任用机制。四是领导干部工作生活待遇制度。在领导干部办公用房、住房、配车、公务接待、出境出国、基层调研等方面，制定明确具体的办法，严格标准，规范管理，并定期检查报告。

### （五）突出效果，抓实抓好教育实践活动的“三个重要环节”

在学习教育、听取意见环节，要把加强理论武装摆在第一位，采取多种形式进行学习宣传和思想教育，重点是要召开一次主题报告会、召开一次学习体会交流会、召开一次征求意见座谈会。在查摆问题、开展批评环节，要贯彻整风精神，组织开好一次高质量的专题民主生活会，认真查摆“四风”方面存在的突出问题，进行党性分析和自我剖析，开展批评与自我批评。在整改落实、建章立制环节，要落实正风肃纪的各项措施和制度规定，针对存在问题，提出解决对策，制定和落实整改方案，集中治理突出问题，注重从体制机制上解决问题，研究出台加强作风建设的具体制度和规定，形成长效机制。

## 三　加强领导，明确责任，确保我院的教育实践活动取得实实在在的效果

这次教育实践活动，时间紧、要求高、任务重。全院党员干部一定要进一步增强责任感和紧迫感，把开展好教育实践活动作为一项重大政治任务，切实摆上重要议事日程。要根据党中央和省委的部署，在省直部门教育实践活动督导组的指导下，按照院教育实践活动实施方案的要求，精心组织，周密安排，确保我院教育实践活动扎实有效地开展。

### （一）要切实加强组织领导

院活动领导小组负责对全院教育实践活动的组织领导，活动领导小组办公室负责活动的组织协调和督导。院党组书记、院长为教育实践活动第一责任人，各部门主要负责人对本部门活动负总责，党支部书记负责活动的具体组织和信息反馈。要严格落实责任，将活动方案中的每项工作层层分解，落实到具体部门，明确时间要求，确保按期完成。要坚持定期督导，确保每一个环节和工作要求落到实处。要加强同省委教育实践活动领导小组办公室和第六督导组的沟通联系，及时汇报情况，沟通信息，争取工作指导和支持。

要坚持进度服从质量的原则，坚决做到标准不走样、程序不变通、环节不减少。在严格完成“规定动作”的同时，结合自身特点创新“自选动作”。要注意学习先进经验，做好活动总结，努力使教育实践活动取得实实在在的效果。

### （二）要认真完成规定动作

我院要按照省委的要求，积极推进学习教育、听取意见环节的各项工作。要通过个人自学和集中学习，撰写和交流学习心得，组织好心得交流会，安排领导班子成员和部分处室负责人发言。要通过随机走访、谈心交流、蹲点调研、设置意见箱等形式广泛征集干部群众对领导班子建设和干部作风建设的意见建议；通过召开院内党外人士、各市讲师团、社科联、各学会、协会、基层理论宣讲工作站代表参加的征求意见座谈会。院领导班子成员要深入基层联系点，开展调查研究，认真听取基层群众对我院和领导班子的意见建议。要开展“我为‘三清’献一计”活动，围绕促进干部清正、政府清廉、政治清明，以支部为单位，组织干部、党员和群众献计献策。要认真落实“四句话”总要求，开展好“五照五看”活动，同时结合我院工作特点，开展向全国社科界先进典型和先进事迹对标活动。要认真开展正风肃纪专项行动，紧紧围绕需要重点解决的十五个方面具体问题和“八个着力”要求，以“十对照、十整治”为主要内容，通过群众提、个人找、上级点、互相帮等形式，进行自查自纠，切实找准问题，研究落实整改措施，确保取得显著成效。

### （三）要发挥理论引领作用

我院是省委、省政府的直属社科研究、理论宣传机构和社团机构，担负着武装群众、联系群众、服务决策的职责。要按照省委的要求，认真做好省委党的群众路线教育实践活动领导小组办公室理论成果组的工作，切实履行职责，在全省教育实践活动中发挥积极作用。同时我院要发挥理论优势，做好宣传、阐释、研究工作，组织专家学者围绕教育实践活动主题，在大报大刊上发表一批理论文章，总结经验，宣传典型，浓厚氛围，汇聚推动教育实践活动的正能量。

同志们，深入开展党的群众路线教育实践活动是我院当前的一项最重要的政治任务，意义重大、任务繁重、时间紧迫，全院广大党员、干部一定要高度重视起来、积极行动起来。近日，习近平总书记对教育实践活动又提出三句话的要求，第一，要调动广大干部群众两个积极性；第二，要打牢教育和查摆问题两个基础；第三，要抓住解决问题和建立长效机制两个关键。让我们紧密团结在以习近平同志为总书记的党中央周围，在中共河北省委正确领导下，以高度的政治责任感、良好的精神状态和扎实的工作作风，把教育实践活动组织好、开展好，为贯彻落实党的十八大和省委八届五次全会精神，推进我省赶超跨越、科学发展贡献力量。

# 在院党组（扩大）学习会上的讲话

（2013 年 7 月 16 日）

今天下午，院党组召开（扩大）学习会，主题是学习贯彻习近平总书记视察指导河北党的群众路线教育实践活动时的重要讲话精神和省委的有关要求事，扎实推进我院的教育实践活动深入开展。同时，院党组决定，将参会人员范围扩大至全院副处级以上干部参加会议，目的是让大家先学早学、学深学透，更好地推进工作。刚才，我们观看了习近平同志视察我省时的视频录像，重温了习近平总书记的重要讲话精神；曹保刚同志传达了习近平总书记视察河北重要讲话精神；刘月同志传达了省委 7 月 15 日召开的学习贯彻习近平总书记视察河北重要讲话的会议精神，大家既感到精神振奋，深受鼓舞，又感到责任重大，任务艰巨。全院党员干部特别是副处级以上领导干部要紧密结合工作职责和自身实际，抓紧贯彻落实。下面，我就深入学习贯彻习近平总书记重要讲话精神和省委要求，推动全院的教育实践活动深入开展，讲三点意见。

## 一　学习重要讲话，提高思想认识，进一步增强深入开展教育实践活动的自觉性

在全党上下深入开展党的群众路线教育实践活动的重要时刻，中共中央总书记、国家主席、中央军委主席习近平到我省考察指导党的群众路线教育实践活动，充分体现了党中央对河北的重视、信任和厚爱，给全省人民极大

鼓舞和鞭策。习近平总书记这次视察，深入农村、机关，与各级干部和党员、群众座谈，体现的为民之情、爱民之亲、感情之深、作风之实，给全省党员干部上了一堂生动的群众路线教育课。总书记发表的一系列重要讲话，思想深邃，高瞻远瞩，语重心长，是我们开展教育实践活动、抓好当前各项工作的重要指南。7 月 15 日下午，省委召开省直副厅级以上干部学习贯彻习近平总书记视察河北重要讲话会议，就全省进一步学习贯彻习近平总书记视察河北重要讲话精神提出重要指导意见和明确要求。要求全省各级各部门和广大党员干部，深入学习领会、坚决贯彻落实讲话精神，进一步把思想和行动统一到党中央和省委的决策部署上来。学习宣传贯彻习近平总书记重要讲话精神，将成为今后一个时期各级党委、政府和广大干部群众首要的政治任务和头等大事。

7 月 12 日上午，习近平总书记在省民政厅主持召开省直单位负责人座谈会，听取有关省直单位的工作汇报，征求意见建议，我院作为代表参加了座谈。在座谈会上，我向中央领导汇报了我院开展教育实践活动的情况和自己对开展教育实践活动的感受，并提了在活动中应当弘扬“两个务必”的西柏坡精神、走好新时期的“赶考路”和要坚持知行合一这两点建议。习近平总书记在听取大家的意见时，边听边记，不时插话，与大家交流，平易近人，十分诚恳。听取大家发言后，习近平同志发表了重要讲话。能直接向党的总书记面对面汇报工作，交流座谈，这在我院历史上是第一次，既充分体现了党中央和省委对我院的高度重视和关心关怀，也是对我院发挥作用的高度肯定和期待要求。我院作为省委、省政府直属的社科研究和理论宣传机构，职责所在、使命所系，更是义不容辞、责无旁贷。因此必须带头学习研究、深入宣传贯彻，坚持研究推动、宣传带动，把总书记讲话精神贯穿到活动的各个环节和各项工作当中，切实增强参与和抓好教育实践活动的自觉性。我院自开展教育实践活动以来，各项工作扎实推进，开局良好。下一步我们一定要深入学习贯彻习近平总书记重要讲话精神，按照省委的要求，进一步梳理我院开展活动的思路、举措和要求，增强责任感、使命感，切实增强开展好这次教育实践活动的决心和信心。

## 二　贯彻讲话精神，落实省委要求，进一步推动我院的教育实践活动扎实开展

习近平总书记的重要讲话，对开展教育实践活动提出了更加具体的目标和要求，是我们抓好各项工作任务的指南。我们要进一步增强大局意识和责任意识，切实把讲话精神落实到活动的各个环节、各项任务。

一要进一步启发党员干部思想自觉和行动自觉。要以优良学风启发党员干部，在知与行两方面同时努力，既以知促行，又以行促知。当前，应着力把学习教育环节的工作抓实抓好，规定的《论群众路线——重要论述摘编》《党的群众路线教育实践活动学习文件选编》《厉行节约、反对浪费——重要论述摘编》三本书要学深学透，总书记的一系列讲话精神要反复研究。通过学习，进一步厚积思想自觉，努力触及灵魂，为查摆问题、深刻剖析、开展批评、整改落实打好基础。要坚持边学边改，认真落实对照检查“正风肃纪若干规定”，搞好自查，能改的马上改。通过学习，进一步把思想和行动统一到党中央和省委的要求和部署上，统一到深入推进教育实践活动的具体实践上，统一到为河北跨越赶超、科学发展提供强大动力上，统一到为建设新智库做出不懈努力上。

二要进一步体现整风精神。总书记指出，教育实践活动要贯彻整风精神，自始至终有严的标准、严的措施、严的纪律。我院活动办要及早谋划民主生活会环节的工作，按照省委活动办实施方案，突出会前谈话谈心、思想交流工作，着力解决“利器”变“钝器”的问题，力争开好高质量的民主生活会。

三要进一步查摆和解决突出问题。对照总书记“四风”问题实质和根源的新概括，进一步把征求意见、对照检查、深入剖析的工作做好。要按照院“五照五看”实施方案，把规定的动作一件不差地落实好，特别要注重剖析实质和根源。要组织好面向基层群众征集意见的工作，原汁原味向领导班子和个人反馈。

四要进一步弘扬“两个务必”精神。习近平总书记深刻指出，全党要

始终牢记“两个务必”，落实党要管党、从严治党要求。要组织全体党员干部，以“赶考路上的思考”为主题，深入学习交流，撰写体会文章，并组织到红色教育基地接受革命传统教育。要使自己清、家人清、亲属清、身边人清等成为自觉。认真查摆解决“三清”的问题，完善保证“三清”的制度。

五要进一步强化领导干部带头。习近平总书记视察过程中反复强调，开展教育实践活动领导干部要带头。我院各级领导干部，特别是一把手，要放下架子，虚心听取下级、基层和党员、群众的意见，认真查摆个人、领导班子在作风方面存在的突出问题，深刻剖析问题症结和原因，把整改的方向和具体措施明确亮出来。切忌查摆问题对人不对己、避重而就轻。要深化领导干部思想政治素质提升工程，补精神之“钙”，扬高尚之风，建科学之制。

## 三　加强统筹协调，坚持“两不误、双促进”，进一步用发展的成果检验活动的成效

开展活动的目的是进一步推进工作，活动的效果最终要体现在推动工作上台阶、上水平上。因此必须坚持以活动促进工作，以工作深化活动。今年下半年，我院的工作任务更为繁重，要高标准、高质量地完成全年工作，仍然要付出更大的艰辛，下更大的功夫。我们要以学习贯彻习近平总书记重要讲话精神为重大契机和动力之源，切实做到“两不误、两促进”。坚持统筹兼顾，要把教育实践活动与贯彻落实党的十八大和省委八届五次全会精神结合起来，与贯彻院“十二五”规划及加强新智库建设结合起来，与我院正在开展的各项重点工作结合起来，把党员干部在活动中激发出来的工作热情和进取精神转化为做好工作的动力。

一要全力做好省委活动办理论成果组的工作。我院作为省委党的群众路线教育实践活动领导小组办公室成员，具体负责理论成果组的工作。理论成果组几次召开会议，研究制定工作方案，已经赵勇副书记批准同意，目前正在按要求分步骤积极推进工作。下一步，我院将按照省委要求和活动办的工作安排，认真履职尽责，抓紧推出一批有影响、有分量的理论成果。我院还

要发挥理论优势，发挥引领作用，做好宣传、阐释、研究工作，在大报大刊上发表一批理论文章，总结经验，宣传典型，浓厚氛围，在活动中走在前、做表率。院属各部门要积极关注、大力配合理论成果组的工作，出思路、想办法，给予有力支持。

二要理论武装做到“全覆盖、面对面”。要继续推进宣讲工作向下沉，积极构建五级网络宣讲。两条线并进，在利用传统的宣讲办法开展“送理论下基层”等活动的同时，利用现代网络手段开辟网络宣讲新途径。在理论热点上，除了编写书籍进行解读外，还将充分利用网络平台和基层力量，真正实现面对面。要加强对西柏坡精神的研究宣传，使广大党员干部始终牢记“两个务必”，坚决克服“四风”，加强党的性质和宗旨教育，坚定公仆意识和为民情怀，提供营养剂，增加正能量，进一步推动落实党要管党、从严治党要求，把西柏坡这篇文章做好。

三要服务决策科研成果增强全局性、战略性、前瞻性、针对性和可操作性。要把省委八届五次全会提出的“四大攻坚战”和省委提出的影响科学发展的十个重点问题作为开展科研工作的主攻方向，调整工作思路，着力研究和解决我省科学发展中存在的突出问题，为领导决策提供有价值的意见建议。同时，要针对习近平总书记在视察讲话中提出的河北在科技创新等方面能力还不强、在食品安全问题上还需加大力度等两方面的问题，进一步聚焦，加强研究，为领导决策提出有针对性、有操作性的意见建议。

四要社科联合更好地发挥“桥梁”“纽带”作用。要探索新形势下学会工作、社团党建等工作面临的新课题，提高学术水平，提高决策服务能力，联合团结全省社科理论工作者，为河北科学发展做贡献。贯彻省委、省政府“两办”文件精神，完善制度，推动市县建立完善社科联组织。下一步，还要做好对所属社团开展党的群众路线教育实践活动的工作指导，提早谋划，推动学会党建工作再上新台阶。

五要创新科研管理和学科建设体制机制。在现有体制机制的基础上，按照创新驱动的要求，提高科研管理和学科建设水平，整合社科资源力量，提高科研水平。

六要干部人才队伍建设为新智库建设提供组织保障和人才支撑。进一步优化干部人才队伍结构，加强部门之间岗位交流，优化干部管理机制，激发干部干事创业的激情。加强科研骨干人员培养，重点培养科研队伍领军人才。加强深层次国际学术交流，使人才培养与国际接轨。

七要提升领导班子的领导科学化水平。按照干部科学化管理和廉政建设的要求，加强理论学习，规范工作分工，焕发干事激情，增强领导科学发展的能力和水平，把各项工作做得更好。

会后，大家要认真对照年初确定的目标任务，各项工作理一理、排一排，把每一项工作都要抓紧、做实，把已经完成的工作也要来一次回头看，进一步补充完善，不甩尾巴，不留死角，确保年初确定的各项目标任务按时、保质保量地完成。

同志们，习近平总书记重要讲话精神和省委的要求，为我院开展好教育实践活动、做好各项工作提供了重要遵循。我们要充分认识讲话的重大意义，准确把握讲话的精神实质，认真抓好讲话精神的贯彻落实，切实推进全院各项工作迈上新台阶，为推动我省跨越赶超、科学发展做出应有的贡献。

# 在院教育实践活动集中学习交流会上的讲话

（2013 年 7 月 18 日）

按照省委教育实践活动办公室的要求，院党组决定，今天上午召开院教育实践活动集中学习交流会，以“赶考路上的思考”为题，学习习近平总书记视察河北重要讲话精神，深刻理解和领会党中央、省委关于党的群众路线教育实践活动的一系列重要精神，座谈交流学习体会。全院副处级以上干部参加会议。会议开始，我们安排观看了专题教育片《居安思危——苏共亡党的历史教训》，大家看后都感触很深，深受教育。刚才，保刚、继民、建强三位院领导和王彦坤等五位处室所领导结合各自学习、工作实际谈了对开展教育实践活动的认识和学习的体会，大家的发言认识到位，体会深刻。这次会议达到了相互学习、共同提高、积极推进教育实践活动的目的，也为全院广大党员干部的学习教育起到了示范带动作用，为下一步的活动开展打下了扎实基础。下面，我代表院党组，就进一步推动我院的教育实践活动深入开展，讲四点意见。

## 一　坚持领导带头，抓好学习教育，切实增强广大党员干部的思想自觉和行动自觉

领导带头是我们党的光荣传统，是加强作风建设的重要法宝。把示范带头作用体现到教育实践活动的全过程，是抓好活动的关键。习近平总书记来我省视察时反复强调，开展教育实践活动领导干部要带头。领导干部

带头先学早学、学深学透，有利于更好地推进工作；领导先行一步，改进作风就有了强劲推动力；干部带头示范，开展教育实践活动就有了巨大号召力。在学习教育阶段，领导干部要带头学习党史、国史，重温“两个务必”谆谆告诫，带动广大党员干部从历史中汲取智慧，深刻领会党的群众路线的精髓。坚持领导带头，需要组织好本部门党员干部的学习，组织大家深入系统学习《论群众路线——重要论述摘编》《党的群众路线教育实践活动学习文件选编》《厉行节约、反对浪费——重要论述摘编》等必读书目，深入系统学习习近平总书记来河北视察时的一系列重要讲话精神和省委的要求，组织开展马克思主义群众观点和党的群众路线专题讨论，使广大党员干部进一步树立群众路线和群众观点，增强服务人民的宗旨观念，把握做好群众工作的科学方法。在学习活动中，一些同志可能还存在认识上的误区和懈怠情绪，认为自己长期从事这方面的工作，对有关的内容早已烂熟于心，从而产生了不用学、不想学、不屑学的错误认识。事实上，学习的过程不仅仅是掌握知识的过程，更重要的是树牢宗旨意识、确立群众观点的过程。正如习近平总书记在西柏坡考察时指出的：“对我们共产党人来说，中国革命历史是最好的营养剂。多重温这些伟大历史，心中就会增加很多正能量。”所以，院属各部门都要严格按照院活动实施方案的要求，安排好学习内容，保证学习时间，确保学习效果。要继续发挥示范带动作用，一级带一级，院领导带动全院学习，各部门领导带动本部门学习，认真打牢思想基础，切实增强全院广大党员干部的思想自觉和行动自觉。

## 二　调动两个积极性，广泛征求意见，为查摆问题、开展批评、整改落实打好基础

习近平总书记在省民政厅主持召开省直单位负责人座谈会时强调，要充分调动领导干部和广大群众两个积极性。这次教育实践活动，坚持内外结合，领导干部带头，开门搞活动。各级领导干部既是活动的组织者，更是活动的主体和受教育的对象。领导干部在加强自身学习、自我教育的同时，还

要加强对群众的引导，激发群众关心党的形象、关心党的事业、关心领导干部健康成长的责任感，引导群众履行监督责任，多提意见建议，真心帮助领导干部改进提高。要科学制定征求意见的具体方案，做到全面覆盖、重点突出，俭朴节约、务实高效，落实责任、有序开展。通过随机走访、谈心交流、蹲点调研、设置意见箱等形式广泛征集干部群众对领导班子建设和干部作风建设的意见建议；召开院内党外人士、各市讲师团、社科联、各学会、协会、基层理论宣讲工作站代表参加的征求意见座谈会。院领导班子成员要按照省委活动办的要求，深入各自基层联系点蹲点调研，虚心听取基层群众对院领导班子和我院发展的意见建议。要认真开展“我为‘三清’献一计”活动，围绕促进干部清正、政府清廉、政治清明，以支部为单位，组织干部、党员和群众献计献策。充分调动各方面的积极性，把工作搞实，确保全面、真实、有效地征求到各方面意见，为查摆问题、开展批评、整改落实打好基础。

## 三　坚持知行合一，查摆解决问题，确保教育实践活动善作善成

习近平总书记在我省调研指导期间，特别强调，开展好教育实践活动，要引导广大党员干部提高贯彻执行党的群众路线的自觉性和坚定性，做到以“知”促“行”、以“行”促“知”、知行合一。我在参加由习近平总书记主持召开的省直单位负责人座谈会时，提了两点建议：一是在活动中应当弘扬“两个务必”的西柏坡精神，走好新时期的“赶考路”；二是要坚持知行合一。要坚持知行合一，就要把广大党员干部提高的思想认识落实到模范执行群众路线的具体行动上，切实增强做好群众工作的能力和水平。要坚决克服知行不一、脱离群众的不良风气，通过克服“四风”，做到知行合一。中央领导真诚地讲道：“世界上怕就怕‘认真’二字，共产党就最讲‘认真’，只要我们动真格，就没有解决不了的问题。中央有信心在全党同志共同努力下，把党的作风建设搞好。”我们要坚决贯彻党中央和省委的要求，讲认真，动真格。在征集意见的基础上，认真查摆问题，积极解决问题。要把查

摆解决问题与开展“五照五看”结合起来，按照院实施方案的要求，组织党员、干部深入对照“五面镜子”查找差距，提高思想认识，坚定理想信念，提升能力素质。要把查摆解决问题与立改立行结合起来，做到边学习、边查找、边改进。对查摆出来的问题，要深刻分析原因，明确整改方向，制定整改措施，规定整改时限，一个一个加以解决。党员干部改什么、怎么改、改得怎么样，要让群众看清楚，接受群众监督，切实做到不虚、不空、不偏，善始善终、善作善成。要让群众看到变化、得到实惠，不断提升广大党员干部在群众中的形象。

## 四　坚持以活动促进工作，以工作深化活动，推动我院新智库建设迈上新台阶

开展教育实践活动的最终目的是解决问题、改进作风、提升素质，由此推动各项事业更好更快发展。要坚持两手抓，双促进，防止空对空，坚持以事业的发展检验活动的成效。在解放思想大讨论活动中，我院广大干部职工以对事业高度负责的态度，查找出影响和制约我院发展的四个新的不适应：现有的理论宣讲网络还不能完全适应基层干部群众对宣讲工作“全覆盖”“面对面”的要求和期盼；前瞻性、战略性的应用研究还不能完全适应新时期各级党委、政府对决策咨询服务更高层次的需求；社科联合的力度和水平还不能完全适应全省广大社科工作者对发挥自身作用、实现自身价值的热切渴望；人才队伍建设还不能完全适应我院智库建设更高办院目标对国际化、高层次人才的紧迫需要。同时还认识到我院一些党员干部的宗旨意识、大局意识不强，事业心、责任心、进取心不够，思想作风、工作作风不硬，工作能力和水平不高等主观方面的原因。为此，院党组提出从七个方面着力解决影响我院改革发展的实际问题。在教育实践活动中，院属各部门和广大党员干部一定要认真落实习近平总书记以好的作风推进工作的讲话要求，把教育实践活动作为推动全院各项事业发展的重大契机和动力之源，切实做到“两不误、两促进”。坚持统筹兼顾，把教育实践活动与贯彻落实党的十八大和省委八届五次全会精神结合起来，与

贯彻院“十二五”规划及加强新智库建设结合起来，与我院正在开展的各项重点工作结合起来，以“钉钉子”精神，扎实推进各项工作，把党员、干部在活动中激发出来的工作热情和进取精神转化为做好工作的动力，用发展的成果检验活动的成效，不断推动我院的新智库建设迈上新的台阶。

# 在院邓研所调研座谈会上的讲话

（2013 年 7 月 18 日）

刚才彦坤同志代表邓研所介绍了工作情况和当前党的群众教育实践活动启动阶段的工作及下一步打算安排，永明、鉴修、袁秀等同志做了发言，大家讲得都很好。今天上午，我们召开了处级以上干部的集中学习交流会，收看了电视专题片《居安思危——苏共亡党的历史教训》。这个片子邓研所可以看一看，组织全所同志都看一看，对党的历史、对国际共产主义运动的发展历史有一个深入的了解。

今天上午学习交流会的主题是“赶考路上的思考”，部分院领导和处室所负责同志做了发言，彦坤所长也代表邓研所发了言。今天上午的发言和刚才大家的发言引起我很多的思考，就是说我们党从 1921 年成立，直到现在，实际一直走在赶考路上。到今年，中国共产党已经成立 92 年，用总书记的话讲，一个人到了 90 多岁也是高龄了，要总结自己走过的路程，思考一些问题，然后焕发革命青春，继续承担起历史的责任。这是一个党自信、自强、自新的过程，表现了党自身的力量。92 年来，应该说我们党至少已经交了两张答卷，一张是革命的答卷，另一张是建设的答卷。从革命答卷来说，尽管走过了艰苦卓绝的历程，但是这张答卷是圆满的，可以打满分。在以毛泽东同志为首的党中央领导下，我们推翻了三座大山，实现了民族解放、国家独立，建立了共产党领导的人民当家做主的新政权。在那么复杂的国际国内环境下，能够走出这么一条路子，在人类历史上、在中华民族的历史上，这是一张非常光辉灿烂的答卷。第二张答卷是建设的答卷。新中国成立之后，经过三年经济恢复，实现了第一个、第二个，一直到第十二个五年计划，经济社会取得巨大发展，特别是改革开放30多年来，我们国家从经济的综合实力到人民生活水平的改善提高，一直到国际地位的提升，已经跃居世界第二大经济体，屹立于世界民族之林，取得了了不起的成绩。这两张卷子做得都不错，但是其中也有很多需要我们总结的经验和教训。现在我们共产党人又面临交下一张答卷，那就是实现“两个一百年”奋斗目标和中华民族伟大复兴中国梦。这个责任历史地落到了以习近平总书记为领导核心的党中央这一代人身上。

从动员党的群众路线教育实践活动那一天开始，习近平同志开宗明义地说，要实现“两个一百年”奋斗目标和中华民族伟大复兴中国梦，全党同志必须要有优良的作风。现在我们党存在这样那样的一些问题，主要表现是“四风”问题。解决“四风”问题，与消除腐败是连在一起的。这次党中央从解决“四风”问题入手，破除不良作风，其实是一个反腐败的手段，以整顿作风为切入点和突破口是非常有原则、有策略的，是非常准确的。

“四风”泛滥必然导致腐败，可以说腐败的根源从“四风”发起，而腐败是“四风”泛滥到一定程度的结果。而作风问题是带有普遍性的，没有哪个共产党人从来不存在任何“四风”问题，只有程度不同、表现形式不同。中央政治局已经做出表率，用了六个半天的时间，开展批评与自我批评，结合自己的思想工作情况，联系自己分管的部门和工作，进行自查、自纠、检讨，给全党做出了表率。这次教育实践活动的特点是自上而下，从党内整风来说并不多见。这个自上而下，从整顿作风上来说，它的意义不是简单的程序问题，而是表明了中央政治局、中央最高领导层率先垂范，自我批评检讨，起了个表率作用。自上而下，率先垂范，表明了中央整顿“四风”问题、正风肃纪的决心，用总书记的话讲，打铁还需自身硬，先从自己做起。自身硬，硬在哪儿？是要取决于自身正。自身正，自身硬，不怒而威。

赶考路上要发挥人民群众主体作用，总书记这次来河北调研就讲，要调动领导干部和广大群众两个积极性。如果光有干部的积极性，没有群众的参与，接地气不够，群众的积极性也会没有。接地气，一个是到老百姓里边去，一个是上级机关到下级机关去，我们今天来也是接地气。比方说近一个时期我们调整了一批干部，在送上岗的地点选择上，我们主张到部门里来送，而不是在领导的办公室里送，这里边就有一个接地气不接地气的问题。送到岗位上来，就是接地气；叫到办公室去说一说，就不叫接地气。

查摆问题和教育要结合起来。这次教育实践活动主要是针对县处级以上的干部，但是每一个党员都会在参与过程中受到教育。不仅是非党员才是群众，一般的党员相对于领导干部也是群众。这些党员有相当比例是年轻同志，这是因为干部有一个成长期，他们的能力和锻炼还没到那个程度，先当“群众”。但是他们当中有相当一部分，通过一个实践的过程和历史规律、自然规律起作用，注定是要走上领导岗位的。领导干部的培养要从一般干部抓起，现在抓不好，将来容易犯错误。

还有就是抓住整改和建章立制这个关键。第一批教育实践活动从 7 月 1 日开始到年底，半年的时间，真正有效的时间也就是三个月，时间不长，想一蹴而就解决所有的作风问题也是不可能的。但是可以通过这次活动，动真格、真刀实枪地来做，开一个好头，做一个好的导向，查找出问题来逐项地解决，边学、边查、边整、边改，立学立改见成效，取信于民，给群众树立信心。通过我们的自我教育、实际活动，为党也树立信心。通过学习，通过反思，通过整改，解决这些问题，建立长效机制。这个一头连着干群关系，党群关系；另一头关系到执政党自身的生死存亡。执政地位不受人民群众拥护的时候，任何一个组织和机构灭亡的时候就到来了。苏联那么一个大党，执政 70 多年，到崩塌的时候，没有一个党员、一个党的组织站出来维护这个党，阻止这个党去滑落、去倒塌。出了什么问题？严重脱离群众。现在制度和执行也是一对关系，制度不少，规定也是很明确的，但是关键在于执行。执行在于领导带头，认真去做，领导带头自己做，领导要监督大家去做，领导也接受大家的监督去做。我们把这个“猫”关在牛栏子里头，牛栏关猫是关不住的，漏洞太多了，要搞好长效机制的建设。

大家在学习过程中，要深刻地学习领会这些东西，同时规定的动作要认真做，但是不要搞形式主义，还要结合自己的特点来做。希望我们这次教育实践活动，省社科院能够真正起到好的作用。

省社科院这几年应该说有自己的发展和进步，从我们确定的“三个服务”办院方针，到去年的“三走”，都是在鼓励接地气。我们这几年确定的方向和做法都是与党中央的要求一脉相承的，符合党中央的要求。希望把我们好的地方坚持下来，把我们解放思想大讨论查找到的问题，进一步梳理出来，有针对性地整改。咱们“四风”的问题，哪个方面都不同程度地存在，但是比较突出的还是形式主义，也就是知行不一的问题。我们研究问题，接地气不够，联系群众、联系基层不够，选择关心人民疾苦问题的研究还是不够，这些问题从思想上、从方法上，是一个知行不一的问题。知行不一是形式主义的核心问题，反对形式主义必然要解决知行不一的问题。还有脱离群众、脱离实际，作为一个党员领导干部，都是官僚主义的表现。这些事情在我们院领导班子身上也是明显存在的，我们也是在对照检查这些问题。从我们的所里头，所长、副所长，既是参与主体，也是教育对象，大家也要进行评议，来总结自己的问题。总结的过程，脱离不开工作，但也不能以简单的工作总结来代替检讨自身作风存在的问题。要结合自己的思想工作实际，检讨自己存在的“四风”问题。自我检讨，找出存在的问题，有针对性地整改，惩前毖后，治病救人，实事求是。

在这个过程当中，我们的党员同志们，没有担任县处级以上职务，也要从中受到教育，这是一个党性历练和锻炼的过程，因为这些同志逐步地要走上领导岗位。同时作为一名党员来说，也负有监督党的领导干部贯彻党的路线做好工作的任务和职责。我们党担当的是历史使命，每个党员都有这种责任，都要关心我们党的建设。我们准备近期还要召开各个代表方面的座谈会，让非党的同志也来关心我们党的建设。我们院有自己特殊的情况，人员构成丰富、多样化，包括一些所长在内的干部不是中共党员，还有民主党派、无党派人士，所以我们要广泛听听各类代表的意见。

这些年，我们在省委、省政府领导下，形成了参公管理、事业管理“一院两制”新体制。这是个好体制，已经给我们带来很多的便利和工作上的实惠，生活待遇也有改善。我们争取了很多政策优惠，比如说评职称，高职比例可达 55%。参公管理也带动了全员的绩效工资发放。以前政策有，但钱没有，绩效工资落实不了。参公管理以后，工资待遇都有财政直接对着个人账户，不会再截留一块儿了。办公条件也改善了，社会地位、受尊重程度也高了，事业发展有了一个长足的进步。我们提了“国内国际知名”也不是空口号，国际上六大洲都有了合作伙伴，长期合作伙伴陆陆续续地进入实质性交流，国际性研讨会也开了，国际论文也发表了，访问学者到美国去也回来了，美国印第安纳大学—普渡大学韦恩堡分校的迈克尔校长要来我院做访问学者，院党组也同意了。

但是我们不要满足于现状，更要沉下来查找存在的问题。我们开动员大会的时候讲了几个不适应的问题，依然是存在的。工作上的不适应实际上有作风的问题。院领导班子、处级干部，要通过作风整顿，认认真真地梳理存在的问题。不能简单地以工作不足来代替作风上的不足，但是作风不足是与工作连到一起的，是有一定基础的，需要深刻总结和反思。总的目的是把我们这个队伍搞强，把作风搞硬，使我院自身的建设越来越强大，真正地成为“省级科研一流、国内国际知名、服务河北科学发展”新智库。新智库是国际接轨的概念。国际接轨，首先要提升我们科研人员的素质，要有国际的视野、国际战略性的思维、国际的交往。现在人事处也在研究我们的科研人员应该具备什么样的素质和基本技能，要提出新的标准。今年 9 月，中国社科院要组织 22 个周边国家和地区的 30 多位青年学者来访问，给我们四五天的接待任务。这是一个好事，这是给大家创造条件，争取走向国际。走国际化道路，就要提升外语水平和素质，特别是年轻同志，这样才能够在服务决策发展上、在基础学科研究上有作为。

邓研所几年来的工作一直是在前面，无论是学术研究成果，还是党支部建设，科研工作也是先进集体。邓研所在全院党的群众路线教育实践活动中，要起引领作用。一个是理论研究上，要把研究成果积极运用起来。另外一个就是参与到省委活动办交办给我院的工作上来。这次省委活动办让我院具体负责理论成果组的工作。这个理论成果组，视野不仅仅是省社科院，也不仅仅是河北，总书记联系河北这个点，那是要面对全国的。你先行一步以后，总结出东西来，那就得面向全国有指导意义，全国都向你看齐，这个责任是非常重大的。所以省委希望我们理论成果组能搞出点东西来，并且给我们的时间也比较紧。省委要求，这次活动不仅要有实际查摆解决问题的成果，还要有理论成果向总书记汇报。理论成果组组织大家召开了几次会，邓研所的所长、副所长都已经进入理论成果组里边来，你们当中有些同志也承担了一些任务。大家要在这方面做出贡献，为省里做贡献。这个对我们自身发展来说，也是一个千载难逢的机会，实践与理论结合的成果拿出来，让总书记直接能看到，这样的机会也不多。这次总书记来河北视察召开座谈会，94 个厅局，找 4 个厅级发言，有社会科学院，这给我们很大鼓励。大家发言提意见建议，感觉确实是一种担当，一种责任，要做好这个工作。我们工作的起点、定位要高。

历史是一面很好的镜子，从历史里头汲取的养分是最充足的，所以希望邓研所能够深刻地总结一下、反思一下、研究一下这方面的东西。这正是展示我们成果的一个时机，也是一个很好的研究课题。通过这个带动我们的科研向前提升和发展。当然，活动、工作要两不误，可以说在全院的研究所当中，当前教育实践活动的理论成果跟本职工作、实际工作，没有任何一个所结合得像邓研所这么密切，也没有任何一个时候结合得这么密切。希望你们能够做出更大的成绩来，从几个方面起示范带头作用。

就邓研所自身来讲，这些年很多方面，从大家的心劲、目标、条件改善，争取的优惠政策到人员结构、变化等都做得不错。越是到不错的时候，越是要深刻地反思，还存在哪些问题。这样就能够巩固成果，能够开辟新的事业，能够永葆青春的活力，满足于现状就容易滑坡。

# 蹲点调研手记*

（2013 年 7 月 18 日）

按照党中央和省委要求，我院自 7 月开始，利用半年时间开展第一批党的群众路线教育实践活动。按照活动要求，省领导要联系一个市作为联系点，厅级领导也要建立各自的直接联系点，蹲点调研，征求意见。院领导班子成员根据要求各自建立了联系点，我把院内联系点设在了邓研所。在上午开完院教育实践活动集中学习交流会后，下午我和刘月副院长、活动办的同志一起到邓研所进行调研座谈，听取大家的意见建议。

邓研所人才济济，理论骨干集聚，理论成果丰硕，是我院的优势重点学科，在党中央和省委开展的历次重大活动中都发挥了积极的理论引领作用。王彦坤所长是省管优秀专家、省决策咨询委员会委员、省社科联委员，担任省审计文化研究会和省科社学会两个副会长。彦坤同志还是这次由我院具体负责的省委党的群众路线教育实践活动领导小组办公室理论成果组的主要成员，杜永明、李鉴修等同志也参与了理论成果组的撰稿工作。近年来，邓研所在西柏坡研究上取得了很大的进展，2012 年多位同志参与了西柏坡精神教育读本的撰稿工作，今年袁秀同志又以西柏坡精神的研究在国家社科基金项目立项。

在 4 楼邓研所的会议室里，所里的同志都到齐了，大家围坐在一起，热情交流，积极发言，气氛融洽。彦坤同志首先介绍了该所近三年来工作情况

* 本文为院党组书记、院长周文夫到邓研所进行党的群众路线教育实践活动调研座谈时的手记。

和教育实践活动开展情况。邓研所这些年作风扎实，成效显著，作为院党组书记、院长，我由衷地感到高兴，这既是邓研所的成绩，也是全院的光彩。邓研所在这次教育实践活动中高度重视，积极参与。所里两次组织集体学习，彦坤同志多次接受河北电视台、长城网访谈，所长、副所长撰写了书面学习体会，彦坤同志在今天上午的学习交流会上还做了重点发言。邓研所表示一定要认真努力，不折不扣地完成这次教育实践活动交办的任务。副所长杜永明、党支部书记李鉴修、助理研究员袁秀等同志结合各自工作和学习实际踊跃发言，从对教育实践活动重大意义的认识、整治“四风”与反腐败的关系、人才队伍建设对于实现“中国梦”的重要性、积极参与和做好理论成果组的工作等多方面畅谈学习体会。

同志们还就我院教育实践活动的开展提了一些好的意见建议，简要归纳如下。有的同志说，应当让我院党员干部全面而深刻地认识这次教育实践活动的意义，使他们具有三种眼光：一是历史眼光，从我们党历次活动的经验中汲取营养，搞好这次教育实践活动；二是时代眼光，紧贴世情、国情、党情的新变化，永葆党的先进性和纯洁性；三是长远眼光，认识到开展好这次教育实践活动，不仅是一级做给一级看，更是一代做给一代看。有的同志说，广大党员干部要积极参与到活动中来，自觉把自己摆进去。一是认真学习，提高认识，用科学的理论武装头脑，明确方向，站稳立场。二是加强党性修养和锻炼，按照“照镜子、正衣冠、洗洗澡、治治病”的总要求，找问题、查不足，开展批评与自我批评，纯洁思想，加强纪律，转变作风，增强党性。三是对标先进找差距，向先进看齐，虚心求教，取长补短。还有的同志说，通过开展这次教育实践活动推动我院各项工作进一步发展。抓住关系我院全局的、长远的、战略性问题，科学谋划，精心实施，尤其是要研究解决我院未来学术领军人物的培养问题，使我院科研、教研工作实现长久的可持续发展；研究解决我院新智库建设和学科建设、人才队伍建设，进一步提升“三个服务”的质量和水平，进一步提高我院在全省乃至全国的学术地位和社会影响；研究解决“三位”进一步融为“一体”的理念、管理体制和工作方法问题，实现我院内部深度融合问题，更好地实现科研资源的进一步优化配置，发挥更好的科研效益和社会效应。这些意见建议十分中肯，我听后很受启发，深感此行不虚。从大家谈问题、想办法的出发角度，也看得出来同志们对我们的工作是支持的，在全院各项事业发展上也是心往一块儿想、劲儿往一块儿使的。我由衷地感到欣慰。

听完同志们的发言，我就邓研所深入开展教育实践活动，讲了几点想法。一是希望邓研所发挥工作特长，在活动中走在前、做表率。在这次活动中，邓研所的工作和院内其他部门相比有着先天的优势，理应在全院开展活动中走在前、做表率。在当前的学习教育、听取意见环节，要加强学习，把理论武装作为第一任务，克服麻痹和懈怠思想，通过学习教育，树牢宗旨意识，确立群众观点。二是希望邓研所发挥引领作用，提供有力的理论支撑和智力支持。要做好教育实践活动的宣传、阐释、研究工作，在大报大刊上发表理论文章，总结经验，宣传典型，浓厚氛围，推动教育实践活动扎实开展。要发挥学科优势，从牢记“两个务必”、坚决克服“四风”入题，加强西柏坡精神的研究宣传，把“弘扬‘两个务必’西柏坡精神、走好新时期的赶考路”这篇文章做好。三是希望邓研所发挥理论优势，积极支持理论成果组的工作。省委高度重视社科理论的作用，在教育实践活动中我院被委以重任，作为省委教育实践活动领导小组办公室成员，具体负责理论成果组的工作。由我担任组长，刘月副院长为副组长，邓研所的理论骨干和院内、院外专家学者为主要成员。既希望全所同志增强荣誉感、责任感，积极支持彦坤等同志做好理论成果的工作；又希望全所同志积极参与、勇挑重担，出思路、想办法，配合理论成果组的工作。四是希望突出活动效果，做到“两不误、双促进”。要认真对照年初确定的目标任务，来一次回头看，要不甩尾巴、不留死角，确保各项目标任务按时、保质保量地完成。要充分做好暑期调研工作，深入基层，深接地气，及时发现群众的所思、所想、所盼，努力提出好的意见建议，真正做到知行合一。

调研结束时，早已经过了下班时间，可是大家意犹未尽，都舍不得走，纷纷表示希望这样面对面恳谈的机会以后再多一些。这使我深深感到，接地气，不是只有到最基层去这一个形式，深入下级部门也是有必要的。今天是我确定联系点以后第一次到邓研所调研座谈，听了许多新的情况，了解了许多好的意见建议，这些都值得认真研究、采纳。接下来我还要再到邓研所“蹲点”，也要时不时到其他部门去“取经”，真正做到“沉下去，转作风，接地气，识院情”。

# 在院党的群众路线教育实践活动座谈会上的讲话

（2013 年 7 月 24 日）

根据省委教育实践活动的总体部署，按照我院活动实施方案的安排，今天召开省社科院党的群众路线教育实践活动座谈会。参加今天座谈会的人员有：院教育实践活动领导小组组长、副组长，院活动办主任、各组组长；院“两代表一委员”、党外人士、专家学者代表；邯郸市委讲师团、基层宣讲站代表；石家庄市社科联、讲师团代表；社科研究基地、学会代表；院离退休老干部代表。

刚才十位同志做了发言，应该说站位都挺高，讲得都挺好，能够按照党的群众路线教育实践活动和省委的要求，结合工作、思想和实际，提出了不少有见地、有针对性的意见和建议。大家的发言都做了相当充分的准备，搞了一些调研，也总结展示了我们系统上的一些工作，特别是对社科院、讲师团、社科联一些活动做出了总结，提出了很好的意见和建议。这些意见和建议，院活动领导小组办公室要认真地归纳梳理，在整改阶段认真地吸收，帮助我们改进工作。

这次座谈会，按照要求是一个阶段性的任务，是规定性的动作。但是我们邀请有关方面的同志来参会，这不是省里要求我们的，而是我们自己的考虑和创意，争取在我们这个战线更多地听听大家的意见。实事求是地说，邀请我们院里民主党派的同志们坐下来提意见，院里一些主要领导同志来听，这样的场合也不是很多，这需要我们检讨，以后需要加强做这个事情。今天大家提出这么多意见和建议，是我们需要听到的实话，因为大家说了一些实际情况，说了一些真话。当然，大家可能有的地方也不一定说得很到位，但是我们还需要认真地去总结、思考。

党的群众路线教育实践活动，参与主体和教育整改的对象是县处级及以上领导干部，这需要调动领导干部和广大群众两个积极性。习近平总书记来河北指导工作时，特别明确地提出了调动两个积极性的问题。改进作风实际上是解决联系群众、联系实际的问题。如果没有群众的参与，那么我们领导干部接地气不够，如果没有干部的积极性，群众的积极性也不会保持长久。干部本身的积极性就在于拿出诚意，实心实意地来听大家的意见和建议，不能用形式主义来反对形式主义，光走过场，那是不允许的，也是劳民伤财的。所以我们现在需要认认真真地听大家的意见，多渠道、多层面地听大家的意见，把我们社会科学理论宣传战线好的意见和建议集中起来，把我们的缺点、问题、不足纠正过来，做好整个系统的工作。

我们院几位发言的同志有的也涉及了，省社科院挂了四块牌子，这是河北的一个特色，河北院从体制机制上这么规划和设计，在全国是第一份。类似的做法也有，比如说有的社科院，它比我们做得早，但是它没有我们“一院两制”“三位一体”这么明确的制度设计，它是打捆打到一起，但还是几个法人、几个账号，社科院、讲师团、社科联分设的账号。河北省委、省政府做得很彻底，我们的职能一项都没有丢，我们是一个法人、一个党组、一个班子、一支队伍、一套人马、一个账号承载着所有的任务。我们现在的院领导班子，还有院长办公会、主席办公会，是合署办公。34 个行政处室和科研机构，每一个院领导都有对处室的分工，没有四块或者三块之分。说起来很多人就不理解，怎么社科院党组管了社科联、讲师团这么多事情啊？这是省委决定的，一个法人、一个党组、一支队伍，我们财务现在也是一个账号，做得是比较彻底。这次总书记来，我在座谈会发言中还专门就这个问题向总书记做了汇报。座谈会上，总书记主持会，他听，他记，他思考问题，但是有的时候也插话，不多的几次插话。其中，我讲到咱们院“一院两制”“三位一体”的时候，他听得很认真，很关心，专门问了相关情况。他的工作经历很丰富，县委书记、市委书记、省委书记都做过，对这个都很清楚。还问到运行的情况，我们运行是良好的，有体制、机制的特色。

社科院作为一个法人代表，实际上包括了四块牌子的内容，我们的工作量和工作目标任务比较丰富、比较广泛。从这几年运行来看，效果还是好的。这是按照中央“大部制”改革——精简、统一、效能的要求，省委、省政府做出的一个重大决策，省委讲师团、省社科联并入省社科院，挂四块牌子。给我们的定位很明确：河北省社会科学院挂四块牌，是省委、省政府直属事业单位，是河北省的理论宣讲和社科研究机构、社团机构。形成了理论武装、服务决策、繁荣发展“三位一体”工作新格局和参公管理、事业管理“一院两制”新体制，这样的机制和体制含金量就比较大了。

“理论武装”，侧重于理论宣讲的任务，面对在职的党员领导干部，还有党组中心组的学习。“服务决策”，突出了专项的工作，那就是为省委、省政府决策服务，智囊团非常重要啊！我们现在与国际接轨，也搞了一些新制度，按照党的十七大的要求，走向世界。“繁荣发展”，重点是发挥桥梁纽带作用。目前，全省社会科学理论工作者，以我们直属、直接指导和联系的会员的标准统计有三十多万人，是一个很大的队伍，也涉及很多的学会、协会，覆盖到党政机关的研究部门、综合性的研究机构、大学、党校、干校等一系列的范畴。从现在的教育实践活动来看，我们无论从纠正“四风”，还是深入基层、联系群众，实现知行合一，为党和政府决策服务，为河北经济社会发展服务，为基层服务，繁荣发展哲学社会科学，我们承担着大量的工作任务。不是简单的一个社团机构，不是简单的一个宣讲机构，也不是简单的一个社会科学的研究单位，它是一个复合体在运行。全国类似的做法有不少，成功的也有，不成功的也有，我们总算把这个路子走开了，得益于省委、省政府的决策，得益于全院党员干部职工在党组的带领下勤奋工作，也得益于全省社科理论界对我们的大力支持。

参公管理也不是件容易的事情，9 个行政处室整体划转，都作为参公部门，这个路子走得比较艰难，但是现在看起来成果还是比较显著的。同时，科研科辅人员走职称，享受“211 工程”学校的指标待遇。在各个级别的职称评定上，评上都能够聘，现在没有一个有职称而没有聘的人了，在大学里头做到这一点恐怕也不容易。从我院二级、三级研究员的比例上来看，人员总量还是少，但是与全国的省级社科院横向比较，我们还是占先的，有好多院还做不到这一点。在同等规模的社科院里头，我们的比例是比较高的，有55%的高职比例，参照了“211工程”学校。现在河北大学、河北师大参照了“211工程”学校的比例，大多数学校还都没有参照。

这些年，省社科院的工作，在省委、省政府的关怀支持领导下，还是有长足的发展。从理论武装上，大家也谈了不少的感受。邯郸的两位同志从讲师团的角度谈了谈，工作时间比较长，体会比较深。我们在“全覆盖”“面对面”这方面做了些工作，但是还很不够。因为我们的人员队伍有限。要想覆盖，一个是做好传统的办法和手段，加强队伍的培训等，同时还要借助一些网络、媒体的手段。我们想在石家庄、邯郸建设两个县（市）试点，就要从省、市到县里的宣讲站，再到乡镇，最后到村，一条龙插下去。省级层面的资料宣讲或者请学者专家到现场来讲，或者播放一些宣讲光盘，发放一些宣讲资料。曲周县委宣传部副部长兼宣讲站站长曹宇红同志刚才发言时谈了他的体会，我们有些资料更新还是不够，有些东西时间很长了。菜单点播能不能及时地反馈？为基层服务还有很多的事情需要做，我们的工作还有很大的差距。

找两条线。伸展下去，开个现场会，带着大家选几条线下去考察一下，从石家庄出发，一直走到村里边，看看到什么程度。实践一下，然后回来从管理上穿梭，然后有个资源库，使用上再总结、再规范、再形成制度、再去扩展和推广。两条线的手段，最后很简单地要求，“全覆盖”。覆盖到什么程度？邯郸、石家庄可以搞个调研。覆盖的党员干部到什么程度？咱们心里也得有个大体的数字。然后“面对面”，面对面就是有来有往，一边讲一边对等交流。刚才宇红同志讲，中国农业大学实验站在曲周建立很长时间了，很多中国农业大学的专家都在这个站上工作过。他们拎着鞋，卷着裤腿，趟着泥水走进站里，走出来大多是高级研究人员了，还有几位院士，有的后来任农大的校领导。中国农业大学对这个实验站很重视，学校和站可以进行可视对讲。这点我们可以学习借鉴，通过网络实现可视对讲，省级层面有专家讲，下边村里就可视，还能对话。“全覆盖、面对面”说法很简单，但是要做到这一点，工作量非常大。一个是接地气，咱们的教员能够和农村基层党支部书记对话、和农民党员对话，把党的路线、方针、政策传达给他们，同时把社情民意带上来，这个桥梁纽带会起到非常大的作用。

讲课要接地气。实际上我们很多工作人员，包括年轻的硕士生、博士生，上推三代基本上百分之七八十都在农村。但是现在到村里头住几天，就不是个很简单的事情了。上周，省委常委都按省委活动统一要求到村里去住几天，周一省委常委开蹲点调研交流会，也让我们去参加，这礼拜五常委们去西柏坡，让我们去参加，这是很不容易的。一星期不洗澡是什么感觉？去解手蹲大粪坑是什么感觉？都不是那么简单的事情啊！前些天我到扶贫点去，中午吃了一个菜饼子就回来了，觉得还是不错的，60 年挨饿的时候这个都吃不上，这么比较还是可以的啊。“60 后”“70 后”“80 后”“60 后”赶上一个尾巴，“70 后”“80 后”能感觉到吗？很难的。所以接地气不是一句话的事情，真正的作风转变都不是很简单的事情。杨思远副院长带领扶贫工作组的工作人员，就吃住在村里面。前几天，扶贫点下大雨，导致泥石流，把村支部书记的家埋了，但是没伤到人，现在工作组都跟老百姓们一起住在小学里。社科研究得接接地气，回来再做决策研究，再去给领导提建议，再研究课题，针对性就不一样。省委现在有考虑，省直机关的干部三年内要到乡镇、社区去挂职，分期分批都要去。没有实践经验的都要去，并且特别要求厅级干部、处级干部都要去，到村里、社区去任职，去锻炼，下了决心了去做这个事情。我们从这个角度上讲还是要接地气。

我们的办院方针第一句话是“服务决策”。“三位一体”以后，服务决策是决策研究、应用对策性研究。目前，在河北，市这个层面只有石家庄市建立了社科院，而且也是经过改革，市社科院、市讲师团、市社科联合在一起。现在呢？其他市也出现了新气象。比如张家口通过在社科联建研究所，也想搞市一级的社科院。社科院过去跟你们有联系，但是没有什么隶属关系，就是兄弟单位之间的友谊合作。省社科院下面没有机构。外面一些同志们对社科院的职能了解得不多。实际上社科院的职能，尤其是地方社科院，中央是有规定的，那就是为地方党委、政府决策发展服务的智囊团、思想库。其中头一条是建立马克思主义坚强阵地，这一条和讲师团的职能是一样的。这些年，省社科院在服务省委、省政府的决策上跟得还是比较紧的。过去通过宣传系统专报成果，我们有什么成果专报什么成果，现在变成省委、省政府的主要领导给我们院交办任务。几年来，省委书记、省长都为我们交办课题，我们也提供一些参考题目让领导去圈定。我们现在研究的最主要的课题，基本上都是省委、省政府交办的课题、圈定的课题，然后有针对性地为省委、省政府服务。同时，省委、省政府一些重大的会议和文件的起草，包括全会、代表大会的报告，政府的报告，还有“十一五”“十二五”规划，专项规划，科研规划，人才规划，我们都参加进去了，都有我们的专家、学者来提供理论支撑。

这些年，有些重要的活动，省社科院是作为领导小组的成员或者是办公室的成员参加。像解放思想大讨论活动，省社科院是省委活动领导小组的成员；这次党的群众路线教育实践活动，我们是活动领导小组办公室的成员，并且是理论成果组的主要承接单位。很多活动有我们的声音，有我们直接的贡献。我们可以直接向省委书记、省长和班子的其他成员直报一些成果。还有我们的蓝皮书，发给两会的代表和委员。我们的专项研究、重大课题研究，都形成专题报告或著作，发到省市县的主要领导、省四套班子的领导、两会的代表和委员手中。还有一些专门的研讨会，例如石家庄的内陆港建设、秦唐沧的产业园区建设、沿海地区发展、环首都绿色经济圈、构筑河北现代产业体系、河北转变经济发展方式、对接中原，都有我们的成果，有些进入决策，直接被引用或者参与到报告的起草。总体上，省委、省政府给了很大的支持，我们也做了很多的努力，这方面的工作跟上了。

基础学科，相对于应用学科还弱一些，这个需要加强。刚才几位同志的发言也谈到这一点。但是也有个别，像孙继民副院长的俄藏黑水城文献研究在国内、国际是有学术地位的。我就总跟科研人员讲，要是国外重大的学术会议邀请你去参会，给你出路费，给你出经费，要求你去，达到这个水准，就可以。孙院长做到这点了。我们的燕赵文化研究、文化产业研究，还有李大钊研究，都有一些成果。建党 90 周年的时候，我们在《人民日报》理论版头条，发表了研究李大钊的文章。还有习近平同志任中央政治局常委的时候，中央召开纪念李大钊同志诞辰 120 周年座谈会，要求我们到人民大会堂出席。但是相对来说，基础研究还是比较弱的，我们要抓一些学科建设，来支撑它。

社科联的工作，几位同志讲了不少，表扬的也不少。大家也有相同的感受。这些年我们在学科建设、基地建设、博士论坛、燕赵论坛、民生调研、社会科学发展的路上还是做了不少的工作，都有进步。

现在我们院反对的形式主义，不是说像党政机关去作秀，搞政绩工程。从职业特点上，我们还不具备更多这方面的东西。国家的城市建设，修马路，盖大楼，但是地下工程不行，一场雨淹死很多人。北京都出现这样的情况，一场雨死 70 多个人，这在发达国家和地区的城市管理是罕见的。这样的事情我们也没办法做，因为我们没有那么大的资金和力量，职业特点也不是。我们总结反思自身形式主义的问题，主要表现就是知行不一的问题，就是理论联系实际的问题。社科院具有繁荣发展哲学社会科学的职能，无论是理论武装、服务决策、繁荣发展“三位一体”工作新机制，还是“为决策服务、为发展服务、为基层服务”的办院方针，经过这些年的调整，结合现在做的事情，方向是对的，但是工作量是很大的。

总体来说，我们现在处于自查阶段，发现自身问题，先正视问题，再注意解决这些问题。

在国际学术交流上，现在除了南极洲，省社科院在六大洲都有了合作伙伴，都有了正式合作协议，关系建立起来了。现在国际学术交往、交流、邀请，都可以了。但是回过头来看，我们现在不是在扩大规模，而是开始往深里做、往实里做，共同搞学术论文，开国际学术研讨会，今年也有美国的学者来我们这里做访问学者。这些是都有了，但还很少，和大学相比还是有差距的。我们提的服务河北新智库建设，就是想与国际对接、搞国际接轨。科研人员出去的话自己能听课，能交流，这方面的素质要提高。

大家能够提出这么多好的意见和建议，我们要充分地整理和吸收。同时，今天的座谈会只是一个开头。就像总书记讲的，这次教育实践活动不是短短的几个月就能解决所有的问题，而是一个导向，是要开始做这个事情。现在要边学、边查摆问题、边整改、边建章立制，这是一个长期的过程。通过开头之后继续做下去，使我们的优良作风能够树立起来。树立优良作风的目的，就是实现“两个一百年”目标和中华民族伟大复兴“中国梦”。全党同志要有一个优良的作风，落脚点就要落在这个地方。社科院作为党委、政府的决策研究部门，肯定也是要认认真真地做这件事情。所以我们希望以后与在座的参加座谈会的同志们建立长期的联系。你们就是一个代表，是一个言路，尤其是教育实践活动期间，注意收集一些意见建议，并及时给我们反馈回来。我们也多和你们加强联系，拓宽这个渠道。

最后，我们坐在一起，无论是从社科理论系统的角度也好，从讲师团、社科联业务指导关系的角度也好，还是从社科院党组的角度也好，结合咱们的行业特点，我讲三点建议，给大家做个参考。

一是要搞好理论宣讲，引导教育实践活动顺利开展。党的群众路线教育实践活动开展以来，社科理论工作者，无论是社科院，还是讲师团、社科联的同志们都很振奋。省委搞了这么一个组织机构，省委活动办是“操盘手”——这引用了资本市场的概念。这个“操盘手”——活动办公室设在了组织部，由常委部长任主任，下边设几个组。其中的理论成果组，实际上由我们社科理论界牵头，这个分量是很重的。能承担这个任务的部门很多，省委和省政府的研究室、省委党校都可以承担这个任务。但是给了社科理论界，给了我们，这是省委对我们的信任。我们首先要从理论武装上搞好理论宣讲。理论成果组是干什么的？我们自己给自己来研究职能，有些职能，我们的建议报给省领导以后批准了。我们拉了一部分研究课题，这些课题“急就章”的东西也有，长期的也有。我们不是一般的报道，而是阐释理论主张、方针政策，进行宣传推动。同时，总结河北教育实践活动的理论和成果，最后进行升华。因为总书记联系河北，从我们的指导思想上来说，就不仅仅是河北的工作要做好，而且对全国的教育实践活动要起示范作用。这个示范作用，谦虚地说，河北将来搞出经验来示范全国；不谦虚地说，这也是党中央要求的。总书记这次来河北之前，中央政治局委员、中央书记处书记、中组部部长赵乐际同志提前来，要求河北省在六个方面起示范作用。理论成果和理论指导很重要。所以，在理论宣讲上，将来第二批教育实践活动在市、县开展的时候，群众都要参与。至少说，现在征求意见都到村里去了。到村里来老百姓不知道要提什么，你给他解释清楚，他知道提什么，提出来的东西就是群众的意见。以习近平同志为总书记的党中央在上任初始的时候，就在记者招待会上讲，以人民群众的期盼作为我们的奋斗目标。习近平总书记这次来河北，坐火车来，第一站到正定，到村里去搞调查，去接地气；然后到西柏坡，开省直单位的会；最后开的是省四套班子的会。把群众的意见集中到一起整理出来、梳理出来，反映群众的意愿，理论工作者的作用就起到了。另外还要给群众解释、阐释这个东西，让他们积极参与。理论宣讲要引导大家参加教育实践活动，让它顺利开展，变成自觉的行动。

二是要加强社科联合，在查找解决自身存在的问题上起示范作用。社科联是一个很大的队伍，解决好我们行业自身的问题，也是教育实践活动整改的对象。我们在座的，多数都是县处级以上层面的干部，基本上都是参与主体和整改对象。所以要加强社科联合，在查找解决问题上起示范作用，做到知行合一。

三是形成宣传的合力，为教育实践活动提供理论支撑和智力支持。这个活动是新形势下作风的整顿，需要借鉴很多我们党的优良传统和做法。比如说，要用延安整风的经验来开展教育实践活动。通过聚焦“四风”的问题，来整顿反对四种不正之风——形式主义、官僚主义、享乐主义、奢靡之风。总书记这次到河北来指导工作，对“四风”进行了深入的阐述，本质性的东西都有，这个文件逐步都传达下去了，要进行深刻的阐释来解决这些问题。这次我们提了两点建议。一个是教育实践活动里头，要弘扬“两个务必”的西柏坡精神，这个既是全国性的指导思想，党的宝贵财富，也是我们河北省、石家庄的特色。另一个是坚持知行合一，取信于民。后来，总书记对这个问题阐释得更清楚，以知促行，以行促知，知行合一。为教育实践活动提供智力支持、理论支撑，这是我们的责任。继承的东西有延安整风精神的经验，有弘扬西柏坡精神全党走好赶考路，我们的建议就是这个。总书记离开河北前整体上讲这个东西讲得是最多的，四套班子讲话也是讲这个，这是有我们特色的东西。同时，又有很多的创新，很深入，很实际，很具体。像“照镜子、正衣冠、洗洗澡、治治病”“搓搓澡”“打打肥皂”“丝瓜瓤子搓一搓”，都是很典型的大众语言。总书记这些个讲法，形象生动，鞭辟入里，领导干部听起来心领神会，明白这个意思，很深刻。而一般的党员干部群众，也能听得懂、记得住，知道这个活动是干什么、怎么干。但是在教育实践活动中，在理论上总结它、提升它、解释它，推动工作，这是我们社科理论界必须要承担的。

你们有什么体会，有什么理论上的发现和贡献，也可以交来通过我们上报。我们现在的理论文章写一篇就报给省领导一篇，一事一报。至于这个文章怎么样，这是我们理论成果组的问题。究竟怎么用，我们报给省领导，由省领导来决定是作为言论、作为文章，还是作为领导讲话报告去用。《河北日报》已经发了一篇我们理论成果组的文章。你们有成果可以报给我们，给你们记个成果的账，由我们直接报给省领导，谁执的笔都会注上。

今天的座谈会就到这里，感谢大家对我们工作的大力支持。

# 克服“四风”公开承诺

（2013 年 7 月 25 日）

我本人就贯彻落实党中央、省委重大决策部署，积极开展党的群众路线教育实践活动，坚决克服形式主义、官僚主义、享乐主义和奢靡之风，向全院干部职工做出十项公开承诺。

第一，带头遵守党的政治纪律，坚决与以习近平同志为总书记的党中央保持高度一致。团结带领院领导班子，发挥坚强领导核心作用，确保中央路线方针政策和省委、省政府决策部署及时有效贯彻落实。

第二，带头遵循党对哲学社会科学工作的指导意见，把握哲学社会科学工作的基本规律。团结带领全院干部职工，坚持“为决策服务、为发展服务、为基层服务”的办院方针，落实“出精品、出人才、出效益”的总要求，健全理论武装、服务决策、繁荣发展“三位一体”工作新格局和参公管理、事业管理“一院两制”新体制，努力实现“省级科研一流、国内国际知名、服务河北科学发展”新智库的办院目标，为河北跨越赶超、科学发展提供理论支撑和智力支持。

第三，带头贯彻民主集中制，严格按照规则和程序办事。与领导班子成员坦诚相待，虚心听取意见，诚恳接受监督，不搞一言堂，切实维护班子团结。

第四，带头保持与广大干部职工直接密切的联系，遵守领导干部密切联系群众相关制度。深入基层、深入群众，识民情、重民意，真诚听取干部职工意见，热诚关心干部职工生活，实现好、维护好、发展好广大干部职工的根本利益，汇聚全院各项事业科学发展的强大合力。

第五，带头坚持民主决策、科学决策、依法决策。未经调研论证不决策，不提脱离实际的口号、思路、指标，不断优化事业发展的政策环境、制度体系和工作机制。

第六，带头发扬务实作风，不做表面文章，不搞没有实质内容的会议、活动和文件，不发表冗赘、空洞的讲话、言论和文章。

第七，带头执行党的干部政策，不断完善选人用人机制。不违规插手干部的选拔任用，不凭关系用人，不封官许愿，不拉票跑官，坚持正确的用人导向。

第八，带头遵守廉洁从政若干准则，严格遵守中央八项规定、“四个严禁”。不收受红包和贵重物品，不利用权力为子女亲属谋取利益。不与民争利，不参加院内的科研成果评奖。

第九，带头遵守领导干部生活待遇规定，不超标准配置车辆，不超标准占用住房、办公用房，保持艰苦朴素的作风。

第十，带头发扬勤俭节约的光荣传统，不接受超标准接待与陪同，不参与高消费娱乐健身活动，不以公务名义变相旅游，不搞没有实质内容的出国考察。

以上十项承诺，请全院干部职工予以监督。如有违背，请提出批评或向上级反映。

# 坚持领导带头 强化知行合一 扎实推动教育实践活动深入开展*

（2013 年 7 月 26 日）

党中央决定在全党深入开展党的群众路线教育实践活动，是从严治党、保持党的先进性和纯洁性的重大决策，是推动中国特色社会主义建设的重大举措。7 月 11 ~ 12 日，习近平总书记到河北，深入城市、乡村、社区、机关，实地调研指导河北省第一批教育实践活动。总书记在我省调研指导期间，特别强调，开展好教育实践活动，要引导广大党员干部提高贯彻执行党的群众路线的自觉性和坚定性，做到以“知”促“行”、以“行”促“知”、知行合一。我在参加由习近平总书记主持召开的省直单位负责人座谈会时，提了两点建议：一是在活动中应当弘扬“两个务必”的西柏坡精神，走好新时期的“赶考路”；二是要坚持知行合一。习近平总书记在两天行程中体现的为民之情、爱民之亲、感情之深、作风之实，本身就给全省党员干部上了一堂生动的群众路线教育课。

正人先正己。其身正，不令而行；其身不正，虽令不从。总书记和中央政治局率先垂范，为各级如何“动真格”“实打实”“心交心”地开展党的群众路线教育实践活动做出了榜样。我作为单位负责人，有觉悟、有信心在坚持领导带头、强化知行合一方面发挥示范作用。

带头学习践行中国特色社会主义理论，是实现知行统一的前提与关键。

---

* 本文刊载于《河北社会科学》2013 年 7 月 26 日，总第 25 期。

“知”是“行”的先导，正确的理论武装和坚定的理想信念是思想行为的“总阀门”。作为党员领导干部，就是要以普通党员的身份带头积极投身到活动中来，先学一步，学深一步，准确掌握马克思主义的立场、观点、方法，深刻理解中国特色社会主义的科学内涵、精神实质和根本要求，通过不断学习，切实增强理论自信、道路自信、制度自信，做到入脑入心、真懂真信。要带头学习党史、国史，重温“两个务必”谆谆告诫，带动广大党员干部从历史中汲取智慧，深刻领会党的群众路线的精髓。

带头践行社会主义核心价值体系，是实现知行统一的重要内容。党员领导干部要做知行统一的模范，离不开持之以恒的道德修养。特别是面对新的复杂形势，坚守共产党人的精神家园，讲操守、重品行尤为重要。理想信念是共产党人精神上的“钙”，开展教育实践活动就是给精神“补钙”，要坚定共产主义信仰不动摇，把实现共产主义作为终生理想，用共产主义思想体系观察世界、社会和人生，树立科学的世界观和人生观，践行共产主义道德原则和规范。作为党员领导干部，一切都要从自己做起，敢于号召大家向自己看齐。要求群众做到的，党员领导干部首先要做到；要求班子成员做到的，主要负责同志首先要做到。要求群众不能做的，党员领导干部首先不能去做；要求班子成员不能做的，主要负责同志首先不能去做。要时时牢记自己的身份，事事处处按党的原则和规定办事，始终把自己的思想和言行控制在道德修养准则之内，做社会道德风尚的标杆和引领者，以实际行动彰显共产党员的人格力量。

带头践行党的群众路线，解决突出问题，是知行合一的出发点和落脚点。开展党的群众路线教育实践活动，就是要在解决实际问题上下功夫，把是否解决了群众反映强烈的突出问题和群众满不满意作为衡量活动开展成效的重要标准。解决问题需要即知即改、立行立改，在求实求效上用真劲，让群众看得见、感受得到、内心认可。对于我院来讲，在反对形式主义方面，要突出解决知行不一，研究与实际联系不紧密，成果的应用性、时效性、可操作性不强等问题；在反对官僚主义方面，要突出解决脱离群众、深入基层不够、工作拖拉疲沓、效率不高等问题；在反对享乐主义方面，要突出解决精神涣散、进取心不强、艰苦奋斗思想不牢等问题；在反对奢靡之风方面，要突出解决铺张浪费、资金使用效率不够高、节约意识不够强、跑冒滴漏等问题，切实把教育实践活动的各项目标要求落到实处。

我将认真贯彻落实“照镜子、正衣冠、洗洗澡、治治病”的总要求，在教育实践活动中切实发挥领导带头作用，真正以普通党员身份把自己摆进去，诚恳接受群众监督。既当好组织者推动者，更当好践行者参与者。把全院党员干部作风搞正，将全院各项工作做好，团结带领全院干部职工求真务实，开拓创新，建设服务河北科学发展新智库，为推进河北奋进崛起、科学发展做出应有的贡献。

# 在院党组（扩大）会上的总结讲话

（2013 年 8 月 9 日）

今天的院党组（扩大）会议，是按照省委活动办的总体部署和院活动实施方案安排召开的，会议的主题是交流院领导班子成员近期到联系点（处室所）调研、同志间谈心的感受体会和征求意见建议的情况。刚才，院活动办通报了对院领导班子征求意见的情况和 7 月 24 日院教育实践活动座谈会征集到的意见建议。院领导班子成员畅谈了到各自联系处室所调研和谈心的具体情况，交流了征求到的意见建议、蹲点调研感受以及谈心体会。这次调研、谈心虽然时间不长，但是由于会前大家准备充分、有的放矢，谈得很深刻，也很到位。通过交流，大家沟通了情况，交流了信息，畅谈了体会，受到了启发，达到了预期效果。集中起来看，收获主要有三条：第一，院领导对处室所情况和同志们的所思、所想、所盼有了更为全面的了解；第二，拉近了与处室所同志们的距离，密切了同志之间的关系；第三，查找、发现了“四风”在我院处领导班子中的具体表现，也梳理出影响我院科学发展、永续发展的重大问题。从而为我们下一步查摆问题、开展批评打下了基础，也为我们再下一步整改解决问题创造了条件。

下面，汇报下我个人调研、谈心、征求意见建议情况和一些感受。连日来，我先后到联系点邓研所调研座谈；主持召开了院教育实践活动座谈会，与省社科系统专家学者、省级学会、市委讲师团、市社科联、基层理论宣讲站、高校社科研究基地的代表和院内的省政协委员、民主党派人士、退休老干部代表进行座谈；利用两周多的时间，分别与院领导班子成员、秘书长和院属各处室所的主要负责人 44 位同志进行了面对面谈心。通过各种形式认真征求了党员干部职工对院领导班子和我本人的意见，听取了各方面的建议。如此大规模的深入谈心交心，这是我到省社科院工作以来的第一次。同志们坦诚相见，敞开心扉，知无不言，言无不尽，都表现出对领导同志的关爱和对社会科学事业发展的赤诚，我很感动！通过座谈、谈心和征求意见建议，我对同志们的真实想法有了更深入的了解，对解决影响我院科学发展的带有方向性、根本性的问题有了进一步的思考，对我本人和院党组存在的“四风”方面问题的突出表现进行了聚焦梳理，由此更坚定了自己转变作风、改进工作、推动社科院事业可持续发展的信心和决心。

总体上看，我院全院形势稳定，发展态势良好。院领导班子能团结共事、干事、干成事。“三个服务”办院方针深入人心并得到全面贯彻，“一院两制”新体制和“三位一体”工作新格局已经形成且健康运行，“出成果、出人才、出效益”总要求成效显著，“三走”活动“引源头活水、接基层地气”，走出积极反响，“省级科研一流、国内国际知名、服务河北科学发展”新智库建设正在逐步实现。

但是，我们必须清醒地看到，随着世情、国情、党情的变化，新形势、新任务对我们提出新的要求。正如习近平总书记所指出的，要实现“两个一百年”目标和中华民族伟大复兴的中国梦，全党同志必须要有一个良好的作风。而“四风”问题已经成为我们实现百年目标和中国梦的“拦路虎”和“绊脚石”，必须清除。“四风”问题在我院也不同程度地存在，影响着我院各项事业的发展。截至目前，发表征求到的意见有 96 条，已原汁原味梳理出 7 个方面的问题，今天已给大家通报，并报了省委督导组。综合地看，聚焦解决“四风”问题，我院在反对形式主义方面，要突出解决知行不一的问题；在反对官僚主义方面，要突出解决脱离群众、脱离实际的问题；在反对享乐主义方面，要突出解决精神懈怠的问题；在反对奢靡之风方面，要突出解决铺张浪费、跑冒滴漏的问题。本着边学边查边整边改的要求，对征集到的意见建议要进一步分类梳理，分析原因，落实责任，立整立改。对能改的立改；对需要创造条件改的要创造条件改；对暂不具备条件改的要拿出方案，做出承诺，限时改；对政策不允许的群众要求，要向大家讲清楚，统一思想认识。

目前，我院教育实践活动征集意见、梳理意见的工作已经基本完成。我们要按照省委要求，认真开展回头看，把第一环节的各项工作做扎实，为第二环节查摆问题、开展批评打下坚实基础。为此，结合下一步活动的开展，我讲三点意见。

## 一　要认真贯彻省委要求，建立和完善蹲点调研制度

开展基层调研是我院深入落实“为决策服务、为发展服务、为基层服务”办院方针和“出精品、出人才、出效益”总要求的重要手段和必由之路。要使调查研究真正成为领导干部和科研人员的思想自觉和行动自觉，就必须通过制定、完善相关调研制度加以约束和固化。因此，我院要深入落实省委常委蹲点调研成果交流会精神，进一步加强调研工作。一要形成制度。建立和完善领导干部带头落实直接联系群众的制度，带出密切联系群众的好风气。二要改进方式。下基层调研要看真实情况、听真实声音，提倡随机走访、随机座谈。三要指导工作。不仅要使个人的思想和作风有所收获，还要使我们的决策和工作有所收获，对调研中发现的问题，及时研究解决，提出推动工作的对策和办法。四要身入心入。蹲点调研要带着感情、带着责任下去，始终把“一切为了群众，一切依靠群众，从群众中来，到群众中去”这一党的群众路线坚持好。党组（扩大）会后，院活动办要认真总结这次蹲点调研的做法和经验，进一步充实、完善我院调研工作的相关制度，使基层调研成为长期化、常态化、规模化的工作举措和自觉行动。

## 二　要认真落实活动安排，扎实做好各项规定动作

一是抓好典型教育，落实好吕振华先进事迹报告暨全省干部警示教育大会精神。7 月 30 日，省委召开吕振华先进事迹报告暨全省干部警示教育大会，省委书记、省长在会上做了重要讲话。省委活动办要求各单位要深入学习交流吕振华先进事迹报告暨全省干部警示教育大会精神，组织党员干部集中学习交流：要以理论中心组学习和支部学习为主搞好集中学习；要以专题

研讨会、理论中心组研讨、支部研讨为主搞好交流研讨；要将学习与领导干部正风肃纪专项行动相结合，与公开承诺相结合，与查摆问题、开展批评相结合。院活动办要按照要求做好安排部署，院属各部门、各支部要做好组织发动，确保学习教育的效果。

二是要继续整理好意见建议，为查摆问题、开展批评打好基础。前段时间，我院按照省委活动办的要求和院活动实施方案的工作安排，通过发函、发放征求意见表、设置意见箱、约谈交心、召开座谈会等多个渠道进行了不同层次的征求意见的工作，院领导班子成员还通过上门听、蹲点听、专题听、随时听等形式广泛征求意见，做到应征必听。这里需要强调的是，征求意见建议很重要，整理汇总意见建议更要认真。既要坚持全面，又要突出重点；既不能眉毛胡子一把抓，又不能漏掉有用的重要信息。要切切实实地将真意见、好建议找出来。只有这样，我院下一步的查摆、整改才更有针对性。院活动办要继续做好分类整理，按要求原汁原味地将意见建议上报省委督导组。

三是要按照省委活动办的要求，抓紧制定查摆问题、开展批评环节的工作方案。目前，我们已经对这一工作任务进行了布置，正在按计划有序推进。这里需要说明的是，院活动办在制定工作方案时，既要认真贯彻党中央和省委对教育实践活动的各项要求，做到步骤不能减、活动不能少、环节不能缺，一切活动按要求来、按步骤做。8 月 6 日，省委督导组在我院开展了个别谈话、听取意见的活动。我院要高度重视省委督导组对征集到的意见的反馈，将所列意见建议作为下一环节的活动重点。在制定工作方案时，还要紧密联系我院的实际，突出重点，抓住关键，注重效果，尤其要把沟通提醒、开展批评、开好院领导班子民主生活会作为活动的重点。

四是要夯实基础，认真开展回头看。为确保第一环节效果，推动活动深入开展，省委教育实践活动领导小组要求，对学习教育、听取意见环节工作开展情况认真进行一次“回头看”。要求对照省委《关于开展党的群众路线教育实践活动的实施意见》和《省直单位党的群众路线教育实践活动实施方案》要求，对第一环节工作逐一回顾小结、逐项评估。主要包括学习教育情况、听取意见情况、公开承诺情况、正风肃纪情况、发挥职能情况五个方面

16 项内容。院活动办要认真落实省委的要求，认真对照检查，查漏补缺，确保第一环节的各项活动高标准、高质量完成，做到善始善终，善作善成。

## 三　要加快成果转化，提升理论成果组的工作成效

在教育实践活动中，我院按照省委要求，承担了理论成果组的工作。目前，工作进展顺利，成效也很明显，推出了一批富有创新性的成果。已经在《河北日报》理论版发表了《牢记“两个务必”坚持群众路线》和《以整风精神反对“四风”》两篇理论文章，《光明日报》发表了一篇文章，《人民日报》拟发表一篇文章。已经完成了《养成党员干部为民务实清廉思想行动自觉》《西柏坡时期党的群众路线的经验启示》《领导干部带头示范是党的群众路线教育实践活动取得实效的关键》《充分认识“两个务必”的思想意义和历史意义》《切实解决“四风”问题》《善始善终善做（作）善成——学习习近平总书记在河北调研指导讲话精神的体会》《爬“坡”过“坎”通坦途——河北省学习总书记转变经济发展方式重要指示的理论思考》等理论文章，并呈报省委领导和省委活动办领导审阅、参阅。8 月 1 日，省委活动办召开工作汇报会，我汇报了理论成果组的工作进展和成效，得到上级领导的肯定。从理论成果组的工作进展来看，我们布置的理论题目多数已经或正在转化成理论成果。下一步，一方面要积极做好理论文章的撰写工作，确保所有的理论题目都能转化成高质量的理论成果。同时还要把工作重点放在推动成果的转化上，要解放思想，多想办法，积极开拓转化渠道，可以通过上报领导参阅、大报大刊发表、中央和省委的信息刊物刊登等，努力实现成果的多形式转化。以理论成果组在教育实践活动中的理论引领、理论支撑的独特优势，做好经验总结和理论概括，在积极推动全省教育实践活动的同时，不断提升我院在服务决策中的价值和影响力。

# 在国际青年学者代表团欢迎宴会上的致词*

（2013 年 9 月 7 日）

今天，我们欣喜地迎来了中国社科院国际青年学者研修班一行，在此，我谨代表河北省社科院向中国社科院的领导和远道而来的各国朋友表示热烈的欢迎！

河北省是环绕中国首都北京的京畿大省，历史悠久、文化灿烂，其经济和社会发展在中国非常具有代表性。感谢中国社科院把国际青年学者代表团的考察访问选在了我们河北省，这为我院科研和管理人员与国际精英青年提供了难能可贵的交流机会，为加深相互了解、增进友好感情、推动合作交流搭建了广阔的平台。

希望代表团的河北之行成为你们了解中国的一扇窗口。同时，也希望不同国家、不同民族、不同信仰的青年学者在河北期间通过互动交流，交融多元的文化，撒播友谊的种子，凝聚合作的信念。

现在，我提议：为国际青年学者代表团在河北的考察访问圆满成功，为我们的合作与友谊，干杯！

---

* 中国社会科学院研究生院组织我国周边及拉美 22 国青年学者来河北省社科院访问、交流，本文为周文夫院长在欢迎国际青年学者宴会上的致词。

# 在国际青年学者座谈会上的致词*

（2013 年 9 月 9 日）

秋风送爽，瓜果飘香。在这收获的季节，我们非常荣幸地迎来了中国社科院经济发展问题国际青年学者研修班的各位精英，并将通过真诚的沟通与交流，收获深厚的友情。在此，我谨代表河北省社会科学院对中国社科院的领导，以及各国的优秀学者表示热烈的欢迎！

河北省是环绕中国首都北京的京畿大省，东临渤海湾，西依太行山，中部是肥沃的华北平原，北部是开阔的坝上草原，国土面积 18.8 万平方公里，人口 7200 万。河北是中华文明的发祥地之一，历史悠久，文化灿烂，人杰地灵。河北省的基本情况可以概括为“一大二全”。“大”就是人口大省、经济大省、资源大省和文化大省。“全”就是地形、地貌全。河北是全国唯一兼有高原、山地、草原、丘陵、平原、沙漠、盆地、湖泊、湿地和海洋的省份，堪称中国地形地貌的缩影。

进入“十二五”以来，河北省充分发挥环京津、沿渤海优势，着力抓好环首都绿色经济圈、沿海经济隆起带、冀中南经济区建设，有力地促进了全省经济社会的持续健康发展。

河北省社会科学院是河北省委、省政府直属事业单位，是社科综合研究、理论宣讲机构和社团机构。其前身是始建于 1963 年的河北省哲学社会

---

* 中国社会科学院研究生院组织我国周边及拉美 22 国青年学者来河北省社科院访问、交流，本文为周文夫院长在国际青年学者座谈会上的致词。

科学研究所，1981 年改建为河北省社会科学院。2009 年，中共河北省委讲师团、河北省社会科学界联合会并入河北省社会科学院。现在已形成了以社科研究为基础、以理论宣讲为载体、以社科联合为纽带的理论武装、服务决策、繁荣发展“三位一体”工作新格局和参公管理、事业管理“一院两制”新体制，努力建设“省级科研一流、国内国际知名、服务河北科学发展”的新智库。

河北省社会科学院现有 9 个管理机构、5 个社团工作机构、15 个教学科研机构和 4 个科辅机构。全院编制 381 人，其中在职科研人员 179 人（包括研究员 54 人，副研究员 59 人）。我院有河北省省管优秀专家 4 名，享受国务院特殊津贴专家 7 名，河北省有突出贡献中青年专家 14 名，河北省社会科学优秀青年专家 11 名。主要研究方向包括：中国特色社会主义理论体系研究、科学发展观理论与实践问题研究、河北省经济社会发展重大理论与实际问题研究、有河北特色和优势的传统历史文化研究。

近年来，我院加大开门办院的力度，开展了“走世界开放行”等一系列活动，先后与日本、俄罗斯、韩国、英国、法国、意大利、美国、加拿大、巴西、墨西哥、澳大利亚、新西兰、南非 13 个国家和我国港台地区的 22 所高校、科研机构建立起长期稳定的合作关系。国际友好院校横跨世界三大洋、遍及六大洲，其中包括日本东北大学、英国密德萨斯大学、法国图卢兹大学、意大利那不勒斯东方大学、俄罗斯科学院、新西兰维多利亚大学、加拿大多伦多大学、美国印第安纳大学—普渡大学韦恩堡分校、巴西圣保罗州立大学、巴西总统府战略事务部应用经济研究所等国际知名学府和科研机构，对外交流范围与合作层次在全国地方社科院中名列前茅。

中国社科院国际青年学者研修班是推动哲学社会科学“走出去”、提高国际化水平的创新型项目，为哲学社会科学成果走出国门、对话世界开辟了一条崭新通达的渠道，使社科专家和青年学者在国际上结交一批在学术追求上志同道合的朋友；使我院与周边国家及广大发展中国家的理论研究者建立起一个交流合作的广阔平台，为把我院的优秀科研人才和科研成果推向世界提供了良好的契机。

河北省是能源大省，也是工业大省和农业大省，充满着生机和活力，同时也面临“稳增长、调结构、促改革”的艰巨任务。目前河北省正在开展“解放思想、改革开放、创新驱动、科学发展”大讨论活动，河北省社科院担负着立足河北改革、走向世界开放，建设服务决策、服务发展、服务基层新智库的重要使命。国际青年学者访问河北，我们将安排并陪同代表团赴冀中能源集团、河北旅投藁城农业观光园等地考察访问，并座谈交流。相信通过这次燕赵之行，各国学者将近距离地感受河北、了解河北，也希望你们对河北省的经济社会发展建言献策，多提宝贵意见。

再次感谢中国社科院的领导，欢迎各国青年学者朋友，祝你们学业有成，生活愉快！祝代表团在河北省社科院、在河北省的考察访问圆满成功！

# 确保教育实践活动善始善终善作善成[*]

（2013 年 9 月 10 日）

习近平同志在调研指导河北省党的群众路线教育实践活动时强调，调动领导干部和广大群众两个积极性，打牢学习教育和查摆问题两个基础，抓住整改落实和建章立制两个关键，对教育实践活动取得实效至关重要。这为我们深入扎实开展党的群众路线教育实践活动指明了方向。只有充分调动“两个积极性”、切实打牢“两个基础”、紧紧抓住“两个关键”，才能确保教育实践活动善始善终、善作善成，取得预期效果。

## 充分调动两个积极性

领导干部率先垂范、人民群众积极参与，是教育实践活动取得实效的基本要求。充分调动领导干部和广大群众的积极性，教育实践活动自然会有声有色、生动活泼。

调动两个积极性要求领导干部率先垂范。领导干部是党和国家事业的骨干力量，在各方面具有重大影响和重要作用。在教育实践活动中，领导干部既是组织者、推进者，也是参与者。领导干部有了积极性，广大群众就会跟上来。领导干部应深刻认识自身发挥带头作用对搞好教育实践活动的重要性，增强贯彻党的群众路线的自觉性坚定性，力争认识高一层、学

---

* 本文发表于《人民日报》2013 年 9 月 10 日。

习深一步、实践先一着。具体说来，就是要带头学习理论、带头听取意见、带头查摆问题、带头开展批评与自我批评、带头整改落实、带头推进制度建设。

调动两个积极性离不开广大群众广泛参与。群众中蕴藏着无穷的智慧和力量。领导干部身上的问题，群众看得最清楚，最有发言权。在教育实践活动中，广大群众是主体。广大群众有了积极性，活动就有了深厚基础和强大动力。这就要求深入实际、深入基层、深入群众，了解广大群众的所思所想和愿望要求，特别是对加强和改进党的作风建设的呼声和期待；问政于民、问需于民、问计于民，听取广大群众的意见建议，从中寻找破解改革发展难题的良言良策。同时，加强对群众的引导，激发他们关心党的事业、关心党的形象的热情和动力，使我们党政治智慧的增长、执政本领的增强深深扎根于人民群众的创造性实践中。

## 切实打牢两个基础

学习教育和查摆问题，是教育实践活动的两个基础。这两个基础打牢了，整改落实和建章立制就有了前提和依据。

学习教育重在提高认识。只有抓好学习教育，提高思想认识，参加活动才会有思想自觉和行动自觉，查摆问题才会有的放矢，整改落实才会更加有力。抓好学习教育，就要着力组织广大党员干部认真学习中国特色社会主义理论体系，学习党章、党的十八大报告和习近平同志一系列重要讲话；就要深入开展理想信念、党性党风党纪教育，深入开展马克思主义群众观点和党的群众路线教育，引导广大党员干部牢固树立正确的世界观、人生观、价值观，不断强化为民务实清廉的价值追求。

查摆问题重在真查真摆。查摆问题既是学习教育的深入，又是整改落实和建章立制的基础。查摆问题重在真查真摆，而绝不能敷衍了事、应付交差。做到真查真摆，要求广大党员干部对照党章、对照先进典型，以整风精神开展批评与自我批评，敢于直面问题，敢于触及灵魂，对个人、领导班子、本地区本部门在作风方面存在的突出问题来一次大排查、大检修、大扫除。

## 紧紧抓住两个关键

这次教育实践活动能不能达到预期目标、活动成果能不能长期巩固，取决于是不是紧紧抓住了整改落实和建章立制这两个关键。

整改落实才能达到预期目标。查摆问题是为了解决问题。教育实践活动只有解决问题，才能使我们党的作风有大的改善、凝聚力战斗力有大的提高。搞好整改落实，就要对查摆出的问题深刻分析原因、科学制定措施、逐一加以解决。为此，必须坚决防止走过场，必须找准要害、有的放矢，必须着力解决那些人民群众反映强烈的问题。

建章立制才能巩固活动成果。制度建设带有根本性。巩固教育实践活动成果，必须注重建章立制。应紧紧抓住建章立制这个关键，制定新的制度，完善现有制度，废止不适用的制度。同时，深化各方面体制机制改革，加强对权力运行的制约监督，把权力关进制度的笼子，从源头上防止不正之风。

# 在院“查摆问题、开展批评”第二环节教育实践活动推进会上的讲话

（2013 年 9 月 13 日）

这次我院召开的“查摆问题、开展批评”教育实践活动推进会，是按照省委活动办的要求，经院党组研究决定召开的。这次会议，是在我院教育实践活动“学习教育、听取意见”第一环节取得积极成效，继续向“查摆问题、开展批评”第二环节纵深开展的关键时刻召开的一次重要会议。会议的主要内容是，回顾总结我院教育实践活动开展以来的主要工作，通报我院征求各方面意见的情况，动员部署下一环节的教育实践活动任务。刚才，继民同志宣读了我院教育实践活动“查摆问题、开展批评”环节的工作方案。会后，院属各部门、全院党员干部要严格按照方案的要求，认真组织实施。下面，我讲三点意见。

## 一　认真开展党的群众路线教育实践活动，学习教育扎实有效，教育实践活动取得了积极成效

自我院开展党的群众路线教育实践活动以来，全院党员干部认真学习贯彻习近平总书记在河北视察指导党的群众路线教育实践活动时的一系列重要讲话精神，深入落实党中央和省委的有关要求与决策部署，严格按照省委活

动办实施方案的工作安排及我院的活动实施方案要求，坚持做到规定动作不走样，自选动作有特色，扎实推进教育实践活动的各项环节，取得了令人满意的成效。

### （一）思想认识有新提高

通过学习教育，提高党员领导干部的思想认识水平，是开展好教育实践活动的思想基础。在学习教育阶段，我院立足工作实际，通过合理安排党员干部学习时间，确保院领导班子成员集中学习不少于7天，其他干部不少于5天；精心选取学习内容，认真组织全体党员干部学习了中国特色社会主义理论、党的十八大精神、党章、《论群众路线——重要论述摘编》、《党的群众路线教育实践活动学习文件选编》、《厉行节约、反对浪费——重要论述摘编》以及《焦裕禄、谷文昌、杨善洲先进典型事迹学习资料》等必读书目，观看了《苦难辉煌》《居安思危——苏共亡党的历史教训》等音像资料；创新学习形式，既指导院属各部门结合自身工作实际，组织党员干部开展自学，又采取理论中心组学习、书记讲党课、先进典型报告、学习交流会等形式开展集中学习。整个学习教育阶段，全院党员干部认真聚焦"四风"，严格对照"五看"，使学习有方向、有目标，有深度、有高度，进一步提高了对党的群众路线教育实践活动的精神实质、重大意义的思想认识水平，增强了自觉参与活动、加强自身党性修养和党性锻炼的积极性。

### （二）宣传引领有新成果

我院作为全省宣传思想理论战线的重要阵地，在搞好自身活动的同时，立足学科优势、人才优势，始终履职尽责，积极发挥在全省教育实践活动中的宣传引领作用。7月12日上午，习近平总书记在省民政厅主持召开省直单位负责人座谈会听取意见。我代表我院参加了座谈会，汇报了我院开展教育实践活动的情况，谈了自己对开展活动的感受，并提出在活动中应弘扬"两个务必"的西柏坡精神、走好新时期的"赶考路"和要坚持知行合一、取信于民两点建议。能直接向党的总书记面对面汇报工作，亲聆总书记的教导，充分体现了党中央和省委对社会科学院及社科理论工作者的信任和重视，对我们是一种极大的鞭策和鼓舞。在教育实践活动中我院又被委以重任，作为省委教育实践活动领导小组办公室成员，具体负责理论成果组的工作。据初步统计，自教育实践活动开展以来，理论成果组同志在《人民日报》《光明日报》《河北日报》共发表理论成果文章8篇，完成并上报省领导理论成果6篇，为做好思想引领，浓厚宣传氛围，推动全省教育实践活动的深入开展发挥了重要作用。理论成果组的工作也得到了省领导的肯定。在全院开展的"我为'三清'献一计"活动中，党员干部积极围绕促进干部清正、政府清廉、政治清明献计献策。同时，我院在为省委、省政府献计献策活动中，获优秀组织奖，有6条建议获优秀奖。

### （三）专项活动有新进展

一是领导班子公开承诺。为进一步反对"四风"，我院向全省社科理论界及全院干部职工公布了《领导班子克服"四风"十项承诺》。院领导班子坚持从自身做起，从点滴做起，要求别人做到的自己首先做到，要求别人不做的自己绝对不做，为全院教育实践活动做出了表率。

二是开展正风肃纪专项行动。按照省委正风肃纪专项行动的有关要求，我院制定了《正风肃纪专项行动工作方案》，对开展此项专项活动的总体要求、主要内容、方法步骤和保障措施进行了细致规定。严格按照自查自纠、公开公示、完善机制等各个步骤依次推进，处级以上党员干部依据"十对照、十整治"的主要内容和要求，逐一对照，逐项查摆，分别如实填报了《正风肃纪专项行动对照自查表》，并在全院范围内对领导班子成员自查自纠情况进行了公开公示。

三是深入开展清理检查"小金库"工作。根据省清理检查"小金库"工作领导小组的部署，我院34个院属单位参加了"小金库"清理检查自查工作。经检查、核实，我院各部门均无"小金库"等预算外资金和相关违纪行为。相关情况已向省委督导组汇报，并在全院范围进行了公示。

## 二　采取多种形式广泛征求意见，通过梳理问题进一步明确了整改方向和重点，为查摆问题开展批评奠定了基础

征求、听取各方面意见建议既是此次党的群众路线教育实践活动的重要环节，更是坚持群众立场、发挥干部群众积极性，进一步提升活动实际成效的必然要求。在征求、听取意见过程中，我院采取多种形式征求意见，多措并举拓展征求渠道，最大可能地汇聚了民意，吸取了民智。

### （一）约谈交心征集意见

在活动中，主要领导分别与院领导班子成员和院属各部门主要负责同志深入谈心、认真交流，真诚征求意见建议。班子成员之间、班子成员与分管处室负责人之间也都进行了谈心交流。通过坦诚交流、深入谈心，大家对全院各项工作和反对“四风”、整改落实的方向和重点等问题进一步统一了思想，凝聚了共识。

### （二）召开座谈会征求意见

按照省委活动办的要求，我院召开了有院内省人大代表、政协委员、民盟会员、九三学社会员，各市委讲师团、基层宣讲站、市社科联、社科研究基地、学会代表，院离退休干部代表参加的座谈会，听取各方面对院领导班子和我院各项事业发展的意见建议。院活动领导小组领导和活动办有关负责人参加了会议，并对下一步征集、梳理意见建议提出明确要求。这次座谈会比上级要求的参与范围更广、涉及面更大，是我院教育实践活动的创新举措。

### （三）走访、发函征求意见

在活动中，院领导班子成员分别带队实地走访相关中央直属部门、省委和省政府主管部门、讲师团系统、社科联系统征求意见建议，同时向其他相

关职能部门发函，向全院干部职工，全省社科联系统、学会和社科研究基地，全省讲师团系统及部分基层宣讲站发放征求意见表，征集意见建议。

### （四）设置征求意见箱征集

通过在院办公楼、东配楼醒目位置设立征求意见箱，随时征集全院干部职工的意见建议。

截至目前，我院活动办共收到干部群众对院领导班子及个人提出的意见建议 96 条，在保证原汁原味的基础上，梳理归纳为 7 项、55 条。这些意见建议涉及作风建设、科研职称、人才培养、行政后勤、党务工会、信息建设、老干部工作等。7 月 24 日座谈会征集到 31 条意见建议。目前，梳理汇总的意见建议，已报院党组和省委督导组，并召开院党组（扩大）会，通报了对院领导班子征求意见的情况和院领导班子成员交流蹲点、谈心体会和收集到的意见建议。院党组要求各位分管领导要抓紧梳理，立整立改，抓出成效，为大家解决实际问题。大家提出的建议有的已经进行了整改落实。近期，我院下发了《关于加强基层调研的实施办法》，对加强科研人员深入基层调研做出了规定。为解决理论武装“面对面、全覆盖”问题，“五级宣讲网”建设试点工作开始启动。其他建议正在梳理，列入整改重点的将首先予以研究解决。

## 三　认真撰写对照检查材料，做好“查摆问题、开展批评”环节工作，开好民主生活会

### （一）高度重视，精心准备，为开好民主生活会打下坚实基础

按照全省教育实践活动统一安排，教育实践活动在查摆问题、开展批评环节的一项重要工作，就是开好领导班子民主生活会和各支部的专题民主生活会。9 月 4 日，省委召开了省直单位教育实践活动交流推进会，对查摆问题、开展批评与自我批评提出了明确要求。院党组已经就开好民主生活会进行了部署。

院领导班子成员和全院党员领导干部要充分认识到，召开民主生活会是

党员干部自省、自警、自励和加强沟通、互相帮助、共同提高的有效形式。发挥好民主生活会重要作用，开展批评与自我批评，对于有效地抵制各种不良风气的侵蚀，对于及时纠正自身的缺点和错误，对于进一步做好整改工作，具有至关重要的意义。

在召开民主生活会之前，我们已经进行了深入的理论学习，开展了广泛的征求意见和谈心活动。下来以后，班子成员和院属各部门的处级领导干部要充分运用学习教育和征求意见阶段的活动成果，认真撰写对照检查材料和民主生活会发言提纲。要全面总结自身在理论学习、理想信念、坚持党的群众路线、反对“四风”、落实中央八项规定以及加强党性锻炼和廉洁自律方面的情况，并就存在的问题与不足进行深刻的批评与自我批评，提出自我整改的目标和努力方向。对照检查材料和民主生活会发言提纲要全面客观、实事求是，要触及思想、触及灵魂，要把查摆问题、提出整改措施作为主要内容，进一步深刻剖析自身的问题和产生的思想根源，为开好民主生活会奠定坚实的基础。

**（二）按照对照检查要“像”、相互谈心要“诚”、整改措施要“实”、领导督导要“严”的要求，认真撰写对照检查材料，深入开展批评与自我批评**

开展批评与自我批评，是我们党健全党内生活、调整党内关系、不断推动党的自身建设的一大法宝。民主生活会能否开好，开出成效，关键是会上的批评和自我批评是否有质量、有分量。省直单位教育实践活动交流推进会对批评和自我批评有明确要求。一是对照检查要“像”。就是对照检查的问题要像你自己、像你这个单位。“四风”问题各个部门和各个人的表现形式是不一样的，找问题一定要是自己的突出问题，要把真实问题、真实根源讲出来。剖析的过程就是洗澡的过程、治病的过程。要从内心深处、思想根源进行剖析，从理想信念、宗旨意识、自身修养、政治纪律等方面找原因。二是相互谈心要“诚”。谈心好不好是开好民主生活会的关键。搞好谈心，就是要诚实、诚恳、诚意，对人真诚，与人为善，以心换心，既不能无限上纲，又要切中要害，把思想真正统一起来。三是整改措施要“实”。整改措施要有针对性、操作性，要让群众看得见、摸得着，要解决突出问题。四是领导督导要“严”。就是党组要加强领导，严格把关，对本人、班子、单位、下属要严，找问题、看材料、谈心活动，对有问题的人要严把关。这就要求班子成员、处级干部要以整风的精神开展批评与自我批评。一方面，要联系个人工作实际和思想实际，紧密结合全省工作大局和全院各项工作，围绕为民务实清廉的教育实践活动主题，着重检查自身在理想信念、宗旨意识、反对“四风”、群众立场以及党性锻炼和廉洁自律等方面的情况，对其中存在的问题和不足做深刻的自我批评；另一方面，全体党员领导干部要本着对事业、对工作、对同志高度负责的精神，深入开展批评，真正“知无不言，言无不尽”，决不能避实就虚、避重就轻，杜绝走形式、走过场。做到交流思想坦诚相见、查摆问题一针见血、自我剖析触及灵魂，确保民主生活会开好。

### （三）整改要实，落实要快，让干部群众看到实实在在的效果

开展教育实践活动的最终目的是解决问题、改进作风，提升各项工作水平，推动各项事业发展。我们把问题找准了，把不足看清了，就要尽快动手去整、去改。整改的措施要实。发现什么问题就有针对性地去解决什么问题，要尊重、重视干部群众提出的建议办法，并作为制定整改措施的重要参考。立足工作实际，在政策允许范围内，尽量满足干部群众的呼声和要求。干部群众满意了，我们的整改也就到位了。落实的速度要快。教育实践活动能否产生实效，关键是要尽快落到实处，让干部群众看到活动成效。查摆问题、动手整改是一个动态过程，我们一边分析、查摆问题，一边就可以根据轻重缓急、先易后难的顺序开展整改。对于一些干部群众、基层单位反映强烈的突出问题，我们要立整立改，优先研究解决；对于一些事关长远、解决难度较大的问题，相关职能部门也要不等不靠，尽快调研，拿出方案、办法提供决策参考；对于一些超出政策范围，超出我院职责权限的问题和要求，我们也不能漠然处之，置之不理，而是要做好说服解释工作，把道理和困难讲清楚，给干部群众一个交代。

### （四）统筹协调，坚持“两不误、双促进”，进一步推进工作

开展活动的目的是进一步推进工作。下半年，我院的工作任务更为繁

重，要高标准、高质量地完成全年工作，仍然要付出更大的艰辛，下更大的功夫。我们要以学习贯彻习近平总书记一系列重要讲话精神为重大契机和动力之源，切实做到“两不误、两促进”。坚持统筹兼顾，要把教育实践活动与贯彻落实党的十八大和省委八届五次全会精神结合起来，与贯彻全国宣传思想工作会议精神结合起来，与贯彻院“十二五”规划及加强新智库建设结合起来，与我院正在开展的各项重点工作结合起来，把党员干部在活动中激发出来的工作热情和进取精神转化为做好工作的动力。一是继续做好省委活动办理论成果组的工作。二是理论武装做到“全覆盖、面对面”。要继续推进宣讲工作向下沉，积极构建五级宣讲网络。要按照习近平总书记“8·19”重要讲话的要求，做好思想理论武装工作。三是服务决策科研成果增强全局性、战略性、前瞻性、针对性和可操作性。要把省委八届五次全会提出的“四大攻坚战”和省委提出的影响科学发展的10个重点问题作为开展科研工作的主攻方向，着力研究和解决我省科学发展中存在的突出问题，为领导决策提供有价值的意见建议。四是社科联合更好地发挥“桥梁”“纽带”作用。要探索新形势下学会工作、社团党建等工作面临的新课题，提高学术水平，提高决策服务能力，联合团结全省社科理论工作者，为河北科学发展做贡献。贯彻省委、省政府“两办”文件精神，完善制度，推动市县建立完善社科联组织。五是干部人才队伍建设为新智库建设提供组织保障和人才支撑。进一步优化干部人才队伍结构，加强部门之间岗位交流，优化干部管理机制，激发干部干事创业的激情。加强科研骨干人员培养，重点培养科研队伍领军人才。加强深层次国际学术交流，人才培养与国际接轨。六是提升领导班子的领导科学化水平。按照干部科学化管理和廉政建设的要求，加强理论学习，规范工作分工，焕发干事激情，增强领导科学发展的能力和水平，把各项工作做得更好。

同志们，我院教育实践活动已经进入“查摆问题、开展批评”环节，前一阶段各项工作所取得的成绩来之不易，下一阶段工作更需要我们鼓足干劲、再接再厉。希望大家认真贯彻落实此次会议各项安排部署，继续深入推动教育实践活动各项工作，真正做到善始善终、善作善成。

# 关于将河北发展充分纳入京津冀一体化和打造环渤海第三经济增长极的几点建议*

（2013 年 9 月 13 日）

## 一　河北在京津冀一体化协调发展中的定位和作用

定位：区域统筹协调发展示范区、重要的经济增长板块与和谐发展腹地、重要的粮食生产与现代农业基地、重要的产业结构优化升级实验区和产业协作合作示范区、重要的经济出海口和沿海开放前沿、京津冀城市群的重要组成部分、京津冀重要的生态环境保障和休闲旅游目的地。

作用：拓展京津发展空间，承接人口、产业转移，聚集高端生产要素，促进京津冀经济社会一体化发展的重要区域。检验京津冀现代化水平的重要区域，改善京津冀生态环境，构建天蓝、地绿、水清的生态和谐家园。

具体建议如下。

### （一）确立国家层面的领导机构，统筹深化区域合作

行政主体利益分立、协调成本高影响京津冀合作水平的提升。应在国家层面设立超脱于京津冀的区域协调发展领导机构，统筹解决京津冀在区域资

* 本文为周文夫在省政府研究落实中央领导批示精神、争取国家政策支持座谈会上的发言。

源配置、基础设施建设、城市规划、重大产业布局、生态建设和环境保护等方面的重大问题，降低沟通协调成本，从而将京津冀合作推进到深层次、高水平、互动共赢的更高层次。建立健全利益协调机制，确保各方都能充分表达自己的利益诉求，切实推进京津冀一体化协调发展。

### （二）统筹区域产业布局，促进京津冀产业合作

京津冀产业合作中，河北产业结构调整任务繁重，经济增长与产业升级、稳定就业矛盾突出，战略性新兴产业发展不足。一是国家要统筹考虑京津冀的发展，在重大项目摆布上，兼顾各方的产业基础、资源条件、环境承载能力以及整体效益等多方面的因素，加大产业链条长、区域发展带动性强的重大项目和战略性新兴产业在河北的布局。建议国家突破行政界限加速区域产业整合，抓住环京津高新技术产业、沿海重化工、重大装备、战略性新兴产业、区域特色产品加工制造、农副产品深加工等若干重点产业，整合现有基础，以园区建设为依托，培育壮大龙头企业，打造区域产业集群。二是建议国家在京津冀发展规划中，确立以产业换生态的政策，促进京津利用自己的要素品质和数量优势，发挥科技、专业人才资源丰富的优势，通过产业转移、产业扶持、产业投资以及科研成果中试、产业化落地等合作方式，帮助扩大生态涵养地区劳动力就业，扶持发展低污染产业，促进京津冀协调发展。

### （三）加快京津冀科技合作，构建京津冀区域创新体系

建议建立京津冀科技联盟协调机构，促进京津冀高校、科研机构、国家各部委以及跨国公司研发中心广泛开展科技合作。对国家和三地经济社会发展的共性关键技术和重大科技专项实行联合攻关。依托三地优势资源，在新能源、生物医药、新材料、高端制造等产业领域设立产学研合作基金，成立京津冀知识产权转移中心。

### （四）制定区域一体化人才支持政策

解决人才资源瓶颈是加快河北高科技产业发展的关键。人才资源是第一

资源。当前河北产业结构缺乏的不仅是高级科技创新人才，还有高级技术人才。没有高素质的人才，战略性新兴产业、高新技术产业很难发展起来。京津冀要实现协调发展，必须在人才资源的使用方面进行创新，建立新的机制，实现人才资源的共享。在人才共享、人才流动等方面建立合理机制，排除人才共享的各种体制障碍。建议国家研究出台相关政策，逐步缩小京津冀人才在工资福利、社会保障、高考升学等方面的巨大差距，提高人才向河北省流动的积极性。特别是在影响人才流动积极性的优质教育资源共建共享方面要有新的举措。建议国家比照中西部地区的高考招生政策，增加国家高校及北京、天津高校在河北的高考招生名额。同时，由京津高校对河北省开展教育“对口帮扶行动计划”，在更广阔的范围内逐步实现更高层次的教育公平，为河北自主创新能力提高和产业转型升级打下基础。

### （五）健全区域补偿交易机制

从根本上提高京津冀生态环境承载能力，推进京津冀生态环境治理的一体化，必须切实保护生态环境上游地区、毗邻地区居民的发展权。建议：一是国家主持研究制定生态补偿内容，包括水资源使用权损失补偿政策、限制传统工业发展权损益补偿政策、生态工程管护费用补偿政策等特殊的资源环境保护利益补偿政策。二是加大对生态建设和环境保护项目的财政支持，逐步提高中央财政在项目建设中的支出比重。同时，建议由中央政府和受益的各级地方政府出资，并吸收社会捐资，建立生态补偿专项基金，并通过制定程序、完善运作、严格管理，使区域生态补偿制度化，确保基金发挥效益。三是加快制定多层次的生态环境补偿制度，包括完善相关法律、制定相关补偿的评价标准、明确具体操作程序以及协调和监督管理机制，形成完善的生态补偿体系，并成为长效补偿机制。

## 二　河北在环渤海地区经济增长极中的定位和作用

定位：环渤海经济第三增长极的主要组成、亚洲新大陆桥的桥头堡、北方重要的港口物流中心、环渤海综合配套改革创新实验区、环渤海对外开放的桥头堡、中国离岸金融实验区、环渤海重要的重化工基地、新型工业化发展的示范区、临港循环经济示范基地、环渤海城市带的重要组成、海陆统筹发展示范区。

作用：国内外大宗商品物资集散，承接国内外先进产业转移，区域产业、人口、技术聚集，成为扩大对外开放的窗口，促进环渤海城市群的崛起。

具体建议如下。

### （一）加快沿海港口的分工与整合，加快海陆集输通道建设

当前环渤海地区港口众多，竞争激烈。环渤海地区要在国际航运市场确立位置，实现临港经济的跨越发展，必须走港口资源整合的道路。建议国家研究制定港口合作方案，加大对曹妃甸港、黄骅港的支持力度，确立黄骅港新的亚欧大陆桥起点的地位，并制定港口整合具体意见，构建分工明确、优势互补的港口体系。同时，加大对邯黄铁路、黄骅到石家庄连接线等关键集输通道在资金上的支持力度，统筹协调京津冀沿海与内蒙古、陕西、河南等地高速公路、铁路规划，打通断头路、瓶颈路，支持内陆港、海铁联运节点的建设，通过内陆与沿海的良性互动，实现临港产业的大发展。

### （二）扩大环渤海地区支持政策覆盖范围

国家对天津滨海新区赋予诸多优惠政策和先行先试的权利，其中包括批准天津滨海新区作为继上海之后第二个金融改革创新实验区。建议国家从环渤海经济发展的整体出发，将河北沿海地区作为国家天津金融改革创新区的重要组成部分，将曹妃甸保税港区作为离岸金融的试点区，研究出台相关政策，制定简化离岸账户审批流程、推进外汇管理便利化方案，发展曹妃甸离岸金融业务。同时，建议适当扩大天津滨海新区的政策效应，在曹妃甸、渤海新区等沿渤海地区的项目，也应享受到天津滨海新区同样的政策优惠。

### （三）积极推进渤海环境整治和生态修复

建议国家制定出台环渤海海洋产业绿色发展政策，指导环渤海地区发展方式转变，从源头上治理污染物入海排放，减少入海污染物排放总量。建立

渤海海域的区域性协调管理机制，加强区域和流域合作，强化各省市协同治理、解决区域性海洋环境和生态保护问题。加强对港口、船舶的环境污染监管工作。加强港口城市生活垃圾和废旧物资的回收、加工、利用，提高资源回收和循环利用水平。

## 三 河北怎么办?

### （一）突出抓好生态建设和环境保护

一是抓住太行山、燕山的生态建设与环境保护这一主线。在积极争取国家生态建设资金支持的同时，将有限的资金投在生态建设的刀刃上。建议今明两年要加大我省高速公路、铁路沿线荒山荒坡的植树造林，集中整治沿线破坏山体采矿、烧石灰等行为，让公路、铁路沿线的荒山全都绿起来、环境好起来，让中央、北京和全国人民看到河北省治理空气污染的决心和行动。二是抓住重点企业大气污染治理这一主线。建议由省人大出台企业废气排放监测与处罚条例，实行重点排放行业、重点排放企业 24 小时电子监测，综合运用法律手段、行政手段、经济手段、信息技术迫使企业降低排放，减少污染。

### （二）加快推进沿海循环经济带的崛起

临港地区布局重化工业是世界各国的普遍做法，日本、韩国经济发展都证明了这一点。一般的重化工业确实存在高物耗、高能耗、高污染的问题。但我省沿海包括曹妃甸要新发展的都是高水平的循环经济，几乎没有什么排放。受当前京津冀空气污染严重的影响，一些后续大项目如石化、煤化项目审批受到很大影响。在此情况下，我省一方面要加大对国家相关部委的跑办力度；另一方面，要加强对临港产业能源消耗、资源综合利用、环境影响的跟踪监测，通过科学、系统、翔实的数据，证明我省沿海地区循环经济发展的成效，说服国家支持我省沿海地区石化、煤化等重化工项目的布局。

## （三）加快培育发展以节能环保、新能源、信息技术为代表的战略性新兴产业

解决节能环保问题，是我省经济转型升级一项重要而紧迫的任务。山东省早在 2009 年就制定了加快新能源和节能产业发展的鼓励政策，国务院今年 8 月也出台了关于加快发展节能环保产业的政策。我省产业重化工业特色明显，节能环保产业发展潜力很大，但节能环保产业发展一直较为缓慢，与缺乏政策支持有很大关系。建议我省尽快制定鼓励节能环保产业发展的实施意见，从土地、财税、金融、人才、技术等方面予以支持，促进战略性新兴产业的发展。

## （四）鼓励大力发展循环经济

积极推动产业循环式组合、企业循环式生产、资源循环式利用，全面推行清洁生产，重点在煤炭、建材、电力、轻工、化工、冶金等高资源消耗行业推广循环经济的生产方式。

## （五）积极调整财政支出结构

进一步压缩财政“三公”经费支出，将一切非必要的财政支出省下来，集中财力支持沿海地区基础设施、技术通道建设，集中财力引进高新技术、创新型人才，集中财力支持战略性新兴产业发展，支持传统优势产业转型升级，支持企业新上节能环保装备，减少排放，支持企业延伸产业链条，提升产品档次。

# 既要外正其容　更要内正其心*

（2013 年 9 月 16 日）

“照镜子、正衣冠、洗洗澡、治治病”是党的群众路线教育实践活动的总要求。在认真“照镜子”的基础上，真正把“衣冠”端正了，“洗澡”“治病”就有了坚实的基础。搞好“正衣冠”的关键在于既要外正其容，更要内正其心。

## 一

外正其容、内正其心体现了“正衣冠”的深刻内涵。外正其容强调从形式上纠正不符合党的群众路线要求的言行举止，端正形象。内正其心强调从精神上端正思想，提高觉悟。二者相互连接、相互促进，辩证统一，构成“正衣冠”不可分割的两个方面。脱离群众的不正之风不仅以形式主义、官僚主义、享乐主义和奢靡之风这“四风”呈现出来，而且，其内在思想根源也盘根错节、潜滋暗长。如果仅止于表面现象的治理，没有深入内在的本质，没有标本兼治、内外兼修、釜底抽薪，“四风”还会卷土重来。

外正其容、内正其心是顺利推进党的群众路线教育实践活动的内在要求。外正其容、内正其心就是根据为民务实清廉的主题，正视缺点和不足，敢于触及思想，针对查摆出的问题、看到的不足，从外和内两方面认识和改

* 本文发表于《求是》2013 年第 18 期。

正。就是以高度负责的态度和自省自律的意识，进行自我教育、自我完善、自我提高。就是从自己做起，从现在改起，对矛盾和问题不漠视、不淡化、不回避、不推卸，敢于正视、敢于纠正、敢于担当。外正其容、内正其心既是“洗洗澡、治治病”的思想前提和基础，也是贯穿其中的红线，是敞开心扉、接受批评、真心整改的催化剂和精神动力，是避免“走过场”的有力举措。

外正其容、内正其心是涵养共产党人精神家园的客观需要。宋代欧阳修《辨左氏》一文中“内正其心，外正其容”的话，体现了中华民族注重修身养性的道德要求和特点。《礼记·大学》以“修身在正其心”为出发点，阐释“修身、齐家、治国、平天下”的方法和路径。中国共产党高度重视党性的修养和锻炼，高度重视共产党人精神家园的构建，高度重视成就继往开来、攻坚克难的灵魂支柱。在世情、国情、党情深刻变化，“四大考验”和“四大风险”依然存在的情况下，共产党人只有外正其容、内正其心，才能永葆政治本色，以巨大的精神凝聚力和感召力，塑造“咬定青山不放松，任尔东西南北风”的笃定与坚守。

## 二

外正其容要围绕为民务实清廉的主题，以干部为重点，从解决“四风”入手，全面塑造和优化党的形象。

高举伟大旗帜，展示党的形象。举什么旗、走什么路、以什么样的精神状态、朝着什么样的目标前进，是关系党和国家前途和命运的重大课题。要以旗帜树形象，围绕中心，推进工作，奠定为民务实清廉的基础和前提。要以旗帜明方向，“不动摇、不懈怠、不折腾”，探索为民务实清廉的有效路径。要以旗帜明取舍，在全球化的世界舞台上，充分展示中国梦的内涵和追求，不断开拓为民务实清廉的平台和空间。

规范干部行为，树立形象标杆。党的各级领导干部的行为，如果偏离党的宗旨，失去法律制约，就会伤害人民群众的感情，损害党和政府的形象和威信。因此，坚持用正确的用人标准和导向提升干部形象，反对和查处选人用人上的不正之风。以能力和政绩打造干部形象，把为民务实清廉作为评价干部能力和政绩的标准，全面展示干部干事创业的正能量。把真抓实干、狠抓落实，踏石留印、抓铁有痕作为一种基本能力、一种工作常态，多出为民、富民、利民之绩。以法纪规章规约干部形象，做事公道正派，不越位、不缺位、不错位。以清正整肃干部形象，严格按照党的廉政准则，促使干部带头廉洁自律，自觉诫勉，时刻谨防各种“糖弹”的袭击，避免权力、金钱、美色的腐蚀。

消除“四风”现象，净化发展环境。“四风”是改革难点、社会焦点、群众痛点，必须坚决克服和清除。以求真务实克服形式主义，一切从实际出发，尊重规律，务实创新，防止政绩工程、形象工程。以为民谋利克服官僚主义，坚持“从群众中来，到群众中去”，解决效率低下、办事推诿、与民争利、权力寻租、以权谋私的问题。以艰苦奋斗克服享乐主义，从国情出发，自强不息、埋头苦干、真抓实干，不攀比、不摆阔、不搞特权。以节俭清正克服奢靡之风，恪守勤俭节约传统美德和中央八项规定，保持质朴和勤俭的本色，刹住公款吃喝，规范接待标准，精简活动规模，杜绝浪费陋习，狠刹挥霍享乐和骄奢淫逸的不良风气。

## 三

内正其心要加强理论武装和党性修养，全面培养和提高干部宗旨意识、作风意识和廉洁自律意识，使为民务实清廉成为永恒价值追求。

加强理论武装，坚定理想信念。做好理论武装，是内正其心的核心和灵魂，是外正其容的驱动力。要坚持用马克思主义及其中国化的最新理论成果武装全党，增强理论自觉和自信。坚定理想信念，以马克思主义立场、观点和方法观察世界，打牢全国各族人民团结奋斗的共同思想基础。树立马克思主义群众观，思想上尊重群众、感情上贴近群众、工作上依靠群众、政绩上归功群众、利益上满足群众，始终与人民群众同呼吸、共命运、心连心。

加强党性修养，增强党的意识。作风问题说到底是党性问题，党员普遍没有党性，党就不成其为党。因此，要增强宗旨观念，做到立党为公、执政为民。把对人民群众的态度问题、同人民群众的关系问题，作为检验党性、党风、党纪的重要标准，多办顺民意、解民忧、增民利的实事。树立实践观点，解决实际问题，提高干事创业的能力和应对复杂局面的能力。强化责任意识，把思想统一到干事业上，把精力集中到做实事上，把功夫下到抓落实上，兢兢业业履行好职责。树立正确政绩观，察实情、讲实话，鼓实劲、出实招，办实事、求实效，努力做出经得起实践、人民、历史检验的实绩。树立正确利益观，以人民利益为重，不为私心所扰，不为名利所累，不为物欲所惑。增强纪律观念，自觉同党中央在思想上、政治上、行动上保持高度一致，确保中央政令畅通，维护党的团结统一。

倡行社会主义核心价值，升华道德操守。“四风”的思想根源在于理想信念动摇，价值取向扭曲。因此要大力倡导社会主义核心价值观，引领人们的思想行为和社会精神风尚。大力提高道德素质和修养，弘扬传统美德和时代新风。培育知荣辱、讲正气、做奉献、促和谐的良好风尚。培育自尊自信、理性平和、积极向上的社会心态。引导广大党员干部自觉做“一个高尚的人，一个纯粹的人，一个有道德的人，一个脱离了低级趣味的人，一个有益于人民的人”。

# 强化阵地意识　坚持“三个服务”*

## ——访省社科院党组书记、院长周文夫

（2013 年 9 月 23 日）

习近平总书记在全国宣传思想工作会议上的重要讲话，站在党和国家全局的高度，深刻阐述了事关宣传思想工作长远发展的一系列重大理论和现实问题，进一步明确了新形势下宣传思想工作的方向目标、重点任务和基本遵循，对于做好新形势下宣传思想工作具有重大的理论和实践意义。就如何深入学习贯彻习近平总书记“8·19”重要讲话精神，进一步发挥省社会科学院在全省经济社会发展中的独特作用，本报记者专访了省社科院党组书记、院长周文夫。

周文夫说，习近平总书记在讲话中指出，党校、干部学院、社会科学院、高校、理论学习中心组等都要把马克思主义作为必修课，成为马克思主义学习、研究、宣传的重要阵地，进一步指出了社科院的主要任务和重要责任，也为河北省社科院的下一步发展明确了方向。认真学习贯彻习近平总书记的重要讲话精神，就要突出工作重点，做好工作谋划，真正把讲话精神落到实处。

要更加自觉地加强马克思主义理论的学习，不断提高理论素养。按照习近平总书记关于“把马克思主义作为必修课”的要求，省社科院将对全院开展马克思主义学习活动进行部署，坚持院领导带头、各级领导带头，加强

* 本文为周文夫接受《河北日报》记者采访稿，刊载于《河北日报》2013 年 9 月 23 日。

对马克思主义原著、原理的学习，对马克思主义中国化最新理论成果的学习，对习近平总书记一系列重要讲话精神的学习，不断提高马克思主义的理论素养，增强用马克思主义的观点、方法分析和解决问题的能力。同时要加强对干部职工尤其是青年科研人员学习的指导和督促，通过个人自学和举办学习班、讲座、座谈会、学习心得交流会等多种形式学习马克思主义理论，自觉树立马克思主义世界观、人生观、价值观，提高政治鉴别力，自觉抵制各种错误思潮，使广大社科理论工作者特别是青年科研人员尽快成为马克思主义的坚定信仰者、传播者、践行者。

要强化阵地意识，加强中国特色社会主义和中国梦的宣传、研究。河北省社科院正在按照习近平总书记“三个阵地”的要求，积极组织社科理论工作者进一步深化对中国特色社会主义和中国梦的学习、宣传和研究，围绕全国宣传思想工作会议上提出的党性与人民性的关系、客观认识当代中国与看待外部世界等重大理论问题进行阐释和研究，在大报大刊发表一批重点理论研究和阐释文章；积极发挥理论武装的工作优势，充分利用现有的省市讲师团、基层理论宣讲工作站、街道社区宣讲点等全省的宣讲网络，组织不同形式的宣讲小分队进机关、学校、企业、农村进行面对面宣传；不断加强省、市、县（市、区）、乡（街道）、村（社区）五级宣讲网络建设，加强基层宣讲员培训，发现基层宣讲“名嘴”，培养一批“不走”的基层宣讲工作队；充分利用新的传播手段，使广大基层群众“足不出户”就能点播和收看到高水平的专家的宣讲“套餐”，努力实现群众武装工作“全覆盖、面对面”，从而把省社科院建设成为坚强的马克思主义的学习、宣传、研究阵地。

要坚持“三个服务”，以经济建设为中心搞好理论和应用研究。习近平总书记强调：“宣传思想工作一定要把围绕中心、服务大局作为基本职责，胸怀大局、把握大势、着眼大事，找准工作切入点和着力点，做到因势而谋、应势而动、顺势而为。”这实际上也是做好意识形态工作的要义。省社科院将继续深化“为决策服务、为发展服务、为基层服务”的“三个服务”办院方针，坚持围绕中心、服务大局的工作方向，重点围绕省委八届五次全会提出的四大攻坚战等重点工作开展深入研究，围绕全省党的群众路线教育实践活动中提出的四个专项行动开展深入调研，不断推出更多的具有前瞻性、战略性、时效性、针对性、可操作性的重要研究成果，为我省实现经济结构转型升级、转变经济发展方式等提供有力的理论支撑和智力支持。

# 走世界开放行 不断推进我院“省级科研一流、国内国际知名、服务河北科学发展”新智库建设*

（2013 年 9 月 26 日）

这次会议是由院党组研究决定召开的一次十分重要的会议，主要任务是，根据我院对外开放的新形势、新任务，以全球化的视野和站位，进一步审视、总结和部署全院外事工作，在新形势下不断深化“走世界开放行”，推进我院“省级科研一流、国内国际知名、服务河北科学发展”新智库建设。

刚才，大家观看了“走世界开放行——河北省社科院国际学术交流与合作”纪实片，院外办主任张小平同志回顾总结了我院近几年开展对外交流的情况，周伟文、颜廷标、程珺红、孟庆凯、王建强、张波等几位出访团组的代表分别谈了出国考察和学术交流的启示与体会，大家的发言讲得都很好。下面，我讲四点意见。

## 一 “十一五”以来我院开展国际学术交流与合作的主要经验和做法

### （一）解放思想，统筹规划，不断拓宽对外交流渠道，开辟国际学术交流与合作的新局面

“十一五”以来，院党组统一思想，认真谋划，精心布局，分批次地

* 本文为周文夫在院国际学术交流与合作暨外事工作会议上的讲话。

选择有代表性的国家和地区有实力的合作单位，先后与日本、俄罗斯、韩国、英国、法国、意大利、美国、加拿大、巴西、墨西哥、澳大利亚、新西兰、南非 13 个国家以及我国港台地区的 22 所高校、科研机构建立起长期稳定的合作关系，逐步形成了横跨世界三大洋、遍及国际六大洲的对外交流新格局。

国际合作院校由“十一五”之前只有一所日本岩手县立大学，逐步发展到包括日本东北大学、英国密德萨斯大学、法国图卢兹大学、意大利那不勒斯东方大学、俄罗斯科学院、新西兰维多利亚大学当代中国研究中心、美国印第安纳大学—普渡大学韦恩堡分校、加拿大多伦多大学、巴西圣保罗州立大学、巴西总统府战略事务部应用经济研究所等众多国际知名学府和科研机构，对外交流范围与合作层次在全国地方社科院中名列前茅。

### （二）开门办院“走出去”，制定周密翔实的出访计划，深入考察国外经济社会发展情况，确保每次出访务实高效

按照外事工作发展规划，我院每年组织学科带头人和管理骨干出国考察访问。出访前，我们与国外大学、科研机构反复沟通并确定访问议题和调研行程，明确考察目的，做好交流准备。代表团出访考察的内容力求丰富充实：不仅与外方专家学者座谈交流，还考察地方政府、会见政府官员，深入到企业和市场等地考察调研，走访社区、农场和普通家庭。比如，代表团曾会见日本岩手县知事、访问盛冈市政厅、会见加拿大格雷文赫斯特市市长、访问中国驻法国大使馆、深入调研巴西社区、走访日本农协和农户家庭、考察新西兰恒天然集团农场以及奥克兰二手车交易市场、调研南非农贸市场等，通过一系列的实地考察和现场感受，近距离、深层次地了解出访国真实的社情、民情，为日后提供决策咨询、形成科研成果搜集积累了国外第一手素材。

回国后，出访团组将国外考察、交流、合作的成果及见闻、启示，与我省经济社会发展中的实际问题结合、比较，以出访报告的形式报送省政府；同时在我院的院报和院网上刊发出访纪实专稿，从而扩大了出访成果的充分应用。

### （三）敞开大门“请进来”，举办国际学术研讨会，组织国外学者考察调研，积极搭建交流平台

近几年，我院先后主办或协办了“欧美经济走势与中国经济转型研讨会”“国际青年学者经济发展问题研讨会”“中日农村发展学术研讨会”“中美创新驱动发展战略的路径选择座谈会”“中俄第三届社会科学论坛”等国际学术会议，学术范围不断扩大，交流主题日益丰富。我们在国际平台上与各国专家、学者展开面对面的观点碰撞与互动交流，学习经验、广交朋友，展示出积极自信的国际形象。

同时，我们积极组织、陪同来访的国外专家和学者赴省直相关部门以及县、乡、村等基层单位考察调研；主动向国外学者介绍和宣传我省经济社会的发展情况，广泛征集国外专家学者对我省创新驱动、科学发展的意见和建议。

### （四）达成合作协议和意向，以正式文件形式确立和稳固院校间的友好关系，为加强国际学术交流与合作打下良好基础

近几年来，我院通过人员互访和院校间的高层会谈与磋商，在达成广泛共识的基础上，先后与日本岩手县立大学、韩国京畿开发研究院、美国印第安纳大学—普渡大学韦恩堡分校、巴西圣保罗州立大学、英国密德萨斯大学、新西兰惠灵顿维多利亚大学当代中国研究中心、南非豪登省西南大学、中国台湾高雄应用科技大学 8 所科研院校签订了正式学术交流协议书；与俄罗斯科学院远东所、法国图卢兹大学、意大利那不勒斯东方大学、加拿大多伦多大学、中国台湾“中国文化大学”5 所科研院校签署了合作交流意向书；与美国加州州立大学圣贝纳迪诺分校、巴西总统府战略事务部应用经济研究所签署了合作备忘录，为今后深化交流提供了有力的保障。

### （五）互派访问学者，通过与国际友好院校人才互访的成功尝试，启动培养国际化人才、推动务实合作的新机制

2012 年 12 月，我院派出 4 名访问学者到美国印第安纳大学—普渡大学

韦恩堡分校学习研修。在美国期间，我院学者在学习、调研和食宿生活等各方面都享受到极高的礼遇和周到的安排。这既体现了美方合作大学对我院的尊重和对双方友好关系的珍视，也增进了相互了解，加深了院校间的友谊。

明年，美国印第安纳大学—普渡大学韦恩堡分校前校长、终身名誉校长迈克尔教授一行 2 人将到我院做访问学者，为期一个月。美国大学校长到我院做访问学者并开展实质性的交流，规格高，时间长，这在我院历史上是第一次。届时，我院将组织形式多样的座谈交流与考察调研活动，使我院的科研和管理人员有一次在家门口与国外知名专家面对面交流和学习的机会。

以上是我院建院以来，首次利用国际友好院校的交流平台与合作协议，互派访问学者，开展实质性交流的有益尝试。这不仅充分体现了我院对外交流的成果，也将使通过互派学者培养国际化人才、推动务实合作的渠道更加畅通和常态化。

## 二　开展国际学术交流合作与“服务河北科学发展新智库”建设

在全球化时代，高水平、国际化的智库建设既是一个国家文化软实力和国际话语权的重要象征，也是政府决策科学化、民主化的重要保障。由此可见，开展国际学术交流与建设新智库相互促进，密不可分。

### （一）开展国际学术交流与合作，是提高国际影响力、打造高水平新型智库的必要条件

在世界经济一体化、国际格局多元化的今天，一个国家不能关起门来搞建设，一所科研单位也不能关起门来搞研究。只有站在国际舞台上，将展示自身学科优势与学习国外先进经验结合起来，才能拥有更多的话语权和更大的影响力。同时，在与国际社会的互动交流和对国外有益经验的汲取当中，才能充分激发智库的生命力，才能在统筹国内国际两个大局、谋划科学发展方面充分实现智库的价值。

### （二）开展国际学术交流与合作，是提高“软实力”、建设国内国际知名新智库的时代要求

21 世纪是中国高速发展、屹立于世界民族之林的世纪。世界各国希望广泛深入地了解正在崛起中的东方巨人；中国也迫切需要走向世界，融入全球一体化的大潮之中。习近平总书记 8 月 19 日在全国宣传思想工作会议上的重要讲话中明确指出：“文化是我们最大的软实力，是我们的优势所在，我们要满怀自信地参与世界文化的交流、交融甚至是交锋。”

以思想、观念、文化为核心的“软实力”成为当前各国间新的竞争点，而智库作为国家思想创新的动力源泉，必然成为各国“软实力”竞争的关键。一流的智库，应当具有广泛的国内外影响力，这既是其学术声誉的体现，也是对决策产生影响的重要渠道。因此，通过广泛开展对外学术交流与合作，提高国际影响力和竞争力，是实现我院“出精品、出人才、出效益”总要求，建设国际化新型智库的必然趋势和时代要求。

### （三）开展国际学术交流与合作，是为建设新智库提供国际化人才储备的必由之路

当代国际竞争的背后是人才的竞争。因此，只有通过广泛开展对外交流，才能培养出一批具有世界眼光、通晓国际事务的管理骨干和紧跟国际前沿学术动态的科研人才；同时，也只有广泛开展对外交流活动，形成有国际竞争力的中青年人才梯队，使他们成长为新型智库建设的践行者和主力军，才能为我院更好地发挥“服务决策，服务发展，服务基层”的新智库作用储备国际化人才。

## 三　在对外开放新格局中，持续推进实质性国际学术交流与合作

目前，我院对外交流范围不断扩大，合作平台日益广阔，初步形成布局合理、交流广泛的外事工作新格局。今后，在巩固已有合作伙伴的基础上，

我院的国际学术交流与合作将从开辟渠道的布局阶段，转向开展实质性合作的深化阶段，具体举措包括如下几个方面。

## （一）巩固同已有合作院校的友好关系，在深度交往中不断丰富学术交流与合作的实质内容

目前，我院已与13个重要国家和我国港台地区共22所大学和科研院所建立了友好关系。今后5年，我们将拟定并实施“河北省社科院与国际合作院校的学科对接计划”，谋求与友好院校在学科建设、人才培养和课题研究等方面的深度合作，并使之机制化，常态化。

各教学科研部门、社团工作机构要以对外交流主力军的姿态，结合自身学科优势，加强与国际合作院校的联系，结成学术交流对子，推动深层次的务实合作。目前，具体研究方向和合作交流伙伴，可以考虑：历史所与俄罗斯科学院东方学所就“敦煌吐鲁番文书”“黑水城文献研究”等问题开展合作；社会学所与英国密德萨斯大学就“社区组织与城市管理”“欧债危机与高福利政策的比较研究”等进行交流；邓研所、财贸所与美国加州州立大学贝纳迪诺分校、美国印第安纳大学—普渡大学韦恩堡分校分别就“乡村社区自治的中美比较”“制造业的转型与发展”“中美在创新驱动经济发展中的经验探讨”等展开交流；经济学科片的研究所、教研室与俄罗斯科学院远东所、巴西总统府战略事务部应用经济研究所、南非豪登省西南大学就“打造环首都绿色经济圈”“加强金砖国家协作，发挥智库的服务作用”等深入探讨交流；法学所与澳大利亚迪肯大学就“地方法制建设”和“区域环境治理”等开展交流；农村所深化与日本东北大学、岩手县立大学、京都大学的合作关系，把“中日农村发展学术研讨会”继续办下去，围绕“未来农村城市化进程的发展变化”等问题深入交流，争取推出合作科研成果；人力资源所与南非豪登省西南大学就“职业教育与人力资源的市场化”等问题深入探讨；哲学教研室、政治文化教研室与新西兰维多利亚当代中国研究中心、韩国京畿开发研究院就“中国政治体制改革的方向和目标”以及“文化产业的发展趋势”等展开交流；文学所明年邀请新加坡文艺协会会长访问我院，并联合举办“华文文化的发展历程”研讨会；等等。

同时，我们将继续深化与港台地区的交流与合作：历史所与台湾师范大学就“孙中山思想研究”“抗战史研究”等问题加强合作；文学所与香港公开大学就“河北省城镇化进程中的文化支撑问题”深入交流；讲师团工作处、社科联秘书处与台湾“中国文化大学”、台湾高雄应用科技大学就“弘扬传承中华传统文化”“提升文化软实力”等问题加强交流，等等。院信息中心、河北学刊、经济论坛、社科论坛也要逐步明确参与国际学术交流的方向，建立友好合作关系。

### （二）开辟新的对外交流关系，为国际学术交流与合作不断注入生机与活力

一方面，我们要深刻研判世界政治经济形势和国家外交战略，确定今后开展国际合作交流的指导方针。另一方面，作为河北省的“思想库”和“智囊团”，我们要结合河北经济社会发展正处于爬坡过坎关键时期的实际情况，顺应政策导向，不断开辟新的对外交流渠道，创新交流合作内容。

作为世界新兴经济体“金砖国家”中的中国、俄罗斯、印度、巴西和南非，都面临保增长、保稳定、保民生的艰巨任务，同样都遇到调结构、护环境等类似挑战，在破解发展难题和提供决策咨询等方面有着诸多相互学习、借鉴之处。目前，我院已与金砖五国中的俄罗斯、巴西、南非三个国家的科研院校建立起友好合作关系，为学者间交流架起桥梁。今后，我们将继续寻求与印度科研院校建立合作关系，积极组织与金砖国家科研人员互访，举办学术研讨会，开展合作研究，探讨世界新兴经济体间互利共赢的新途径，谋求为我省扩大对外开放和发展外经外贸服务。

### （三）注重培养和引进外语、外事专门人才，加强国际学术交流与合作的服务、协调与管理

我院的对外交流已形成了良好的发展态势，但我们也要清醒地看到存在的差距和不足。9 月 7 ~ 12 日，中国社科院国际青年学者代表团访问我院，并举办了“经济发展问题国际研讨会”。来自印度、越南、柬埔寨、俄罗斯、吉尔吉斯斯坦、墨西哥、古巴等 21 个国家的 27 名青年学者与我院专家

学者座谈交流。这些青年学者日常会话、阐述学术观点，都用流利的英语进行交流，这让我们看到了培养适应我院外事发展新形势的外语人才、外事管理人才的重要性和迫切性。为此，我们要从现在做起，采取多种办法积极推进。

一是每年举办英语培训和涉外知识讲座。要求科研人员尤其是中青年学者和管理骨干积极参加，通过有针对性的培训，锻炼一批既能掌握英语读、写、译基本功，也能熟练听、说、写交流自如的中青年人才，以能够独立参加国际学术研讨会为培养目标。

二是创新出访经费筹集机制。鼓励有经费的科研人员以自带经费和外事经费补贴相结合的方式，出国考察和参加国际研讨会，使更多的学者和管理人才在国际化的平台上学习锻炼，开阔视野。

三是开拓国际交流与合作的民间渠道。充分发挥我院“三位一体”的优势，积极探讨利用社科联下属会员单位、学会等学术团体，组织对外交流培训团组出访，使我院的优秀人才有更多机会走出国门，培训学习，增长才干。

四是聘请和引进专业的翻译人才。提高我院优秀著作和科研精品以及国际研讨会和相关成果的翻译水平，用世界的语言广泛宣传和传播我们的学术观点和研究动态，增强社会科学优秀成果的国际融通性，提高我院的国际话语权。

五是利用我院学术平台邀请国际专家学者参加学术交流活动。我院的河北经济形势分析会、社会科学普及周、燕赵文化论坛、社科学术年会以及社科博士论坛等，都运行得比较成熟，积累了许多成功经验。今后，我们要积极探讨邀请国外专家学者来我院参加学术活动。这样，既有利于我院专家学者较多地了解国际学术前沿动态，又可以提升我院整体科研组织管理水平，还将扩大我院的国际知名度和影响力。

### （四）研究制定推进科研成果国际化文件，以项目研究、课题合作等方式鼓励和带动我院实质性国际学术交流与合作

在今后的工作中，我们将尝试设立一些国际性的课题和研究项目，鼓励科研人员与国际合作院校的专家学者开展实质性的交流与合作。同时，将征

求院属各相关部门的意见，研究拟定鼓励科研成果国际化的相关文件与规定，在课题筛选、成果申报和立项以及成果评审与绩效考核等方面细分和量化，同时，在经费分配、人员配备和国际合作方式等方面给予鼓励和支持。

## 四　加强领导，形成合力，共同创建国内国际知名、服务河北科学发展的新智库

### （一）以外事部门为窗口，继续加大开放力度，促进优秀人才与科研成果的国际交流

外事办公室作为我院对外开放和宣传的窗口单位，要不断增强责任感与使命感，继续加强与中国社科院、上海社科院等外事强院的沟通与联系，对标先进，认真学习和借鉴对外交流的方式和方法。同时，要不断提高自身业务水平，用创新的思维，逢山开路，遇水搭桥，为构建“省内科研一流、国内国际知名、服务河北科学发展”新智库积极贡献力量。

### （二）以人才培养为突破口，培养和锻炼一批具有国际水平的优秀人才

科研院所之间长期稳定的学术交流与合作，人才是支撑。目前，我院亟须培养和锻炼一批学术基础扎实、具有国际视野的学科专家和学术带头人，鼓励和支持他们参加国际学术活动；以优秀的学者和专家为重要载体，吸引国外大学和科研机构与我院建立学术关系，推介和宣传我院重要的科研成果和创新的学术观点，增强在对外交流中的主动性和话语权。

### （三）以科研创新为动力，发挥科研部门的主体作用，打造系列与国际化水准接轨的特色学科

“外事搭台，科研唱戏”是我院对外工作的总基调。今后，我们要不断巩固以重点学科为基础的特色学科，促进重点扶持学科和重点培育学科的发展，聚焦国际学术前沿，推动我院应用研究和基础研究的协同发展，培育

学科特色，做强学科品牌。通过科研创新推进哲学社会科学创新工程的建设，顺应全球化发展潮流，提高我院的国际学术地位和影响力。

### （四）充分发挥相关职能部门作用，形成开放办院、创新发展的强大工作合力

几年来，经过全院干部职工的共同努力，我院的国际学术交流水平和层次已跻身于全国外事强院的行列。我们要倍加珍惜荣誉，巩固成果，同心协力，共同构建“大外事”的工作格局。外事、科研、人事等部门要恪尽职守，加强在对外交流工作中协同合作；行政后勤和科辅单位要各尽其力，为我院开放办院提供财力、物力和信息、资料保障。

总之，我们要结合正在开展的党的群众路线教育实践活动，牢固树立“为人民做学问”的思想理念，以为民务实清廉的优良作风，以团结向上的精神风貌，坚持“为决策服务、为发展服务、为基层服务”的办院方针，坚持“出精品、出人才、出效益”的总要求，开拓进取，扎实工作，共同为构建国际化的新型智库添彩助力。

同志们！“潮平两岸阔，风正一帆悬。”在中国经济社会平稳发展、经济发展方式加快转变的今天，面向世界学术界浩瀚广阔的知识海洋，我院将以开放注入新活力，用创新驱动大发展，乘风破浪，勇往直前，向着建设“省级科研一流、国内国际知名、服务河北科学发展”新智库的奋斗目标扬帆远航！为如期实现“两个一百年”目标和中华民族伟大复兴的中国梦，做出我们社会科学理论工作者应有的贡献！

# 统一思想　知行合一
# 建设社会主义新智库

## ——学习贯彻习近平总书记一系列重要讲话精神体会

（2013 年 9 月 27 日）

党的十八大以来，习近平总书记站在时代发展的高度，围绕党和国家发展的重大理论和实践问题发表了一系列重要讲话，进一步指明了新形势下我国改革开放和社会主义现代化建设的方向目标、重点任务和基本遵循，体现了新一届中央领导集体的执政理念和执政方略，是全面建成小康社会、实现中华民族伟大复兴中国梦的指导方针。我们要紧密结合工作实际认真学习贯彻，深刻理解内涵，准确把握实质，统一思想，知行合一，努力把省社科院建设成“省级科研一流、国内国际知名、服务河北科学发展”的社会主义新智库。

## 一　习近平总书记系列重要讲话是新形势下统一思想和推进工作的科学指南

习近平总书记在系列重要讲话中，运用马克思主义的世界观和方法论，在改革发展稳定、内政外交国防、治党治国治军等各个领域提出一系列新思想、新观点、新论断，是新形势下统一思想和推进工作的科学指南。

——习近平总书记系列重要讲话体现了对世情国情党情的深刻把握。进入新世纪新阶段，世界处于大变革大调整大变化之中，国际局势发生新的深刻变化，霸权主义、强权政治及单边主义威胁世界和平，国际敌对势力加大对我国战略围堵和遏制，尤其是利用互联网优势加紧思想渗透。从现实来看，我国基本国情、社会主要矛盾和国际地位没有改变，社会发展不平衡、不协调、不可持续问题日益显现，实现民族复兴“中国梦”任重道远。面对世情、国情深刻变化，习近平总书记指出，党的执政环境更加复杂，应对“四大考验”和“四大危险”任务艰巨；强调需要保持党和人民血肉联系，党要管党、从严治党，以反“四风”改作风、树新风，开展党的群众路线教育实践活动，有力维护党的先进性、纯洁性，不断提高党的领导水平和执政能力，确保党始终成为中国特色社会主义事业的坚强领导核心。

——习近平总书记系列重要讲话体现了与马克思主义的一脉相承又与时俱进。习近平总书记在系列重要讲话中，坚持马克思主义基本原理，以邓小平理论、“三个代表”重要思想、科学发展观为指导，提出中国未来发展一系列新思想、新观点、新论断。他提出实现中华民族伟大复兴的“中国梦”，就是实现国家富强、民族振兴、人民幸福；实现中国梦，必须坚持中国道路、弘扬中国精神、凝聚中国力量，必须紧紧依靠人民，必须顽强奋斗、艰苦奋斗、不懈奋斗。他强调中国特色社会主义是中国的科学社会主义；坚持马克思主义，坚持社会主义，一定要有发展的观点，永远要有逢山开路、遇水架桥的精神，锐意进取、大胆探索，不断有所发现、有所创造、有所前进。他提出必须不失时机地推进重要领域和关键环节改革；把握好深化改革开放的方向，既不走封闭僵化的老路，也不走改旗易帜的邪路；加强宏观思考和顶层设计，增强改革的系统性整体性协同性，尊重实践、尊重创造，改革不停步、开放不止步。他要求坚持以科学发展为主题，坚持稳中求进，真正把工作着力点放在加快转变经济发展方式、调整优化经济结构、实施创新发展战略上，把推动发展的立足点转到提高质量和效益上来。他强调依法治国首先是依宪治国，依法保障全体公民享有广泛的权利。他要求从严管理干部队伍，坚持正确用人导向；严格党员教育和管理，从严做好抓基层、打基础工作；坚决反对形式主义、官僚主义、享乐主义和奢靡之风；坚定不移反对腐败，把权力关进制度的笼子；等等。

——习近平总书记系列重要讲话体现了历史逻辑和辩证逻辑的统一。习近平总书记系列重要讲话，既有理论的继承与创新，又有实践的总结与发展；既有立足于发展全局的宏观认识，又有着眼于微观层面的具体部署；既有深厚的历史底蕴，又有丰富的时代内涵。他强调摸着石头过河与加强顶层设计是辩证统一的；提倡善于从问题出发，着眼于对实际问题的理论思考，着眼于新的实践和新的发展；要求善于运用“底线思维”的方法；等等。总之，习近平总书记系列重要讲话，体现了新一届中央领导集体对中国特色社会主义的坚定自信和对国家民族人民的责任担当，顺应大势，顺应民心，必将激励全党全国人民为全面建成小康社会、实现中华民族伟大复兴的中国梦不懈奋斗。

## 二　坚持知行合一，切实增强学习贯彻习近平总书记重要讲话精神的思想自觉和行动自觉

学习好、领会好、贯彻好习近平总书记系列重要讲话，是全党同志当前和今后一个时期的重大政治任务。我们要坚持知行合一，深刻领会总书记系列重要讲话的精神实质，从思想和行动上自觉贯彻执行，推动各项工作再上新台阶。

——以知促行，坚持系统学习总书记重要讲话精神与提高思想认识有机结合。认知是实践的前提，理论是行动的指南。要深刻领会、准确把握毫不动摇地坚持和发展中国特色社会主义的重大意义，进一步坚定道路自信、理论自信、制度自信，不断丰富中国特色社会主义的实践特色、理论特色、民族特色、时代特色。要深刻领会、准确把握深化改革开放的全局性意义，坚持改革开放的正确方向，聚合各项相关改革协调推进的正能量。要深刻领会、准确把握坚持宗旨意识的实践要求，坚持党的群众路线，坚持人民主体地位，把群众工作做实、做深。要深刻领会、准确把握党要管党、从严治党方针，坚守共产党人精神追求。要深刻领会、准确把握反腐倡廉建设方略，让权力在阳光下运行，坚持“老虎”“苍蝇”一起打，等等。通过系统学习，切实提高思想认识水平，提高运用马克思主义立场、观点和方法分析和

解决问题的能力，推动改革发展事业更加顺利推进。

——以行促知，坚持系统学习总书记系列重要讲话精神与向群众和实践学习有机结合。认知指导行动，行动成就认知。深刻领会总书记重要讲话精神，需要在学习讲话文本的同时，坚持向实践和群众学习。我们要贴近实际，投身实践，及时把握时代脉搏，发现新情况新问题，研究新方略新对策。我们要以党的群众路线教育实践活动开展为契机，健全完善联系群众的制度，要求党员干部深入基层拜民为师，直接了解群众的所思所盼，总结群众创造的新鲜经验，汲取群众智慧，集中群众力量，创新改革发展的路径、方法和举措，保证中央大政方针贯彻落实，保证群众呼声意愿得到回应实现，也同时促进党员干部思想认识在实践中得到更高层面的升华。

——知行合一，坚持深入贯彻习近平总书记系列重要讲话精神与做好各项工作有机结合。知行合一，就是知行互动、循环往复、螺旋提升，不断升华主观与客观相符合、认识与实践相统一的境界。学习贯彻总书记系列重要讲话精神，重在贯彻。要在认真学习的基础上，紧紧抓住讲话精神的核心实质，切实将总书记系列重要讲话精神与本地区本单位实际工作紧密结合，进一步完善创新工作思路、工作方式、工作举措，真正将系列重要讲话精神落实到各项工作中，把学习效果落实到推进“四大攻坚战”上、落实到保障和改善民生上、落实到打造平安河北上、落实到党的群众路线教育实践活动上，以更加坚决的态度、更加自觉的行动、更加有力的举措、更加完善的制度、更加科学的方法，推动学习贯彻不断向深度和广度拓展。

## 三　树牢“阵地”意识，强化“三个服务”，切实发挥“思想库”“智囊团”的新智库作用

习近平总书记强调，党校、干部学院、社会科学院、高校、理论学习中心组等都要把马克思主义作为必修课，成为马克思主义学习、研究、宣传的重要阵地。总书记明确指出了社科院的主要任务和重要责任，为我院下一步发展明确了方向，提供了重要的遵循。我们将突出工作重点，做好工作谋划，更好发挥“思想库”“智囊团”的新智库作用。

——做好“必修课”，更加自觉地成为马克思主义的信仰者、传播者、践行者。今后，我院将认真落实习近平总书记关于“把马克思主义作为必修课”的要求，在全院开展马克思主义学习活动，不断提高社科工作者的马克思主义理论素养，特别是提高处级以上领导干部以马克思主义指导科研的能力。坚持正确的政治方向和学术导向，切实解决好哲学社会科学研究“为什么人”的问题，不断提高政治鉴别力，自觉抵制各种错误思潮。教育社科工作者切实履行社会责任，恪守“研究无禁区、宣传有纪律”的原则，正确处理学术研究与社会宣传的关系，汇聚推动发展的正能量，使社科理论工作者特别是青年科研人员成为马克思主义的坚定信仰者、传播者、践行者。

——树牢“阵地”意识，加强中国特色社会主义和“中国梦”的宣传研究。党的十八大以来，我院按照党中央和省委的要求，在《人民日报》《求是》《光明日报》等重要报刊发表一批重点理论文章，一篇调研报告得到中央领导批示。今后，我院将不断强化“阵地”意识，继续深化对中国特色社会主义理论体系和中国梦的研究。积极发挥理论武装工作优势，充分利用全省宣讲网络，组织不同形式的宣讲小分队进基层；进一步健全和完善五级宣讲网络建设，建立“不走”的宣讲工作队；充分利用新的传播手段，使基层群众“足不出户”就能收看高水平的专家“套餐”，努力实现理论武装“全覆盖、面对面”，把省社科院建设成为马克思主义学习、宣传、研究的坚强阵地。

——强化“三个服务”，以经济建设为中心搞好理论研究和应用对策研究。新世纪新阶段，社科工作者必须站在时代和实践发展的最前沿，深入思考和研究，拿出党和人民需要的、高质量的、经得起时间和实践检验的科研成果。近年来，我院始终坚持“为决策服务、为发展服务、为基层服务”的办院方针，开展理论和应用对策研究。今年，我院重点围绕“四大攻坚战”开展调研，推出了一批重点研究成果，《借鉴先发地区经验打造我省沿海地区率先发展增长极》等5篇调研报告得到中央领导和省委、省政府领导的批示肯定或转化，为推动我省经济发展发挥了积极作用。今后，我院将深入贯彻习近平总书记的重要讲话精神，坚持围绕中心、服务大局的工作方向，深化“三个服务”的办院方针，围绕我省“四大攻坚战”等重点工作开展深化研究，围绕省委教育实践活动领导小组提出的“四大专项行动”开展深入调研，不断推出更多的具有前瞻性、战略性、时效性、针对性、可操作性的重要研究成果，为我省爬坡过坎、实现经济结构转型升级、转变经济发展方式，为我省奋进崛起、科学发展，提供有力的理论支撑和智力支持。

# 西柏坡时期党的群众路线的经验与启示*

（2013 年 9 月 28 日）

**摘　编：** 坚持全心全意为人民服务的宗旨，是我们党最大的政治优势。西柏坡时期之所以能够成为党与人民群众联系最紧密、坚持群众路线最好的时期之一，一个重要经验就是做到了全心全意为人民服务，具体表现就是通过实行土改最大限度地满足和维护了人民群众的根本利益。正因如此，才出现了“最后的一碗米，送去做军粮；最后的一尺布，送去做军装；最后的老棉被，盖在担架上；最后的亲骨肉，送去上战场”的感人场面，才有了三大战役的胜利和新中国的成立。

习近平总书记在河北省调研指导党的群众路线教育实践活动期间，在平山县西柏坡九月会议旧址同县乡村干部、老党员和群众代表座谈时强调：“对我们共产党人来说，中国革命历史是最好的营养剂。多学习多重温，心中会增添许多正能量。”西柏坡时期，为了更好地解决党的领导干部严重脱离群众的问题，党中央着力对党的基层组织进行了整顿。通

* 本论文发表于《光明日报》2013 年 9 月 28 日，获《光明日报》教育实践活动征文二等奖；又于 2014 年 9 月 24 日提交全省党的群众路线教育实践活动理论研讨会，并获省教育实践活动理论研讨征文一等奖。

过整顿，不仅进一步改善和密切了党群关系，还使得落地生根后的党组织的战斗力空前提高。当前，面对世情、国情、党情的深刻变化，我们要搞好党的群众路线教育实践活动，就要汲取革命历史时期贯彻党的群众路线的宝贵经验。

第一，坚持“两个务必”，切实做到谦虚谨慎、艰苦奋斗。当年毛泽东向全党提出的“两个务必”，包含了对我国几千年历史中治乱规律的深刻借鉴，也包含了对我们党艰苦卓绝奋斗历程的深刻总结；包含了对胜利了的政党保持先进性、纯洁性，对即将诞生的人民政权实现长治久安的深刻忧思，也包含了对我们党坚持全心全意为人民服务宗旨的认识，思想意义、历史意义十分深远。“两个务必”是我们党的宝贵精神财富，蕴含着强烈的忧患意识，体现了一种永不停滞、永不懈怠、积极进取的精神。西柏坡时期，正因始终强调和坚持了“两个务必”，我们党才能保持同人民群众的血肉联系，团结带领人民克服前进道路上的各种风险和挑战，不断从一个胜利走向另一个胜利。当前，经过60多年的现代化建设，我国经济社会发展取得了举世瞩目的成就，中华民族伟大复兴展现出前所未有的光明前景。在新的历史时期，站在新的历史起点上，我们要巩固党的执政地位，维护社会稳定，全面建成小康，实现“两个一百年”的奋斗目标，实现中华民族伟大复兴的中国梦，仍须牢记“两个务必”，从领导干部做起，以上率下，自上而下，一级带一级，一级做给一级看。同时，也要创造条件，鼓励群众理直气壮地监督我们的党、监督我们的政府、监督党员干部。坚持“两个务必”，必须清醒地认识到，我们现在取得的成就只是伟大征途上迈出的一步，相对于共产党人的远大理想和崇高使命，还有很长的路要走。我们非但不能躺在过去的功劳簿上故步自封、孤芳自赏，相反还要始终保持奋发有为的精神状态，不断开拓进取，团结带领人民群众把中国特色社会主义事业不断推向前进。开展党的群众路线教育实践活动，就是要使全党同志牢记并恪守“两个务必”的忧患意识，始终做到谦虚谨慎、艰苦奋斗、实事求是、一心为民。

第二，坚持清除“四风”，交出优异“赶考”答卷。毛泽东曾把离开西柏坡奔赴北京执政比喻为“进京赶考”，并以广大人民群众为考官。正是在这种谦虚谨慎不骄不躁拼搏奋斗的考试状态下，中国共产党不断加强党风廉政建设和反腐败斗争，得到了人民群众的衷心拥护。当然，我们必须清醒地看到，“进京赶考”提出60多年了，党面临的赶考远未结束，所有的领导干部和全体党员，都要继续把人民对我们的考试、把我们党正在经受的各种考验的考试考好，务必交出一份优异的答卷。尤其是要清醒地看到，在复杂多变的发展局势下，有一些党员干部在“赶考”中出现了脱离群众的“四风”，其中存在的腐化堕落行为严重损害了党在人民群众中的形象和威信。在这种情况下，如果放任不管，我们党就会严重脱离群众，并会因“失血”过多而失去执政基础。因此，习近平总书记在河北省调研时重提“赶考”，意在警醒全体党员，党面临的“赶考”远未结束，也永远不会结束。同时，为了考一个好成绩，党中央决定利用群众路线教育实践活动把为民务实清廉的价值追求深深植根于全党同志的思想和行动中，以夯实党的执政基础，巩固党的执政地位，增强党的创造力、凝聚力和战斗力，使“保持党的先进性和纯洁性、巩固党的执政基础和执政地位”具有广泛、深厚、可靠的群众基础。并要求广大党员特别是领导干部按照“照镜子、正衣冠、洗洗澡、治治病”的总要求自省自查，以“赶考”心态做到为政不移公仆之心，用权不谋一己之私，保持一身正气、两袖清风。

第三，坚持增强宗旨意识，切实为广大群众谋福利。坚持全心全意为人民服务的宗旨，是我们党最大的政治优势。西柏坡时期之所以能够成为党与人民群众联系最紧密、坚持群众路线最好的时期之一，一个重要经验就是做到了全心全意为人民服务，具体表现就是通过实行土改最大限度地满足和维护了人民群众的根本利益。正因如此，才出现了“最后的一碗米，送去做军粮；最后的一尺布，送去做军装；最后的老棉被，盖在担架上；最后的亲骨肉，送去上战场”的感人场面，才有了三大战役的胜利和新中国的成立。“得民心者得天下”，任何一个执政党，其执政命运和执政效果最终取决于人心向背。现在，虽然没有了战争年代的纷飞战火，但守业之艰并不亚于创业之难，守业之时亦须汲取创业过程中的有益营养，按照习近平总书记的说法就是“中国革命历史是最好的营养剂”。中国革命历史的营养剂，最重要的就是坚持全心全意为人民服务的宗旨。在新的历史条件下，要做到全心全意为人民服务，就是要用好的作风做好工作，特别是直接服务民生的工作。按照“守住底线、突出重点、完善制度、引导舆论”的思路，把改善民生的制度安排、重大举措落实到解决人民群众普遍关心的热点难点问题上来。要统筹抓好教育、收入分配、社会保障、就业、医疗卫生、保障性住房、扶贫开发、社会治安、环境保护等与广大群众切身利益直接相关的工作，切实做到想人民之所想、急人民之所急。

第四，坚持知行合一，增强党员干部贯彻群众路线的自觉性和坚定性。在当前开展的党的群众路线教育实践活动中，要做到知行合一，就是要引导广大党员干部牢固树立马克思主义群众观，主动克服等待观望的态度、消极被动的情绪，甚至是与己无关的想法，积极投身教育实践活动，“着力增强思想自觉和行动自觉”，使教育活动善作善成。所谓知，一是要做到在学中知。要认真学习中国特色社会主义理论体系和党的十八大以来习近平总书记一系列重要讲话精神，掌握贯穿其中的马克思主义立场、观点、方法，深化对唯物史观的理解，对群众是真正英雄的观点的理解，提高贯彻党的根本宗旨、执行党的群众路线的自觉性和坚定性。要原原本本学、联系实际学、深入思考学，自觉查摆问题。二是要做到在干中知。要着力贯彻和体现整风精神，把批评与自我批评摆在重要位置，利用这一利器，开展积极健康的思想斗争，敢于亮短揭丑，让每一个党员干部都在思想和灵魂上得到触动。要领导带头示范，以县处级以上领导机关、领导班子、领导干部为重点，调动领导干部和广大群众两个积极性，引导领导干部端正态度，要把开门搞活动作为重要方式，深入群众开展工作，虚心听取群众意见，引导群众帮助党员干部查摆问题，监督党员干部实施整改，形成党内外的良性互动。所谓行，一是要在整改落实中行。要切实抓住整改落实这一关键，引导广大党员干部针对查找出来的问题，逐一分析原因，制定整改措施，并始终以严的标准、严的措施、严的纪律加大力度解决问题。二是要在建章立制中行。当前，与党的群众路线相背离的现象之所以频频出现，一个重要原因就在于制度缺失和虚化。因此，要想将党的群众路线教育实践活动真正落到实处，惠及民生，就必须根据新形势下坚持党的群众路线的特点和规律，尽快建立健全多层次、宽领域的为民务实清廉制度体系，画出红线、架起高压线。下大力气抓好制度落实，严格执行纪律，着力解决突出问题。对那些在为民务实清廉方面有严重问题的党员干部，要在教育的基础上，视情节依法依纪处理，做到执行制度无例外。如此，才能确保党的群众路线教育实践活动顺利完成，彻底消除“四风”，永葆党的生机和活力。

# 在“五级宣讲网络”宣讲平台开通暨首播仪式上的讲话

（2013 年 10 月 16 日）

金秋十月，硕果飘香。在这个收获的季节，我们实现了中共河北省委讲师团“五级宣讲网络”宣讲平台开通和首播。这是我省理论宣讲工作的一件大喜事、大好事！它标志着我省理论武装工作主阵地建设又开辟了一个新领域。

建设五级宣讲网络是省委讲师团贯彻落实习近平总书记“8·19”重要讲话精神、创新理论工作手段、推动理论武装工作主阵地建设的一项新举措。习近平总书记在 8 月 19 日全国宣传思想工作会议讲话中指出：“党校、干部学院、社会科学院、高校、理论学习中心组等都要把马克思主义作为必修课，成为马克思主义学习、研究、宣传的重要阵地。”党委讲师团系统可以说是扼守这一重要阵地的重要组成部分，担负着用马克思主义武装党员干部、教育人民群众的重大职责。在经济全球化、社会信息化的当今世界，互联网已成为覆盖广泛、快捷高效、影响巨大、最具潜力的大众传媒。为充分发挥互联网的独特作用，使之成为理论宣讲工作的新阵地，省委讲师团整合工作资源，延伸工作触角，选择了 5 个基础条件比较好的乡镇（街道）和村（社区），开展了建立基层宣讲工作站和宣讲工作联系点的试点工作。利用互联网技术，架构起“省、市、县、乡、村”五级宣讲网络体系，在最基层建立起宣传、学习马克思主义，传播党的创新理论，宣传、阐释党的路线方针政策，回答基层干部群众关心的热点、难点问题的工作渠道，为最基层干部群众提供完整、准确、通俗易懂的理论辅导。

建设网络宣讲平台是省委讲师团在党的群众路线教育实践活动中对查找出的问题立整立改的重要举措。通过互联网，实现了理论专家与受众的“面对面”互动交流，为给干部群众提供更贴心的理论服务创造了条件。建设网络宣讲平台是我省理论武装的一项创新性工作，在网站建设、队伍管理、活动形式等方面都面临新的任务，要进行积极的探索。我们要建好和利用好网络宣讲平台，努力把它打造成更好地满足各级干部群众理论需求的一条“高速路”，使理论武装工作扎扎实实地在基层“落地生根”“开花结果”。

一要抓好试点，积累经验，为五级宣讲网络建设，特别是网络宣讲平台建设在全省推广打牢基础。首批开通网络宣讲平台的 5 个乡镇（街道）、村（社区）是省委讲师团在全省范围内精挑细选出来的多项工作都名列前茅的先进单位。这些单位的普遍特点是：领导班子重视理论武装工作，能力强、有见识，经济基础好、硬件过硬，在以往的理论宣讲工作中出过不少好经验。希望 5 个试点单位能够珍惜这次机会，建好队伍，组织好活动，利用和管理好网络平台，认真负责地落实好各项理论宣讲工作任务。同时注意探索加强基层理论宣讲工作的新方法新举措，总结好工作经验，为全省各基层单位起好引领示范作用。省委讲师团和相关市委讲师团要加强对试点的支持和帮扶，在宣讲工作安排、活动组织、人员培训上向试点单位倾斜，要经常到试点单位做调查研究，解决实际问题。

二要做大做强河北省干部理论教育网，为网络宣讲提供丰富内容，筑起平台发展的强有力后盾。要把握正确导向，以传播马克思列宁主义、毛泽东思想、中国特色社会主义理论体系为己任，多提供优质理论服务，努力满足各级干部群众的理论需求。要找准定位、发挥优势，把握网络发展规律和特点，在内容形式、体制机制、传播手段等方面进行探索和创新，提高网站影响力和辐射力，将网站建设成河北理论武装工作的网上“主力军”。

三要以网络宣讲平台建设为契机，提升基层理论宣讲工作水平。网络宣讲平台的建立，为基层单位根据干部群众的不同需求灵活地开展宣讲工作提供了便利条件。试点单位要用好网络宣讲资源，组织好辖区的理论学习教育，将党的创新理论、路线方针政策、重大工作部署及时准确地传达给基层干部群众；要善于将党中央和省委的宣讲要求、当地党委和政府的中心工作与干部群众的实际理论需要结合起来，利用网络平台及时解答党员干部群众关心的热点问题；要利用网络平台做好基层宣讲人员的学习培训，引导他们完善知识结构，提高综合素质；要利用网络平台积极探索适应基层需要的理论宣讲新路子新办法，开创理论宣讲工作新局面。

同志们！秋天是收获的季节，也是播种的季节。我们希望网络宣讲平台能够在各级党委的大力支持下，在各级理论宣讲工作者的努力耕耘下，获得长足的发展，成为理论武装工作的新成果新亮点，为河北实现赶超跨越、科学发展做出新贡献。

# 借鉴先发地区经验<br>打造我省沿海地区率先发展增长极*

（2013 年 10 月 17 日）

沿海地区率先发展，带动区域经济实现持续健康快速发展，是世界范围内经济发展的普遍规律。近日召开的省委八届五次全会再次强调指出要“全力打造沿海地区率先发展的增长极”，标志着全省上下在我省经济发展战略上已形成共识。打造我省沿海地区率先发展增长极，必须集中力量发展临港产业，重点是临港工业。当务之急是加快临港新区（曹妃甸区、渤海新区）的开放和开发，突出港口建设、项目支撑、人才引进、腹地合作、环境改善等。2012 年以来，省社科院课题组围绕上述一系列问题，深入我省秦、唐、沧三市及天津、山东、辽宁沿海地区进行了多次考察和比较研究。调研发现，津、辽、鲁三地的一些先进经验与做法，对推进我省沿海地区加快发展、集聚生产要素和体制机制创新，有着重要的借鉴意义。

## 一　强化区域内港口资源整合，加快一体化经营步伐

港口是临港经济布设的主要依托，直接决定了各类要素聚集的量和质。港口功能的提升不仅决定于集装箱、原油、矿石、散杂货等码头资源结构的优化，而且取决于区域内各港口之间的合理分工和协调联动。调研发现，山

---

* 本文是周文夫任组长主持院课题组形成的研究成果，专报省委、省政府主要领导。

东省青岛港通过合资经营方式与日照港联手成立日青集装箱有限公司，日照港把两个集装箱泊位（844 米集装箱岸线）拿出来与青岛港合作，双方各占 50% 股份。青岛港拥有了集装箱运输体系中的潜力股黄金岸线，日照港则获得了发展集装箱业务的绝佳机会，两个亿吨级大港互利共赢取得了实质性进展。辽宁省则是通过市场化大港扩张模式真正实现了区域内各港口的一体化经营。以大连港集团为龙头，通过认购锦州港股份有限公司增发股份，成为其第一大股东；通过投资参股方式将葫芦岛港集团揽于麾下；通过与锦州、丹东市政府合资合作、联合开发的方式，亦将锦州港龙栖湾港区和丹东港海洋红港区纳入体制内运营。

反观河北，虽然港口建设从提高运力、优化布局、改善码头功能结构入手，在专业码头建设上取得了一定成就，秦皇岛西港区的搬迁，也将使河北港口建设在整合岸线资源、改善港口功能布局方面再迈上一个新的台阶，但是，省内各港口目前仍存在各自为战的现象，功能定位不明晰，分工不明确，相互争夺货源，内耗严重。

建议我省应抓紧制定完善沿海港口整体发展规划，统筹协调沿海各港口之间的关系，科学界定港口功能、合理配置港口资源，引导其错位发展、差异化发展，着力打造港口群体优势。具体思路可考虑支持以秦皇岛港为龙头的河北港口集团参股、控股唐山港与黄骅港，力争早日实现河北港口的“大一统”。同时积极谋划和磋商与周边特别是天津港的战略联盟伙伴关系，形成优势互补、互利共赢。

## 二　转变思路，切实优化临港产业招商引资的软硬环境

首先是体制机制软环境。招商引资过程中涉及的土地、资金、人才、技术等生产要素能否顺畅流动，关键在于管理体制和运行机制。大连长兴岛临港工业区之所以能够顺利地将全球排名第四的造船企业——韩国 STX 集团和全球排名第四的化学品承运商——新加坡万邦集团以及占全球集装箱市场份额 70% 的中集集团收入囊中，其灵活高效的体制机制功不可没。长兴岛工业区管委会主管招商的副主任拥有自主审批 3 亿美元以下项目的“大权

力”；韩国企业职工家属2000多人入住长兴岛，管委会负责人时刻挂念着入驻韩企职工家属的美容、美发等生活琐事，着实“耐人寻味”。

调研中还了解到，天津市滨海新区正式设立行政区后，采取“小政府+派出机构+权力直通车”模式，即在建立滨海新区区委、区人大、区政府、区政协的基础上，组建两类区委、区政府的派出机构。一类是城区管理机构，成立塘沽、汉沽、大港3个工委和管委会，主要行使社会管理职能，保留经济管理职能。另一类是功能区管理机构，成立9个功能区党组和管委会，主要行使经济发展职能。同时赋予新区更大的自主发展权、自主改革权、自主创新权。凡属于天津市权限范围内而新区又可以自行决定的事情，原则上都下放给新区。凡新区需要报送国家审批的事项，不再经过市有关职能部门审批把关，按程序上报。青岛西海岸新区管委会，作为市政府派出机构，享有市级人民政府审批权限。区内基础设施建设交由组建的青岛西海岸发展（集团）有限公司等实体公司负责运作，实施了“管委会+公司”模式。

借鉴外省力促大项目落地的高效管理体制和“保姆式”服务经验，我省应按照《河北沿海地区发展规划》所列项目，在争取国家层面政策和资金支持的同时，全力优化招商引资软环境。建议曹妃甸区和渤海新区的行政管理体制架构采取“政府（新区管委会）+两类派出机构+审批直通车+公司”体制。一是曹妃甸区政府和渤海新区管委会，均作为省政府派出机构，享受市级职能权限，区内事项可直接报省职能部门审批，唐山、沧州两市备案。二是下设两类派出机构。譬如曹妃甸区，一类按照所辖行政区划的县、市（区）设立管委会，统筹区内原唐海县行政区划范围（含柳赞镇、滨海镇）内经济、社会和城市建设与管理职能；另一类是在所辖经济功能区内分别设立管委会，负责生态新城、南堡经济开发区和曹妃甸工业园区七大功能区——港口物流园区、钢铁（电力）园区、化学产业园区、装备制造园区、综合保税区、新兴产业园、中日生态园——内经济、社会和城市建设与管理职能。渤海新区行政管理架构可参照执行。两类派出机构对新区政府（管委）负责，所有审批事项报区政府（管委）审批，不再报唐山和沧州市审批。三是在两个新区分别成立“新区开发建设有限公司”等实体公司，负责区内基础设施、厂房建设开发投资、运营和管理，采取BOT、BT

等新型投资建设方式开展活动，通过盘活土地、冠名权等资源灵活多样地经营城市与功能区。

其次是改善临港硬环境，为招商引资创造必要的基础设施条件。除继续抓好公路、铁路及城市基础设施建设外，建议将唐山港区与曹妃甸港区之间海上轴线两侧的打网岗（金沙滩）、菩提岛、月岛等单体旅游资源统一纳入两港区规划，与港口、土地形成组合优势，统一开发，辅之以软要素的不断提升，使之成为临港各工业园区吸引投资不可或缺的后方基地和生活、娱乐、休闲、度假中心。秦皇岛西港区搬迁后腾出的岸线资源，不能仅仅考虑旅游开发，还必须与秦皇岛经济技术开发区、临港产业聚集区（包括海港区北部工业区、东部园区、临港物流园等）等规划衔接，从有利于招商引资出发，把各园区高端生活区考虑在内，形成“特色休闲、商务会展、旅游度假、高端居住”等多功能为一体的旅游商住区。大连长兴岛和营口鲅鱼圈等发展速度较快的沿海开发区，都在硬环境改善过程中将资源组合优势用到了极致。

## 三　抓紧启动“飞地”模式，加快推进海陆联动

飞地经济是指两个互相独立、经济发展存在落差的行政地区打破原有行政区划限制，通过跨空间的行政管理和经济开发，实现两地资源互补、经济协调发展的一种区域经济合作模式。辽宁省早在2006年即在锦州湾沿海经济区为朝阳、阜新两市设立2平方公里的“飞地”，并规定“飞地”内企业上缴省级税收增量100%返回给“飞地”提供市和使用市，由两市各按50%的比例分留。此后，地处东北腹地的一汽、中国一重、鞍钢等大型国企，相继在辽宁沿海建立了生产经营基地。辽宁的“飞地经济”目前已成为港口与内陆腹地联动发展的主要途径。我省沿海地区与内陆地区的联系目前仍处于概念层面，曹妃甸“飞地经济”在我省先行先试，虽与秦皇岛、承德两市及内蒙古自治区达成合作协议，但正在做的只是一些前期准备工作，尚无企业落地。

建议我省沿海地区应结合产业转型升级要求，加强与省内及西北、华北

等内陆地区合作，建设“飞地型产业区”，积极支持内陆地区在我省沿海经济带范围内建立属于自己的产业园区。在规划出的“飞地型产业区”内设立的企业，享受税收上的优惠（可借鉴开发区内吸引外商所享受的优惠）。对我省内陆城市在“飞地型产业区”内实现的税收首先全部返还“飞地”使用市政府，再由提供市和使用市各按50%的比例分别记入提供市和使用市的GDP核算。争取国家政策支持，对省外内陆地区在我省沿海地区建立的“飞地型产业区”给予相应的优惠政策。

## 四　二三产业同步发展，着力提升临港产业素质

从世界临港产业发展趋势看，当今临港产业早已不再局限于港口码头本身，除了拓展到资本、技术、信息等无形商品领域，还与加工业乃至城市建设紧密结合，最终形成国际物流中心。因此，大力发展临港产业，必须以着力提升临港产业素质为导向，在大力发展临港工业的同时，全面提升以物流为核心，信息、技术、金融为主的现代服务业。近年来，在山东沿海，港口的优势被不断放大，带动了以钢铁、石化等优势产业为主的海洋经济实现集群发展。日照岚山的岚桥港不断壮大自身建设，在液体化工作业区为岚桥企业集团发展提供2万吨级、4万吨级液体化工泊位，并为企业发展建立了“前港后厂”的最佳模式，实现了加工企业运输成本最低化，加工业与物流业齐头并进，从而迅速形成从液体化工品储运到石化加工、销售一条完整的石化产业链条。近日，山东对临港物流业发展再度加大支持力度，一批海洋运输物流产业园被省蓝黄“两区”办批准为山东半岛蓝色经济区海洋特色产业园，在专项资金、用地、用海等方面享受特殊优惠政策。

河北港口临港产业、物流服务业发展落后于港口建设，曹妃甸区和渤海新区刚刚起步，秦皇岛临港加工业与山东、辽宁相比也仅具雏形。加工、商贸、物流、金融等功能的发育缓慢，直接导致各港口仍以接卸、仓储为主，“过境通道”特征非常明显，对区域经济整体拉动作用不明显。因此，建议在继续做强各港口主业的基础上，以曹妃甸区和渤海新区的加工功能区为依托，以大项目为支撑，按照“大项目—产业链—产业群—产业基地”的发

展方向，筛选一批关联性大、带动性强的骨干项目予以重点扶持，如石化、钢铁、船舶制造与维修、装备制造等产业。引进“前港后厂”模式，与港口形成互为依托、互相促进、抱团发展的格局，最大限度地完善配套能力，延伸产业链条，迅速形成完整的临港工业体系。同时，坚持以“临港工业”为主的第二产业和以物流、信息、技术、金融等为主的第三产业共同发展。核心是培育物流服务中心。通过创新机制，加强铁路、公路、海运、空运不同运输方式之间的衔接，形成覆盖港区、辐射周边的规模化专业物流中心。同时加强物流与信息产业的融合，构筑物流信息平台，建设数字化港口。要大力发展以交通运输贸易、金融保险、通关、航运中介、货运信息服务等为重点的港口综合服务业，以服务业拉动临港产业提升，促进临港经济快速发展。

## 五　创新投融资机制，扭转政府融资规模过大的被动局面

港口建设和临港各类园区水、电、路、信等基础设施建设都需要雄厚的资金支持。解决投融资“瓶颈”，从外省（市）做法看，天津投融资平台采取了“多点开花、母子联动”的形式，资金构成包括了国家批准的产业投资基金与30多只风险投资基金、担保基金。其中，政府创立的风投基金采用“母子基金”模式，即政府创立的基金并不直接投资企业项目，而是设立母基金，由母基金再投资于专业创投企业，以发挥导向和补位作用。辽宁省政府则按照“政府主导、市场运作、融资推进、滚动发展”的原则，引导国家开发银行等金融机构，建立融资平台，拟定支持重点和融资模式，吸引国家开发银行政策性贷款。我省虽然在改善投资环境、扩大对外开放方面也做了不少工作，但沿海开发仍面临巨大的资金压力，尤其是曹妃甸区和渤海新区建设，先期的政府投入和银行贷款已陆续进入了还贷期，而相应的产出效益还很低，政府和银行均面临巨大压力。

建议我省超前谋划、尽快行动，多渠道、全方位推进沿海开发投融资平台群体建设。一是联合省内外有实力的投资机构和战略投资者，发起设立沿

海开发产业投资基金，向国家发改委积极争取设立“河北沿海地区发展产业投资基金”或“沧州渤海新区投资基金”，待国家正式出台《股权投资基金管理办法》后，我省可按市场化原则自行组建投资基金。二是除产业投资基金外，应尽可能多地广开门路，争取设立一批创业风险投资引导基金、小微企业联合债权担保基金等非产业投资基金。三是借力天津放开股权投资基金市场、投资基金不受地域和领域范围限制的契机，可研究制定一些政策吸引天津成立的各类市场化取向的产业投资基金到我省沿海地区投资，为沿海地区快速发展提供资金支持。四是引入专业金融租赁机构，充分利用两个新区现有的各种大型设备，宜售则售，宜租则租，做活码头、铁路等核心资产以外的其他经营性资产，吸引民营资本进入，扩大投融资公司的现金流。五是加快组建曹妃甸农村商业银行和渤海新区商业银行，大力发展贷款公司、担保公司、金融租赁公司、村镇银行等新型金融组织。六是支持具有发展潜力、资产规模较大的公司发行企业债券、短期融资券、中期票据等。七是加强与保险公司总部的合作，制定保险资产债权融资计划，利用保险资金增加对基础设施建设的投入。

## 六　充分把握和利用政策红利，加快建设海关特殊监管区

开放度最高、政策最优惠、功能最齐全的海关特殊监管区，是加快临港产业特别是现代物流业发展的推进剂。调研发现，天津、辽宁、山东等地依托各类海关特殊监管区，有力地促进了沿海经济快速发展。如天津目前已建有保税港区、综合保税区、保税物流园区等 7 个海关特殊监管区域，是目前国内海关特殊监管区域种类最齐全的地区。其中滨海新区综合保税区和东疆保税港区是我国当前“政策最开放、功能最强大、层次最高级”的海关特殊监管区域。由于独特的政策功能，一大批世界一流的航空项目落户滨海新区临空产业区。天津地区的各类海关特殊监管区域已经成为承接全球高新技术产业转移的重要基地，是天津地区发展速度最快、发展潜力最大的经济功能区。相比之下，我省沿海只获批曹妃甸一个综合保税区，载体缺乏导致巨

大的国家政策红利缺失，强烈地制约着我省沿海地区对外开放水平和经济发展水平的提升。

结合发展实际，建议我省在积极申请“综合保税区”和“保税港区”的同时，努力创造条件，建设一批不同层次的出口加工区、保税区、A 型 B 型保税物流中心、保税仓库和出口监管仓库等各类海关特殊监管区，使之成为推动港口与内陆腹地互动发展的又一重要支点。具体建议包括：一是适时争取设立两至三个以黄骅港为出海口的出口加工区。二是申请设立曹妃甸保税区、黄骅港保税区、石家庄保税区、邯郸保税区、保定保税区。三是推进内陆港、海铁陆联运节点、集装箱中转（心）站项目运作，设立一批保税物流中心。除石家庄内陆港外，要加快建设邯郸国际陆港物流园区，使之成为冀南物流的大集散地，为港口提供货源支持。此外还要争取设立保定内陆港、张家口内陆港、衡水内陆港等，五个内陆港均申请设立 B 型保税物流中心。四是在重要的产地市场和出口商品集散地如沧州肃宁、沧州青县、衡水大营、邢台清河、保定白沟等建设一批保税物流中心或出口监管仓库和保税仓库。

## 七　深化规划落实，构建促进沿海地区率先发展的全方位政策保障体系

河北确立沿海地区率先发展的战略，为我省深入开展相关工作奠定了良好基础。然而目前，我省在与沿海地区发展规划紧密衔接、争取和制定相应的支持政策方面，还存在一定不足，国家层面的试点支持政策几乎还是空白，省级层面的配套政策不够全、不够细，也少有实质性突破。与我省不同，山东省在“山东蓝色半岛经济区”上升到国家战略后，积极向国家争取了多项支持政策，如国务院批准山东为全国钢铁产业结构调整试点，国土资源部给予东营市未利用地开发利用改革试点的配套政策，国务院批准了青岛、烟台两个“保税港区”以及潍坊、济南两个“综合保税区”等。“青岛西海岸新区”亦正在积极跑办，拟上升为类似“天津滨海新区”的国家级经济新区。省级层面，山东省政府划定东营、潍坊、莱芜、青岛黄岛开发区

为“省级综合配套改革试验区”，出台了“34 条”政策，各市根据“34 条”又制定了配套措施。

借鉴山东经验，建议我省在解放思想、落实省委八届五次全会精神的过程中，有关职能部门要充分对接沿海地区发展规划，对现行政策进行认真梳理，及时做出补充调整完善。通过向上争取与自我驱动相结合，尽快构建起支撑沿海地区率先发展的全方位政策保障体系。首先，积极争取国家层面的支持政策。依照国务院批复的《河北沿海地区发展规划》重点建设任务要求，向国家争取相关支持政策，如考虑沧州渤海新区可以申请“国家能源清洁转化产业示范区”，唐山市应争取“国家资源型城市转型试点”政策，曹妃甸区应争取“国家级科学发展示范区”政策，秦皇岛开发区应争取“国家数据产业创新示范区”政策，河北省应尽快争取“全国钢铁产业结构调整试点”政策。其次，制定出台我省自主决定的配套支持政策。选择部分区域或市县设立“省级综合配套改革试验区”，研究并制定出台一揽子支持政策，深入推进《河北沿海地区发展规划》实施，促进沿海地区加快发展和快速崛起。

# 省社科院领导班子对照检查材料*

（2013 年 10 月 18 日）

自党的群众路线教育实践活动深入开展以来，院党组坚决落实党中央和省委的决策部署，认真学习贯彻习近平总书记到河北视察指导教育实践活动时的一系列重要讲话，特别是习近平总书记在河北省委常委专题民主生活会上的讲话精神，注意调动两个积极性，打好两个基础，抓住两个关键，做到规定动作不走样，自选动作有特色。

截至目前，共征集各方面意见建议近百条。总的来看，全院广大干部职工认为，省社科院领导班子政治坚定、团结进取、思路清晰、干劲较足，是一个有凝聚力和战斗力的班子。近年来，在省委、省政府的正确领导下，围绕中心、服务大局，坚持“三个服务”的办院方针，构建“三位一体”工作新格局和“一院两制”新体制，不断推进服务河北科学发展新智库建设，开拓进取，扎实工作，各项工作取得新的成效。同时，也指出了院领导班子在“四风”方面存在的突出问题。院党组对这些意见建议高度重视，认真研究，在此基础上深刻剖析思想根源，提出了整改方向和措施。

## 一　作风建设的自我评价

### （一）在严格遵守党的政治纪律方面

一是院党组始终把贯彻落实科学发展观作为第一要务统领全院工作，始

* 本文为周文夫主持起草的河北省社科院党组在教育实践活动中的对照检查材料。

终在政治上同以习近平同志为总书记的党中央保持高度一致，高举旗帜，把学习宣传贯彻党的十八大精神作为首要政治任务，认真学习中央文件和习近平总书记的一系列重要讲话精神；全力贯彻落实省委、省政府的重大决策部署，围绕中心，把服务河北科学发展新智库建设摆在突出位置，以服务建设“经济强省、和谐河北”和全面建成小康社会为工作重点，加强研究，积极建言献策，提供决策咨询服务。二是坚持党的干部路线，公道正派选人用人，严格遵守组织人事纪律。认真遵循《党政领导干部选拔任用工作条例》等有关规定，把好选人用人关，将一批年富力强、德才兼备的干部选拔到领导岗位上，增强了干部队伍活力，激发了工作热情。三是严格执行廉洁自律各项规定。认真贯彻落实党的民主集中制，注意调动和发挥班子成员工作积极性，善于听取不同意见，打造领导和推动全院各项事业科学发展的坚强领导集体。严格遵守《廉政准则》的有关规定，无违法违纪问题发生。

### （二）在贯彻中央八项规定精神、转变作风方面

一是率先垂范，把履行职责作为根本任务。落实中央八项规定从自身做起，从身边的小事做起，进一步改进和提高自己，团结带领广大社科工作者争做落实中央八项规定的模范。二是严格执行规章，用制度保证中央八项规定的落实。按照党中央和省委的各项规定要求，结合实际，进一步健全完善机关内部管理制度；院属各部门重新组织学习各项规章制度，有针对性地征求意见，查找问题，持之以恒地遵守执行各项规章制度。三是强化学习修养，进一步筑牢“执政为民”和“权为民所用，情为民所系，利为民所谋”的思想基础，推进社科界形成风清气正、勤政廉政、奋发向上的良好工作氛围。

## 二 “四风”方面的主要问题

这次党的群众路线教育实践活动要着力解决的主要是形式主义、官僚主义、享乐主义和奢靡之风“四风”问题，“四风”问题在我院普遍存在，只是程度有差异、表现有不同。具体到院领导班子，主要问题如下。

### （一）形式主义方面的突出问题是工作作风不够实，存在知行不一、理论脱离实际的现象

主要表现为深入实际调研不够，存在追求表面上“轰轰烈烈”的现象，下功夫解决存在的矛盾和问题不力。

——存在知与行脱节的现象。科研工作有时脱离群众，深入实际不够。有的科研课题本末倒置，拿着结论找论据。调研不是为了解决实际问题，很大程度上是为了完成任务，没有多大学术价值或应用价值。应用研究的前瞻性、针对性、可操作性不强，有些甚至是重复研究、过时研究，造成了科研资源的浪费。一些调研问题虽不能说错，但既不是基层最突出的问题，也不是群众最关心的问题，而是隔靴搔痒的“浅问题”。比如，近年来我院在改进作风方面虽然有意识地组织了一系列基层调研活动，也取得了一些好的效果，但是这种调研活动还没有制度化、常态化，还没有真正形成行动自觉，被动的多一些，主动的少一些。

——成果转化应用与实际需求还有不小差距。对于省领导交办的课题，虽然能够在规定时间内完成，但是成果的前瞻性、战略性以及转化应用与实际需求还有不小的差距。理论宣讲的服务不到位。宣讲网络建设滞后，宣讲的内容、手段、水平不能很好地适应形势发展和群众要求。比如，对基层宣讲员的培训少，对基层宣讲站的投入少，还不能满足基层群众对宣讲工作的需求。主动服务的意识也不够。比如，在治理大气污染上，虽然我院不是职能部门，没有承担相应的工作任务，但是在理论研究和舆论宣传上也应该主动提供智力支持和咨询服务，这方面的努力显得不够。

——有些工作存在追求表面上“轰轰烈烈”的现象。很多想法看起来很有道理，实际上是纸上谈兵，可操作性不强。措施定了不少，但是落实起来有难度，有些问题还没有得到很好的解决。考虑问题比较注重眼前的成效和利益，不能够沉下心去研究问题，浅尝辄止，谋划长远发展做得不够。一些面上的工作，开会不少，发文不少，重要性强调了，要求也提了，但在工作中没有坚持高标准、高质量，成效不明显。

——抓工作讲实效不够，抓落实缺乏力度。组织干部职工认真学习党的

理论和做好工作所需要的知识不够，学得不深不透，没有在实践中认真运用。文风不实，官话、套话多，与实际结合不紧密。有时传达上级会议精神，未能较好地结合实际贯彻执行。有时总结工作讲成绩多，讲问题少。

### （二）官僚主义方面的突出问题是群众观点不够牢，不能完全做到与基层群众“全覆盖、面对面”

主要表现为脱离群众、高高在上、不按客观规律办事、工作效率不够高的问题。

——“接地气”深入基层不够。在日常工作和调研中，虽然也认识到深入群众、关心群众和“从群众中来，到群众中去”的重要性，但是群众工作做得还是不够深入。有的领导满足于安坐办公室，不愿下基层“受苦”，不能和群众“坐同一条板凳”。帮助基层和群众解决实际问题，怕给自己添麻烦。深入基层和群众，多是物理空间上的联系和接触，缺少心理层面、情感层面、思想层面的交流，对群众的思想和心理感觉关注了解得不够。与干部职工谈心交心少，深入各处室少，与科研人员日常接触少，了解群众的所思、所想、所盼还远远不够。对院里的青年同志关心不够，缺少一对一、面对面的交流，对在高物价、高房价的压力下不能安心工作的倾向缺少必要的心理疏导。2009 年，省委、省政府决定把省委讲师团、省社科联并入省社科院，机构调整后接受业务指导的单位众多，只做到了重点调研，缺少经常性、普遍性的走访，缺少与基层工作人员的互动。比如，在 7 月 24 日召开的院党的群众路线教育实践活动座谈会上，讲师团、社科联系统参加座谈的同志就提出希望院领导多“接地气”，多下去调研指导工作。这说明我们深入实际联系基层的工作做得还很不到位。

——坚持民主集中制和按客观规律办事做得不够。领导班子讨论问题时，有时由于议题多、时间紧，有些议题讨论不充分、不深入。有的事情因没有及时做好统一思想认识工作，搁置时间比较长，影响到工作效率。有的班子成员比较关心自己分管的工作，对涉及全院、全局性的问题发表意见少。在对院属各部门和业务指导单位下达任务时，工作部署和要求多，具体说明和指导少。部署任务时调研论证不充分，导致有的工作半途而废。

——对人才培养、使用重视不够。人才队伍建设和学科建设还不能完全适应智库建设的需要，待遇偏低，缺乏吸引力，引进与管理、培养、使用不匹配，高端人才引进不及时。人才断层现象凸显，突出表现为领军型、创新型和骨干人才缺乏，而且老龄化严重，青年人才成长缓慢，缺乏老带青、传帮带的有效机制。没有充分发挥离退休专家的作用，对老干部工作、生活重视程度还不强。对青年人才的培养和重视不够，比如，青年科研人员很少有机会参加全国性学术会议、参与大型课题研究，在安排出国（境）或国内培训学习时考虑青年人少。激励奖励机制大部分仍在沿袭机构合并前的各项制度，其中主要以科研工作为重点，对讲师团、社科联和院内其他非科研人员还没有针对性的激励措施。学科发展不均衡。有些优势学科投入大，课题立项和资助倾斜多，而其他学科相对较少。对基础理论研究关注不够，理论成果的社会影响力与全国同行相比还有差距。

**（三）享乐主义方面的突出问题是创新意识不够强，存在精神懈怠、进取心下降的现象**

主要表现为精神懈怠，自满自足，进取心下降，开拓创新意识不强。

——精神状态欠佳。总体来说，这些年班子成员都保持了较强的责任心、事业心、进取心。但是，也有些同志不自觉滋生了自满自足情绪，精神变得松懈，心态发生变化，存在享乐主义思想。面对新形势、新需要，迎难而上、奋发有为、赶超跨越的劲头没有以前足，精神状态欠佳。

——进取精神显得不足。虽然这些年我院纵向相比取得了不错的成绩，但是在一些具体工作中，横向相比看不到与全国同行业的差距。比如，一些宣讲活动、社科活动虽然声势大，但手段还不够新，效果还不够好，学习先进地区经验还不够。一些同志重守成，轻开拓，有“吃老本”的想法，不能做到与时俱进、事事争先，进取心下降，碰见问题绕着走，有畏难情绪，不愿直面困难，不去寻找解决问题的思路、办法。有些同志学习能力下降，对不断涌现的新技术、新知识、新工具不够警觉，学习态度不够认真，没有了以往的刻苦钻研劲头。

——价值取向有偏差。有些同志把个人利益放在较高位置，事情多做一点就觉得吃了亏，待遇稍差一点就心理不平衡。怕苦怕累，不愿意做艰苦的工作，“做一天和尚撞一天钟”，不能够创造性地开展工作。对一些落后现象批评不够，碍于情面，拉不下脸面，有迁就照顾的现象。

### （四）奢靡之风方面的突出问题是艰苦奋斗精神松懈，勤俭节约意识淡化

主要表现为铺张浪费、跑冒滴漏、超标准接待、资金使用效率不够高等问题。

——艰苦奋斗思想有所松懈，执行廉洁自律规定不够严格。虽然班子成员在原则问题上都能够做到照章办事，但是艰苦奋斗的主动性还不够。一些同志的艰苦奋斗精神淡化，在工作、生活上不知不觉放松了对自己的严格要求。虽然领导班子成员总体上都能够执行党中央和省委的各项廉洁自律规定，但也存在只求不出大格、一些小事小节不求过硬的问题。比如，在中央八项规定出台前，有些同志到基层调研时也有接受基层赠送的土特产现象，在外出参加会议时也有超标准住宿的现象，在接待来院考察、访问人员时也有超标准接待的现象。

——勤俭节约意识不够强，资金使用效率不够高。有些同志认为日子好过了、条件改善了，于是在日常接待、学习培训、开展活动过程中“讲面子”，花钱有点大手大脚，忘了精打细算勤俭持家的“传家宝”。对日常办公中的“跑冒滴漏”视而不见，不管不问。比较常见的浪费现象有水常滴、灯常亮、空调常开、纸张浪费、剩饭剩菜、办公用品用新不用旧等。财政资金尤其是专项经费的使用和管理不规范、不严谨，存在支出粗放的问题。比如，以往有些专项经费打捆使用，有时一个专项有几项活动时，由于没有详尽的支出明细，存在资金利用率不高和浪费的现象，曾经出现过前几项活动把整个专项经费用完的问题。

另外，需要说明的是：院领导班子成员的办公用房普遍超出规定标准，目前正在整改。不存在“车轮上的铺张”、“人情消费”、职务消费、违反规定配备秘书、违规占用住房等问题。我院车辆编制总计 25 辆，实际配备 21 辆，院领导班子成员中除正厅级领导安排一部车侧重服务外，其他副厅级领

导没有安排专车。“三公”经费与去年同期相比减少了26%。班子成员都做到了自己清、家属清、亲属清、身边清。

## 三　产生问题的主要根源

问题在表面，根子在思想。要想从根本上解决“四风”问题，就必须深入分析其产生的原因，查找其存在的根源，对症下药，因病施治。院领导班子感到“四风”问题的产生，主要有以下几个方面的根源。

### （一）党性修养放松了

院领导班子“四风”问题表现不一、症状多样：形式主义看上去很重“形式”，实际上重视的是“形式”下隐藏的责任心的缺失、政绩观的错位；官僚主义实质上都是没有很好贯彻群众立场、群众路线、群众观点，是存在官本位思想和不正确的权力观；享乐主义是落后的、消极的人生观、价值观的反映，是放弃崇高理想信念追求、放弃高尚人生品格追求的产物；奢靡之风实质上反映了理想信念的丢失，是精神上的松懈。剖析产生的原因，其病根是没有很好地贯彻马克思主义的群众观点和党的群众路线，没有端正自己和群众的关系，在理想信念、价值观、政绩观等方面出现了偏差，其根源是理论学习放松了。放松了对马克思列宁主义、毛泽东思想和中国特色社会主义理论体系的学习。想问题、做决策、抓工作掺杂了私心杂念，考虑自身利益多一些。贯彻上级的决策部署，有时候抓得紧，有时候抓得松，有时还以自己的认识水平做取舍，结果该做的没做好，不该做的没有完全禁止。根除“四风”，必须坚持用马克思主义及其中国化最新成果武装头脑，领悟党的群众路线蕴含的科学性、先进性、人民性，从而坚信不疑、坚持不渝。正如习近平总书记在河北省委常委专题民主生活会上强调，要坚定理想信念，切实解决好世界观、人生观、价值观这个“总开关”问题；要树立正确的政绩观，切实抓好打基础、利长远的工作；要发扬“钉钉子”的精神，切实把工作落到实处；要坚持正确用人导向，切实引导广大干部真抓实干。

### （二）群众观念弱化了

在实际工作和干部队伍中，出现了一些与党的性质和宗旨不符、群众不满意的问题，根本原因就是群众观念弱化了。院领导班子对“一切为了群众，一切依靠群众，从群众中来，到群众中去”的党的群众路线在思想上虽然有较清醒的认识，但是在实际工作中有脱离群众的倾向，有时忽视了群众的首创精神，指导工作主观意志成分多。由于主客观方面的原因，全心全意为人民服务的公仆意识淡化了，有时没有将对上负责与对下负责的关系很好地统一起来，离群众远了，与基层接触少了；理论研究存在与实际结合不紧，有时关注个人利益多、关注眼前利益多；下基层调研，有时走马观花多，习惯于先入为主、预设结论，看到的是书上写的问题，自己头脑中想的问题与实际情况不能完全吻合；有时不是想群众所想、急群众所急，对群众的感受关注不够，对群众的利益维护不够；有时存在碍于情面、疏于小节、自律意识松懈的问题。由于与群众离得远了，群众在心里的位置越来越轻了，对“为了谁、依靠谁、我是谁”的问题，理论上清楚，实践上模糊，形式主义、官僚主义、享乐主义、奢靡之风都与此相关。

### （三）理想信念淡薄了

在新的历史条件下，面对错综复杂的社会环境，个别同志不能用党员标准来严格要求自己，有的思想上左右摇摆，实践中徘徊犹豫，关键时刻“站不出来、冲不上去”。这样的党员干部，群众不服气，百姓有意见。有的党员干部理想不够坚定，信仰不够专注，精神支柱和奋斗目标不够牢固，对建设中国特色社会主义心存疑虑。有的党员干部拜金主义、享乐主义和极端个人主义滋长，世界观、人生观、价值观发生偏差。而我们在实际中对于这些问题，缺乏小中见大、防微杜渐的意识，甚至存有在目前社会风气下能独善其身就不错了的消极思想，面对错误的思潮、观点，虽然没有随声附和，但观点不够鲜明，没有很好地拿起批判的武器，往往拉不下情面，不能很好地开展积极、健康的思想斗争。对一些不正常的现象，睁一只眼闭一只眼，心存侥幸，认为只要不在自己管辖范围内出事就可以了。有时工作不够深入，满足于完成领导交办的任务，满足于面上不出问题，创新意识不强，忽视了工作的积极性、主动性、创造性。从我做起、从身边做起、从点滴做起的带头作用发挥不够。对干部作风建设缺乏常抓不懈的劲头，对不良风气的惩戒失之于宽、失之于软。

### （四）制度不完善、执行不到位

“四风”问题的危害有目共睹，但为什么屡禁不止？其主要原因，一是监督制约机制还不健全，缺乏相应的制度保障；二是有制度但执行不严格、不完全到位。民主决策、监督考核机制还有待进一步健全，权力运行监控体系还有待完善，“他律”的制约力还需要进一步强化，在“将权力关进制度的笼子里”方面，还有很多工作需要认真谋划和推进。比如，我们在财务管理、公务接待等方面，虽然制定了一系列规章制度，但在实际执行过程中，超标准现象时有发生，导致以往“三公”经费开支缺口较大。另外，监督机制不够健全，往往要求别人的多了，自我监督的少了，没有很好地发挥舆论监督、群众监督的作用。领导班子没有很好地发挥模范带头作用，存在“多栽花少挑刺”的好人主义思想倾向，原则没有严格坚持，致使一些问题未能有效防范，未能及时发现和妥善处理，甚至损害了党的形象和威信，也影响了党群关系和干群关系。

## 四　整改方向和主要措施

综合教育实践活动征集到的各方面意见，院领导班子重点从四个方面进行整改。

### （一）强化政治责任，坚决贯彻党中央和省委的重大决策部署

一是进一步完善院党组理论学习中心组的学习制度。把学习习近平总书记一系列重要讲话精神作为重大政治任务，以学习统一思想、武装头脑、指导实践、锤炼党性，以思想自觉推动行动自觉。二是进一步强化工作责任。

紧密结合思想和工作实际，结合分管部门的工作，把党中央和省委对社科院工作的要求落到实处，分别提出贯彻落实意见，坚决做到该做的认真做好，不该做的坚决禁止。三是进一步强调政治纪律。坚决维护党的路线方针政策，树正气，敢担当，敢于直言，坚决与违背党中央和省委精神的错误言行做坚决的斗争。树立正确导向，重申学术管理的相关制度和规定，凝聚起推动发展的正能量。

**（二）强化宗旨意识，完善制度规定，坚持把党的群众路线贯穿到一切领导工作中去**

一是进一步深化领导班子成员定期蹲点调研和直接联系群众的制度。按照省委要求，主要领导每年要抽出专门时间到院属各部门走访、分管领导要经常到分管部门走访，推动领导干部深入基层、深入群众办实事。二是出台《关于加强基层调研的实施办法》（9 月已出台）。坚持领导班子成员带头，每年安排至少一个月左右时间到基层搞调研，推动全院科研人员大兴调研之风。三是修订出台《院党组议事规则》《院长办公会议制度》（10 月已出台）。进一步完善领导班子议事决策机制。把民主决策与走群众路线紧密结合，决策前广泛听取群众的不同意见，实施过程中做好答疑释惑，宣传引导，做好意见反馈和效果评估，调动好干部职工的积极性、创造性。四是进一步加强和规范社科院内部信息公开工作。修订和出台《内部信息公开事项目录》《内部信息公开管理办法》（9 月已出台），更好发挥内部信息公开在民主政治建设、反腐防腐工作中的作用。五是出台《克服“四风”问题十件实事》（10 月出台）。为群众办实事、办好事。建立完善调查研究的激励、保障和考核机制（9 月已出台）；治理文山会海（10 月）；完善人才培养制度（10 月底）；抓好干部培训工作（10 月）；财务预算公开（10 月底）；修改完善《社科研究基地管理办法》（12 月底）；改善职工伙食，丰富饭菜品种，提高饭菜质量（10 月）；修建自行车停车棚，解决职工停放自行车难问题（10 月）；添置重要图书，购置已出版的《马克思恩格斯全集》各卷及相关工具书（11 月完成）；院网增设“科研概览”栏目（12 月）。

### （三）强化“三个服务”，以抓铁有痕、踏石留印的劲头提升我院“新智库”建设水平

一是出台和实施《中共河北省委讲师团关于建立理论宣讲工作网络的指导意见》。加强省、市、县、乡、村五级宣讲网络建设，努力实现宣讲工作“全覆盖、面对面”。10月底前在石家庄、邯郸两市再增设5家乡镇（街道）基层理论宣讲工作站、行政村（社区）宣讲工作联系点。二是加强“四大攻坚战”和“四个专项行动”以及《大气污染专项治理十条措施》等方面的研究。年底前推出一批高质量的研究成果。三是进一步修订完善科研相关制度。修改和完善重要成果、职称评审量化计分、学科评估等科研成果评价、计分办法，引导科研人员更好地将精力聚焦到“三个服务”的办院方针上来。四是深入落实《关于加强新时期社会科学界联合会工作的意见》。按照省委、省政府“两办”印发的《关于加强新时期社会科学界联合会工作的意见》要求，在市级社科联开展智库建设试点工作，加强基层社科联组织建设；推动社科研究基地引入竞争机制，目前已有28家59个方向竞争申报；修改完善《社科研究基地管理办法》，创新社科研究基地管理模式，增加社科研究基地储备和培育期（12月底完成）。五是起草制定《智库人才队伍建设工程实施方案》（10月底完成）。加强人才队伍建设，培养科研骨干、领军人才，完善人才培养制度，优化干部管理机制。抓好干部培训工作，重点加强处级领导干部和各部门负责人的教育培训，选派领导干部参加党校培训和高校研修（10月完成）。召开全院外事工作会议，进一步深化国际学术交流，培养国际化、高层次的学术人才，积极将优秀成果和优秀人才推向世界（9月底完成）。六是修订出台《关于鼓励和支持在国家重点报刊发表文章的办法》（10月出台）。

### （四）强化作风建设，牢记“两个务必”，以率先垂范的精神带出一股清正清廉清明之风

一是进一步完善检查督导制度、信息反馈制度、情况通报制度、责任追究制度，狠抓落实。确立正确的政绩观，树立“功成不必在我”的理念和

境界，多干打基础、利长远的事。坚决克服工作粗放、作风飘浮的不良习惯，求“实”抓“细”。二是开展提质提效专项行动，着力解决办事效率低下、质量不高的问题。通过强化全局意识，加强组织观念，坚持统筹协调，确保政令畅通。开展找准榜样看差距、对照先进学经验活动，争创一流业绩，不断开创各项工作新局面。三是进一步落实好党中央和省委关于改进工作作风、密切联系群众的各项规定。坚决执行省委教育实践活动领导小组《关于印发教育实践活动“双十条”的通知》精神，杜绝超标准用车、住房和办公用房、人情消费、职务消费、“三公”经费开支、配备秘书等现象，禁止超标准接待，做到一身正气、两袖清风，做到自己清、子女清、亲属清、身边清。四是修订《廉政风险等级目录》并在网上公开（12 月底完成）。按照省委、省政府《关于进一步加强廉政风险防控深化权力运行监控机制建设的意见》的要求，公开廉政风险等级目录，接受群众评议监督。五是出台《关于精简会议和文件简报的落实意见》（10 月出台）。建立长效机制，整治文山会海。从严履行申请程序、控制会议数量、改进学风文风会风、改进办会方式、控制会议费开支。近期举办的 2013 年燕赵文化论坛和全省社会科学普及周活动坚持节俭办会，具体措施包括：会场不制作背景板，不摆放鲜花、矿泉水，会议代表一律安排标间，不安排考察，不发放会议纪念品，严格按照标准安排会议就餐等（10 月完成）。六是出台《财务公开办法（试行）》（10 月出台）。进一步健全公开、透明、规范的财务监督机制，保障干部职工对财务工作的知情权、参与权和监督权。七是出台《“三公”经费管理办法（试行）》（10 月出台），进一步规范“三公”经费管理。

这次民主生活会以后，院领导班子将进一步抓好整改，把各项措施落到实处，切实转变作风，使我院的教育实践活动取得实实在在的效果。

# 党的群众路线教育实践活动个人对照检查材料*

（2013 年 10 月 18 日）

深入开展党的群众路线教育实践活动，是新形势下党要管党、从严治党的重大举措，对于保持党的先进性和纯洁性、巩固党的执政地位意义重大而深远。开展教育实践活动以来，我认真学习了习近平总书记来河北视察指导教育实践活动和参加省委常委领导班子专题民主生活会时的重要讲话与相关文件，在省委第六督导组的具体指导下，带头落实党中央、省委一系列安排部署，注意调动领导干部和广大职工两个积极性，努力打牢学习教育和查摆问题两个基础，着力增强思想和行动两个自觉，推进全院活动深入开展，取得了较好的初步效果。

习近平总书记指出，搞好教育实践活动，首先是领导干部要有正确的态度和明确的姿态，让群众看到自己敢于正视并解决问题的决心。7～8 月，我深入联系点与同志们交流思想，主持召开院教育实践活动座谈会，与省社科系统专家学者、省级学会、市委讲师团、市社科联、基层宣讲站、高校社科研究基地代表和院内省人大代表、省政协委员、民主党派人士、退休老干部代表进行座谈，分别与院领导班子成员、秘书长和院属处室所主要负责人 44 位同志进了个别谈心，面对面听取意见；还通过发征求意见函、设置意见箱等形式，更加广泛地征求意见和建议。到目前，共征集到涉及我个人的

* 本文是周文夫在党的群众路线教育实践活动中院党组民主生活会上的发言。

意见和建议60余条。综合分析，大家对我本人的政治立场、思想作风总体上给予了充分肯定，同时也指出了“四风”方面存在的突出问题。面对这些意见和建议，我努力把自己摆进去，把症结找出来，既红了脸也出了汗，灵魂深处受到了极大触动。经过反复思考，我梳理出了四个方面的问题，剖析了思想根源，明确了整改方向和措施。

## 一　作风建设自我评价

### （一）立场坚定，严格遵守党的政治纪律

高举中国特色社会主义伟大旗帜，把学习宣传贯彻党的十八大精神及习近平总书记系列重要讲话精神作为首要政治任务，始终在政治上同党中央保持高度一致。全力贯彻落实省委、省政府重大决策部署，围绕中心、服务大局，坚持“为决策服务、为发展服务、为基层服务”的办院方针，落实“出精品、出人才、出效益”的工作总要求，推进哲学社会科学事业繁荣发展。坚持解放思想、创新发展，把握机构调整新形势、新任务，努力构建理论武装、服务决策、繁荣发展“三位一体”工作新格局和参公管理、事业管理“一院两制”新体制，积极推进服务河北科学发展新智库建设。坚持党的干部路线，遵循党的组织原则和干部人事纪律，遵守《党政领导干部选拔任用工作条例》选人用人，服从组织安排，正确对待个人的进退留转。认真贯彻落实党的民主集中制，履行“班长”职责，发挥班子成员作用，打造领导和推动全院各项事业科学发展的坚强领导集体。认真履行院党风廉政建设第一责任人的职责，落实“一岗双责”，严格遵守《廉政准则》，注重抓好重点部位、重点环节的惩防体系建设，以身作则，严于律己，做到自己清、家属清、亲属清、身边清。

### （二）转变作风，认真落实中央八项规定

一是从严要求。主持召开院党组专题会议，认真学习中央《关于改进工作作风、密切联系群众的八项规定》《六项禁令》，以及《中共河北省委

关于贯彻落实中央政治局“八项规定”的办法》。根据我院实际情况，研究出台落实举措，责成纪检组、监察室等部门进行专项清查，做到班子率先垂范、队伍令行禁止。二是公开承诺。把中央八项规定的相关要求作为个人的承诺事项，通过河北省社会科学院网、河北省干部理论教育网、河北社会科学网、《河北社会科学》、院内公示栏等形式，向全省社科理论界、院内广大干部职工公示，广泛接受监督。三是立行立改。按照精简会议活动的要求，规范了我院举办或外出参加会议的管理；按照厉行节约的要求，对公款接待进行了严格控制；按照庄重简朴的要求，对会议摆放鲜花等问题做出了纠正。据统计，我院“三公”经费与2012年同期相比减少支出26%。

对照中央八项规定和《六项禁令》，我本人不存在“车轮上的铺张”、“人情消费”、职务消费、“三公”经费开支过大、违反规定配备秘书、违规占用住房和办公用房等问题。

## 二 “四风”方面的主要问题

### （一）形式主义方面，突出问题是知行不一，作风不实，服务决策研究围绕大局、服务中心不紧密

1. 工作作风不够扎实

突出表现在抓决策研究贴近省委、省政府中心工作不够，成果缺乏针对性、时效性，定性分析多、量化分析少，应用性、实用性不强。例如，今年省长对我牵头组织完成的两项研究成果分别做出评价和批示。一是肯定了城镇化课题研究成果，认为有论点、有数据、有分析，看过后对一些事情感觉心中有了底数。二是对转变发展方式课题研究成果提出批评，认为深度不够，对产业产能调整的新情况新问题没有数据支撑，有些论点缺乏论据和深层分析。这个评价一语中的，既指出我院应用对策研究存在弊端，又点明我们自身作风、学风不扎实的突出问题，我深受教育，反思良多。

2. 存有“急功近利”的倾向

抓“三个服务”办院方针的全面落实不够，作风不硬，措施不足。“为

决策服务、为发展服务、为基层服务”是我院“十一五”时期确定并一直坚持的办院方针，得到了历任省委、省政府领导和全院广大干部职工的肯定，实践中也做出了富有成效的努力。但是，社科院长期面临着生存与发展的严峻考验。初到院后，见干部职工为了“建强院、出名家、创精品”整日奔忙，而上级领导、省直和市县同志及社会各界却反映听不到社科院的声音。从解决当时自身主要矛盾和问题考虑，总是抓那些早见效、快受益的事，争取有为有位。因此，在实际工作中比较注重服务决策，而服务发展联系得不够紧密；比较注重对上级机关服务，向下为基层服务不足。尤其真正深入县乡村，扑下身子搞调研、做规划、出点子，服务基层发展、服务群众生产生活更少。“十二五”以来，我院共取得应用类科研成果 217 项，其中服务决策类的 117 项，服务发展类的 90 项，服务基层类的仅 10 项；共立项院级应用课题 130 项，其中服务决策类的约占 54%，服务发展类的约占 41%，而服务基层类的仅占 5% 左右。

3. 开拓创新精神减弱

河北经济发展面临爬坡过坎，亟待理论和智力支持。自己带领全院科研人员虽做出了努力，但在全省经济发展战略定位、破解难题、寻求出路、谋划对策研究上，提供支撑的力度和支持的程度还远远不够。一些应用性研究成果，缺乏科学精神支撑和学术观点创新，存在凭想象作论据、凭推理下结论等“炒冷饭”的问题。既脱离社会实践，又远离了中心工作，可操作性不强，转化率不高。我院作为决策研究部门，没有很好地发挥职能作用，我时有愧疚之感。

4. 对人才队伍建设统筹方面重视不足

自 2006 年到院主持工作以来，我院把有限的人员编制都用在了引进年纪轻、学历高的科研人员上，主要目的是解决科研队伍年龄老化、青黄不接等突出问题。但是，在人才队伍建设中，也存在着统筹数量和规模、结构和需求等方面的误区和偏差。比如，学科门类设置不够齐全，某些急需急用的专业人才有空档。近些年来，招聘引进具有博士学位的年轻科研人才共 15 名，其中基础学科和做纯理论研究的 10 名，搞应用研究的 5 名。以至于近年来，在金融、生态环境研究等学科方面，没有相应的人员承担省领导交办的任务。

### （二）官僚主义方面，突出问题是脱离实际、脱离群众，深入基层接地气不够，联系机关普通干部职工不够，了解他们的所思所想所盼、帮助解决实际生活困难不够

1. 关注民生研究不够

指导开展应用研究盯住了服务决策，基础研究盯住了地方特色学科，对民生课题研究倾注力量直接组织不够，忽视了服务决策和特色学科的研究本质都是为人民做学问，也要走党的群众路线。今年 5 月，我到院基层建设年活动联系点——阜平县吴王口乡石滩地村看望院驻村工作队和基层干部群众，前后发生的事对我触动很大。石滩地村全村人均纯收入仅 1041 元，贫困人口占全村总人口的 75%。上午行程三个多小时，一到村两委办公室，就与村干部、村民代表开了座谈会；中午在这间办公室里与大家一起吃了顿午饭，一碗大锅菜，一个玉米面饼子；放下饭碗，去看了几户老党员、困难户，察看了有地质灾害隐患的山崖、村庄搬迁选址和新开垦的核桃园。自我感觉拉近了与普通百姓的距离，接了地气。可返石后没几天，那顿午餐的照片贴上了网。有网友发表评论说，“基层建设年拉近了党与百姓的距离”。同时也有人说，“这样的干部是下来吃喝的，我们不欢迎”。事过境迁，感慨犹在。

群众的所思所想所盼到底是什么？我虽生在农村、长在农村，由一名 1970 年代的农村党支部书记走到今天，不能说不了解农村农民。但工作环境变化了，生活条件优越了，我真正了解现在贫困农民的真实想法吗？作为社科工作者，我们为解决民生问题做了多少实事？又出了多少管用的科研成果？令我深思，发人深省！正如习近平总书记指出的：“干部长期脱离实际、脱离群众，感情培养不起来，真正做群众工作，很多事做不来。所以很需要接地气，接了地气才能培养对群众的感情。”由此我想到，“为人民做学问”，这个问题确实需要我们认真思考，并在科研工作中付诸实践，而在这方面，我们做得不够、欠账不少。

2. 深入实际、深入群众、深入基层“接地气”不够

多年的工作实践反复印证了一个道理，凡是“接地气”足的时候，科研成果质量就好、学术性就强、应用性就高；反之，科研成果质量就低、学

术性就差、应用价值就小。例如，近两年来，我院认真落实“走转改”要求，连续组织了“走基层太行行”“走基层沿海行”“走基层中原行”大调研活动，之后形成了一批研究成果。这些成果选题从基层遇到的问题中来，解决问题的思路和办法符合社会实际，针对性、可操作性强，多数得到了省领导的肯定，应用于指导实践的比例很高。但在全院科研成果的总量中，真正转化为领导决策，转化为方针、政策、办法，转化为直接创造经济效益和社会效益的成果比例不高。作为省委、省政府重要的决策研究部门，组织承担的科研工作、谋划主持的科研项目如果与火热的社会实践渐行渐远，这就是最大的官僚主义。从我本人来讲，除了上级提出规定和要求外，真正放下架子到基层、到农村与群众同吃同住同劳动，唠真嗑、谈实情，机会不多，主动精神也不足。虽然我也是从农村走出来的干部，但真要回到过去那样的生活环境中，哪怕只有短短的几天时间，也会有种不舒服、不自在的感觉。长此以往，自然而然地就会与群众之间在关系上隔起了一道无形的墙，在心灵上关上了一扇无形的窗。

3. 与单位普通干部职工接触少，关心不够

来院主持工作以来，花了很大力气解决了许多关系干部职工切身利益的历史遗留问题，大家总体上是满意的。但是，深入解剖自己，内心之中还是存在“把院里的主要工作做好，就是对职工最大的关心和帮助”这样的想法。日复一日、年复一年，自然而然地拉开了与普通职工的距离。距离远了，心就慢慢地远了，设身处地为职工着想的意念慢慢淡化了，解决实际困难和问题的决心和力度也就显得不足了。尤其是2009年机构合并以来，对各层次、多方面职工的诉求了解不全面，感触不深刻，帮助解决实际困难和问题不够。

4. 与院领导班子同志深入交流不够，决策讨论发扬民主不充分

院党组会、院长办公会所列议题较多，有些议题因时间紧讨论不充分，一定程度上影响到充分发扬民主。对班子成员、中层干部交办任务多、派活的时候多，谈心、交流思想少，关心生活更少。机构合并之初，我主动与班子成员、中层干部进行了一次广泛的个别谈话。但在日常工作中，与大家的交流主要是谈工作、交任务。我也知道这些同志各自分管一摊工作，位置重要，工作辛苦，但体贴关心思想、生活方面的实际事情做得不多。

### （三）享乐主义方面，突出的问题是奋斗精神减退，求稳怕乱，贪图安逸

1. 奋斗精神减退了

自2006年来院主持工作后，经过3年治理、5年改革，工作打开了新局面，自己有了“喘口气”“歇歇脚”的思想，求稳怕乱、贪图安逸的思想在慢慢滋长，奋斗精神减退了。

2. 开拓创新的新举措还不多

新形势、新任务对社科工作提出了新的更高要求，由于受到求稳怕乱思想的影响，大胆探索、开拓创新的新举措还不多。近几年，我也提出了一些新的工作思路和举措，比如建设服务河北科学发展新智库、优化干部考核体系、完善科研量化评估办法等，但在实际工作中，具有开拓性、创造性的办法不多，这些工作推进的力度不大，目前取得的实际效果尚未达到预期目标。

### （四）奢靡之风方面，突出问题是铺张浪费，对跑冒滴漏现象管理不严

（1）中央八项规定公布实施之前，有时到市县调研，接受过超标准宴请，也超标准接待过外地到院交流工作的同仁。

（2）院召开大会摆鲜花，院办公室工作人员有时也在我办公室放几盆鲜花，自己习以为常。

（3）对以往机关“三公”经费超支和水、电、气、暖跑冒滴漏等现象重视不够，要求和管理不严。

## 三　产生问题的主要根源

### （一）理想信念的锤炼没能常入“时刻表”

以上提到的自己身上存在的“四风”表现，虽然都是苗头性、倾向性、

潜在性的问题，但根子都出在思想上，主要是出在人生观、世界观、价值观上。习近平同志讲，人生观、世界观、价值观是“总开关”，“世界观的改造永远没有完成时”。共产主义远大理想和中国特色社会主义坚定信念，是共产党人的精神支柱。一个党的领导干部，理想信念坚定，事业就会蒸蒸日上，工作就会永不懈怠，精神就会永葆活力。焦裕禄、谷文昌、杨善洲、吕振华为我们树立了榜样。共产党人，就应该始终艰苦奋斗，不贪图安逸、沉迷享乐；就应该始终以民为本，不高高在上、脱离群众；就应该始终勤学善思，不眼高手低、好高骛远；就应该始终大胆创新，不故步自封、墨守成规；就应该始终勇于担当，不碌碌无为、遇事推拖。自己“松口气”的想法、奋斗精神减退等，病根都出在理想信念淡薄了，没有把共产主义远大理想和中国特色社会主义信念当作持之以恒、不懈奋斗的成果积累。只争朝夕的精神消磨了，求稳怕乱的思想滋长了；党的事业第一的信条淡化了，私心杂念增多了。

**（二）群众观点的树立没能常做“硬指标”**

干事业、做工作是需要投入感情的，没有激情便没有动力，更不会干出成绩，而感情的源泉在广大人民群众之中。习近平同志讲，“要有拜群众为师、向群众求教的襟怀”，“只有站在群众的立场上考虑问题才能感同身受”。长期以来，“为了谁、依靠谁、我是谁”这几句话，我们做理论工作的几乎时常在学、天天在讲，但理论上的清楚不代表实际工作中做得就比别人好，这样的所谓清醒不是真正的清醒。自己作为一个科研单位的领导干部，为人民做学问，理论工作也要走群众路线，这个思想观念树立得还不牢固，研究工作眼睛盯着领导决策，理论宣传眼睛盯着党的政策都没有错，但却忽视了研究的本质是为人民服务，要从群众中汲取营养，反过来用科学的理论为群众解疑释惑，这同样是我们的神圣职责，应该成为做好科研工作的硬任务和硬指标。课题研究、理论成果脱离群众、脱离实际，就会动摇科研工作者立身立业的根基，其中的思想根源都在于淡化了以民为本的宗旨，对于党的事业与人民意愿的同质性，在思想上没有形成高度自觉，在行动上也没有做到完全统一。

### （三）党纪政规的约束没能常当“警示牌”

党中央、省委对于政治纪律、廉政纪律等都有明确规定，这些规定如同树立在我们每一个党员领导干部面前的一道“警示牌”，应该时刻牢记、严格遵守。如果这道“警示牌”远离了我们的视线，讲面子多了、讲规矩就少了，讲关系多了、讲原则就少了，刚性慢慢变成了弹性，党性原则慢慢变成了人情世故。接受高标准接待或超标准宴请、开会摆放鲜花等，这些事情表面看似乎不是太大的事，但实质上顾的是面子，讲的是排场，浪费了资源，疏远了群众。在勤俭节约方面，习近平总书记为我们树立了榜样，从正定县委一直到中央工作，下来调研始终坚持自己交伙食费。这样的做法、这种精神难能可贵。党的纪律是党的作风的保证，只有切实增强纪律意识，才能从根本上遏制“四风”的滋长。

### （四）“两个务必”的告诫没能常为“座右铭”

西柏坡是处于我省的革命圣地，毛泽东同志和党中央在这里实现了创建新中国的宏伟大业，形成了以“两个务必”为核心的西柏坡精神。“两个务必”凝结着深刻的历史经验，体现了我们党的根本宗旨，展示出共产党人的政治本色。审视自己，相比革命先辈的流血牺牲，相比老一辈革命家的艰难困苦，相比人民群众的无私奉献，深感我本人党性修养淡薄了，敢于斗争敢于胜利的革命精神、善于破坏旧世界善于建设新世界的科学精神、坚持依靠群众坚持团结统一的民主精神、务必保持谦虚谨慎的作风务必保持艰苦奋斗的作风的创业精神消退了，甚至时有“世风日下之时，很难独善其身”的想法。职位提升了，工作环境优越了，生活条件舒适了，就应该更加注意加强思想改造。否则，当一个人免疫力下降的时候，各种各样的疾病就会慢慢地侵入肌体。

## 四　整改方向与主要措施

### （一）加强学习，筑牢理想信念

一要树立终身学习的理念。切实改进学风，把学习当作一种政治责任、一种精神追求、一种生活方式。认真学习马克思列宁主义、毛泽东思想、邓小平理论、“三个代表”重要思想、科学发展观，特别要认真学习党的十八大以来习近平总书记系列重要讲话精神，研读原文原著，领会精神实质，以党的最新理论成果武装头脑，进一步增强贯彻中央和省委、省政府重大决策部署的自觉性、坚定性。二要做到知行合一。坚持用马克思主义基本原理、中国特色社会主义理论体系和习近平总书记系列重要讲话精神统一思想、指导行动，切实解决好世界观、人生观、价值观这个“总开关”问题，做中国特色社会主义的坚定信仰者和忠实实践者，不断增强领导全院各项事业科学发展的能力，不断提高服务决策、服务发展、服务基层的水平。三要落实制度保障。修订完善院党组理论学习中心组学习计划。此项工作近期完成。充实学习内容，重点落实党的好十八大以来习近平总书记系列重要讲话精神的学习安排。对每一个阶段的学习明确任务，提出要求，落实考核，把院党组建设成为学习型党组织。

### （二）振奋精神，狠抓整改落实

用“钉钉子”的精神，突破“瓶颈”，破解难题，着力解决“四风”方面的突出问题。一是修订院党组会议、院长（省社科联驻会主席）办公会议议事规则。以党章和党内政治生活准则为依据，规范议事程序，把集体领导与分工负责结合起来，把统一意志与集思广益结合起来，提高民主决策水平。此项工作近期完成。调整领导班子工作分工。自 2013 年 6 月起，我本人不再直接分管人事和科研工作，分别由以往两位协管副院长直接分管。在今后的重大事项决策中，我将带头发扬民主，坚持平等议事，注意集中大家的意见，充分发挥分管领导作用，自觉接受班子成员的监督。二是出台并实施《中共河北省委讲师团关于建立理论宣讲工作网络的指导意见》。《意见》实施的试点工作已经铺开，10 月中旬，在石家庄、邯郸两市同时举行省市县乡村五级宣讲工作网络运行启动仪式，与广大群众就理论热点问题进行互动交流，进一步推进理论武装工作实现“面对面”“全覆盖”。三是深化省委、省政府办公厅《关于加强新时期社会科学界联合会工作的意见》的贯彻落实。加大对各市社科联落实《意见》的工作督导，谋划落实《意见》的有效举措，不断开创社科联合工作的新局面。四是抓好学科建设。重点抓好紧缺学科、急用学科的人才培养。现已将经济教研室列为院重点培育学科，力争在宏观经济学及金融学研究方面有所建树；拟在社会发展研究所培育发展生态学、环境保护学科，开展现实问题研究。通过内部学科和人才的结构调整，挖掘科研潜力，更好地承担省委、省政府交办的重要科研任务。五是推进学术研究与国际接轨。根据合作协议，深化与亚、非、拉、欧、美、澳6大洲20余所高等院校及科研机构的实质性交流合作，通过互派访问学者等深度交流，促进人才队伍建设适应智库建设的需要，提升学术研究的国际化水平。9月26日，我院召开了“走世界开放行”国际学术交流经验总结暨外事工作会议，围绕深入开展实质性国际学术交流与合作，总结工作，交流经验，并就进一步推进工作做出安排部署。六是加强应用对策研究。围绕省委省政府领导交办与圈定的研究课题，重点抓好“中原经济区上升为国家战略框架下河北冀南地区经济发展问题研究”“河北县城建设及县域经济发展问题研究”，在增强研究成果针对性、时效性、可操作性上下功夫，促进科研工作服务大局、贴近中心。七是进一步优化干部考核和任用办法。认真研究参公管理与事业管理“一院两制”新体制下干部考核及选拔任用中的新情况、新问题，修订《干部考核实施办法》《干部选拔任用规定》，回答和解决好“怎样是好干部”“怎样成长为好干部”“怎样把好干部用起来”等关键性问题，建立起以德为先、注重实绩、群众公认的选拔任用体系和导向正确、措施科学、考准考实的考核评价体系。

### （三）深接地气，服务职工群众

牢记习近平总书记的教导：“为人民服务只作为口号不行，只在文件里批来批去也不行，一定要在身体力行的实践中去体会它的真谛。”一要从深入基层调研入手深接地气。9月，院党组已制定了《关于加强基层调研的实施办法》，目前正在抓贯彻落实，在工作中注意把握好三个环节：以“问题”为中心增强研究的针对性，以“调研”为支撑增强成果的客观性，以“转化”为标准增强成果的操作性。以抓好《办法》的实施为切入点，促进整体科研工作走出书斋、走向实践，从人民群众中汲取养分，在人民群众间检验成果价值，牢牢坚守科研和理论工作为人民服务的生命线。二要从认真抓好民生课题入手服务基层群众。着力抓好两个关键点：选题要“下沉”，着力研究基层具有代表性的重点难点民生问题，为各地党委、政府科学决策服务，在惠民生工程中发挥实实在在的作用；品牌要“上扬”，进一步加大民生调研成果宣传力度，与省内大报和核心期刊合作，开辟民生调研成果专栏，定期刊登有重大价值的民生调研成果，使民生状况得到社会关注，引导社会各界帮助贫困人口和弱势群体脱贫致富、排忧解难。三要从换位思考入手感受全院不同层面干部职工的所思所盼。进一步树立全心全意为人民服务的宗旨观念，摒弃私心杂念，摆正位置、放下架子，敞开大门、打开心扉，满怀真情实意关心干部职工工作和生活，做全院干部职工的贴心人。整改措施是：每年至少两次抽出一定时间，参加专项课题研究活动，与科研人员“一块干、一块过”，一道下基层、搞调研、解难题，体察科研人员的真实工作状态，把握科研工作的第一手资料，增强为全院中心工作服务、为科研人员服务的自觉性和主动性；定期召开干部职工座谈会、谈心会，围绕干部职工关心的问题，交流思想、交换意见，做到职工想的心中有数、职工盼的心中有底；定期走访慰问离退休老干部和困难职工，把关心职工生活落在实处。四要从院内信息公开入手强化群众监督的约束机制。已着手修改、制定《内部信息公开管理办法》，确定《内部信息公开事项目录》，已制定实施《财务公开办法（试行）》，将广大干部职工普遍关注的干部任免、职称评定、财务支出、工程招标、公务接待、出国考察等事项列入公开内容，维护干部职工的知情权、参与权、监督权，自觉接受群众监督。

### （四）划清“红线”，严守党纪国法

一要严格遵守党规党纪。认真执行《中国共产党党员领导干部廉洁从政若干准则》《中共河北省委关于贯彻落实中央政治局“八项规定”的办法》，不仅做到本人清，还要做到家属清、亲属清、身边清。不接受下级及公款吃请，不收受礼品、钱财，不涉足高档娱乐场所。二要严格“三公经费”管理。已制定出台《关于严格控制“三公经费”支出的管理办法（试行）》，从制度上解决经费超支和水、电、气、暖跑冒滴漏等问题。从自身

做起，杜绝铺张浪费，压缩和严格控制出席会议、因公出国、公务用车、公务接待等方面的经费支出。

以上整改承诺，我将全力落实、认真践行，请班子成员、广大干部职工予以监督。

# 在院邓研所参加组织生活会时的讲话

（2013 年 10 月 22 日）

今天来参加邓研所的组织民主生活会，听了大家的发言感觉生活会的效果非常好，对自己也是触及灵魂的一次教育。我有几点体会。

第一个是，邓研所的党的群众路线教育实践活动，尤其是组织民主生活会，准备工作做得充分。通过听大家的对照检查，就感觉到大家按照省活动办和院活动办的要求，在自我评价、问题查找，以及原因剖析和整改方向上，都做了认真准备。问题找得准，也就是按照活动办的要求——像，大家找得特别像，一听就是这个人自己的问题，这说明大家确实进行了认真的思考、认真的对照检查。

第二个是，这次邓研所的组织生活会召开的质量比较高，大家的自我批评、对照检查深刻，说的是心里话。真正是按照“照镜子、正衣冠、洗洗澡、治治病”这个要求来的，起到了“红红脸，出出汗”这个目的。相互批评非常中肯，心平气和，有针对性，气氛也非常好，既严肃又生动，达到了互相教育、提高思想认识、促进团结这样一个目的。

接下来，我们整个党的群众路线教育实践活动要进入整改环节。刚才大家在自己的对照检查中，也提出了针对自己存在问题的整改方向、措施，非常实际，有针对性，切合自己的特点。所以说，下一步一定要注意，在院活动办领导下，把整改措施进一步落实。具体到邓研所，应该在学科建设、出精品、人才队伍培养、建立传帮带机制、提高管理效率等方面，积极制定整改措施。通过党的群众路线教育实践活动，进一步把邓研所建设成成果比较丰硕、精品比较多、团结而又有战斗力的集体。因为，邓研所在院里面整个来讲，各方面工作做得都不错，无论是研究方面，还是思想建设方面，都发挥了带头作用。尤其承担院领导交办任务非常积极，做了非常多的工作。所以，我希望邓研所发扬优秀传统，把所里边的成果在提高档次、提升水平上迈上一个新的台阶。

下面我说点感受!

按照党中央、省委教育实践活动第一批活动的安排，咱们省四套班子，还有94个厅局，包括省社科院都参加第一批党的群众路线教育实践活动。本月，省委和其他三套班子开了生活会，94个厅局陆陆续续地也在开生活会，月底前基本上都要结束。我们院党组的生活会是上周五（10月18号）开了一天。接下来就是各处，党支部、党员同志们特别是处级干部开生活会，并且要求上一级党员领导干部都要参加下一级生活会的研讨。邓研所是我联系点，来了一次，跟你们一起搞学习，动员推进。今天来参加生活会。查摆问题和开生活会，这是教育实践活动的第二个环节，也是最关键、最核心的一个环节。因为教育实践活动以为民务实清廉为主题，立足点是要查摆问题、解决问题，以整风的精神，通过批评和自我批评，克服我们身上存在的“四风”问题，班子从团结的愿望出发，经过批评和自我批评达到集体团结。

这个教育实践活动也是我们党进行自我教育、自我进化、自我完善、自我发展提高的一个过程。这应该说是无产阶级政党，或者说是中国共产党，区别于其他政党，自信和有自身活力的表现。通过教育实践活动，特别是开展批评和自我批评，开展积极的党的思想活动，解决自身的问题，提高自己解决自己问题的能力。其他政党和政治团体是不具备这种能力的。这也是我们能够长期坚持执政地位、履行党的宗旨、为人民服务的一个法宝。这次教育实践活动，除了继承、发扬和运用我们传统的三个法宝之外，还加了一条叫严肃党内生活。实际上也这样，不光停留在教育上，而且要实践。怎么实践？清理自身的问题，自查自纠自我教育，组织再帮助、再督导，然后达到这个目的。

好与不好，纵向有个历史进展的比较，横向有个相互之间的比较，都是相对而言的东西。根据新的形势和任务的要求，世界观改造，人生观改造，价值观改造，没有完成时，只有进行时，是永无止境的。一个人的一生不断地经历各个阶段，从少年到青年到中年到老年。整个社会的发展，它有自己的发展规律，经历这个阶段，新问题、新矛盾、新任务出现，要解决新问题、新矛盾，有新的发展，这是个历史的过程，是发展的过程。所以，从这个意义上来说，谁都是在不断地发展、不断地革新。你强大的动力，就在于能够自我进化，自我发展，这是一个永恒的课题。基于这样的思想，中国共产党自身的情况，尽管面临很多周折，尽管自己也出现了这样那样的问题，甚至一些腐败现象出现。但是，在自我纠正，自我克服，自我解决，而不是其他政党来帮助我们，把我们解散了。如果我们解决不了自己的问题，就快要解散了，离解散就不远了，所以我们时刻都要警醒。

我们这一代人历经磨难，基本上有多半数走过来了。最近，我的思想也在不断地调整。我说了一句“名言”，“人最终要沦为保姆”，是我老伴儿承认的名言。我说，现在看起来呀，不管什么人，不管过去干什么，最后如果正常发展的话，都将“沦”为一个时期的保姆。所以，人的身份就是一个过程。习惯了怎么办？把自己的时间要配置好，尤其是心态调整。现在，条件改善了很多，但是你可能思想准备有的时候不足。

人十几岁就参加工作嘛，很早就担任领导职务，苦辣酸甜向谁说？向老人说，他（她）闹病了；向两口子说，都有苦衷，打架；向孩子说，孩子小。向组织说，组织没有机会说，是吧？开生活会时候可以说，把这个心情说一说，说出来调整，希望组织上能帮助，相互之间能体谅。把这些东西说出来，有个什么好处？国事、家事、天下事，事事关心，但是事事也关联。为什么说这个话？同志家庭有困难，照顾老，照顾小，一肚子火气上班来了，是吧?! 他（她）买了新房，换了新车，特别和气，都弄好了，牛奶面包吃完来了，心情他不一样，这就是有关联。所以同志之间相互理解，相互支持，这是个最大的动力，这就是相知。

生活会要讲“像”，首先像自己，说实话，说心里话。然后还要有一条“深”，深入剖析存在的原因。为什么放在这里？因为我们现在要求不是一般的工作人员，也不是一般的科研工作者，而首先是共产党员，我们为之奋斗终生的事业是共产主义。然后，我们是身为共产党员的科研工作者，是身为共产党员的科级干部、处级干部或者研究员，站在这个位置。所以你就得理解，你层次比较高了。

婚姻对一个家庭说白头偕老。共产党人说为共产主义奋斗终生，这也是一种人格的承诺，自己的承诺，不是胁迫。终身托付，政治信仰，既然说了就说到做到，就努力去做。战争年代入党，就是不怕死，永不叛党，敌人抓住之后，宁死不屈。建设年代，奋斗、创业。30 年改革开放，成果有了，条件改善了，党又面临市场经济的考验、执政的考验、改革开放的考验、国际环境考验。刚才我说“深”，就说到一个诱惑的问题，经得起诱惑得有定力啊。现在这个诱惑往往容易产生温水煮青蛙的效果，不知不觉，舒舒服服地就煮熟了，就把你小命要了。开始搞教育实践活动，从党中央到省里有安排，让大家看《居安思危》这个专题片，讲苏联解体。一个政党不就是由若干个共产党员、若干个基层组织和地方组织组织起来的吗？到苏联解体的时候，没有一个党员、没有一个基层组织站出来说反对的话。一夜之间就取消了苏联共产党，后来又恢复了一下子，政治地位没有了。亡党亡国呀！所以，这次我们从自我教育开始，联系到理想、信念、宗旨、政治纪律，来审视我们每一个党员的行为。特别现在聚焦的是“四风”，也不是上来就抓腐败问题，也不是轻描淡写的、鸡毛掸子打屁股不疼不痒，而是要触及一下灵魂，出出汗、红红脸、治治病。我看你们几个讲的时候都有红脸的表现，红一红脸，说出来，然后立足于纠正。

最后我说“像”，是建立在“准”的基础上，找自己的问题比较准。这样的话，法宝回来了。主要的是实践，实践就是严格党内生活。找了自己“四风”的问题，进行剖析，进行研究，再去做。达到预期目的了，但是也不是尽善尽美啊，这是走了第一步。所以，第二个要求就是不要存在闯关的思想，这是总书记一再嘱咐的。不是说开完生活会就没有事情了，不是的。要运用好批评与自我批评的武器，运用好教育实践活动前一个时期的成果，要搞好整改，立改立行，建章立制。逐步地，制度要变成刚性，标准要前后一致、持之以恒。你从这个本质指导思想和愿望方面做，同时要有制度，有了制度还要有程序来检验。司法上讲，法律本身实体是对的，但是程序不对也不行，程序不对的，最后也不认为它是合法的。这样，保证我们这个标准的执行。

承诺的事就要办。有的承诺，条件变化了，要给大家说清楚，有了条件再去做。我刚到位的时候，前任班子承诺三件事。一是建好小伙房。已经搞出个初步规模来了，我来完善、扩建。然后抓一抓厨师、司机临时工保险的问题，都解决了，稳定了人心。伙食办得还不错。光说你不改，说半天最后光“逗你玩”，这个不行。二是改造办公楼。有承诺，没动作。这是我经手做的。找省政府立项、要钱、施工，15000 平方米科研办公大楼整体维修改造完成，科研、管理人员办公条件有了较大改善。三是改造宿舍楼。想拆老干局后边的宿舍楼，盖一个大楼，为大家解决住房子的问题。说实在的，这承诺得也太大一点了，确实没有力量。因为大家都在研究这个东西，还成立了小组，大家得论证，我没有表态，去论证吧。大家去研究，最后一算账，放弃了。据说有一个省社会科学院，现在正要拍卖他们的办公大楼去还抵押贷款。原本打算建一栋酒楼搞开发，找来开发商弄这个事，弄弄就没钱了跑了。跑了，你是业主啊，你抵押贷款得还贷呀。可惨的是，不要说新窝，老窝也没了。承诺就要懂行啊！承诺要实事求是，不是放气球。如果放气球，你放得很高，你看不见，最后都破裂了，人家只能说你这个班子、你这个领导者也就是个吹牛大王。无非就是这样。你还能够用“承诺”激励人吗？出现困难的时候，你还能带着大家奋斗吗？大家能跟着你去爬雪山过草地吗？所以，承诺的东西是要兑现的。不轻易承诺，承诺要有科学论证。实在做不了的事，可以说清楚，要创造条件去做。这无论是对党组织还是同志之间，都是一种真诚，掏心窝子。功成不必在我，这是一种政绩观，也是世界观和人生观，也是品格的问题。从这些方面找一找原因，触动触动灵魂，是有好处的。

明天，还要在办公室党支部开生活会。这次我检讨自己有急功近利的倾向。急功近利？刚开始我也认识不上去，觉得来院八年了，辛辛苦苦弄了八年，我都 59 岁了，对组织、对工作是负责任的。急功近利在哪儿？我刚来院的时候，大家都比较清楚院里怎么个状况：白天午间有人在办公大楼门口摆摊卖土特产，傍晚有人在院子里拉灯摆桌搞烧烤，夜间办公楼地下室开旅馆接待客人，真可谓乱哄哄狼藉一片。科研人员都在为建强院、出大家、出名家、出精品力作而奔忙，但是上级领导、省直机关、地市和社会各界又觉得老听不到社会科学院的声音。也有这个现象吧?! 所以，我觉得社会科学院有为有位，得拣领导关注的、能支持咱们、力度比较大的事情来做啊。服务决策，做这个事情的话，可以树立社会科学院的地位。讲师团和社科联并入社会科学院，也有大量后续工作。所以，急功近利这也是有，关心职工就不够了。像广泛深入地与职工谈心、建自行车棚、解决临时聘用人员待遇等问题，较长时间没能提上日程，现在都已妥善解决了。抓紧工作这不错，关心职工生活不够这不该。

以上，我第一点讲你们生活会的感觉，第二点讲对教育实践活动的感受。不要有闯关思想，利用好这个成果，拿起批评与自我批评的武器，搞好整改和建章立制。

第三点，我讲个什么意思呢？要树立重要阵地的意识。尤其是邓研所，在马克思主义和中国特色社会主义理论的学习研究宣传上，要走在全院的前面，发挥更大的作用，这是我提的要求。

作风转变要落实在干好我们的本职工作，把我们的事业发展好。全国宣传思想工作会议上，习近平总书记“8·19”重要讲话指出：“党校、干部学校、社会科学院、高等院校和党委理论学习中心组，要把马克思主义的著作作为必修课，要发挥好马克思主义学习研究宣传重要阵地的作用。”定位学习研究宣传马克思主义重要阵地，社会科学院有一份，要发挥好作用。最体现这个要求的职能处室是谁？就是邓研所。这也是我联系你们的一个考量。在教育实践活动中，省委把理论成果组组长给了我，实际上把这个任务交给了社会科学院，让我来组织队伍，我讲就是社会科学院、党校、高等院校来组织队伍。所以，党校我组织了一些同志，高校组织了一些同志，但主体是社会科学院，最集中的力量就在邓研所。我们已经在报刊，在《人民日报》《光明日报》《经济日报》《求是》《河北日报》上发表了有十几篇文章了。作为教育实践活动的理论成果，省委活动办结集成册，已经报党中央，总书记来带走了。

下一步，学习研究宣传马克思主义，我们整个院里都有这个任务，要做这个事情。学习上，院里要整体地研究一下两个方面的问题：一是马克思主义原著，要下点功夫。大家系统地学一学，认真学一学，打一打理论功底，这是一方面。二是要重点地学习党的十八大以来习近平总书记的系列重要讲话。中央已经有整理，这次省委请示中央，统一给省直副厅级以上干部发了一个摘编册子，咱们成果组都见到了。要组织重点地学习，有很多新思想、新观点、新的执政理念。

在这个基础上，我们的队伍建设要下点功夫、做点事情。从队伍培养上，深入基层调研接地气，出国出境培训交流，提高素质特别培养青年科研骨干上，要做个整体规划。应该说，我们社会科学院面临一个非常好的发展前景，也承担着更加繁重的科研任务。尤其是河北省的省情，它的转型升级，它的关键时期，有很多对策和思路需要我们去思考，无论是经济、政治、文化、生活、生态，都需要我们去研究。我总觉得有点力不从心了，力不从心不是没有精神状态，而是知识结构有点力不从心了。因为长期储备还是不足啊，新的任务老是出现。在北戴河学习的时候，省委、省政府主要领导给总书记写了信，专门要求对河北要有支持。因为现在调整产业结构、压缩过剩产能、治理大气污染环境……这任务很多。总书记批示：非常好，非常重要。开始就研究，中财办已经来河北几次调研。省委、省政府主要领导、分管领导都要求我们拿出对策性的东西来：河北怎么定位？怎么发展？怎么看、怎么办、怎么干？现在正是用我们的时候，大量的课题都需要做，希望大家共同努力。要深接地气，深入调查研究；加快更新知识，学一些新东西进行思考；发挥专业特长，出谋划策搞好对策研究。

要追踪一些前沿性的东西，要思考一些问题，要发出正确的声音，要增加正能量，在社会舆论、知识宣传、研究对策上，都大有可为。人一生充满着关键时期，尤其是“60后”及以下，你们得承担起越来越重的社会责任。50年代的我们还能带着干几年？特别是50年代上半期的，逐步地要退出历史舞台，该沦为“保姆”了，也是另做贡献吧。但是这个担子要有人挑起来，要承担起来。老同志们，从我们党组也好，从所长们也好，大家已经形成了共识，一个重要的任务就是培养年轻同志的能力，给你们提供更多的学习锻炼的机会和舞台，来逐步地承担起我们的工作任务来。

我们的事业只能前进不能后退，不能滑下来，而是要越战越勇，越做越好，有为有位。

# 在省社科院职称申报推荐会上的讲话

（2013 年 10 月 28 日）

按照院《关于 2013 年职称申报工作的安排意见》，经院长办公会同意，今天召开我院 2013 年职称申报推荐会议，主要内容是推荐今年我院高中级专业技术任职资格参评人选。近年来，我院职称评聘工作紧紧围绕建设“省级科研一流、国内国际知名、服务河北科学发展”新智库的办院目标，创新工作机制，严格评聘标准，充分落实公开、公平、择优的原则，进一步优化专业技术人员队伍结构，充分激发了全院专业技术人员科研工作的积极性和创造性，为实现“出精品、出人才、出效益”的总要求做出积极贡献。现在，我就今年的职称申报推荐工作讲四点意见。

## 一　正确看待今后几年我院职称评聘的总体形势

职称评聘工作是全院广大专业技术人员非常关注的一项工作。2006 年以来，我院职称评聘工作总体形势是比较好的。2009 年省委、省政府决定，将省委讲师团、省社会科学界联合会并入省社会科学院，我院形成了理论武装、服务决策、繁荣发展“三位一体”工作新格局。实行参公管理、事业管理“一院两制”新体制后，为我院干部人事制度管理和人才队伍建设注入新的活力，但同时我院也面临机构调整后专业技术编制可能核减的问题。从整体来看，我院技术职称岗位职数正趋于饱和，今后几年我院职称评聘工作已出现一个新的拐点，也可以说进入一个即退即聘良性循环阶段。我院目前正高岗位已聘50个（其中二级10个，三级18个）；副高岗位已聘59个；中职岗位已聘49个。这在全省科研、教学单位的比较中，聘用比例尤其高职比例是领先的，这就保证了我院科研领军人物、学术带头人和科研骨干均到达了合适的职称岗位，确保了科研工作的需要，也为科研人员施展才华搭建了平台。当然，由于参公人员与事业人员基数分流，一旦核减专业技术岗位编制，我院职称评聘职数就较过去显得紧张了，这实属正常。从现在起到2016年上半年，我院将陆续有11位占岗位比例的高职专业技术人员退休（退职）。目前，院党组听取了院职改办的汇报，认真分析了职称评聘的形势，决定继续坚持“细水长流不间断”的工作思路，按照评聘结合的原则，确保我院职称评聘不间断，要统筹研究今后几年职称评聘工作，力争使职称评聘工作持续开展，给全院尤其是年轻专业技术人员以希望，激励其全身心投入科研工作。今年的职称评聘职数就是按照这一思路做出的安排：正高、副高与中职职数为3∶3∶1。希望同志们理解和支持。

## 二　深刻理解我省及我院今年职称工作的指导思想

2013年我省职称工作的指导思想是：深入贯彻党的十八大和省委八届五次全会精神，按照全省人力资源和社会保障工作会议的要求，坚持“按岗申报、公正评价、择优聘用、政府指导监督”的原则，以“民生为本、人才优先”为主线，以提高工作质量为目标，以高层次和急需紧缺创新创业人才为重点，解放思想，改革创新，积极构建以品德、业绩和能力为导向的，重在社会和业内认可的专业技术人才评价机制，全面加强专业技术人才队伍建设，为我省经济社会发展提供有力的人才保障和智力支撑。

根据全省职称工作会议精神，今年我院职称申报推荐政策暂不做调整，仍按照原有的政策严格执行，重点确保申报的质量。要继续坚持“重水平、重业绩、重创新”的评审推荐导向，把深化和完善评价机制、严格条件、规范程序、确保质量作为评审工作的重点，进一步提升职称评审的科学性、公正性。省职改办强调要严格坚持按岗申报，没有空岗的单位原则上不得申报，达到或超过同级岗位设置数额20%的，原则上不得超比例申报，我院今年职称申报也严格执行这一政策。

## 三　准确把握今年职称评审政策的新变化

虽然今年全省职称工作在政策层面上没做大的调整，基本保持了职称工作的连续性，但也有一些新的政策需要我们注意。

第一，对申报材料复印件要严格审查。对于高、中级任职资格申报材料，今年我省首次实行只提交学历、获奖证书、论文（论著）等复印件的做法，这就要求我院职改办和相关研究单位要严格比对原件，认真审查复印件真伪，相关审核人要在申报材料复印件上签字盖章。

第二，严格执行申报公示制度。要认真按照省职改办公示办法的规定，做好申报材料、推荐人员材料的公示工作，增强职称申报工作的公开、公正和透明度，接受广大科研人员监督，对公示期间有异议的要认真核实。

第三，严肃处理造假行为。进一步加大打假工作力度，对发现弄虚作假、谎报业绩、剽窃他人成果、未经公示、暗箱操作等违反政策规定的个人，一经发现，取消当年申报资格，并且两年内（不含当年）不得申报。要借助高科技手段，做好学历证书、奖励证书等的电子认证工作，确保申报材料的真实性，维护工作的严肃性和公正性。

第四，严格评审结果告知制度。评审结果告知是提升职称工作公信力的有效措施，从今年起，省职改办在全省范围内推行职称申报推荐结果、资格审查结果和评审结果告知制度。我院职改办要采取适当方式，及时将审查结果通知到有关单位和申报人。高、中级评审工作结束后，要将评审结果在院内网站进行公示，接受科研人员和社会的监督。

## 四　认真公正做好职称推荐工作

职称评聘工作事关我院专业技术人员的切身利益，事关科研队伍的稳定，事关我院事业的发展大局。现在，我对各位评委提几点要求。

第一，认真审阅材料。学术委员要对所有参评材料逐一进行认真审查，对审查过程中出现的问题，要及时在会议上提出，以进行妥善处理。

第二，严格遵循“公平、公正、准确”原则。要严格执行国家和省颁发的职称评定的有关方针、政策，认真履行职责，严格掌握标准，保证推荐质量。

第三，严格遵守保密纪律。评审期间和评审结束后，均不得以任何形式和理由泄露会议讨论、评议情况。

总之，希望各位委员以高度的责任心，严格遵守今天职称申报推荐的工作纪律，规范履行推荐程序，圆满地完成好这次评审推荐任务。真正把优秀的专业技术人员推荐到更高的专业技术岗位，激励鞭策全院科研人员共同为实现我院“省级科研一流、国内国际知名、服务河北科学发展”新智库的办院目标而努力奋斗。

# 在院党的群众路线教育实践活动领导班子专题民主生活会通报会上的讲话*

（2013 年 10 月 29 日）

按照省委要求和省委活动办的统一部署及我院专题民主生活会方案的安排，10 月 18 日，我院召开了领导班子专题民主生活会。会前，院领导班子和班子成员的对照检查材料报省委活动办和省委第六督导组审核。副省长许宁同志和出席生活会的省领导省政协党组副书记、副主席刘永瑞同志审核通过。刘永瑞同志和省委第六督导组组长郑广富同志及督导组成员全程参加，指导我院领导班子专题民主生活会。专题民主生活会由我主持，院党组成员参加会议，副巡视员王新明同志列席会议。

这次专题民主生活会，利用一整天的时间，聚焦“四风”问题，院党组及其成员分别进行对照检查，开展了认真的批评与自我批评。大家开门见山，直奔问题，揭短亮丑，开诚布公，真诚交流，进一步转变了作风，达到了新的团结。省委第六督导组组长郑广富同志在总结讲话中指出，在省社科院专题民主生活会上，从班子到个人，从工作到思想，对存在的“四风”问题都进行了认真对照，检查得比较全面，分析得比较深刻。自我批评真心实意，相互批评真心诚恳，大家从思想、工作、风格和方法上进行了相互批评。社科院这次专题民主生活会召开得比较好，省委督导组对省社科院班子民主生活会是满意的。

---

* 本文是周文夫在院领导班子专题民主生活会通报会上的讲话，编辑文集时对原文中院领导班子成员姓名做了文字处理。

刘永瑞同志代表出席生活会的省领导在讲话中说，省社科院的教育实践活动对科研院所、高校开展活动起到了示范作用。社科院党组在组织党的群众路线教育实践活动过程中，高度重视，态度认真，认识到位，准备充分，会风很正；勇于查摆问题，相互批评，深刻生动，不顾情面；既严肃认真，又团结和谐，工作思路清晰，措施得力。实践活动的每一个步骤都是扎实的，在某些方面还具有社科院自己的特色。“立行立改、立知立改”在省社科院体现得比较明显，民主生活会的质量是比较高的。

现将这次院领导班子专题民主生活会的有关情况通报如下。

## 一 精心准备，为召开专题民主生活会奠定了坚实基础

召开专题民主生活会，是党的群众路线教育实践活动的重要环节和规定动作，也是确保活动取得实效的重要举措。院党组按照党中央和省委的要求，坚持把开好专题民主生活会作为一项重要的政治任务精心组织实施，紧紧抓住反对“四风”这个要害，各项工作准备充分。

### （一）抓好集中学习，提高思想认识

按照省委活动办的要求，院领导班子成员学习了中国特色社会主义理论、党章、党的十八大报告、《论群众路线——重要论述摘编》、《党的群众路线教育实践活动学习文件选编》、《厉行节约、反对浪费——重要论述摘编》等必读书目，组织观看了《苦难辉煌》《居安思危——苏共亡党的历史教训》等音像资料，特别是重点学习了习近平总书记一系列重要讲话和指导河北省委常委会专题民主生活会上的重要讲话精神，在认真研读和广泛交流的基础上，院领导班子成员撰写了学习心得体会。通过学习，进一步提高了对开好专题民主生活会的思想认识。

### （二）多种渠道，广泛征求意见建议

按照党中央和省委要求，我院认真组织开展了听取意见环节的各项活

动，通过发函、发放征求意见表、设置意见箱、约谈交心、召开座谈会等多种渠道，进行不同层次的意见征求工作。院党组召开院教育实践活动征求意见座谈会，由我主持，院内专家学者、市委讲师团、市社科联、基层宣讲站、学会、高校、研究基地代表和院内省人大代表、政协委员、民主党派人士、退休老干部代表参加了座谈。院领导班子成员到各自联系点进行调研座谈，采取多种形式广泛征求意见。认真梳理汇总征求到的意见建议 96 条，分类整理为 7 个方面 55 条，按要求原汁原味地将梳理出的意见建议上报省委督导组。院党组专门召开会议，通报征集各方面意见建议情况和省委督导组对我院班子评价的反馈信息，班子成员在此基础上进一步对自身问题进行深度查摆，使领导班子对“四风”方面存在问题的认识越来越深刻、越来越聚焦、越来越具体。

### （三）多次谈心，相互坦诚批评

民主生活会之前，院领导班子成员敞开心扉，坦诚相见，相互谈心，相互批评和自我批评。我本人第一次利用两周多的时间，分别与院领导班子成员、秘书长和院属各处室所的主要负责人 44 位同志进行了面对面谈心，认真征求意见、听取建议。第二次在 10 月 10 日至 15 日再次与其他 10 位班子成员分别开展普遍谈心，并与 5 位班子成员进行重点沟通，就开展批评与自我批评进行认真的交流。院活动办将班子成员的对照检查材料辑印成册，分送班子成员阅看。在此基础上，班子成员之间在 10 月 10 日至 15 日也进行了普遍谈心，相互之间又进行了重点沟通，为专题民主生活会的召开打下了良好基础。

### （四）多次修改，完善对照检查材料

院领导班子对照检查材料的撰写工作，自始至终得到了省有关领导和省委第六督导组的严格把关和认真指导。9 月 26 日，院领导班子及个人对照检查材料报送省委第六督导组，督导组对院领导班子及班子成员的材料提出修改意见。根据督导组的意见，大家进行了认真修改，并于 9 月 29 日第二次报督导组。督导组又对我院四位班子成员对照检查材料提出意见，有关同

志再一次进行了认真修改。同时，我认真审阅，严格把关，针对班子成员的检查材料提出了具体的修改意见。院领导班子对照检查材料先后经过5次修改，院班子成员的个人对照检查材料都经过少则两三次，多则五六次的修改。经省委活动办抽查，我院党组成员、副院长、社科联常务副主席的对照检查材料总体评价为“好”，审核意见为“总体质量不错，查摆问题准确，原因分析深入，整改措施具体”，这也说明我院班子成员对照检查材料的整体质量较高。10月8日至11日，我院将领导班子和我本人对照检查材料分别报送省委活动办、分管省领导以及出席生活会的省领导刘永瑞同志审阅，并根据有关意见做了进一步修改。可以说，对照检查材料不断修改的过程，就是查摆问题不断深入、思想认识不断提高的过程。

### （五）严格把关，制订专题民主生活会方案

10月9日，院党组召开会议，学习贯彻省教育实践活动推进会精神。我特别强调，要严把标准，保证院领导班子开一个高质量的专题民主生活会。按照院党组会议要求，院活动办及时起草了院民主生活会召开方案。方案从会议召开的时间、地点，出席、列席会议的人员情况，开展相互批评的情况，会前沟通谈心的情况，列席人员参会的情况以及对民主生活会准备情况的总体评价等方面提出了具体的要求，同时向出席生活会的省领导和省委第六督导组进行了汇报，为专题民主生活会按时召开做了必要准备。

## 二　民主生活会真批实评，达到了提高思想、促进团结的目的

专题民主生活会按照“照镜子、正衣冠、洗洗澡、治治病”的总要求，以为民务实清廉为主题，围绕遵守党的政治纪律，贯彻执行中央八项规定，紧密联系思想、作风和工作实际，以整风精神开展批评和自我批评，认真查摆在“四风”方面存在的突出问题，深刻剖析产生问题的原因，明确努力方向和改进措施。在民主生活会上，院领导班子和班子成员自觉按照“十二字”的总要求，把批评与自我批评放在重要位置，开展积极的思想斗争，

对作风之弊、行为之垢进行了一次大排查、大检修、大扫除，做到了知无不言、言无不尽，有则改之、无则加勉，每位班子成员都在思想上受到了触动，有了新的认识和提高。

### （一）我代表院领导班子首先做对照检查

在进行作风建设自我评价的基础上，检查了“四风”方面的主要问题：1. 形式主义方面的突出问题是工作作风不够实，存在知行不一、理论脱离实际的现象。主要表现为深入实际调研不够，存在追求表面上“轰轰烈烈”的现象，下功夫解决存在的矛盾和问题不力。2. 官僚主义方面的突出问题是群众观点不够牢固，不能完全做到联系基层群众“全覆盖、面对面”。主要表现为存在脱离群众、高高在上、不按客观规律办事、工作效率不够高的问题。3. 享乐主义方面的突出问题是创新意识不够强，进取心下降。主要表现为精神懈怠、自满自足、进取心下降、开拓创新意识不强。4. 奢靡之风方面的突出问题是艰苦奋斗精神松懈，勤俭节约意识淡化。主要表现为存在铺张浪费、跑冒滴漏、超标准接待、资金使用效率不够高等问题。同时对存在问题的原因进行了剖析，提出了立行立改及下一步整改措施。

### （二）院领导班子成员对照检查有的放矢，查摆问题深刻

院领导班子成员在对照检查中紧密联系自己的思想实际、岗位职责和工作经历，紧扣为民务实清廉的主题，紧扣群众反映的意见，从具体事例入手，深入查摆自己“四风”方面的突出问题，深挖其世界观、人生观、价值观以及权力观、事业观、群众观等方面的思想根源，表现出揭短亮丑的勇气。我本人作为院党组书记，在专题民主生活会上第一个做了自我批评，检查自己在“四风”方面存在的主要问题：形式主义方面的突出问题是知行不一，作风不实，围绕大局、服务中心、为决策服务还不够紧密。官僚主义方面的突出问题是脱离实际、脱离群众，深入基层“接地气”不够，联系机关一般干部职工不够，了解大家的所思所想所盼、帮助解决实际生活困难不够。享乐主义方面的突出问题是奋斗精神减退，开拓

创新的新举措还不多。奢靡之风方面的突出问题是对铺张浪费、跑冒滴漏现象管理不严。

班子其他成员也剖析了自己在“四风”方面存在的突出问题，进行了严肃的自我批评。有的同志谈道，自己存在以会议落实会议、以文件落实文件，把安排领导出场讲话、组织发新闻、上电视作为头等大事的现象。有的同志谈道，自己在有些问题面前有畏难情绪，不愿意做深入细致的工作。有的同志谈道，有时注重活动的形式却忽视了工作的进一步落实。有的同志谈道，在到基层调研时，往往满足于走过多少地方、拿到多少材料，真正走村入户直接与群众见面交谈不多，调研不够深入。有的同志谈道，随着年龄增长，进取意识和创新精神有所减退，缺乏攻坚克难、迎难而上的韧性。有的同志谈道，对吃喝风由过去的看不惯到现在见怪不怪，生活中过紧日子的思想减少了。有的同志谈道，自己工作布置多，跟踪监督少，深入检查不严。有的同志谈道，自己习惯于在机关、办公室工作，“接地气”不够，与普通干部接触少，没有俯下身子倾听基层群众的呼声。有的同志谈道，自己在外出和基层调研活动中，对于地方或对方的宴请招待，总感到盛情难却，没有拒绝，本来可以一碗面条解决问题，却上了一桌酒席，造成了不必要的过度消费和浪费。

### （三）班子成员相互之间的批评真心实意、坦诚中肯

生活会上，我本人带头第一个接受了班子全体成员的批评。我对班子全体同志提出的“平常与基层群众交流少，关心群众思想、生活不够”，“在院人才队伍建设各项制度的修订衔接方面统筹协调力度不够，开拓创新意识减弱了”，“对我院科研所领导干部的学历层次提高问题重视不够”，“存有急功近利的倾向”等批评意见，觉得像自己，都一一虚心接受。我对班子的其他成员也提出了批评。指出有的同志“工作有急躁情绪，有时批评同志过于严厉，伤害同志的工作积极性”，批评有的同志“在管理方面有时有畏难情绪和老好人思想”，指出有的同志“知行合一上有差距，对理论掌握不够，下基层调研少”，批评有的同志“工作守成，开拓不够，标准较低，对宣传思想领域新情况掌握不足”，指出有的同志“持之以恒抓工作落实不

够，满足于现状，精打细算不够”。

照镜子，正衣冠。班子其他成员之间也毫不避讳，认真批评，直指问题要害。“工作标准不高，抓工作落实时评估、监督、考核不够”，“有时存在监督不力的情况，对学术不端的行为需要加强监管”，“解决问题、深入基层、深入群众不够”，“理论与实践结合不够，不能很好地用掌握的理论去解决社会和群众的实际问题”。班子成员相互提醒和批评，虽然言辞不多、语气温和，但抓住了关键，很有分量，从思想、作风、工作各方面相互提出了 42 条批评意见。既有红红脸、出出汗的紧张和严肃，又有加加油、鼓鼓劲的宽松与和谐，从中可以看出大家诚恳帮助同志、维护班子团结的觉悟和担当。

### （四）院领导班子和班子成员深刻剖析“四风”问题存在的原因，提出了扎实具体的整改措施

院领导班子成员深挖思想根源，剖析产生问题的原因，普遍认为“四风”问题之所以产生，主要原因是党性修养放松了，群众观念弱化了，理想信念淡薄了，制度不完善、执行不到位。班子成员都诚恳地表示，问题产生的根子还是理想信念蒙上了灰尘，没有摆正同群众的关系，私心杂念在作怪。院领导班子针对存在的“四风”问题，提出了整改方向和主要措施。我作为院党组书记、院长，在民主生活会上郑重提出四项整改措施：一是加强学习，筑牢理想信念；二是振奋精神，狠抓整改落实；三是深接地气，服务职工群众；四是划清“红线”，严守党纪国法。其他班子成员一一针对自己存在的“四风”问题，提出了切实可行的整改措施。

总体而言，这次院领导班子专题民主生活会有四个特点：一是自我批评深刻，触及灵魂，达到了“像”“深”“准”“诚”四个字标准；二是相互批评有分量，触及灵魂，真正拿起了批评和自我批评的武器；三是班子成员对批评内容都能够认真听取，班子成员坦诚相见，敞开心扉，知无不言，言无不尽，都表现出对同志的关爱和对社会科学事业发展的赤诚，受批评的同志都能够虚心接受，有则改之无则加勉；四是通过批评与自我批评达到了心平气和、提高思想、促进团结的目的。

## 三　严格把关，精心指导，保证了专题民主生活会高质量召开

10 月 11 日，我院将院领导班子和我本人的对照检查材料报送出席我院民主生活会的刘永瑞副主席。刘永瑞同志认真进行了审阅，表示院领导班子和我本人的对照检查材料写得非常好，对其他班子成员也进行了认真审阅，认为写得都很好，同意上会。10 月 16 日，我就生活会的准备情况及如何开好这次专题民主生活会，向刘永瑞同志做了专题汇报，得到刘永瑞同志的肯定。同时，我还就专题民主生活会的安排向省委第六督导组组长郑广富同志做了沟通汇报。郑广富同志对我院的准备工作表示肯定，同意我院专题民主生活会如期召开。

刘永瑞同志和郑广富同志及督导组成员全程参加了院领导班子专题民主生活会。会议期间，边听边记，不时插话询问，多次进行深入点评。

会议结束时，郑广富同志对会议进行了总结评价。他指出，近年来，省社科院为省委、省政府搞好决策、当好参谋，有力地推进了工作，在大家的努力下，取得了明显成效。你们的工作精神、工作作风深深感染了我们。在教育实践活动中，省社科院高度重视，动员和推进各方面都走在省直前列，理论学习认真，征求意见真诚，做到了规定动作不走样，自选动作很得体。第六督导组督导的 9 个单位，只有社科院的班子领导把深入基层的下乡手记打出文件来给我们看。在这次专题民主生活会上，从班子到个人，从工作到思想，对存在的“四风”问题都进行了认真对照，检查得比较全面，分析得也比较深刻。自我批评真心实意，每位同志都做到了三个案例、四个讲清、五个回应和六个明示。相互批评真心诚恳，大家从思想、工作、风格和方法上进行了相互批评。这次专题民主生活会召开得比较好，省委督导组对省社科院班子民主生活会是满意的。

刘永瑞同志在讲话中首先对我院开展党的群众路线教育实践活动和这次专题民主生活会给予了充分肯定。他指出，专题民主生活会开了整整一天，院领导班子和十个班子成员都进行了对照检查，做了很好的发言，按照要求

进行了很好的相互批评。通过看材料和与省委第六督导组沟通，特别是今天参加了民主生活会，感到社科院党组在组织党的群众路线教育实践活动过程中，态度认真，认识到位，工作思路清晰，措施得力，实践活动的每一个步骤是扎实的，而且在某些方面还具有社科院自己的特色。一是院党组高度重视，思想统一，通过学习，大家的思想认识提高进步很快。会上大家检查得非常好，思想主动上位。二是省社科院党组紧紧围绕“照镜子、正衣冠、洗洗澡、治治病”的总要求，在深化学习教育的基础上，勇于查摆问题，从班子到个人，深挖细找，征集了近百条意见建议，整个工作进程安排、所要达到的目的都是很清晰的。三是聚焦问题、狠刹“四风”。“立行立改、立知立改”这八个字在省社科院体现得是比较明显的，其中有几项工作已经完成。从班子到个人，能改的立即改，知道错的马上去纠正，这完全符合党中央、省委、省委活动办的要求，也充分体现了习近平总书记的重要讲话精神。四是领导带头，狠抓落实。院领导班子不仅进行部署，组织推动，而且特别注重发挥带头示范作用，带头查找“四风”问题，带头征求意见，带头整改。总而言之，省社科院的教育实践活动对科研院所、高校开展活动起到了示范作用，应予以充分肯定。

刘永瑞同志强调，这次会议准备充分，会风很正。相互批评，深刻生动，不顾情面，既严肃认真，又团结和谐，民主生活会的质量是比较高的。大家识大体，顾大局，敢作敢当。不仅立足自身查摆问题，更重要的一点，各个班子成员还主动去承担班子的不足和问题。在正确批评别人的同时，也勇于把自己摆进去，大家敞开了心扉，对照检查挖得很深，达到了毛泽东同志所讲的“团结—批评—团结”的目的。

刘永瑞同志认为这次民主生活会有以下几个特点。第一是大家态度积极，班长带头，作风民主。文夫同志首先要求向他提出批评之外，也主动带头向其他同志提出意见。第二是态度严肃，而且很认真，这一点很好。第三是态度诚恳，氛围和谐。从批评的愿望出发，帮助同志指出问题，每个同志都心悦诚服表示接受，促进了班子的团结、和谐。

刘永瑞同志在讲话中对院领导班子也提出了希望和要求：一是要进一步认真学习领会习近平总书记重要讲话精神，切实在解决理想信念、宗旨观念、党性修养深层次方面下功夫；二是要按照党中央和省委的要求，防止过关思想、闯关思想，继续深化工作创新，把社科院建成高水平的研究基地；三是要把措施尽快制定出来，分解任务，落实到人，抓紧整改；四是坚持党要管党、从严治党，把查摆“四风”、杜绝“四风”紧紧抓在手上，做到经常化，做到防微杜渐。

## 四　抓好整改，确保教育实践活动善始善终、善作善成

开好民主生活会，目的在于真正解决存在的问题。这次专题民主生活会上，领导班子和成员针对群众反映的意见和会上查摆出来的问题，认真制定了整改措施。10 月 25 日，院党组召开会议，研究通过了《院党组党的群众路线教育实践活动整改措施》。

### （一）院领导班子提出四个方面的整改措施

1. 强化政治责任，坚决贯彻党中央和省委的重大决策部署

一是坚持院领导带头学习。深入学习中国特色社会主义理论，深入学习习近平总书记一系列重要讲话精神，深刻领会精神实质，做到真学真懂、真信真用、真抓真改，以学习统一思想、武装头脑、指导实践、锤炼党性，以思想自觉推动行动自觉，以此带动好全院的马克思主义理论学习，把全院的学习活动推向深入。二是把加强宣传和研究习近平总书记系列重要讲话当成我院当前的一项政治任务。组织理论工作者进行深入的研究、阐释和解读，形成一批理论成果；组织专家学者深入基层单位开展专题宣讲，扩大学习宣传覆盖面。三是进一步强化工作责任。院领导班子成员紧密结合思想和工作实际，结合分管部门的工作，把党中央和省委对社科院工作的要求落到实处，分别提出贯彻落实意见，切实用讲话精神指导工作。四是进一步严守政治纪律。牢固树立政治意识、大局意识、责任意识，坚决与以习近平同志为总书记的党中央保持高度一致。坚决维护党的路线方针政策，坚决与违背党中央和省委精神的错误言行做斗争。五是倡导优良学风，坚持正确导向，严格落实学术管理的相关制度和规定。

2. 强化宗旨意识，完善制度规定，坚持把党的群众路线贯穿到一切工作中去

一是深化领导班子成员直接联系群众制度。班子成员要坚持带着课题搞调研，推动领导干部深入基层、深入群众办实事。二是进一步促进全院科研人员大兴调研之风。9月已出台《关于加强基层调研的实施办法》。三是进一步推动院领导班子依法民主决策。10月已修订出台《院党组议事规则》《院长办公会议制度》。四是进一步加强和规范院内部信息公开工作。9月已修订出台《内部信息公开事项目录》《内部信息公开管理办法》。

3. 强化“三个服务”，以抓铁有痕、踏石留印的劲头提升我院“新智库”建设水平

一是围绕全省重大现实问题，搞好决策服务。围绕省委、省政府领导交办与圈定的研究课题，加强“四大攻坚战”和“四个专项行动”的研究力度，在增强研究成果针对性、时效性、可操作性上下功夫，力争推出一批高质量的研究成果，为省委、省政府决策提供理论支撑和智力支持。二是完善科研管理制度，优化科研环境。引导科研人员更好地将精力聚焦到“三个服务”的办院方针上来，出精品、出人才、出效益。三是强化精品意识，推动马克思主义学习、研究、宣传重要阵地建设。已修订出台《关于鼓励和支持在国家重点报刊发表文章的办法》。四是加强理论宣讲五级网络建设。已出台实施《中共河北省委讲师团关于建立理论宣讲工作网络的指导意见》，努力实现宣讲工作“全覆盖、面对面”。10月已开通石家庄、邯郸两条试点宣讲网线。五是加强社科联组织建设，促进社会科学繁荣发展。深入落实省委、省政府两办制定的《关于加强新时期社会科学界联合会工作的意见》，在市级社科联开展智库建设试点工作，加强基层社科联组织建设。六是完善人才培养制度，加强人才队伍建设。进一步优化干部考核和任用办法。修订《干部考核实施办法》《干部选拔任用规定》，建立起以德为先、注重实绩、群众公认的选拔任用体系和导向正确、措施科学、考准考实的考核评价体系。起草制定《智库人才队伍建设工程实施方案》，完善人才培养制度，优化干部管理机制，抓好干部培训工作。七是深化国际学术交流，推进学术研究与国际接轨。深化与国（境）外20余所高等院校及科研机构的实质性交流合作，通过互派访问学者促进人才队伍建设适应智库建设

的需要，提升学术研究的国际化水平。

4. 强化作风建设，牢记“两个务必”，以率先垂范的精神带出一股清正清廉清明之风

一是强化作风建设，严格遵守廉洁自律各项规定。院领导班子成员要带头落实好党中央和省委关于改进作风、密切联系群众的各项规定。二是完善公开、高效、规范的权力运行机制。已修订出台《廉政风险等级目录》。三是切实改进文风会风，提高工作效率。10 月已出台《关于精简会议和文件简报的落实意见》。四是完善财务监督机制，狠刹铺张浪费之风，10 月已出台《财务公开办法（试行）》和《“三公”经费管理办法（试行）》。

### （二）立行立改，抓好十件实事

按照教育实践活动边查边改、立行立改的要求，民主生活会前，我院已经制定出台了《克服“四风”问题十件实事》，有的已经落实，有的正在整改。其中，建立完善调查研究的激励、保障和考核机制；治理文山会海；完善人才培养制度，抓好干部培训工作；财务预算公开；“三公”经费管理；改善职工伙食，丰富饭菜品种，提高饭菜质量六项，已经完成或取得阶段性成果。

另外，修建自行车停车棚，解决职工停放自行车难问题；添置重要图书，购置已出版的《马克思恩格斯全集》各卷及相关工具书预计 11 月底完成。修改完善《社科研究基地管理办法》和院网增设“科研概览”栏目两项工作要求 12 月底完成。民主生活会以后，我院还要进一步加大整改力度，分期分批解决群众关心的其他问题，使全院干部职工的工作生活条件进一步得到改善。

现在，院领导班子和班子成员正在按照省领导和省委督导组的要求，依据整改措施制定出详细的整改任务书、时间表，积极整改，切实把各项措施落到实处，进一步转变作风，使我院的教育实践活动取得实实在在的效果。

# 以人为本推进我省新型城镇化的思考和建议*

（2013 年 10 月 31 日）

人口城镇化是城镇化进程的核心内容，以人为本是新型城镇化建设的本质要求。进入 21 世纪以来，我省城镇化的发展已进入快车道。2012 年我省城镇常住人口达到 3390 万人，城镇化水平为 46.8%，比 2003 年提高 13.3 个百分点，年均提高 1.48 个百分点，高于全国同期增长幅度。同时，囿于传统的城镇化发展体制和我省特殊的经济发展模式，我省人口城镇化还存在以人为本原则坚持得相对不够等诸多问题。认真分析问题，探求原因，并提出切实可行的对策和建议，对于促进我省城镇化的健康发展意义重大。

## 一　当前河北省人口城镇化存在的主要问题

### （一）人口城镇化率相对较低

我省城镇化进程长期滞后于全国平均水平，与先进省份相比差距更是明显。2012 年，我省的城镇化率为 46.8%，低于全国平均水平 5.8 个百分点；与广东、辽宁、江苏、浙江、山东等先进省份相比，分别低 20.6 个、18.9 个、16.6 个、16.4 个和 5.6 个百分点。此外，2011 年，我省的城镇化率比

* 本文是周文夫在河北省政协十一届四次会议上的书面发言。

工业化率低2.41个百分点，而全国的情况是城镇化率比工业化率高11.41个百分点；2011年，我省的城镇化率低于非农产业比率42.55个百分点，而全国城镇化率低于非农产业比率38.69个百分点，前者比后者低3.86个百分点。

### （二）人口城镇化结构不尽合理

长久以来，我省城市整体规模层级低、大城市规模小、中等城市数量少、小城市小而散且特色不突出的问题十分突出，直到现在还看不到明显改善的迹象。2011年，全省11个地级城市中，市区人口100万人以上的城市仅有唐山、石家庄、保定、邯郸4个，占地级城市数量的36.36%，低于全国平均水平7.74个百分点。此外，从区域分布来看，我省沿海地带仅有秦皇岛、唐山和沧州3个地级市，周边山东沿海7个地级市、辽宁6个地级市与我省相比，高出1倍以上，这说明我省沿海区域缺乏连绵的城市带，人口向我省沿海地区的集聚并不积极。

### （三）人口城镇化的质量存在一定缺陷

首先是部分城市常住农民工的“半市民化”现象较为严重，且问题呈现不断加剧的趋势。2000～2011年，我省的常住人口城镇化率和城市户籍人口城镇化率（非农业人口率），分别从26.08%和19.60%增长到了45.6%和31.91%，分别增长了19.52个百分点和12.31个百分点，前者比后者高7.21个百分点，常住人口城镇化率和户籍人口城镇化率之间的差距在不断拉大。此外，统计资料显示，2011年，我省城镇居民人均住房建筑面积为32.2平方米，低于全国平均水平0.5平方米；每万人拥有公共交通车辆为10.44标台，低于全国平均水平1.37标台。

## 二　影响我省人口城镇化健康发展的深层障碍

### （一）相对保守与粗放的经济发展模式

首先，主要由于企业经营环境相对较差，我省的民营经济没能如山东、江苏、浙江等省份那样迅速崛起。这一方面影响了我省大中城市经济规模的扩张，同时也造成整个县域经济的低迷，从而使中小城市（镇）的发展丧失了动力，最终导致整个城镇体系对农村人口的吸纳能力总体不足。在2010年中国GDP百强城市排名中，我省进入前50名的仅有唐山、石家庄、邯郸3个城市，分别排名第19位、第27位、第45位；而江苏和山东进入前50名的有8个，浙江有6个。从第十二届全国县域经济与县域基本竞争力百强县的评比来看，我省仅有3个入围，而辽宁省11个、江苏省25个、浙江省20个、山东省24个。

其次，由于发展的惯性和科技创新能力的不足，我省经济延续并不断强化了那种靠拼资源、拼环境、拼投资的粗放式发展模式。这给我省城镇化带来的影响是：一方面城市经济偏重的产业结构导致其单位资本吸纳劳动力的能力较弱；另一方面较低的经济效率也导致居民人均收入较低，从而进一步影响了吸纳就业能力较强的第三产业的发展。2011年，我省城镇居民人均可支配收入和城镇单位就业人员平均工资在全国分别排名第18位和第23位；2011年，我省第三产业增加值占GDP比例为32.7%，比全国低11个百分点。

### （二）具有一定非人本化倾向的传统城镇化发展体制

一是相对重视“物的城市化”而轻视“人的城市化”的城镇建设体制。其含义是，囿于土地财政体制和追求增长的投资冲动，我们的城市化首先侧重已有城市在经济方面的发展和土地、建筑等“物”的方面的扩张和改进，而不太重视城市人口的扩容和增加。2011年，我省的城镇化水平分别比工业化率和非农产业比率低2.41个和42.55个百分点。2011年，全省33个城市城区人口的人均建成区面积为每万人占地1.08平方公里，比2003年增长了14.89%。

二是相对倾向于现有城市市民的城镇人口流动和福利配给体制。其含义是，在我国层级式的行政性城市与城乡管理体制下，中小城市（镇）和未进城农民在城镇化过程中拥有的发言权较小，这导致在政策上一方面会要求进城人口要多进入中小城市（镇），另一方面进城人口规模至少要以不影响现有市民城镇福利为前提，这样的城镇化发展体制显然是有负面影响的。我省也不例外，现在，在全国地级以上城市中，按照市区人口占总人口比重的指标，我省只有唐山一个城市进入了100名之内。此外，2011年，我省进入城镇但没有取得户籍的常住人口大约有958万人，占城镇常住人口的29%，将近三分之一。

## 三 对河北省新型人口城镇化发展的几点建议

### （一）明确方向，坚持以人为本城镇化各项目标不动摇

首先，适当提高城镇化的发展速度，不断提升我省的城镇化率。拓展“就地城镇化”和“转移城镇化”的方式和途径，确保实现“十二五”规划中到2015年全省城镇化率达到51.5%的目标，尽快缩短我省与全国平均水平的差距。其次，完善城镇规模体系和空间布局，优化人口城镇化流动的方向和结构。重点提高石家庄、唐山两个区域中心城市的人口首位度，适度引导向沿海中心城市的人口流动和聚集，完善我省“两群一带”的城市群空间体系。最后，全面提升我省人口城镇化的内涵和质量。积极推动城镇地上、地下基础设施的改造和升级，逐步实现公共服务和社会保障向城镇常住人口的全覆盖。

### （二）打好基础，完善战略支撑

首先，促进经济增长、产业升级与发展方式转型，为提高城镇集聚力和结束城乡二元体制创造空间。适当保持投资增长，维持一定的经济增长速度。大中城市要扩大投入、改善环境，积极促进创新能力提升和产品技术改造。中小城市（镇）一方面要积极承接大城市转移下来的规模产业，另一方面更要广泛利用众多中小企业组成的集群合作竞争优势，提高城镇吸纳力和集聚力。其次，完善城镇基础设施和公共服务设施，不断提升我省城市的承载能力。本着合理布局、综合开发、重在实用、优化环境等原则，以地下管网、污水处理、地铁轻轨、环境治理等建设为重点，优化市政基础设施建

设。加快建立健全分层次、广覆盖的教育、卫生、住房、养老等社会保障体系，推进创新城市、绿色城市、智慧城市和人文城市建设，全面提升城市内在品质和影响力。最后，锐意改革，破除新型城镇化发展的深层次体制障碍。根据中央政府的改革决心和我省的承受能力，积极探索改变旧体制的方式和方法。比如，弱化传统户籍制度的福利配置功能，推进农村土地和宅基地的确权和市场化流转，探索土地财政体制的替代方式，建立起真正透明可监督的城市规划和建设制度，在一定范围内进行县改市、县改区和某些地方的市县同城改制调整，等等。

### （三）循序渐进，防止极端冒进的倾向

一要充分尊重农民自身的意愿。不搞“强迫进城”“强迫上楼”“强迫卖地”，依法保障农民的土地承包经营权、宅基地使用权、集体收益分配权。对已经进城的农民，争取为他和他的家人设立一定年限的过渡期，保留他们在农村的土地或允许其以资产形式转让，使其平稳完成起步阶段的过渡。

二要注意保持城镇化的速度和质量与客观条件的对应协调。人口向城镇的梯次转移，要充分考虑城镇的就业吸纳能力、基础设施和公共服务承受能力、资源环境承载力的提高和改善速度，力戒拉美国家城市化“陷阱”现象在我们这里重演。

# 关于“推动京津冀协同发展长远考虑”的意见和建议*

（2013 年 11 月 7 日）

服务京津冀地区协同发展的总目标，河北省区域发展的总体战略定位为：京畿大省、生态涵养地、京津冀地区重要出海口。河北省要充分发挥环抱京津的特殊区位优势，以纵深腹地为支撑，成为京津大城市功能拓展与疏解载体，为京津冀协同发展提供基础保障；重点加强水体保护、绿地建设与大气环境改善，打造京津冀都市圈绿色生态屏障，将京津冀地区建成环境优美的生态宜居区域；优化沿海港口布局，推动港口群建设，全面提高对外开放水平，努力建设国家重要的改革开放门户。通过三地协同合作、一体规划、一致行动，未来京津冀地区应发展成为世界上现代化水平最高的地区、高端先进要素最密集的地区、综合发展等级最高的地区。即到 2050 年，京津冀地区发展成为举世瞩目的超大经济区，经济发展水平位居世界最前列，京津冀都市圈成为具有全球重要影响力的大都市圈；京津冀地区汇集全球领先的人才、资金、技术等高端优质要素，成为全球极具影响力的重要财富聚集地；京津冀地区拥有世界级经济中心、政治中心、文化中心、金融中心、科教中心、国防军事中心等多种超强经济社会功能，成为全球综合发展水平和综合发展等级最高的区域。

* 本文为周文夫主持起草，提交省委、省政府的关于“推动京津冀协同发展”研究报告初稿。

## 一　关于“重构区域功能”

### （一）战略构想

京津冀区域功能重构的总体战略定位是：统筹规划、区域拓展。破解北京城市功能过于集中带来的人口和资源环境压力，最根本的就是要“跳出首都看首都”，将首都城市功能发展拓展到整个京津冀大区域视角，在更加广阔的空间和腹地范围内，优势互补，统筹划定城市布局和功能定位，协调疏解北京、天津城市功能，释放“一加一加一大于三”的倍增效应。

### （二）战略论证

经济社会功能过于集中引发的大城市病严重制约了区域可持续发展。2012 年北京市常住人口 2069.3 万，依照现有发展趋势，2020 年必将突破 2500 万。人口与资源环境协调发展的矛盾日益突出，城市运行的风险不断累积，社会安全保障难度不断加大。北京市年均可利用水资源量为 26 亿立方米，实际年均用水量 36 亿立方米，超出的 10 亿立方米水依靠消耗水库库容、开采地下水和应急水源常态化来维持，生态负面影响巨大。相关资料显示，北京六环路以内地区日出行总量达到 3500 万人次，新增交通供给能力被人口增量抵消。在北京的内城，就业人口的数量直线攀升，但居住在这里的人口日益减少，并出现了一种城郊化的现象，这种居住区与就业区错开的城市格局，进一步加剧了北京市交通压力。自然资源和社会资源在人口的压力下日渐匮乏的同时，治安问题日趋突出，城乡接合部流动人口聚居区极易成为团伙犯罪、恐怖活动、群体事件的滋生地。

纵观世界纽约、伦敦、巴黎、东京等已然成型的大都市圈，内部各城市根据自身在区域背景下的优劣势条件承担不同的职能，在分工合作、优势互补的基础上共同发挥整体集聚优势，形成了整体区域竞争力。如，世界第一大都市圈纽约城市圈的层级结构与京津冀类似，相当于一座金字塔：塔尖是纽约，第二层是波士顿、费城、巴尔的摩、华盛顿 4 大城市，再下面则是围绕在5个核心城市周围的40多个中小城市。5大核心城市各具特色，错位发展，相互补充。纽约与周围城市合理的地域分工格局和产业链的形成，成为这一都市圈发展壮大的基础和保障。纽约作为全美的金融和商贸中心，有着最为发达的商业和生产服务业，为这一地区提供多种重要的服务；波士顿集中了高科技产业、金融、教育、医疗服务、建筑和运输服务业，其中高科技产业和教育是波士顿最具特色和优势的产业，是世界著名的电子、生物、宇航和国防企业中心；费城地理位置优越，港口发展带动了费城整个交通运输业的扩展，成为纽约都市圈的交通枢纽；华盛顿市作为全美政治中心和世界大国首都，在国际经济中有着重要影响，全球性金融机构如世界银行、国际货币银行和美洲发展银行的总部均位于华盛顿；巴尔的摩市区与华盛顿特区的接近使得它分享了很多联邦开支和政府采购合同，国防工业在巴尔的摩取得很大发展。

### （三）战略举措

围绕京津冀区域协同、可持续发展，重点要在更大区域范围内疏解京津尤其是首都的大城市功能。

一是疏解首都经济功能。未来北京应将其经济功能大部分转移，河北以各类开发区和园区为载体，成为产业转移的承接地、京津冀地区实体经济地。转移不是将北京淘汰的落后产能放到河北，河北绝不能建设成为京津冀地区"产业垃圾场"，而是要将那些虽先进但不宜在大都市布局的产业转移到河北，通过转移进一步实现技术升级、产业升级。未来河北省产业构成将主要是现代服务业、战略性新兴产业和高端制造业。

二是疏解首都社会功能。北京大城市的社会功能过于密集，包括教育、科技、医疗、行政、交通等社会资源过多地汇集在北京，吸引大量要素资源向其汇聚，产生了现实拥挤。伴随网络信息进步和无纸化办公的到来，行政、服务机构分散布局完全可以实现。北京未来应主要保留政治、文化等与首都地位匹配的核心功能和机构，非核心或附属的功能和机构全部转移或外迁。北京市内众多的中央国家机关及其附属事业单位、重点大学、大型医院、大型物流枢纽、重点科研院所，可着眼长远目标与更宽广的发展空间，外迁到河北乃至全国其他地区。

三是疏解基础设施功能。基础设施建设是城市功能的集中承载，疏解城市功能必须调整基础设施建设布局。未来凡计划在北京新增的重大基础设施建设，在河北与北京均能落户的前提下，应优先选择落户河北。如，规划建设的北京新机场就可以全部落户河北境内。原因有三：首先，从解决“城市病”角度看，当前，北京市境内已有首都机场和南苑机场两个民用机场，将同样定位于“超大型综合机场”的首都第二机场再落户北京，将进一步扩大北京城区范围，加剧城市拥挤；其次，从安全角度分析，首都第二机场落户北京，将大幅增加北京上空低空飞行密度，增加首都安保难度；最后，从建设成本方面考察，北京市土地资源供应十分紧张，而河北拥有较为广阔和相对充裕的土地储备，北京的拆迁以及建设协调成本远高于河北。综合上述分析，未来北京市内大型基础设施建设具备相应条件的均可选择落户河北。

四是疏解生态功能。为保障和逐步改善地区生态环境，京津冀地区必须实行严格的生态环境控制策略，划定区域性保护区和生态廊道，保护森林、流域、河口和农田等区域绿色空间基底，约束城市扩张和土地开发。同时还应共同推动水资源涵养区的生态保育，共同加强水系环境的综合治理，共同加强浅山地带的荒山育林，共同建设跨区域的国家级森林公园等，促进区域生态环境质量的提升。

## 二　关于“优化城市布局”

### （一）战略构想

京津冀地区优化城市布局的总体战略构想是：依托京津两大核心城市，着力打造由沿海城市轴带、内陆城市轴带以及核心城市联动轴带构成的“H”型区域城市布局，到2050年将京津冀区域打造成为各城市紧密联结、广泛互动的都市连绵带。一是打造由“秦皇岛—唐山—天津—沧州”构成的纵向沿海轴带，发展临港经济和高端制造，构筑国内沿海经济发展的示范区和连接晋蒙对接日韩的桥头堡。二是打造由“承德—北京—保定—石家庄”构成的纵线内陆轴带，发展现代服务与高新技术产业，构筑具有广泛辐射效应的科技、文化中心以及和谐社会示范区。三是提升“北京—廊坊—天津”一线，促进双核联动，形成以智慧、生态为特征的绿色动力轴。到2050年，促进京、津两大核心城市不断由“双核”向“极轴”再向“网络”的方向拓展，培育壮大保定、承德、秦皇岛等城市，与石家庄、唐山组成新兴的骨干节点，形成城市发展梯度明晰、现代服务和高新制造功能集聚、轴线紧密呼应的京津冀都市圈。

### （二）战略论证

从国外的发展经验看，都市圈建设既有成功的方面也有不足的方面。以日本的东京都市圈为例，在20世纪50年代初，伴随着东京战后经济的复兴和人口的迅速集聚，东京出现了城市过度拥挤、规模无限扩张、功能过度集中等问题。为了适应经济的发展，日本政府先后提出了建立卫星城市，建设“区域多中心城市复合体”等方案，并于1999年提出“迁移首都的功能”，打造“多中心多核”的新设想，最终以日本26.5%的国土面积，集聚了60%的日本人口，形成广义的东京都市圈。再以纽约都市圈为例，1968年纽约明确提出了“铺开的城市”的概念，其典型情况就是“以公路建设为导向”，以低密度的郊区化推进都市圈的蔓延，这一战略导致了纽约出现“逆城市化”和“产业空心化”现象。直至1996年，纽约才重新进行调整，制定了以“经济、环境、平等”为导向的新的都市圈规划，整体上由波士顿、纽约、华盛顿构筑了波士华城市群，占美国国土面积1.5%，集中15%左右的人口，制造业占全美30%以上，成为全球实力最强的城市群。

比较东京都与纽约的发展经验，有两点经验值得京津冀借鉴。第一，国外都市圈发展在核心城市极化达到一定程度、产生若干城市病以后，都采用人为方式推动核心城市的功能疏解，由一极向多极转变。第二，依托核心城市形成“极轴式”发展，不仅能够形成功能明晰、紧凑和高密度的城市空间结构，还具有很好的节能优势。如以东京为代表的亚洲高密度城市，其交通能耗水平仅为美国低密度城市的1/4。

### （三）战略举措

一是加快培育次中心，建立合理的城市等级体系。培育良好的区域发展梯度是大都市圈协调发展的经济社会基础。从京津冀的情况看，2012 年北京人均 GDP 达到了 87091 元、天津为 91190 元，而河北省仅为 36466 元，整体上相当于京津的 40%，其中人均收入最低的邢台与京津相差 4.5 倍，京津与河北间存在巨大落差。这一情况，使得京津冀在协调发展上缺乏良好的基础。在未来的发展中，一方面重点依托天津，形成“秦皇岛—唐山—天津—沧州”的极轴式发展，着重培育壮大秦皇岛市，使其成为以高新技术和现代服务业为主导的新兴城市；另一方面依托北京，形成“承德—北京—保定—石家庄”的极轴式发展，着重培育壮大承德、保定两市，与沿海轴带形成紧密的呼应；“北京—廊坊—天津”一线则着重提升廊坊市的发展水平，整体上形成以京津为核心层，石家庄、唐山、保定、廊坊为次中心，秦皇岛、承德等为主要节点城市的京津冀城市等级体系。

二是加快高铁网络与智慧城市建设，疏导核心城市人口压力。大都市圈的高效运作需要具备两个重要条件即良好的交通体系和良好的人口疏导体系。从京津的情况看，现阶段所面临的问题与东京类似，京、津两大核心城市都面临巨大的人口压力。以北京为例，其常住人口从 1953 年的 500 万人到 1986 年的 1000 万人经历了 33 年，从 1000 万人到 2005 年的 1500 万人则用了 19 年，再到 2011 年突破 2000 万人仅用了 6 年，2012 年则进一步达到 2069 万人。随着人口不断的快速集聚，大城市病日益凸显，交通设施、电力设施、供水设施、排水设施、供热设施等面临承载能力瓶颈，而生态环境也持续下降，从沙尘暴到 PM2.5，北京近年来的空气质量一直不好。在未来的发展中，要加快京津冀各市间的高铁网络建设，同时加快保定、廊坊、秦皇岛、承德等主要节点城市的智慧城市建设步伐，构筑良好的物流和信息流基础，形成良好的人口疏导节点，推动京津人口的合理流动。

三是依托京津功能疏解，推动城市空间布局逐步向“多轴多心”的网络结构发展。在加快各节点城市建设的基础上，促进京津功能疏解，着重依托主要轴线承担京津现代服务、医疗科教、文保居住等功能转移，打造高新技术产业带、滨海产业带、现代制造业带和现代服务业产业集聚区，同时从节地、节能、低碳、环保和建设良好生态环境的目标出发，沿主要轴线发展大楔形绿地和绿色产业，实现京津冀都市连绵区的可持续与多心化发展。

## 三　关于“扩大生态空间”

### （一）战略构想

京津冀扩大生态空间的总体战略构想为：统一协调、互惠共生的“京津冀大生态区”。京津冀三省市同处海滦河流域，同属一个气候和生态单元，三省市人民“同呼吸、共命运”。全面改善区域内生态环境，必须突破既有行政分割，按照区域生态一体化的理念和治理保护规律，建立区域协调、整体推进的统筹机制和政策体系，统一划分生态功能分区、产业和城镇布局，统一实施生态建设工程，着力建设共同负责、共同受益、环境优良的“京津冀大生态区”。大生态区范围是以北京为圆心的半径 300 公里区域，核心圈层为京津冀三省市。

### （二）战略论证

从现实发展形势来看，京津冀都市圈人口过于集中，经济社会发展快速，对资源消耗和生态环境破坏的速度，远远超过了人工治理和大自然自我修复的速度；严重干旱缺水和大气灰霾威胁，成为京津冀的突出生态环境问题，危及都市圈的生态安全与经济社会发展。

一是京津冀地区共同面临水资源困境。京津冀地区是严重资源型缺水区域，人均水资源量不足 300 立方米，仅为全国人均量的 1/7 和世界人均量的 1/24，明显低于人均 500 立方米的国际“极度缺水标准”；水资源开发利用率高达 123%，地下水超采 1000 多亿立方米，出现了近 5 万平方公里、全国最大、世界罕见的地下水开采漏斗区和地面沉降区。

二是京津冀地区共同面临大气污染难题。京津冀地区处于同一个气候带，形成了一个大的区域协同污染区，区域内城市大气污染变化过程呈现明显的同步性，重污染天气一般在1天内先后出现。环保部公布，2013年上半年，京津冀地区空气质量平均达标天数比例仅为31.0%，重度污染以上天次占26.2%。

三是京津冀地区陷入生态恶性循环。研究表明，京津冀地区主要空气污染源分布，与山前城市群分布、地下水超采区分布、水质污染分布等空间分布吻合，该地区城镇分布与发展需求—生态环境—水环境—大气环境形成恶性循环关系。"环京津贫困带"的客观存在进一步影响了京津冀都市圈的生态安全。

从先进发展经验来看，面临工业化、城镇化加速推进带来的资源环境压力，发达国家及国内先行地区采取了区域合作、城市绿带等方面举措，形成了可供借鉴的有益经验。

一是区际生态合作经验。在长期的实践探索中，欧盟形成了一套丰富而又实用的流域治理模式：成立了流域保护国际委员会；签署了具有法律效力和制度约束力的公约；设立由政府间组织和非政府组织组成的观察员小组，监督各国流域治理计划的实施；签署系列流域水环境管理协议以及制订实施流域可持续发展计划等。2011年3月，新安江流域作为全国首个跨省水环境补偿试点启动，该试点由财政部、环保部牵头制订试点实施方案，由中央财政和安徽、浙江两省共同设立新安江流域水环境补偿基金。基于补偿方案，环境保护部每年负责组织皖浙两省对跨界水质开展监测，明确以两省省界断面水质全年稳定达到考核标准为基本标准。安徽提供的水质优于基本标准的，由浙江对安徽给予补偿；劣于基本标准的，由安徽对浙江给予补偿；达到基本标准的，双方都不补偿。

二是城市"绿肺"模式。随着现代城市化进程的深刻发展，面向包括建成区、郊区甚至远郊区在内的整个城市化地区开展城市森林建设得到广泛认可，俄罗斯莫斯科、法国巴黎、澳大利亚堪培拉和黄金海岸、加拿大温哥华、挪威奥斯陆，都非常重视郊区以及远郊区的森林保护，都形成了森林围城的大城市生态发展格局。

### （三）战略举措

未来一段时期，加快建设“统一协调、互惠共生京津冀大生态区”应重点采取以下战略举措。

一是统一制定生态功能区划。由国务院牵头，建立国家级的“京津冀大生态区”组织协调机构，协调解决该地区生态建设中的重大问题。以京津冀为核心区、京津冀以外但在北京半径300公里范围内的区域为战略协调区，统一制定大生态区功能区划，严格划定生态功能分区、产业和城镇空间布局，完善跨区生态治理法律法规体系，推进京津冀生态建设一体化，建设在全国具有开创意义的跨省级行政区划大生态功能示范区。

二是统筹自然资源配置。以水资源保护和高效利用为核心，推进京津冀地区自然资源的优化配置和统筹使用。根据海滦河流域的特点及水功能区划大纲进行一级区划，将流域内最重要的地表水供水水源地、跨流域调水河道、重要河流源头划为保护区，加强区内大型水库集中式供水水源地的保护。在原有分水协议和规定的基础上，本着可持续发展的原则，明确三省市的初始水权，科学合理测算省市交界断面的水量、水质和水价标准，以水量、水质和生态服务为依据，建立水资源受益区向水资源服务区合理付费的生态补偿机制。

三是统一布局和建设生态工程。统筹实施京津冀生态合作项目，深入开展京津风沙源治理、“三北”防护林、退耕还林、太行山绿化、沿海防护林、平原地区绿化等重点生态工程。积极推进全区域大面积、大规模、高水平造林绿化，着力建设环首都、环中心城市、环县城（包括县级市）、环小城镇、环村庄“绿化圈”，城镇间以广袤的“绿化隔离带”相连，努力建成“京津冀森林都市圈”。将环京津贫困带及张承地区划定为“京津冀生态经济示范区”，争取京津两市与国家的大力支持，享受与京津同等的生态补偿和建设标准，通过培育生态产业体系、壮大生态经济实力，将环京津贫困带转型为永久的“环京津绿带”。

四是统筹协调各方利益关系。中央和京津冀三省市政府共同出资，建立京津冀地区生态补偿专项基金，对区域内水资源、林业、绿色农业、污染减排等实施专项补偿，统一确定补偿标准，实现京津冀地区生态补偿机制常态化、长期化。建立跨省市的经济协调补偿机制、耕地占补平衡机制、退耕还林以及人口迁移工作方案，并以国家规划、文件乃至立法的层面加以明确，妥善解决当地群众居住、社保、就业等问题。

五是统筹发展生态经济。立足生态环境可持续发展，从大生态区视角和空间领域疏解京津两大都市功能，彻底改变摊大饼式扩展格局，两大都市各自只保留核心功能，将产业、科技、教育、行政服务等可以转移的机构与实体分布到距离京津较远的（100 公里以外）地区，形成较为平衡的城镇布局体系。利用京津卓越的科技和人才优势，发挥河北内陆腹地和产业基础优势，加快产业升级和技术改造，积极发展战略性新兴产业和现代服务业，支持发展生态环保产业，将京津冀地区建设成为以循环经济和生态经济为主要特征的新型工业化基地。着眼水资源可持续利用，加快发展高效生态节水农业，开发农业休闲、健康、教育、科普等多种功能，最大限度地发挥农业的生态效应。

## 四　关于“增加清洁能源”

### （一）战略构想

未来京津冀地区能源利用格局为：加快推进能源生产和能源利用方式变革，全面提升能源开发、转化和利用水平，打造以可再生能源为主、非可再生能源为辅，能源外调和能源自产并重的多元化能源供应体系。未来 10 年，京津冀能源消费稳步增加，能源供给结构明显优化，跨区域清洁能源供给显著增加，风电、太阳能、生物能等绿色能源所占比重大幅提升；2050 年，能源消费基本稳定，工业用电、商业与服务业用电和居民生活用电三足鼎立，低碳经济模式与低碳生活方式基本实现，新增能源供应全部来自绿色能源。

### （二）战略论证

研究表明，京津冀地区煤炭燃烧产生的二氧化硫、氮氧化物、烟尘排放分别约占全国总量的86%、56%、74%，产生的PM2.5占总量的50%~60%。其中，直燃煤的烟尘排放量接近电煤的3倍，是雾霾产生的主要原因之一。目前，京津冀地区煤炭消耗量较大，北京每年燃煤量为2000多万吨，天津达7000万吨，河北为2亿多吨。改善京津冀地区大气环境质量，必须缩减传统化石能源消费总量，增加清洁能源利用。根据国网能源研究院预测，2050年全国人均能源消费量为4.68吨标准煤，届时京津冀地区人口将达到1.3亿左右，能源消费总量将在现有基础上再增长50%以上，达到6亿吨标准煤以上。从资源禀赋看，近几十年内，煤炭都将是我国的基础能源。因此，未来京津冀地区要构建现代清洁能源体系，就必须在控制煤炭消费总量的基础上，调整优化能源消费结构，增加区外清洁能源输入能力与区内清洁能源生产能力，提升能源利用效率。根据国家发改委能源研究所预计，到2020年，化石能源消费过快增长势头将得到控制，天然气、核电、水电和风电等绿色能源快速发展，能源综合效率显著提高；到2030年，能源消费增速明显减缓，煤炭产量和消费量达到峰值，绿色能源成为新增需求的供应主体；到2050年，能源消费基本稳定，新增能源供应全部来自绿色能源。

从国际经验看，美国从20世纪70年代开始发展绿色能源，重点开发太阳能、风能、水能等，并通过税收、补贴、成本返还等政策支持新能源产业发展。日本也于20世纪70年代开启新能源战略，重点发展风力、太阳能、垃圾发电和燃料电池发电等新能源。欧盟委员会发布“2050能源路线图”，提出通过提高能源利用效率、发展可再生能源、发展核能以及采用碳捕捉与储存技术等，到2050年碳排放量比1990年下降80%~95%，可再生能源占全部能源利用达到55%以上。

综合分析国内外能源发展趋势，预计今后一段时期内，京津冀地区能源消费总量稳步增长，其中煤炭消费量将维持在一定水平，天然气、太阳能、风能、生物质能、核能等清洁能源消费比重快速提升，能源生产利用效率大幅提高。

### （三）战略举措

一是建立健全能源法律体系。西方发达国家新能源法律体系较为完善，不仅包含能源转型战略，还具体规定了新能源发展的中长期目标和实施政策等，并建立了健全的监督体系。例如，日本、德国、英国等从法律角度详细规定了新能源的发展目标，并在电力企业新能源利用、可再生能源电力上网等方面做出了强制性规定。我国虽然已经制定了《可再生能源法》《可再生能源发电价格和费用分摊管理试行办法》等，但法律体系仍不完善。京津冀地区应进一步加强新能源的战略性、前瞻性和可操作性研究，加快制定和修订新能源相关法规政策，并稳步加大财政投入、税收优惠、投资鼓励等支持力度，以加快推进能源转型。

二是实行煤炭消费总量控制。通过淘汰落后产能、清理违规产能、强化节能减排、实施天然气清洁能源替代、安全高效发展核电以及加强新能源利用等综合措施，逐步提高城乡清洁能源使用比重，大幅压减煤炭消费总量。积极加强与山西、内蒙古等能源大省合作对接，建设特高压通道，增加外部供电输送保障能力。

三是推进能源高效清洁利用。依靠科技创新，加快推进燃煤发电、炼油化工技术进步和产业升级，提高能源加工转化效率和清洁化利用水平。实施煤电综合改造升级工程，加强节能、节水、脱硫、脱硝等技术的推广应用，削减农村炊事和采暖用煤，提高电煤消费比例。加大煤炭洗选比重，提高商品煤质量。建立以县（区）为单位的全密闭配煤中心、覆盖所有乡镇村的洁净煤供应网络，洁净煤使用率达到100%。推进企业兼并重组，建设大型化、集约化的炼化基地，提高石化产业集中度。根据资源特性和用能需求，加快风能、太阳能、生物质能、地热能等可再生能源的分布式开发利用，重点实施太阳能入户工程。

四是积极推进节能措施。加强工业节能，加快完善重点行业单位产品能耗限额强制性国家标准，实施工业节能重点工程，推进工业领域节能降耗。加强建筑节能，加快既有建筑和城市供暖管网节能改造，实行供热计量收费和能耗定额管理，推行绿色建筑标准、评价与标识，新建建筑要严格执行强制性节能标准，增加太阳能热水系统、地源热泵、空气源热泵、光伏建筑一体化、“热—电—冷”三联供等技术和装备在建筑用能中的应用比重。加强交通节能，推广节能和新能源交通工具。

五是加强能源科技创新。加快煤炭资源高效利用、先进油气储运、高效清洁发电、新一代核电、海上风电、太阳能热发电、大容量高效率远距离输电、大容量储能、大规模间歇式发电并网等先进适用技术研发，提高能源生产效率和利用水平。

## 五　关于“构建现代交通体系”

### （一）战略构想

京津冀现代交通体系总体战略构想是：2050 年前后实现京津冀区域交通运输现代化。具体来讲有两方面内涵：一是综合交通一体化，即努力形成京津冀地区一体化交通运输格局，水陆空运输结合，实现货运的“无缝衔接”和客运的“零换乘”；二是交通网络结构完善化，即建设完善的京津及河北省十一个地级市高铁、普铁网络，完善的民用机场体系、现代化港口港群系统，完善优化的高速公路网、改造提升的国省干线网，努力形成网络状、放射状、立体化交通脉络。

### （二）战略论证

从国际经验看，“都市圈”的交通模式并非千篇一律，而是与其地区特点、人口密度等紧密相关。其中，人口密度高的“东京都市圈”采用了以轨道交通为主的交通发展模式；伦敦和巴黎的交通模式则是轨道交通和高速公路并重；而人口密度相对较低的“纽约都市圈”采取的则是以高速公路网为骨干，同时具有一定规模的轨道交通网的交通发展模式。目前，北京都市圈的人口密度与伦敦、巴黎和纽约都市圈差不多，而且值得注意的是，我国目前正处于经济高速发展的时期，城市化进程还远远没有完成，预计未来 20 年内仍会有大量人口涌入京津冀地区，人口密度将继续增大。借鉴发达国家先进经验，提早谋划都市圈现代交通体系对于优化城市布局、推进都市圈又好又快发展具有十分重要的意义。

巴黎之所以能突破行政区划把其他城市整合进来构成巴黎都市圈，自身交通枢纽建设是一个重要的因素。首先，巴黎市内水、陆、空交通发达，地铁与公交网覆盖全部市区，使得巴黎自身实现了交通的一体化。其次，通过高速铁路系统，巴黎成为欧洲的交通枢纽，由巴黎至伦敦、布鲁塞尔、阿姆斯特丹、科隆及德国西部等地的航程均在 1 小时之内。发达的高速铁路网使得巴黎都市圈内的联系非常便捷，能够支撑区域的社会功能高效运转。再次，巴黎发展了比都市圈内别的大城市更强大的航空业，为都市圈内其他城市与世界其他地区联系建立了便捷通道。这样，巴黎不仅在交通上确立了巴黎都市圈的中心地位，也为都市圈内其他城市的发展降低了交通成本。东京都市圈绝大部分客运依赖轨道交通。根据东京都都市整备局的统计数据，东京都市圈每天上班和上学的人群中，平均有 86% 的人乘坐轨道交通，在高峰时段这一比例更是高达 91%，居世界第一位。在东京，山手线是市区环线，可以到达银座、涩谷、新宿、池袋等市中心繁华地区。以山手线为中心，整个轨道交通系统向四面八方延伸和辐射，通往东京市的每一个郊区。伦敦都市圈区域内功能一体化以及各级中心城市的有效合作，主要依赖于其发达的交通网络。伦敦的航空运输十分发达，有希思罗机场和盖茨维克机场这两个国际机场。伦敦的公共交通方便，域内有 9 条地铁干线，全长 414 公里。伦敦地铁的技术和管理设备先进，所有的调度和信号系统均为自动控制。伦敦市内共有公共汽车线路 350 多条，总运营里程 2800 多公里，公共汽车 6600 多辆。伦敦港是英国最大的港口，与 70 多个国家和地区的港口建立了联系，年吞吐量约 4500 多万吨。

### （三）战略举措

长远分析，推动京津冀地区交通运输体系现代化重点应采取如下战略举措。

一是完善都市圈交通体系。建设以北京为中心，以京津为主轴，以石家庄、唐山、秦皇岛、保定、沧州等为重要节点的城际高铁交通网络，保证京津、京石、京唐、津唐、唐秦、津沧、石沧、津保、石邯等主要干线之间高铁“半小时通达”“一小时通达”，逐步实现京津和河北11个设区市全部贯通高速铁路。主要目标，是使这一区域在全国率先跨入高铁时代，用高速铁路和其他轨道交通而不是高速公路作为城市群的主体运输方式，促进京津冀城市群内部联系的快捷高效和一体化程度的快速提升。

二是完善津冀港口群地区交通体系。重点加强港口后方铁路、公路、空运建设，形成综合性、多功能的现代化港口集疏运输体系，重点建设黄骅港—天津港—唐山港—秦皇岛港沿海铁路，通过张唐铁路打通从曹妃甸—唐山—承德—张家口—乌兰巴托的铁路，增加货运能力。谋划建设石黄铁路，加快建设邯黄铁路，增加环渤海港口群到腹地的铁路货运能力。

三是调整优化津冀港口群。调整优化港口结构、拓展港口功能，明确港口定位，形成天津港、唐山港、秦皇岛港、黄骅港合理分工、优势互补的港群体系。加快建设天津港区深水泊位的建设以满足国际集装箱船舶大型化、超大型化的需求；建设曹妃甸港区煤炭、矿石、原油、液化天然气等大型专业码头，改扩建京唐港区、秦皇岛港区散货码头。

四是建立政府间交通建设协调机制。加强京津冀各省市间、行业间合作与协调，确保规划顺利实施，建立京津冀地区交通发展的合作协调机制，加强对铁路、航空、港口、高速公路和跨省市干线公路等重要基础设施规划和建设的衔接、督导和检查力度，实现跨省市重要交通基础设施的功能、通道资源、空间布局、建设时序、技术标准和运营系统、检查管理等方面的统筹协调。

# 院党组书记、院长周文夫整改措施

（2013 年 11 月 14 日）

根据党中央决策部署和省委统一安排，按照《关于省直单位教育实践活动整改落实、建章立制环节的指导意见》的要求，认真贯彻落实习近平总书记重要讲话精神，针对在教育实践活动中查找出的突出问题提出如下整改措施。

## 一　加强学习，筑牢理想信念

### （一）树立终身学习的理念

切实改进学风，把学习当作一种政治责任、一种精神追求、一种生活方式。认真学习马克思列宁主义、毛泽东思想、邓小平理论、“三个代表”重要思想、科学发展观，特别要认真学习党的十八大以来习近平总书记系列重要讲话和党的十八届三中全会精神，学习党中央和省委关于教育实践活动的一系列重大部署，研读原文原著，领会精神实质，以党的最新理论成果武装头脑，进一步增强贯彻中央和省委、省政府重大决策部署的自觉性、坚定性。

### （二）做到知行合一

坚持用马克思主义基本原理、中国特色社会主义理论体系和习近平总书记系列重要讲话精神统一思想、指导行动，切实解决好世界观、人生观、价值观这个“总开关”问题，做中国特色社会主义的坚定信仰者和忠实实践者，不断增强领导全院各项事业科学发展的能力，不断提高服务决策、服务发展、服务基层的水平。

### （三）落实制度保障

修订完善院党组理论学习中心组学习计划。充实学习内容，重点落实好党的十八大以来习近平总书记系列重要讲话和党的十八届三中全会精神的学习安排。对每一个阶段的学习明确任务，提出要求，落实考核，把院党组建设成为学习型党组织。

## 二　振奋精神，狠抓整改落实

### （四）牵头制定整改落实工作台账

建立工作台账，强化目标责任，明确责任分工，细化工作方案，做好任务分解，做到事事有人做、事事有人管，让每一个人都有目标、有任务、有责任、有压力。要坚持顶层设计，不留余地，突出重点，倒排工期。

### （五）进一步贯彻落实民主集中制

修订院党组会议、院长（省社科联驻会主席）办公会议议事规则。以党章和党内政治生活准则为依据，规范议事程序，把集体领导与分工负责结合起来，把统一意志与集思广益结合起来，提高民主决策水平。此项工作近期完成。调整领导班子工作分工，自 2013 年 6 月起，我本人不再直接分管人事和科研工作，分别由以往两位协管副院长直接分管。在今后的重大事项决策中，我将带头发扬民主，坚持集体议事，注意集中大家的意见，充分发挥分管领导作用，自觉接受班子成员的监督。

### （六）抓好理论宣传

认真学习习近平总书记系列讲话和党的十八届三中全会精神，分专题进行研究、阐释和解读，形成一批理论成果；深入解读全省宣传思想工作会议精神；组织专家学者深入基层单位开展专题宣讲。

### （七）加强应用对策研究

围绕省委、省政府领导交办与圈定的研究课题，加强“四大攻坚战”和“四个专项行动”的研究力度，重点抓好“中原经济区上升为国家战略框架下河北冀南地区经济发展问题研究”、“河北县域经济发展及县城建设问题研究”和“推进京津冀协同发展长远考虑研究”，力争推出一批高质量的研究成果，为省委、省政府决策提供理论支撑和智力支持。

### （八）抓好学科建设

重点抓好紧缺学科、急用学科的人才培养。拟在院社会发展研究所设立河北生态环境建设研究中心，培育发展生态学、环境保护学科；在经济教研室设立河北金融研究中心，开展金融问题研究。通过内部学科和人才的结构调整，挖掘科研潜力，更好地承担省委、省政府交办的重要科研任务。

### （九）出台并实施《中共河北省委讲师团关于建立理论宣讲工作网络的指导意见》

《意见》实施的试点工作已经铺开，10 月中旬，已在石家庄、邯郸两市同时举行省市县乡村五级宣讲工作网络运行启动仪式，与广大群众就理论热点问题进行互动交流，进一步推进理论武装工作实现“面对面”“全覆盖”。

### （十）深化省委办公厅、省政府办公厅《关于加强新时期社会科学界联合会工作的意见》的贯彻落实

加大对各市社科联落实《意见》的工作督导，在市级社科联开展智库建设试点工作。不断开创社科联合工作的新局面。

### （十一）推进学术研究与国际接轨

根据合作协议，深化与国外及我国港台地区 20 余所高等院校及科研

机构的实质性交流合作，通过互派访问学者等深度交流，促进人才队伍建设适应智库建设的需要，提升学术研究的国际化水平。9 月 26 日，我院召开了“走世界开放行”国际学术交流经验总结暨外事工作会议，围绕深入开展实质性国际学术交流与合作，总结工作，交流经验，并就进一步推进工作做出安排部署。

### （十二）进一步优化干部考核和任用办法

认真研究参公管理与事业管理“一院两制”新体制下干部考核及选拔任用中的新情况、新问题，修订《干部考核实施办法》《干部选拔任用规定》，回答和解决好“怎样是好干部”“怎样成长为好干部”“怎样把好干部用起来”等关键性问题，建立起以德为先、注重实绩、群众公认的选拔任用体系和导向正确、措施科学、考准考实的考核评价体系。

### （十三）从深入基层调研入手深接地气

9 月，院党组已制定了《关于加强基层调研的实施办法》，目前正在抓贯彻落实。在工作中注意把握好三个环节：以“问题”为中心增强研究的针对性，以“调研”为支撑增强成果的客观性，以“转化”为标准增强成果的操作性。以抓好《办法》的实施为切入点，促进整体科研工作走出书斋、走向实践，从人民群众中汲取养分，在人民群众间检验成果价值，牢牢坚守科研和理论工作为人民服务的生命线。

### （十四）从认真抓好民生课题入手服务基层群众

着力抓好两个关键点：一是选题“下沉”，着力研究基层具有代表性的重点难点民生问题，为各地党委、政府科学决策服务，在惠民生工程中发挥实实在在的作用；二是品牌“上扬”，进一步加大民生调研成果宣传力度，与省内大报和核心期刊合作，开辟民生调研成果专栏，定期刊登有重大价值的民生调研成果，使民生状况得到社会关注，引导社会各界帮助贫困人口和弱势群体脱贫致富、排忧解难。

### （十五）从换位思考入手感受全院不同层面干部职工的所思所盼

进一步树立全心全意为人民服务的宗旨观念，摆正位置、放下架子，敞开大门、打开心扉，真情实意关心干部职工工作和生活，做全院干部职工的贴心人。每年至少两次参加专项课题研究活动，与科研人员“一块干、一块过”，一道下基层、搞调研、解难题，体察科研人员的真实工作状态，把握科研工作的第一手资料，增强为全院中心工作服务、为科研人员服务的自觉性和主动性。定期召开干部职工座谈会、谈心会，围绕干部职工关心的问题，交流思想，交换意见，做到职工想的心中有数、职工盼的心中有底。定期走访慰问离退休老干部和困难职工，把关心职工生活落在实处。

### （十六）从院内信息公开入手强化群众监督的约束机制

修订《内部信息公开管理办法》，确定《内部信息公开事项目录》，已制定实施《财务公开办法（试行）》，将广大干部职工普遍关注的干部任免、职称评定、财务支出、工程招标、公务接待、出国考察等事项列入公开内容，维护干部职工的知情权、参与权、监督权，自觉接受群众监督。

## 三　划清“红线”，严守党纪国法

### （十七）严格遵守党规党纪

认真执行《中国共产党党员领导干部廉洁从政若干准则》《中共河北省委关于贯彻落实中央政治局“八项规定”的办法》，不仅做到本人清，还要做到家属清、亲属清、身边清。不接受下级的公款吃请，不收受礼品、钱财，不涉足高档娱乐场所。狠刹利用节日、婚丧嫁娶收受礼品财物等不正之风，倡导文明节俭清廉之风。

### （十八）严格“三公”经费管理

已制定出台《“三公”经费管理办法（试行）》，从制度上解决经费超支和水、电、气、暖跑冒滴漏等问题。从自身做起，杜绝铺张浪费，压缩和严格控制出席会议、因公出国、公务用车、公务接待等方面的经费支出。

# 关于深化党的群众路线理论研究和宣传的几点想法*

（2013 年 11 月 21 日）

接中央党的群众路线教育实践活动领导小组办公室《关于理论研讨工作协调会的通知》后，我们河北省委教育实践活动办高度重视，对今后进一步深化党的群众路线理论研究和宣传工作进行了认真研究。现在，我谈几点想法，供中央活动办的领导参考。

## 一 关于进一步加大党的群众路线理论研究宣传力度，组织好全国党的群众路线理论征文活动和研讨会的意见建议

自党的群众路线教育实践活动开展以来，党的群众路线的理论研究成果不断涌现，各种形式的理论宣传有声有色，这对于党员干部提高认识、端正态度、积极参加活动各个环节，对各地活动的深入开展发挥了有力的促进作用。我们河北省委教育实践活动办专门成立了理论成果组，组织省内专家按照党中央和省委的要求撰写了一批理论文章，有的已经在大报大刊发表。并且我们还把这些成果辑印成册，呈送中央和省领导参阅，产生了良好的社会

* 本文为河北省委教育实践活动办公室理论组组长周文夫，在中央活动办在京召开的党的群众路线教育实践活动理论研讨工作协调会上的发言。

效果，为我省党的群众路线教育实践活动的健康发展起到了积极作用。在以往工作的基础上，我们认为，党的群众路线教育实践活动的理论研究和宣传力度应进一步加大。建议从五个方面入手。

一是从马克思主义基本原理出发，深化党的群众路线的理论研究。我们要继续深入研究马克思主义经典作家关于无产阶级政党密切联系群众的论述，总结世界上一些大党老党特别是无产阶级政党执政的经验教训，探索执政党特别是无产阶级执政党密切联系群众的基本规律，为我们更好地坚持群众路线、巩固执政地位提供理论指导和实践借鉴。

二是从历史、现实和未来三个角度，深化党的群众路线的理论研究。我们要继续总结我们党 90 多年来特别是改革开放 35 年来坚持群众路线的经验教训和理论成果；从社会深刻转型的现实出发，准确分析党群干群关系新变化及其深层原因，理性正视新形势下密切联系群众面临的外部和自身挑战；从党和国家事业发展的高度出发，展望研究实现“中国梦”进程中党群干群关系变化的趋势，深入研究未来我们党密切联系群众的基本方略和路径对策。

三是总结这次教育实践活动的经验，深化党的群众路线的理论研究。我们应当认真总结本地区本部门开展党的群众路线教育实践活动的理论成果、制度成果和实践成果，总结基层党组织和党员干部在工作实践中创造的新做法、新载体、新方式和新机制，努力进行理论性概括和规律性升华，使其能够在更大的范围推广借鉴，使其产生更大的社会影响。

四是重视教育实践活动开展以来机关和干部作风建设的新变化。要注重宣传开展教育实践活动以来党群干群关系的新变化，各级党政机关和领导干部密切联系群众的新做法、呈现的新作风、展现的新风貌。

五是关于开展征文活动和开好研讨会的建议。在明年上半年也就是在教育实践活动的第二阶段，开展党的群众路线教育实践活动征文活动，举办全国性理论研讨会，进行坚持党的群众路线的经验总结和理论研讨，是非常必要和及时的。我们建议，征文的范围大一些，应当包括所有开展活动的乡镇以上党政机关、企事业单位和党员干部。征文的题材多样化，既可以是研究基本理论的理论文章，又可以是实践经验总结的文章以及制度创新的调研报告。作者的面要广泛，既要有理论工作者，也要有各级党政领导干部，还应该有先进典型和基层群众的代表。征文的内容丰富一些，可结集出版。在做好征文工作的基础上，评出优秀文章进行表彰，选择优秀征文代表我省参加全国性理论研讨会，邀请中央有关领导出席会议发表讲话，这将对全国党的群众路线教育实践活动的开展产生积极影响。同时选择部分征文在大报大刊发表，进一步营造开展党的群众路线教育实践活动的浓厚氛围。

## 二　河北省加强党的群众路线理论研究、宣传和开展征文活动的具体考虑

党的群众路线教育实践活动开展后，为了给活动提供强有力的理论支撑，我们活动办专门设立理论成果组，由我担任组长，组织省内研究单位、党校、高校的专家学者专门进行相关理论研究工作。先后撰写发表20余篇理论文章，其中《确保教育实践活动善始善终善做善成》和《牢记“两个务必”，坚决反对“四风”》在《人民日报》发表，《西柏坡时期党的群众路线的经验与启示》《谱写党的群众路线新篇章》《群众路线的世界观和方法论意蕴》在《光明日报》发表。《既要外正其容　更要内正其心》在《求是》发表。同时，在《河北日报》发表8篇理论文章，在长城网和河北新闻网还进行专家网络访谈。这些成果有的是学习习近平总书记两次到河北调研指导时重要讲话的体会，有的是对中央关于党的群众路线教育实践活动部署的解读和阐释，有的是对教育实践活动的先进典型经验的总结。这些成果的发表，对于帮助党员干部认识开展教育实践活动的重要性和紧迫性，加深对活动主题、内容和要求的理解，增强参加教育实践活动的自觉性等方面，都发挥了很好的作用，受到省委领导的肯定，也受到党员干部的欢迎和好评。9月底前，我们将已经发表的22篇理论文章辑印成《河北省党的群众路线教育实践活动理论成果汇编》，供参加活动的党员领导干部学习参考，并呈送来河北参加省委常委会专题民主生活会的中央领导同志。

目前，河北省党的群众路线教育实践活动已经进入整改落实和建章立制

的阶段。再有一个半月，我们的教育实践活动将进入第二个阶段，即在设区市、企业和高校党组织全面展开。理论研究和宣传工作也将围绕活动的进一步开展，在促进整改落实、制度创新和活动向基层延伸上提供理论支撑。

一是深化理论研究。我们将在已有理论成果的基础上，结合学习习近平总书记系列重要讲话，结合贯彻落实党的十八届三中全会精神及省委八届六次全会精神，结合我们省准备开展的“中国梦·赶考行”宣传教育活动，推出一批有理论价值、有应用价值的研究成果，为我省打好“四大攻坚战”、在重点领域推进改革提供强有力的理论支撑和思想动力。

二是做好经验总结。总结近半年来我省开展教育实践活动的经验，特别是基层党组织和党员干部在工作实践中创造的新做法、新载体、新方式和新机制，努力进行理论性概括和规律性升华，固化制度成果和实践成果，探索规律，推出一批有第一手材料、有新鲜经验总结、有解决实际问题对策的调研报告，为明年我们在设区的市以下党政机关和企事业单位开展教育实践活动提供理论指导和经验借鉴。

三是创新方式方法。明年上半年在基层开展的教育实践活动，在指导思想和基本原则上，与省级以上机关是相同的，但具体的活动方式也应有自己的实际情况和特殊性。因此，要保证教育实践活动达到预期目的，特别需要理论工作者现在提前进行调查研究，摸清实际情况，准确把握特点，制定科学规范、行之有效的活动推进方案，对研究创新设区市以下单位开展活动的方式方法做好思想、组织和工作准备。

四是扎实开展征文活动。我们省委活动办将认真组织好全国开展的征文活动。要及早动手，提前安排，确保征文活动取得实实在在的效果。具体要求与前面提到的全国征文的建议是基本相同的，征文范围要覆盖开展活动的乡镇以上党政机关、企事业单位和党员干部；征文题材既要有研究基本理论的理论文章，又要有总结实践经验、有制度创新的调研报告；作者既要有理论工作者，也要有党政领导干部，还要有先进典型和基层群众代表。

五是加强新闻媒体宣传。在前一时期新闻宣传取得巨大成绩的基础上，我们将继续利用报纸、刊物、广播电视和网络新媒体，进行形式多样的党的群众路线教育实践活动的宣传报道。通过新闻宣传，展示教育实践活动的各方面成果，让广大党员干部进一步提高思想认识，切实增强做好教育实践活动的自觉性和主动性，在教育实践活动中提升自己，改进作风，把自己的各项工作做好，使教育实践活动取得实实在在的效果，使广大人民群众满意。

以上建议和考虑，如有不当之处，请批评指正。

# 在院马克思主义学习、研究、宣传重要阵地建设座谈会上的讲话

（2013 年 11 月 26 日）

这次我院马克思主义学习、研究、宣传重要阵地建设座谈会，是经院党组同意、由河北省中国特色社会主义理论体系研究中心组织召开的，这也是我院党的群众路线教育实践活动整改环节的一项重要举措。会议的主要任务是深入贯彻全国宣传思想工作会议和全省宣传思想工作会议精神，全面落实习近平总书记“8·19”重要讲话及一系列重要讲话精神，落实省委的有关要求，对我院进一步深化马克思主义学习、研究、宣传重要阵地建设进行安排部署。刚才，刘月副院长就研究中心近期开展的主要工作进行了回顾总结，对下一步的重点工作做了安排部署，我完全同意。彦坤、方伟、廷标、建震、鉴修、恩兵、春蕊等几位同志做了交流发言，维君、珺红同志提了很好的建议。这些同志都是研究中心的骨干撰稿力量，大家结合学习研究的情况谈了各自的体会，并提出了许多有价值的意见建议，听后很受启发。当前，特别是在全省上下深入学习贯彻党的十八届三中全会精神、全面深化改革之际，开好这次座谈会，对于充分发挥我院理论武装的工作优势、积极推进三中全会精神在我省的深入学习贯彻、进一步浓厚学习宣传的氛围具有积极的促进作用。下面，我就进一步加强我院的马克思主义学习、研究、宣传重要阵地建设，讲四点意见。

## 一 把深入学习宣传贯彻党的十八届三中全会精神作为当前马克思主义阵地建设的首要政治任务

党的十八届三中全会是在我国改革开放新的重要关头召开的一次历史性会议，是全面深化改革的系统动员部署。全会《决定》深刻阐明了全面深化改革的重大意义和未来走向，提出了全面深化改革的指导思想、目标任务、重大原则，统筹布局了全面深化改革的战略重点、优先顺序、主攻方向、工作机制、推进方式和时间表、路线图，形成了改革理论和政策的一系列新的重大突破，是全面深化改革的又一次总部署、总动员，必将对推动中国特色社会主义事业发展产生重大而深远的影响。近期，为学习宣传贯彻党的十八届三中全会精神，党中央组织成立了宣讲团，习近平总书记做出重要批示，强调宣讲的关键是要联系实际，研机析理，解疑释惑，努力讲全、讲透、讲实，帮助广大党员、干部、群众全面准确领会全会精神，全面准确领会全会提出的新思想、新论断、新举措。我院是省委和省政府直属社科研究、理论宣传机构和社团机构，担负着武装群众、联系群众、服务决策的职责。近日，院党组召开会议，专题研究了我院学习贯彻党的十八届三中全会精神的具体措施，印发了《学习宣传贯彻党的十八届三中全会精神工作方案》。学习好、宣传好、贯彻好党的十八届三中全会精神，是我院当前和今后一个时期的重要政治任务，要发挥好理论武装的工作优势，做好宣传阐释和研究工作。要坚持教育者先受教育，社科理论工作者必须坚持带头学习，先学深学，深刻理解内涵，准确把握实质，以学习推进研究，深化宣传宣讲，切实提高理论水平和政策水平，切实把思想和行动统一到全会精神和《决定》部署上来。要组织专家学者紧密围绕全会《决定》和习近平总书记重要讲话，全面准确、科学严谨地宣传全会精神，着力把全面深化改革的指导思想、总体目标和方针原则讲清楚讲透彻，把全面深化改革的重大部署、创新举措和根本保证讲清楚讲透彻，把我省贯彻落实全会精神和《决定》部署的具体措施讲清楚讲透彻，把广大干部群众关注的重点热点问题讲清楚讲透彻。要充分利用全省宣讲网络，组织不同形式的宣讲小分队进基层宣讲；要进一步抓好省、市、县（区）、乡镇（街道）、行政村（社区）五级宣讲网络建设试点工作，努力实现理论武装“全覆盖、面对面”；要组织好各市社科联、社科研究基地、所属省级社团的学习宣传活动，健全社科普及的功能，兴起学习热潮，形成宣传合力。研究中心要组织理论骨干深入撰写一批学习贯彻全会精神的理论阐释和学习体会文章，力争在《人民日报》《光明日报》《经济日报》《求是》《河北日报》等重要报刊发表一批重点研究文章，为深入宣传贯彻全会精神营造浓厚氛围，提供智力支持。要积极推动理念创新、工作创新、方式创新，坚持以学习促深化，以宣传促深化，以研究促深化，切实把我院的马克思主义学习、研究、宣传的重要阵地建设提升到一个新的水平。

## 二　高度重视和发挥研究中心在马克思主义阵地建设中的组织和平台作用

社科理论工作是党的宣传思想工作的重要组成部分，社科院是党的意识形态的重要部门。全国宣传思想工作会议指出，党校、干部学院、社会科学院、高校、理论学习中心组等都要把马克思主义作为必修课，成为马克思主义学习、研究、宣传的重要阵地。全省宣传思想工作会议进一步强调，各级党校、行政学院、社科院必须坚持姓党姓社，要把政治理论教育作为主要任务。这是继 2004 年党中央印发《关于进一步繁荣发展哲学社会科学的意见》和省委印发《关于贯彻中共中央〈关于进一步繁荣发展哲学社会科学的意见〉的实施意见》之后，在全国性、全省性会议或文件中又一次明确提出社科院的主要任务和重要责任，体现了在新的形势下党中央和省委对发挥社科理论作用、加强理论武装工作的高度重视和殷切期望。由于体制机制方面的原因，我们河北院与全国其他社科院相比，有着独特的院情，更具有我们自己“三位一体”的独特优势。因此，进一步强调马克思主义学习、研究、宣传的重要阵地建设具有更加重要的意义。

2009 年，省委、省政府决定，将省委讲师团、省社科联并入省社科院。省社科院、省中国特色社会主义理论体系研究中心、省委讲师团、省社科联

“四块牌子，一套人马”。经过几年来的不懈努力，机构调整成效显著，理论武装、服务决策、繁荣发展的“三位一体”工作新格局和参公管理、事业管理“一院两制”新体制已经形成，实现了“机构精简，职能不减；牌子不摘，队伍不散；资源整合，效能提高”和“三个一相加大于三”的改革初衷。河北省中国特色社会主义理论体系研究中心在新的工作格局和新的体制下，抓住机遇，积极壮大撰稿人队伍，组织我院科研骨干参与中国特色社会主义理论的研究，不断推动马克思主义中国化、时代化、大众化，不断深化理论武装工作，鼓励和支持我院人员深入开展重大理论和现实问题研究，努力把我院建设成为马克思主义学习、研究、宣传的重要阵地，取得了显著成效。在机制创新和优化上，研究中心积极适应哲学社会科学发展的新趋势，打破部门和学科界限，有效整合资源，建立起以问题为中心的研究机制，也为我院进一步深化工作机制进行了有益的探索。现在，研究中心的知名度越来越高，影响力越来越大，品牌越擦越亮，不仅是我院马克思主义学习、研究、宣传的重要阵地，同时成为全省中国特色社会主义理论体系研究的一面旗帜，在我省教育实践活动中发挥了理论引导、总结、提升的重要作用。

研究中心承担着组织我省社科理论界宣传、研究和传播中国特色社会主义理论的光荣使命。今后，要继续发挥平台作用和示范带动效应，充分利用我院学科齐全、研究力量雄厚的特点和优长，进一步整合和合理配置资源，把品牌在全省乃至全国叫得更响、擦得更亮，在我院马克思主义学习、研究、宣传的重要阵地建设中发挥更大的作用。

## 三　进一步壮大撰稿人队伍，为我院的马克思主义阵地建设提供强有力的人才保障

国以才立，政以才治，业以才兴。对社科理论研究而言，人才队伍是最宝贵的资源。我院在《人才工作十年规划（2011—2020 年）》中提出，大力实施人才强院战略，以能力建设为核心，以领军人才、骨干人才、青年后备人才队伍建设为重点，以提素质、强能力、优结构、壮实力、增活力为主线，以强化竞争激励机制、增强凝聚力和加大投入为保障，最大限度激发各

类人才的积极性和创造性，培养和造就一支数量适度、结构优化、梯次合理、素质优良、能够适应我院事业发展需要的人才队伍。人才队伍的整体实力、活力、竞争力大幅度提升，形成育才、聚才和用才优势，成为全省哲学社会科学领域的人才高地。河北省中国特色社会主义理论体系研究中心作为我院“三位一体”工作新格局的重要组成部分，在加强人才队伍建设方面与全院的目标是一致的。要在我院完善人才培养制度的总体布局下，从“研究中心”自身特点出发，逐步建立起一支国家和省级重点报刊撰稿人队伍。这是一支学习队伍、研究队伍、宣传队伍。一是在全院范围内最大限度地吸收各方面的专家和科研骨干，利用我院在社科研究方面的学科优势和人才优势，扩大撰稿人队伍规模，形成集聚效应，合力出精品。二是加大对有潜力的青年科研人才的培养力度，在学术研讨、专家讲课、学习培训、专业进修等方面适当倾斜，为他们开阔眼界创造机会，帮助他们尽快提高理论素质水平，打造一支老传新、新挑梁、可持续的科研生力军。三是做好理论服务工作，结合不同时期、不同阶段对社科理论工作的新要求和我国、我省经济社会发展中出现的重大理论和现实问题，及时发布研究重点提示，注重前瞻性、科学性、可行性，引导研究人员不断推出内容涵盖广泛、观点深刻、经验鲜活的宣传、阐释、研究文章。四是认真落实我院《关于鼓励和支持在国家重点报刊发表文章的办法》，鼓励我院科研教学骨干及相关人员在大报大刊以“河北省中国特色社会主义理论体系研究中心”名义刊发文章，发挥聚合优势，不断提升我省社科理论研究在全国理论界的知名度。五是建立健全评价评估体系，凡以“中心”名义在国家、省重点报刊发表文章的，在课题立项、经费资助、职称晋升时纳入院相关规定的考核范围，予以特别重视，为撰稿人队伍搭桥铺路，做好支撑，激发他们的积极性和创造活力，为我院的马克思主义学习、研究、宣传的重要阵地建设提供强有力的人才保证。

## 四　继续发挥理论优势，全力做好省委党的群众路线教育实践活动办理论成果组的工作

省委高度重视社科理论工作的作用，在第一批党的群众路线教育实践活

动中，我院被委以重任，作为省委教育实践活动领导小组办公室成员，具体负责理论成果组的工作。由我担任组长，刘月副院长为副组长，主要成员基本都是研究中心的理论骨干。自教育实践活动开展以来，理论成果组认真贯彻党中央要求，突出河北特色，围绕活动主题深化理论研究，一批研究成果在《人民日报》《光明日报》《求是》《河北日报》等重点报刊上刊发，一批成果上报省委有关领导参阅。按照省委领导的要求，辑印了《河北省党的群众路线教育实践活动理论成果汇编》，为做好思想引领、浓厚宣传氛围、推动全省教育实践活动的深入开展发挥了重要作用。目前，我省的第一批教育实践活动已经进入整改提高、建章立制环节，理论成果组的同志们正在结合教育实践活动的开展，围绕习近平总书记在我省省委常委专题民主生活会上的讲话，着重开展"四大法宝"及建章立制方面的研究，要继续推出一批理论成果，做好理论服务和经验总结。

7 月 11 ~ 12 日，习近平总书记到河北视察指导深入开展党的群众路线教育实践活动，并在河北省民政厅主持召开省直单位负责人座谈会。在座谈会上，我结合我院开展教育实践活动的情况，谈了自己对开展活动的感受，并提出在活动中应当弘扬"两个务必"的西柏坡精神、走好新时期的"赶考路"和要坚持知行合一、取信于民两点建议。能直接向党的总书记面对面汇报工作、交流座谈，这在我院历史上是第一次。充分体现了党中央和省委对我院工作的充分肯定和发挥社科理论作用的高度重视，以及对我院加强马克思主义学习、研究、宣传重要阵地建设的殷切期待。

通过承担理论成果组的工作和以往积极参与全省性的重大活动和任务的工作实践，我们都有一点共同的感受。就是社会科学院要加强马克思主义学习、研究、宣传重要阵地建设，努力发挥好党和人民的思想库、智囊团作用，就要始终坚持围绕中心，服务大局，在社科理论研究中做到"顶天""立地"。"顶天"，就是要深入研究前沿问题和理论政策，在国内树品牌、长名气；"立地"，就是要立足河北，扎根基层，服务决策，服务发展，接地气、长人气，把科研业绩书写在河北改革发展的生动实践和人民群众建设美好家园的火热生活中。目前，院党组已开会研究决定，由刘月、银山同志牵头，制定马克思主义"必修课"的实施方案。

11 月 21 日，我代表省委活动办参加了中央活动办在北京召开的党的群众路线教育实践活动理论研讨工作协调会，并在会上做了发言。中央活动办准备明年上半年召开全国党的群众路线理论研讨会，要求各省区市明年 4 月召开理论研讨会。这次工作协调会，主要是为了征求进一步加大党的群众路线理论研究、宣传力度，组织好全国党的群众路线理论征文和研讨会的意见和建议，也要求各省区市加强理论研究、宣传和开展征文活动。因此，我们在做好当前理论成果组的工作的同时，还要积极做好征文和参加研讨会的准备工作，把河北的好经验、好做法宣传出去，推动第二批教育实践活动的开展。

同志们，加强马克思主义学习、研究、宣传的重要阵地建设，既是党中央和省委对社科理论界的要求和期望，也是我院建设“省级科研一流、国内国际知名、服务河北科学发展”的社会主义新智库的内在需要。全院广大社科理论工作者都要高度重视，群策群力，切实把党中央和省委的要求落到实处，不断深化中国特色社会主义理论体系的学习、研究和宣传，不断推出精品力作，不断提升服务水平，为我省全面建成小康社会和奋进崛起、科学发展提供更加有力的理论支持和智力支撑，做出新的更大的贡献。

# 关于“推动京津冀协同发展长远考虑”的研究报告*

（2013 年 12 月 10 日）

京津冀地区是继珠三角、长三角之后中国经济发展“第三增长极”——环渤海地区的核心区域，是国家的政治、经济、文化、科技、教育、对外开放等综合中心，发展地位举足轻重。置身这样一个特殊区域，河北省经济社会发展必须以大局为重，统筹谋划，长远考虑，致力于推动两市一省协同发展，为全国跨区域合作与转型升级发展提供典范。着眼本世纪中叶实现中华民族伟大复兴中国梦的宏伟目标，推动京津冀协同发展，应重点从明确发展定位、重构区域功能、优化城市布局、扩大生态空间、增加清洁能源供给、构建现代化交通网络六个方面谋篇布局、寻求突破。现将我们的意见和建议汇报如下。

## 一　明确发展定位

着眼 2050 年，围绕京津冀地区协同发展的总目标，北京市区域发展的总体定位为全国政治中心、文化中心、世界城市，天津市区域发展的战略定位为中国北方经济中心、中国北方国际航运物流中心和现代国际城市，河北

* 本研究报告由周文夫主持河北省社科院课题组完成，报河北省委、省政府主要领导及中央财经领导小组办公室参阅。

省区域发展的重点是“服务中心、强化腹地支撑”，总体战略定位为京畿大省、生态环境涵养区、京津冀城市群连绵区、国家战略性新兴产业和现代服务业重要聚集区、科技教育文化主要集中区和京津冀地区重要出海口。

——京畿大省。充分发挥环抱京津的独特优势，以广袤空间和资源丰度为支撑，以解决北京的“特大城市病”为契机，致力建设“大首都区”，主动承接总部经济、行政服务、科技教育、居住文保等多种城市功能，成为首都经济社会功能的释放区、疏解区，为京津冀协同发展提供基础保障。

——生态环境涵养区。加强同京津两市在生态建设与环境治理上的合作与统一行动，加快建设一体化的区域环境网络，着力强化水体保护、绿地建设与大气环境改善，建成京津两市的后花园和天然氧吧，着力打造京津冀都市圈绿色生态屏障。

——京津冀城市群连绵区。抓住京津大都市整体拓展、外溢效应显现的有利时机，统筹考虑京津冀区域的空间结构，促进城市间分工协作，加快建设次中心城市和节点城市，努力将河北省城镇体系融入京津大都市圈范畴，推动京津冀都市圈由“双核”向“双核多极”转变，打造京津冀城市群连绵区。

——国家战略性新兴产业和现代服务业重要聚集区。结合自身产业优势，主动承接京津高端产业转移，加快经济和产业转型升级，大力发展高新技术研发转化、高端服务后台、现代制造业配套、国家基础产业、能源集疏运等配套职能与基础职能，建设京津冀区域高端实体经济分布区，成为国家战略性新兴产业和现代服务业的重要聚集区。

——科技教育文化主要集中区。借助三地文化同根同源、历史文脉传承悠久、相互认知度高的先天优势，积极创造有利条件，吸引京津高端科技、教育、文化机构向河北转移，吸纳大批优秀人才到河北兴业，依托京津将河北省建设成为科技教育文化主要集中区。

——京津冀地区重要出海口。充分利用地处环渤海中心的区位优势，立足东北亚，面向世界，积极参与国际分工与合作，加强对外贸易往来，全面提升对外开放水平。强化与以北京为核心的内陆腹地的协调联动，形成综合性、多功能的现代化港口集疏运体系，努力建设首都最近出海口和东北亚经济合作“内联外引”桥头堡。

通过三地协同合作、一体规划、一致行动，未来京津冀地区应发展成为世界上现代化水平最高的地区、高端先进要素最密集的地区、人工修复生态环境最优的地区、综合发展等级最高的地区。到 2050 年，京津冀地区发展成为举世瞩目的一体化大经济区，经济发展水平位居世界前列，京津冀都市圈成为全球具有重要影响力的大都市圈；京津冀地区汇集全球领先的人才、资金、技术等高端优质要素，成为全球极具影响力的财富聚集地和创新发源地；京津冀地区人与自然和谐共处的永续发展格局稳固确立，成为全世界人居环境最适宜的地区；京津冀地区拥有世界级经济中心、政治中心、文化中心、金融中心、科教中心、物流中心等多种经济社会功能，成为全球综合发展水平和综合发展等级最高的地区。

## 二　重构区域功能

### （一）战略构想

京津冀地区重构区域功能的总体构想是：统筹规划、区域拓展。基本思路是：破解北京城市功能过于集中带来的人口和资源环境压力，最根本的就是要“跳出北京看首都”，将首都城市功能载体拓展到整个京津冀大区域视角，在更加广阔的空间和腹地范围内实现不同区域间的优势互补，划定城市布局和功能定位，围绕北京“特大城市病”问题，着重疏解首都的经济功能、社会功能、基础设施功能和生态功能，释放“一加一加一大于三”的倍增效应。

### （二）战略支撑

纵观纽约、伦敦、巴黎、东京等已然成型的大都市圈，“圈内”各城市根据自身特点承担不同的职能，在分工合作、优势互补的基础上共同发挥整体集聚优势。以纽约城市圈为例，其 5 大核心城市各具特色、错位发展、相互补充：纽约是全美的金融和商贸中心，波士顿是世界著名的电子、生物、宇航和国防企业中心，费城是纽约都市圈的交通枢纽，华盛顿市是全美政治中心，巴尔的摩市军事工业取得很大发展。

随着北京城市规模不断扩大，人口与资源环境协调发展的矛盾日益突出，城市运行的风险不断累积，社会安全保障难度不断加大。重构京津冀区域功能的重点是围绕解决北京城市问题，在更大区域范围内疏解转移首都城市功能。

一是疏解首都经济功能。未来北京应将其经济功能大部分转移，河北以各类开发区和园区为载体，成为产业转移的承接地和京津冀地区实体经济集中地。转移不是将北京淘汰的落后产能放到河北，绝不能把河北建设成为京津冀地区的“产业垃圾场”，而是要将那些虽先进但不宜在大都市布局的产业转移到河北，通过转移进一步实现技术升级、产业升级。未来河北省产业构成将主要是现代服务业、战略性新兴产业和高端制造业。

二是疏解首都社会功能。北京大城市的社会功能过于密集，包括教育、科技、医疗、行政、交通等社会资源过多地汇集在北京，吸引大量要素资源向其汇聚，产生了现实拥挤。随着网络信息化进步和无纸化办公的到来，行政、服务机构分散布局完全可以实现。北京未来应主要保留政治、文化等与首都地位匹配的核心功能和机构，非核心或附属的功能和机构全部或大部转移或外迁。北京市内众多的中央国家机关及其附属事业单位、重点大学、大型医院、大型物流枢纽、重点科研院所，可着眼长远目标与更宽广的发展空间，外迁到河北。河北省要大力实施“中央机构入冀工程”，积极创造有利条件，承接中央国家机关及国家级经济社会机构到河北落户。

三是疏解首都基础设施功能。基础设施建设是城市功能的集中承载，疏解城市功能必须调整基础设施建设布局。未来凡计划在北京新增的重大基础设施建设，在河北与北京均能落户的前提下，可优先选择落户河北。例如，正在规划建设的北京新机场就可以全部落户河北境内。原因有四方面：首先，从解决“城市病”角度看，当前，北京市境内已有首都机场和南苑机场两个民用机场，将同样定位于“超大型综合机场”的首都第二机场再落户北京，将进一步扩大北京市城区范围，加剧城市拥挤。其次，从安全角度分析，首都第二机场落户北京，将大幅增加北京上空低空飞行密度，增加首都安保难度。再次，从建设成本方面考察，北京市土地资源供应十分紧张，而河北拥有较为广阔和相对充裕的土地储备，土地拆迁以及建设协调成本远低于北京。最后，从服务半径角度看，北京新机场是全国乃至世界航空及物流体系的重要枢纽之一，其辐射范围和发展空间十分广阔，从服务未来大的区域交通布局功能出发，北京新机场可以选择在北京以外、与现有机场存在一定距离且易于连接的地区规划建设。

四是疏解首都生态功能。生态环境的区域间联系和影响十分密切，首都生态环境的改善需要以周边区域尤其是河北的生态环境改善为前提。河北省作为京津纵深腹地，是重要的水源涵养地、清洁空气过滤地和绿色能源供应地，生态涵养的作用十分重要。以水生态为例，依照现状标准，如果能达到北京的绿化水平，河北可以多涵养水量 140 亿立方米，是南水北调中线一期工程年度调水总量的 1.47 倍。未来在北京生态涵养能力有限的情况下，可以考虑将国家及北京市的重点生态工程往河北布局，加大对河北的生态建设投入力度，在造林绿化、水源保护、大气污染整治、生态环保产业发展等方面给予河北大力支持，增强综合腹地的生态涵养能力，改善区域内整体生态环境质量，缓解首都生态环境压力。

## 三　优化城市布局

### （一）战略构想

从衔接京津城市功能、服务京津大都市区角度出发，优化京津冀城市布局的总体构想是：构筑分工协作、紧密联结的新型城市群。基本思路是：依托京津两大核心城市，着力打造由沿海城市轴带、内陆城市轴带以及核心城市联动轴带构成的“H”型区域城市布局。沿海城市轴带即打造由“秦皇岛—唐山—天津—沧州”构成的南北城市带，重点发展临港经济以及战略性新兴产业和高端制造业，构筑国内沿海经济发展的示范区和连接晋蒙对接日韩的桥头堡。内陆城市轴带即打造由“承德—北京—保定—石家庄”构成的南北城市带，发展现代服务与高新技术产业，构筑具有广泛辐射效应的科技、文化中心以及和谐社会示范区。核心城市联动轴带即提升“北京—廊坊—天津”一线，促进双核联动，形成以智慧、生态为特征的绿色动力轴。到2050年，通过这一布局促进京、津两大核心城市不断由“双核”向“极轴”再向“网络”的方向拓展，形成城市发展梯度明晰、现代服务和高新制造功能集聚、绿色低碳、智慧联结的京津冀城市群。

## （二）战略支撑

京津冀的空间结构存在两大基本特征：一是京津与周边地区经济水平相差悬殊。2012年北京人均GDP达到了87091元，天津为91190元，而河北省仅为36466元，相当于京津水平的40%，其中人均收入最低的邢台与京津相差4.5倍。二是京津等核心城市面临极大的承载压力。预计到2050年整个京津冀地区的总人口将突破1.3亿人，其中城市人口将达到8000多万，随着人口压力的快速增大，京津等核心城市必然在交通、电力、供水、排水、供热等诸多方面面临极大挑战。

从国外的发展经验看，一些重要的都市圈如东京都市圈等也曾面临核心城市过度拥挤、规模无限扩张、功能过度集中等“大城市病”问题。解决这一问题的共同之处在于建设节点城市，形成“极轴式”乃至“网络式”的空间布局。有鉴于此，在京津冀城市布局的长远发展中，应着重加强三点。

一是重点发展保定、承德两市，推动内陆城市轴带壮大提升。保定、承德两市毗邻京津，处于首都一小时经济圈，是京津功能疏解的理想地区。就保定而言，京广、京九、京昆等交通干线汇聚，新能源等战略性新兴产业具备一定的产业支撑能力，在未来的发展中，具备发展成为300万~500万人口大中型城市的潜力，是首都产业转移和人口疏散的首选城市。就承德而言，生态良好，资源富集，是京津重要的水源地，同时在新能源、新材料以及装备制造等战略性新兴产业方面具备一定的发展基础，适宜承接首都科技、教育乃至部分行政职能的疏解。长期来看，将保定、承德两市打造成为首都功能拓展的新兴支点，不仅能有力带动“承德—北京—保定—石家庄”这一内陆城市轴带，还将对京津冀全局协同发展产生重大带动作用。

二是优化整合沿海城市轴，实现三大轴带紧密联动。从发展基础看，“秦皇岛－唐山－天津－沧州”这一沿海城市轴带，工业基础雄厚，港口优势明显。在未来发展中，一方面要加快功能整合，唐山市要积极打造先进制造业基地和科研成果转化基地；秦皇岛市要重点发展海洋经济，打造国际滨海旅游名城；沧州市要建设沿海地区重要的现代工业基地；整体沿海城市轴带要通过充分整合打造成为京津产业转移的重要承接地和我国开放合作的新高地。另一方面要依托“北京—廊坊—天津”这一核心城市联动轴，促进沿海城市与内陆城市形成紧密的经济社会关联，构筑沿海城市与内陆城市资源互补、紧密互动的“主动脉”。

三是打造“层级式”的城市体系，推动空间布局逐步向“多点多心”的网络结构发展，将京津冀发展成为绿色、生态、智慧、和谐的新型城市群。一方面，围绕京、津两大核心城市，重点发展承德、保定两市，加快发展秦皇岛、廊坊等市，与石家庄、唐山等区域次中心城市共同构筑形成良性的城市群体系，全面承接京津现代服务、医疗科教、文保居住等功能疏解与转移，促进京津冀城市布局由“双核”向“极轴”再向“网络”的方向拓展。另一方面，加快提升石家庄、唐山、保定、承德、廊坊、秦皇岛、沧州等主要节点的智慧城市建设步伐，把握物联网、云计算、大数据等新一代信息技术所带来的重大发展机遇，整体构筑京津冀城市群优良的物流和信息流基础，全面优化京津冀人才、信息、资金等要素配置，促进各类资源的高效汇聚与流动，将京津冀打造成为低碳、生态、智慧的都市圈典范。

## 四　扩大生态空间

### （一）战略构想

京津冀扩大生态空间的总体构想为：统一协调、互惠共生的“京津冀大生态区”。基本思路是：京津冀三省市同处海滦河流域，同属一个气候和生态单元，三省市人民“同呼吸、共命运”，全面改善区域内生态环境，必须突破既有行政分割，按照区域生态一体化的理念和治理保护规律，建立区域协调、整体推进的统筹机制和政策体系。统一制定生态功能区划，统筹自然资源配置，统一实行大气污染防控，统一布局和建设生态工程，统筹协调三方利益关系，统筹发展生态经济，着力建设共同负责、共同受益、环境优良的“京津冀大生态区”。大生态区范围是以北京为圆心的半径300公里区域，核心圈层为京津冀三省市。

### （二）战略支撑

京津冀都市圈人口过于集中，经济社会发展快速，对资源消耗和生态环境破坏的速度，远远超过了人工治理和大自然自我修复的速度，严重干旱缺水和大气灰霾威胁，成为京津冀头两位生态环境问题。首先，京津冀地区是严重资源型缺水区域。京津冀地区人均水资源量不足300立方米，远低于人均500立方米的国际“极度缺水标准”，出现了近5万平方公里、全国最大、世界罕见的地下水开采漏斗区和地面沉降区。其次，京津冀地区面临大气污染难题。京津冀地区处于同一个气候带，形成了一个大的区域协同污染区，重污染天气一般在1天内先后出现。2013年上半年，京津冀地区空气质量平均达标天数比例仅为31.0%，重度污染以上天次占26.2%。最后，京津冀地区陷入生态恶性循环。京津冀地区主要空气污染源分布，与山前城市群分布、地下水超采区分布、水质污染分布等空间分布重叠，“环京津贫困带”的形成进一步影响了京津冀都市圈的生态安全。

基于上述考虑，未来一段时期，加快建设“统一协调、互惠共生的京津冀大生态区”应重点采取以下战略举措。

一是统一制定生态功能区划。由国务院牵头，建立国家级的“京津冀大生态区”组织协调机构，协调解决该地区生态建设中的重大问题。以京津冀为核心区、京津冀以外至北京半径300公里范围内的区域为战略协调区，统一制定大生态区功能区划，严格划定生态功能分区、产业和城镇空间布局，完善跨区生态治理法律法规体系，建设在全国具有开创意义的跨省级行政区划的大生态功能示范区。

二是统筹自然资源配置。以水资源保护和高效利用为核心，推进京津冀地区自然资源的优化配置和统筹使用。根据海滦河流域的特点及水功能区划大纲进行一级区划，将流域内最重要的地表水供水水源地、跨流域调水河道、重要河流源头划为保护区，加强区内大型水库集中式供水水源地的保护。在原有分水协议和规定的基础上，本着可持续发展的原则，明确三省市的初始水权，科学合理测算省市交界断面的水量、水质和水价标准，以水量、水质和生态服务为依据，由国家统筹实施对水资源服务区的政策与资金支持。

三是统一实行大气污染防控。建立三省市协商、通报、预警、联动机制，推进京津冀区域大气污染防控合作与统一行动。实施大气污染综合治理，强化污染物协同减排，大幅度削减二氧化硫、氮氧化物、烟粉尘、挥发性有机物排放总量，深化面源污染治理。切实加强城市交通管理，实施公交优先战略，控制城市机动车保有量，统一提升区域内燃油品质，加强机动车环保管理，推广新能源汽车。统一执行产业和环境准入，区域内禁止批准产能严重过剩行业新增产能项目，加快淘汰落后产能。

四是统一布局和建设生态工程。统筹实施京津冀生态合作项目，深入开展京津风沙源治理、“三北”防护林、退耕还林、太行山绿化、沿海防护林、平原地区绿化等重点生态工程。积极推进全区域、大面积、大规模、高水平造林绿化，着力建设环首都、环中心城市、环县城（包括县级市）、环小城镇、环村庄“绿化圈”，城镇间以广袤的“绿化隔离带”相连，努力建成“京津冀森林都市圈”。将环京津贫困带及张承地区划定为“京津冀生态经济示范区”，争取国家的大力支持，通过培育生态产业体系、壮大生态经济实力，将“环京津贫困带”转型为永久的“环京津绿带”。

五是统筹协调各方利益关系。由国务院或授权有关部委牵头，在国家层面建立京津冀地区生态补偿专项基金，对区域内水资源、林业、绿色农业、污染减排等实施专项补偿。建立跨省市的经济协调补偿机制、耕地占补平衡机制、退耕还林以及人口迁移工作方案，并以国家规划、文件乃至立法的手段加以明确，妥善解决生态保护区内群众居住、社保、就业等问题。

六是统筹发展生态经济。立足生态环境可持续发展，从大生态区视角和空间领域疏解京津两大都市功能，彻底改变“摊大饼”式扩张格局。两大都市各自只保留核心功能，将产业、科技、教育、行政服务等可以转移的机构与实体分布到距离京津较远的（100 公里以外）地区，形成较为平衡的城镇布局体系。利用京津卓越的科技和人才优势，发挥河北内陆腹地和产业基础优势，加快产业升级和技术改造，积极发展战略性新兴产业和现代服务业，支持发展生态环保产业，将京津冀地区建设成为以循环经济和生态经济为主要特征的新型工业化基地。着眼水资源可持续利用，加快发展高效生态节水农业，开发农业休闲、健康、教育、科普等多种功能，最大限度地发挥农业的生态效应。

## 五　增加清洁能源供给

### （一）战略构想

未来京津冀地区能源利用总体构想为：能源外调和能源自产并重，以清洁能源利用为主、非清洁能源利用为辅的多元化能源供应和消费体系。基本思路为：近期，京津冀地区能源消费总量稳步增加，跨区域能源供给快速增长，天然气、太阳能、风电、生物能等清洁能源所占比重大幅提升，能源供给和消费结构明显优化；中长期，京津冀地区能源消费趋于稳定，新增能源需求全部来自绿色能源。

### （二）战略支撑

从国际经验看，美国从 20 世纪 70 年代开始发展绿色能源，重点开发太阳能、风能、水能等，并通过税收、补贴、成本返还等政策支持新能源产业发展。日本也于 20 世纪 70 年代开启新能源战略，重点发展风力、太阳能、垃圾发电和燃料电池发电等新能源。欧盟委员会发布“2050 能源路线图”，提出通过提高能源利用效率、发展可再生能源、发展核能以及采用碳捕捉与储存技术等，到 2050 年碳排放量比 1990 年下降 80% ~95%，可再生能源占全部能源比重达到 55% 以上。参照发达国家发展经验，结合现实发展需求，未来京津冀地区稳步增加清洁能源供给应着重采取如下举措。

一是扩大域外清洁能源供给。2012 年京津冀能源消费总量为 4.57 亿吨标准煤。根据国网能源研究院预测，到本世纪中叶全国人均能源消费量将达到4.68吨标准煤，届时京津冀地区常住人口将达到1.3亿以上，按照全国人均能源消费水平并且能源利用效率达到世界领先估算，大北京地区能源消费总量将在现有基础上新增2亿~3亿吨标准煤。目前，京津冀地区已属于能源外调区，未来能源需求将主要依靠外部输入。要充分利用山西、内蒙古等煤电优势，加快高压、特高压输电网建设，努力扩大接受外供电的比例。由国家统筹协调天然气管网和储气设施建设，优先保障京津冀地区用气需求，扩大天然气消费比例。切实加快原油储备设施和成品油供应网络建设，保障燃油供给能力。

二是增加区域清洁能源生产。首先，积极发展核电。目前，发达国家的核电占电力消费总量的比例在20%左右，而我国仅为2%，并且主要集中于除京津冀外的其他东部沿海地区。未来京津冀地区要加快发展核电，其中河北沿海地区重点发展经济性能好、以供电为主的大堆核电站，其他大中城市周边重点建设热电联产、汽电联产的小堆核电站，核电发电比例力争达到发达国家平均水平。其次，大力开发太阳能、风能等新能源。发达国家十分重视新能源开发与利用，目前德国可再生能源发电量所占比例约为25%，美国达到13%。京津冀地区新能源资源丰富，应全面推广屋顶太阳能发电、太阳能集热利用等可行模式，河北省太阳能发电量争取达到全省发电量的10%~15%；全力推进张承千万千瓦级风电基地建设和沿海及海上百万千瓦级风电基地建设，因地制宜发展分散式风电；适度建设生物质直燃发电厂和垃圾焚烧发电厂，积极发展联户沼气和养殖场大中型沼气工程；积极推进地热能、海洋能利用。

三是推进传统能源清洁利用。实行煤炭消费总量控制，通过淘汰落后产能、清理违规产能、强化节能减排、实行煤炭消费总量控制等措施，大幅压减煤炭消费总量。推进煤炭清洁利用，重点实施煤电综合改造升级工程，大力推进洁净煤发电和整体煤气化联合循环发电，不断提高电煤消费比例；加快煤制醇醚、煤制天然气开发利用，提高煤炭资源转化和综合利用水平；分批治理民用散煤，在削减农村炊事采暖用煤的基础上，建立以县（区）为单位的全密闭配煤中心、覆盖所有乡镇村的洁净煤供应网络，洁净煤使用率达到 100%；加大脱硫、脱硝、除尘等环保技术的推广应用，严格执行大气污染物特别排放限值。

四是深化重点领域节能建设。推进工业领域节能降耗，重点加快淘汰落后产能，推广先进适用节能新技术，完善重点行业单位产品能耗限额强制性国家标准，发展循环经济。推动建筑节能，加快既有建筑和城市供暖管网节能改造，实行供热计量收费和能耗定额管理，推行绿色建筑标准、评价与标识，新建建筑严格执行强制性节能标准，推动太阳能热水系统、地源热泵、空气源热泵、光伏发电与建筑一体化应用，提高新型节能建材、新型节能装备使用比重。加强交通节能，加快构建综合交通运输体系，优化交通运输结构，推广节能交通工具和新能源交通工具。

五是完善清洁能源法律法规与政策支持体系。发达国家新能源法律体系较为完善，不仅包含能源转型战略，还具体规定了新能源发展的中长期目标和实施政策等，并建立了健全的监督体系。例如，美国、日本、德国、英国等从法律角度详细规定了新能源发展目标，并在电力企业新能源利用比例、可再生能源电力上网价格等方面做出了强制性规定，通过税收减免、贷款优惠、行业补贴、价格支持等手段促进新能源产业发展。我国虽然已经制定了《可再生能源法》《可再生能源发电价格和费用分摊管理试行办法》等，但法律体系仍不完善。京津冀地区应进一步加强新能源的战略性、前瞻性和可操作性研究，加快制定和修订新能源相关法规政策，并稳步加大财政投入、税收优惠、投资鼓励等支持力度，加快推进能源供给模式转变。

## 六　构建现代化交通网络

### （一）战略构想

京津冀地区交通建设的总体构想是：内联外通的现代化综合交通体系。基本思路是：以服务北京交通中心功能为根本，统筹区域交通基础设施布局，建设区域内互联互通的城际铁路网络，建设北方国际航运中心港口群，构筑东出西联、海陆联运大通道，打造世界级航空枢纽机场群，推进区域内交通运输服务一体化，加快形成与国家门户、世界级城市群、世界级产业集群基地发展相适应、区域内部联系紧密、对外沟通顺畅的快捷、高效、均衡、低碳的现代化综合交通体系。

## （二）战略支撑

从国际经验看，都市圈的交通模式与其地区特点、人口密度等紧密相关。人口密度高的东京都市圈采用了以轨道交通为主的交通发展模式；伦敦和巴黎的交通模式是轨道交通和高速公路并重；而人口密度相对较低的纽约都市圈采取的则是以高速公路网为骨干，同时具有一定规模的轨道交通网的交通发展模式。我国目前正处于经济高速发展的时期，城镇化进程远远没有完成，预计未来20年内仍会有大量人口涌入京津冀地区，人口密度将继续增大。长远分析，推动京津冀地区交通运输体系现代化重点应采取如下战略举措。

一是共建互联互通的城际铁路网络。建设以北京为中心，以京津为主轴，以石家庄、唐山、秦皇岛、保定、沧州等为重要节点的城际高铁交通网络，保证京津、京石、京唐、津唐、唐秦、津沧、石沧、津保、石邯等主要干线之间高铁“半小时通达”“一小时通达”，远期实现京津与河北省11个设区市全部贯通高速铁路，使这一区域在全国率先跨入高铁时代。按照旅客“零距离”换乘、货物“无缝化”衔接的要求，重点推进天津、石家庄、唐山、秦皇岛、沧州、张家口、邯郸等全国性综合交通枢纽建设，加强保定、廊坊、承德、衡水、邢台等区域性综合交通枢纽建设，优化京津冀都市圈综合交通枢纽布局，协调区域交通运输组织，缓解首都交通压力。

二是建设北方国际航运中心港口群。整合沿海港口资源，优化港口布局，拓展港口功能，形成天津港、唐山港、秦皇岛港、黄骅港分工合作、优势互补、协调有序、“港产城”良性互动的北方国际航运中心港口群。天津港建设成为面向东北亚、辐射中西亚的国际集装箱枢纽港；唐山港打造为辐射“三北”地区和面向东北亚国际经济合作的国际性综合大港；秦皇岛港建设为综合性大港；黄骅港建设为辐射冀中南、沟通晋中南、豫北、鲁北地区的区域性航运中心。

三是建设东出西联、海陆联运大通道。加强港口集疏运铁路通道建设，显著提升铁路集疏运比例，建立港口与腹地相连接、海运与陆运相连接、横贯欧亚大陆的大通道，把京津冀地区建设成为新欧亚大陆桥的桥头堡。依托张唐铁路打通从曹妃甸—唐山—承德—张家口—乌兰巴托的铁路，打通唐山港至晋蒙陕乃至蒙古国和俄罗斯远东地区大通道；建设石沧港、邯黄、邢和等铁路，尽快形成黄骅港至晋中南和豫西北乃至中亚地区通道；加快建设天津港至晋陕宁、秦皇岛至蒙东地区腹地大通道。改变现状晋蒙煤运出海过度依赖京藏高速并经由北京的局面，在北京以南增添衔接天津港、黄骅港的高速公路通道，同时利用张承高速、承秦高速将衔接唐山港、秦皇岛港的煤运通道转移至北京以北。

四是打造世界级航空枢纽机场群。高标准建设北京新机场，与首都机场协同打造大型国际航空枢纽及亚洲门户，将天津滨海、石家庄正定机场培育成为区域性枢纽机场。积极推进航空货运枢纽、快件中心和货运网络建设，形成以北京、天津为主，石家庄为辅的国际航空货运枢纽机场群。改扩建唐山三女河机场，建设秦皇岛北戴河、张家口、承德、沧州、衡水、邢台等机场，完善区域支线机场布局。积极发展通勤、通用航空业，启动河北省三河、涿州、西柏坡、栾城、张北、崇礼、围场、丰宁、平泉、迁安、黄金海岸、唐山湾、青龙、白洋淀、肃宁、吴桥、武安、威县、任县、柏乡等通用机场建设。不断优化区域空域资源配置，着力提高区域空中交通网络运行能力，逐步形成公共航空、通用航空和特种航空协调发展的区域航空发展体系。

# 领导干部要带头践行<br>习近平总书记重要讲话精神

——在省委党校省管干部研讨班上的发言

（2013 年 12 月 22 日）

## 一　习近平总书记系列讲话为我们明确了目标任务

党的十八大以来，习近平总书记站在时代发展的战略高度，立足国际国内发展全局，围绕改革发展稳定、内政外交国防、治党治国治军发表了一系列重要讲话，提出了许多治国理政的新思想新观点新论断新要求，是马克思主义中国化的最新理论成果，是指导党和国家工作的强大思想武器，为我们在新的历史起点上实现新的奋斗目标提供了根本指导。我们既要系统学习、全面领会，又要把握脉络、突出重点，切实掌握贯穿其中的立场、观点和方法。党的十八大以来，总书记先后 3 次来河北考察指导工作，多次听取河北工作汇报，多次对河北的工作做出重要批示。办好河北的事情，首要的是把总书记的重要指示学习好贯彻好落实好，当务之急是按照总书记的要求抓好 10 件事：一是坚定理想信念，二是树立正确的政绩观，三是调整产业结构，四是推动协同发展，五是治理大气污染，六是保护生态环境，七是抓好扶贫攻坚，八是解决民生问题，九是培育良好作风，十是用好四大法宝。我们要深入学习贯彻总书记系列重要讲话精神，努力在实现中华民族伟大复兴中国梦中谱写河北发展的新篇章。

## 二　要紧密结合河北实际全面深化改革

从国际看，世界经济处于深度调整期，仍将延续缓慢复苏态势，不稳定不确定因素依然很多。从国内看，我国经济已经到了必须在发展中加快提质增效升级的重要时期，经济发展长期向好的基本面没有变，明年经济仍具有很大发展潜力。从我省看，我国沿海开放由南向北推移，环渤海地区正在成为中国最有潜力的新增长极之一，京津冀协同发展已是大势所趋，京津两大都市加速辐射外溢，这些都是千载难逢的重大机遇。但也要清醒地看到，河北正处于爬坡过坎、转型升级的攻坚时期，既面临加快发展的艰巨任务，又面临结构调整的巨大压力。党的十八届三中全会提出的全面深化改革，对河北尤为重要和紧迫。河北的发展得益于改革，但河北发展的差距和不足，实质上也是改革不到位的结果。当前，我省面临的一系列突出矛盾和棘手问题，包括产业结构调整、发展方式转变、环境污染治理、社会矛盾化解等，都与改革力度不够大、没有完全到位有着直接关系。我们强调解放思想、改革开放、创新驱动、科学发展，就是要全面深化改革，实现河北奋进崛起。我们只有以更大的决心在全面深化改革上抢得先机，才能迎头赶上、后来居上；只有以科学的理念、正确的方式来扎扎实实地推进，才能在全面深化改革中实现奋进崛起。

## 三　领导干部要带头抓好贯彻落实

贯彻落实好总书记系列讲话精神和中央全会精神，关键是把讲话精神和全会精神不折不扣地落实到行动中。能不能深刻领会精神、认真落实部署，考验全党同志的政治智慧。对各级领导干部来说，更要加强学习和实践，切实履行对改革的领导责任。一是坚持以人为本。要紧紧围绕群众利益，切实回应人民期待，以人民利益为根本出发点和落脚点，凝聚改革“最大公约数”，争取最广大的改革统一战线。二是坚定理想信念。改革有其复杂性和艰巨性，面对利益格局的调整、体制机制的藩篱、人民群众的期待，领导干部要坚定理想信念，既要有自我革命的精神，又要有勇于担当的胆识，集中力量啃下几块硬骨头，蹚出一条发展的新路。三是树立正确政绩观。对领导干部的政绩评价，不能简单以国内生产总值增长率论英雄，既要看“显绩”，又要看“潜绩”；既要看经济指标，又要看民生民情；既要看发展现状，又要看发展后劲，坚持正确的选人用人导向。四是一张蓝图绘到底。要有重点、有步骤、有秩序地抓好落实和推进工作，务求必成，一张蓝图绘到底。这既是保持工作连续性、推进事业发展的需要，也是领导干部政治素质的体现。五是落实领导责任。把蓝图变成现实，离不开领导责任的落实。要强化监督检查，抓好跟踪督办，建立定期评估机制，及时分析查找存在的问题和原因，增强改革的针对性、科学性、时效性。

# 在院党组（扩大）学习会上的讲话*

（2013 年 12 月 26 日）

这次院党组（扩大）学习会的主要任务是，学习贯彻习近平总书记系列重要讲话和党的十八届三中全会精神及省委八届六次全会精神，深入落实党中央和省委的决策部署，对全院兴起学习宣传贯彻习近平总书记重要讲话精神、中央全会精神和省委全会精神的热潮进行全面动员和部署，从而进一步推动当前和今后工作。经院党组研究，决定将今天的党组学习会扩大到全院副处级以上干部和副高级职称以上科研人员，目的是让大家早学深学，并紧密结合工作职责和自身实际，早安排、早部署、早落实。刚才，焦新旗同志传达了省委八届六次全会精神；保刚、继民两位副院长结合工作和自身实际谈了学习体会，做了很好的发言。下面，我就学习宣传贯彻习近平总书记系列重要讲话、中央全会精神和省委全会精神，抓好全院当前和今后的重点工作，讲几点意见。

## 一　深入学习贯彻习近平总书记系列重要讲话精神，在实现中华民族伟大复兴中国梦中谱写河北新篇章

### （一）充分认识习近平总书记系列重要讲话精神的重大意义

党的十八大以来，习近平总书记站在时代发展的战略高度，立足国际国

* 本文是周文夫在学习贯彻习近平总书记系列重要讲话和党的十八届三中全会及省委八届六次全会精神院党组（扩大）学习会上的讲话。

内发展全局，围绕改革发展稳定、内政外交国防、治党治国治军发表了一系列重要讲话，提出了许多治国理政的新思想新观点新论断新要求，显示了对世情国情党情的深刻把握，体现了理论逻辑、实践逻辑、历史逻辑的高度统一，是马克思主义中国化的最新理论成果。总书记的重要讲话是指导党和国家工作的强大思想武器，为我们在新的历史起点上实现新的奋斗目标提供了根本指导。学习好贯彻好讲话精神，是在思想上政治上行动上同党中央保持高度一致的根本保证，是在具有新的历史特点伟大斗争中争取新胜利的迫切需要，是把握时代大趋势、赢得发展新优势的必然要求，是提高领导干部素质和能力的重要法宝。全院广大党员干部，一定要不断深化对学习总书记系列重要讲话精神重要性和紧迫性的认识，切实把思想统一到党中央和省委的要求与部署上来。

### （二）深刻领会习近平总书记系列重要讲话精神的基本内涵

总书记的系列重要讲话，思想非常深刻，内涵极其丰富，我们既要系统学习、全面领会，又要把握脉络、突出重点，要着重从 10 个方面加深理解和认识，切实掌握贯穿其中的立场、观点和方法。一是领会总书记关于坚持和发展中国特色社会主义的重要论述，切实增强道路自信、理论自信、制度自信。二是领会总书记关于实现中华民族伟大复兴中国梦的重要论述，切实增强对国家对民族对人民的责任担当。三是领会总书记关于全面深化改革的重要论述，切实增强打好改革攻坚战的决心和信心。四是领会总书记关于发展的重要论述，切实增强河北绿色崛起的责任感和紧迫感。五是领会总书记关于依法治国的重要论述，切实增强法治理念和法治思维。六是领会总书记关于宣传思想工作的重要论述，切实增强对意识形态工作极端重要性的认识。七是领会总书记关于干部队伍建设的重要论述，切实增强广大干部干事创业的积极性。八是领会总书记关于党的作风建设的重要论述，切实增强为民务实清廉的执政情怀。九是领会总书记关于反腐倡廉建设的重要论述，切实增强党要管党、从严治党的历史责任感。十是领会总书记关于加强政治纪律的重要论述，切实增强全局意识和纪律观念。

### （三）全面落实习近平总书记对河北工作的重要指示精神

河北是习近平总书记工作过的地方，总书记对这片土地和人民充满深情，对河北的发展寄予厚望。党的十八大以来，习近平总书记先后3次来河北考察指导工作，多次听取河北工作汇报，多次对河北的工作做出重要批示。办好河北的事情，首要的是把总书记的重要指示学习好贯彻好落实好，当务之急是按照总书记的要求抓好10件事。一是坚定理想信念。持续不断地抓好世界观、人生观、价值观的改造，以坚定的理想信念打造金刚不坏之身。二是树立正确的政绩观。切实转变发展的指导思想，多做打基础利长远的事情。三是调整产业结构。积极推动我省产业结构调整，坚持有减有增、有下有上、有退有进，而且要增大于减、上大于下、进大于退。四是推动协同发展。强化整个河北都是环京津的意识，主动融入京津、借力京津，争取新的更大作为。五是治理大气污染。既要治标更要治本，承诺了的就要兑现。六是保护生态环境。七是抓好扶贫攻坚，把扶贫攻坚作为最大的民生工程抓实抓好。八是解决民生问题，确保民生投入持续增加，办好各项民生实事。九是培育良好作风，抓好作风建设。十是用好四大法宝。要坚持民主集中制原则，借鉴省委常委班子专题民主生活会的做法把批评和自我批评的风气恢复起来，严格党内政治生活，坚持党性原则基础上的团结，把班子建设得更加坚强有力。

## 二　深入学习贯彻党的十八届三中全会精神，做全面深化改革的学习者、研究者、宣传者、践行者

### （一）充分认识党的十八届三中全会决定全面深化改革的重大意义

党的十八届三中全会是在我国进入全面建成小康社会决定性阶段召开的一次具有里程碑意义的重要会议。全会高举中国特色社会主义伟大旗帜，坚持以邓小平理论、“三个代表”重要思想、科学发展观为指导，全面贯彻党的

十八大精神，贯穿党的基本路线、基本纲领、基本经验、基本要求，充分体现了党中央全面深化改革的坚定决心和巨大勇气，体现了对国家富强、民族振兴、人民幸福的深谋远虑和责任担当，必将对全面建成小康社会和实现中华民族伟大复兴的“中国梦”产生重大而深远的影响。全会通过的《中共中央关于全面深化改革若干重大问题的决定》，深刻剖析了我国改革发展稳定面临的重大理论和实践问题，提出了全面深化改革的指导思想、目标任务、重大原则，描绘了全面深化改革的新蓝图、新愿景、新目标，合理布局了深化改革的战略重点和时间表、路线图，形成了改革理论和政策的一系列重大突破，是我们党在新的历史起点上全面深化改革的科学指南和行动纲领。

### （二）建设马克思主义学习研究宣传重要阵地，坚持中国特色社会主义改革道路

社科理论工作是党的宣传思想工作的重要组成部分，社科院是党的意识形态的重要部门。在全国宣传思想工作会议上，习近平总书记明确指出，党校、干部学院、社会科学院、高校、党委理论学习中心组，都要把马克思主义作为必修课，成为马克思主义学习、研究、宣传的重要阵地。全省宣传思想工作会议进一步强调，各级党校、行政学院、社科院必须坚持姓党姓社，要把政治理论教育作为主要任务。加强马克思主义学习、研究、宣传的重要阵地建设，既是党中央和省委对社科理论界的要求和期望，也是我院建设“省级科研一流、国内国际知名、服务河北科学发展”的社会主义新智库的内在需要。党的十八届三中全会召开后，院党组召开会议，专题研究了学习贯彻全会精神的具体措施，印发了《学习宣传贯彻党的十八届三中全会精神工作方案》，把学习好、宣传好、贯彻好党的十八届三中全会精神，作为我院当前和今后一个时期的重要政治任务。全院广大党员干部要紧紧围绕习近平总书记重要讲话和全会《决定》，按照“准确、全面、严谨，入耳、入脑、入心”的总要求，深入宣传贯彻党的十八届三中全会精神，不断深化对中国特色社会主义理论体系的学习、研究和宣传，切实发挥我院“三位一体”优势，统一思想，凝聚共识，引导广大干部群众把思想和行动统一到党中央关于全面深化改革重大决策部署上来，把力量凝聚到实现全会确定的各项改革任务上来。

### （三）建设中国特色社会主义新型智库，服务全面深化改革

我院是省委、省政府直属社科研究、理论宣传机构和社团机构，担负着武装群众、联系群众、服务决策的职责。和全国其他社科院相比，我们河北院有着独特的院情，更具有我们自己“三位一体”的独特优势。2009 年以来，我院已经构建起理论武装、服务决策、繁荣发展的“三位一体”工作新格局和参公管理、事业管理“一院两制”新体制，为我院“省级科研一流、国内国际知名、服务河北科学发展”的社会主义新智库建设奠定了制度基础和体制、机制支撑。当前，我院要充分发挥“思想库”“智囊团”作用，为全面深化改革营造良好的社会环境，提供强有力的思想舆论支持和理论智力支持。要组织专家学者针对广大干部群众关注的重点问题做深入浅出的解答，撰写理论阐释和学习体会文章，在大报大刊发表一批重点研究文章；发挥理论武装工作优势，积极开展送理论下基层活动和形式多样的集中宣讲活动，努力实现理论武装“全覆盖、面对面”；发挥学科和人才优势，深入研究中央全会提出的一系列重大理论和现实问题，为我省全面深化改革、全力打好“四大攻坚战”、推动经济社会发展做出贡献；发挥智库作用，围绕贯彻落实全会精神和省委中心工作，抓好改革发展稳定对策研究，为省委、省政府提供理论支撑和智力支持；认真做好所属社团的学习宣传贯彻中央全会精神活动，迅速兴起学习热潮，形成宣传合力，营造浓厚舆论氛围。

## 三　深入学习贯彻省委八届六次全会精神，为建设全面小康的河北、富裕殷实的河北、山清水秀的河北，实现河北绿色崛起贡献力量

### （一）充分认识省委八届六次全会精神的重大意义

近期召开的省委八届六次全会，认真学习贯彻党的十八届三中全会精神、中央经济工作会议和城镇化工作会议精神，紧密结合河北实际，谋划和

安排管全局、管根本、管长远的大事，对进一步凝聚科学发展、奋进崛起的正能量，具有十分重要的意义。省委八届六次全会发出了全面深化改革、进一步解放思想、进一步转变发展指导思想的动员令。当前，摆在全省各级党组织和广大党员干部面前的一项重大任务，就是全面深入学习贯彻全会精神，实现四大转变，坚定走绿色崛起之路的决心信心，为建设全面小康的河北、富裕殷实的河北、山清水秀的河北共同奋斗。全院广大党员干部要认真学习好贯彻好省委关于学习贯彻党的十八届三中全会精神的决议以及省委书记、省长重要讲话精神，全面把握、深刻领会决议和讲话的深刻内涵，围绕中心，把握全局，全面学习领会党中央、省委关于改革的一系列新观点、新论断、新任务、新要求，紧密结合思想和工作实际，把各项贯彻落实工作抓紧抓实抓好。

### （二）当前河北面临的发展形势和任务

省委全会提出，把握好大的环境和大的走势，对于我们做好明年经济工作至关重要。从国际看，世界经济处于深度调整期，仍将延续缓慢复苏态势，发达国家将为恢复经济增速担忧，新兴市场国家和发展中国家可能更多面临滞胀挑战，大国货币政策、贸易投资格局、大宗商品价格的变化方向都存在“二律背反”，不稳定不确定因素依然很多。从国内看，我国经济已经到了必须在发展中加快提质增效升级的重要时期，经济发展长期向好的基本面没有变，明年经济仍具有很大发展潜力，特别是全面深化改革将释放新的动力和活力，同时稳定经济增长、化解过剩产能、防控债务风险、抑制资产泡沫、守住民生底线等还有大量工作要做。从我省看，我国沿海开放由南向北推移，环渤海地区正在成为中国最有潜力的新增长极之一，京津冀协同发展已是大势所趋，京津两大都市加速辐射外溢，这些都是千载难逢的重大机遇。但也要清醒地看到，河北正处于爬坡过坎、转型升级的攻坚时期，既面临加快发展的艰巨任务，又面临结构调整的巨大压力，特别是国家下达的化解过剩产能、治理大气污染的硬任务，需要付出巨大的成本和艰苦的努力去完成。为此，省委、省政府提出，要把握环渤海加速发展和京津冀协同发展的大势，坚持稳中求进工作总基调，把改革创新贯穿于经济社会发展各个领域各个环节，把新型城镇化作为发展的重大潜力，把打好四大攻坚战作为战略重点，着力推进经济结构调整，着力提高发展质量效益，着力加强生态环境建设，着力保障改善民生，坚定不移走绿色崛起之路，努力建设全面小康的河北、富裕殷实的河北、山清水秀的河北，为我省下一步的发展指明了方向，提供了重要遵循。

### （三）我院实现“三个服务”大有作为

我院长期以来坚持“为决策服务、为发展服务、为基层服务”的办院方针，认真落实“出精品、出人才、出效益”的总要求，发挥了省委、省政府重要“思想库”“智囊团”的作用，得到了中央领导和省委、省政府及社会各界的充分肯定。在教育实践活动中，我院努力发挥理论优势，积极为活动深入开展献计献策。7 月 11 ~12 日，习近平总书记到河北视察指导深入开展党的群众路线教育实践活动，并在河北省民政厅主持召开省直单位负责人座谈会。在座谈会上，我结合我院开展教育实践活动的情况，谈了自己对开展活动的感受，并提出在活动中要弘扬“两个务必”的西柏坡精神、走好新时期的“赶考路”和要坚持知行合一、取信于民两点建议。能直接向党的总书记面对面汇报工作，交流座谈，这在我院历史上是第一次，充分体现了党中央和省委对我院工作的充分肯定和发挥社科理论作用的高度重视。今年以来，我院还有一批调研成果获得习近平、刘云山、张高丽等中央领导的批示。一年来，我院在继续深化“环首都绿色经济圈”研究和“河北沿海地区经济发展”研究的基础上，按照省委、省政府提出的“四大攻坚战”和“四个专项行动”的工作部署，重点抓好“中原经济区上升为国家战略框架下河北冀南地区经济发展问题研究”“推进我省新型城镇化发展”“大气污染治理”等重大问题研究，推出一批高质量的研究成果。关于京津冀协同发展的战略研究已取得重要阶段性成果，得到省委书记和常务副省长的肯定批示，我院的研究报告已经省领导批示上报中财办。还有一批应用对策课题研究成果获省委副书记赵勇、副省长许宁等领导批示或被实际工作部门采用。今年以来，我院继续实施“三走”活动，组织科研人员开展了“走基层中原行——河北冀南地区发展大调研”活动，《中原经济区框架下河北冀南地区经济发展问题研究》即将出版。“走世界开放行”取得了积极成果，截至目前，我院已同亚、非、拉、欧、美、澳六大洲主要国家和我国港台地区22个科研机构和大学建立长期稳定的学术交流与合作关系，为我院新智库建设拓展了广阔的国际合作交流空间。召开了上半年经济形势分析会暨四大攻坚战研讨会，会议情况报告得到省委、省政府主要领导批示肯定。召开了以“京津冀协同发展背景下河北转型升级的路径选择”为主题的“2013～2014年河北省经济形势分析会”。今后一个时期，我院要以深入贯彻习近平总书记重要讲话和党的十八届三中全会精神以及省委八届六次全会精神为主线，认真落实党中央和省委的决策部署和对社会科学工作的新要求，继续围绕中心、服务大局，不断加强应用对策研究，进一步提升“三个服务”的办院水平，推动我院实现更大的发展。

## 四　认真做好第一批党的群众路线教育实践活动的收尾工作

第一批党的群众路线教育实践活动已经临近尾声。我院在活动中，按照党中央和省委的决策部署，认真完成规定动作，积极为领导建言献策，扎实做好活动的理论概括，各项工作有序开展。活动中形成的理论成果、制度成果、实践成果得到了社会和群众的广泛认可，积累了宝贵的经验，为扎实有效地开展第二批活动提供了借鉴。越是到收尾的时候，越要确保“善始善终、善作善成”，高标准严要求地将整改落到实处。这里我要强调两点：一是相关部门要结合责任分工抓好《克服“四风”问题第三批十件实事》的贯彻落实，确保我院教育实践活动取得实效；二是要认真落实党中央和省委的有关文件精神，做到令行禁止。要按照《党政机关厉行节约反对浪费条例》《关于严禁元旦春节期间公款购买赠送年货节礼的通知》《关于严禁公款购买印制寄送贺年卡等物品的通知》等文件精神，严禁公款购买赠送年货节礼及购买、印制、寄送贺年卡等物品，积极营造文明、简朴的贺年风气。我们要认真贯彻习近平总书记在听取我省党的群众路线教育实践活动总体情况时的讲话精神，按照“要把成功做法经验化、零星探索系统化，使总结的过程成为认识再提高、措施再完善、工作再推进的过程”的要求，着重开展“四大重要法宝”及建章立制方面的研究，做好理论服务和经验总结，继续推出一批理论成果。同时，我院要按照省委活动办的要求，积极落实好中央活动办在北京召开的党的群众路线理论研讨工作协调会的精神和要求，制定工作方案，组织好全省理论研讨会，征集好全国党的群众路线理论研讨会参会征文，组织入选论文作者参加明年上半年召开的全国党的群众路线理论研讨会，把河北的好经验、好做法宣传出去，推动第二批教育实践活动的开展。

## 五　扎实做好今年各项工作的收官和明年重点工作的谋划

同志们，现在已经是年终岁尾，2013 年很快就要过去。要完成全年的目标任务，时间紧迫，任务艰巨，千万不能松懈。会后，各部门要认真对照年初确定的工作，仔细理一理项、算一算账，没做完的要抓紧完成，已经完成的要继续做实做细，确保不留死角、不甩尾巴，按时保质保量地完成好各项目标任务。今后一段时间，各位院领导和院属各部门的负责同志要拿出精力，认真思考、谋划明年的工作，把制订明年的工作计划摆上重要议事日程。

2014 年，我院将继续高举中国特色社会主义伟大旗帜，以邓小平理论、“三个代表”重要思想和科学发展观为指导，深入贯彻党的十八届三中全会、中央经济工作会议和省委八届六次全会精神，紧紧围绕省委、省政府的中心工作，结合我院“十二五”规划确定的目标任务，坚持“为决策服务、为发展服务、为基层服务”的办院方针，认真落实“出精品、出人才、出效益”的总要求，深化完善理论武装、服务决策、繁荣发展“三位一体”工作新格局与参公管理、事业管理“一院两制”新体制，努力建成“省级科研一流、国内国际知名、服务河北科学发展”的社会主义新智库，为建设全面小康的河北、富裕殷实的河北、山清水秀的河北做出应有的贡献！具体讲，一要积极推进理论武装工作。把深入学习宣传贯彻习近平总书记系列重要讲话和党的十八届三中全会精神，以及省委八届六次全会精神作为当前的首要政治任务，深入开展宣讲、宣传活动。二要以围绕中心、服务大局为基本职能，进一步加强应用对策研究和基础理论研究。围绕贯彻落实省委八届六次全会精神和省委、省政府中心工作，抓好对策研究，在继续深化“环首都绿色经济圈”、“河北沿海地区经济发展”和“冀南地区经济发展”等研究的基础上，重点开展“京津冀协调发展长远考虑”“四大攻坚战”“河北生态环境保护与建设”“河北县域经济发展和县城建设问题研究”“河北投融资研究”等重大课题研究，力争推出一批高质量的研究成果，为省委、省政府科学决策提供理论支撑和智力支持。三要加强活动和平台建设，发挥桥梁纽带作用，进一步推进社科联合工作。进一步落实两办《关于加强新时期社会科学界联合会工作的意见》，继续推进河北省社会科学智库建设工程，进一步加强平台建设和组织建设，积极创新工作方式，提高社科工作对全省发展的贡献力。开展的调研活动中，我院还有一批调研成果获得中央领导和省领导的批示，其中，《“中国梦”新闻报道怎样才能入脑入心入行》《党员干部坚定理想信念路径研究》《解决农村低收入群体负面心态的对策》分别得到习近平、刘云山、张高丽等中央领导的批示。

我院将发挥自身优势，推出一批高质量研究成果。按照省委、省政府提出的“四大攻坚战”和“四个专项行动”的工作部署，重点抓好“中原经济区上升为国家战略框架下河北冀南地区经济发展问题研究”“推进我省新型城镇化发展”“大气污染治理”等重大问题研究，推出一批高质量的研究成果。“关于推动京津冀协同发展长远考虑的研究报告”得到省委、省政府领导的肯定批示，并已经省领导批示上报中财办。“推进我省新型城镇化发展系列问题研究”得到张庆伟省长的肯定批示。还有一批应用对策课题研究成果获省委副书记赵勇，副省长许宁等领导批示或被实际工作部门采用。

我院将认真履职尽责，做好活动的理论概括。我院作为省委教育实践活动领导小组办公室成员，具体负责理论成果组的工作。我院认真贯彻党中央和省委要求，突出河北特色，围绕活动主题深化理论研究，推出 21 篇富有创新性的成果。其中，《确保教育实践活动善始善终善做善成》《群众路线的世界观与方法论意蕴》《西柏坡时期党的群众路线的经验与启示》《既要

外正其容　更要内正其心》等10篇理论文章在《人民日报》《光明日报》《求是》《河北日报》发表；11篇理论文章呈报省委领导和省委活动办领导审阅、参阅；辑印了《理论成果汇编》，上报中央和省领导参阅。为做好思想引领，浓厚宣传氛围，推动全省教育实践活动的深入开展发挥了重要作用。

## 六　活动成效明显，推动作风建设实现大转变

在活动中，我院坚持领导干部带头示范，开门搞活动，突出问题导向，强化外力推动，保证了活动效果。通过持续不断的思想教育，广大党员干部的理想信念得到进一步加强；通过对"四风"问题进行大排查、大扫除，党的群众路线的优良传统得到进一步弘扬；通过认真开展批评与自我批评，党内的民主生活得到进一步健全；通过整改提高、建章立制，贯彻党的群众路线的长效机制初步形成；通过解决群众反映强烈的难题，我院干事创业的环境得到进一步优化。通过开展教育实践活动，我院进一步解决了事业发展中存在的"四个不适应"：全省五级理论宣讲网络建设进一步加强，宣讲工作逐步实现了"全覆盖""面对面"；前瞻性、战略性的研究进一步深化，决策咨询和决策服务的水平不断提高；社科联合工作进一步加强，桥梁纽带作用得到有效发挥；国际化、高层次人才建设稳步推进，我院新智库建设水平进一步提高。通过开展教育实践活动，我院真正做到了转作风、见行动、强队伍、提能力，以作风建设的新成效凝聚起了推动我院各项事业发展的强大力量。教育实践活动带来的新变化新气象，得到了群众的充分认同，得到了上级领导的充分肯定。省政协副主席刘永瑞同志指出，省社科院党组在活动中，态度认真，思路清晰，措施得力，步骤扎实，还具有社科院自己的特色。省社科院聚焦问题、狠刹"四风"，立行立改，立知立改，完全符合党中央、省委、省委活动办的要求，起到了示范作用，应予以充分肯定。

目前，第一批教育实践活动已进入尾声，但是我们要清醒地认识到，收尾不是收场，还有许多后续工作需要继续落实。教育实践活动有期限，但贯彻党的群众路线没有休止符，作风建设永远在路上。下一步我们要按照习近

平总书记在党的群众路线教育实践活动第一批总结暨第二批部署会议上的重要讲话精神和我省教育实践活动第一批总结暨第二批部署会议要求，结合我院实际，做好以下几项工作。一是做好院教育实践活动的收尾工作。院活动办和院属各部门要继续做好整改措施的落实，对我院推出的克服“四风”问题第三批十件实事认真开展“回头看”，逐项对照，逐条落实，确保高质量完成，切实让群众得到实惠，取信于民；要进一步做好建章立制工作，抓紧实施我院在活动中制定和修订出台的加强作风建设的系列制度办法，建立起科学、规范的长效机制。院活动领导小组和活动办要认真做好活动总结，搞好干部群众的民主评议，活动的成效由群众评价、群众认可。二是发挥理论优势，做好活动的理论概括。我院任组长的省委活动办理论成果组，要认真贯彻习近平总书记在听取我省党的群众路线教育实践活动总体情况时的讲话精神，按照“要把成功做法经验化、零星探索系统化，使总结的过程成为认识再提高、措施再完善、工作再推进的过程”的要求，着重开展“四大重要法宝”及建章立制方面的研究，做好理论服务和经验总结，继续推出一批理论成果。三是组织好党的群众路线理论研讨会。我院要按照省委活动办的要求，积极落实好中央活动办在北京召开的党的群众路线理论研讨工作协调会的精神和要求，制定工作方案，组织好全省理论研讨会，征集好全国党的群众路线理论研讨会参会征文，组织入选论文作者参加上半年召开的全国党的群众路线理论研讨会，把河北的好经验、好做法宣传出去，推动第二批教育实践活动的开展。四是积极参与指导第二批教育实践活动。为切实搞好我省第二批教育实践活动，省委党的群众路线教育实践活动领导小组办公室对内设机构进行了调整，成立成果组。我院按照省委活动办的通知要求，上报王彦坤同志担任成果组副组长，李鉴修、袁秀、张彦台三位同志为成果组成员，为全省第二批教育实践活动提供理论服务和智力支持。五是以讲话精神为指导，认真谋划好今年的各项重点工作。把教育实践活动的成果贯彻到事业发展和各项工作中去，要以学习贯彻党的十八届三中全会和习近平总书记一系列重要讲话精神为主线，积极推进理论武装工作；要以围绕中心、服务大局为基本职能，进一步加强应用对策研究和基础理论研究；要加强活动和平台建设，发挥桥梁纽带作用，进一步推进社科联合工作，为建设全面小康的河北、富裕殷实的河北、山清水秀的河北做出积极的贡献。

以上就是我院开展教育实践活动的基本情况。在此，我代表院党组对省委活动办和省委督导组对我院的关心和支持再次表示衷心感谢！对全院干部职工对我院教育实践活动的积极参与和热情支持表示衷心感谢!!

# 建章立制还要防范“牛栏关猫”*

（2014 年 1 月 12 日）

习近平总书记在河北调研指导党的群众路线教育实践活动时指出：“没有健全的制度，权力没有关进制度的笼子，腐败现象就控制不住。在这次教育实践活动中，建章立制非常重要，要把笼子扎紧一点，牛栏关猫是关不住的，空隙太大，猫可以来去自由。”

叶景文/图

* 本文刊载于《光明日报》“群众路线教育实践活动征文·理论思考”专版，2014 年 1 月 12 日；获《光明日报》征文二等奖。

这为我们抓好整改落实、建章立制明确了重要标准。切实加强制度建设，必须警惕和防范“牛栏关猫”式的制度失效问题。

## “牛栏关猫”起不到应有作用

邓小平同志曾指出，制度问题更带有根本性、全局性、稳定性和长期性。党的制度建设，深刻影响着党的思想建设、组织建设、作风建设和反腐倡廉建设，是党的先进性和纯洁性得以充分体现的重要保证。如果我们制度的“笼子”扎不紧，“牛栏关猫”，就会造成制度失灵失效，就会危害党和人民群众的利益，动摇党的执政基础。

从当前来看，大多数地方和部门都非常重视制度建设，并逐步形成了较为完善的制度体系，确立了“用制度管权、用制度管事、用制度管人”的工作理念。但在一些单位、一些领导干部中还存在制定制度疏漏笼统、落实制度不够严格等问题。表现在：对党员干部的约束往往原则性要求多，操作性措施少；实体性内容多，程序性规定少；事前安排布置多，事后检查追究少。有的制度自身存在缺陷，缺乏科学性、合理性，从而造成有空子可钻。

“牛栏关猫”给制度建设带来严重危害，它导致不少规章制度成为摆设：不仅使制度措施执行不严格，反而严重消解了人们对制度的敬畏和认同，刺激更多的人想办法钻制度的漏洞；不仅造成制度失效或失灵，还在客观上对那些违反制度的行为提供某种“掩护”，使这些行为在所谓的制度框架下得以安然存在。在党的群众路线教育实践活动中，我们一定要按照习近平总书记的要求，以这次活动为契机，制定新的制度，完善已有的制度，废止不适用的制度，彻底解决制度建设中的“牛栏关猫”问题。

## “牛栏关猫”是制度建设上的形式主义

制度建设是抓好工作的根本。现在，一些地方或部门的规章制度写得很全面，看似很有力度，但仔细研读，观其实际效果，却可以发现其中的大而无当、模棱两可、华而不实。这其中一个很重要的原因就是在制度的制定和执行环节没有真正走群众路线，存在形式主义。

在制度设计之前，没有深入群众，充分了解各方面、各层次人群的情况和诉求，导致在此基础上形成的制度缺乏对事物客观、真实、全面的认识。一些地方或部门把制度建设作为面子工程，看起来制度很完善，实际上只是写在文件上、贴在墙上、挂在嘴上，却因“牛栏关猫”漏洞百出而从未真正进入贯彻实施阶段。

在制度形成之后，没有把制度的贯彻落实交给群众，让群众关注制度、监督制度的运行状况。一些地方或部门出台了一大堆规章制度，但相应的监督机制却存在诸多漏洞，既没有“监督岗”，也没有“高压线”，更没有划定几片“触雷区”。有的地方虽然聘请了监督员，但实际上并没有赋予其实质性的监督权力。

在制度执行阶段，一些人千方百计利用制度漏洞，搞“上有政策、下有对策”，在贯彻执行中央决策部署上打折扣、做选择、搞变通。制度的“牛栏”一次次地跑出个人和部门利益的“猫”，以致监督就像“牛栏”的栅栏，虽然有，却细致精密不起来，自然关不住“猫”。

此外，一些制度过去管用，但随着形势的发展变化，已经不符合当前经济社会发展的实际，发文机关却没有及时废止或修订；一些部门之间未经协调，分别制定出各自的规章制度，导致有些规定相互矛盾。因此，在制度建设中还必须克服形式主义，加强各项制度之间的衔接和协调。

## 要扎紧“牛栏”关住“猫”

“牛栏”里既然关不住“猫”，就需要把栅栏补紧、补密、扎紧，以防后患。这就给我们整改落实、建章立制提出了新的要求：该修改的修改，该完善的完善，该废止的废止，使法律法规和规章制度趋于严密、具体和可操作，使党员干部不能、不敢也不愿违法乱纪。

进一步优化制度设计。要坚持把人民利益放在首位的原则，进一步提高制度设计的针对性和规范性，真正把权力关进制度的笼子，解决好“牛栏关猫”问题。特别是针对容易出问题的“风险点”，更要加密加固制度的笼子。要建立领导干部公开承诺制度，通过新闻媒体向人民群众公开做出承诺；建立领导干部直接联系群众制度，建立保障党员干部密切联系群众的长效机制；建立干部考核选拔任用制度，用科学的政绩考核评价体系推动作风转变；建立领导干部生活待遇制度，制定明确具体的办法，严格执行中央有关规定。要按照为民务实清廉的要求，对已有的制度进行认真梳理，把活动中创造出的成功做法和经验以制度的形式固定下来、坚持下去，把经过实践检验证明行之有效、群众认可的制度纳入贯彻党的群众路线的长效机制，不断建立健全工作制度、管理制度、考核制度，为持之以恒地加强党的作风建设提供制度保障。做实做细各项制度建设，用刚性纪律和完备的制度约束权力，形成规范和制约。既要立足当前，切实解决群众反映强烈的突出问题；又要着眼长远，建立健全促进党员、干部坚持为民务实清廉的长效机制。

提高制度自身的可操作性。习近平同志指出，制度“既要有实体性制度又要有程序性制度，既要明确规定应该怎么办又要明确规定违反规定怎么处理，减少制度执行的自由裁量空间”。在实际工作中，提高制度的可操作性就是要把制度自身与实施细则和监督检查结合起来，杜绝只有制度条文没有实施细则和监督检查制度的状况，坚持把制定实体性要求和程序性规范结合起来，尤其要加大制定违反规定的惩戒性制度，使各项制度彼此衔接、相互配套，杜绝一切制度漏洞，使制度能够发挥出应有的效应。

严格制度执行力的监督检查。制度的生命在于落实。邓小平同志在改革开放之初告诫全党：“世界上的事情都是干出来的，不干，半点马克思主义也没有。只有把嘴上说的、纸上写的、会上定的，变为具体的行动、实际的效果、人民的利益，我们的工作才算做到了位、做到了家。”习近平同志强调：“决不允许‘上有政策，下有对策’，决不允许有令不行、有禁不止，决不允许在贯彻执行中央决策部署上打折扣、做选择、搞变通。”因此，防止“牛栏关猫”，一方面，要提高制度的执行力，用制度的刚性约束干部；另一方面，要切实加大对制度贯彻落实情况的监督检查，把“牛栏”中跑出的“猫”抓回制度的笼子中。确保各项制度能够做到令行禁止，在实际工作中执行制度没有例外，坚决整治违反作风建设规定的各种行为，坚决维护制度的严肃性和权威性，增强党员干部对制度的敬畏感。

走党的群众路线。杜绝“牛栏关猫”，加强制度建设，还必须适应群众工作的新特点新要求，充分发挥人民群众在制度建设和执行中的重要作用。要将广大人民群众参与制度制定的环节向前延伸，使他们对于制度设计的各个环节，包括动议、起草、审议、修改直至废止，都有充分的发言权。要结合党的群众路线教育实践活动，不断创新群众参与制度设计和执行监督的方式方法，确保群众的意见和建议都能得到表达和反映。在实际工作中，政府各个职能部门对于拟确立的规章制度，必须要广开门路，通过听证会、论证会、座谈会和征求意见会等形式，充分听取人民群众的意见和建议。还要建立群众意见的反馈机制，防止听取意见流于形式。

# 在全省党委讲师团工作会议暨学习宣传贯彻省委八届六次全会精神会议上的讲话

（2014 年 1 月 14 日）

新年伊始，我们召开全省党委讲师团系统年度工作会议，主要任务是深入学习贯彻党的十八届三中全会和省委八届六次全会精神，回顾总结 2013 年的工作，研究部署 2014 年的工作。不久前召开的省委八届六次全会，以学习宣传贯彻党的十八届三中全会、中央经济工作会议、城镇化工作会议等中央一系列会议精神为核心，向全省发出了全面深化改革、进一步解放思想、进一步转变发展指导思想的动员令。上周结束的省人大、政协两会，对全省新一年的工作做出全面安排部署。当前，摆在全省各级党组织和广大党员干部面前的一项重大任务，就是全面深入学习贯彻党中央和省委全会精神，实现指导思想的四大转变，坚定走绿色崛起之路的决心信心，为建设全面小康的河北、富裕殷实的河北、山清水秀的河北共同奋斗。全省党委讲师团系统要深入学习贯彻落实党中央和省委一系列重要会议精神，“因势而谋、应势而动、顺势而为”，不断提升理论宣讲、理论研究和理论宣传工作水平，推动理论武装事业实现新发展，为河北科学发展、绿色崛起提供理论支撑和精神力量。

刚才，各市委讲师团、华北油田公司党委讲师团和 4 个基层理论宣讲工作站进行了工作汇报交流，各单位都创出了不少好经验和好做法，值得我们在今后的工作中认真借鉴。在 2013 年的工作中，涌现出了一批先进典型，今天的会议对这些先进集体和先进个人进行了表彰。在此，我代表省社科院党组、省委讲师团对受到表彰的单位和同志再次表示热烈祝贺！希望讲师团系统的同志以先进为榜样，振奋精神，开拓进取，再创新的业绩。

下面，我根据会议主题讲两方面意见。

## 一　认真总结2013年工作经验，彰显优势，奋发作为，不断增强做好新形势下理论武装工作的责任心和使命感

2013 年，全省党委讲师团系统认真贯彻落实党中央和省委对理论武装工作的新要求，以开展党的群众路线教育实践活动为契机，紧紧围绕中心，自觉服务大局，充分发挥职能作用，积极进取，奋力开拓，各项工作都呈现出良好态势，在推动党的理论创新成果宣传普及、路线方针政策及重大工作部署的宣传贯彻、服务河北科学发展方面发挥了积极作用。

### （一）突出重大主题，扎实推进理论宣讲工作

把重大主题宣讲作为宣讲工作的重中之重，抓好活动组织谋划和方式方法创新。围绕党的十八大和十八届三中全会精神、习近平总书记系列重要讲话精神、中国特色社会主义和中国梦、省委八届五次和六次全会精神的学习贯彻等重大政治任务，围绕党的群众路线教育实践活动、“解放思想、改革开放、创新驱动、科学发展”思想解放大讨论、“打好四大攻坚战”、“善行河北”等重点工作，通过组织专题集中宣讲、开展送理论下基层活动和“菜单式”“点播式”宣讲、举办特色活动等多种途径，形成庞大宣讲声势，浓厚宣传氛围，进一步凝聚了全省干部群众思想共识，激发了干事创业热情。在重大主题宣讲中，省委讲师团注重加强对全省宣讲工作的组织协调、示范引导。宣讲开展前，及时下发做好宣讲准备工作的通知，对宣讲工作做出明确要求和统筹安排；第一时间组织理论骨干编写宣讲提纲和资料专刊，为全省宣讲工作提供重要遵循；院（团）领导带队先后在香河县、广平县、涿州市组织“送理论下基层”宣讲活动，走村入户，开展示范宣讲，指导基层宣讲站工作；在全省范围征集重大主题宣讲专家，丰富宣讲“菜单”

内容，接受基层干部群众“点播”。各市委讲师团、华北油田公司党委讲师团和理论宣讲工作站，注重结合本地实际，突出本地特色。邯郸市组建“惠民好声音”特色理论宣讲团，把党的十八大精神的宣讲舞台搭建在田间地头、车间工地、集市庙会，深受群众欢迎，入选全国理论宣讲先进集体，受到中宣部隆重表彰。秦皇岛市建立“我的梦中国梦”百姓宣讲团，为市委中心组、市县机关干部做宣讲报告，群众上讲台，领导当学生，收到良好效果，得到省委领导的肯定。张家口市组织开展了理论专家包县活动。衡水桃城区在社区、农村精心打造图文并茂宣讲墙1.5万平方米。这些特色宣讲活动有力提升了理论宣讲的凝聚力、感召力、吸引力，有效发挥了思想引领、凝聚力量的作用。据不完全统计，2013年全省党委讲师团系统共开展理论宣讲2.1万余场，受众270余万人次。

### （二）打造精品力作，切实提升理论研究水平

围绕推动河北科学发展的重大理论和实践问题，以大报大刊为主攻方向，以讲师团系统课题为切入点，有效整合资源，形成攻关合力，打造理论研究精品力作。修订出台《关于鼓励和支持在国家重点报刊发表文章的办法》，更充分地发挥“河北省中国特色社会主义理论体系研究中心”平台作用，在《人民日报》《光明日报》《求是》推出《实施创新驱动发展战略》《谱写党的群众路线新篇章》等一批重点理论文章，提升了河北理论研究的知名度和美誉度。立项系统年度科研课题60项，选题更加贴近河北实际，成果的整体质量明显提高。组织召开了“建设学习研究宣传马克思主义重要阵地”座谈会，承办“资本市场改革发展论坛暨投融资项目咨询对接会”。各市委讲师团积极鼓励教研人员承担国家和省各类课题，在实战中锻炼研究能力，一些研究成果获得了省级成果奖，有些则直接被相关部门采用，较好地发挥了服务决策、服务发展作用。

### （三）丰富载体、灵活方式，努力增强理论服务针对性

树立分众化、对象化、互动化的理论工作新理念，细分受众的需求，打

造多样理论服务载体，以灵活多样的方式，开展有针对性的理论服务，满足受众需求。办好理论内刊，为党员领导干部学习提供服务。《党委中心组理论学习通讯》突出工作指导性，《理论信息》突出信息资料性，从不同角度为领导干部学习提供参考。编写理论普及读物，方便基层干部群众学习。先后编写了《科学发展观词语解》《2013 宏观经济形势与政策导读》《党的十七大以来三农政策集释》《跨越赶超奋进崛起——省委八届五次全委（扩大）会议精神解读》等。《三农政策学习问答》《理论热点》等品牌读物的编撰质量不断提高，省委下发全省 5000 多驻村工作队作为学习材料，受到干部群众的广泛关注和欢迎。有效利用媒体载体。在各地主流媒体开辟理论专版专栏专题，建立理论宣传网，扩大理论宣传覆盖面。打造了一批具有地方特色的宣讲载体，如石家庄的燕赵讲坛、《理论之窗》，秦皇岛的渤海大讲堂，衡水的发展讲坛，邯郸的网络学堂等，成为各地理论武装工作的有力抓手。华北油田公司党委讲师团根据基层单位工作需要，寻找工作间隙，送教上门，收到良好效果。

### （四）整合与培训并重，不断强化宣讲人才队伍建设

从理论武装工作的实际需要出发，积极探索充实壮大理论宣讲工作人才队伍的有效途径。建立人才资源库。省团发挥“三位一体”工作格局新优势，以课题研究和宣讲活动为平台，逐步将全省社科理论骨干纳入理论宣讲专家资源库，形成新的宣讲和研究优势。目前，已将省委党校、河北师范大学、河北经贸大学、社会主义学院等单位的部分骨干教师和部分市的理论骨干纳入了省团专家库，开门办团取得积极进展，大宣讲格局逐步形成。加强骨干培训。与省委宣传部联合举办了省委八届五次全会、党的十八届三中全会和省委八届六次全会精神中心组秘书和宣讲骨干培训班，培训宣讲骨干 500 余人次。各讲师团也高度重视专兼职队伍建设。张家口出台《市委宣讲团成员管理办法》，把原来临时性、松散的宣讲成员凝聚成一个规范的宣讲团队。保定组建了大学生红色蒲公英宣讲团，秦皇岛有草根宣讲团，承德有五老宣讲团。这些宣讲队伍经常活跃在普通群众身边，成了“不走”的理论宣传队。

### （五）建立五级宣讲工作网络体系，推动理论武装主阵地建设上新台阶

为进一步贯彻落实全国和全省宣传思想工作会议精神，积极推进党的群众路线教育实践活动整改措施落实，提升构建大宣讲工作格局质量，省委讲师团启动了建立健全省、市、县（区）、乡镇（街道）、村（社区）五级理论宣讲工作网络体系工作。通过网络体系的建立，规范和明晰省、市、县、乡、村各级承担宣讲工作的责任主体及工作职责，推进理论武装工作的阵地、队伍建设，提升整体工作水平。为做好这项工作，省委讲师团先后到廊坊、邯郸进行了工作调研，征求意见建议。按照院党组先试点、再推广的布置，10 月，在石家庄桥东区建安街道办事处和建安路社区、邯郸永年县刘营乡和五里村、榆林东村建立 5 个基层理论宣讲工作站和联系点，作为工作试点。发挥互联网技术优势，利用网络视频会议系统，建立了网络宣讲平台，实现了与基层干部群众“面对面”宣讲和实时互动交流，取得了初步成功。12 月，又在保定涿州市松林店镇和楼桑庙村，建立了 2 个网络宣讲站点。在前期调研、先行试点的基础上，省委讲师团制发了《关于建立健全理论宣讲工作网络体系的指导意见》，为这项工作的开展提供了基本遵循。

各市委讲师团多措并举，积极向基层延伸工作触角，石家庄、廊坊、保定、沧州、邯郸等市先后在基层建立了宣讲站和研究基地。省属和市属宣讲站结合自身实际，把宣讲阵地不断向乡镇、农村、社区、企业、学校等基层延伸，宣讲网络逐步扩展，形成了向基层宣讲的前沿阵地。这些基层的阵地建设为建立五级宣讲工作网络体系奠定了良好基础，也提供了宝贵经验。

一年来，讲师团系统始终坚持围绕传播党的创新理论，围绕宣讲党和政府的重大决策、重要工作部署，求真务实，真抓实干，以过硬的工作实绩赢得了各级党委、政府的肯定与支持。2013 年 7 月 11 ~ 12 日，习近平总书记到河北视察指导深入开展党的群众路线教育实践活动，并主持召开省直单位负责人座谈会。我作为社科理论界的代表在座谈会上谈了工作感受，提出了建议。总书记十分关心讲师团工作，专门询问了有关情况。能直接向党的总

书记面对面汇报工作、交流座谈，这在我省社科院的历史上是第一次，充分体现了党中央和省委对社科理论工作的充分肯定和高度重视，使我们社科理论工作者深受鼓舞。

## 二　准确把握2014年目标任务，履职尽责，开拓创新，在实现河北绿色崛起中发挥好理论武装工作重要作用

省委八届六次全会决议指出：河北正处在转型升级、爬坡过坎的关键时期，解决河北经济社会发展中存在的各种困难和问题，根本出路在于全面深化改革。面对爬坡过坎中一系列突出矛盾和棘手问题，面对新一轮全面深化改革的大潮，需要理论武装工作承担起推动思想大解放、认识大提升、工作大推进的重要责任，凝聚起科学发展的共识和力量。党委讲师团系统面临的任务光荣而又艰巨。

据此，2014 年要重点抓好五项工作。

### （一）深入学习贯彻全国和全省宣传思想工作会议精神，增强做好理论武装工作的自觉性和自信心

认真学习贯彻全国和全省宣传思想工作会议精神是当前宣传思想战线的一项重大政治任务。作为思想理论战线的一支重要力量，党委讲师团系统应当成为学习贯彻会议精神的排头兵和引领者。要在学习领会中努力做到“三个准确把握”：准确把握宣传思想文化工作的重要地位，充分认识意识形态工作的极端重要性，切实增强政治意识、政权意识和阵地意识，增强历史使命感和现实紧迫感，旗帜鲜明、理直气壮、坚定不移地做好理论武装工作；准确把握宣传思想文化工作的根本任务，把实现“两个巩固”作为理论武装工作的立足点、聚焦点、着力点，体现到工作的各个方面；准确把握宣传思想文化工作的基本遵循，进一步明确新形势下理论武装工作的方针原则、方向目标、重点任务，把这些基本遵循体现到工作的导向、基调和具体实践中，确保理论武装工作的正确方向。要在贯彻落实上实现“三个新突破”：在服务大局上有新突破，更出色地发挥理论武装的思想引领、精神激

励、理论支撑作用；在改革创新上有新突破，创新理念、创新手段、创新基层工作，使理论武装工作更适应党的要求、时代的要求、群众的要求；在提升素质上有新突破，建设一支有责、负责、尽责的理论工作者队伍。

### （二）抓好重大主题的宣传宣讲和研究阐释，夯实全省干部群众共同奋斗的思想基础

要紧紧围绕党的十八届三中全会精神、习近平总书记系列重要讲话精神、中国特色社会主义和中国梦、社会主义核心价值观、省委八届六次全会精神五个重大主题，组织好专题宣讲和专题研究，在全省持续掀起学习贯彻热潮。一是组织开展集中宣讲。各讲师团、宣讲工作站要紧密结合本地实际，认真谋划好具有地方特色的集中宣讲活动。制订工作计划，做出统一安排，细化活动方案，以抓工程项目的方式推进工作落实。要注重发挥集中宣讲的示范、引领作用，策划好与之相配套的系列活动，使每一次集中宣讲都能成为整体宣讲活动的小高潮。二是搞好专题宣讲。要在开展集中宣讲的基础上，根据宣讲对象的不同需求，组织好有针对性的专题宣讲，多层次、多角度把五个重大主题所蕴含的丰厚内涵讲深、讲透。三是做好研究阐释，拓展宣讲深度和广度。要紧密结合我省经济社会发展实际，围绕五个重大主题提出的新思想、新观点、新论述、新举措，围绕干部群众关注的社会热点难点问题，组织社科理论工作者开展研究阐释，推出一批重点文章和理论读物，帮助干部群众全面准确理解党中央和省委决策部署。在五个重大主题的宣传宣讲工作中，既要注重发挥传统宣讲载体的作用，又要注重新兴载体的利用，如互联网、微信、微博，扩大宣讲覆盖面。要注重加强对宣讲人员的培训，提高宣讲质量，更好地满足干部群众的学习需求。

### （三）坚持创新，增强理论武装工作动力和活力

习近平总书记强调指出，“做好宣传思想工作，比以往任何时候都更加需要创新”，“宣传思想工作创新，重点要抓好理念创新、手段创新、基层工作创新”。这一深刻论述，充分体现了在新形势下进一步加强宣传思想工作创新的重要性和紧迫性，也为宣传思想工作创新指明了重点和方向。全省

党委讲师团系统要深刻领会习近平总书记这一论述的内涵，自觉把创新贯彻到理论武装工作的方方面面。一要创新思路。要始终保持思想的敏锐性和开放度，打破传统思维定式，跳出单位、系统和专业的小圈子、小循环，胸怀大局，把握大势，着眼大事，以全新的视野审视工作定位、优长和短板，找准工作切入点和突破口。要加大整体工作的谋划力度，提升工作层次和影响力。要树立项目化、品牌化理念，把原则要求变成可操作的具体措施，把目标任务变成实实在在的工作项目。二要创新载体和方式。要研究把握新形势下理论武装工作的特点和规律，坚持以人为本，围绕增强理论武装工作的实效性，做好工作载体、方式创新，变“灌输式”为“互动式”，变“概念化”为“形象化”，变“要我学”为“我要学”，用“小载体”讲“大道理”，增强宣讲的实效性和吸引力。要深化“送理论下基层”“燕赵讲坛”“惠民好声音”“菜单式宣讲”等已有的品牌活动，在形式和内容创新上下功夫。要总结推广“机关干部大讲堂”、“乡镇干部论坛”、“草根宣讲团”和村干部论坛等基层宣讲工作载体的成功经验，鼓励基层理论工作者创新出更多的贴近群众实际需要的工作载体和方式。三要拓展工作新领域。要落实党中央和省委提出的“把网上舆论工作作为宣传思想工作的重中之重”的重要部署，开辟网上理论工作新阵地。要办好河北省干部理论教育网，提高网站的辐射力。要创办“移动学习平台”、“网上宣讲课堂”和宣讲微博平台，强化网上阵地建设。要建立网上理论工作队伍，及时回应干部群众的关心关切。

**（四）抓好《指导意见》落实，全面推进五级理论宣讲工作网络体系建设**

近年来，我们的理论武装工作虽然取得了突出成绩，但也有明显的短板。特别是基层理论工作力量不足，阵地和组织建设比较薄弱，存在工作上的盲点、空白点。在党的群众路线教育实践活动中，我们认真反思了这些不足，把实现理论武装“全覆盖，面对面”作为工作整改方向，在深入调查研究和先行试点的基础上提出了《关于建立健全理论宣讲工作网络体系的指导意见》。《指导意见》的主要指向是：建立健全省、市、县（区）、乡镇

(街道)、村(社区)五级理论宣讲工作网络,构建网络宣讲和传统理论宣讲并重的“双线”工作模式,扩大理论宣讲覆盖面。

建设五级理论宣讲工作网络体系是讲师团系统贯彻落实全国和全省宣传思想工作会议精神的创新性举措,是构建大宣讲格局、推进理论武装主阵地建设的重要抓手,也是一项着眼长远、强基固本的系统性工程,讲师团系统负责同志务必高度重视,切实抓好。

一是加强组织领导。省委讲师团和各市讲师团要建立由单位领导牵头,有关责任部门负责人组成的工作机构,抓好工作的组织协调和推进落实。各市要做好调查摸底工作,在摸清底数的前提下,科学制订工作推进计划。要加强与上级主管部门沟通联系,争取工作支持。

二是抓好试点,总结经验。要选择好试点单位,把领导重视理论武装工作、班子能力强、经济基础好、硬件过硬的单位作为首选。通过试点建设,总结好经验,为工作的推广奠定基础。省、市讲师团要加强对试点的支持和帮扶,在宣讲工作安排、活动组织、人员培训上向试点单位倾斜,要经常到试点单位做调查研究,解决实际问题。各试点单位要建好队伍,组织好活动,利用和管理好网络平台,认真负责地落实好各项理论宣讲工作任务,同时注意探索加强基层理论宣讲工作的新方法新举措,为全省各基层单位起好引领示范作用。

三是建好用好网络宣讲平台,提升基层理论宣讲工作水平。网络宣讲平台,是五级宣讲工作网络体系的重要支撑。要把网络宣讲平台作为推进五级宣讲网络体系建设的切入点,采取省市拿一点、地方投一点、使用单位出一点等投入方式,把各级网络平台建起来。要管理好利用好平台。要利用平台将党的创新理论及重大工作部署及时传达给基层干部群众,及时解答党员干部群众关心的热点问题,做好基层宣讲人员的学习培训,探索适应基层需要的理论宣讲新路子新办法,努力把平台打造成更好地满足各级干部群众理论需求的一条“高速路”,使理论武装工作扎扎实实地在基层“落地生根”“开花结果”。

四是把队伍建设放在突出位置,把机制建设作为关键环节,集中力量抓好落实。要尽快建立和充实省、市宣讲专家资源库及基层宣讲工作队伍,建立健全选拔、备案、考核管理制度，促进其更好发挥作用。要建立工作调研、骨干培训、资金使用制度，为宣讲工作不断深入和后续发展创造条件。

五是加强服务，强化督导，为工作推进提供保障。省委讲师团要承担起牵总责任，搞好工作总体规划部署，加强工作督导，倾力搞好服务。要办好河北省干部理论教育网，进一步充实网站内容，为基层宣讲提供丰富资源。要组织好网络平台直播活动，围绕党中央和省委重大活动和工作部署，结合干部群众关心的热点问题，搞好播出内容设计，制订播出计划，适时组织宣讲直播活动。要组织好工作交流，适时在全省组织网络宣讲现场观摩活动，提高各市自办宣讲平台的积极性。

### （五）发挥思想保障作用，为推动第二批党的群众路线教育实践活动提供服务和支撑

按照省委部署，2013 年省委讲师团参加了第一批党的群众路线教育实践活动。在活动中，根据党中央和省委要求，认真完成规定动作，积极为活动建言献策，并形成了一批理论成果、制度成果，积累了宝贵的经验，为教育实践活动的开展提供了借鉴。2014 年，各市县将参加第二批教育实践活动。党委讲师团系统要发挥好职能作用，为活动的顺利有效开展打牢思想基础。要抓实教育实践活动的宣讲，讲清活动的重要意义、总体思路、主要环节、重点工作，引导参加活动的广大党员干部正确对待、准确理解、真情投入。要深入研究活动中出现的新情况新问题，总结好活动的经验，形成一批活动的理论成果。要落实省委提出的教育者先受教育的要求，在活动中抓好自身的学习教育，加强党性锻炼，坚定信仰立场，恪守道德操守，切实提升自身素质。

同志们，新形势下理论武装工作的方向任务已经明确，下一步的关键是认真抓好落实。我们要更加求真务实，不断改革创新，找准工作切入点和着力点，用心谋事、用心干事，善始善终、善作善成，以新的作为推动理论武装工作实现新的发展，为河北科学发展、绿色崛起做出新贡献！

# 在2013年度院属参公管理部门正处级领导职务人员考核民主测评会议上的讲话

（2014 年 1 月 17 日）

今天我们召开院属参公管理部门正处级领导职务人员年度考核民主测评会议，对院属各部门 19 名正处级领导职务人员进行年度考核民主测评，这是按照省委组织部关于对担任机关内设机构正职领导职务公务员的考核工作新要求安排进行的。在此，我讲三点意见。

## 一　把握标准，深刻领会新时期“好干部”的基本内涵

任何形式与内容的评估都必须有一个明确的标准，干部的考核评价更应如此。在 2013 年 6 月召开的全国组织工作会议上，习近平总书记提出要建设一支宏大的高素质干部队伍，并提出了“信念坚定、为民服务、勤政务实、敢于担当、清正廉洁”的好干部“五条标准”。这五个标准体现了好干部的时代内涵，是衡量好干部的根本标准。对于习近平总书记的“五条标准”，我有一些思考。我认为，“信念坚定”就是要政治上靠得住，在重大政治考验面前有政治定力，在大是大非面前有坚定立场，能经得起各种风险考验，始终在思想上政治上行动上与党中央保持高度一致，这是选干部用干部第一位的标准，任何时候都不能降低；“为民服务”就是要自觉践行群众观点和群众路线，强化宗旨意识，在排民忧、解难题中增强服务本领，具体到社科院的工作就是要引导社科研究、理论宣讲、科普服务符合百姓需求，

能为群众答疑释惑，解决实际问题；“勤政务实”就是要作风踏实，敬业奉献，扎扎实实做好本职工作；“敢于担当”就是要敢抓善成，对党和人民的事业高度负责，敢于坚持原则、动真碰硬，不玩忽职守、敷衍塞责，不拈轻怕重、贪功诿过，不守摊子、混日子，不当“圆滑官”、“太平官”和“推拉门”；“清正廉洁”就是要永葆政治本色，自觉加强党性修养和党性锻炼，坚持自重自省自警自励，以廉立身、以正强身，乾乾终日、翼翼用权，始终坚守正确的人生航线，坚守法纪红线和道德底线，坚守自己的政治生命，坚守共产党人的精神家园。2013 年 11 月 5 日，为深入贯彻落实全国组织工作会议和习近平总书记讲话精神，结合河北实际，全省组织工作会强调了选用干部的十个辩证关系：既要敢于使用有本事、能打开局面的干部，又要全面把握德才兼备、以德为先的用人原则；既要看票，又不能唯票；既要看台阶，又要敢于打破一些隐性台阶；既要给干部压担子，又不能影响事业发展；选用干部既要看专业背景、工作经历，又要看综合素质、悟性；既要保持干部队伍相对稳定，又不能为稳定而稳定；既要有年龄规定，又不能层层递减；既要有竞争性选拔，又不能搞“凡提必竞”；既要凭政绩用人，又不能把职位作为调动干部积极性的唯一手段；既要培养干部，又要严格要求干部。这些既是选用干部的原则和标准，也是新时期干部考核中应掌握的标准。

## 二　抓好重点，促进全院干部队伍整体建设

中层干部的管理是一个单位干部队伍建设的重点，对中层干部特别是部门“一把手”的考核也应该是全员考核工作的重点。这是因为各部门“一把手”在全院整体工作运行中发挥着非常重要的作用。一个部门负责人担负的职责很多，要执行单位的工作部署，落实中心任务；要为上级领导服务，当好参谋助手，为领导科学决策提供意见建议；要领导部门工作，推动处室工作任务保质保量完成；要带队伍，做好下属的管理、使用和培养，促进下属的进步与成长；还要做好部门之间、处室人员之间的沟通协调，积极有效完成各项工作。在这些职责当中都体现了一个管理和领导的作用。打个

比方，处长不是一个球队的队员，而是一个教练，把场上前锋、后卫等各个环节的队员调配和调动好，哪个地方发现问题，及时进行指点，使整个团队运转得更和谐、更有效率。如果处长能发挥出教练的作用，就能带动一个处室高效地、和谐地运转起来。如果每一个处长都能发挥出教练的作用，那整个单位的工作开展将会非常顺畅。因此，抓好各部门“一把手”的管理对促进全院干部队伍建设意义重大。

正是基于这样的认识，省委组织部今年对内设机构正职领导职务人员的考核有一些变化。在我们往年的年度考核工作中，各部门负责人都在部门进行考核，绝大多数的处长虽然自己工作业绩很突出，同志们也推荐，但把评选优秀的机会让给了其他同志。这体现了处长们的高尚风格，但在一定意义上抹杀了考核的初衷和作用。因此，今年把参公管理部门各处室负责人单独拿出来考核，并且高于一般人员的评优比例，就是要体现对各部门负责人考核工作的加强，体现部门负责人在全院工作上的中坚作用。通过全体人员的推选和院党组的考量，评选出德能勤绩廉特别优秀的部门负责人，同时发挥考核指挥棒、风向标作用，带动整体队伍的建设。

## 三　考准考实，发挥考核工作导向作用

考核结果的运用是干部考核工作的必然延伸，也是干部考核工作的重要任务。关于年度考核结果的使用在《公务员法》《公务员考核规定（试行）》等法律法规中有着明确严格的规定。党中央新近修订的《党政领导干部选拔任用工作条例》对考核结果在干部选拔任用中的运用也有新的要求。特别是 2013 年省委出台的《关于改进干部选拔任用工作的意见》、《关于创新和完善干部目标综合考核评价机制的意见》以及 3 个《办法》中有更为具体的规定。其中提出全面实行干部考核综合量化提名制，要求将近 3 年度综合考核评价情况与会议推荐、个别谈话推荐得票情况进行综合量化计分，作为确定初始提名人选、拟提拔人选考察对象的重要依据，近 3 年度考核评价情况一般应占 40% 以上的权重。这个办法在这两天我院厅级干部人选的推荐中已经运用。通过对考核结果的运用，形成注重品行、崇尚实干、群众

公认的正确用人导向。

还要充分发挥年度考核的激励鞭策作用，让多做工作、多做贡献的人受到尊重并得到应有的褒奖，真正使爱岗敬业、业绩突出的干部有“回报”，让不思进取、应付差事的干部有“压力”，进一步激发全院干部干事创业的工作热情和争先创优的积极性，达到激励先进、鞭策后进的目的。

今天的院属参公管理部门正职领导职务人员民主测评会议是2013年度考核工作的重要环节，同志们要认真按照省委组织部的要求和院里的统一部署，认真搞好民主测评，顺利完成全院年度考核工作。

# 在院老干部迎春座谈会上的讲话

（2014 年 1 月 22 日）

一元复始，万象更新。在甲午马年春节来临之际，我谨代表院党组，向在座的各位老领导、老专家以及全院广大离退休老同志，致以最美好的新春祝福！

向离退休干部定期通报主要工作和重大事项，既是上级对我院老干部工作的要求，也是我院事业发展的内在需要。刚才，保刚同志通报了我院 2013 年的主要工作，希望同志们多提宝贵意见。杜荣水同志作为离退休干部代表做了很好的发言，提出一些有价值的意见建议，听后很受启发，会后我们将认真研究吸纳。

刚刚过去的 2013 年，是充满喜悦和奋力跨越的一年。我院在省委、省政府的坚强领导下，深入开展党的群众路线教育实践活动，推进作风建设实现了大转变；以学习贯彻党的十八大、十八届三中全会精神和省委八届五次、六次全会精神为主线，推动理论武装主阵地建设迈上了新台阶；以服务建设“经济强省、和谐河北”和全面建成小康社会为重点，推动服务河北科学发展智库建设实现了新突破；以发挥桥梁纽带作用、建好社科工作者之家为目标，推动社科联合、社团建设取得了新进展；加强制度建设，推动工作创新，各项服务工作提升到新水平。这些成绩的取得，是与在座各位和全院广大离退休干部的积极参与分不开的。我代表院党组对大家的支持和关心表示衷心感谢。

一年来，我院的老干部工作紧紧围绕我省经济社会发展和我院的中心工作，注意调动离退休干部的积极性，积极发挥老同志的特长和优势，充分利用院专家咨询组和老教授协会的平台，积极开展为河北经济社会发展建言献策的各项活动。举办了中国梦专题座谈会，开展了学术交流及讲座。特别值得称赞的是，陆仁权同志撰写的《西柏坡时期毛泽东主持四次中央会议设计新中国的立国治国方略》一文入选由中宣部等 7 部委联合举办的全国纪念毛泽东同志诞辰 120 周年学术研讨会，这也是我省仅有的一篇入选论文，为我院赢得了荣誉。还有孙宝存同志参加了省老教授协会举办的学术交流会并发言。举办了书画摄影展览，参展作品达 40 余幅，其中有 4 人荣获省老教授协会书画院的奖项，老干部的作用得到充分发挥。一年来，老干部处在占文同志的带领下，坚持以服务为宗旨，树立管理就是服务的理念，积极组织老干部学习阅读有关文件、听报告、参加省情院情等重大情况的通报以及其他重要的政治活动、社会活动；组织了适合老干部特点的有益活动，举办健康保健知识讲座、文化娱乐活动、外出参观调研等活动。据统计，一年来，老干部处共为离退休老同志报销、邮寄、转存、发放各类费用 100 万元，看望走访探视老干部 180 余人次，出动车辆保障 260 余次，分发报刊信件上万份，为特困家庭申请帮扶资金 1.2 万元，还积极办理各类证件、协调医保事宜、调解各类纠纷、协助家属处理丧事以及为从事科研的老同志提供电脑维修、打印等服务，得到了大家的好评，实现了“老干部队伍思想稳定、工作人员综合素质全面提高、各项任务圆满完成、整体工作上一个台阶”的目标。

截至 2013 年底，我院离退休人员共有 175 人，其中离休 14 人、退休 161 人，共有党员 132 人。这是我院事业发展的不可忽视的力量。我们相信，在我院加快建成“省级科研一流、国内国际知名、服务河北科学发展”的社会主义新智库进程中，离退休老同志一定还有更大作为。

2014 年是贯彻落实党的十八届三中全会和省委八届六次全会精神的开局之年，是全面建成小康社会决定性阶段的重要一年，是我省坚定不移走绿色崛起之路的关键一年，也是我院实施“十二五”规划的攻坚之年。十八届三中全会提出了完善和发展中国特色社会主义制度、推进国家治理体系和治理能力现代化的全面深化改革的总目标。省委八届六次全会全面贯彻落实党的十八大，十八届二中、三中全会和中央一系列会议精神，把握环渤海加速发展和京津冀协同发展的大势，坚持稳中求进工作总基调，把改革创新贯穿于经济社会发展各个领域各个环节，把新型城镇化作为发展的重大潜力，把打好四大攻坚战作为战略重点，着力推进经济结构调整，着力提高发展质量效益，着力加强生态环境建设，着力保障改善民生，坚定不移走绿色崛起之路，努力建设全面小康的河北、富裕殷实的河北、山清水秀的河北。2014年，我院将继续高举中国特色社会主义伟大旗帜，以邓小平理论、“三个代表”重要思想和科学发展观为指导，深入贯彻党的十八大、十八届三中全会和省委八届六次全会以及省两会精神，全面落实省委、省政府的决策部署和省委宣传部的总体工作安排，结合我院“十二五”规划确定的目标任务，重点做好四方面的工作，借此机会，我简要介绍一下。

一是以学习贯彻党的十八届三中全会和习近平总书记一系列重要讲话精神为主线，积极推进理论武装工作。把深入学习宣传贯彻党的十八届三中全会精神和习近平总书记系列讲话精神作为当前的首要政治任务，深入开展宣讲、宣传活动，认真组织开展“送理论下基层”集中宣讲活动，完善宣讲菜单，接受省直机关和各市县点播，组织编写全会精神解读读本和形势政策教育宣传读本。深入学习贯彻全国宣传思想工作会议精神，积极推进马克思主义学习研究宣传重要阵地建设。进一步发挥“河北省中国特色社会主义理论体系研究中心”的组织和平台作用，深化对中国特色社会主义和“中国梦·赶考行”的研究宣传，围绕全面深化改革等重大理论和现实问题进行阐释和研究，鼓励和支持在国家重点报刊发表文章。进一步健全大宣讲格局，推进五级宣讲网络建设，扩大在有条件的乡镇（街道）、村（社区）建立基层理论宣讲工作站和理论宣讲工作联系点。进一步发挥网络平台的作用，努力实现宣讲工作“全覆盖、面对面”。进一步加强对各市委讲师团、华北油田公司党委讲师团、各理论宣讲工作站的工作指导。搞好中心组学习服务工作，继续发挥宣讲平台的作用，为学习、宣讲提供优质服务。

二是以围绕中心、服务大局为基本职能，进一步加强应用对策研究和基础理论研究。围绕贯彻落实省委全会精神和省委、省政府中心工作，在继续深化“环首都绿色经济圈”、“河北沿海地区经济发展”和“冀南地区经济发展”等研究的基础上，重点开展“京津冀协调发展长远考虑”“四大攻坚战”“河北生态环境保护与建设”“河北县域经济发展和县城建设问题研究”等重大课题研究，为省委、省政府科学决策提供理论支撑和智力支持。继续做好省领导圈定课题或交办任务的研究工作，列为院级重大研究课题，组织精干力量攻关，进一步加强研究的时效性、针对性和可操作性。积极推动科研创新，抓紧实施《关于加强基层调研的实施办法》等文件，进一步推进科研人员深入基层调研。进一步发挥河北省社科院河北生态环境建设研究中心和河北金融研究中心等新建虚拟研究中心的作用，加强对河北省投融资和生态环境保护及建设等重大问题的应用对策研究。推进基础理论研究，谋划好院级重大研究课题，抓好 2014 年度国家社科基金项目、省社科基金项目、省软科学课题等的申报立项工作。抓好“河北发展蓝皮书”的编撰工作，谋划组织好河北经济形势分析会，继续做好信息上报和《决策参考》《决策建议》直报件的编辑报送工作。

三是加强活动和平台建设，发挥桥梁纽带作用，进一步推进社科联合工作。进一步落实省委、省政府“两办”《关于加强新时期社会科学界联合会工作的意见》，积极推动全省设区市全部出台地方性意见。围绕省委、省政府中心工作，发挥省社科联学术委员会和专门委员会的作用，开展大调研，积极建言献策。继续推进河北省社会科学智库建设工程，在全省市级社科联普遍推行，为各级党委、政府决策服务。进一步加强平台建设，继续抓好大型民生调研、社会科学普及周等品牌活动。进一步加强组织建设，推动有条件的省内骨干高校、扩权县（市）、大型经济组织建立完善社科联组织。

四是继续发挥理论优势，积极推动全省深入开展党的群众路线教育实践活动。认真贯彻习近平总书记的重要讲话精神，按照“要把成功做法经验化、零星探索系统化，使总结的过程成为认识再提高、措施再完善、工作再推进的过程”的要求，着重开展“四大重要法宝”及建章立制方面的研究。同时，按照省委要求，组织好全省理论研讨会，做好全国党的群众路线理论研讨会参会征文征集和参会组织工作，把河北的好经验、好做法宣传出去，推动第二批教育实践活动的开展。

老领导、老专家、老同志是党和国家的宝贵财富，是深化改革、促进发展、维护稳定的重要力量。我院取得的每一项成就无不凝聚着大家的智慧和汗水，我院未来的前进与发展同样需要大家一如既往地关心与支持。在新的一年里，希望老同志们在保重身体的同时，同全院干部职工一起，为我院各项事业的发展，发出更多的光和热，贡献更多的智慧和力量。

同时，希望老干部处和院有关部门带着对老同志的深厚感情，认真落实党和国家的老干部政策，主动探索新形势下加强老干部工作的规律，积极引导老干部发挥余热，把老有所养、老有所乐同老有所为较好地结合起来，保持老干部队伍和谐稳定。老干部处要发挥好职能和服务作用，继续完善院专家咨询组和老教授协会这两个平台，让老干部的自身优势得到充分发挥；为老干部多办实事、好事，组织开展丰富多彩、健康向上的活动，让大家的离退休生活过得更加充实、幸福、安康。

最后，祝全院离退休老同志新春快乐，万事如意，神清气爽，龙马精神！

# 在历史与现实的关联中学习弘扬总书记精神风范*

## ——学习长篇通讯《习近平同志在正定》笔谈

（2014 年 1 月 22 日）

在全党开展党的群众路线教育实践活动第一、二批交替之际，《河北日报》发表了长篇通讯《习近平同志在正定》，再现了习近平同志在正定三年多的工作生活情况，展示了一名共产党人为了正定人民幸福呕心沥血的公仆形象。历史昭示现实，总书记的精神风范为正在参加党的群众路线教育实践活动的党员干部树立了学习的榜样和行动的标杆；总书记的精神风范，对正在打响四大攻坚战的河北人民来说，必将凝聚起实现绿色崛起的强大力量。

20 世纪 80 年代初，习近平同志来到正定任职。当时的中国，改革开放处于起步阶段，人们刚刚初步解决温饱。为了改变正定贫困落后的面貌，他本着对正定人民负责、对正定事业负责的精神，集思广益，统一思想，科学谋划，确立了“依托城市、服务城市、打入石市、挤进京津、咬住晋蒙、冲向全国”的发展战略。他带领全县人民解放思想，摆脱束缚，放开手脚，大胆改革，冲破了“经济上农业单打一，农业上粮食单打一”的模式，实施改革兴县、工业兴县、科技兴县、人才兴县、文化兴县、旅游兴县，走

* 本文为周文夫在省社科院组织的“弘扬崇高精神风范 实现河北绿色崛起——学习《河北日报》长篇通讯《习近平同志在正定》”笔谈稿。

“半城郊型经济”发展之路，全县上下形成了“党风正、干群和、干劲大、硕果丰”的大好局面，甩掉了“高产穷县”的帽子。他打破用人框框，博揽英才，启用良才，引进外才。他抓党风带民风，抓县城带农村，抓典型带一般，让文明之花开遍正定大地。他十分重视加强党的建设，要求各级党组织认真坚持“三会一课”制度，注重思想教育、理想前途教育、职业道德教育和遵纪守法教育，解决好领导班子政治路线、政治立场问题，解决好全心全意为人民服务的问题，解决好党的组织生活不健全、不正常问题，解决好班子涣散、软弱问题。如今，正定已成为河北省经济强县，正定人民已经实现总体小康，正在为实现全面小康而努力。30 年来，正定人民始终没有忘记习近平同志曾经的呕心沥血、励精图治，正定历史丰碑上铭记着“老书记”曾经创造的发展业绩。

斗转星移，岁月如梭。历史车轮穿越 30 个年头，驶向 21 世纪第二个十年。环顾今天，世界、中国和河北都发生了翻天覆地的历史巨变。一年前召开的党的十八大，习近平同志走上中共中央总书记的领导岗位。一年多来，以习近平同志为总书记的新一届中央领导集体推出了一系列凝聚党心民心的改革发展方略，提出了许多新思想、新观点、新论断。他的治国理念、执政风格、突出政绩，引起了国内外舆论的普遍关注和高度赞誉。在历史与现实的关联中，我们看到了他理想信念、改革勇气、优良作风、为民情怀、从严治党的一以贯之；看到了他崇高精神风范和赤子之心从未随着岁月而流逝，从未因为岗位变化和职务升迁而有任何改变。

站在河北由大转强、爬坡过坎的历史方位，我们应当从历史与现实的关联中学习和践行总书记的崇高精神风范。2013 年，习近平总书记两次来我省指导工作，多次对河北科学发展提出具体要求，给予河北人民极大鼓舞。省委八届六次全会提出，转变发展指导思想，加快转型升级步伐，带领全省人民坚定不移走绿色崛起之路。深入贯彻落实党的十八届三中全会精神，我们要以更大的勇气和智慧全面深化改革，消除一切思想和体制障碍；按照总书记的要求，我们要科学谋划河北发展未来，更加注重人民得到实惠，更加注重绿色发展、循环发展，更加依靠改革开放和创新驱动，更加转向城乡统筹、“四化”同步和京津冀协同发展；在继续开展的党的群众路线教育实践活动中，我们要展示执政为民的赤子情怀，以良好的党风政风作风，凝聚起实现全面小康的河北、富裕殷实的河北、山清水秀的河北目标的强大力量，为着全面建成小康社会、实现中华民族伟大复兴中国梦不懈奋斗。

# 在院党的群众路线教育实践活动总结大会上的讲话

（2014 年 1 月 24 日）

按照省委活动办的要求，经省委督导组同意，我院于今天召开党的群众路线教育实践活动总结大会，对我院教育实践活动的开展情况及工作成效进行通报，并进行民主评议。省委督导组对这次会议非常重视，肖明波同志到会指导。让我们以热烈的掌声对督导组一直以来对我院的关心和支持表示衷心感谢！

下面，我代表院党组对我院开展教育实践活动的有关情况进行通报。

自教育实践活动开展以来，院党组在省委的坚强领导下，在省委督导组的直接指导下，坚决贯彻党中央和省委的决策部署，认真学习贯彻习近平总书记一系列重要讲话精神，紧紧围绕保持党的先进性和纯洁性，牢牢把握为民务实清廉这一主题，紧密结合我院工作实际，贯穿“照镜子、正衣冠、洗洗澡、治治病”的总要求，把贯彻落实中央八项规定精神作为切入点，进一步突出作风建设，坚决反对形式主义、官僚主义、享乐主义和奢靡之风，着力改进作风、提高能力、解决问题、健全机制，着力打造“开拓创新、知行合一、求真务实、公正廉洁”的新时期干部人才队伍。在活动中，我院注意调动两个积极性，打好两个基础，抓住两个关键，做到规定动作不走样，自选动作有特色，扎实推进三个环节各项工作的深入开展，收到了积极成效。

## 一　认真组织学习，不断深化思想认识

按照省委活动办的要求，院活动办合理安排学习时间，保证厅级干部集中学习不少于7天，各部门集中学习不少于5天。认真组织全体党员干部学习了中国特色社会主义理论体系、党章、党的十八大精神和《论群众路线——重要论述摘编》《党的群众路线教育实践活动学习文件选编》《厉行节约、反对浪费——重要论述摘编》等必读书目。采取多种有效的形式认真组织学习教育活动，做到“五个相结合”：坚持领导带动与广泛发动相结合，个人自学与集体学习相结合，全院学习与部门学习相结合，学习与交流相结合，组织与督导相结合。采取理论中心组、书记讲党课、先进典型做报告等形式，分理想信念、群众观点、党纪党规三个专题学习。按照活动安排，我院先后召开了深入开展党的群众路线教育实践活动动员大会、动员推进会和学习贯彻习近平总书记视察河北重要讲话精神院党组（扩大）学习会、集中学习交流会。院领导分别到院内联系点学习座谈，进行专题辅导。院领导班子成员和处级干部都撰写了学习心得体会，并在院报上刊发摘登。这一切，为我院教育实践活动顺利开展打下了坚实的基础。

## 二　开门征求意见，查找问题广泛深入

院活动办通过发函、发放征求意见表、设置意见箱、约谈交心、召开座谈会等多个渠道进行了不同层次的征求意见。院党组召开了由院内专家学者、市委讲师团、市社科联、基层宣讲站、学会、高校、研究基地代表和院内省人大代表、政协委员、民主党派人士、退休老干部代表参加的教育实践活动征求意见座谈会。通过广泛征集，认真梳理汇总意见建议96条，分类整理成7个方面55条，按要求原汁原味地将梳理出的意见建议上报省委督导组。院领导班子召开会议，通报征集各界意见建议情况和省委督导组对我院班子评价的反馈信息，在此基础上对自身问题进行深度查摆。按照要求，每位院领导都认真撰写了蹲点手记，我院上报省委活动办的一篇蹲点手记入

选《省直领导干部蹲点手记精粹》。院党组通过《领导班子克服“四风”十项承诺》，就克服“四风”问题向全省社科理论界及全院干部职工做出公开承诺。围绕促进干部清正、政府清廉、政治清明，组织干部、党员和职工群众献计献策。制定了《正风肃纪专项行动工作方案》，按照“十对照、十整治”的主要内容，逐一对照，逐项查摆，对领导班子成员自查自纠情况进行了公开公示。通过聚焦“四风”，做到了门窗对准群众、把意见收上来，镜子对准问题、把病根找出来，靶子对准自己、把领导摆进去，查摆出的问题具体深入、“成像”准确、号脉到位，为召开民主生活会做了必要的前期准备。

## 三　进行面对面谈心，打下良好思想基础

院领导班子成员严格落实省委教育实践活动领导小组《关于省直单位领导班子成员见面谈心工作的指导意见》要求，按照七个步骤流程进行了见面谈心。主要进行了“五见面”，即与上级有关领导、与院领导班子成员、与分管处室主要负责同志、与院内“两代表一委员”和干部职工代表见面。做到了“四必谈”：问题必谈，原因必谈，措施必谈，建议必谈。切实做到了自己主动找问题，互相帮助找问题，上级提醒找问题，对照典型找问题，突出重点找问题。见面谈心前，每名班子成员都认真梳理了谈心提纲，班子成员之间互相谈心提醒，做到了省委提出的“三轮沟通”。我与班子成员逐一谈心提醒，第一次利用两周多的时间，分别与院领导班子成员、秘书长和院属各处室所的主要负责人 44 位同志进行了面对面谈心，认真征求意见、听取建议。第二次在 2013 年 10 月 10～15 日再次与其他 10 位班子成员分别开展普遍谈心，并与 5 位班子成员进行重点沟通，就开展批评与自我批评进行认真的交流。班子成员之间在 10 月 10 日至 15 日也开展了普遍谈心，并在谈心基础上，相互之间又进行了重点沟通和交流。通过开展相互谈心，充分沟通，院领导班子成员诚心诚意、推心置腹地交流思想、交换意见，做到了敞开心扉、放下包袱，达到了谈通、谈透、谈到位的效果，为民主生活会的顺利召开打下了良好基础。

## 四　组织召开民主生活会，经过批评与自我批评达到提高思想、促进团结的目的

按照省委教育实践活动领导小组《提高民主生活会质量十项措施》要求，针对作风建设中存在的“知行不一，理论脱离实际”“群众观点不够牢，接地气深入基层不够”“创新意识不够强，进取心下降”“艰苦奋斗精神松懈，勤俭节约意识淡化”等问题，院领导班子和班子成员认真撰写对照检查材料，深刻剖析原因，查找根源，明确整改方向和举措。对照检查材料经过反复修改，都达到了“像”“深”“准”“诚”四个字标准，做到了“三个案例、四个讲清、五个回应、六个明示”。经省委活动办抽查，曹保刚同志的对照检查材料总体评价为“好”，审核意见为“总体质量不错，查摆问题准确，原因分析深入，整改措施具体”，这也体现出我院领导班子对照检查材料的整体质量较高。专题民主生活会前，院领导班子成员本着实事求是的原则和团结的愿望，认真撰写了发言提纲，并就发言提纲中相互批评的内容，分别交换了意见，做到了谈透、谈通、谈好。10 月 18 日，我院召开了领导班子专题民主生活会。省政协副主席刘永瑞同志和省委第六督导组组长郑广富同志及督导组成员全程参加并指导专题民主生活会。院领导班子及其成员聚焦“四风”问题，严格按照省委提出的“双四条”质量标准进行了相互批评和自我批评。刘永瑞同志和郑广富同志对我院领导班子专题民主生活会的成效予以充分肯定。刘永瑞同志指出，这次民主生活会进行了很好的相互批评，起到了示范作用，应予以充分肯定。郑广富同志指出，这次专题民主生活会召开得比较好，省委督导组对省社科院班子民主生活会是满意的。10 月 29 日，我院召开了院领导班子专题民主生活会情况通报会，经民主测评，满意率达 93%。

## 五　抓好集中整改，确保教育实践活动取得实效

按照省委教育实践活动领导小组要求，院领导班子针对存在的问题从四

个方面制定出切实可行的整改方案：强化政治责任，坚决贯彻党中央和省委的重大决策部署；强化宗旨意识，完善制度规定，坚持把党的群众路线贯穿到一切工作中去；强化“三个服务”，以抓铁有痕、踏石留印的劲头提升我院“新智库”建设水平；强化作风建设，牢记“两个务必”，以率先垂范的精神带出一股清正清廉清明之风。四方面整改要求落实为21条具体举措。班子成员结合工作分工和自身实际，提出了整改措施。制定了《教育实践活动整改工作任务书》。我院坚持从优化工作环境、改善职工生活入手，先后出台了三批《克服“四风”问题十件实事》，涉及建立完善调查研究的激励、保障和考核机制，完善科研工作考核、评估、管理制度，制定财务公开制度，完善人才培养，改善职工伙食，修建自行车棚，完善基础设施，改善办公条件，调整办公用房，清理办公用房出租等方面，解决了一批群众反映强烈的具体问题，推动我院教育实践活动取得更加明显的成效。院党组认真贯彻落实《党政机关厉行节约反对浪费条例》《关于严禁元旦春节期间公款购买赠送年货节礼的通知》《关于严禁公款购买印制寄送贺年卡等物品的通知》等文件精神，按照党中央和省委的要求，制定了一系列相关的规定，坚决做到令行禁止，要求全院各部门严禁公款购买赠送年货节礼及购买、印制、寄送贺年卡等物品，积极营造了文明、简朴的良好风气。

## 六　建立长效机制，制定和修订出台一系列作风建设制度

为切实保证和促进反“四风”的长期化、常态化，我院有针对性地制定和修订出台了一系列制度规定。出台了《关于精简会议和文件简报的落实意见》和《关于无纸化办公的管理办法（试行）》。修订了《院党组议事规则》《院长办公会议制度》《职权目录及廉政风险等级目录》。出台和修订了《中共河北省委讲师团关于建立理论宣讲工作网络的指导意见》《关于鼓励和支持在国家重点报刊发表文章的办法》。出台了《关于加强基层调研的实施办法》。出台了《公务借款管理规定》《财务公开办法（试行）》《“三公”经费管理办法（试行）》。制定和修订了《干部考核实施办法》《干部

选拔任用规定》《智库人才队伍建设工程实施方案》。制定了《选派科研和管理骨干出国访问研修的管理办法》《资助国际研讨会的管理办法》。

## 七 积极发挥作用，做好全省活动的思想引领和理论概括

一是提供智力支持，积极为领导建言献策。2013 年 7 月 11 ~ 12 日，习近平总书记到河北视察指导深入开展党的群众路线教育实践活动，并在省民政厅主持召开省直单位负责人座谈会。在座谈会上，我结合我院开展教育实践活动的情况，谈了自己对开展活动的感受，并提出在活动中应当弘扬“两个务必”的西柏坡精神、走好新时期的“赶考路”和要坚持知行合一、取信于民两点建议。能直接向党的总书记面对面汇报工作、交流座谈，这在我院历史上是第一次，充分体现了党中央和省委对我院工作的充分肯定和发挥社科理论作用的高度重视。在活动开展中，我院还有一批调研成果获得中央和省领导的批示，其中，《“中国梦”新闻报道怎样才能入脑入心入行》《党员干部坚定理想信念路径研究》《解决农村低收入群体负面心态的对策》分别得到习近平、刘云山、张高丽等中央领导的批示。二是发挥自身优势，推出一批高质量研究成果。按照省委、省政府提出的“四大攻坚战”和“四个专项行动”的工作部署，重点抓好“中原经济区上升为国家战略框架下河北冀南地区经济发展问题研究”“推进我省新型城镇化发展”“大气污染治理”等重大问题研究，推出一批高质量的研究成果。“关于推动京津冀协同发展长远考虑的研究报告”得到省委、省政府主要领导的肯定批示，并已按省领导批示上报中财办。“推进我省新型城镇化发展系列问题研究”得到张庆伟省长的肯定批示，还有一批应用对策课题研究成果获省委副书记赵勇、副省长许宁等领导批示或被实际工作部门采用。三是认真履职尽责，做好活动的理论概括。我院作为省委教育实践活动领导小组办公室成员，具体负责理论成果组的工作。我院认真贯彻党中央和省委要求，突出河北特色，围绕活动主题深化理论研究，推出 21 篇富有创新性的成果。其中，《确保教育实践活动善始善终善做善成》《群众路线的世界观与方法论意蕴》

《西柏坡时期党的群众路线的经验与启示》《既要外正其容　更要内正其心》等10篇理论文章在《人民日报》《光明日报》《求是》《河北日报》发表；11篇理论文章呈报省委及省委活动办领导审阅、参阅；辑印了《理论成果汇编》，上报中央和省领导参阅。为做好思想引领、浓厚宣传氛围、推动全省教育实践活动的深入开展发挥了重要作用。

## 八　活动成效明显，推动作风建设实现大转变

在活动中，我院坚持领导干部带头示范，开门搞活动，突出问题导向，强化外力推动，保证了活动效果。通过持续不断的思想教育，广大党员干部的理想信念得到进一步加强；通过对“四风”问题进行大排查、大扫除，党的群众路线的优良传统得到进一步弘扬；通过认真开展批评与自我批评，党内的民主生活得到进一步健全；通过整改提高、建章立制，贯彻党的群众路线的长效机制初步形成；通过解决群众反映强烈的难题，我院干事创业的环境得到进一步优化。通过开展教育实践活动，我院进一步解决了事业发展中存在的“四个不适应”：全省五级理论宣讲网络建设进一步加强，宣讲工作逐步实现了“全覆盖”“面对面”；前瞻性、战略性的研究进一步深化，决策咨询和决策服务的水平不断提高；社科联合工作进一步加强，桥梁纽带作用得到有效发挥；国际化、高层次人才建设稳步推进，我院新智库建设水平进一步提高。通过开展教育实践活动，我院真正做到了转作风、见行动、强队伍、提能力，以作风建设的新成效凝聚起了推动我院各项事业发展的强大力量。教育实践活动带来的新变化新气象，得到了群众的充分认同，得到了上级领导的充分肯定。省政协副主席刘永瑞同志指出，省社科院党组在活动中，态度认真，思路清晰，措施得力，步骤扎实，还具有社科院自己的特色；省社科院聚焦问题、狠刹“四风”，立行立改，立知立改，完全符合省委活动办、省委、党中央的要求，起到了示范作用，应予以充分肯定。

目前，第一批教育实践活动已进入尾声，但是我们要清醒地认识到，收尾不是收场，还有许多后续工作需要继续落实。教育实践活动有期限，但贯彻党的群众路线没有休止符，作风建设永远在路上。下一步我们要按照习近

平总书记在党的群众路线教育实践活动第一批总结暨第二批部署会议上的重要讲话精神和省委在我省教育实践活动第一批总结暨第二批部署会议上的要求，结合我院实际，做好以下几项工作。一是做好院教育实践活动的收尾工作。院活动办和院属各部门要继续做好整改措施的落实，对我院推出的克服“四风”问题三批十件实事认真开展“回头看”，逐项对照，逐条落实，确保高质量完成，切实让群众得到实惠，取信于民；要进一步做好建章立制工作，抓紧实施我院在活动中制定和修订出台的加强作风建设的系列制度办法，建立起科学、规范的长效机制。院活动领导小组和活动办要认真做好活动总结，搞好干部群众的民主评议，活动的成效由群众评价、群众认可。二是发挥理论优势，做好活动的理论概括。我院任组长的省委活动办理论成果组要认真贯彻习近平总书记在听取我省党的群众路线教育实践活动总体情况时的讲话精神，按照“要把成功做法经验化、零星探索系统化，使总结的过程成为认识再提高、措施再完善、工作再推进的过程”的要求，着重开展“四大重要法宝”及建章立制方面的研究，做好理论服务和经验总结，继续推出一批理论成果。三是组织好党的群众路线理论研讨会。我院要按照省委活动办的要求，积极落实好中央活动办在北京召开的党的群众路线理论研讨工作协调会的精神和要求，制定工作方案，组织好全省理论研讨会，征集好全国党的群众路线理论研讨会参会征文，组织入选论文作者参加将于2014 年上半年召开的全国党的群众路线理论研讨会，把河北的好经验、好做法宣传出去，推动第二批教育实践活动的开展。四是积极参与指导第二批教育实践活动。为切实搞好我省第二批教育实践活动，省委党的群众路线教育实践活动领导小组办公室对内设机构进行了调整，成立成果组，我院按照省委活动办的通知要求，上报王彦坤同志担任成果组副组长，李鉴修、袁秀、张彦台三位同志为成果组成员，为全省第二批教育实践活动提供理论服务和智力支持。五是以讲话精神为指导，认真谋划好今年的各项重点工作。把教育实践活动的成果贯彻到事业发展和各项工作中去，要以学习贯彻党的十八届三中全会和习近平总书记一系列重要讲话精神为主线，积极推进理论武装工作；要以围绕中心、服务大局为基本职能，进一步加强应用对策研究和基础理论研究；要加强活动和平台建设，发挥桥梁纽带作用，进一步推进社科联合工作，为建设全面小康的河北、富裕殷实的河北、山清水秀的河北做出积极的贡献。

以上就是我院开展教育实践活动的基本情况。在此，我代表院党组对省委活动办、省委督导组对我院的关心和支持再次表示衷心感谢！对全院干部职工对我院教育实践活动的积极参与和热情支持表示衷心感谢！

# 凝心聚力　狠抓落实　为全面实现我院新型智库建设目标而不懈奋斗

——在院 2013 年度总结表彰大会上的讲话

（2014 年 3 月 4 日）

这次会议是经院党组研究决定召开的。主要任务是：认真学习贯彻习近平总书记系列重要讲话精神，深入贯彻落实党的十八大、十八届三中全会和省委八届六次全会精神以及省两会精神，回顾总结 2013 年的工作，表彰先进，对 2014 年的重点工作进行安排部署。在此，我代表院党组对受到表彰的先进集体和个人表示热烈祝贺！希望全院同志以先进为榜样，团结一心，扎实工作，奋力推进我院各项事业持续发展。

刚才，保刚副院长代表院党组对我院 2013 年的工作做了全面总结。过去的一年，我院在省委、省政府的正确领导下，高举旗帜，围绕大局，以创新为动力，发挥“三位一体”工作新格局和“一院两制”新体制的优势，坚持“为决策服务、为发展服务、为基层服务”的办院方针，落实“出精品、出人才、出效益”的总要求，智库建设迈出了新步伐，各项事业有了新发展。突出表现为“亮点多”“影响大”“效果好”。一年来，我院认真贯彻中央和省委、省政府的重大决策部署和有关指示精神，认真开展党的群众路线教育实践活动，作风建设实现了较大转变；理论武装主阵地建设迈上了新台阶；服务河北科学发展智库建设实现了新突破；社科联合社团建设取得了新进展；国际学术交流与合作得到了进一步深化；党建和行政、后勤、科辅的服务保障能力得到了新提升。

一年里，在第一批教育实践活动中，我院应邀参加了由习近平总书记来河北亲自主持召开的座谈会，体现了党中央和省委对我院工作的充分肯定和对发挥社科理论作用的高度重视。能直接向党的总书记面对面汇报工作、交流座谈，这在我院历史上是第一次。一年里，由我院任组长的省委教育实践活动办公室理论成果组在《人民日报》《光明日报》《求是》等报刊发表10余篇理论文章，辑印《理论成果汇编》上报中央和省领导参阅，影响之大、效果之好在我院历史上是第一次。一年里，我院多项研究成果分别得到习近平、刘云山、张高丽等中央领导和省委、省政府主要领导和分管领导的批示肯定，层次之高、数量之多在我院历史上是第一次。一年里，由省政府交办、我院研究起草完成的《关于"推动京津冀协同发展长远考虑"的研究报告》，得到省委书记及省政府主要领导、主管领导的重要批示，上报中财办，多项建议被采纳。近日京津冀协同发展已上升为重大国家战略，能直接为中央重大决策提供研究服务，这在我院历史上是第一次。一年里，由我院主编的"河北发展蓝皮书"首次纳入全国"皮书"出版系列，成为中国社科院"创新工程"项目，河北省发改委、工信厅、省委党校、经贸大学等单位将其作为工作或教学用书，由我院主办的蓝皮书新闻发布会信息在国内几十家新闻网络媒体转发，这在我院历史上是第一次。一年里，我院最终形成跨越世界六大洲的国际学术交流与合作对外开放格局，来自22个周边国家研究机构和高等学府的国际青年学者代表团访问我院，开展学术交流，这在我院历史上也是第一次。另外，中宣部对全国中国特色社会主义理论体系研究基地和各省区市研究中心在2013年中央主要报刊发表的理论文章进行精选，我院在《求是》发表的理论文章《以学习提高能力，以服务凝聚民心，以创新应对挑战》成功入选，这是我院也是我省首次获得此项荣誉。

可以自豪地说，2013年我院的各项事业实现了新的突破，得到了省委、省政府主要领导和分管领导的充分肯定，得到了全省社科界和社会各界的积极评价。

回顾过去一年的工作，成绩来之不易。这是省委、省政府坚强领导的结果，是院党组领导全院干部职工齐心协力、拼搏进取的结果，也是全省社科界和社会各方面共同关心支持的结果。在此，我代表院党组，向同志们表示衷心的感谢和崇高的敬意！

下面，我就做好 2014 年各项重点工作，讲三点意见。

## 一　认清新形势，把握新任务，切实承担起服务河北科学发展、绿色崛起的历史重任

2014 年，是深入贯彻落实党的十八届三中全会精神和省委八届六次全会精神、全面深化改革的第一年。当前和今后一个时期，可能是我省面临挑战最多、困难最大的时期，但也是面临机遇最多、潜力最大的时期。一方面，我省面临难得的发展机遇，党中央、国务院十分关心河北发展，党的十八大以来，习近平总书记先后 3 次来河北考察指导工作，多次听取河北工作汇报，对河北的工作做出重要批示，为我省今后发展指明了方向。目前环渤海地区正在成为中国最具潜力的新的增长极，我省沿海地区率先发展全面提速，京津冀协同发展上升为国家战略，必将极大激发我省的发展活力和内生动力。另一方面，也要清醒地认识到，我省发展面临前所未有的挑战，全省经济发展已进入经济增长换挡期、结构调整阵痛期、前期刺激政策消化期相叠加的特殊阶段，我们既要下决心大幅度压钢减煤，化解过剩产能，淘汰落后产能，治理大气污染，还要抓紧培育战略性新兴产业，推进改革攻坚，确保经济增长换挡不失速。特别是我省钢铁产业结构调整任务是全国最重的，雾霾污染更是把河北推到了风口浪尖，这些给我省带来的压力和挑战是空前的。如何正视困难，把握机遇，实现稳中求进，改革创新，将是我省面临的重大课题。

省委八届六次全会和省两会全面落实习近平总书记对河北工作的重要指示精神，根据党的十八届三中全会精神和中央经济工作会议精神的要求和部署，提出了坚定不移地走绿色崛起之路，建设全面小康的河北、富裕殷实的河北、山清水秀的河北的奋斗目标。今后一个时期，省委、省政府的战略重点概括起来就是：围绕建设“三个河北”目标，加快“四大转变”，打好“四大攻坚战”，抓好“四大任务”。省委、省政府提出，在发展指导思想上

要加快“四大转变”：一是从片面追求发展速度和经济总量转向更加注重人民得到实惠；二是从牺牲环境的发展转向绿色发展、循环发展、低碳发展；三是从过度依赖资源能源消耗转向更加依靠改革开放和创新驱动；四是从城乡分割、区域分割转向城乡统筹、“四化”同步、京津冀协同发展，努力从根本上解决经济长远发展问题。打好“四大攻坚战”，就是要全力打造沿海地区率先发展的增长极、培育环京津地区新的发展增长极、把县域经济和县城搞大搞强、推动工业转型升级和环境治理。抓好“四大任务”，就是“改革、调整、巩固、提升”：要以改革为统领，充分激发经济社会发展的内生动力和活力；以调整为主线，加快推动经济发展方式转变；以巩固为根本，继续保持经济稳中向好的发展态势；以提升为方向，努力增创全省经济发展新优势。不折不扣地抓好这一系列重大决策部署的贯彻落实，是我们当前面临的最大形势和最大任务。

要实现经济社会发展的预期目标，就要求我们必须深入贯彻落实党中央和省委全会精神，学习贯彻好习近平总书记的系列重要讲话精神和对河北的重要指示，自觉把思想统一到党中央和省委的决策部署上来，把力量凝聚到实现省委、省政府确定的改革发展的目标任务上来。实践发展越深入，改革开放越深入，哲学社会科学的任务就越凸显。党的十八大以来，党和政府更加重视发挥社科理论工作的作用，习近平总书记在全国宣传思想工作会议上，对社科院工作提出了明确要求，寄予了殷切希望。他提出，党校、行政学院、社会科学院、高校、党委理论中心组，要成为马克思主义学习研究宣传的重要阵地。在全省性的重要工作和重大活动中，省委、省政府多次给我院压担子、交任务、提要求，为广大社科理论工作者提供了发挥作用、施展才能的广阔舞台。作为省委、省政府直属的社科研究、理论宣传机构和社团机构，作为党和人民“思想库”“智囊团”，面对新形势、新任务、新要求，社科理论工作者必须要有更多的责任担当，要坚持解放思想、改革创新，始终保持逢山开路、遇河架桥的开拓精神，不断弘扬与时俱进的理论品格，敢于和善于回答解决我省改革发展中的重大理论和实际问题，用改革的精神、思路、办法推动社科理论工作与时俱进、健康发展。

2014 年我院工作的指导思想是：继续高举中国特色社会主义伟大旗帜，以邓小平理论、“三个代表”重要思想和科学发展观为指导，深入学习贯彻习近平总书记系列重要讲话精神，深入贯彻党的十八大、十八届三中全会和省委八届六次全会精神，紧密结合我院“十二五”发展规划确定的目标任务，坚持“三个服务”的办院方针，落实“三个出”的总要求，继续深化“三位一体”工作新格局与“一院两制”新体制，推进马克思主义学习研究宣传重要阵地建设再上新台阶，推进服务河北科学发展新智库建设再上新水平，推进社科联合社团建设再有新突破，加快实现“省级科研一流、国内国际知名、服务河北科学发展”的中国特色新型智库建设更高办院目标，为我省实现科学发展、绿色崛起，建设全面小康、富裕殷实、山清水秀的河北提供有力的理论支撑和智力支持。

## 二　强化“三个服务”，激发创新活力，全面建设服务河北科学发展、绿色崛起新型智库

党的十八届三中全会《决定》提出，“加强中国特色新型智库建设，建立健全决策咨询制度”。2014 年，是我院实施“十二五”发展规划的第四年，是全面深化改革、加快推进中国特色新型智库建设目标如期完成的关键一年；同时，也是发挥智库作用，服务河北科学发展、绿色崛起十分重要的一年。为此，我院在新的一年里要重点抓好以下几方面的工作。

### （一）要以学习宣传贯彻习近平总书记系列重要讲话精神和党的十八届三中全会、省委八届六次全会精神为主线，推进理论武装工作再上新台阶

一是深入开展宣讲、宣传活动。要把深入学习宣传贯彻习近平总书记系列重要讲话精神和党的十八届三中全会、省委八届六次全会精神作为首要的政治任务，认真组织开展“送理论下基层”集中宣讲活动，发挥基层宣讲工作站的作用，广泛开展对象化、分众化、互动化的宣讲活动。完善宣讲菜单，接受干部群众点播。组织编写《理论热点 · 2014》《中国梦 · 赶考行基

层干部读本》等全会精神解读和形势政策宣传教育通俗读物。二是加强马克思主义学习研究宣传重要阵地建设。要深入学习贯彻习近平总书记在全国宣传思想工作会议上的重要讲话精神，把我院建成马克思主义学习研究宣传的重要阵地，认真制定马克思主义“必修课”的实施方案，使广大社科理论工作者特别是青年科研人员成为马克思主义的坚定信仰者、传播者、践行者。三是加强理论研究和理论阐释。要进一步发挥“河北省中国特色社会主义理论体系研究中心”的组织和平台作用，深化对中国特色社会主义和中国梦的研究宣传，深入开展“中国梦·赶考行”的研究宣传，深化继承和发扬中华优秀传统文化和传统美德、培育和践行社会主义核心价值观的研究宣传，深化“善行河北”主题道德实践活动的宣传。特别是要紧紧围绕党的十八届三中全会《决定》提出的新思想、新论断、新部署、新要求，围绕党中央和省委全面深化改革的决策部署和具体举措，认真开展深入研究。要认真实施《关于鼓励和支持在国家重点报刊发表文章的办法》，不断壮大撰稿人队伍，鼓励支持社科理论骨干在国家重点报刊发表文章，进一步提升我院在全国的学术影响力。四是进一步健全大宣讲格局。要进一步落实《关于建立健全理论宣讲工作网络体系的指导意见》，推进五级宣讲网络建设，扩大在有条件的乡镇（街道）、村（社区）建立基层理论宣讲工作站和理论宣讲工作联系点。进一步发挥网络平台的作用，努力实现宣讲工作“全覆盖、面对面”。进一步加强对各市委讲师团、华北油田公司党委讲师团、各理论宣讲工作站的工作指导。五是认真搞好中心组学习服务。继续发挥《党委中心组理论学习通讯》、《理论信息》、《宣讲参考》和河北省干部理论教育网等宣讲平台的作用，为学习、宣讲提供优质服务。配合省委宣传部办好全省党委（党组）中心组秘书和宣讲骨干培训班。

### （二）要以强化“三个服务”为重点，加强应用对策和基础理论研究，推进新型智库建设再上新水平

一是加强应用对策研究。要紧紧围绕绿色崛起、调整结构、改革创新、普惠民生等省委、省政府重点工作，在继续深化环首都绿色经济圈研究、河北沿海地区经济发展研究和冀南地区经济发展问题研究的基础上，重点开展

“京津冀协同发展”“四大攻坚战”“河北生态环境保护与建设”“河北县域经济发展和县城建设问题”等重大课题研究，为我省的改革发展提供理论支撑和智力支持。二是加强决策咨询和服务。要继续做好省委、省政府领导圈定课题或交办任务的研究工作，列为院级重大研究课题，组织精干力量攻关，进一步加强研究的时效性、针对性和可操作性。三是推动科研机制改革创新。要认真贯彻《关于加强基层调研的实施办法》，进一步推进科研人员深入基层调研，争取有更多高质量的调研成果得到各级领导采纳或被实际部门转化应用。要进一步发挥河北省社科院河北生态环境建设研究中心和河北金融研究中心等新建虚拟研究中心的作用，加强对河北省投融资和生态环境保护及建设等重大问题的应用对策研究。四是加强学科建设。认真搞好第三期重点学科建设的评估总结和第四期重点学科的申报评审工作。五是推进基础理论研究。做好课题指南的发布和课题申报评审立项工作，谋划好院级重大研究课题，抓好 2014 年度国家社科基金项目、省社科基金项目、省软科学课题等的申报立项工作，做好院重要成果、优秀成果和重要学术著作资助评审工作。组织好庆祝新中国成立 65 周年、纪念邓小平同志诞辰 110 周年、纪念李大钊同志诞辰 125 周年的理论研讨活动，推出一批有见地、有分量的研究成果。六是拓展服务决策的信息渠道。抓好“河北发展蓝皮书”的编撰及赠阅；组织好河北经济形势分析会及会议成果上报；继续做好《决策参考》《决策建议》直报件的编辑报送；进一步做好向中办、省委办公厅等上级部门报送信息的工作。

### （三）要以加强制度建设和平台建设为抓手，发挥桥梁组带作用，推进社科联合工作实现新突破

一是加强制度建设。要进一步落实省委办公厅、省政府办公厅印发的《关于加强新时期社会科学界联合会工作的意见》，积极推动全省设区市全部出台地方性意见，积极推动《河北省社会科学普及规定》以省政府令形式颁布的工作。二是发挥社团联合作用。要认真组织好省社科联四届三次常委会、四届二次全委会会议精神的贯彻落实；发挥好省社科联学术委员会、经济发展、生态文明建设三个专业委员会的作用，围绕省委、省政府中心工

作开展大调研，积极建言献策。三是抓好市级智库试点。要继续推进河北省社会科学市级智库建设工程，抓好试点，总结经验。四是加强平台建设。要继续抓好大型民生调研、社会科学普及周、燕赵文化论坛、社科博士论坛、社科学术年会等品牌活动，抓好社科优秀成果评奖和哲学社会科学研究基地建设、社会科学发展研究课题、年度重要学术著作出版资助项目评审、《河北社会科学年鉴》和社科发展研究报告编写等重点工作。五是加强组织建设。要进一步加强学会的管理指导，加强社团党的建设，加强对所属社科研究机构、学会、协会、研究会举办报告会、研讨会、讲座、论坛、出版物的管理。要加强对各市社科联工作的指导，积极推动市级社科联换届工作，继续推动定州、辛集和有条件的扩权县（市）、大型经济组织建立、完善社科联组织。六是创新工作方式。要探索建立社会科学实践基地，打造政产学研用一体的社会科学成果转化和社科专家有效服务中心工作的平台，提高社科工作对全省发展的贡献力。

**（四）要以优化发展环境为目标，推动工作创新，推进党建、纪检监察、行政后勤、科辅的服务保障能力实现新提升**

一是加强党的建设。要继续深化学习型党组织建设，抓好教育实践活动整改措施的全面落实，进一步加强基层党组织和党员队伍建设。按照省委关于深化加强基层建设年活动和扶贫工作的要求，继续做好阜平县石滩地村、鹿泉市古贤村、平山县坪岭村的联系、帮扶工作。进一步做好老干部工作和工、青、妇等各项工作。二是加强党风廉政建设和反腐败工作。认真贯彻十八届中央纪委三次全会精神和国务院第二次廉政工作会议精神，严格落实党风廉政建设责任制，进一步修订完善院《党风廉政建设责任制实施细则》和责任分解，强调党组成员和处室领导、支部书记实行“一岗双责”，明确主体责任，做到守土有责。加强反腐倡廉基础制度和机制建设，全面推进惩防体系建设，强化对权力运行的制约和监督，深入推进监督、管理和教育等预防腐败工作。持之以恒落实中央八项规定精神，进一步深化作风建设。三是加强人才工作和对外合作交流。要完善各项制度，健全优化机制，加强人事管理和人才培养，提高队伍素质。要继续开展“走世界开放行”，认真落实院国际学术交流与合作暨外事工作会议精神，实施好资助国际学术研讨会的管理办法和出访、研修、参加国际学术会议的管理办法，深化与国外友好院校的深度合作，开拓与我国台湾地区高校、科研机构的学术交流与合作，进一步提升我院的对外知名度和影响力。四是进一步提高信息、刊物质量。要继续加大信息上报力度，不断提高“三网一报”办网办报水平。加强信息化制度建设，严格落实院信息化工作领导小组例会制度。加快数字资源建设步伐，保障网络与信息安全。《河北学刊》《经济论坛》《社会科学论坛》要继续坚持正确的办刊方针，加强对我省改革发展重大问题研究的宣传，不断推出精品力作。五是加强财务管理和行政后勤工作。落实好各项财务规定，完善财务监督机制，规范公用经费的使用，提高科研经费的使用效率，严控“三公”经费的开支。要进一步完善行政、后勤等保障工作，改善办公条件，优化工作环境，不断提高保障能力和服务水平。

**（五）要以发挥理论优势为特色，做好理论服务，为全省第二批教育实践活动深入开展做出新贡献**

一是搞好理论概括。要认真贯彻习近平总书记的重要讲话精神，按照“要把成功做法经验化、零星探索系统化，使总结的过程成为认识再提高、措施再完善、工作再推进的过程”的要求，着重开展“四大重要法宝”及建章立制方面的研究。二是组织理论研讨。要按照中央教育实践活动办和省委活动办的要求，组织好全省党的群众路线理论研讨会，做好全国党的群众路线理论研讨会与会论文征集和参会组织工作，把河北的好经验、好做法宣传出去。三是做好理论服务。要按照省委要求，认真做好我院承担的省委教育实践活动办公室成果组的各项工作，为全省第二批教育实践活动的顺利开展提供理论支撑和智力支持。

## 三　夯实作风，聚力发展，为全面完成2014年各项目标任务而奋斗

习近平总书记指出：“一分部署，九分落实。”要圆满完成我院确定的

2014年目标任务，服务好全省工作大局，提升新智库建设水平，关键在于提振精气神、汇聚正能量、全面抓落实。

**（一）要深化活动成果，抓好巩固提高，以坚定不移的决心，持之以恒地推进作风建设**

要进一步贯彻党中央和省委对社科理论工作的新要求，强化政治意识，增强政治定力，把党中央和省委的各项决策部署落到实处；要进一步树立服务意识，以“围绕中心、服务大局”为根本要求，坚持“为人民做学问”的工作导向，不断满足群众精神文化需求；要进一步树立问题意识，坚持问题导向，深化理论研究，解决现实问题，推进实践深入；要进一步树立创新意识，勇于突破创新，深化“三个服务”只有进行时、没有完成时，社科理论工作者的责任和使命永远在创新发展的路上；要进一步抓紧实施我院已经出台的加强作风建设的19项制度办法，建立起科学、规范的长效机制；要进一步做好整改措施的落实，对我院推出的克服“四风”问题三批十件实事认真开展“回头看”，逐项对照，逐条落实，确保高质量完成，切实以作风的大转变推动事业的大发展。

**（二）要把握改革大局，提高综合素质，以只争朝夕的状态、奋发有为的干劲推进工作**

今年是全面深化改革的起步之年，党中央和省委已经对全面深化改革做出总体部署，一批深化改革的重大举措已经或正在出台。社科理论界当前的重要任务就是积极宣传改革，为深化改革鼓与呼。改革越深入，困难越突出，统一思想的任务就越艰巨。我们既要有干事的热情，又要有坚定的立场、清醒的头脑、明确的方向。首先，要准确领会党中央和省委的决策部署和工作举措，推动全党全社会把思想和行动统一到全会精神和党中央、省委的要求上来。正确推进改革，准确推进改革，协调推进改革，凝聚干部群众支持改革、参与改革的广泛共识。其次，必须把加强学习、提升能力作为完成使命的重要路径和方法。俗话说：“要给别人一瓢水，首先自己要有一桶水。”本领恐慌、能力不够将是长期摆在我们面前的一大难题。因此，我们要自觉克服自满情绪和畏难情绪，克服吃老本的想法，把加强学习变成履职尽责的第一需要和第一习惯，在学中干，在干中学，在学习中创新，始终保持思想领先、发展领先。

### （三）要加强组织领导，完善制度措施，以钉钉子的精神，掷地有声地抓好落实

做好今年的各项工作，归根结底要落到实干上。各级干部特别是领导干部要发扬钉钉子的精神，围绕中心任务和重大部署，咬定目标不放松，确保干一件成一件。要加强统筹谋划，协调推进各项工作。各级领导干部特别是部门一把手，既要会牵牛鼻子，又要善于弹钢琴，注意调动方方面面的积极性，全面推进各项任务的落实。全院同志都要强化纪律意识，认真执行党组决议，认真完成领导交办的任务，把顶层的决策力、中层的执行力和基层的创造力紧密结合，掷地有声抓落实，脚踏实地干工作，善始善终，善作善成，说到做到，不打折扣，承诺的就坚决兑现。要加强工作督导，做到各项工作有部署、有督促、有检查、有奖惩。广大党员必须做到在大事难事面前勇挑重担，在急难险重面前挺身而出，在关键时刻和风险挑战中经得起考验。广大科研人员要进一步树立正确的业绩观，深入基层、深入群众、深入实际，提高研究水平，增强调研实效。全院广大干部职工都要以踏石留印、抓铁有痕的劲头，聚精会神谋发展，心无旁骛干工作，形成人心思进、心齐气顺的浓厚氛围。全院同志要始终把团结放在突出位置，做到工作中相互尊重、工作上相互支持、生活上相互关心，以团结增强凝聚力，提高战斗力，促进生产力。上下一心，努力把我院的各项事业提高到一个新的水平。

一年之计在于春，万物复苏春意浓。今年是完成我院“十二五”发展规划的关键一年，做好今年的工作对于我院实现新智库建设目标具有重大意义。从现在开始，全院同志都要做到认识到位、责任到位、工作到位，为做好全年的各项工作开好局，起好步。

同志们，让我们更加紧密地团结在以习近平同志为总书记的党中央周围，在省委、省政府的坚强领导下，扎实苦干、开拓创新，为建成“省级

科研一流、国内国际知名，服务河北科学发展”的中国特色新型智库而努力奋斗，为实现我省科学发展、绿色崛起，建设全面小康、富裕殷实、山清水秀的河北，为绘就中华民族伟大复兴中国梦的河北精彩篇章，做出应有的贡献！

# 院领导班子2013年度述学述职述廉报告

（2014 年 3 月 12 日）

按照省委关于省管干部 2013 年度考核工作的要求，我本人并代表院领导班子作述学述职述廉报告。

2013 年，是深入贯彻党的十八大精神的第一年，院党组在省委、省政府的坚强领导下，带领全院干部职工高举中国特色社会主义伟大旗帜，深入学习贯彻习近平总书记系列重要讲话精神和党的十八大、十八届三中全会精神以及省委八届五次、六次全会精神，坚持“为决策服务、为发展服务、为基层服务”的办院方针，理论武装主阵地建设迈上了新台阶，服务河北科学发展新型智库建设实现了新突破，社科联合社团建设取得了新进展，党风廉政建设得到了新加强，推动了我院各项事业的健康发展，得到了省委、省政府的充分肯定，得到了全院干部职工和全省社科界及社会各界的积极评价。

## 一　认真学习贯彻习近平总书记系列重要讲话精神，深入开展党的群众路线教育实践活动，坚定了理想信念，促进了作风转变

### （一）把握学习重点，坚持知行合一，以深化学习型党组织建设为目标，促进我院思想政治建设和作风建设得到新提升

一直以来，院党组高度重视政治理论学习，把提高学习能力作为强素

质、提能力、促发展的重要抓手。近年来，院党组紧密结合职能特点，联系工作实际，倡导新的学习理念，组织实施了“党组中心组引领工程、服务决策发展能力提高工程、全员学习队伍建设工程”，取得显著成效。《求是》刊发了院党组的学习体会文章，中央建设学习型党组织协调小组《工作简报》介绍了我院的做法，新华社发通稿，人民日报、光明日报、经济日报、中央人民广播电台、中央电视台、河北日报等媒体报道了我院学习型党组织建设取得的积极成果。2013 年，院领导班子按照党中央和省委要求，准确把握新形势、新任务、新要求，把深入学习贯彻习近平总书记系列重要讲话精神和党的十八大、十八届三中全会精神以及省委八届五次、六次全会精神作为首要政治任务，加强思想政治建设，坚定理想信念，在精神上补“钙”强“骨”。

一是坚持领导先学一步、深学一层。院党组学习中心组发挥带头作用，先学一步、深学一层。党的十八大召开后，院党组制定了《关于认真学习宣传贯彻党的十八大精神的实施意见》，领导班子成员认真开展学习，并积极参加省委统一组织的集中学习，深化了对党的十八大精神的理解。按照学习计划，开展个人自学和专题学习，认真学习了中国特色社会主义理论体系、党章、党的十八届三中全会精神和《论群众路线——重要论述摘编》《党的群众路线教育实践活动学习文件选编》《厉行节约、反对浪费——重要论述摘编》等必读书目，特别是重点学习了习近平总书记系列重要讲话精神，参加了省委组织的省管干部研讨班。在深入学习的基础上，在河北日报、河北新闻网等媒体刊发了多篇学习体会文章，接受媒体访谈。通过深入学习，领导班子成员进一步坚定了马克思主义理想信念，牢固树立了正确的世界观、人生观、价值观，进一步提升了思想政治素质，增强了中国特色社会主义的道路自信、理论自信、制度自信，补充了精神之“钙”。

二是推动全院兴起学习宣传贯彻热潮。院党组强调，作为省委、省政府直属的社科研究、理论宣传机构和社团机构，作为党和人民思想库、智囊团，必须把加强学习、提升能力作为全院完成使命的重要路径和方法，把加强学习变成履职尽责的第一需要和第一习惯，始终保持思想领先、发展领先。院党组以抓好处级以上党员干部学习为重点，通过中心组扩大学习会、举办专题培训班、集中讲党课、专题研讨等形式着力推动。建立了学习考勤制度，确保人员、时间、内容、效果的落实。习近平总书记来河北视察指导工作时发表了系列重要讲话，院党组以“赶考路上的思考”为题，组织中层以上干部召开了学习交流座谈会。全国宣传思想工作会议召开后，院党组深入学习贯彻习近平总书记重要讲话精神，召开了建设马克思主义学习研究宣传重要阵地座谈会，认真落实习近平总书记对社会科学院工作的重要指示。院领导班子成员还深入院内联系点进行学习辅导，保证了学习质量，推动了学习深化。

三是坚持知行合一，持续推进“三走”大调研活动。院党组把“走基层、转作风、改文风”作为加强新型智库建设、深化“三个服务”的重要载体。2012 年，组织科研骨干和管理人员开展“三走”大调研活动。在“走基层太行行”活动中，深入我省“老”“少”“边”地区，开展社情民意调研，接受革命传统教育，强化了宗旨意识，坚定了理想信念；在“走基层沿海行”活动中，深入我省沿海地区和毗邻沿海省份，围绕河北经济发展重大问题开展调研，增强了开放意识和创新意识，提升了科研能力；通过“走世界开放行”活动，大大提升了我院的国际学术影响力。《光明日报》在头版以《到“源头”去　引“活水”来——河北省社科院结合实际“走转改”》为题报道了我院的经验。2013 年，我院继续实施“三走”活动，组织科研人员开展了“走基层中原行——河北冀南地区发展大调研”活动，重点围绕中原经济区上升为国家战略背景下我省冀南地区如何“对接中原”，组织专家赴邢台、邯郸、安阳、鹤壁、新乡、郑州等地开展调研，为领导决策提供咨询，为冀南经济区发展和我省城镇化建设献计献策。通过深化“三走”大调研活动，我院与省委、省政府的中心工作贴得更紧，服务全省经济社会发展的大局变得更实，为基层服务的意识树得更牢，广大科研人员理论联系实际的能力、服务河北科学发展绿色崛起的能力进一步提高，有力地推动了我院新型智库建设迈上新台阶。

**（二）深入开展党的群众路线教育实践活动，切实转变作风，以反“四风”的突出成效取信于民**

一是认真完成规定动作，自选动作有特色，整改落实成效显著。院党组在教育实践活动中，按照中央和省委活动办“照镜子、正衣冠、洗洗澡、治治病”的要求，牢牢把握为民务实清廉这一主题，注意调动两个积极性，打好两个基础，抓住两个关键，扎实推进三个环节的工作。通过发函、发放征求意见表、设置意见箱、约谈交心、召开座谈会等多种形式征集意见建议，共征集意见建议96条，整理成七个方面。领导班子查找出“四风”方面存在的“知行不一、理论脱离实际”“群众观点不够牢，不能完全做到与基层群众全覆盖、面对面”“创新意识不够强，进取心下降”“艰苦奋斗精神松懈，勤俭节约意识淡化”等突出问题，由此提出了“强化政治责任，坚决贯彻党中央和省委的重大决策部署”“强化宗旨意识，完善制度规定，坚持把群众路线贯穿到一切工作中去”“强化‘三个服务’，以抓铁有痕、踏石留印的劲头提升我院新智库建设水平”，“强化作风建设，牢记‘两个务必’，以率先垂范的精神带出一股清正清廉清明之风”四方面整改要求、21条具体举措，推出了三批《克服“四风”问题十件实事》，制定和修订了19项制度。坚持立改立行、边整边改，将整改落实贯穿教育实践活动的始终，取得了实实在在的效果。在院领导班子专题民主生活会上，出席专题民主生活会的省领导、省政协副主席刘永瑞同志指出，省社科院领导班子和成员认真对照检查，做了很好的相互批评，起到了示范作用，应予以充分肯定。省委第六督导组组长郑广富同志指出，专题民主生活会开得比较好，省委督导组对省社科院班子民主生活会是满意的。在全院教育实践活动总结大会上，群众对我院领导班子教育实践活动开展情况总体评价为“好”“较好”的比例达到97.7%。活动结束时，省委督导组致信院党组，指出省社科院行动迅速，工作细致，作风扎实，取得了优异的业绩和成果。

二是注重发挥理论特色，积极建言献策，得到领导肯定。在第一批教育实践活动期间，我院应邀参加了由习近平总书记来河北亲自主持召开的座谈会并发言，充分体现了党中央和省委对我院工作的充分肯定和对发挥社科理论作用的高度重视。会上，我在发言中提出了弘扬“两个务必”的西柏坡精神、走好新时期的“赶考路”和坚持知行合一、取信于民两点建议。能直接向党的总书记面对面汇报工作、交流座谈，这在我院历史上是第一次，使我院干部职工深受鼓舞。在教育实践活动中，我院作为省委活动办成员，我本人担任组长负责理论成果组工作。我院认真围绕活动主题深化理论研究，先后推出21篇富有创新性的理论成果。其中，《确保教育实践活动善始善终善做善成》《西柏坡时期党的群众路线的经验与启示》《建章立制还要防范“牛栏关猫”》等10余篇文章在《人民日报》《光明日报》《求是》等报刊发表；11篇理论文章呈报省委领导和省委活动办审阅、参阅；辑印了《河北省党的群众路线教育实践活动理论成果汇编》，上报中央和省领导参阅。在全省第一批教育实践活动总结暨第二批教育实践活动部署大会上，省委对理论成果组的工作给予了充分肯定。

## 二　强化“三个服务”，推动工作创新，充分发挥“思想库”“智囊团”作用，为我省科学发展、绿色崛起贡献力量

### （一）发挥理论优势，做好思想引领，为我省科学发展、绿色崛起提供理论支撑和智力支持

院党组充分发挥我院理论武装的工作特点，组织、指导全院理论骨干、各市委讲师团，深入开展习近平总书记系列重要讲话精神，党的十八大和十八届二中、三中全会精神，省委八届五次、六次全会精神的研究宣传。

一是深入基层开展理论宣讲、宣传，受众广泛。一年中，全省党委讲师团系统开展宣讲2.1万场，受众271万人次；形势政策教育1920场，受众31.1万人次；做学习辅导70余次，受众3万余人。

二是加强五级宣讲网络建设，推动宣讲工作逐步实现“全覆盖、面对面”。制定了《关于建立健全理论宣讲工作网络体系的指导意见》，在石家庄、邯郸、保定等地建立乡镇（街道）基层理论宣讲工作站、行政村（社区）宣讲工作联系点；开通了互联网宣讲平台，推动宣讲工作逐步实现“全覆盖、面对面”。

三是编写、发放理论读物，社会效益明显。出版了《科学发展观词语解》《2013宏观经济形势与政策导读》等读物，《三农政策学习问答2013》

发放至全省深化加强基层建设年活动5000个帮扶村。

四是发挥“河北省中国特色社会主义理论体系研究中心”的作用，做好思想引领。修订出台了《关于鼓励和支持在国家重点报刊发表文章的办法》，组织专家学者在中央主要报刊发表了一批重点理论文章。其中，在《求是》发表的《以学习提高能力，以服务凝聚民心，以创新应对挑战》理论文章，成功入选中宣部对全国中国特色社会主义理论体系研究基地和各省区市研究中心在中央主要报刊发表的理论文章精选，这是我院也是我省首次获此荣誉。

五是搞好中心组学习服务，做好宣传指导。及时编辑刊发《党委中心组理论学习通讯》《理论信息》《宣讲参考》，向各基层理论宣讲站、市县委宣传部理论科及市社科联赠阅。

卓有成效的理论武装为做好思想引领，浓厚宣传氛围发挥了重要作用。

### （二）深化“三个服务”，加强应用对策研究，支撑我省科学发展、绿色崛起做出新成绩

2013年，我院在继续深化“环首都绿色经济圈”“河北沿海地区经济发展”研究的基础上，按照省委、省政府提出的“四大攻坚战”和“四个专项行动”的工作部署，重点抓好“中原经济区上升为国家战略框架下河北冀南地区经济发展问题研究”“推进我省新型城镇化发展”“大气污染治理”等重大问题研究。一年中我院共完成科研成果564项，多项成果获得中央领导和省委、省政府领导的批示肯定。

一是深入开展重大现实问题对策研究，为决策服务。在沿海地区发展研究上，我院完成的《借鉴先发地区经验打造我省沿海地区率先发展增长极》调研报告，得到省委肯定，并转秦皇岛、唐山、沧州市委主要领导参阅。在京津冀协同发展研究上，由省政府交办、我院研究起草完成的《关于“推动京津冀协同发展长远考虑”的研究报告》，得到省委、省政府主要领导和主管领导的重要批示，上报中央财办，多项建议被采纳。近日京津冀协同发展已上升为重大国家战略，能直接为中央重大决策提供研究服务，这在我院历史上是第一次。在冀南地区发展研究上，我院的调研报告《关于抢抓战

略机遇支持冀南地区快速崛起的建议》获得省领导批示肯定，交邯郸、邢台两市研究。出版《中原经济区框架下河北冀南地区经济发展问题研究》一书，报送省领导和省两会代表、委员参阅，受到好评。《土地怎么用？——我省推进新型城镇化相关问题研究》等5篇研究报告得到省长张庆伟、副省长杨汭批示肯定。《农业经营制度与经营形式改革研究》等4篇研究报告得到省委副书记赵勇批示肯定。出版了《河北加强和创新社会管理问题研究》一书，《社会治理创新调研报告》得到赵勇副书记肯定，并请国家创新发展战略研究会领导参阅。由我院主编的"河北发展蓝皮书"首次纳入全国"皮书"出版系列，成为中国社科院"创新工程"项目，河北省发改委、工信厅、省委党校、经贸大学等单位将其作为工作或教学用书，由我院主办的蓝皮书新闻发布会信息在国内几十家新闻网络媒体转发，这在我院历史上是第一次。

二是积极鼓励和支持基础理论研究，成果丰硕。我院的黑水城汉文文献整理与研究在全国相关研究领域处于领先水平。日前，《光明日报》刊发信息介绍了我院孙继民副院长担任首席专家的国家社科基金重大项目"黑水城汉文文献整理与研究"结项情况，认为项目最终成果有6部书稿，共200余万字，成果价值丰厚。鉴定专家组对项目成果给予充分肯定，一致认为，这项研究成果代表了目前学界关于黑水城汉文文献研究的较高水平。由我院科研人员完成的《"中国梦"新闻报道怎样才能入脑入心入行》《党员干部坚定理想信念路径研究》《解决农村低收入群体负面心态的对策》三篇调研报告分别得到习近平、刘云山、张高丽等中央领导的批示。层次之高、数量之多，在我院历史上是第一次。我院主办了"善行河北"主题道德实践活动理论研讨会；一批基础理论研究成果在全国中文核心期刊发表或参加各种学术研讨会，进一步扩大了我院在全国的学术影响力。

三是高度重视学科建设和科研管理，服务能力进一步提升。我院坚持正确的科研导向，不断优化学科建设和布局，以重大课题为"龙头"，运用院内外科研资源，成立了河北省社科院河北生态环境建设研究中心和河北金融研究中心。通过加强科研管理，推进科研机制创新，科研服务能力进一步提升。一年中，我院共获得各级各类课题119项，展示了雄厚的科研实力。

### （三）发挥桥梁纽带作用，建好社科工作者之家，推动社科联合社团建设取得新进展

2013 年，院党组积极推动各地贯彻落实省委、省政府“两办”《关于加强新时期社会科学界联合会工作的意见》，全省已有 10 个设区市以市委、市政府的文件形式出台了地方性《意见》；张家口、唐山、保定三个市进行了市级社会科学“智库”建设工程的试点工作。民生调研工作继续推进，一批民生调研成果得到批示或转化运用。其中，2 项成果得到中央领导批示；16 项成果获得张庆伟省长等省领导批示，73 项成果被相关部门应用采纳，145 项成果在国家或省级报刊公开发表。《光明日报》以《民生调研：社会科学服务经济社会发展的重要途径》为题专版介绍了我院开展民生调研的做法和经验。

### （四）积极推进“走世界开放行”，深化学术交流与合作，我院的国际影响力和对外知名度得到新提升

2013 年，我院在继续深化与欧、美、亚有关国家高校和科研机构合作的基础上，重点拓展了与俄罗斯、巴西、印度、南非和新西兰等国高校、科研机构的合作。5 月，我院代表团赴新西兰、南非考察访问，并与新西兰当代中国研究中心和南非西南大学分别签订学术交流协议书，开辟了我院与大洋洲和非洲主要国家的科研机构和大学的学术交流与合作关系。9 月，中国社科院国际青年学者代表团访问我院，并举办了“经济发展问题国际研讨会”，来自 22 个国家和地区的国家级研究机构和高等学府的青年学者参加了座谈交流，涉及国家之广，来访人数之多，在我院历史上是第一次。9 月，我院召开了国际学术交流与合作暨外事工作会议，对深化国际学术交流与合作进行全面部署。制定了资助国际学术研讨会的管理办法和选派科研、管理骨干出访、研修、参加国际学术会议的管理办法。截至目前，我院已同亚、非、拉、欧、美、澳六大洲主要国家和我国港台地区 22 个科研机构和大学建立了长期稳定的学术交流与合作关系，最终形成跨越世界六大洲的国际学术交流与合作对外开放格局。

**（五）加强制度建设，推动工作创新，我院的行政后勤和科辅等服务保障能力得到新提高**

我院进一步完善人才培养制度，优化干部管理机制，完成了部分处级干部提拔任（聘）用和处级干部轮岗。信息工作水平明显提高，上报信息采用数量和质量，均取得重要突破，得到省委有关部门的多次表扬。出台了《关于精简会议和文件简报的落实意见》《公务借款管理规定》《财务公开办法（试行）》《“三公”经费管理办法（试行）》等制度规定，财务工作、行政管理工作被有关部门表彰，进一步提高了管理水平。

## 三　加强党风廉政建设，健全民主集中制，为我院新智库建设提供坚强思想政治保证和纪律保障

院领导班子深入贯彻习近平总书记在指导我省省委常委班子专题民主生活会时的重要讲话精神，认真落实“坚持贯彻执行民主集中制、坚持用好批评和自我批评武器、坚持严格党内生活、坚持党性原则基础上的团结”等四点要求，使之成为我院加强领导班子自身建设的基本遵循和重要法宝。

**（一）严格落实中央八项规定，深入推进反腐倡廉建设**

院党组认真贯彻中央纪委和省纪委全会精神，严格落实党风廉政建设责任制，强调党组成员和处室领导、支部书记实行“一岗双责”，在抓好分管业务工作的同时抓好所分管部门的党风廉政工作，明确主体责任，将科研业务工作与党风廉政建设一起部署、检查、落实。加强对重点岗位、重点工作的监督检查，对干部提拔、人员聘用、业绩考核、职称评定、学术委员会选举、课题申报立项等工作，纪检监察部门全程介入，落实监督。依据中央八项规定精神，有针对性地制定和修订出台了一系列新的制度，印发了《职权目录及廉政风险等级目录》《内部信息公开管理办法》等文件。认真落实《党政机关厉行节约反对浪费条例》《关于严禁元旦春节期间公款购买赠送年货节礼的通知》《关于严禁公款购买印制寄送贺年卡等物品的通知》等文

件精神，坚决做到令行禁止，积极营造文明、简朴的良好风气。据不完全统计，各部门年度会议费支出在前三年平均水平基础上压缩10%；本年度到外国学术交流同比减少8人，经费支出同比减少30%；公务接待费同比减少43.75%。

### （二）认真贯彻民主集中制，坚持科学、依法、民主决策

院党组认真落实党中央和省委的有关文件精神，修订了《院党组议事规则》《院长办公会议制度》，凡属院党组职责范围内决定的事项，凡属“三重一大”（重大决策、重要干部任免、重大项目安排和大额度资金使用）都必须按照集体领导、民主集中、个别酝酿、会议决定的原则，由院党组会议集体讨论，做出决定。院党组成员根据集体的决定和分工，认真履行自己的职责。尤其是在干部调整过程中，院党组坚持民主集中制，认真贯彻执行《党政领导干部选拔任用工作条例》和干部选拔任用工作“四项监督制度”，按照党管干部原则和德才兼备标准，圆满完成了干部任职调整等工作，为我院各项事业的发展提供了组织保证。

### （三）加强党建和领导班子建设，发挥领导核心和战斗堡垒作用

我院全面加强各级党组织和党员干部队伍建设，党建工作发挥了推动发展、服务群众、促进和谐的作用。在党的群众路线教育实践活动中，院党组在党员干部中深入开展中国特色社会主义理论体系教育和党性党风党纪教育，强化群众意识和廉政意识教育。组织历次新提拔的中层领导干部进行任前党纪党规培训、专题学习教育和集体廉政谈话。在领导班子建设和领导干部选拔任用方面，我和院党组一班人坚持“五湖四海”、事业至上；德才兼备、任人唯贤；谋事干事、求实创新，在领导全院事业发展中经受住了考验，领导班子和干部队伍建设得到进一步完善加强，呈现班子强、队伍硬的良好局面。

一直以来，我作为院主要负责人，努力发挥“班长”的带头作用。政治上立场坚定，严格遵守党的政治纪律，始终同党中央保持高度一致。把学习宣传贯彻习近平总书记系列重要讲话精神和党的十八大、十八届三中全会

精神作为首要政治任务，全力贯彻落实省委、省政府重大决策部署，围绕中心，坚持“三个服务”的办院方针，落实“出精品、出人才、出效益”的工作总要求，推进哲学社会科学事业繁荣发展。在教育实践活动中，我和党组一班人带头落实党中央、省委一系列安排部署，认真听取群众意见，深入查摆问题，针对“四风”方面存在的问题，认真整改。以教育实践活动的实效切实转变作风，推动发展，取信于民。在贯彻党的民主集中制方面，我认真履行“班长”职责，发挥班子成员作用，努力打造领导和推动全院各项事业科学发展的坚强领导集体。认真履行院党风廉政建设第一责任人的职责，落实“一岗双责”，严格遵守《廉政准则》，注重抓好廉政的重点部位、重点环节，以身作则、严于律己，做到自己清、家属清、亲属清、身边清。认真学习党中央制定的《关于改进工作作风、密切联系群众的八项规定》《六项禁令》，以及《中共河北省委关于贯彻落实中央政治局“八项规定”的办法》，做到班子率先垂范、队伍令行禁止。

过去的一年，在省委、省政府的坚强领导下，院领导班子团结、依靠和带领全院广大干部职工，廉洁自律，开拓进取，扎实工作，全院各项工作取得了新成绩，事业实现了新发展。在此，我向院领导班子全体同志和全院干部职工表示衷心的感谢！

2014 年，是我院实施“十二五”规划的关键一年。在院党组的领导下，全院干部职工一定要以踏石留印、抓铁有痕的劲头，以钉钉子的精神，深入贯彻落实党的十八大、十八届三中全会和省委八届六次全会精神，创新发展，扎实工作，为建设“省级科研一流、国内国际知名、服务河北科学发展”的中国特色新型智库，为我省实现科学发展、绿色崛起，建设全面小康、富裕殷实、山清水秀的河北，为绘就中华民族伟大复兴中国梦的河北精彩篇章，做出应有的贡献！

# 河北省社科院工作汇报*

（2014 年 3 月 18 日）

首先，我代表河北省社科院党组和全院干部职工对中国社会科学院王伟光院长、李培林副院长一行到我院调研指导工作，表示衷心感谢和热烈欢迎。下面，将我院有关情况做一简要汇报。

## 一　省社科院基本情况

河北省社会科学院（河北省邓小平理论、“三个代表”重要思想和科学发展观研究中心，中共河北省委讲师团，河北省社会科学界联合会）是省委、省政府直属事业单位，是省社科研究、理论宣传机构和社团机构。其前身是始建于 1963 年的河北省哲学社会科学研究所，1981 年改建为河北省社会科学院。2009 年 2 月，按照中央“精简、统一、效能”机构改革要求，省委、省政府决定，将省委讲师团（省邓研中心）、省社科联并入省社会科学院。省社科院党组认真贯彻落实省委、省政府决策部署，经过五年的努力，已经确立起理论武装、服务决策、繁荣发展“三位一体”工作新格局和参公管理、事业管理“一院两制”新体制，目前，运行状况良好，得到全院干部职工拥护，受到省委、省政府领导肯定和社会各界的好评。

全院现有编制 381 人，内设 34 个处室所。其中，行政管理机构 9 个、社

* 本文是周文夫在中国社会科学院院长王伟光来河北省社会科学院调研指导工作时的工作汇报。

团工作机构5个、教学科研机构15个、科研辅助机构4个、社科发展中心1个。高级职称专业技术人员111人，其中正高55人、副高56人。在学科建设方面，现有农村经济学、区域经济学、中国特色社会主义理论体系研究、河北地方史与传统历史文化研究、当代文化（文学）与河北文化发展研究5个重点学科和4个重点扶持学科、4个重点培育学科。科研、教学及其辅助人员占全院人员总数2/3左右，现有7名享受国务院特殊津贴专家、4名省管优秀专家、16名省有突出贡献中青年专家、1名全国宣传文化系统“四个一批”人才、1名全国“万人计划”哲学社会科学领军人才，还有一批省社科优秀青年专家、省优秀专业技术人才、省新世纪“三三三人才工程”人选等。

## 二　近年来的主要工作

### （一）健全“三位一体”工作新格局和“一院两制”新体制，确立“三个服务”的办院方针

“十一五”时期，我院确立了“为决策服务、为发展服务、为基层服务”的办院方针。其间，大力推进“一院两制”新体制和“三位一体”工作新格局的形成，释放改革红利，使理论宣讲、决策研究、社科联合各项工作取得了显著成果。2011年，进入“十二五”时期，我院继续深化“三个服务”的办院方针，落实“出精品、出人才、出效益”的总要求，大力推进中国特色社会主义理论武装工程、服务河北能力提升工程、全省哲学社会科学龙头带动工程、创新型人才智力聚合工程，提出建设“省级科研一流、国内国际知名、服务河北科学发展”新型智库的更高办院目标。省委、省政府领导和中国社科院领导对我院办院方针、机构调整、工作做法及时给予关怀、支持和指导，对取得的工作成效给予了充分肯定，全院干部职工十分感激。

### （二）深入开展党的群众路线教育实践活动

按照省委要求，我院参加了习近平总书记来河北主持召开的座谈会，周文夫院长在座谈会上发言，提出了弘扬“两个务必”的西柏坡精神、走好

新时期的“赶考路”和坚持知行合一、取信于民两点建议。在活动中，我院坚持规定动作不走样，自选动作有特色，在广泛征集意见建议的基础上，认真检讨了知行不一的问题，主要是“与省委中心工作结合不够紧密”“理论脱离实际”“接地气不够、贴近群众不够”等，由此提出四方面整改要求、21 条具体举措，推出了三批《克服“四风”问题十件实事》，制定和修订了 19 项制度。坚持立改立行、边整边改，取得了实实在在的效果。得到出席院领导班子专题民主生活会的省领导和省委督导组充分肯定，群众对活动的总体评价为“好”“较好”的比例达到 97.7%。我院还承担了省委活动办理论成果组工作，先后推出 21 篇富有创新性的理论成果。其中，10 余篇文章在《人民日报》《光明日报》《求是》等报刊发表，辑印了《理论成果汇编》，上报中央和省领导参阅，省委书记在第一批教育实践活动总结大会上对理论成果组的工作给予充分肯定。

### （三）深化“三个服务”，为河北科学发展、绿色崛起提供理论支撑和智力支持

近年来，我院围绕省委、省政府中心工作，开展了环首都绿色经济圈建设、河北沿海地区经济发展、冀南地区经济发展、河北社会管理创新、京津冀协同发展等重大问题研究，形成系列研究成果。2013 年，有 3 篇调研报告分别得到习近平、刘云山、张高丽等中央领导的批示，《借鉴先发地区经验打造我省沿海地区率先发展增长极》《关于抢抓战略机遇支持冀南地区快速崛起的建议》调研报告，得到省委、省政府领导肯定批示，并分别批转秦皇岛、唐山、沧州市委主要领导和邯郸、邢台市领导参阅；《河北新型城镇化》等研究报告得到省长张庆伟、省委副书记赵勇等省领导的批示肯定和采纳；《关于“推动京津冀协同发展长远考虑”的研究报告》得到省领导重要批示后，上报中财办，多项建议被采纳。

在基础研究方面，我院孙继民副院长担任首席专家的国家社科基金重大项目“黑水城汉文文献整理与研究”代表了目前学界关于黑水城汉文文献研究的较高水平。我院还承担了国家社科基金特别委托项目“西夏文献文物研究”的子项目“考古发现西夏汉文文献整理研究”。

### （四）创新科研机制，开展"三走"大调研活动

2012 年，我院按照中宣部和省委宣传部关于"走转改"的要求，开展了"走基层太行行""走基层沿海行""走世界开放行"大调研活动。通过"走基层太行行"，接受革命传统教育，强化了宗旨意识，坚定了理想信念；通过"走基层沿海行"，增强了开放意识和创新意识，提升了科研能力；通过"走世界开放行"活动，加强了国际学术交流与合作，截至目前，我院已同亚、非、拉、欧、美、澳六大洲主要国家和我国港台地区 22 个科研机构和大学建立了长期稳定的学术交流与合作关系，形成了跨越世界六大洲的国际学术交流与合作对外开放新格局。《光明日报》在头版以《到"源头"去　引"活水"来——河北省社科院结合实际"走转改"》为题报道了我院的经验和做法。

近年来，在学习型党组织建设方面，我院紧密结合职能特点，联系工作实际，倡导新的学习理念，组织实施了"党组中心组引领工程、服务决策发展能力提高工程、全员学习队伍建设工程"。《求是》刊发了院党组的学习体会文章，中央建设学习型党组织协调小组《工作简报》介绍了我院的做法，新华社发通稿，人民日报、光明日报、经济日报、中央人民广播电台、中央电视台和河北日报、河北电视台等媒体报道了我院学习型党组织建设取得的积极成果。

### （五）讲师团和社科联工作都有新进展，取得明显成效

在加强社科研究的同时，我院还积极发挥"三位一体"的工作优势，指导和组织全省党委讲师团系统深入开展学习贯彻习近平总书记系列重要讲话精神和党的十八大、十八届三中全会精神的研究宣传，开展宣讲 2.1 万场，受众 271 万人次。加强五级宣讲网络建设，推动宣讲工作逐步实现"全覆盖、面对面"。指导和组织全省社科联系统认真贯彻落实省委、省政府"两办"《关于加强新时期社会科学界联合会工作的意见》，在全省建立了 20 家社科研究基地，在 3 个市开展了市级社会科学"智库"建设工程试点，推动定州、辛集和有条件的扩权县（市）、大型经济组织建立、完善社

科联组织。继续深化大型民生调研活动，91 项调研成果得到中央和省委、省政府领导批示或转化，《光明日报》专版介绍了我院开展民生调研的做法和经验。

2014 年，是全面深化改革的开局之年，也是我院全面落实院“十二五”发展规划、建设中国特色新型智库的关键一年。省委领导同志对我院年初申报的 2014 年重点研究课题全部圈定，我院将紧紧围绕河北绿色崛起、调整结构、改革创新、普惠民生等省委、省政府重点工作，重点开展“京津冀协同发展”“河北生态环境保护与建设”“河北县域经济发展和县城建设问题”“社会主义核心价值观建设”“中国梦 · 赶考行”等重大课题研究，为领导决策提供高质量的咨询服务。同时，围绕“马克思主义学习研究宣传重要阵地”和“中国特色新型智库建设”，加强自身建设，提高科研服务水平，繁荣发展哲学社会科学，为我省科学发展、绿色崛起，谱写中华民族伟大复兴中国梦的河北精彩篇章，贡献自己的力量。

最后，恳请中国社科院领导和省委、省政府领导对我院工作多关心、多支持、多指导、多批评！

# 在全院党风廉政建设工作会议上的讲话

（2014 年 3 月 26 日）

这次我院党风廉政建设和反腐败专题工作会议，是经院党组研究决定召开的一次重要会议。近日，省委召开了贯彻落实中央《建立健全惩治和预防腐败体系 2013～2017 年工作规划》电视电话会议，决定将 3 月 23 日“赶考日”作为县以上领导班子集体“警醒日”，进一步强化各级领导班子和领导干部联系群众的观念，提高服务群众的能力，筑牢思想防线，坚守行为底线，保持党的先进性和纯洁性，在全社会凝聚起实现中华民族伟大复兴中国梦的强大动力。所以，我们今天的会议既是一次工作部署会，又是一次“警醒”会。

刚才，国岚同志回顾总结了近年来我院党风廉政建设工作情况，对 2014 年全院党风廉政建设的重点工作进行了安排部署，希望全院和各部门认真抓好贯彻落实。下面，我再讲几点意见。

## 一　强化三种意识，切实增强做好党风廉政建设和反腐败工作的紧迫感、责任感和使命感

近几年来，我院在党中央和省委、省纪委的领导下，始终把反腐倡廉工作牢牢抓在手上，顶层设计，精心谋划，扎实推进惩防体系建设，在落实党风廉政建设责任制、权力运行监控机制建设、廉政教育、信访工作等方面，创造和积累了一些有益经验，取得了明显成效。特别是党的群众路线教育实

践活动开展以来，我院认真落实中央八项规定和省委要求，做到了令行禁止，为我院发展创造了风清气正的良好环境。通过持续不断的思想教育，广大党员干部的理想信念得到进一步加强；通过对“四风”问题进行大排查、大扫除，党的群众路线的优良传统得到进一步弘扬；通过认真开展批评与自我批评，党内的民主生活得到进一步健全；通过整改提高、建章立制，贯彻党的群众路线的长效机制初步形成；通过解决群众反映强烈的难题，我院干事创业的环境得到进一步优化，为全院各项事业发展提供了有力保证。在看到成绩的同时，更要清醒地认识到我们存在的差距和不足。党的十八大以来，中央不断加大党风廉政建设和反腐败工作力度，提出了一系列新的思路、举措和要求，从我们社科院自身来看，无论从思想观念、制度建设、机制完善和强化监督等方面，还有许多与新的形势任务不适应的地方，还有很多工作需要加强和改进。我们要切实把思想统一到习近平总书记的重要讲话精神上来，紧密结合我院实际，把握好当前我院党风廉政建设和反腐败斗争的形势任务，进一步转变观念、创新体制机制和制度保障，扎实推进党风廉政建设和反腐败工作，落实好党风廉政建设和反腐败工作责任。为此，我重点强调三种意识。

### （一）利剑高悬的危机意识

习近平总书记多次强调：“针眼大的窟窿，斗大的风，千里之堤，溃于蚁穴。”在自律方面稍有放松，就会出大的问题。如果我们的思维定式还停留在过去，就会犯错误甚至触碰“高压线”。与大家密切相关的学术腐败、科研经费违规使用等问题。每一个党员干部要彻底破除惯性思维，从全面推进党的事业和我院改革发展的高度，从保护我们自身和家庭的立场，进一步统一思想，升华认识，更新观念，把纪律这根弦绷起来，把危机意识树起来，保持抵御腐败行为的思想警觉和政治定力，把党的纪律作为刚性约束，加强学习，紧跟形势，确保不掉队。

### （二）坚守定力的底线意识

身为党员干部，要在需要面前学会选择，在诱惑面前学会抵制，在原则面前学会坚守，筑牢道德底线和思想防线。要不断提升境界，自觉加强政治修养、道德修养、能力修养、作风修养、心理修养，不断完善自己。要加强自律，最根本的是要树立正确的权力观、地位观、利益观，对个人的名誉、地位、利益等问题，想得透，看得淡，知所避，知所守。要摆正位置，正确认识自己，正确认识组织，正确认识群众，正确对待个人，正确对待集体，正确对待社会。自觉接受监督，稳得住心神、管得住手脚、抗得住诱惑、经得起考验。

### （三）敬畏制度的规矩意识

树立规矩意识，是一种品德和修养，更体现了政治上的清醒与成熟。中央有禁令，省委有禁区。省委领导在省纪委八届四次全会上强调，要始终保持抵御腐败行为的思想政治定力，提出了“十个干不得”：一是插手工程的事千万干不得；二是办事收钱的事千万干不得；三是买官卖官的事千万干不得；四是老板买单的事千万干不得；五是了难渔利的事千万干不得；六是权色交易的事千万干不得；七是滥交朋友的事千万干不得；八是搜刮民财的事千万干不得；九是受礼敛财的事千万干不得；十是谋私害家的事千万干不得。这“十个干不得”我们要心存敬畏，行有所止，坚决贯彻执行。“严是爱，松是害”，反复强调纪律、制度、管理，是实现我院各项任务目标的根本保障，也是院党组对我们广大党员、干部的关心和爱护。提出这些要求，不是限制大家，不是设置障碍，而是要大家在坚守规矩的基础上，放开手脚，勇于开拓，积极作为。

## 二　把握四个重点，以党风廉政建设的新成效推动我院各项事业健康发展

2014 年是全面深化改革的第一年，我院要深入贯彻中央纪委十八届三次全会和省纪委八届四次全会精神，按照党中央《建立健全惩治和预防腐败体系 2013～2017 年工作规划》和省委《实施办法》要求，紧密结合我院特点和工作实际，把握重点，统筹推进。我院作为党的意识形态重镇和马克

思主义坚强阵地，要坚持和巩固马克思主义在意识形态领域的指导地位，坚持正确的政治方向和学术导向，把意识形态工作的领导权、管理权、话语权牢牢掌握在手中。为此，要把握住四个重点。

### （一）坚定理想信念

理想信念是激励我们奋勇前行的不竭动力，是我们事业的重要基础。要不断适应新的形势任务要求，加强学习，重视自我修养，深入学习习近平总书记的系列重要讲话精神和“四大法宝”重要论述，学习《党章》和党中央、省委关于党风廉政建设的各项规定，切实增强中国特色社会主义的道路自信、理论自信、制度自信。要坚持“革命理想高于天”，切实解决好世界观、人生观、价值观这个“总开关”问题，注重在精神上补“钙”强“骨”，永不动摇信仰。要认真学习习近平总书记关于“两个务必”的重要论述，深刻理解习近平总书记的深邃思想和战略考虑，走好新时期赶考路，经得起各种风险考验，努力交出让人民满意的合格答卷。

### （二）严明党的纪律

社科院是意识形态主阵地，在世界瞬息万变、错综复杂的新形势下，善于从政治上观察思考问题，严明政治纪律和组织纪律，对我们社科理论工作者，有着更为特殊的重要意义。抓好政治纪律，把好政治方向、学术导向关，站稳意识形态的主阵地；抓好组织纪律，以严明的组织纪律做保障，在思想上、政治上和行动上同党中央保持高度一致。我院每一个党员、干部要做政治上的“清醒人”“明白人”，以坚强的政治定力做好工作，坚持党性原则，牢记政治担当，站稳主阵地。各部门要认真落实院党组《关于维护政治纪律的意见》，加强监督监察，落实把关责任，强化纪律的刚性约束。

### （三）强化作风建设

习近平总书记指出，作风建设永远在路上，并提出“三严三实”，各级领导干部务必做到严以修身、严以用权、严以律己，谋事要实、创业要实、做人要实，这是对党员干部作风建设发出的新号令。今年，要继续把转作风、强队伍、提能力、促发展作为深化作风建设的主要目标，巩固教育实践活动的实践成果、理论成果和制度成果，持续推进作风建设，进一步凝聚起推动我院发展的强大正能量。要增强忧患意识、风险意识和责任意识，以零容忍的态度，坚持抓小抓早，发现问题及时处理。要强化优良学风建设，遵守职业道德，坚守学术自律，树立科学严谨的治学态度，经得起学术规范和做事诚信的检验。要解决好为什么人做学问的问题，树立为人民做学问的理念，坚持为省委、省政府决策服务，为河北经济社会发展服务。改进学风、文风、作风，深入思考、深入实际、深入群众，把学术规范内化为职业行为准则，严防学术不端行为。凡认定为学术不端的，在成果评奖、职称评定中，实行一票否决。请大家务必高度注意。

### （四）加强规章制度建设

要适应反腐倡廉新形势新任务新要求，认真学习借鉴省内外经验，总结我们自己好的做法，与时俱进地积极推进管理和制度创新。要按照党中央、省委的要求，科学研究制定我院《2013～2017 年建立健全惩治和预防腐败体系建设工作方案》，并抓好落实。进一步加强反腐倡廉体制机制创新和制度保障，健全责任倒查问责制，增强制度的科学性、适用性、有效性和可操作性。继续深入贯彻落实中央八项规定和《党政机关厉行节约反对浪费条例》的要求，修订完善我院相关的管理规定，形成完备的制度体系和长效机制。

## 三　狠抓组织落实，确保院党组的重大部署和党风廉政建设责任制落到实处

做好工作，关键在作风，核心在落实。当前，我院的党风廉政建设目标任务已经确定，各级领导干部要以钉钉子的精神，确保各项任务落地生根。

### （一）以责任担当抓落实

我院已经制定了党风廉政建设责任制实施细则和任务分解，出台了风险目录和落实措施，发放了廉政责任书，这为落实党风廉政建设责任制打下了一个很好的基础。各级领导干部要真正担负起“两个责任”。一是党组和各部门的主体责任，主要领导要切实履行第一责任人的职责，要将党风廉政建设责任制纳入总体工作规划，定期分析情况，加强督促检查，及时解决问题，确保责任分解、责任考核、责任追究、责任延伸“四到位”。抓好班子，带好队伍，管好自己，做出表率。二是纪检监察部门的监督责任，纪检组监察室要积极发挥组织协调作用，加强监督，严格问责，推动工作落实。

### （二）以科学方法抓落实

一要树立战略思维。社科院的党风廉政建设要围绕中心，服务于我院“三位一体”工作格局，服务于新型智库建设大局，在顶层设计、工作谋划、推动落实等环节，做到高站位、高起点、高要求，努力实现党风廉政建设与上级要求、与院中心工作同频共振，深度融合。二要树立系统思维。既要谋划好全局，加强指导，又要尊重部门探索精神；既要突出重点监督，又要兼顾日常监督；既要聚精会神抓好党风廉政建设，又要突出主业不放松，力求做到整体推进，防止顾此失彼。三要树立融入思维。把党风廉政建设责任制始终贯穿到党建工作全过程，体现在业务各环节，落实到管理工作中，做到党风廉政建设与业务、管理同部署、同落实、同检查、同考核，形成整体合力。

### （三）以务实作风抓落实

要充分认识党风廉政建设的长期性、艰巨性、复杂性，坚持一个环节、一个环节地去抓，一个节点、一个节点地去做，常抓不懈，常抓常新，一定能见到实效，最终受益的一定是全院的干部职工和我院的事业发展。各位党员干部，特别是处级以上领导干部，要守土负责、守土尽责，要敢于面对、敢于担当，要善始善终、善作善成，为全面实现我院的新型智库建设目标提供强大动力和可靠保障。

同志们，反腐倡廉责任重大，任务艰巨，使命光荣。希望大家要牢记组织重托，不忘职责使命，坚定理想信念，坚守共产党人的精神家园，以为民务实清廉的实际行动，以深入推进党风廉政建设的新成效，为我省科学发展、绿色崛起，为建设全面小康、富裕殷实、山清水秀的河北，为绘就中华民族伟大复兴中国梦的河北精彩篇章，正风肃纪，保驾护航，做出积极的贡献！

# 在院社团职能处室工作汇报会上的讲话

（2014 年 4 月 3 日）

今天召开省社科院属各部门工作汇报会，主要是了解各处室对院党组 2014 年工作部署的贯彻落实情况，同时也想听一听大家的意见和建议。刚才社团部门六个处室分别做了工作汇报，总体上看，工作抓得实在，开局也好。大家谈了一些很好的意见建议，也切中了我们很多实际问题上的症结所在。

从今年来看，我院的任务量是比较大的，是我们贯彻落实党的十八届三中全会、全面推进深化改革最重要的一个时期，同时也是我们贯彻落实全国宣传思想工作会议和省委八届六次全会精神的重要时期。省委八届六次全会提出河北省要切实转变经济发展方式的指导思想，提出了实现四大转变，建设全面小康的河北、富裕殷实的河北、山清水秀的河北的奋斗目标。我省的经济社会发展到了一个新的阶段，我院的发展也到了一个新的阶段，有几个问题想跟大家讲清楚，便于我们协调工作。

## 一　关于新体制、新格局的巩固及调整问题

近年来，院领导班子成员有了较大的变动，老同志退下去，新同志提上来，同时也有些干部的交流，部分处室的负责同志也有调整和交流。一些同志对我们院里现行的工作体制可能不够了解。实际上，院机构调整从 2009 年运行到现在，五年时间了，也该回头总结一下。借这个机会，我想就这个

问题做点梳理和说明。

新体制新格局的巩固提高，具体涉及几个方面，主要一个是“三位一体”，一个是“一院两制”，它是国家“精简、统一、效能”机构改革的产物，这个大家都亲身经历了，我就简单概括说了。

从 2009 年 2 月，省委、省政府决定省委讲师团、省社科联并入省社会科学院，随后省编办确定省社科院挂四块牌子，是省委、省政府的直属事业单位，是理论宣传机构、社科研究机构和社团机构。至此，我院的“一院两制”和“三位一体”新体制、新格局就形成了。同年 4 月，调整了院领导班子，保留社科院党组，撤销社科联党组，我继任院党组书记、院长，主持院全面工作。院领导班子成员全部为院党组成员、副院长。我任讲师团主任、省邓研中心主任，部分同志任了邓研中心的副主任。我排在省委领导兼任的省社科联主席之后继任副主席，部分同志留任副主席。所以，我院就形成了院党组会议和院长办公会议（含省社科联主席办公会议）的领导体制。党组把握全局、管大事，院长办公会负责落实，管理具体行政事务。

2012 年 11 月，省社科联召开第四次代表大会，省政协副主席任省社科联主席，不驻会；设第一副主席，不驻会；增设常务副主席（正厅级），另设置副主席两名。这次换届增设了厅级领导职数，应该说充分体现了省委对社科联工作的重视和支持，但我院既定的领导体制没有本质性的改变。按省委领导同志的说法，不是另搞一套，而是省委领导和省委组织部、省委宣传部与院党组预先沟通后决定的。省委主要领导、分管领导与新任职的同志谈话，也是讲得很清楚的。

至于领导的工作职责，也是明确的。省社科联主席由省领导担任，这是河北的惯例，工作职责由省委决定。院党组书记、院长担任第一副主席，驻不驻会，在我们院现行的领导体制当中，没有多少实际意义，只是在能不能设正厅级常务副主席上有点意义。常务副主席的职责在院班子分工中讲得也是很清楚了，就是在院党组的领导下负责社科联的常务工作，主要是负责落实党组的有关决策部署和院长办公会议的工作安排，协调职能处室完成工作任务。所以，全体院领导班子成员，都要对院党组、院长办公会负责，直接汇报请示工作。全院各处室所，都要对院党组、院长办公会负责，通过分管的院领导汇报请示工作，也可以直接反映工作情况。

五年来，我院的新体制新格局的运行是良好的。从 2009 年 4 月到现在，已经整整五年时间了。应该说在省委、省政府的坚强领导下，院党组带领全院的干部职工，开拓创新，扎实工作，较好地完成了改革调整的任务，形成了“一院两制”新体制和“三位一体”工作新格局，开创了“理论武装、服务决策、繁荣发展”工作的新局面，推动“省级科研一流、国内国际知名、服务河北科学发展”中国特色新型智库建设迈上新的台阶，为全省经济社会发展做出了重要贡献，得到了上级领导的肯定、院内干部职工的拥护、社会各界的称赞。实践证明，我院的机构改革调整是成功的。建院 30 周年，时任省委书记张云川贺信称赞社科院的工作“甚有成效”。中国社科院武寅副院长带团来我院祝贺，称赞我院做了许多“原创性的工作”。在院改革近 3 年来的工作总结报告上，张庆黎书记批示：“一定要抓好巩固提高的工作。”

前不久，中国社科院王伟光院长来我院调研指导工作，评价我院的“工作亮点众多”“走在全国省级院的前列，属于一流的水平”。省委、省政府的主要领导和多位分管省领导对我院的工作表示满意，也给了很多的表扬。

当然，全面深化改革，新体制、新格局的巩固提高，任务仍很重。在围绕巩固提高上，怎么做？巩固什么？就是巩固“一院两制”“三位一体”，这是中央大部制改革的要求。就是巩固“三个服务”“新型智库”，这个属于党的十八届三中全会提出的进一步深化改革的任务，即要建立中国特色新型智库。这些就是要巩固的最基本的东西，所以这个概念是要清楚的。在这一点上务必做到不动摇、不懈怠、不折腾。提高什么呢？就是要提高我院新型智库建设的水平，提升服务决策、服务发展、服务基层的能力，但这个方面的任务，我们依然任重道远，希望全院干部职工要团结奋斗，付出艰辛和努力。

## 二　关于阵地、智库、殿堂的目标任务

第一点就是阵地、智库、殿堂的提出和它的内涵，需要我们认真学习领

会贯彻落实。党的十八大以来，以习近平同志为总书记的党中央高度重视哲学社会科学工作，提出许多新思想、新观点、新理念、新举措。习近平总书记在全国宣传思想工作会上非常明确地指出社会科学院要成为马克思主义学习、研究、宣传的重要阵地。这是对社会科学院的一个定位。党的十八届三中全会《决定》提出，加强中国特色新型智库建设，建立健全决策咨询制度。新型智库这又是一个定位。中央委员、中国社科院院长王伟光同志来我院调研指导工作，再次阐述了中国社会科学院是中国社会科学最高殿堂。所以到现在，社会科学院，特别是河北省社会科学院，把讲师团、社科联和邓研中心整合到一起的这个社会科学院，这三个定位上是最准确的，可能有的院内涵还不一定有这么丰富，我们是最准确、最丰富的。一个是重要阵地，一个是新型智库，一个是最高殿堂，“三位一体”、“四块牌子”把这些内容都能够涵盖起来。所以这应该是对中国社会科学界最高的、最新的也是最丰富、最准确的定位。在这一点上，大家一定要把思想统一到党中央和省委的决策上来，这是我们的方向，是我们的道路。

第二点就是新时期、新阶段社科联面临的新任务。在成为重要阵地、建设新型智库和打造最高殿堂中，发挥好桥梁纽带的作用，是新时期、新阶段社科联的根本工作任务。我们习惯讲，社科联是衔接党委、政府和社科理论工作者、社团机构的桥梁和纽带。桥梁和纽带只是一种形式，内涵是什么？那就是要在成为重要阵地、建设智库和打造最高殿堂上发挥好桥梁和纽带的作用，这是它的内涵，这是根本性的任务。

近年来，院党组按照党中央和省委的要求来安排部署社科院整体工作，确立了理论武装、服务决策、繁荣发展“三位一体”工作新格局，实际上都有它既定的内涵。理论武装是马克思主义学习研究宣传的重要阵地；服务决策是新型智库的内涵；繁荣发展就是社会科学殿堂的内涵。从今年工作要点来看，也充分体现了这一点，我们整个工作的布局摆布，就是围绕着阵地建设、围绕殿堂和围绕智库建设来展开。

具体的工作，院里有了统一部署，今天社科联各职能处室的处长也谈了工作设想、工作安排，任务都比较明确了，要认真抓好落实。在这里，我只是讲重点和创新工作，看哪些需要再研究、探讨和改进的地方。

### （一）关于秘书处的工作

秘书处是社科联的业务管理、协调与服务的综合部门，负责业务协调。我们成立了社科联的学术委员会，永瑞主席下了不少功夫，亲任主任。这是个创新性的工作，要抓好。市级社科联智库建设试点对地级市有很大影响，现在地级市里面，石家庄有社科院，它也是合到一起了；张家口是在社科联里建科研所，专门给了编制；试点还有两家（唐山、保定），但实质性启动还没到张家口这个程度。要多扶持指导这项创新的工作。

### （二）关于学会处的工作

学会处主要是社团管理创新，这个任务很大，属于现代化建设五大内涵之一社会管理创新、社会和谐的范畴。社会管理创新，我院参加了社团蓝皮书的编写工作，全国吸收省级的有 3 家，包括我们，书已经编出来了。河北省的社会管理创新，我院已经出版了研究专著。同时，要把社团党建和社团管理衔接好。还有一个创新的问题就是学术年会，学术年会虽然坚持下来了，每年在做，有的时候做得好点，但客观讲总体学术水平还不高，至少说河北省社科界精华的部分要集中起来。要选好题目，把年会主题选出来，特别是京津冀协同发展这个背景之下，主题不缺，关键是选准。同时要提升学术水平，邀请学术水平比较高的人来参加做报告，提升一下档次，是必要的。但更主要的是挖掘、扶持省内人才，推出自己的学者，力争把河北省最高水平拿出来。今年还要考虑在《中国社会科学报》出专版。让大家知道我们在开学术年会，搞专版很必要。学会处可以到一些比较好的省份走一走，广东、北京等地方的学术年会搞得不错。

### （三）关于科普处的工作

社科普及是个大任务，现在社科联比较大的创新，应该是社科普及意见（或者规定）的出台，这个事情一直盯着做，大概有 12 年了。现在全国真正形成条例的只有宁夏社科联，广东和我们还在过程中。31 个省区市，只有三家，一家已经成功，两家在路上，可见这个工作的艰辛。前不久，北京社科联党组书记、常务副主席韩凯来我院，感觉我们的工作还是不错的，北京市还没出台这个东西。所以我们要同前两年搞“两办”《关于加强新时期社会科学界联合会工作的意见》一样，下功夫把它拿下来。同时要高度重视一些环节、细节上的问题。省政府的常务会时间紧凑，很快就决策一个问题。这次只是列入（省政府立法计划），最后定的话，还得有一个过程，脑子里要清楚这个事情。

这个规定出台以后，下一步就要做好宣传贯彻落实，社科普及做了不少工作，成绩是比较突出的，得把它继续下去。现在省委、省政府对我们支持不小，永瑞同志担任主席以后，也动了很多脑筋，做了很多努力，为我们创造了很多条件。咱们一定不辜负永瑞主席对我们的期望，把工作做好。民生调研课题的牌子已经很亮了。你们有些开放性的思路，这也是对头的。比方说，吸收外单位啊，甚至跨省来做这个东西，但是自己要掌握主动权。要开放，不能封闭，要做好这个东西。这是有创新、能出彩的东西。

### （四）关于成果处的工作

评奖、评专家，这是一个考核和最后的一个指挥棒。人才培养、成果转化，还有基地建设、博士论坛，已经形成亮点，成效是明显的。应该继续把工作做好。成果处讲了很多思路，要把它落实好。研究基地建设实际上是学科建设，是河北省的学科建设。河北省的社科界有相当的基础，但是与先进省份相比，整体水平还是有距离的。我们还不能只坐到我们这个圈子里，社科评奖、基地建设、博士论坛，还有很多工作任务。在评奖中，采取查重复率，防止学术不端，这是一个作风建设的问题，思路不错，要抓实。博士论坛要充分发挥作用，加强引导，基础学科要研究，应用对策也要研究。现在社科课题、民生课题还有评奖都提到精品力作。我的理解，精品力作更主要的是集中在基础学科来说的。应用对策研究关键是体现社会价值，要进入领导决策，推出更多具有前瞻性、全局性、战略性的成果。

### （五）关于社团党建处的工作

现在创新基层党组织建设管理，社团党建处的工作量是很大的，同时也是能够出彩的。在全国社科联里，建这个处的不多，我们是有创意的。这既是我院机构改革的需要，又是加强社团党建的需要。你们做了大量工作，也在努力积极地探索。2012 年，在北戴河社团党建工作培训会上，我听了大家的讨论和发言，最后做了讲话。目前看来当时我提出的那些重点问题，到现在还需要深入研究和探讨，并且任务越来越重了。社团党建处管全省 62 个社团党的建设，目前正在开展党的教育实践活动，真把它组织起来，需要下功夫，但这也是一个机遇，加强基层党组织建设的机遇。

在这里还有几个需要探讨的问题，我今天提出来，供大家去研究。比方说理顺组织机构，社团党建处虽然属社科联的编制，全国独此一家，但它的职能本质上是党务工作。显然光在社团领导下，名不正言不顺，难以有效地开展工作。它应该是一个党组织，上级党组织来管理，那样的话你就能去做党的工作。这个问题再进一步考虑，在党组领导下，能不能与机关党委的职能融合，在党委领导下来做党务工作，和党委结合到一起。党委的这一套东西，有党规党法。比方说院党组是省委派驻社科院的党组，代表省委在这主持工作，这样的话，就衔接上了。还有一些职能，比如吸收党员，必须是由党委来做，机关党委管理党员，职能比较齐全。但这个问题不是社团党建处一个处能解决的，所以需要创新。通过创新、搞试点，先解决这个问题，组织上认可了，就可以创出东西来了。但是从最基本的原则上，必须是在党的领导下来做。

还有一个问题就是因地制宜地建立社团党的基层组织。社团机构组织形式不同，决定了社团党的基层组织建设也会在组织形式上、组建方式方法上有所不同。有的社团依托在一个厅级单位或者大学，党组织的职能、行政职能齐全，财务制度健全，事情就好办。现在关键是有些社团，是由松散的人员组成的，甚至有些是由离退下来的人员组成的，这样好多单位人员拼到一起，党组织的工作怎么做？

这些年在审批学会的时候，我们执行得比较严格，主席办公会来研究，看有没有党组织，没有不批准成立，这个是做到了。但是成立以后怎么去运行、去管理，怎么活动，我们怎么去指导？这需要研究。还有就是社团党组织的设立，也得因地制宜，都需要创新。原来我在邯郸当组织部部长，在民营企业建党支部，在全国是比较早的一个，中组部都来参加协调指导。所以新形势下要研究这个问题。

还有就是社团党组织的党员管理。因为党员构成不同，基层的党组织形式不同，会有很多新情况新问题需要研究，需要解决。这几个层面要深入研究一下。我们的基层党组织活动和党员管理，有一套很成熟的制度，比如三会一课、组织生活会、党组织建立、党员大会、党支部大会等，都有。但是，不能照搬照抄，需要深入调查研究，把一些问题琢磨透，有针对性地去做，然后再去创出经验来，再去规范。这也是为基层党组织建设做了贡献。毛主席早就批评过形而上学方法论最省力。不调查不思考，乱说一通，但是落实不了。最后要看成效，实践是检验真理的唯一标准。有些制度没有不要紧，创出制度来形成长效制度就是为社团党建做了贡献。这个地方是有创新点的，是可以创造出成绩来的。现在你们是在认认真真地做，也下了不少的功夫，但是还要创新，创新驱动，这个地方要下下功夫。

### （六）关于社科论坛的工作

这里我还要简单地把社科论坛的工作讲两句。社科论坛的工作，“殿堂”这一块，应该说做出了成就，繁荣发展，保持了学术水平，得到了同行很高的评价。我几次参加全国性会议，有好多的专家学者、院长、主席都谈到我们这个社科论坛做得不错。而“阵地”和“智库”这两块还要加强，但是也要保证刊物学术质量。

## 三　关于敢担当、懂规矩，规范化管理的问题

第一点，要干啥像啥。习近平总书记来河北调研指导工作时讲道，领导干部要干啥像啥。这个说法很通俗，又很中肯。我一直在琢磨体会这个干啥像啥。一要敢于担当。干啥像啥，首先要敢担当，担当起自己应该担当的责任。不敢担当，遇到事绕着走，这不叫干啥像啥。干处长像个处长，得干起处长的活来，承担起处长的责任；干院长像个院长，承担起责任。二要懂规矩。无规矩不成方圆，懂规矩，慎用权，善用权。领导要做到用权到位，不

越位、不错位。不到位是失职，越位是渎职，错位是乱职，都不要出现。应该准确把握自己的定位。三要规范化管理。就是要用制度管理。我觉得干啥像啥，起码要做到这三点。

第二点，就是“三严三实”。习近平总书记在十二届全国人大二次会议参加安徽代表团审议时关于推进作风建设的讲话中，明确提出领导干部“既严以修身、严以用权、严以律己，又谋事要实、创业要实、做人要实”的重要论述，称为“三严三实”讲话，讲得非常好。这不仅是领导干部的本分，也是为人处世的标准。

第三点，就是规范管理。党的十八届三中全会确定全面深化改革这个总目标，目的是什么？是完善和发展中国特色社会主义制度，推进国家治理体系和治理能力的现代化。总书记在做说明的时候讲得很清楚，我们的改革不是把基本的制度改掉，基本的东西丢掉，而是完善好发展好，与时俱进。同时在另一个层面，这个治理体系和治理能力的现代化，基础是规范化的管理，要规范化。所以加强规范化管理，也应该成为我们院需要认真抓的重要的基础性的工作。

今天，我听了大家的工作汇报后，侧重讲了讲作风建设永远在路上的问题，也是工作抓落实的问题，也是明确一些岗位职责的问题。这些都是党中央和省委的精神，我也谈了一些自己的感受。希望同志们把握好方向，照章办事，有序工作，把工作任务贯彻落实好。

# 在桥东区理论宣讲工作站座谈会上的讲话

（2014 年 4 月 28 日）

按照省委第二批教育实践活动安排，省直单位主要负责同志要在本系统联系一个基层单位调研指导工作，我联系石家庄桥东区理论宣讲站。今天，非常高兴能有机会与桥东区从事理论武装工作的同行们在一起座谈交流。刚才实地调研了建安办事处和建安社区理论宣讲工作站（点），听取了桥东区委领导同志关于桥东区经济社会发展、开展党的群众路线教育实践活动情况及宣讲站（点）工作情况的介绍，听了几位同志的发言，感到很受启发。可以说，近几年来，特别是党的十八大以来，桥东区经济社会发展质量和效益在不断提高，党的群众路线教育实践活动在扎实推进，区委对理论武装工作高度重视。理论宣讲工作站（点）能够紧紧围绕中心，突出重点，在增强工作的针对性、规范性、灵活性和实践性上进行积极探索，取得了可喜成绩和宝贵经验，充分发挥了统一干部群众思想、凝聚干事创业合力的重要作用。桥东区的经验进一步证明了宣传思想工作的极端重要性。作为党的理论工作者要不断增强做好新形势下理论武装工作的责任心和使命感，做到守土有责、守土负责、守土尽责。借此机会，我想与同志们交流一下自己对做好当前我省基层理论武装工作的一些认识和想法。

## 一　用习近平总书记系列重要讲话和党的十八大、十八届三中全会精神武装全党、教育人民、统一思想、凝聚力量是一项长期任务

党的十八大是在我国进入全面建成小康社会决定性阶段召开的一次十分重要的大会，党的十八大报告为我们描绘了全面建成小康社会、加快推进社会主义现代化的宏伟蓝图，为党和国家事业进一步发展指明了方向。党的十八届三中全会对从体制机制上保证治国理政新思路实现的改革举措做出全面部署，制定出全党全国当前和今后一个时期的行动纲领，对开创中国特色社会主义事业新局面、全面建成小康社会、实现中华民族伟大复兴的中国梦具有重大现实意义和深远历史意义，充分体现了以习近平同志为总书记的新一届中央领导集体治国理政的新理念、新思想、新思路、新举措。

当前，河北正处在转型升级、爬坡过坎的关键时期，解决河北经济社会发展中存在的各种困难和问题，根本出路在于全面深化改革。省委要求各级党组织和广大党员干部要把贯彻落实党的十八届三中全会精神作为重大政治任务，切实把思想和行动统一到中央全会精神上来，以强有力的举措全面深化改革。因此，宣传宣讲好党的十八大、十八届三中全会以及习近平总书记系列讲话精神，以此统一广大党员干部群众的思想和意志，为建设全面小康的河北、富裕殷实的河北、山清水秀的河北增活力、添动力，是一项长期的任务，也是我们理论武装工作的重要任务和重大职责。

宣传宣讲全会精神，要努力做到四个结合。一是与学习贯彻习近平总书记系列讲话紧密结合起来。通过学习宣讲，让干部群众深刻认识系列讲话精神与党的十八大、十八届三中全会《关于全面深化改革若干重大问题的决定》是一以贯之的，与中国特色社会主义理论体系是一脉相承的，既有内在一致性，又有丰富、创新和发展，从而增强思想认同、理论认同和情感认同。二是与省、市和区推动改革发展的各项工作紧密结合起来。通过宣传宣讲，深化干部群众对改革的共识，激发起投身改革的热情，增长改革的胆识，进一步解放思想、谋求发展，积极应对困难、破解难题，在推进深化改

革、加快发展、改善民生上拿出具体的措施和办法。三是与党的群众路线教育实践活动紧密结合。通过宣传宣讲，进一步引导党员干部正确对待、准确理解、真情投入活动当中，千方百计解决群众的实际问题，确保教育实践活动深入开展，取得效果。四是与基层理论武装工作创新紧密结合。在宣传宣讲中勇于探索创新，善于因人而异、因时而进，借助现代科技和传媒，增加宣讲的知识含量和信息含量，切实增强宣讲吸引力、感染力和说服力。

## 二　树立以人民为中心的工作导向，创新思路和手段，使基层理论武装工作更接地气、更贴近群众

习近平总书记在全国宣传思想工作会议上的讲话强调，“做好宣传思想工作，必须讲人民性”“要树立以人民为中心的工作导向，把服务群众同教育群众结合起来，把满足需求同提高素养结合起来”。基层有基层的特点，基层教育实践活动要根据特点，搞出特色。基层的特色就是以服务群众为主要抓手，围绕为群众办好事、让群众好办事为重点。区、办事处、社区都是直接与最基层群众打交道的，这也就决定了我们的理论武装工作从内容到形式上都必须真接地气、紧贴民心。贴民心、接地气，就是要让我们的理论工作不再飘浮在“半空”中，而是要与群众零距离，脚踏实地，为人民排忧解难；就是要知群众之痛痒，晓群众之困苦，用群众身边人身边事来论事说理。首先，宣讲要围绕大局说实话。要立足长远，着眼大势，把握脉搏，疏导情绪，实事求是地为群众答疑解惑，不说空话、大话，把大道理讲得简单、明白、易懂。其次，宣讲要服务群众重需求。要敏锐地把握基层群众的精神需求和趋势，真正弄清楚群众的所思所想、所需所求，有的放矢开展宣讲，及时回应群众关注的热点焦点难点问题，为群众解疑释惑，使宣讲更符合群众意愿。最后，宣讲要创新手段改作风。要力戒居高临下、空洞说教，摒弃语言生硬、形式刻板的宣讲模式套路，善于从群众的视角，说群众的语言，多一些真情实感，多一些鲜活实例，让普通群众参与到宣讲中来，让群众愿意听、听得懂、听得进、听了信。近几年，我省的理论工作者创出了很多贴近群众的工作经验，比如“送理论下基层”“惠民好声音”“百姓宣讲

团”“燕赵讲坛”“点餐式宣讲”等，有些做法还得到了中宣部的表彰。希望桥东区能够以此次党的群众路线教育活动为契机，认真听取群众对做好理论武装工作的意见建议，发扬以往的工作成绩，不断创新基层宣讲工作方式方法，为全省提供经验借鉴。

## 三　推进基层理论工作阵地建设，发挥好理论宣讲工作站和联系点的辐射带动作用

桥东区理论宣讲工作站是2010年建立的第二批理论宣讲工作站之一，成立时我为宣讲站揭了牌。几年来，宣讲站在区委及区委宣传部的大力支持下，通过“送理论下基层”、网络课堂、支部书记论坛、社区论坛等载体，发挥“两支队伍”作用，在传播党的理论和路线方针政策、宣讲党中央和各级党委重大工作部署、解答干部群众关心的热点难点问题等方面，发挥了重要作用，工作开展得有声有色。虽然建站较晚，但工作做在了前面，被省委讲师团评为先进理论宣讲工作站。2013年，在党的群众路线教育实践活动中，省委讲师团把实现理论武装“全覆盖，面对面”作为工作整改方向，在深入调查研究和先行试点的基础上提出了《建立健全理论宣讲工作网络体系的指导意见》，主要内容是：建立健全省、市、县（区）、乡镇（街道）、村（社区）五级理论宣讲工作网络，构建网络宣讲和传统理论宣讲并重的“双线”工作模式，扩大理论宣讲覆盖面。建安街道办事处基层理论宣讲工作站和建安路社区宣讲工作联系点，是省委讲师团五级理论宣讲工作网络体系的首批试点单位（一共5个，桥东区占了2个）。半年来，在桥东区委的关心和支持下，两家单位积极利用网络宣讲平台开展宣讲工作，面向党员干部、居民群众，宣传党的理论和路线方针政策，宣传党中央和省委重大工作部署，宣传市委、区委的中心工作，起到了示范作用。下一步，希望宣讲站和联系点继续探索理论服务基层的好做法好经验，重点要做好两项工作。一是当好基层理论工作的“桥头堡”。不断扩大宣讲队伍，把辖区内热爱宣传工作的各类人才组织起来，建起一支群众身边的宣讲工作队。组织好宣讲活动，采取群众喜闻乐见的形式，突出实效性开展好宣讲工作。利用管

理好网络平台，让基层群众通过网络及时收听收看到高层次的理论辅导。要认真负责地落实好各项理论宣讲工作任务，注意探索基层理论宣讲工作新方法新举措，为全省各基层单位发挥好引领作用。二是当好社情民意的“晴雨表”。及时了解掌握基层党员干部、居民群众的所思所想所盼，了解掌握他们对理论、政策的需求，在向上级反馈社情民意的同时，围绕群众关心关切，开展多种形式的解疑释惑，把宣讲工作做到群众的心坎上。省委讲师团要当好宣讲站和联系点的坚强后盾，加大支持和帮扶力度，在宣讲工作安排、活动组织、人员培训上给予倾斜，要经常到试点单位做调查研究，解决实际问题，总结推广好基层的成功经验。

# 做强中间　突破两端　调整工业结构战略方向　加快我省工业转型升级*

（2014 年 4 月 29 日）

我省工业转型升级面临两大机遇：一是从外部环境看，宏观经济增长趋缓，客观上减弱了工业转型升级的阻力和阵痛；二是从内在发展看，协同治理大气污染，主观上增强了工业转型升级的内在需求和内生动力。工业转型升级既包括工业体系的转型升级，也包括产业内部的转型升级。抢抓转型升级的战略机遇，在努力做强中间产业的同时，以两端型产业为突破，是加快我省工业转型升级的战略选择。

## 一　注重工业结构协调发展，加快工业转型升级步伐

轻重工业比例反映了工业经济中生产资料和消费资料的比例关系，是衡量工业结构的重要指标，该比例是否协调，直接关系到国民经济能否顺利运行。实践证明，轻工业过重或重工业过重，均不利于国民经济协调发展。

从工业结构角度看，2008～2013 年我省轻重工业产值比例长期保持在 20∶80 的水平。2013 年我省规模以上工业中，轻重工业分别实现增加值 2498 亿元和 9213 亿元，轻重工业增加值比例为 21.3∶78.7。与全国和其他省份相比，我省重工业比重高于全国 8.1 个百分点（2011 年），高于广东

* 本文为周文夫在河北省政协十一届七次常委会议上的书面发言。

16.5 个百分点（2013 年），高于浙江 19.3 个百分点（2012 年），高于山东 12 个百分点（2012 年）。可以看出，我省重工业比例不仅高于以轻工业发展著称的粤、浙等省份，也明显高于以重工业为主的山东省。

从主要行业看，2013 年我省三大类七个主要行业共完成增加值 9964.5 亿元，其中原材料工业增加值（钢铁、石化、建材）占规模以上工业增加值的 51.5%，装备制造业（汽车、家电、环保设备）占 19.2%，消费品工业（食品、纺织、医药）占 19%。可见，我省工业结构呈现典型的“金字塔”形状，即提供生产资料的基础性原材料工业比重过大，支撑原材料发展的中间型装备制造业比重过小，提供终端消费的末端型消费品工业比重最小。

“金字塔”型工业结构为我省工业转型升级带来了巨大困难：一是原材料工业比重过大而难以调整，过大调整原材料工业，可能动摇全省工业的根基；二是处于中间环节的装备制造业尚未完全壮大起来，支撑全省工业发展的基础仍不牢固；三是处于终端的消费品工业规模过小、行业单一，拉动全省工业稳步发展的力量明显不足。

与我省相似，国际金融危机以来，在“保增长”政策驱动下，各省份重工业均呈现了大幅、快速增长。但在“稳增长，调结构”的宏观经济政策提出后，各省份均在审视和高度关注重工业的发展态势，广东、浙江等省均已出现重工业发展过快的担忧，山东已提出将轻重工业比例控制在 40∶60 的期望区间。所以，我省工业转型升级亦应以工业结构调整为重点，努力调整轻重工业关系，加快推进工业转型升级。

## 二　以做强中间型产业为支撑，稳固推进工业转型升级

根据工业化理论和国际经验，工业化演替的一般路径为：以原材料工业为主和以加工装配工业为主的重工业化阶段→以一般加工业为主（劳动密集型）和以技术密集型工业为主的高度加工化阶段→以一般技术密集工业为主和以高新技术密集工业为主的技术集约化阶段。上述路径在时间上依次递进，产业层次上可能同时出现，但在某一时期内则以某一层次的产业为

主。例如，在重工业化阶段，某一经济体可能同时发展原材料工业、加工装配工业和技术密集型工业，原材料工业会占据工业经济的主体。在高度加工化阶段，可能同时发展一般加工业、技术密集工业和高新技术密集工业，但技术密集工业会占据工业经济的主体。

从工业经济的发展历程看，我省工业经济正处在重工业化的末期阶段，突出特征是：原材料工业占比大，加工装配工业占比较小，一般加工业和技术密集型工业不发达。为此，在工业转型升级过程中，我省应着力发展高度加工类产业，超前谋划高新技术密集类产业。在“金字塔”型的工业体系中，尤其应加快发展以装备制造业为主的中间型产业门类。

从发展潜力看，装备制造业已经具备了快速发展的实力和基础。2013年我省规模以上装备制造企业达3715家，占规模以上工业企业总数的29.4%；完成工业增加值2248.85亿元，占全省规模以上工业增加值的19.2%；工业增加值同比增长14.55%，高于全省工业平均水平4.5个百分点。装备制造业已经形成了6大类、39个中类、138个小类、8000多个产品的产业体系。其中，电工电器和汽车制造已成为最主要的两个行业。2013年我省汽车产量97.45万辆，是2008年的3.03倍，完成工业增加值431.8亿元，同比增长21.2%，高于全省平均水平11.2个百分点，成为装备制造业中发展最快的行业。

按照装备制造业的发展速度，“十二五”末，装备制造业增加值完全有希望超过钢铁工业，成为第一大支柱产业。为此，我省应持续瞄准船舶与海洋工程装备、新能源发电装备、轨道交通装备、钢铁装备、煤矿装备、环保与资源综合利用装备六大主攻方向，在装备制造业和高度加工业领域加大投资力度，给予更多的政策优惠，为工业转型升级夯实牢固基础，为稳步推进工业转型升级赢得更多时间。

## 三　以调整两端型产业为突破，大力促进工业转型升级

两端型产业是指分别位于“金字塔”两端的原材料工业和消费品工业。原材料工业是资金技术密集型产业，也是资源能源消耗型产业。在工业化过

程中，原材料工业既是重要支撑，也是转型升级的重点。在产能总体过剩的情况下，应以市场需求为导向，围绕“调整、改造、升级、换代”，积极调整原材料工业结构。一是积极调整钢铁产品结构。除大力发展“吃钢”产业外，应着眼于国际、国内两个市场，以铁路、桥梁、船舶等大型钢结构市场为导向，大力发展支撑战略新兴产业的关键材料和市场短缺产品，提高资源综合利用水平，在转型升级中抢占高端钢铁市场。二是积极实施乙烯、芳烃炼化一体化。发挥好曹妃甸新区石油天然气储备基地的重要作用，抓住国内烯烃产业原料供应不足的有利时机，加大进口凝析油、轻烃等资源，推动石化产业炼化一体化加快发展。三是着力提升水泥、玻璃等建材行业的综合水平和核心竞争力。利用好等量置换等政策，采用先进工艺置换淘汰落后工艺，加大研发特种水泥和延寿水泥产品。在严控普通平板玻璃总量规模的基础上，大力发展屏显基板玻璃、节能玻璃等精深加工制品和高性能玻璃。

消费品工业中，终端型轻工业较多，应积极调整过度重视重工业、轻视轻工业的传统观念，充分利用轻工业“船小好调头”的产业优势，丰富轻工业行业门类。以农产品为原料的食品、纺织、烟草、皮革、造纸等行业，应充分发挥我省特色农产品较多的资源优势，利用好毗邻京津巨大消费市场的区位优势，加大产品深加工和品牌经营力度，巩固涉农消费品行业的支柱地位。以非农产品为原料的行业，应进一步强化医药和医疗器械等重点产业，合理减少原料药生产规模，加快扩大中成药、制剂等规模，彻底扭转原料药比重过大、产品附加值较低的状况。在做大食品、纺织、医药等传统行业的基础上，鼓励中小企业大力发展办公机械、手工工具、日用金属制品、文教体育用品等多种行业，丰富消费类工业行业类型，提高消费类工业对转型升级的支撑能力。

## 四 以提高配套能力为方向，持续推进工业转型升级

发展经验表明，工业综合配套能力强，是发展后劲足、速度快的重要条件。山东省 143 种工业产品产量连续多年稳居全国前三名，工业增加值连续五年稳居全国工业第一（2005 ~2009 年），工业经济门类较全、综合配套能

力强是重要原因。我省在推进工业转型升级过程中，应选择多个产业基础好、成长潜力大的产业，着重增强综合配套能力，以大型企业集团为龙头带动，在延伸产业链的同时，应注重产业链条的横向拓展。如围绕汽车制造业，着力发展轮胎、线路、仪器仪表、织布座椅、汽车用皮革等多种配套产品。当前，全国各省份均在积极调整产业结构，新一轮竞争四面潮起。我省既要淘汰落后产能，又要压缩过剩产能，更要做好工业转型升级的政策配套，通过实施积极的优惠政策，引导过剩产能的资金、技术、劳力发展新型产业，为持续推进工业转型升级创造条件。

# 在全院干部职工大会上的讲话

（2014 年 5 月 15 日）

今天召开的全院干部职工大会，主要任务是安排部署参公部门处级干部职位补充调整和事业部门处级干部第六轮聘用工作，并对院内设机构处级干部空缺职位进行大会民主推荐。借此机会，我讲三点意见，希望同志们领会和把握。

## 一　配强调优中层干部是当下要做的一项重要工作

机构调整五年来，我们坚持“为决策服务、为发展服务、为基层服务”的办院方针，贯彻“出精品、出人才、出效益”的总要求，理论武装、服务决策、繁荣发展“三位一体”工作新格局逐步确立完善，参公管理与事业管理“一院两制”新体制良性运转，“省级科研一流、国内国际知名、服务河北科学发展”中国特色新型智库建设迈出新步伐。在开拓奋进创新的发展进程中，我们靠的是院党组的坚强领导，靠的是全院干部职工的苦干实干，这其中，中层领导干部发挥了不可替代的骨干和中坚作用。当前，全院事业发展步入了一个新的关键期，党的十八大对哲学社会科学工作提出了新要求，为哲学社会科学事业发展创造了新机遇。努力建设一支严修身、严用权、严律己，谋事实、创业实、做人实的干部队伍，培养锻炼和启用一批能担重担、能堪大任的中坚力量，事关当前，利在长远，应是当务之急。

第一，这是实现新目标的必备条件。党的十八届三中全会《决定》提出，要加强中国特色新型智库建设。习近平总书记在全国宣传思想工作会议上指出，社会科学院要成为马克思主义学习、研究、宣传的重要阵地。建设“省级科研一流、国内国际知名、服务河北科学发展”中国特色新型智库，把我院建设成为学习研究宣传马克思主义的坚强阵地，为省委省政府决策服务、为全省经济社会发展服务、为基层服务的思想库、智囊团，全省哲学社会科学研究的最高学术殿堂，这是今后一个时期全院上下为之奋斗的宏伟目标。实现这个目标，无论如何我们都离不开一支信念坚定、为民服务、勤政务实、敢于担当、清正廉洁的管理干部队伍，更离不开一支学术水平高、科研能力强、具有创新意识和国际视野、作风过硬、干事创业的专业技术领导干部队伍。

第二，这是优化干部队伍的客观需要。2012 年 7 月，我们进行了第五轮事业单位处级干部聘任和参公部门处级干部补充调整工作，提拔了 14 名处级干部；2013 年 4 月，提拔了 15 名处级干部；其间，还平级调整了 9 名同志。通过选拔调整，中层干部力量得到了加强。进入 2014 年，随着事业部门处级领导干部第五轮聘用到期，一批处级干部超过了聘任年龄，一批参公部门处级干部到龄退休，处级干部职位出现了较多空缺。目前，全院处级干部共 84 人，平均年龄为 49 岁，56 岁以上的处级干部占了 21%，40 岁以下的处级干部仅占 14%，而且一个正处级干部也没有。就是这 14%，近两年提拔的占了 90% 多。一些部门的副职，已经具备了相当的学术水平和科研能力，但年龄已近 50 岁甚至 50 岁出头。大家应该明白这样一个道理，能力是在相应的岗位上锻炼出来的，如果不把这样的同志放在负责任的岗位上锤炼，那么他永远只是一个“潜力股”，这样做，也是对人才的巨大浪费。所以，从干部队伍建设方面看，梯队建设很重要，不仅不能断档，还要可持续。当然，从干部聘任制的政策设计上讲，超龄不再续聘的干部，他在科研学术上的价值并不因此有丝毫的损耗，还可以并且也应该在科研领域有更大的作为和贡献。

第三，这是干部管理规范化的内在要求。事业部门干部实行聘用制，是国家人事政策的基本要求。聘用制有三个特征，一是岗位管理，二是动态管理，三是聘期管理。自 1998 年 7 月开始，我院在全国地方社科院中首推处级干部聘任制改革，进行了第一轮聘任。从此，事业部门处级干部三年一聘、一聘三年，到今年已 16 年，共搞了五轮。今年 4 月，第五轮聘期已满。为保证事业部门处级干部聘用制的连续性和人事管理制度的规范化，当前应着手推进第六轮聘任工作。实际上，聘期管理应该做到上一个聘期的结束之时就是下一个聘期的开始之日，这样两个聘期之间才不会留下空当，才能做到工作衔接有序，这才是一个规范的、严谨的聘期管理制度。到期不动，一期拖一点，二期再拖一点，时间久了，就会使制度失去应有的严肃性，更重要的是，会在干部问题上产生新的不公平和不公正。

## 二　做好干部调配工作既要严格执行政策又要切合当前实际

做好参公部门处级干部职位补充调整和事业部门处级干部第六轮聘用工作，应当把握好以下三点。

### （一）执行政策既要准又要严

这次出台执行的两个方案，遵循了党中央和省委干部工作的基本精神，依据的是新修订的《党政领导干部选拔任用工作条例》，以及《公务员职务任免与职务升降规定（试行）》《河北省事业单位岗位设置管理实施意见》等。经与省委宣传部多次沟通，实施方案获得批准。需要特别说明的是，这次干部调整聘任，我们首次采取了量化计分综合评价办法，对不同职级人员的推荐票设置了权重，这符合党的十八大后党中央和省委改进干部选任工作的新要求。习近平总书记在全国组织工作会议讲话中指出："领导班子、分管领导和组织部门的推荐票权重应该适当加强。"《中共河北省委关于改进干部选拔任用工作的意见》规定，"运用综合量化提名办法确定考察对象""将会议投票推荐、个别谈话推荐得票情况与近三年年度考核评价情况进行加权量化计分"。《中共河北省委关于创新和完善干部目标综合考核评价机制的意见》中明确："在领导班子换届和日常干部选拔任用中，将近三年年度干部综合考核评价情况与会议推荐、个别谈话推荐得票情况进行综合量化计分，作为确定初始提名人选、拟提拔人选考察对象的重要依据。在计算综合量化得分时，近三年年度干部综合考核评价情况一般应占40%以上的权重。”这次制订的两个《方案》在政策设计上，遵照了以上新思路和新政策。

### （二）坚持实事求是，一切从实际出发

这次选拔干部，实施方案专门印发各部门征求意见，这在我院还是第一次。这样做的目的在于更加充分地听取群众意见，使得在推进工作的过程中更好地贴近实际、切合民意。方案修订中，对一些好的建设性意见，院党组都做了吸纳。这里我讲三个问题。

第一个问题，关于本次事业部门处级干部聘用不采用竞聘办法问题。这样做基于以下三个方面的考虑。一是竞争的客观条件不再具备。如正处级领导岗位，空缺7个，现符合岗位聘用条件的人数与空岗数基本持平，再加上要充分考虑到个人的研究领域与岗位的专业要求应基本对口等结构性问题，事实上目前已经没有了形成竞争的客观条件。二是党中央和省委关于干部竞争上岗的政策取向有调整。习近平总书记在全国组织工作会议讲话中指出：“公开选拔和竞争上岗的范围和规模要合理，不宜硬性规定竞争性选拔比例，更不能搞凡提必竞。”全省组织工作会议指出：“选用干部既要有竞争性选拔，又不能搞凡提必竞。”竞争上岗不失为选人用人的一个好方法，但它绝不是唯一的好办法，具体情况还是应该具体分析，选拔的方式方法更要切合实际。选拔干部不是考试比赛，不是演讲比赛，更不是搞普选。从近年情况看，一些地方、一些部门已经出现了一路考上来的干部在错综复杂的实际工作中并不能很好地应对和解决实际问题，“高分低能”的事例已不是个案。实践证明，选拔干部还是要多看平时工作，注重考察实绩。三是要正确理解聘任制。聘任制并不等同于竞聘制。聘任制的核心是岗位管理和聘期制，适度引入竞争机制，体现的是一种动态的管理方式。同时民主推荐也不是直接选举，还是要遵循党管干部的原则，要经过组织考察、党组讨论决定等必要环节，民主推荐是在超出领导层的一个更大范围的酝酿，本身已经体现了民意，也体现了竞争的精神。总之，本次不采用竞聘，一是政策调整，二是从实际出发，大家要理解和支持。

第二个问题，关于事业部门聘用条件中对学历和职称的要求。有的同志提出，事业部门和参公部门的学历条件应该一致；还有的同志提出，副高职人员能否直接聘用为所长。关于学历资格问题，我们主要是考虑到参公部门和事业部门的工作性质和特点不同，处级干部选拔条件理应有所不同。科研部门的处级干部选拔就是要体现科研工作特色，选拔出学术水平高、科研能力强的人，带出高素质的科研人才队伍，促进学科建设走在前沿水平。而目前，职称是反映学术水平、科研能力的最重要指标，也是比较公平的一个指标。现在各类专家评选，包括国务院政府特殊津贴专家、省有突出贡献专家，都要求是正高。作为省一级的社科院，在哲学社会科学研究领域应该代表河北省的最高水平，即使不是最高水平，也得是较高水平。我们的所长出去开展学术交流，一介绍是个副研究员，就会让人产生“蜀中无大将”的感觉。至于学历条件要求全日制本科以上，也是为了体现专业技术人员需要具备更高层次的专业素养和继续深造的潜力。现在我们要求的是全日制本科以上，随着我们在科研部门逐年培养和引进博士，逐步提高科研和管理人员的学历是大势所趋。现在全院拥有博士学位的人员已达到科研人员总数的20%，我想会有那么一天，要担任河北省社科院科研所所长就必须是博士，而且这一天不会太远。

第三个问题，关于打破参公部门和事业部门界限任（聘）处级干部问题。这样做有三方面考虑。一是符合中组部、人社部下发的《公务员调任规定（试行）》等政策规定；二是为事业部门不可能具备相应任职职称条件或在管理岗位上工作的干部提供一个可供发展和进步的可能性；三是便于开阔选人用人视野，创造条件把合适的干部放在合适的岗位上。在我院“一院两制”管理体制下，参公部门和事业部门干部之间既有互相调任的条件，又有互相调任的需要，这是我们在选人用人上的优势。大力培养干部特别是年轻干部多岗位锻炼，对打造一支既有专业技术又有管理能力的复合型人才队伍具有重要意义。

**（三）以公平、公正为准则，充分考虑政策连续性**

第六轮处级干部聘用年龄条件的设定与第五轮完全相同，这既是为了保持政策的连续性，更是为了体现公正与公平。习近平总书记在全国组织工作会议讲话中提出："优化干部队伍年龄结构，并不意味着提拔任用的每个干部都要是年轻的，也不是每个班子都要硬性配备年轻干部，更不是不同层级领导班子成员任职年龄层层递减。"那么，我院在事业部门处级干部聘用中规定年龄条件是否意味着与党中央的新要求相背离？我院事业部门处级干部聘用规定年龄条件，出发点不是为了"年轻化"而"年轻化"，而是从事业单位岗位管理的聘任周期考虑所做的政策设计。事业部门岗位聘用聘期三年，我院规定正处年龄条件为56周岁，能够确保所聘人员正常履行岗位职责一个聘用周期，副处规定年龄条件54周岁，正好可以在聘用一个周期后，有条件晋升聘任为正职后再干满一个周期。在这个问题上一把尺子量下去，对以往56岁退二线的同志公平，对有能力、有志向接班干事的同志公正。

## 三　严肃纪律、凝心聚力，共同营造和维护良好氛围

做好干部任聘工作需要全院上下共同努力。两个《实施方案》对干部任聘的工作要求和纪律保证做了详细规定，最近纪检组专门印发了《关于人事调整期间严肃组织纪律的通知》，相关要求在文件中都已明确，我不再重复，希望大家高度重视、认真学习、严格遵守。在此我着重强调两点。第一，不得搞拉票拜票活动，不得四处散布小道消息。每逢选任干部，思想有些波动实属正常，但是绝不能搞非组织行为，如有发生，一经查实，依纪严肃处理。第二，做好工作交接。干部队伍的新老交替，"交班"与"接班"，是正常的组织行为。这不但是形式上的人事变动，更包含着一种优良传统、思想境界和敬业精神的交接和延续。在"交班"与"接班"的人事交替中，老同志要继续发挥应有的作用，退职不退责，做好传帮带，年轻干部不仅仅是从老同志的手里接过位子，更重要的是对党的事业的继承和接力。

今天我就讲这些，谢谢大家！

# 在第17届全国社科院院长联席会议上的致词

（2014 年 6 月 1 日）

大家上午好！在这鲜花盛开的五月，我们相聚在山西运城，出席第 17 届全国社科院院长联席会议。在此，我代表河北省社科院以及受邀参会的全国各兄弟社科院的同志们，向山西省社科院为大会成功举办所做的卓有成效的工作以及热情周到的服务，表示衷心的感谢！

山西运城是中华民族的最早发祥地之一，历史悠久，文化灿烂，走出过荀子、柳宗元、司马光等思想名家、文学大家。作为东道主，山西院精心挑选这里作为会议举办地，其深厚的人文气息和文化特色与大会主题非常融洽。因此，我们有理由相信，借运城这一方宝地共商全国哲学社会科学发展大计，必将会产生丰硕的成果。

全国社科院院长联席会议，是全国社科院系统的年度盛事，是全国社科界横向交流的重要形式，是全国社科院工作研讨的重要平台。自创办以来，已经成功举办了 16 次，为推动全国地方社科院的发展发挥了不可替代的重要作用。2011 年，河北院承办了第 15 届全国社科院院长联席会议暨院长论坛，得到中国社科院领导和各兄弟社科院同仁的大力支持，对于加快我院的新型智库建设、提升我院在国内外的知名度产生了积极影响，得到广泛好评。对此，我院一直心存感激。

本次大会的主题确定为“全面深化改革，推进创新工程，加快智库建设”，体现了党的十八届三中全会的新要求，紧扣了社科院发展的新任务。加强中国特色新型智库建设，建立健全决策咨询制度，是党的十八届三中全会做出的重大决策部署。习近平总书记强调指出，智库是国家软实力的重要组成部分，要高度重视、积极探索中国特色新型智库的组织形式和管理方式。这就为中国特色新型智库建设指明了根本方向。

社科院是中国特色新型智库的重要组成部分。近年来，各地社科院在地方党委领导下和中国社科院指导下，积极推动哲学社会科学创新工程，完善“阵地、殿堂、智库”三大功能建设。决策咨询服务水平不断提高，政策影响力日益扩大，决策层与智库的关系愈加紧密，在国家治理中发挥着越来越重要的作用。

当前，我国正处于全面深化改革的攻坚期和经济增长阶段的转换期，所面临的发展机遇和严峻挑战前所未有，党和政府对科学决策、民主决策、依法决策的要求越来越高，历史赋予智库的任务更加艰巨、责任更加重大。我们真诚希望以本次会议为契机，充分运用院长联席会议这一有效平台，深入探讨中国特色新型智库的发展之道，共谋发展之策，凝聚发展共识，共同携手将中国特色新型智库建设推向更高水平！为服务决策、服务发展、服务基层，为繁荣发展中国哲学社会科学事业，不断做出新的贡献！

最后，衷心祝愿大会圆满成功！也欢迎大家到山西友邻河北走一走，看一看，畅叙友情，传经送宝。

# 在第17届全国社科院院长联席会议上的发言

（2014 年 6 月 1 日）

大家好！会前，我们已经按照会议要求提交了大会交流材料。下面，我再对河北院的主要工作做一简要的交流介绍。

## 一　主要进展

党的十八大以来，我院按照党中央和省委的要求，积极推进中国特色新型智库建设。我们将取得的进展概括为七个“第一次”：一是在第一批教育实践活动中，我院应邀参加了由习近平总书记来河北亲自主持召开的座谈会，能直接向党的总书记面对面汇报工作，交流座谈，这在我院历史上是第一次；二是由我院任组长的省委活动办理论成果组在《人民日报》《光明日报》《求是》等刊物发表 10 余篇理论文章，《理论成果汇编》辑印后上报中央和省领导参阅，影响之大、效果之好在我院历史上是第一次；三是多项研究成果得到习近平、刘云山、张高丽等中央领导和省委、省政府主要领导和分管领导的批示肯定，层次之高、数量之多在我院历史上是第一次；四是由省政府交办、我院研究起草完成的《关于“推动京津冀协同发展长远考虑”的研究报告》，得到省委、省政府主要领导的重要批示，上报中财办，多项建议被采纳，能直接为中央重大决策提供研究服务，这在我院历史上是第一次；五是“河北发展蓝皮书”首次纳入全国“皮书”出版系列，成为中国社科院“创新工程”项目，部分省直厅局和省内重点高校将其作为工作或教学用书，由我院主办的蓝皮书新闻发布会信息在国内几十家新闻网络媒体转发，这在我院历史上是第一次；六是我院最终形成跨越世界六大洲的国际学术交流与合作对外开放格局，来自22个周边国家研究机构和高等学府的国际青年学者代表团访问我院，开展学术交流，这在我院历史上也是第一次；七是由中宣部对全国中国特色社会主义理论体系研究基地和各省区市研究中心在2013年中央主要报刊发表的理论文章进行的精选中，我院一篇理论文章成功入选，这是我院也是河北省首次获得此项荣誉。

前不久，中国社科院王伟光院长、李培林副院长一行到我院调研指导工作，对我院工作给予肯定，指出河北院指导思想科学合理，办院方针明确，科研成果显著，服务省委、省政府决策有众多亮点，新型智库建设举措得力。

## 二　主要做法

第一，加强学习型党组织建设和马克思主义学习研究宣传重要阵地建设，不断提升服务能力和工作水平。近些年来，我院组织实施了“党组中心组引领工程、服务决策发展能力提高工程、全员学习队伍建设工程”。《求是》刊发了院党组的学习体会文章，中央建设学习型党组织协调小组《工作简报》介绍了我院的做法，新华社、人民日报、光明日报、中央人民广播电台、中央电视台等媒体报道了我院学习型党组织建设取得的积极成果。在此基础上，今年我院举办了建设马克思主义学习研究宣传阵地座谈会，制定了把马克思主义作为“必修课”的实施方案，制定实施了《关于鼓励和支持在国家重点报刊发表文章的办法》，进一步推动了全院马克思主义学习、研究、宣传工作。

第二，完善“三大功能”，推动机制创新，建立健全“三位一体”工作新格局和“一院两制”新体制。王伟光院长强调，社科院有三大功能：阵地功能、殿堂功能、智库功能。近年来，我院围绕这三个方面做了大量工作，构建起理论武装、服务决策、繁荣发展“三位一体”工作新格局和参公管理与事业管理“一院两制”新体制，提出了建设“省级科研一流、国内国际知名、服务河北科学发展”新型智库的更高办院目标。办院方针、机构调整、工作思路和工作成效得到上级领导的肯定、全院干部职工的拥护和社会各界的赞扬。

第三，深化“三个服务”，围绕省领导圈定重大课题和省委、省政府重点工作开展应用对策研究。一是认真完成省领导圈定课题或交办任务。2013年，有三篇调研报告分别得到中央领导的重要批示，多篇调研报告得到省委、省政府主要领导和分管领导的批示。2014 年上报的研究选题被省委主要领导全部圈定。二是建立灵活有效的科研组织机制。组建跨部门、跨领域的课题组，开展了系列重大问题研究。组织了一系列带动能力强劲、整合效应明显、社会影响广泛的学术品牌活动。建立了访问学者研究制度，通过举办高层次论坛、高水平的学术报告会等形式，加强与国内外各类智库和各领域专家学者的交流与合作。三是积极拓宽了成果转化渠道。

第四，坚持知行合一，实施“三走”活动，实现科研方式和科研作风的重大转变。开展了“走基层太行行”“走基层沿海行”“走世界开放行”大调研活动。《光明日报》头版以《到“源头”去　引“活水”来——河北省社科院结合实际“走转改”》为题报道了我院的经验。开展了“走基层中原行——河北冀南地区发展大调研”活动，出版了《中原经济区框架下河北冀南地区经济发展问题研究》，得到省领导和省两会代表、委员好评。

## 三　今年的重点工作

### （一）开展“京津冀协同发展框架下河北生态环境建设”重大课题的调研

阶段性研究报告将以直报件形式上报省领导参阅。课题最终成果形式为著作，出版后呈送省领导及省两会代表、委员参阅。

### （二）继续探索新形势下适应社科研究规律的有效运行机制

一是加强学科建设，总结建立院内两个虚拟研究中心的经验和做法，根据现实条件积极推广；二是开展参公部门处级干部职位补充调整和事业部门处级干部第六轮聘用；三是探索符合社科研究规律的财务管理新机制，创新财务制度。为推进河北中国特色新型智库建设，完善机制、强化功能、提升水平，创造更多有利的条件。

# 在《蔡子谔文集》（30卷）出版发布座谈会暨赠书仪式上的讲话

（2014 年 6 月 27 日）

大家下午好。今天河北省社科院隆重召开“《蔡子谔文集》（30 卷）出版发布座谈会暨赠书仪式”，我谨代表省社科院，向年逾古稀的我院研究员蔡子谔先生表示衷心的祝贺，并向莅会指导的各位领导、专家和朋友们表示热烈的欢迎。

《蔡子谔文集》于 2013 年 4 月由花山文艺出版社出版，共 1300 多万字。这一辉煌文集的出版，不仅是河北省社科院的光荣，也是我省学术界和艺术界的光荣。

蔡子谔先生的等身著述，不是以“量”取胜，而是以“质”见重于学界的。蔡先生撰写的《中国服饰审美文化与中国诗学的特殊关系》等百余篇论文在《文艺研究》等学术理论刊物发表，多篇被《新华文摘》《中国社会科学文摘》《人大复印报刊资料》等摘要和转载。他的代表作《崇高美的历史再现——中国解放区新闻摄影美学风格论》《中国服饰美学史》等专著，曾获得第十届和第十三届中国图书奖、国家优秀艺术图书奖、第四届中华优秀出版物奖图书提名奖等国家级大奖，河北省第三届、第五届、第八届、第十一届社会科学优秀成果奖和河北省第六届、第九届、第十届、第十一届文艺振兴奖等九次省政府奖。中外著名专家、学者，如王朝闻、蒋孔阳、高尔泰、伍蠡甫、吴印咸、张爱萍、苏静、魏巍、胡可、李希凡、陈辽、敏泽、史树青、旭宇、张飚、叶朗、黄能馥、李锦璐、庄锡华和日本学者秋吉久夫、三山陵等先生多次在《人民日报》《光明日报》《中国文化报》《日中艺术研究》等数十家报刊对蔡先生的学术成果撰文高度评价。

由于突出的学术贡献和在学界的广泛影响，蔡先生被聘为国家社会科学基金项目通讯评审专家，文化部艺术科学规划领导小组办公室调研专家，复旦大学、河北大学等多所高等院校兼职教授，被中国解放区文化研究会、中国国学会等多个学会推选为顾问、名誉会长、副会长和理事等，并委以众多职衔。

蔡先生的治学特点是鲜明的，学术造诣是深厚的，学术成就是辉煌的，众多艺术家、专家、学者对此做了很好的注解和总结。著名作家魏巍先生曾在《光明日报》撰文指出：子谔先生的“鲜明的理论特色，如题所示——历史与逻辑相统一地艺术掌握和再现崇高美，就是著者在该书中，努力运用马克思主义的唯物辩证法和历史唯物主义的认识论和方法论”。对研究对象的崇高审美形态或曰整体美学风格及其史诗般的革命历程所进行的科学把握，这是蔡先生治学的基本原则。曾受到毛泽东主席表彰并任《蔡子谔文集》主编之一的前辈学者李希凡先生，曾在《人民日报》《文艺报》撰文，概括蔡先生的治学特征和理论风格为“前瞻性、创新性、邃密性”，是十分准确和科学的。同是学术前辈的陈辽先生，在《光明日报》撰文，指出其代表专著是“拓荒之作”，也雄辩地证明了它的“前瞻性、创新性”等治学特点。

李希凡先生指出：蔡子谔同志本人便是作家、书法家、画家，也是戏剧、音乐、摄影、民间工艺等方面的理论批评家，且多有上述方面的专著。故本书有关各艺术门类的本质特征和美学品格，都渗透了他自已亲力亲为的实践经验和感触体悟，即所谓“手格其物而后知至”的。旭宇先生怀着真诚而敬佩的心情指出：“蔡子谔先生是大学问家，也是大书法家。”河北作协原副主席、著名诗人刘小放先生更全面地指出：蔡子谔是目光深邃奋发有为的美学家；是纯粹的爱书人、读书人、写书人；是信念崇高拥抱时代的纪实文学、儿童文学、历史小说作家；是功底深厚的书法理论家、书法家；是无师自通能画油画、国画的美术家；是摄影家之外的摄影家；是古籍善本的整理者；是月下漫步的思想者；是酒后咏叹诗词联赋的吟者。

据悉，蔡先生是中国作家、美术家、书法家、戏剧家、音乐家、舞蹈家、摄影家、电影家、电视艺术家、曲艺家、杂技家、民间文艺家协会12个国家级协会的会员，被上海“大世界基尼斯”核定为“加入中国作家、中国文联所属艺术家协会，并获得艺术家称号最多的人”。蔡先生的经历，为我们明示了这样一个治学之理：“唯其学术视野开阔，才能掘一口‘深井’；唯其学科研究交叉，才能扬长避短、优势互补；唯其理论实践结合，才能避免隔靴搔痒，获取真知。”

任何成果的获得，都需要辛勤的付出。蔡先生之所以收获颇丰，是甘为吃苦、甘为寂寞、永不懈怠的结果。蔡先生虚怀若谷，淡泊名利，始终不浮不躁，以“出世”的态度，做“入世”的学问，治学异常勤奋刻苦。现虽年逾古稀，仍孜孜不倦，笔耕不辍，这种治学精神永远值得所有科研工作者学习，这种精神也为我们带来了更为珍贵的学术财富。

最后，让我们恭祝蔡先生健康长寿，永葆其学术、艺术之青春，奉献出更多、更好的学术、艺术成果。

# 学习贯彻习近平总书记系列讲话精神 为河北“绿色崛起”提供思想保证智力支撑*

（2014 年 6 月 30 日）

明天，我们将迎来中国共产党建党 93 周年。今天，召开院党组理论学习中心组（扩大）学习会议，由我向全院党员及副处、副高以上同志做一次“马克思主义必修课”和党章学习日的专题报告，进一步深入学习贯彻习近平总书记系列讲话精神，这是我院“把马克思主义作为必修课”的一项重要措施，也是对党的诞生日的最好纪念。

按照习近平总书记关于“党校、干部学院、社会科学院、高校、理论学习中心组等都要把马克思主义作为必修课，成为马克思主义学习、研究、宣传的重要阵地”的要求，今年 5 月，院党组制定了《关于把马克思主义作为必修课的实施方案》，已经印发院属各部门。希望同志们特别是各部门的一把手及党支部书记，高度重视，认真组织，周密安排，把这次对马克思主义系统学习落实、做细，真正能够起到武装头脑、凝聚共识、统一思想、提振精神、干事创业的作用，为河北科学发展、“绿色崛起”贡献力量。

我报告的题目是：“学习贯彻习近平总书记系列讲话精神　为河北‘绿色崛起’提供思想保证和智力支撑”。我讲五个问题：（1）讲话的重大政治

* 本文是周文夫在“党委（组）书记讲党课”活动中，为全院党员同志及处级干部、高职人员做的专题报告。

意义；（2）重大理论意义；（3）重大实践意义；（4）重要方法论意义；（5）我院阵地和智库建设。

## 一　充分认识习近平总书记系列讲话重大政治意义，坚定中国特色社会主义的道路自信、理论自信和制度自信

2012 年 11 月，党的十八大胜利召开，标志着我们党领导的中国特色社会主义伟大事业站在一个新的历史起点上。党的十八大以来，习近平总书记高瞻远瞩，适应国内外形势发展变化的新需要，适应党和国家事业发展的新要求，发表了一系列重要讲话，丰富发展了中国特色社会主义理论体系。

习近平总书记系列重要讲话，集中反映了新一届中央领导集体的执政理念、工作思路和信念意志，是新的历史条件下我们党治国理政的行动纲领，具有坚定中国特色社会主义的道路自信、理论自信和制度自信的重大政治意义。深入学习习近平总书记系列讲话精神，是在思想上政治上行动上同党中央保持高度一致的前提和基础。

### （一）中国梦：点燃理想火炬，凝聚党心民力

大家知道，党的十八大闭幕不久，新的中央领导就集体参观了大型展览《复兴之路》。在这里，习近平总书记提出实现中国梦的命题。他讲道，“每个人都有理想和追求，都有自己的梦想”，“我以为，实现中华民族伟大复兴，就是中华民族近代以来最伟大的梦想。这个梦想，凝聚了几代中国人的夙愿，体现了中华民族和中国人民的整体利益，是每一个中华儿女的共同期盼”。在十二届全国人大一次会议上，他以新任国家主席的身份向全世界宣示：“实现全面建成小康社会、建成富强民主文明和谐的社会主义现代化国家的奋斗目标，实现中华民族伟大复兴的中国梦，就是要实现国家富强、民族振兴、人民幸福。”他强调：实现中国梦必须走中国道路，也就是走中国特色社会主义道路；必须弘扬中国精神，也就是弘扬以爱国主义为核心的民族精神，以改革创新为核心的时代精神；必须凝聚中国力量，这就是凝聚中

国各族人民大团结的力量。中国梦是民族的梦，也是每个中国人的梦。中国梦归根到底是人民的梦，必须紧紧依靠人民来实现，必须不断为人民造福。实现中国梦，创造全体人民更加美好的生活，任重而道远，需要我们每一个人继续付出辛勤劳动和艰苦努力。

众所周知，我国有5000年悠久文明史，中华文明以其独有魅力，始终走在世界文明发展的前列，“文景之治”、“贞观之治”和“康乾盛世”都曾让中华民族达到繁荣昌盛的巅峰。然而，当工业革命在西方兴起和资本主义问世以后，中国这个东方大国呈现不可逆转的衰落之势。19世纪40年代鸦片战争后，迅速崛起的西方列强用坚船利炮打开了中国大门，一系列不平等条约使中国一步步沦为半殖民地半封建社会，中华民族濒临亡国灭种的绝境。为了救亡图存，为了民族复兴，无数仁人志士艰难探索，前赴后继。可惜的是，他们的夙愿都化为泡影，他们的努力都以失败告终。

在救国无路、图存无望的历史条件下，俄国十月革命给我们送来了马克思主义。中国共产党肩负起救国图存、民族复兴的历史使命，经过28年的流血牺牲，终于建立人民共和国，中华民族复兴获得独立自主的根本保障。新中国成立后60多年特别是改革开放30多年来，中国共产党领导人民建立并不断完善发展中国特色社会主义制度，找到并不断拓宽中国特色社会主义道路，形成并不断丰富发展中国特色社会主义理论体系，取得改革开放和社会主义现代化建设的巨大成就。在当今世界上，谁也不会怀疑中华民族伟大复兴已经具有了坚实可靠的基础，实现民族复兴“中国梦”的现实离我们越来越近。

展望未来，“中国梦”的美好图景清晰展现。这就是“到中国共产党成立100年时全面建成小康社会”“到新中国成立100年时建成富强民主文明和谐的社会主义现代化国家”。这个梦想，就是中华民族的伟大复兴，就是国家富强、民族振兴和人民幸福。她凝聚了几代中国人的夙愿，体现了中华民族和中国人民的整体利益，是每一个中华儿女的共同期盼。

实现中华民族伟大复兴的“中国梦”，是一项光荣而艰巨的事业。千里之行，始于足下。我们要从社会主义初级阶段的基本国情出发，继续沿着中国道路，弘扬中国精神，凝聚中国力量，向着全面建成小康社会和现代化的宏伟目标前进。

——坚持中国道路，是实现中国梦的唯一坦途。历史已经并将继续证明，中国特色社会主义道路是从社会主义初级阶段的国情出发，实现国家现代化和民族复兴“中国梦”的唯一坦途。实现“中国梦”，就要通过与时俱进地走中国特色社会主义道路，通过理论创新丰富发展中国特色社会主义理论体系，通过体制改革不断完善发展中国特色社会主义制度，全面推进经济建设、政治建设、文化建设、社会建设和生态文明建设，全面深化改革，全方位对外开放，逐步实现共同富裕和社会公平正义，一步步向着全面小康和现代化的宏伟目标前进。

——弘扬中国精神，是实现中国梦的精神动力。弘扬以爱国主义为核心的民族精神，凝聚每个中国人为国家富强和统一而努力；弘扬改革开放的时代精神，助力每一个中国人为实现民族复兴而进取。“空谈误国，实干兴邦”。我们要从本职工作做起，从一点一滴的小事做起，谦虚谨慎、求真务实、励精图治、艰苦奋斗，用辛勤的汗水和心血构建中华民族复兴的宏伟大厦。

——凝聚中国力量，是实现中国梦的力量源泉。在社会“四个多样化”的今天，凝聚中国力量，就要让每一个人有梦想，有机会，有奋斗，共享同祖国和时代一起成长的机会，共享人生出彩和梦想的机会，让发展成果更多更好更公平地惠及人民群众，不断提高人民幸福指数；就要坚持人民主体地位，最大限度调动人民群众积极性；就要巩固和发展最广泛的爱国统一战线，巩固海内外全体中华儿女的大团结，形成万众一心、同舟共济实现“中国梦”的强大合力。

### （二）精神补钙：坚定信念，化解执政风险

2013 年 9 月，习近平总书记参加河北省委领导班子专题民主生活会，要求全党同志坚定理想信念，切实解决好世界观、人生观、价值观这个“总开关”问题。他指出：“理想信念是共产党人精神上的‘钙’，没有理想信念，或者理想信念不坚定，精神上就会‘缺钙’，就会得‘软骨病’，就可能导致政治上变质、经济上贪婪、道德上堕落、生活上腐化。”坚定的理

想信念，是共产党人安身立命的政治灵魂、前赴后继的精神支柱、奋斗不息的力量源泉和经受考验的精神支柱。我们必须在复杂环境面前、在艰巨历史任务面前，永远坚定共产党人的理想信念，不动摇、不犹疑，通过以下努力，让理想信念成为共产党人精神上的“钙”，化解我们执政面临的风险和挑战。

一是学习马克思列宁主义、毛泽东思想和中国特色社会主义理论体系，明确前进方向。正确的理想信念来源于马克思主义理论武装，来源于对社会发展规律和人生价值的清醒认识。党员干部特别是领导干部要把系统掌握马克思主义基本理论作为看家本领，老老实实、原原本本学习马克思列宁主义、毛泽东思想和中国特色社会主义理论体系。通过坚持不懈学习，不断提高运用马克思主义立场、观点和方法分析和解决问题的能力，牢固树立正确的世界观、人生观、价值观，把理想信念牢固建立在科学理性的基础之上。正确处理远大理想和现实目标的关系，把理论学习和社会实践结合起来，以理论指导实践，以实践验证理论，为坚定理想信念奠定坚实的思想支撑。

二是学习党章和党的方针政策，着力加强党性修养。正确的理想信念来自党性修养，来源于对党章和党的路线方针政策的深刻理解。要把党章和各项方针政策学习教育作为经常性工作来抓，增强党员干部党的意识、宗旨意识、执政意识、大局意识、责任意识，使他们恪尽职守干事业、淡泊名利做奉献、爱岗敬业做表率，自觉抵制错误思潮和腐朽思想的侵蚀，以实际行动永葆党的先进性和纯洁性，为党和人民的事业贡献智慧和力量。

三是深入实际，准确把握国情。对世情、国情的准确把握，是坚定共产党人理想信念的实践基础。要立足社会主义初级阶段的基本国情，扎扎实实推进改革开放和社会主义现代化进程；要不断增强中国特色社会主义的吸引力和凝聚力，丰富中国特色社会主义的实践特色、理论特色、民族特色和时代特色；要科学总结经验，不断发现真理，探索掌握共产党执政规律、社会主义建设规律、人类社会发展规律，不断提升道路自信、理论自信和制度自信的层次和境界。

### （三）反腐败：激浊扬清，取信于民

党的十八大以来，党中央不断加大反腐倡廉建设力度，出台各项反腐治本措施，面对人民群众对党的十八大上提出的反腐措施的新期待，习近平总书记庄严宣示：“反对腐败、建设廉洁政治，保持党的肌体健康，始终是我们党一贯坚持的鲜明政治立场。党风廉政建设，是广大干部群众始终关注的重大政治问题。”他告诫全党同志：“物必先腐，而后虫生。”近年来，一些国家因长期积累的矛盾导致民怨载道、社会动荡、政权垮台，其中贪污腐败就是一个很重要的原因。大量事实告诉我们，腐败问题越演越烈，最终必然会亡党亡国！

习近平总书记强调指出：各级党委要旗帜鲜明地反对腐败，更加科学有效地防治腐败，做到干部清正、政府清廉、政治清明，永葆共产党人清正廉洁的政治本色。各级领导干部特别是高级干部要自觉遵守廉政准则，既严于律己，又加强对亲属和身边工作人员的教育和约束，决不允许以权谋私，决不允许搞特权。对一切违反党纪国法的行为，都必须严惩不贷，决不能手软。

习近平总书记强调，各级领导干部、任何人都没有法律之外的绝对权力，任何人行使权力都必须为人民服务、对人民负责并自觉接受人民监督。要加强对一把手的监督，认真执行民主集中制，健全施政行为公开制度，保证领导干部做到位高不擅权、权重不谋私。反腐倡廉建设，必须反对特权思想、特权现象。共产党员永远是劳动人民的普通一员，除了法律和政策规定范围内的个人利益和工作职权以外，所有共产党员都不得谋求任何私利和特权。这个问题不仅是党风廉政建设的重要内容，而且是涉及党和国家能不能永葆生机活力的大问题。要采取得力措施，坚决反对和克服特权思想、特权现象。

习近平总书记强调，为政清廉才能取信于民，秉公用权才能赢得人心。反腐倡廉关键在于“常”“长”二字，一个是要经常抓，一个是要长期抓。坚决反对和克服特权思想、特权现象，让权力在阳光下运行，把权力关进制度的笼子里，形成不敢腐的惩戒机制、不能腐的防范机制、不易腐的保障机

制。有案必查、有腐必惩，坚持“老虎”“苍蝇”一起打。要强化制约，科学配置权力，形成科学的权力结构和运行机制。要强化公开，依法公开权力运行流程，让广大干部群众在公开中监督，保证权力正确行使。要落实党委的主体责任和纪委的监督责任，强化责任追究，不能让制度成为纸老虎、稻草人。各项改革举措要体现惩治和预防腐败要求，与防范腐败同步考虑、同步部署、同步实施，堵塞一切可能出现的腐败漏洞，保障改革健康顺利推进。

### （四）转作风：“三严三实”化解执政风险

党的作风关系党的形象，关系人心向背，关系党的执政基础。党的十八大闭幕不久，以习近平同志为总书记的党中央就制定出台《中央政治局关于改进工作作风、密切联系群众的八项规定》，庄严承诺要求别人做到的自己先要做到，要求别人不做的自己坚决不做。此后，习近平总书记围绕加强作风建设、密切联系群众相继发表了一系列重要讲话，要求全党在任何时候任何情况下，与人民同呼吸共命运的立场不能变，全心全意为人民服务的宗旨不能忘，群众是真正英雄的历史唯物主义观点不能丢，始终坚持立党为公、执政为民。正在全党深入开展的以为民务实清廉为主要内容的党的群众路线教育实践活动，就是我们党在新形势下坚持作风建设的重大举措。

作风建设，既要有鲜明的问题指向，又要有明确的目标要求。习近平总书记强调：“作风建设是立破并举、扶正祛邪的过程，立什么，破什么，需要好好把握。”党的群众路线教育实践活动，就是要坚决反对形式主义、官僚主义、享乐主义和奢靡之风“四风”，通过“照镜子、正衣冠、洗洗澡、治治病”的方式切实解决人民群众反映强烈的突出问题，使为民务实清廉成为党员干部的思想和行动自觉。习近平总书记指出，各级领导干部都要树立和发扬好的作风，既严以修身、严以用权、严以律己，又谋事要实、创业要实、做人要实。习近平总书记在河南省兰考县调研时指出，要把学习弘扬焦裕禄精神作为一条红线贯穿活动始终，教育引导党员干部深学、细照、笃行，自觉践行“三严三实”要求，努力做焦裕禄式的好党员、好干部；在指导兰考县委常委班子专题民主生活会时指出，作风建设是永恒的课题，要标本兼治，经常抓、见常态，深入抓、见实招，持久抓、见长效，通过立破并举、扶正祛邪，不断巩固和扩大已经取得的成果，努力以优良的党风政风带动全社会风气根本好转。

作风问题本质上是党性问题。抓作风建设，就要增强赶考意识，树立为民执政理念。习近平总书记在西柏坡调研时就指出：“当年党中央离开西柏坡时，毛泽东同志说是‘进京赶考’。60 多年过去了，我们取得了巨大进步，中国人民站起来了，富起来了，但我们面临的挑战和问题依然严峻复杂，应该说，党面临的‘赶考’远未结束。”今年 2 月 7 日，习近平总书记在索契接受俄罗斯电视台专访时再次表示，中国共产党坚持执政为民，人民对美好生活的向往就是我们的奋斗目标。党的执政理念，概括起来说就是：为人民服务，担当起该担当的责任。各级领导干部都要树立和发扬好的作风，既严以修身、严以用权、严以律己，又谋事要实、创业要实、做人要实。严以修身，就是要加强党性修养，坚定理想信念，提升道德境界，追求高尚情操，自觉远离低级趣味，自觉抵制歪风邪气。严以用权，就是要坚持用权为民，按规则、按制度行使权力，把权力关进制度的笼子里，任何时候都不搞特权、不以权谋私。严以律己，就是要心存敬畏、手握戒尺，慎独慎微、勤于自省，遵守党纪国法，做到为政清廉。谋事要实，就是要从实际出发谋划事业和工作，使点子、政策、方案符合实际情况、符合客观规律、符合科学精神，不好高骛远，不脱离实际。创业要实，就是要脚踏实地、真抓实干，敢于担当责任，勇于直面矛盾，善于解决问题，努力创造经得起实践、人民、历史检验的实绩。做人要实，就是要对党、对组织、对人民、对同志忠诚老实，做老实人、说老实话、干老实事，襟怀坦白，公道正派。要发扬钉钉子精神，保持力度、保持韧劲，善始善终、善作善成，不断取得作风建设新成效。

作风建设，贵在认真，贵在从严治党。习近平总书记强调，这么多年党中央经常讲、反复提“两个务必”，围绕改进作风发了不少文件、采取了不少措施，但为什么背离“两个务必”，搞形式主义、官僚主义、享乐主义和奢靡之风那一套还有不小的市场？为什么还有些人对不正之风乐此不疲？客观上说，主要原因是党要管党、从严治党方针在有些地方没有落到实处，在一些方面管党、治党失之于宽、失之于松。习近平总书记强调："教育实践活动的成效说明，'四风'问题虽然有多种表现形式及其复杂成因，但只要有严格的尺度来衡量、有坚定的决心来纠正，就能看得清楚、认识明白、解决到位。最需要的是讲认真。"因此，要坚持抓常，把作风建设时刻摆上位置、有机融入日常工作，做到管事就管人，管人就管思想、管作风。要坚持抓细，对干部群众特别是基层群众反映的作风问题，不能以原则来应对具体，要一一回应、具体解决。要坚持抓长，以钉钉子精神反复抓，认真落实作风建设各项制度，做到有章必循、违章必纠。要坚持求真务实，让埋头苦干、真抓实干的干部真正得到重用，充分施展才华，让作风飘浮、哗众取宠的干部无以表功，受到贬责，着力形成"察真情、说实话，出真招、办实事，下真功、求实效"的创业干事氛围，让为民务实清廉成为广大党员干部的自觉价值追求。

## 二　深刻把握习近平总书记系列讲话的重大理论意义，坚定继续推进马克思主义中国化的理论自觉

习近平总书记发表的系列重要讲话，丰富发展了党的科学理论，进一步升华了我们党对中国特色社会主义规律和马克思主义执政党建设规律的认识，是坚持和发展中国特色社会主义的最新理论成果，为在新的历史起点上实现新的奋斗目标提供了强大思想武器。深入学习贯彻习近平总书记系列讲话精神，是不断推进理论创新和理论武装、进一步提高全党理论素养的内在要求。

### （一）讲继承，习近平总书记系列讲话精神与马克思列宁主义、毛泽东思想、邓小平理论、"三个代表"重要思想、科学发展观一脉相承又与时俱进

党的十一届三中全会以来，我们党坚持将马克思主义基本原理与中国国情和时代特征相结合，实现了马克思主义中国化的第二次飞跃，开辟了中国特色社会主义道路，不断完善中国特色社会主义制度，形成当代中国的马克思主义——中国特色社会主义理论体系。中国特色社会主义是党和人民长期

实践取得的根本成就，是当代中国发展进步的根本方向，是科学社会主义理论逻辑和中国社会发展历史逻辑的辩证统一。作为中国特色社会主义理论体系的重要组成部分，习近平总书记系列重要讲话精神同邓小平理论、“三个代表”重要思想和科学发展观一脉相承又与时俱进。

一脉相承，是因为习近平总书记系列重要讲话精神，与马克思列宁主义具有共同的理论基础——辩证唯物主义和历史唯物主义，有着共同的运动、理论和制度——社会主义，有着共同的奋斗目标——共产主义；与毛泽东思想有着共同的理论源泉——马克思主义，面对同一个实践地域——中国，有着共同的社会制度——中国特色社会主义制度，有着共同的奋斗目标——实现中国现代化和中华民族复兴；同邓小平理论、“三个代表”重要思想和科学发展观具有共同的理论源泉——马克思列宁主义、毛泽东思想，处于同一个历史发展时期——社会主义初级阶段，同有一个时代主题——和平与发展，为了完成同一个历史任务——实现国家现代化和民族复兴，共同推动一个事业——改革开放和社会主义现代化建设，同在马克思主义中国化第二次理论飞跃这样一个历史过程中形成，等等。总而言之，习近平总书记系列讲话精神是在这些科学理论基础上的丰富和发展。

与时俱进，是因为它们是在一个大的历史时期的不同阶段形成各自相对独立的科学理论，后一个理论是前一个理论体系的继承和发展。邓小平理论主要解决的是“什么是社会主义、怎样建设社会主义”的基本问题，“三个代表”重要思想解决的是“建设一个什么样的党、怎样建设党”的基本问题，科学发展观主要解决的是“什么是发展、怎样发展”的基本问题。习近平总书记系列重要讲话，则是运用马克思主义立场观点方法，在邓小平理论、“三个代表”重要思想和科学发展观初步解决上述基本问题之后，对中国特色社会主义的重大理论和现实问题给予明确回答，提出并形成了一系列富有创建的新思想、新观点、新论断、新要求、新举措，进一步升华了我们党对执政规律、社会主义建设规律、人类社会发展规律的认识，是对中国特色社会主义理论体系的进一步丰富、发展和创新，将马克思主义中国化、时代化和大众化推到一个新的阶段。

### （二）求创新，是一个不断发展的、开放的理论体系

作为科学的理论体系，中国特色社会主义理论体系是不断发展的、开放的理论体系。实践永无止境，创新永无止境。随着时代的发展和中国特色社会主义实践的继续，中国特色社会主义理论体系也必将继续丰富发展，而永远不能僵化和停滞。习近平总书记指出：马克思主义必定随着时代、实践和科学的发展而不断发展，不可能一成不变，社会主义从来都是在开拓中前进的。坚持和发展中国特色社会主义是一篇大文章，邓小平同志为它确定了基本思路和基本原则，以江泽民同志为核心的党的第三代中央领导集体、以胡锦涛同志为总书记的党中央在这篇大文章上都写下了精彩的篇章。现在，我们这一代共产党人的任务，就是继续把这篇大文章写下去。坚持马克思主义，坚持社会主义，一定要有发展的观点。我们的事业越前进、越发展，新情况新问题就会越多，面临的风险和挑战就会越多，面对的不可预料的事情就会越多。我们必须增强忧患意识，做到居安思危，懂就是懂，不懂就是不懂；懂了的就努力创造条件去做，不懂的就要抓紧学习研究弄懂，来不得半点含糊。根据习近平总书记的要求，我们作为社会科学研究工作者，要肩负起推进马克思主义中国化、时代化、大众化的历史重任，在以下几个方面努力。

——始终坚持党的思想路线，不断探索和掌握中国特色社会主义建设规律。我们要坚定不移地坚持实事求是、解放思想、与时俱进，坚决反对和防止各种教条主义，不断超越自己的思维局限，一切从社会主义初级阶段的基本国情出发，一切从不断发展变化的实际出发，勇于变革，勇于创新，永不僵化，永不停滞，不断接近掌握中国特色社会主义建设规律的自由王国，使中国特色社会主义理论体系始终保持强大的生命力。

——始终坚持与中国特色社会主义实践的紧密结合，实现理论与实践的良性互动。在未来的中国特色社会主义发展进程中，一方面，我们要坚持用中国特色社会主义理论体系指导中国特色社会主义实践，在不断应对新情况、解决新问题、化解新矛盾、推进实践不断发展的过程中，通过中国特色社会主义事业不断取得的新成就体现这个理论体系的科学性和真理性，成为

推动中国特色社会主义实践的强大思想武器。另一方面，在中国特色社会主义事业发展的实践中，不断积累总结概括人民群众创造的新鲜经验，努力上升到普遍性的规律高度，提出新思想、新论断、新观点、新对策，不断丰富发展中国特色社会主义理论体系，不断开辟马克思主义中国化的新境界。

——不为任何风险所惧，不被任何干扰所惑。我们必须看到，我们坚持和发展中国特色社会主义理论体系，面临空前复杂的国际和国内环境，面临来自各方面的挑战，我们还会遇到各种风险和困难，还会受到各种因素的干扰，还会存在与各种社会思潮的博弈和冲突。所以，我们在任何情况下都要立场坚定、旗帜鲜明，都要以极大的政治和理论勇气从容应对各种风险，努力排除各种干扰，克服各种困难，与一切反马克思主义、反社会主义的思潮进行坚决斗争。努力提高辨别是非和批判错误思潮的能力、抵御风险和排除干扰的能力、理论创新和宣传普及的能力，更好地肩负起坚持和发展中国特色社会主义的神圣使命，让当代中国马克思主义放射出更加灿烂的真理光芒。

## 三　切实把握习近平总书记系列讲话的重大实践意义，全面推进经济、政治、文化、社会和生态文明建设

习近平总书记系列重要讲话集中体现了新一届中央领导集体全面推动改革发展稳定、内政外交国防、治党治国治军的大政方针，对于我们全面深化改革、推进全方位对外开放、促进科学发展、加强民生保障等有着重大的实践意义。深入学习贯彻习近平系列讲话精神，是在新的历史起点上更好地推进经济、政治、文化、社会和生态文明建设等党和国家各项事业蓬勃发展的必然要求。

### （一）习近平总书记关于社会主义民主政治和依法治国的论述，指导我们走中国特色社会主义政治发展道路

人民民主是我们党始终高扬的旗帜，社会主义政治文明是我们党始终不

渝的追求。“坚持中国特色社会主义政治发展道路，关键是要坚持党的领导、人民当家作主、依法治国有机统一”。习近平总书记围绕中国特色社会主义政治发展道路的一系列重要论述，阐明了这条道路的本质要求，体现了科学执政、民主执政、依法执政的理念和方略。特别是对协商民主的论述，为进一步深化政治体制改革提供了基本遵循。

他强调：协商民主是我国社会主义民主政治的特有形式和独特优势，是党的群众路线在政治领域的重要体现。这项制度可以说是民主政治建设的一项突破。大家都知道，原来政协有一句话叫作“年委员、季常委、月主席”，就是说委员一年开一次会，常委一季度开一次会，主席两个月开一次会。虽然发挥了议政建言的作用，但仍有潜力可挖。习近平总书记指出，为了使政治协商进一步切实发挥作用，要实行广泛多层制度化的协商民主。这里所说的广泛，是广泛到人大、政府、政党、社会组织、人民团体都要建立起协商民主制度，也就是要立法协商、行政协商、参政协商、社会协商，等等，这是我国进一步深化政治体制改革的重要内容。在这项制度中，党的领导是前提；重大经济社会问题和涉及群众切身利益的问题是内容；广泛的多层次的民主协商是原则，并且这种协商贯穿于决策之前和决策执行全过程。我们学习领会讲话精神，就是要进一步深化对社会主义民主政治、依法治国等重要思想和新要求的认识，更好地发展人民民主，加快建设社会主义法治国家，充分发挥我国政治制度的优越性。

### （二）习近平总书记关于推动科学发展的论述，指导我们促进经济社会持续健康发展

“坚持以科学发展为主题，扎实推动我国经济持续健康发展”，习近平总书记围绕推动科学发展进行了一系列重要论述。这些论述，既是对我国发展经验的深刻总结，也是对改革开放以来我们党关于科学发展理论的进一步深化。

促进经济可持续发展有很多内在要求，当务之急是要解决产能过剩的问题。中国的产能过剩比较严重，比如说高铁设备和大型装备的生产能力，包括核电装置的生产能力也严重过剩。所以李克强总理在全球推销我们的高

铁，推销我们的核电站。在荷兰海牙，习近平主席也在推销，来消解产能过剩。再如，我们建中巴经济走廊、建中蒙经济走廊、建印度缅甸孟加拉国经济走廊，也是要消解过剩产能。另外，保持经济可持续发展还要解决发展方式问题。改革开放初期，我们接订单给外国人打工，是靠体力赚钱，而美国等发达国家是知识经济，用脑袋赚钱。iPhone 手机 85% 工艺量是中国完成的，最大的消费者还是中国人，但是产品是人家的，里外里美国人赚钱赚 high 了。所以，习近平总书记讲，从根本上说，没有扎扎实实的发展，没有人民生活的不断改善，什么理想信念、党的领导、社会主义制度的优越性、思想道德建设，都是空谈。我们深入学习领会讲话精神，就是要更加牢固树立科学发展的理念，更加重视发展的质量和效益，更加重视民生改善和环境保护，从根本上促进经济社会全面协调可持续发展。

**（三）习近平总书记关于全面深化改革的论述，指导我们推动国家治理体系和治理能力现代化**

全面深化改革，是习近平总书记在讲话中反复强调的一个重大问题。把完善和发展中国特色社会主义制度、推进国家治理体系和治理能力现代化，作为全面深化改革的总目标，既揭示了改革的方向，也是全面深化改革的总引领，更是我们必须把握好的第一位要求。

国家治理体系和治理能力是一个有机整体，相辅相成。有了科学的国家治理体系才能孕育高水平的治理能力，不断提高国家治理能力才能充分发挥国家治理体系的效能。解决中国各种问题，实现各项既定目标，关键要靠国家治理体系和治理能力的现代化。现阶段，我国国家治理的主要内容，一是维护社会和市场秩序；二是防范、处理天灾人祸等社会风险；三是调和、处置社会纠纷和冲突；四是服务和管理流动务工人员、农村留守老妇幼等特殊人群；五是引导和监管基于互联网的“虚拟社区”以及类似场所。这些工作纷繁复杂、千头万绪。所以习近平总书记在讲到社会治理时说：现在的社会治理面临思想舆论统一难、各方利益协调难、矛盾纠纷化解难、流动人口管理难、突发事件处理难等新情况新问题。我们的同志是硬办法不敢用，软办法不顶用，老办法不能用，新办法不会用。他把这几方面概括了一个任务就是：新办法和硬办法要用好，该严的一定要严；软办法要有效，把情、理、法融为一体；老办法不能丢，要结合新的实际用足、用活。我们学习贯彻习近平总书记系列讲话精神，就是要深刻理解全面深化改革的重大意义和正确方向，不断激发全社会的发展动力和创造活力，不断提高国家治理体系和治理能力现代化水平。

### （四）习近平总书记关于宣传思想文化工作的论述，指导我们掌握意识形态工作的领导权、管理权和话语权

意识形态工作具有根本性、战略性、全局性意义，事关党的前途命运，事关国家长治久安，事关民族凝聚力和向心力。习近平总书记对意识形态工作高度重视，多次强调“意识形态工作是党的一项极端重要的工作”，并在系列讲话中充分阐述了做好意识形态工作的基本方针、基本原则，深刻回答了当前面临的关键问题、紧迫问题，明确提出了一系列新思想、新观点、新要求。

他指出，经济建设是中心工作，并不是说其他工作不重要，可以一俊遮百丑。他说，不能只要群众的物质生活好了就可以了，这个认识是不全面的。因为我们党的群众基础和执政基础包括物质和精神两个方面。精神上丧失群众基础，最后也要出问题。他从三个方面讲了为什么是极端重要。第一，国际的原因。世界范围内各种思想文化交流、交融、交锋更加频繁，国际思想文化领域斗争深刻复杂。西方国家怕我国发展壮大会对其价值观和制度模式提出挑战，加紧对我们进行思想文化渗透，我们在意识形态领域面临的斗争和较量将是长期的、复杂的。第二，国内的原因。一个时期以来，国内一些错误观点时有出现。主要表现为宣扬西方价值观，有的专拿党史、国史说事，我们过去已经有定论的党史和国史的事情，现在反而有人拿这个来说三道四，表面上是反思历史，实际上是混淆视听。还有一些人以反思改革为名否定改革开放，否定四项基本原则。这些现象说明我们国内思想领域确实出现了一些混乱的情况。第三，各种社会矛盾和问题相互叠加、集中呈现。人们思想活动的独立性、选择性、多变性、差异性明显增强，我们的思想道德领域出现了一些滑坡现象，这些都值得我们重视。

此外，总书记还强调互联网已经成为舆论斗争的主战场。这个绝对不是危言耸听。我们现在有6亿网民，其中包括4.6亿手机网民，像薛蛮子这样的大V，有300多个。这300多个大V，也就是意见领袖，基本上都是一些知名学者、网络写手、娱乐明星、房地产开发商，商界人士，每个人的粉丝都在100万以上。他们以少胜多，以弱胜强，一呼百应，经常成为消息源、成为思想库，经常以他们个人好恶来评判事情的是与非、好与坏、美与丑。很多事情经他们一放大，就把个人诉求放大为群体关切。在这种情况下，如果我们不去占领网络的主阵地、不去主动发声、不去积极回应，就不会有领导权、管理权和话语权。所以，我们必须深入学习贯彻讲话精神，把握好方向目标、重点任务和基本遵循，坚持两手抓、两手都要硬，才能开创新形势下宣传思想工作新局面。

### （五）习近平总书记关于美丽中国的论述，指导我们加快推进生态文明建设

习近平总书记指出，要正确处理好经济发展同生态环境保护的关系，牢固树立保护生态环境就是保护生产力、改善生态环境就是发展生产力的理念，更加自觉地推动绿色发展、循环发展、低碳发展，建设美丽中国。习近平总书记关于推进生态文明、建设美丽中国的论述，对河北有着特殊的重要意义。

河北作为全国钢铁、玻璃生产大省和重要的水泥、煤炭生产基地，既面临发展的艰巨任务，又面临调整结构、化解过剩产能、治理大气污染的巨大压力。对此，习近平总书记在河北省委常委专题民主生活会上突出强调，河北必须加快转型升级、提质增效，要卸下包袱，不为GDP排位纠结。经过几年努力，河北已经淘汰了1368万吨钢铁、8500万吨水泥、2060万标箱玻璃的落后产能，提前两年完成了国家下达的任务。到2017年，国家下达给河北的任务是，再压减6000万吨钢铁、6000万吨水泥、4000万吨煤炭、3000万标箱玻璃产能，河北依然面临应对淘汰落后产能、经济发展提质增效的巨大挑战。最近，我和杨思远副院长带领院生态建设课题组到张承地区调研，感受良多。一是感受到张承地区蓝天白云、青山绿水良好的生态环

境；二是感受到基层干部群众对既要绿水青山，又要金山银山的所思所盼；三是更加感受到我省调结构、转方式、保护环境和绿色崛起的巨大压力。了解和懂得了这一切，我们就会更加深刻理解习近平总书记为什么强调，再也不能简单以国内生产总值增长率论英雄，要尊重经济规律，坚持有质量、有效益、可持续，在不断转变经济发展方式、优化经济结构中实现增长，切实把发展的立足点转到提高质量和效益上来，让城市融入大自然，让居民望得见山、看得见水、记得住乡愁。

## 四　准确掌握习近平总书记系列讲话的方法论意义，不断改进工作方法，提升领导艺术

俗话说："工欲善其事，必先利其器。"对于一名领导干部来说，这个"器"就是科学的思想方法和思维方式。习近平总书记系列重要讲话，既从战略上思考又从战术上谋划，既部署"过河的任务"又指导如何解决"桥或船"的问题，贯穿了辩证唯物主义、历史唯物主义的世界观、方法论和实事求是的思想精髓，体现出领航中国的大胸怀、大战略、大智慧，为我们认识问题、分析问题、解决问题提供了有效的"钥匙"，是增强工作能力的重要途径。

### （一）坚持实事求是的思想路线，以求真务实的作风，深入贯彻落实党的方针政策

习近平总书记指出，实事求是是马克思主义的根本观点，是我们党的基本思想方法、工作方法、领导方法。坚持实事求是，就是坚持一切从实际出发来研究和解决问题，坚持理论联系实际来制定和形成指导实践发展的正确路线方针政策，坚持在实践中检验真理和发展真理。

1. 坚持调查研究，深入实际、掌握实情

重视调查研究，是习近平总书记的一贯作风，他把调查研究看成是一门科学、一门艺术，认为指导现代化、指导改革开放闭门造车不行，刻舟求剑不行，异想天开更不行，必须进行深入全面的调查研究。调查研究是谋事之

基、成事之道，没有调查研究就没有发言权，更没有决策权。在浙江工作期间，他每年至少用1/3以上时间，深入基层和部门调查研究。几年下来，几乎跑遍了浙江的山山水水，也跑深了与浙江广大干部群众的真切感情，跑透了浙江的省情市情县情。他提出的推动浙江科学发展的“八八战略”，就是一切从浙江实际出发而形成的科学思路。在福建宁德，他曾步行两个多小时，深入偏远山区调研，当时路险坡陡，荆棘丛生，就用柴刀开路，可谓“披荆斩棘”。2011年11月，中央党校秋季开学典礼上，他还专门发表了《谈谈调查研究》的讲话，对调查研究的重要性以及如何开展好调查研究提出明确要求。

2. 坚持群众路线，一切为了群众，一切依靠群众

群众路线是党的生命线和根本工作路线。党的十八大一闭幕，在接见中外记者时总书记就明确提出：人民对于美好生活的期望就是我们的努力方向。这既是新一届中央领导集体对全体中国人民的一种承诺，也是习近平同志始终不变的情怀和理念。后来参加索契冬奥会，答俄罗斯电视台记者问时又强调：我的执政理念就是全心全意为人民服务，担负起应当担负的责任。深入开展党的群众路线教育活动过程中，他明确要求领导干部，深刻理解“政绩之本在于为民”的真谛，认清权力不是一种荣耀，而是一副担子。并多次告诫领导干部要拎着“乌纱帽”为民干事，而不能捂着“乌纱帽”为己做“官”。他十分关心困难群体的生活，提出要系好社会保险绳，编好济困救助网，切实保民生之需，解民生之难。这些论述处处蕴藏着群众观点和宗旨意识。

3. 坚持求真务实，扎扎实实干事，踏踏实实做人

空谈误国、实干兴邦。“干在实处”是习近平总书记鲜明的政治品格，他强调抓工作一定要“实”，一分部署九分落实，在深化细化具体化和实效化上下功夫；抓作风一定要“细”，小事当慎、小节当拘，慎权慎独、自警自励；抓干部一定要“重德”，选那些政治坚定、作风优良、实绩突出的干部，选那些想干事、肯干事、能干事、干成事的干部。在他工作的各个时期，“真抓实干”都有所体现。在正定，他要求说短话、开短会，集中力量抓大事、抓实事。在福州，他提倡行动至上、马上就办。关

于“马上就办”，还有一个小插曲。1990 年，时任福州市委书记的习近平同志针对马尾开发区的办事效率，明确提出：“马尾的事，特事特办，马上就办。”之后不久，“马上就办”四个大字挂在福州市委大院，时刻提醒广大干部要注重效率。到中央工作后，更是多次系统阐述实干精神，至少在中央党校就专门讲过三次，强调不贪一时之功、不图一时之名，多干打基础、利长远的事。党的十八大以后，又多次指出：全面建成小康社会要靠实干，基本实现现代化要靠实干，实现中华民族伟大复兴要靠实干，要求广大党员干部锐意进取，以踏石留印、抓铁有痕的劲头真抓实干，善始善终，善作善成。

### （二）坚持辩证唯物主义，善于运用矛盾分析法，全面把握事物变化及其关系

辩证唯物主义是现代实践主义哲学的核心思想。习近平总书记反复强调：认识和解决实际问题时，要增强战略思维、辩证思维、底线思维和创新思维能力，准确把握党和国家的历史方位和时代坐标，清醒认识当代中国发展进步的根本方向，切实解决改革发展中遇到的难题，不断增强工作的科学性、预见性、主动性。

1. 注重用战略思维谋划全局问题

不谋全局者，不足以谋一域。战略思维就是高瞻远瞩、统揽全局，善于把握事物发展总体趋势和方向的能力。习近平总书记的战略思维，突出反映在三个方面。一是强调从全局角度看问题。他指出，要善于观大势、谋大事；正确认识和积极顺应中国和世界发展大势，正确认识和妥善处理党和国家面临的大事，善于把握和平、发展、合作、共赢的国际大势，善于把握富强、民主、文明、和谐的国内大势。二是强调以长远眼光看问题。他指出，共产党员特别是党员领导干部，既要坚定走中国特色社会主义道路的信念，也要胸怀共产主义的崇高理想。三是强调从整体上把握问题。他指出，中央政治局是一个整体，每位同志都要从做好整体工作出发，找准本职工作在全局中的位置，增强工作合力，做到全党一盘棋、全国一盘棋。在经济全球化、信息网络化背景下，只有不断拓宽眼界和视野，善于把各种问题放到更

高、更宽、更远的空间中去分析，从战略高度提出创新性的理念思路和政策措施，才能从容应对各种挑战，切实推动各项工作。

2. 注重用辩证思维解决复杂问题

当前，我们正处在社会转型期、利益调整期、矛盾凸显期，情况千变万化，形势纷繁复杂。运用辩证思维解决问题，就是要全面客观地把握客观事物发展中的内外矛盾，承认矛盾、分析矛盾、解决矛盾，在复杂矛盾面前善于抓住关键、找准重点，洞察事物发展规律，从而把不利因素转化为有利条件。习近平总书记在分析研究发展问题时，始终坚持“两点论”和“重点论”。他曾提出，从“两只手”看深化改革，论证了政府“看得见的手”与市场“看不见的手”之间的辩证关系；从“两只鸟”看结构调整，既要“腾笼换鸟”，又要“凤凰涅槃”；从“两座山”看生态环境，既要金山银山，又要绿水青山。同时，他还指出：要有强烈的问题意识，以重大问题为导向，着力推动解决我国发展面临的一系列突出矛盾和问题。比如，在全面深化改革问题上，要处理好整体推进和重点突破的关系、顶层设计和摸着石头过河的关系、胆子要大和步子要稳等关系。既看到好的一方面，又看到不利的一面；既善于全面思考，又善于重点突破；既能化劣势为优势，又能变被动为主动，切实解决复杂矛盾、疑难问题。

3. 注重用底线思维划定原则问题

木桶的容量，取决于最短的那块木板。高明的领导者，善于找到短板，守住底线，防患未然。习近平总书记系列讲话既直面挑战，体现需要逢山开路、遇河架桥的勇气，又沉着冷静，体现管控风险、防守底线的智慧，显示出清醒的底线思维。比如，在谈到道路选择时，他指出，既不走封闭僵化的老路，也不走改旗易帜的邪路，而是坚定不移地走中国特色社会主义道路；在谈到经济建设时，他指出：我国有 13 亿人口，只有把饭碗牢牢端在自己手中，才能保持社会大局稳定；在谈到作风改进时，他指出：如果不坚决纠正不良风气，任其发展下去，就会像一道无形的墙把党和人民群众隔开，我们党就会失去根基、失去血脉、失去力量；在谈到宣传引导时，他指出：党性原则不仅要讲，而且要大张旗鼓讲、理直气壮讲、坚持不懈讲；在谈到外交工作时，他指出：要坚持走和平发展道路，但决不能放弃我们的正当权益，决不能牺牲国家核心利益。强调底线思维，决不是要降低标准、无所作为，而是思想要清醒，态度要坚决，行动要果断，这对于化挑战为机遇，创造性工作，具有重要意义。

4. 注重用创新思维攻克疑难问题

创新是一个民族进步的灵魂，是一个国家兴旺发达的不竭动力，也是中华民族最深沉的民族禀赋。在激烈的国际竞争中，唯创新者进，唯创新者强，唯创新者胜。关于理论创新，习近平总书记指出：坚持和发展中国特色社会主义是一篇大文章，我们这一代共产党人的任务，就是继续把这篇大文章写下去。“中国梦”就是对这篇大文章进行理论创新的最新一页。关于制度创新，他指出：社会主义从来都是在开拓中前进的。要坚持和完善现有制度，从实际出发，及时制定一些新的制度，构建系统完备、科学规范、运行有效的制度体系。关于科技创新，他强调：实施创新驱动发展战略决定着中华民族前途命运，要敏锐把握世界科技创新发展趋势，紧紧抓住和用好新一轮科技革命和产业变革的机遇，把创新驱动发展作为面向未来的一项重大战略实施好。关于实践创新，党的十八届三中全会《决定》描绘了全面深化改革的新蓝图、新愿景、新目标，提出了许多新思想、新论断、新举措。这6个“新”字，集中反映了此次改革是一次伟大的创新。

### （三）坚持历史唯物主义，科学把握人类社会发展的规律和趋势，不断推进中国特色社会主义健康发展

读史可以明智，知古方能鉴今。习近平总书记非常善于把事物放在历史长河中考察，从正反两方面历史经验中汲取营养，从过去的历史分析判断未来的发展走向，体现了深远的历史眼光、深厚的历史智慧和深邃的历史思维。

1. 尊重历史发展规律

人类社会的发展具有内在规律性，如果背离历史规律，任何貌似新奇的变革终将遭到失败。习近平总书记对待历史始终秉持实事求是的精神态度，他强调“历史就是历史，历史不能任意选择，一个民族的历史是一个民族安身立命的基础”；强调“对历史人物的评价，必须放在其所处时代和社会的历史条件下去分析，不能用今天的时代条件、发展水平、认识水平去衡量

和要求前人，不能苛求前人干出只有后人才能干出的业绩来”；强调“人民群众是历史发展和社会进步的主体力量”；强调“革命领袖是人不是神”，这些都是对历史唯物主义科学观点的坚持。特别是关于“举什么旗、走什么路”的回答，从世界社会主义500年历史，从中华民族5000年文明史、近代170多年奋斗史，从我们党成立90多年、执政60多年、改革开放30多年的历史出发，讲清了开创和发展中国特色社会主义的历史必然性。正是由于真正做到了正确看待历史，尊重历史而不割断历史，中国特色社会主义才具有了深厚历史渊源和广泛现实基础。

2. 借鉴历史经验智慧

对共产党人来说，中外历史是最好的营养剂。习近平总书记高度重视对历史的学习和对历史经验的总结与运用。在中央政治局第七次集体学习会上，他强调：历史是最好的教科书，学习党史、国史，是坚持和发展中国特色社会主义、把党和国家各项事业继续推向前进的必修课。习近平总书记还把学习借鉴历史经验这一要求贯穿于许多工作的具体部署当中。在论述反腐败斗争时，他指出：研究我国反腐倡廉历史，了解我国古代廉政文化，考察我国历史上反腐倡廉的成败得失，可以给人以深刻启迪，有助于我们运用历史智慧推进反腐倡廉建设。在论述加强宣传舆论工作时，他指出：在长期实践中，我们党的宣传工作积累了十分丰富的经验，这些经验来之不易，弥足珍贵，是做好今后工作的重要遵循，一定要认真总结、长期坚持，并在实践中不断丰富发展。在调研指导党的群众路线教育实践活动时，他重提“两个务必”的号召，教育全党要深刻借鉴我国几千年历史治乱规律，要深刻总结我们党艰苦卓绝奋斗历程，要深刻忧思人民政权的长治久安，这对于确保党始终站在时代前列，引领中国社会前进的正确方向，具有深远的历史和现实意义。

3. 顺应历史发展趋势

善于从不断认识和把握历史发展规律中看清历史发展的指向、社会发展的趋势，是我们党领导中国革命、建设、改革不断取得胜利的一个重要原因。习近平同志担任总书记以来，紧紧围绕共产主义这一人类社会发展的必然趋势，要求全党始终坚定中国特色社会主义信念和共产主义理想。他指出：我们现在的努力以及将来多少代人的持续努力，都是朝着最终实现共产主义这个大目标前进的。同时，实现共产主义是一个非常漫长的历史过程，我们党在不同历史阶段，都根据人民的意愿和事业发展的需要，提出了富有感召力的目标，比如社会主义现代化、全面小康和“两个一百年”。总书记在“两个一百年”目标基础上，又提出了民族复兴中国梦这一更为宏伟的奋斗目标。他指出，实现中国梦，就是要实现国家富强、民族振兴、人民幸福。这是新的历史条件下，我们党对奋斗目标理论的重要发展，必将指引中国特色社会主义事业取得新的更大的胜利。

## 五　以习近平总书记系列讲话精神为指导，加强马克思主义学习、研究、宣传阵地建设，打牢中国特色新型智库思想和理论基础

“为学之实，固在践履。”学习的目的全在于应用，要坚持以理论运用促进学习深化，以实践成果检验学习成效。我院是省委、省政府的重要“思想库”和“智囊团”，担负着理论武装、服务决策、繁荣发展的重大责任，代表着全省哲学社会科学研究的最高水平，在意识形态领域占有一席之地，在干部群众的心目中有一定的影响力。因此，在学习贯彻习近平总书记系列重要讲话精神中，在不断深化中国特色社会主义理论体系的过程中，必须坚持正确导向，努力走在前、做表率，既要抓好自身的学习深化，又要抓好干部群众的宣传引导，树立更高标准，做出更大成绩。

社科理论工作者学什么、怎么学，做什么、怎么做。习近平总书记在全国宣传思想工作会议上的重要讲话为我们提出了明确要求，指明了前进方向，提供了重要遵循。他指出：“宣传思想工作就是要巩固马克思主义在意识形态领域的指导地位，巩固全党全国人民团结奋斗的共同思想基础。党员、干部要坚定马克思主义、共产主义信仰，脚踏实地为实现党在现阶段的基本纲领而不懈努力，扎扎实实做好每一项工作，取得‘接力赛’中我们这一棒的优异成绩。领导干部特别是高级干部要把系统掌握马克思主义基本理论作为看家本领，老老实实、原原本本学习马克思列宁主义、毛泽东思想

特别是邓小平理论、‘三个代表’重要思想、科学发展观。党校、干部学院、社会科学院、高校、理论学习中心组等都要把马克思主义作为必修课，成为马克思主义学习、研究、宣传的重要阵地。新干部、年轻干部尤其要抓好理论学习，通过坚持不懈学习，学会运用马克思主义立场、观点、方法观察和解决问题，坚定理想信念。”

因此，对于社科理论工作者而言，至少要牢牢把握四个重点：一是坚定理想信念；二是掌握看家本领；三是运用马克思主义立场、观点、方法观察和解决问题；四是建设马克思主义学习、宣传、研究的重要阵地。

### （一）强筋壮骨，坚定马克思主义的理想信念

习近平总书记强调指出：“理想信念就是共产党人精神上的‘钙’。”打铁还要自身硬，缺乏马克思主义这一精神之“钙”，在意识形态领域就会得“软骨病”，就可能在各种思潮的冲击下迷失方向。因此，社科理论工作者一定要坚定理想信念，经受住各种风险考验。当前，由于受到国内外各种因素的影响，我国意识形态领域形势严峻复杂，主流意识形态的建设面临各种问题与挑战。在这种情况下，社科理论工作者都要自觉增强党性锻炼，自觉加强思想修养，始终保持高度的政治自觉性与敏锐性，着力巩固马克思主义在意识形态领域的指导地位，用马克思主义一元化的指导思想引领和整合多样化的社会思潮，努力在多元中确立主导，在多样中谋求共识。只有坚定了马克思主义的理想信念，才能认清大局、大势、大事，在是非面前与原则问题上始终做到头脑清醒、立场坚定、态度鲜明、应对有力；才能排除各种干扰，消除各种困惑，敢于亮剑、敢于发声、敢于斗争，做到任何情况下政治信仰不变、政治立场不移、政治方向不偏。

### （二）强身健体，握牢马克思主义基本理论这一看家本领

习近平总书记指出：“马克思主义理论素养是领导干部的必备素质，是保持政治上坚定的思想基础。”在深化改革的攻坚时期，在全面建成小康社会的决定性阶段，各种新情况、新问题、新挑战层出不穷，我们所处的环境比以往任何时期都更为复杂，我们的任务比以往任何时候都更为艰巨，相应

地，对社科理论工作者的素质要求自然也越来越高。我们时时面临“本领恐慌”的困扰。在这种情况下，不可能以其昏昏、使人昭昭，更不能盲人骑瞎马、误己又误人。必须先学深学，通过加强学习来不断提高自身素质与能力。在明确了要不要学习的同时，还要明确学什么。经济学、政治学、法学、管理学等具体学科的知识自然是必须掌握的，马克思主义基本理论则是克服“本领恐慌”需要掌握的看家本领。要把学习习近平总书记系列重要讲话精神同学习马克思主义哲学、党史国史和社会主义发展史结合起来。作为专门从事社科理论研究的同志，对自身的学习要有更高的要求，除了一般性的学习要求外，还要加强对马克思主义经典著作的学习。经典著作蕴含和集中体现着马克思主义基本原理，只有认真学习经典著作，才能对马克思主义基本理论领会得更加深透。正如习近平总书记指出的：“阅读经典著作，本身就是增长知识、开阔眼界、增加思想深度和训练思维方式的过程，就是培养高瞻远瞩的战略洞察力和脚踏实地的工作作风的过程，会使我们在潜移默化中受到他们崇高风范和人格力量的熏陶，从而实现自己思想境界和道德情操的升华。”只有切实掌握了马克思主义的理论精髓与方法实质，才能有效应对层出不穷的新问题、新矛盾、新挑战，增强认识世界和改造世界的能力；才能全面、正确地理解和贯彻党的基本理论、基本路线、基本纲领、基本经验和各项方针政策；才能不断改进工作作风和工作方法，增强工作的原则性、系统性、预见性与创造性。

### （三）学以致用，坚持运用马克思主义立场、观点、方法去观察、分析和解决问题

“纸上得来终觉浅，绝知此事要躬行。”社科理论工作者要大力弘扬理论联系实际的优良学风，坚持学用结合、知行合一，把学习成效体现到促进主观世界和客观世界改造上，使思想真正有所提高，使工作切实得到改进和加强。一是要树立强烈的问题意识。问题是时代的声音。强烈的问题意识促使社科理论工作者去发现问题、解决问题。缺乏问题意识是影响社科理论工作创新的突出问题，而根源就在于理论与实践的脱节。问题来自社会实践，要把问题意识与实践导向紧密结合，在实践中发现问题。当前全面深化改革

是最大的实践。全面深化改革意味着涉险滩、啃硬骨头，需要巨大的勇气，需要发现问题的智慧、破解问题的思路和解决问题的举措。二是要坚持为人民做学问。王伟光院长来我院调研时讲得非常好，他强调，要解决好政治方向和学术导向问题。社科院作为党的意识形态重镇和马克思主义坚强阵地，坚持和巩固马克思主义在意识形态领域的指导地位，坚持正确的政治方向和学术导向，做到守土有责、守土负责、守土尽责，把思想统一到党中央对意识形态工作的形势判断和工作措施上来，把意识形态工作的领导权、管理权、话语权牢牢掌握在手中。要解决好为什么人做学问的问题。社科工作者是为人民做研究，而不是为个人，我们的研究工作必须站在人民的立场上，为人民的利益发声，为党的事业发声，不能跟党中央唱反调，跟人民唱反调。要解决好学风、文风、作风“三风”问题。首先是学风问题。必须联系实际、联系群众，不能脱离实际、脱离群众，这就是马克思主义学风。其次是文风问题。所谓文风，就是我们写的文章、提交的报告，对实际工作有没有作用、有没有价值，党和政府的决策部门能不能看得懂，人民群众能不能看得懂。最后是作风问题。就是要求我们社科工作者迈开双脚到群众中去，到实践中去调研，到第一线去研究，以发展中的问题为研究课题，以改革中的难点为研究重点，服务决策、服务发展。扎根基层，深接地气，坚持为人民做学问，把科研业绩书写在河北改革发展的生动实践和人民群众建设美好家园的火热生活中。

### （四）强基固本，不断加强马克思主义学习、研究、宣传阵地建设

党的十八届三中全会确定了全面深化改革的“路线图”，同时对哲学社会科学工作提出了一系列新任务新要求。一是提出“加强中国特色新型智库建设，建立健全决策咨询制度”的战略任务，这就使得发挥哲学社会科学“思想库”“智囊团”作用更加迫切。二是提出“加快建设创新型国家，建设国家创新体系”的战略任务，这就使得哲学社会科学创新工程建设更加迫切。无论是坚持和发展中国特色社会主义、实现中华民族伟大复兴的中国梦的历史任务，还是加快建设中国特色新型智库的自身需要，都要求我院

不断加强马克思主义的重要阵地建设，夯实新型智库建设的思想和理论基础。加强马克思主义重要阵地建设，首先要在抓学习提高上下功夫。一直以来，院党组高度重视全院的思想理论建设，近年来开展的学习型党组织建设活动，组织实施了“党组中心组引领工程、服务决策发展能力提高工程、全员学习队伍建设工程”，取得了很大成绩，产生了积极影响。《求是》刊发了院党组的学习体会文章，中央建设学习型党组织协调小组《工作简报》介绍了我院的做法，新华社发通稿，人民日报、光明日报、经济日报、中央人民广播电台、中央电视台、河北日报等媒体报道了我院学习型党组织建设取得的积极成果。目前，我院按照党中央要求开展的“把马克思主义作为必修课”活动是学习型党组织建设活动的延续和加强，这项活动涉及每一名党员、每一名从事社科理论研究的同志。希望同志们特别是年轻同志一定要按照实施方案的要求，认真学，深入学，真学真懂真信，努力成为马克思主义的坚定信仰者、积极传播者、模范践行者。二是在抓宣讲效果上下功夫。理论武装是省委、省政府赋予我院的重要职责，要深入开展宣讲、宣传活动，把学习宣传贯彻习近平总书记系列重要讲话精神和党的十八届三中全会、省委八届六次全会精神作为首要的政治任务，认真组织开展“送理论下基层”集中宣讲活动，发挥基层宣讲工作站的作用，广泛开展对象化、分众化、互动化的宣讲活动。完善宣讲菜单，接受干部群众点播。进一步落实《关于建立健全理论宣讲工作网络体系的指导意见》，推进五级宣讲网络建设，扩大在有条件的乡镇（街道）、村（社区）建立基层理论宣讲工作站和理论宣讲工作联系点。进一步发挥网络平台的作用，充分运用现代科技手段和信息技术，创新宣讲方式，增强宣传效果，努力实现宣讲工作“全覆盖、面对面”。三是在抓研究成果上下功夫。要充分发挥河北省中国特色社会主义理论体系研究中心的组织和平台作用，加强理论研究和理论阐释。深化对中国特色社会主义和中国梦的研究宣传，深入开展“中国梦·赶考行”的研究宣传，深化继承发扬中华优秀传统文化和传统美德、培育践行社会主义核心价值观的研究宣传，深化“善行河北”主题道德实践活动的宣传。特别是要紧紧围绕党的十八届三中全会《决定》提出的新思想、新论断、新部署、新要求，围绕党中央和省委全面深化改革的决策部署和具体举措，认真开展深化研究。要认真实施《关于鼓励和支持在国家重点报刊发表文章的办法》，不断壮大撰稿人队伍，鼓励支持社科理论骨干在国家重点报刊发表文章，进一步提升我院在全国的学术影响力。

最近，中纪委驻社科院纪检组组长张英伟的内部讲话受到舆论关注。他指出了社科院内存在的意识形态方面的“四个问题”：一是穿上学术隐身衣，制造烟幕；二是利用互联网炮制跨国界的歪理；三是每逢敏感时期，进行不法的勾连活动；四是接受境外势力点对点的渗透。从目前看，我院不存在这样的现象，但是这个问题也要引起我们的高度警觉。我们一定要提高政治敏锐性和鉴别力，增强阵地意识、责任意识和大局意识，坚持“研究无禁区，宣传有纪律”的原则，对于任何的错误言论和思潮，都要立场坚定，旗帜鲜明，坚决不让错误言论、错误思潮有任何生存的空间，坚决同各种错误倾向进行斗争，坚决巩固马克思主义在意识形态领域的指导地位，保证我们的社会科学研究工作保持正确的政治方向，发挥更好的社会效益。

同志们，省社会科学院是意识形态的重要部门，是省委、省政府重要的“思想库”和“智囊团”，我们一定要以对党和人民高度负责的态度，履行好神圣职责，为党和人民做好服务，谱写出无愧于党和人民、无愧于时代的壮丽篇章！为河北“科学发展、绿色崛起”贡献我们的智慧和力量！

# 邓小平推进马克思主义中国化的科学方法研究*

## ——以党的十一届三中全会前后的实践为例

（2014 年 7 月 1 日）

**摘　要：** 党的十一届三中全会前后，邓小平带领全党全国人民冲破“两个凡是”思想束缚，恢复解放思想、实事求是的思想路线，实现党的工作重心战略转移，正确评价毛泽东同志历史功过和毛泽东思想，启动改革开放和现代化建设进程，成功解决中国向何处去这个马克思主义中国化的历史性课题。在这个历史转折过程中，邓小平运用了推进马克思主义中国化的科学方法：既反“左”，又反右；“不唯书，不唯上，只唯实”；坚持原则，讲求策略；坚持自下而上与自上而下相结合；坚持民主讨论与说服教育，坚持继承与创新的有机统一。

**关键词：** 邓小平　马克思主义中国化　科学方法

1978 年 12 月，中国共产党召开具有伟大历史意义的十一届三中全会，

---

* 本文与王彦坤合作，收入《改革再出发　凝聚成共识——全国社会科学院系统中国特色社会主义理论体系研究中心纪念邓小平同志诞辰 110 周年学术研讨会文集》，上海社会科学院出版社，2014。

恢复了实事求是的思想路线，实现了工作重心的战略转移，开启了改革开放和社会主义现代化建设的历史进程。在这样的历史转折过程中，邓小平运用马克思主义的科学方法，团结全党同志，领导全国人民，实事求是，解放思想，解决了“中国向何处去”的历史性课题，初步解决了“什么是社会主义、怎样建设社会主义”的基本问题，创立了邓小平理论，开始实现马克思主义中国化第二次飞跃，开创了中国特色社会主义的伟大事业。

## 邓小平推进马克思主义中国化的历史背景

1976 年 10 月，我们党一举粉碎“四人帮”，结束了长达十年之久的“文化大革命”。但是，当时的中国无数问题积重难返，人民的温饱问题尚未解决，社会主义事业处于徘徊局面。如何让古老的中国重新焕发生机活力，让社会主义中国重新走上健康发展的正确道路，成为全党全国人民急迫需要解决的重大问题。“中国向何处去”成为马克思主义中国化急需解决的历史性课题。

——国民经济濒临崩溃边缘，人民群众温饱问题亟待解决。“文革”10 年中，5 年经济增长不超过 4%，其中 3 年为负增长：1967 年增长 -5.7%，1968 年增长 -4.1%，1976 年增长 -1.6%。[①] 五届全国人大一次会议《政府工作报告》披露：仅 1974 年到 1976 年，全国就损失工业总产值 1000 亿元、钢产量 2800 万吨、财政收入 400 亿元，整个国民经济几乎到了崩溃的边缘。[②] 在城市中，1976 年全国职工平均货币工资与 1957 年相比减少 49 元，生活消费品供给不足，凭票购买，住房情况相当困难。在农村，1978 年全国农民每人年均从集体分配到的收入仅有 74.67 元，其中两亿农民的年均收入低于 50 元，相当多的农民辛辛苦苦干一年不仅挣不到钱，还倒欠生产队的钱，温饱问题没有解决。

---

① 中央财经领导小组办公室编《中国经济发展五十年大事记（1949.10—1999.10）》，人民出版社，1999。

② 柳建辉、曹普主编《中国改革开放 30 年史（1978—2008）》，青岛出版社，2008。

——大批冤假错案尚未平反，“文革”遗留问题亟待解决。“文化大革命”中，冤案遍布中华大地。在全国干部中，被立案审查的占干部总数的17.5%；在省部级以上高级干部中，被立案审查的占总数的7.5%。[①] 粉碎“四人帮”之后，不仅受害者及其亲人盼望平反冤假错案，广大干部群众也希望党中央早日采取措施解决这些问题。

——“左”的思想根深蒂固，“两个凡是”束缚人们头脑。长期以来，“左”的错误被当作是对马克思主义的发展，或者是捍卫马克思主义纯洁性；一些实事求是的思想做法则被当作是资本主义、修正主义受到批判。这些“左”的思想影响根深蒂固，不少人的思想处于僵化或半僵化状态；“两个凡是”教条主义和个人崇拜的枷锁继续禁锢着人们的头脑。

——政治经济体制僵化，严重阻碍经济社会发展。高度集中的计划经济体制形成于50年代，其特点在于：国家运用指令性计划，直接控制和使用人、财、物等资源；权力主要集中在中央，所有经济活动都在计划规定的范围内进行。随着时间推移，体制弊端不断暴露出来：政企不分，企业缺乏应有的自主权；忽视商品生产、价值规律的作用，经济形式和经营方式单一化；分配中平均主义现象严重，职工和企业缺乏生产劳动积极性。在农村，人民公社体制极大压抑农民生产积极性，经济发展失去活力而陷于停滞。

——长期闭关自守，同发达国家发展差距越拉越大。自20世纪50年代中期到70年代中期，西方资本主义国家和我国周边一些国家、地区在新科技革命的推动下实现快速发展，我国却错过宝贵的发展时机，与发达国家经济科技差距进一步拉大。1965年，美国人均GDP是2829美元，中国是69美元；1978年，美国人均GDP是9687美元，中国是127美元。1977年，内地进出口总额只有148亿美元，香港则达到196亿美元。[②]

在这样的历史背景下，邓小平运用高超的领导艺术和正确的科学方法，恢复正确的思想路线，完整准确理解毛泽东思想，正确评价毛泽东历史功过和毛泽东思想的历史地位；实现“以阶级斗争为纲”向“以经济建设为中

---

① 陈克鑫、叶健君主编《邓小平大决策》，湖南人民出版社，2010。

② 柳建辉、曹普主编《中国改革开放30年史（1978—2008）》，青岛出版社，2008。

心”的转变，改革高度集中统一的计划经济体制，打开国门海纳百川，提出坚持四项基本原则和“建设有中国特色的社会主义”的命题，启动了马克思主义中国化的新的历史进程。

## 邓小平推进马克思主义中国化的主要实践

1977 年 7 月，党的十届三中全会通过《关于恢复邓小平同志职务的决议》，标志着邓小平同志第三次复出。重新走上中国政治舞台的邓小平同志，担当起承前启后、继往开来的历史重任，以超人的胆识和领导艺术启动马克思主义中国化新的进程，开始了实现历史转折和走向伟大复兴的伟大实践。

——支持真理标准问题大讨论，完整准确理解毛泽东思想。1977 年 2 月 7 日，《人民日报》《红旗》《解放军报》发表社论《学好文件抓住纲》，公开提出“两个凡是”的错误方针。要解决当时的一切问题，首先必须冲破“两个凡是”的藩篱，恢复党的实事求是的思想路线。为此，邓小平全力支持真理标准问题讨论，拨乱反正首先从思想领域展开并实现突破。

1977 年 4 月 10 日，尚未正式恢复工作的邓小平就提出：“我们必须世世代代地用准确的完整的毛泽东思想来指导我们全党、全军和全国人民。”[①] 之后，他旗帜鲜明地指出：“‘两个凡是’不符合马克思主义”，“马克思、恩格斯没有说过‘凡是’，列宁、斯大林没有说过‘凡是’，毛泽东同志自己也没有说过‘凡是’。”[②] 邓小平强调：毛泽东思想是一个准确的完整的思想体系，高举毛泽东思想的旗帜，就要学习和运用、掌握和领会这个思想体系的精神实质。他在全军政治工作会议上指出：“实事求是，是毛泽东思想的出发点、根本点。”[③] 他说，如果反对实事求是，“即使我们口头上大讲拥护毛泽东思想，实际上也只能是违反毛泽东思想”[④]，“只能引导到唯心主义

① 《邓小平文选》（第 2 卷），人民出版社，1994，第 39 页。

② 《邓小平文选》（第 2 卷），人民出版社，1994，第 39 页。

③ 《邓小平文选》（第 2 卷），人民出版社，1994，第 114 页。

④ 《邓小平文选》（第 2 卷），人民出版社，1994，第 119 页。

和形而上学，只能引导到工作的损失和革命的失败”。[①] 因此，我们一定要“拨乱反正，打破精神枷锁，使我们的思想来个大解放”。[②]

对于真理标准问题大讨论，邓小平给予坚决支持。他反复强调，要冲破“两个凡是”的束缚，坚持实事求是的思想路线。他说，“怎么样高举毛泽东思想旗帜，是个大问题”[③]，“毛泽东思想的基本点就是实事求是，就是把马列主义的普遍原理同中国革命的具体实践相结合”[④]，“我们高举毛泽东思想的旗帜，就要在每一时期，处理各种方针政策问题时，都坚持从实际出发”[⑤]，“马克思主义要发展嘛！毛泽东思想也要发展嘛，否则就会僵化嘛！”[⑥] 他一再指出，理论要通过实践来检验，实践是检验真理的唯一标准。“违反毛泽东同志实事求是的思想，违反辩证唯物主义、历史唯物主义的原理，实际上是唯心主义和形而上学的反映。”[⑦]

在邓小平支持指导下，真理标准问题讨论在全国广泛展开。1978 年下半年，中央党政机关各部门和绝大多数省、自治区、直辖市负责人，人民解放军总部和各大军区负责人以及理论工作者纷纷发表文章或讲话，支持和参与这场讨论。真理标准问题大讨论，使人们的思想从教条主义和个人崇拜的禁锢下解放出来，实现了思想路线的拨乱反正。

——恢复正确的思想路线，树立正确的政治路线，实现党的工作重心战略转移。冲破“两个凡是”的藩篱后，邓小平同志开始思考中国向何处去的历史命题。他从总结新中国成立以来我们党领导社会主义革命和建设的经验教训入手，决心实现党的工作重心的战略转移，逐步解决什么是社会主义，怎么样建设社会主义的基本问题，探索一条适合中国国情的社会主义现代化建设道路。

1978 年 12 月 15 日，邓小平在中央工作会议闭幕会上发表《解放思想，

---

① 《邓小平文选》（第 2 卷），人民出版社，1994，第 118 页。
② 《邓小平文选》（第 2 卷），人民出版社，1994，第 119 页。
③ 《邓小平文选》（第 2 卷），人民出版社，1994，第 126 页。
④ 《邓小平文选》（第 2 卷），人民出版社，1994，第 126 页。
⑤ 《邓小平文选》（第 2 卷），人民出版社，1994，第 127 页。
⑥ 中共中央文献研究室编《回忆邓小平（上）》，中央文献出版社，1998，第 116 页。
⑦ 《邓小平文选》（第 2 卷），人民出版社，1994，第 128 页。

实事求是，团结一致向前看》的重要讲话。他认为，经历了“文化大革命”的十年动乱以后，“解放思想是当前的一个重大政治问题”。[①] 他具体分析了造成一些同志思想僵化或半僵化的历史原因，提出了思想僵化对于党的事业的严重危害，要求全党坚持解放思想、实事求是的思想路线：“只有思想解放了，我们才能正确地以马列主义、毛泽东思想为指导，解决过去遗留的问题，解决新出现的一系列问题，正确地改革同生产力迅速发展不相适应的生产关系和上层建筑，根据我国的实际情况，确定实现四个现代化的具体道路、方针、方法和措施。”[②] 面对与世界各国的差距逐渐拉大，邓小平强调：“如果现在再不实行改革，我们的现代化事业和社会主义事业就会被葬送。”[③]

随后举行的党的十一届三中全会系统地总结了新中国成立以来的经验教训，恢复了马克思主义的思想路线；抛弃“以阶级斗争为纲”的指导思想，决定把全党工作的重点转移到经济建设上来，做出改革开放的重大决策，恢复了马克思主义的政治路线；决定为冤假错案平反昭雪，恢复了马克思主义的组织路线，实际形成了以邓小平为核心的第二代中央领导集体。邓小平的《解放思想，实事求是，团结一致向前看》的讲话，论述了改革开放和社会主义现代化建设需要解决的一系列基本问题，是在中国面临向何处去的重大历史关头，开辟中国特色社会主义新道路的“政治宣言”。

——公正评价毛泽东同志和毛泽东思想，统一全党全国人民的思想和意志。在这历史转折的关键时期，一些人继续提倡“两个凡是”，反对和抵制拨乱反正；另一些人打着“解放思想”的旗号，利用历史遗留问题，全盘否定毛泽东和毛泽东思想。面对新的情况，邓小平敏锐地觉察到有必要对新中国成立以来党的历史进行认真总结，客观公正地评价毛泽东的历史功过和毛泽东思想，通过对历史问题的总结，统一全党和全国人民的思想。

为了起草好《关于建国以来党的若干历史问题的决议》，邓小平进行了

---

① 《邓小平文选》（第2卷），人民出版社，1994，第141页。

② 《邓小平文选》（第2卷），人民出版社，1994，第141页。

③ 《邓小平文选》（第2卷），人民出版社，1994，第150页。

精心的指导。他认为，《决议》首先是要正确评价毛泽东同志的历史地位，坚持和发展毛泽东思想。他说："要正确地评价毛泽东思想，科学地确立毛泽东思想的指导地位，就要把毛泽东思想的主要内容，特别是今后还要继续贯彻执行的内容，用比较概括的语言写出来。'文化大革命'的十年，毛泽东同志是犯了错误的。在讲到毛泽东同志、毛泽东思想的时候，要对这一时期的错误进行实事求是的分析。"① 他指出："建国后十七年这一段，有曲折，有错误，基本方面还是对的。社会主义革命搞得好，转入社会主义建设以后，毛泽东同志也有好文章、好思想。讲错误，不应该只讲毛泽东同志，中央许多负责同志都有错误……在这些问题上要公正，不要造成一种印象，别的人都正确，只有一个人犯错误。这不符合事实。中央犯错误，不是一个人负责，是集体负责。"②

在审阅《决议》草稿时，他强调："重点放在毛泽东思想是什么、毛泽东同志正确的东西是什么这方面。错误的东西要批评，但是要很恰当。单单讲毛泽东同志本人的错误不能解决问题，最重要的是一个制度问题。……毛泽东同志晚年在理论和实践上的错误，要讲，但是要概括一点，要恰当。主要的内容，还是集中讲正确的东西。因为这符合历史。是不是结语写一段我们还要继续发展毛泽东思想。"③

1981 年 6 月 27 日至 29 日，党的十一届六中全会审议通过了《关于建国以来党的若干历史问题的决议》，既对毛泽东晚年的错误做了科学的分析和批评，又坚决地维护了毛泽东思想的科学体系和毛泽东的历史地位，纠正了当时存在的"左"的和右的错误观点，统一了全党和全国人民的思想，为推动中国特色社会主义建设事业健康发展提供了根本的保证。

——提出坚持"四项基本原则"，保证改革开放的正确方向。历史证明，一种倾向往往掩盖另一种倾向。在冲破"左"的思想束缚的同时，一种否认社会主义制度、否认人民民主专政，否认共产党的领导、否认马克思

① 《邓小平文选》（第 2 卷），人民出版社，1994，第 292 页。
② 《邓小平文选》（第 2 卷），人民出版社，1994，第 296 页。
③ 《邓小平文选》（第 2 卷），人民出版社，1994，第 297 页。

主义的右的思潮开始泛滥，扰乱人们特别是青年们的思想，干扰着刚刚起步的改革开放和现代化建设。这要求我们必须旗帜鲜明地表明正确的立场，保证改革开放的正确方向。

在党的理论工作务虚会上，邓小平发表了《坚持四项基本原则》的重要讲话。他强调，在中国社会主义现代化建设的过程中，我们要在中国实现四个现代化，必须在思想政治上坚持四项基本原则："必须坚持社会主义道路，坚持无产阶级专政，坚持共产党的领导，坚持马列主义、毛泽东思想。"① 这是实现四个现代化的根本前提，也是我们党长期以来一直贯彻的基本原则，决不允许在这个根本立场上有丝毫动摇。"如果动摇了这四项基本原则中的任何一项，那就动摇了整个社会主义事业，整个现代化建设事业"。②

邓小平对坚持四项基本原则做了深入阐释。第一，必须坚持社会主义道路。只有社会主义才能救中国，这是中国人民从五四运动到现在 60 年来的亲身体验中得出的不可动摇的历史结论。中国离开社会主义就必然退回到半封建半殖民地社会。中国绝大多数人决不允许历史倒退。第二，必须坚持无产阶级专政，没有无产阶级专政，我们就不可能保卫从而也不可能建设社会主义。第三，必须坚持共产党的领导。没有中国共产党，就没有社会主义的新中国。第四，必须坚持马列主义、毛泽东思想。毛泽东思想过去是中国革命的旗帜，今后将永远是中国社会主义事业的旗帜，我们将永远高举毛泽东思想的旗帜前进。

——提出"建设有中国特色的社会主义"的历史命题，开始马克思主义中国化新的历史进程。在 1979 年 3 月党的理论工作务虚会上，邓小平就提出："过去搞民主革命，要适合中国情况，走毛泽东同志开辟的农村包围城市的道路。现在搞建设，也要适合中国情况，走出一条中国式的现代化道路。"③ 在 1980 年 1 月党中央召集的干部会议上，他又对中国目前的形势和

① 《邓小平文选》（第 2 卷），人民出版社，1994，第 173 页。

② 《邓小平文选》（第 2 卷），人民出版社，1994，第 173 页。

③ 《邓小平文选》（第 2 卷），人民出版社，1994，第 163 页。

任务做出了深入的分析，指出“我们在发展经济方面，正在寻求一条合乎中国实际的，能够快一点、省一点的道路”。[①]

1982 年 9 月，在党的十二大开幕词中，邓小平明确提出：“把马克思主义的普遍真理同我国的具体实际结合起来，走自己的道路，建设有中国特色的社会主义。”[②] 历史的经验教训告诉我们，现代化建设必须从中国的实际出发，革命和建设注意学习和借鉴外国经验是十分必需的，但是照抄照搬别国经验、别国模式，从来不能得到成功。以邓小平为代表的中国共产党人，在总结新中国成立以来正反两方面经验教训的基础上，在研究和借鉴国际社会经验教训的基础上，在改革开放的崭新实践上，终于找到了中国自己的建设道路。

邓小平提出的建设有中国特色的社会主义的命题，是整个新的历史时期改革开放和现代化建设的指导思想。随后，党的十三大、十四大、十五大、十六大陆续概括和阐述了党在社会主义初级阶段的基本理论、基本路线、基本纲领、基本经验，党的十七大则首次对中国特色社会主义的旗帜、道路和理论体系进行了完整表述。随着历史发展，我们党对于什么是社会主义、怎样建设社会主义基本问题的认识与时俱进、不断深化，而邓小平提出建设有中国特色的社会主义这一历史命题，则为其奠定了基础，在新的时代开启了马克思主义中国化新的进程。

## 邓小平推进马克思主义中国化的科学方法

站在 21 世纪初叶的历史方位，重新审视邓小平党的十一届三中全会前后推进马克思主义中国化的实践，我们看到，邓小平之所以能够在中国发展的十字路口扭转历史车轮，将党的指导思想从“以阶级斗争为纲”转变为“以经济建设为中心”，从“两个凡是”转变为解放思想、实事求是，从固守僵化体制转变为推进体制改革，从闭关自守转变为对外开放，开辟了中国

① 《邓小平文选》（第 2 卷），人民出版社，1994，第 246 页。

② 《邓小平文选》（第 3 卷），人民出版社，1994，第 3 页。

特色社会主义事业新道路，除了他具有远见卓识和非凡胆略外，就是因为他从中国实际出发，以辩证唯物主义和历史唯物主义的方法论为指导，运用正确的科学方法。他的伟大实践为在新的历史条件下，继续推进马克思主义中国化和中国特色社会主义事业带来深刻的启示。

——既反“左”，又反右。党的十一届三中全会前后的历史时期，中国大地涌动“左”的和右的两种错误思潮。中国要冲破“两个凡是”，解放思想，改革僵化的高度集中统一的政治经济体制，敞开国门学习国外优秀文明成果，就必须彻底排除“左”的错误思潮的束缚；中国要在改革开放的新的历史条件下坚持人民民主专政，不断完善社会主义制度，巩固共产党的执政地位和马克思主义在意识形态领域的指导地位，就必须排除右的错误思潮的干扰和影响。面对“左”与右的两种错误思潮，邓小平进行了两条战线的思想斗争，一方面，强调实践是检验真理的标准，反对“两个凡是”，疾呼“解放思想”，推动体制改革和对外开放；另一方面，坚决反对全面否定毛泽东同志和毛泽东思想，主张清除“精神污染”，提出坚持四项基本原则。正是因为既反“左”，又反右，我们党才得以冲破思想藩篱，排除各种干扰，统一全党和全国人民的思想，实现历史转折，开启了马克思主义中国化新的历史进程。

——“不唯书，不唯上，只唯实。”毛泽东同志之所以能够开拓马克思主义中国化的历史进程，创立将中国革命引向胜利的毛泽东思想，就在于他没有拘泥于马克思主义经典作家的革命理论和苏联革命模式，也没有盲从共产国际等上级机关的“城市中心论”，而是从中国实际出发，开创了农村包围城市的独特的革命道路。面对中国再次向何处去的历史课题，邓小平没有从马克思主义经典著作特别是毛泽东同志的著作中寻找现成答案，而是力主完整准确理解和运用毛泽东思想，解放思想，实事求是，倡导理论联系实际的作风，认真总结新中国成立以来我们党进行社会主义革命和建设的经验教训，深入研究和准确把握国情，正视我国与发达国家的发展差距，准确认识我国政治经济体制的弊端。就是在这样的基础上，邓小平同志做出“以经济建设为中心，坚持改革开放，坚持四项基本原则”的历史抉择，初步解决了“什么是社会主义、怎样建设社会主义”的基本问题，实现了马克思主义中国化的新飞跃。

——坚持原则，讲求策略。在中国这样一个东方大国推进马克思主义中国化，需要坚持马克思主义、社会主义、人民民主专政、共产党的领导这样须臾不可动摇的原则。不坚持，中国特色社会主义的旗帜就难以永远高高飘扬，党的执政地位就不可能巩固，马克思主义在意识形态领域的指导地位就不可能维护，社会主义国家的性质就有可能改变，社会主义制度就有可能被取代。正是如此，邓小平提出坚持四项基本原则，旗帜鲜明反对精神污染和资产阶级自由化思潮。与此同时，他也显示了高超的领导艺术，采取灵活多样的策略。面对拨乱反正的阻力，他首先在思想领域寻求突破，支持真理标准问题大讨论，提出完整准确理解毛泽东思想，主张公正评价毛泽东同志的历史功过；他在坚决主张平反冤假错案、正确解决遗留问题的同时，要求全党同志"团结一致向前看"，不拘泥于个人利益得失和恩怨。正是由于他有高超的领导艺术和方法策略，才能够成功解决众多难题，将全党和全国人民的注意力引导到现代化建设和改革开放上来，重新启动马克思主义中国化的历史进程。

——坚持自下而上与自上而下相结合。历史证明，任何伟大的事业，都是人民群众积极参与推动的事业。坚持党对人民群众的自上而下的领导，实现人民群众对事业自下而上的支持和拥护，是我们的事业不断取得胜利的重要法宝。在20世纪70年代末中国历史转折过程中，邓小平同志一方面支持自下而上的真理标准大讨论和联产承包责任制的推行，充分保护人民群众参与思想解放和体制改革的热情，激发人民群众生产经营积极性；另一方面，将人民群众的自发行为变成党领导下的自觉行为，自上而下解决历史遗留问题，做出工作重心战略转移的重大决策，有组织有秩序地开始改革开放进程。正是我们党制定了正确的路线方针政策，自上而下地贯彻执行并变成人民群众的自觉行动，也正是人民群众对党的领导和对革命事业自下而上的全力支持，才将人民的意志和党的意志有机统一起来，形成全党全国人民同心协力推进改革开放和现代化建设事业的良好局面。

——坚持民主讨论与说服教育。从延安整风开始，民主讨论和说服教育就成为我们党解决思想问题、进行马克思主义理论宣传、贯彻执行党的路线和方针政策的好方法。但是，在新中国成立之后相当长的时间里，特别是在“文革”时期，粗暴的“大批判”压制不同意见，酿成许多冤假错案，阻碍思想理论创新，窒息了党和国家的发展活力。在历史转折的关键时期，邓小平深刻总结经验教训，坚决停止“大鸣、大放、大辩论、大字报”的大批判，通过真理标准问题讨论这样的民主讨论，解除长期存在的思想束缚；通过舆论的宣传和理论的学习引导人们解放思想，实事求是，团结一致向前看；通过对新中国成立以来历史的客观公正评价，让人们发自内心地认识和纠正错误，认识党工作重心转移和实行改革开放的历史必然性，认识坚持“一个中心，两个基本点”的科学内涵。正是坚持民主讨论和说服教育的方法，为改革开放扫清心理障碍，解除思想顾虑，形成既有统一意志又心情舒畅的生动局面，党的十一届三中全会做出的重大决策和制定的大政方针很快被人民所接受认可，并成为人民群众的自觉行动。

——坚持继承与创新的有机统一。继承与创新，是推进马克思主义中国化的“一体两翼”。毛泽东同志模范继承了马克思主义基本原理，运用马克思主义的立场、观点和方法分析中国革命和建设的重大问题，在继承马克思主义基本原理的基础上进行马克思主义理论的创新，形成中国的马克思主义——毛泽东思想。邓小平同志反复强调高举毛泽东思想伟大旗帜，完整准确理解和运用毛泽东思想，强调“老祖宗不能丢”。与此同时，他坚决要求摒弃“两个凡是”，反对僵化和故步自封，“一个党，一个国家，一个民族，如果一切从本本出发，思想僵化，迷信盛行，那它就不能前进，它的生机就停止了，就要亡党亡国”，[①] 强调解放思想、马克思主义理论创新和体制改革。正是坚持继承和创新的有机统一，我们党正确评价了毛泽东同志的历史功过和毛泽东思想的历史作用，制定党在社会主义初级阶段的基本路线、基本纲领，进行了建立社会主义市场经济体制这样史无前例的改革，解决了“什么是社会主义、怎样建设社会主义”的基本问题，形成了当代中国的马克思主义——邓小平理论，实现了马克思主义中国化第二次飞跃，将一个贫穷落后的中国引向全面小康乃至现代化的光明坦途。

---

① 《邓小平文选》（第2卷），人民出版社，1994，第143页。

# 做大做强我省县域产业园区的对策研究*

（2014 年 7 月 22 日）

省委八届五次全会将县域产业园区建设作为“四大攻坚战”的重要内容。当前，我省园区数量已经不少，但在园区管理机制、对外招商引资、产业聚集水平等方面还存在诸多问题。如何加快园区建设，成为我省县域经济发展必须解决的现实问题。

## 一　园区是推动我省县域经济发展的重要引擎

产业园区是聚集产业、吸纳就业的平台，也是县域对外开放、经济发展的重要支点。近年来，我省园区发展迎来了加快发展的重要时期。到 2012 年，河北省园区总量达到 237 个，与 2009 年的 48 个相比增加了 189 个，园区布点率从不到 28% 提高到 137%，基本每个县有 1 家以上的园区（工业聚集区、开发区）。我省开发区（园区）实现地区生产总值占到全省 GDP 的 28.6%，固定资产投资占全省固定资产投资额的 26.1%，实际利用外资占全省利用外资额的 43.1%，外贸进出口占全省进出口总值的 42.2%，园区已经成为带动河北经济增长的重要引擎。

* 本文为周文夫在河北省政协十一届八次常委会议上的发言稿。

## 二　我省县域产业园区发展面临的问题

在肯定成绩的同时，也要看到我省园区发展还存在一些问题，主要表现为以下几点。

一是园区基础设施建设滞后。我省多数县域园区处在发展的初期阶段，开发建设主要依靠政府财政投入，部分园区成立多年，园区内部道路框架还没有拉出，供水、供热、供气、排水等建设滞后。一些园区宣传“五通一平”“七通一平”，甚至还有“九通一平”，但实地察看却不是那么回事，极大影响了园区招商引资的效果。

二是园区聚集度不高，优质企业数量偏少。与浙江等发达省份相比，我省县域园区企业数量、发展水平存在较大差距。如在浙江省上虞区一个经济技术开发区就拥有企业400多家，销售收入超过300亿元，其中，上市企业7家，后备上市企业达到20多家；而我省全部A股上市企业仅为49家，90%以上的县域产业园区没有上市公司。有的园区成立多年，仍没有像样的企业入驻，园区内荒草萋萋。

三是园区管理体制不顺，主动发展的积极性不高。我省县域产业园区主要以园区管委会形式运作，管委会负责人由当地政府委派，园区没有赋予经济社会管理的职能，只承担着协调和代办的功能，企业经营管理遇到的各种问题仍要到政府和各职能部门解决。一些园区经过多年扩大已经管理了数个村庄，却面临管得了企业、管不了村庄、管不了人的困境。园区管理中考核激励制度也存在问题，干多干少一个样，招商招多招少一个样，园区负责人把园区主任看作行政职位上的一个过渡，工作人员主动招商、主动服务的积极性不高。

四是园区发展土地要素制约较大。我省各地纷纷反映园区建设用地缺口较大。只有投资亿元的省重点项目，才有可能获得用地指标。但县域特点决定了其吸引的主要是中小项目，哪里能吸引到上亿元的项目？县域一些好的项目由于缺少用地指标无法落地。因此，必须想办法从根上解决土地短缺的问题。与此同时，园区土地利用粗放、产出率不高也是个问题。

## 三　做大做强县域产业园区的对策建议

第一，统筹资源配置，提升园区基础设施和配套服务能力。我省县域产业园区在数量、布点率等方面与先进省份差距不大，差距主要在园区建设和发展水平上。京津冀协同发展战略下，我省廊坊永清、保定白沟承接北京动物园、大红门批发市场的消息传出已久，本以为板上钉钉的事，最近突然传出动批、大红门、百荣世贸城等地的100多名商户与天津市西青区项目签约的消息。天津抢在我省之前，在承接北京的低端服务产业转移中先行一步，一个重要原因是位于天津西青区的卓尔电商城在规模、业态、配套等方面的综合优势。被视作我省最有希望承接北京批发市场转移的永清，至今连建设商城的用地指标都未拿到，更不要说基础设施、配套服务。在京津冀协同发展的重大战略机遇面前，我省县域经济能不能发展起来，关键靠提升县域产业园区的承载力，让企业、商户愿意来、留得住、发展好。园区作为支撑经济、促进发展的前沿阵地，理应在投入上给予优先安排，大胆建设。目前的当务之急是选择一批区位条件好、具备承接能力和发展潜力的县级产业园区，作为协同发展的主阵地，从土地、资金、人才等综合资源要素方面进行重点支持，尽快把规划、蓝图落到实处，把园区基础设施、配套服务水平提升上来，尽快打造一批具有发展竞争优势的高标准产业园区。

第二，加强横向交流，建立对外招商联盟。对外招商引资是加快经济发展最直接、最有效的手段。做大我省县域园区还要依靠招商引资。但怎么招商、招什么商还是需要探索和研究的。今年“5·18中国廊坊国际经济贸易洽谈会”上，我省各地对京津冀协同发展热情高涨，招商引资队伍蜂拥而至，渴望发展的心情、热情可嘉，但这种一哄而上、自我竞争的招商方法还是需要改进的。要跳出“单个县域经济”“单兵作战”的发展理念，树立“大经济”“大联合”意识，加强县域间园区交流协作，通过组团招商，建立对外招商联盟的办法，大兵团作战，获得招商引资的最大收益。同时，县域招商对象也不宜过多瞄准京津，北京第二产业比重仅为22.7%，天津二产比重较高，达到50.6%，但滨海新区政策优势很大。相反，长三角、珠三角地区的产业饱和度高、企业发展空间受限明显、产业向中西部地区外移的趋势明显。打好京津冀协同发展重大战略机遇这张牌，到这些地方组团招商，承接希望将产业外移到京津冀、中西部发展的企业，承接外资、民资、南资，也可以是壮大我省县域园区实力的一个选择。

第三，理顺园区管理体制，建立有效激励机制。发达省份在园区管理方面已经有了很多成功的做法。浙江、江苏等省的经验主要有几点。一是园区享有充分的事权和审批权限。县级政府除了负责制定园区“三定”，规定和管理园区正职领导干部外，涉及经济、建设、社会的各项事权，园区与县级政府各部门一样享有，多数事项不出园区即可办结。二是实行园区建设市场化运作、企业化管理的园区开发模式，政企、政事分开。三是授予园区灵活的干部调配机制，实行公司化竞争上岗机制，对社会公开竞聘工作人员，实行灵活的薪酬制度，调动工作人员的积极性。这些经验不一定完全适用于河北，但一些做法我省是可以积极借鉴的。

第四，灵活把握政策尺度，多渠道破解土地难题。用地难是制约县域产业发展的重要问题。党的十八届三中全会《中共中央关于全面深化改革若干重大问题的决定》中，“建立城乡统一的建设用地市场”“允许集体经营性建设用地出让、租赁、入股”等新提法的出现，无疑有助于缓解我省发展土地供需紧张局面。但我们绝不能仅寄望于国家政策调整，关键还是从自身想办法。从目前看，破解园区用地难，应着重用好国家城乡建设用地“增减挂钩”政策，以农村土地综合整治为抓手，推进农村空闲宅基地、低效建设用地复耕，将建设用地指标向园区集中，满足县域产业发展需求。同时，注意盘活园区闲置用地，解决土地粗放利用问题。

第五，实施绿色增长战略，推动产城融合发展。当前我省经济发展面临的环境资源制约凸显，转变传统粗放型经济增长方式已迫在眉睫。县域园区要在把握自身的区位、资源、产业特点，分析比较优势基础上，进一步明确园区产业功能定位，明确招商引资的方向和重点。重点发展科技含量高、资源消耗低、环境污染少的新型工业，加快发展各类农产品的电子商务等。要构建产城融合的发展机制，引导产业向园区聚集、园区向县城集中，形成产业发展与城镇建设互动的良好局面。

# 在全院领导干部会议上的讲话

（2014 年 7 月 31 日）

今天召开全院领导干部会议，主要任务是宣布院党组关于我院新任和续聘处级干部决定，送同志们上岗。同时还有两项内容，一是对我院参公部门处级干部职位补充调整和事业部门处级领导干部第六轮聘用新提拔的同志进行任前培训，为履新上岗做准备；二是根据省委组织部要求，为学习贯彻习近平总书记系列讲话和党的十八届三中全会精神处级干部集中培训班做开班动员。

首先，我代表院党组向续聘和新提任处级职务的同志们表示衷心的祝贺！向为我院事业发展做出重要贡献、因年龄因素不再担任处级领导职务的同志们表示衷心感谢！刚才，国岚同志与大家进行了集体廉政谈话，希望同志们深刻领会、认真把握，在自己今后的工作岗位上，严格遵守党风廉政建设各项规定，自重、自警、自省、自励，率先垂范、做出表率。

下面，我就本次处级干部选拔任（聘）用和学习培训讲三个方面的问题：一是与大家交流思想，二是对新提任处级干部提点希望，三是对这次集中学习培训提些要求。

## 一　对本次处级干部新任（聘）用的三个认识

我院参公部门处级干部职位补充调整和事业部门处级领导干部第六轮聘用工作，自今年 2 月开始启动，3、4 月人事处调研、起草工作方案，5 月上旬铺开，经履行规定程序并经上级机关备案批复，历时半年时间，今天下达了任（聘）职决定。这次干部调整工作能够按照既定方案圆满完成，我们靠的是正确执行党的干部政策，靠的是省委领导及宣传部、组织部大力支持，靠的是院党组集体坚强领导，靠的是全院广大干部职工热情参与。回顾整个工作历程，有三个基本认识，借此机会与同志们做个总结交流。

**（一）这是一次深入贯彻《党政领导干部选拔任用工作条例》的成功实践**

2014 年 1 月 14 日，中央颁布实施了新的《党政领导干部选拔任用工作条例》。新版条例，对已经实施了 12 年的 2002 年版条例做出了许多重大修订。新的条例，集中体现了以习近平同志为总书记的党中央对干部工作提出的新要求，把选用什么样的干部、用什么办法把好干部选用起来等基本问题，用条例的形式明确出来、固定下来，是新时期我们党干部选用工作的根本办法。

我们理解，新版条例有三个突出特点。一是更加突出了党管干部的原则。新条例在干部选用各个环节中强化了党委（党组）的权力和责任，特别是新增了“动议”一章，其中规定，“党委（党组）或者组织（人事）部门按照干部管理权限，根据工作需要和领导班子建设实际，提出启动干部选拔任用工作意见”。这些规定，更加突出了党委（党组）在干部选用工作中的领导和把关作用。二是更加突出了问题导向。新版条例针对近年来干部选用工作中出现的新问题，以改革的精神对以往一些约定俗成的观念及做法做出了“颠覆性”的改变。以民主推荐为例，民主推荐是干部工作发扬民主、走群众路线的重要制度安排，在选准用好干部、防止个人或少数人说了算等方面发挥了重要作用，但在实践中也出现了一些新问题，比如投“利益票”“感情票”“跟风票”、拉票贿选、决策时简单地以票取人等问题。对此，新条例将民主推荐结果由选拔任用的“重要依据”改为“重要参考”，规定民主推荐情况只是确定考察对象应当综合考虑的因素之一，防止把推荐票等同于选举票，简单地以票取人。诸如此类的新规定，都需要我们认真学习、深刻领会、落实到位。三是更加突出了追责和监督。从实质上讲，旧版条例是一个免责条例，而新版条例是一个追责条例。一方面新条例加大了党委（党组）在干部选用工作中的权力，另一方面也细化和突出了监督的要求，规定要加强干部选拔任用工作全程监督，实行党政领导干部选拔任用工作责任追究制度等。新条例是做好干部选拔任用工作的基本遵循，如何吃透新条例的新精神，在实际工作中把条例贯彻好、落实好？需要我们认真学习，深刻理解条例修订的深层内涵，更需要我们摆脱惯性思维，进一步解放思想、与时俱进。

这次我院参公部门处级干部职位补充调整和事业部门处级领导干部第六轮聘用工作是在新条例刚刚颁布的背景下组织实施的，在实际工作中把条例精神贯彻好、落实好是首要任务，是方向保证，也是纪律要求。整个工作的实施过程，是一个领会条例不断深化的认识过程，也是一个贯彻条例不断深化的实践过程，主要体现在三个方面。一是执行标准严。这次我院参公部门处级干部职位补充调整的任职条件，完全遵照条例第二章选拔任用条件中规定的基本条件和基本资格，事业部门处级干部第六轮聘用的条件与第五轮完全相同，都没有做任何变通，也没做任何额外的规定，更没有所谓量身定做的因素。人事部门对每一名考察对象都做了严格的资格审查，保证了干部选任的严肃性，也保证了干部任用的公平度。二是落实程序严。新条例对干部选拔任用程序规定为动议、民主推荐、考察、讨论决定、任职五个环节，新增了“动议”一章，删去了“酝酿”一章。这样做的目的是把实际工作中客观存在的动议环节显性化，而把贯穿于整个工作过程的酝酿分解到各个环节中去表述。在这次干部调整工作中，我们特别注意落实条例新规定，把酝酿工作做足、做充分。比如，在民主推荐环节、在考察人选确定环节，我作为党组书记，与每一位党组成员都做了一对一的思想沟通，了解情况，商量分管部门的任职人选，有时对有意见分歧的人选进行了两次甚至多次的沟通，在此基础上，召集分管人事工作和分管科研工作的副院长及人事处处长研究确定了考察对象。这样做，体现了民主集中制下院党组的领导和把关作用。三是实施监督严。根据条例规定，纪检组对这次干部选拔任用工作实施全程监督，尤其对工作方案、民主推荐、考察人选确定等环节实施重点监督，很好地发挥了纪律监督与保驾护航并重的职能作用。

### （二）这是一次丰富和创新干部选用机制的成功实践

新条例在对干部选用工作做出明确规定的同时，也为各地各部门结合实际开展工作创新留有空间。在我院这次干部选用工作中，我们把严格贯彻落实条例与切合实际开展方式方法创新有机统一起来，进行了一系列有益尝试，丰富了工作实践，收到了好的效果。一是在充分发扬民主基础上实现党组领导把关作用。比如，为充分发扬民主，首次将干部选用工作实施方案的征求意见稿印发各部门征求意见，将收集到的意见建议进行综合分析，其中有的做了吸纳，未被吸纳又比较集中的意见，院党组在两次推荐会议和其他适当场合均做出了详细解释和说明。又如，关于为什么不再采用竞争上岗的办法进行干部聘用问题，我们进行了认真分析。在已经不具备竞聘客观条件和干部政策不主张“凡提必竞”的情况下，是死守“竞聘”这样一种形式？还是坚持从实际出发，选择一种更加符合条例基本精神、切合我院干部实际，而又能充分体现竞争性的办法，如“两次推荐加三年考核”，来解决这一问题？这次我们选择了后者，从实际情况看，收到了好的效果。再如，我们将会议推荐的范围扩大到全院干部职工，从更广泛的层面测评干部的群众公认度，这样做，为党组的用人决策提供了重要参考。二是将坚持干部选用的竞争性与党组对干部任用的决定性相结合。例如，个别谈话推荐原则上按照比例采用差额推荐，并对不同职级人员的推荐票设置了权重，这样做，既体现了干部选用的竞争性又体现了党组在干部使用问题上的领导和把关作用。三是变民主推荐的单一性为综合性。例如，首次采取了量化计分综合评价办法，把近三年度的考核作为一项指标与推荐得票情况一并计入综合量化得分，加强了对考核结果的应用，体现了注重一贯表现的精神。院党组在酝酿沟通任职人选时，注重综合考量干部的群众公认度、德才表现、工作能力以及班子结构和个人特点，在人岗相适方面做了比较深入的考量。以上这些有益的尝试为我们今后做好干部选用工作打开了思路，积累了经验。

### （三）这是一次优化我院干部队伍结构的成功实践

通过这次干部调整，我院处级干部队伍结构进一步优化。从年龄结构上看，调整后处级干部的总体平均年龄为 48 岁，比调整前降低了一岁。40 岁以下的处级干部占全部处级干部的比例由 14.3% 上升为 16.5%，其中 40 岁以下副处级干部在整个副处级干部中所占比例达到 30.4%。41～55 岁的处级干部占全部处级干部比例由63.1%上升为70.6%，此年龄段的正处级干部在整个正处级干部中所占比例大幅上升，由65%上升到82.1%，提高了17.1%。56岁以上的处级干部大幅减少，由22.6%降低为12.9%，其中正处级干部由35%下降到17.9%。这些数据反映出，我院处级干部队伍明显年轻化，年富力强、正处黄金年龄段的处级干部明显增加。从学历结构上看，硕士研究生以上学历的处级干部所占比例由20.3%上升到23.6%，提高了3.3%。从职称结构上看，科研科辅部门正处级干部全部是正高级职称，副处级干部全部是副高级以上职称。从梯队建设上看，参公部门配齐了部门“一把手”，增加了副处级干部，事业部门“一把手”更加年轻化，副职岗位力量也得到加强。总体上说，我们盘活了现有的干部人才资源，在建设一支素质优良、数量充足、结构合理、充满活力、不断更新的干部队伍方面迈出了坚实步伐。

## 二　对新提拔任（聘）用同志的四点希望

从今天开始，新提拔的同志就要走上新的处级干部工作岗位。千里之行始于足下，开拓进取任重道远，迈出踏踏实实的第一步，是驰骋千里的重要前提，也是决胜千里的重要基础。希望同志们从上岗任职的第一天起，就要按照习近平总书记提出的好干部标准严格要求自己，不辜负广大干部职工的期盼和院党组的嘱托，立志建功立业、有所作为。在此，我代表院党组提出四点希望，也是与同志们共勉。

### （一）要把讲政治放在首要位置

习近平总书记在全国宣传思想工作会议上的讲话中强调，我们在集中精力进行经济建设的同时，一刻也不能放松和削弱意识形态工作。党校、干部学院、社会科学院、高校、理论学习中心组等都要把马克思主义作为必修课，成为马克思主义学习、研究、宣传的重要阵地。党的十八届三中全会通过的《中共中央关于全面深化改革若干重大问题的决定》指出：“建设社会主义文化强国，增强国家文化软实力，必须坚持社会主义先进文化前进方向，坚持中国特色社会主义文化发展道路，培育和践行社会主义核心价值观，巩固马克思主义在意识形态领域的指导地位，巩固全党全国各族人民团结奋斗的共同思想基础。”全院同志特别是各部门处级干部，必须深入学习贯彻习近平总书记一系列重要讲话和党的十八大，十八届二中、三中全会精神，树立阵地意识，始终坚持马克思主义在哲学社会科学领域的指导地位，用马克思主义的主流意识形态指导理论探索、学术研究，占领和主导理论学术传播阵地，做到守土有责、守土负责、守土尽责，努力把社科院建设成为马克思主义坚强阵地。

一要做马克思主义坚强捍卫者。我们是党的宣传理论工作者，是党的理论战士，首先要对马克思主义有坚定的信仰，坚定中国特色社会主义信念，不断增强道路自信、理论自信和制度自信。要清醒认识当前意识形态领域斗争的复杂形势、忠诚地坚守党的理论阵地。在大是大非问题上要态度鲜明，始终坚守、敢于亮剑，决不能模棱两可、含糊其词，决不能对错误观点怯于表明态度甚至放任自流。

二要做马克思主义职业研究者。社科院是党的创新理论研究部门，每一名理论研究工作者都应以严谨科学的态度扎实、深入、系统地开展理论研究，努力运用中国的学术理论和话语体系解读中国实践、中国道路、中国经验，阐释马克思主义中国化的理论创新成果和哲学社会科学创新体系，深入研究和剖析当代国际形势的深刻变化，深入研究和回答我国经济社会发展的重大理论和现实问题。当前，至关重要和十分紧迫的任务就是要全面准确、深入系统地研究党的十八大以来习近平总书记的一系列重要讲话精神，并将其转化为理论研究、学术探讨的行动指南和内在动力，推出一批有影响力的研究成果。要做好省委、省政府的思想库、智囊团，认真履行“围绕中心、服务大局”的基本职能，从省委、省政府重大决策部署着眼，从河北发展面临的重点、难点问题着眼，从理论和学术研究的前沿性问题着眼，深入开展对策研究、理论阐释、学术探讨，推进新智库建设再上新水平。

三要做马克思主义忠实宣传者。我国改革发展正处在关键时期，各种思想文化相互激荡，人们思想活动的独立性、选择性、多变性、差异性明显增强，价值取向日益多样化，正确思想和错误思想、主流意识形态和非主流意识形态相互交织，要坚持把理论武装工作摆在突出位置，在理论宣传上下大功夫，在引领社会思潮中发挥重要作用。

四要做马克思主义坚定践行者。“研究无禁区，宣传有纪律”。要坚持正确政治方向，坚守理想信念，站稳政治立场，坚定宣传党的创新理论和路线方针政策，坚定宣传党中央关于形势的重大分析判断，坚定宣传党中央重大决策部署，坚决同党中央保持高度一致，坚决维护党中央权威。要注意树立和维护理论研究工作者的正面形象，以强大的感召力和人格魅力，以令人信服的业务素养，帮助人们分清是非、澄清认识，做马克思主义的坚定践行者，做社会大众的良师益友。

### （二）要把谋发展作为第一要务

干部队伍建设的目的终归是事业发展。希望同志们以新的任职为新起点，努力工作，不断提高工作水平，为全院各项事业发展做出新贡献。

一要谋发展、促发展。要把担负的职责与推动“三个服务”结合起来。“为决策服务、为发展服务、为基层服务”是推进我院事业发展的方针性要求，也是我们的工作内容、工作目标和工作方法。要自觉把办院方针贯穿于部门职责和个人职责之中，把具体工作与院中心工作紧密结合起来。在科研工作中，要注重突出社科理论工作的服务功能，注重社科理论工作的社会价值，坚持服务决策、服务发展与服务基层群众的有机统一，不断增强我院在全省社科研究领域的影响力和话语权。在理论宣讲和社科联合工作中，要注重谋划活动、创新形式，研究和采用人民群众喜闻乐见的表达方式、传播形式，研究和运用现代化的管理模式和工作方法，使理论宣传更加贴近实际、贴近生活、贴近群众，使社科联合工作范围更广、措施更实、联系更紧密，让中国特色社会主义理论体系和哲学社会科学知识家喻户晓，为广大人民群众所理解所掌握所运用。在行政管理工作中，要找准定位、围绕中心、服务全局，营造良好的机关氛围，确保日常工作高效运转；要想方设法优化工作方法、提高工作效率，找准本职工作与“三个服务”的契合点，着力推进工作，把“三个服务”落到实处。

二要破难题、求突破。要把发现问题、研究问题、解决问题结合起来，善于把握关键点，特别是发展中的主要矛盾，深入研究，找到制约事业发展的瓶颈，找到破解问题的方法和途径，提高各部门的工作水平。要根据不断变化的新情况、新任务调整工作思路，改进工作方法，在实践中创新，在创新中提高。要敢于冲破固有的思维模式，转变观念，打破僵局，解决工作中遇到的困难和问题。要学会超前谋划工作、安排工作，不“等”不“靠”，创造条件改进工作，创出业绩。

三要敢担当、善担当。工作要推动，事业要发展，我们特别需要培养和造就一批敢担当、能担当的中层干部。习近平总书记强调，各级领导干部要切实转变作风，做到讲实话、干实事，敢作为、勇担当。担当是一个领导者的优良品行，也是一个领导者必备的职业操守。担当不是碌碌无为之中悠闲自得，而是开拓奋进中的中流砥柱；不是锦上添花时信手拈来，而是破冰攻坚时冲杀在前；不是遇到矛盾时回避躲闪，而是面对难题时挺身而出；不是每遭质疑便推诿搪塞，而是直面责难却坦坦荡荡。做到为真理担当、为正义担当、为大局担当、为同志担当，我们的事业才会活力迸发、长盛不衰。

### （三）要把懂规矩作为重要遵循

何谓规矩？规矩就是党纪国法、组织原则、工作规则和纪律要求。在全国上下深入贯彻中央八项规定和扎实开展党的群众路线教育实践活动的大背景下，讲规矩、守纪律、重品行尤为重要。

一要增强组织意识，强化大局观念。一个党员领导干部，要树立和强化自己是党的人、是有组织的人这样一个观念。在处理个人与组织的关系时，必须做到个人服从组织，少数服从多数，下级服从上级。任何人不论职务高低，不论是哪一个学科的专家或是哪一个领域的行家，不论取得了怎样的成绩，获得了怎样的荣誉，都不能把个人凌驾于组织之上，都要无条件地服从组织决定，全力维护组织的权威。

二要遵从党的规矩，遵守工作规则。民主集中制是党的一条重要规则，民主集中制就是在民主基础上的集中和集中领导下的民主的有机统一。我们既反对搞独断专行，也不允许以所谓的自由化民主化之名反对集中、违反纪律。我们鼓励同志们发扬主人翁精神，在决策前通过正当渠道积极进言献策，发挥集体智慧，努力使我们的决策更加科学、可行。但在决策形成后，就要严格按照党组织的决定，不折不扣地认真贯彻执行，做到上下一致、令行禁止，确保党组织的决定落到实处，决不允许有令不行、有禁不止，搞“上有政策、下有对策”；不允许擅作主张，我行我素，更不能滥用权力、“先斩后奏”甚至“斩而不奏”。

三要摆正位置，谨言慎行。“君子敏于事而慎于言”，要管住自己的嘴，不犯自由主义，不该说的话不说，不该做的事不做。中层干部不同于一般群众，你对某些人、某些事无所顾忌地乱评乱说，必然会影响到本部门同志的思想、情绪和看法。有些牢骚，一般群众可以发，你就不能不论时间不分场合地随意乱发。普通群众说了可能是理解不透，当处长的说了就是不讲原则、不守纪律。作为中层干部，一定要做到不利于团结的话不说，中伤他人的话不说，违背原则的话不说，不负责任的话不说。

### （四）要把讲团结作为立身基础

团结出凝聚力，团结出战斗力，团结还出干部。只有把同志们团结起来，才能带好队伍，开创事业。团结同志，是做好一个部门工作的前提，也是每一名中层干部必须具备的素质和能力。

一要靠过硬本领搞好团结。“打铁还需自身硬”，个人过硬的业务能力和素质是让人心服口服的前提。大家心服口服，才能信服你的决定，服从你的安排，听从你的指挥。比如说，研究所的所长，要想组织带领你的队伍开展研究，推进重大项目攻关，把一个所搞得风生水起、红红火火，首先你必须是这个领域的行家，要靠你的本领为你的团队争取课题、抓来项目，这样大家才会发自内心地愿意跟着你干。行政处室也一样，不懂业务，没有工作能力，没有工作思路，是做不好处长的。外行指挥内行，终究不会长久。我们这次干部调整，有的同志专业跨度是比较大的，这些同志更要抓紧学习，尽快适应新的角色，尽快在新的专业领域做出成绩。

二要靠人格力量搞好团结。“己不正，焉能正人”，作为一名中层干部必须有大公无私、乐于奉献的精神，有严于律己、宽以待人的胸怀，有虚怀若谷、光明磊落的品质，有礼贤下士、联系群众的态度，有不骄不躁、冷静处事的头脑。特别要懂得谦让，在利益面前要谦让，在荣誉面前要谦让，这体现的是一种美德，也是一种风度，是搞好团结的黏合剂。

三要靠公道正派搞好团结。构建和谐处室一个重要内容就是公正公平。作为一名领导干部，一定要公道正派，以理服人，以情感人，以制度管人。处人处事要实事求是、客观公正、实实在在，对同志一视同仁，不搞远近亲疏，这样才能在一个处室树立正确的工作导向和行为导向，营造积极向上、开拓进取、团结和谐的工作氛围。

按照党组会议要求，由分管处室所的副院长和人事处在今明两天组织做好送岗工作，新老交替的处级领导干部尤其是处室所一把手要搞好工作交接，两日内到岗履职尽责。暑期调研假结束，我和有关院领导，要继社科联职能处室之后，继续听取其他处室所工作汇报，主要听各个处室所年度重点工作完成情况和下半年工作打算。望各位做好准备，办公室搞好协调。此外，请新旗副院长牵头，行政处、财务处负责做好办公用房及办公设备的调配，暑期调研假结束正常上班后，所有新任职干部办公室必须到岗就位。

通过这次处级干部选拔任（聘）用，我对我院干部队伍尤其是处级干部队伍有了新的认识：这是一支识大体、顾大局，有觉悟、有水平，拉得出、用得上的队伍，是一支可以信赖的队伍。因此，我对同志们能够在今后新的岗位上做出新的业绩充满信心！

## 三　对集中学习培训的三条要求

学习贯彻习近平总书记系列重要讲话和党的十八届三中全会精神是当前全党政治生活中的一件大事，这次我院处级干部集中学习培训是按照省委组织部的统一要求安排的。在我院处级干部调整完成后上岗培训这个时间点上安排集中学习，时间正好、时机正好，希望同志们珍惜机会，学有所获，学有所成。围绕搞好这次集中学习培训我提三条要求。

### （一）充分认识重大意义

党的十八大以来，习近平总书记围绕改革发展稳定、内政外交国防、治党治国治军，发表了一系列重要讲话，提出了许多治国理政的新思想新观点新要求，是党的十八大精神的深化和拓展，是中国特色社会主义理论体系的丰富和发展，是实现“两个一百年”奋斗目标、实现中华民族伟大复兴中国梦的行动指南。党的十八届三中全会是在我国改革开放新的重要关头召开的一次重要会议，是我们党坚持以邓小平理论、“三个代表”重要思想、科学发展观为指导，在新形势下坚定不移贯彻党的基本路线、基本纲领、基本经验、基本要求，坚定不移高举改革开放大旗的重要宣示和重要体现，是全面深化改革的又一次总部署、总动员。认真学习贯彻习近平总书记系列重要讲话和党的十八届三中全会精神，对于高举中国特色社会主义伟大旗帜，深入学习贯彻党的十八大精神，全面深化改革开放，不断开创中国特色社会主义事业新局面，具有十分重要的意义。希望同志们高度重视、认真对待这次集中培训，通过学习，全面系统掌握习近平总书记系列讲话的丰富内涵、精神实质和实践要求，掌握贯穿其中的立场、观点和方法；全面准确理解党的十八届三中全会精神，掌握全会《决定》在改革理论和政策上的一系列重大突破，把思想和行动统一到党中央关于全面深化改革的重大决策部署上来，把智慧和力量凝聚到实现党中央确定的各项目标任务上来，增强对重要讲话和全会精神的思想认同、理论认同、情感认同，为推动河北科学发展、绿色崛起，全面建成小康社会、实现中华民族伟大复兴的中国梦提供坚强的政治思想保障。

### （二）积极发挥主阵地作用

深入学习研究宣传习近平总书记系列讲话精神，是科研工作坚持正确的政治方向和政治立场的必然要求，是不断推进党的理论创新和理论武装工作的必然要求，是进一步做好全院各项工作的必然要求。要在学习上做表率，着力抓好处级干部、科研人员、全院干部职工的学习，老老实实、原原本本地学，通过学习，夯实理论基础，坚定理想信念；要在理论阐释上做表率，结合意识形态领域出现的新情况、新问题，亮明态度，解疑释惑，浓厚氛围；要在学以致用上做表率，运用党的创新理论的立场、观点、方法，结合新形势新任务、结合河北重大现实问题，为省委、省政府决策提供理论支撑和智力支持。

### （三）切实加强组织领导

院处级干部学习贯彻习近平总书记系列讲话和党的十八届三中全会精神集中培训班在院党组领导下进行，人事处负责具体组织实施和督促检查。集中培训采取专题报告、研读原著、分组讨论、集体交流等方式进行。希望同志们合理安排工作与学习两项任务，树立良好学风，服从统一安排，遵守学习纪律，投入精力学，沉下心来学，做到不漏项、不缺课，确保集中学习培训取得实实在在的成效。

同志们，我们正处在全面深化改革和实现中华民族伟大复兴中国梦的壮丽时代，我们肩负着光荣而又艰巨的历史使命，我们面临国内外复杂多变的形势和来自我们身边形形色色的挑战与考验。此时此刻，我想起毛泽东主席50年前做的“小小寰球”那首词，其中吟道“多少事，从来急。天地转，光阴迫。一万年太久，只争朝夕”。由此，也联想到习近平总书记对各级领导干部提出的要求，工作中要敢于担当，蹄疾步稳，踏石留印，抓铁有痕。让我们以敢于担当的勇气、只争朝夕的精神，做好我们的本职工作，肩负起社会科学工作者在这个伟大时代应该肩负的责任。

# 深化三个服务　推动科研创新<br>加快建成服务河北科学发展新型智库*

（2014 年 8 月 3 日）

党的十八大以来，党中央高度重视和充分发挥哲学社会科学的重要作用。党的十八届三中全会《决定》提出“加强中国特色新型智库建设，建立健全决策咨询制度”，习近平总书记多次就加强中国特色新型智库建设和社科院工作做出重要指示批示，为地方社科院的发展指明了方向，明确了要求，提供了遵循。

近年来，河北院认真学习贯彻习近平总书记系列重要讲话精神，贯彻落实党的十八大、十八届三中全会精神和中共河北省委八届五次、六次全会精神，积极创新和完善适合中国特色新型智库建设特点的体制机制，持续深化“为决策服务、为发展服务、为基层服务”的“三个服务”办院方针，激发了科研活力，提升了管理水平，推动我院的新型智库建设实现了新跨越。

2013 年，河北院的科研工作实现了七个“第一次”：一是在第一批教育实践活动中，我院周文夫院长应邀参加了由习近平总书记来河北亲自主持召开的座谈会，能直接向党的总书记面对面汇报工作，交流座谈，这在我院历史上是第一次；二是由我院任组长的省委教育实践活动办公室理论成果组在《人民日报》《光明日报》《求是》等报刊发表 10 余篇理论文章，《理论成果汇编》辑印后上报中央和省领导参阅，影响之大、效果之好在我院历史

* 本文为周文夫在华北地区社科院第三十一届科研管理联席会议（内蒙古锡林郭勒盟）上的发言。

上是第一次；三是我院多项研究成果分别得到习近平、刘云山、张高丽等中央领导和省委、省政府领导的批示肯定，层次之高、数量之多在我院历史上是第一次；四是由省政府交办、我院研究起草完成的《关于“推动京津冀协同发展长远考虑”的研究报告》，得到省委、省政府主要领导的重要批示，上报中财办，多项建议被采纳，京津冀协同发展已上升为重大国家战略，能直接为中央重大决策提供研究服务，这在我院历史上是第一次；五是由我院主编的“河北发展蓝皮书”首次纳入全国“皮书”出版系列，成为中国社科院“创新工程”项目，部分省直厅局和省内重点高校将其作为工作或教学用书，由我院主办的蓝皮书新闻发布会信息在国内几十家新闻网络媒体转发，这在我院历史上是第一次；六是我院最终形成跨越世界六大洲的国际学术交流与合作对外开放格局，来自 22 个周边国家地区研究机构和高等学府的国际青年学者代表团访问我院，开展学术交流，这在我院历史上是第一次。七是由中宣部对全国中国特色社会主义理论体系研究基地和各省区市研究中心 2013 年在中央主要报刊发表的理论文章进行的精选中，我院一篇理论文章成功入选，这是我院也是河北省首次获得此项荣誉。

2014 年 3 月，中国社科院王伟光院长、李培林副院长一行到我院调研指导工作，在听取汇报后，对河北院取得的工作成绩给予了充分肯定。

总结我院的工作实践，可以概括为三个方面。

## 一　夯实“三大功能”，完善体制机制，为实现科研创新提供坚实基础

中国社科院王伟光院长在我院调研时强调，社科院要具备三大功能：一是阵地功能，社会科学院要把马克思主义作为必修课，成为马克思主义学习、研究、宣传的重要阵地；二是殿堂功能，要加快构建哲学社会科学创新体系，努力建设成为哲学社会科学研究的最高殿堂；三是智库功能，坚持为发展中国特色社会主义服务，加强重大理论和现实问题研究，努力成为党和政府重要的思想库和智囊团。重要阵地、殿堂、智库“三大功能”建设应该成为社会科学院建设中国特色新型智库的重要内容。

近年来，我院紧紧抓住机构调整的重大机遇，通过着力构建理论武装、服务决策、繁荣发展“三位一体”工作新格局和参公管理、事业管理“一院两制”新体制，在上述三个方面取得积极成效。2009 年，按照中央“精简、统一、效能”机构改革要求，河北省委、省政府决定，将省委讲师团、省社科联并入省社科院。河北院党组坚决贯彻落实省委、省政府的决策部署，创造性地提出构建“三位一体”工作新格局和“一院两制”新体制的总体改革思路。经过五年的努力，已经形成了以理论武装为龙头，以社科研究、社科联合为依托，以省社科团体、各市委讲师团、社科联和县区基层理论宣讲站为基础，把全省社科系统研、讲、联资源优化组合和有效运用的新型工作运行机制。“十二五”时期，我院继续深化“三个服务”办院方针，落实“出人才、出成果、出效益”工作总要求，大力推进“中国特色社会主义理论武装工程、服务河北能力提升工程、全省哲学社会科学龙头带动工程、创新型人才智力聚合工程”，提出建设“省级科研一流、国内国际知名、服务河北科学发展”新型智库的更高办院目标。我院的办院方针、机构调整、工作思路和工作成效得到省委、省政府主要领导和中国社科院领导的充分肯定。新思路、新机制为我院的科研创新奠定了制度、体制基础。在这一创新机制下，我院的新型智库建设不断取得新进展。

## 二　加强资源整合，深化“三个服务”，为新型智库建设增添新动力

### （一）始终加强马克思主义学习研究宣传重要阵地建设，为科研创新提供坚定的政治保障

从加强学习型党组织建设和马克思主义学习、研究、宣传重要阵地入手，始终把保持正确的政治方向放在科研创新的首位。我院深入学习贯彻习近平总书记在全国宣传思想工作会议上的重要讲话精神，举办了建设马克思主义学习研究宣传阵地座谈会，制定了《关于把马克思主义作为必修课的实施方案》，不断提高我院干部职工系统掌握马克思主义理论的看家本领，

运用马克思主义立场、观点、方法去分析、研究和解决问题的能力和水平。认真落实院《关于鼓励和支持在国家重点报刊发表文章的办法》，鼓励科研教学骨干及相关人员在大报大刊以“河北省中国特色社会主义理论体系研究中心”名义刊发文章，发挥聚合优势，提升河北社科理论研究在全国理论界的知名度。同时，利用学科优势和人才优势，扩大撰稿人队伍规模；加大对有潜力的青年科研人才的培养力度，在学术研讨、专家讲课、学习培训、专业进修等方面适当倾斜；做好理论服务，结合不同时期、不同阶段对社科理论工作的新要求和经济社会发展中出现的重大理论和现实问题，及时发布研究重点提示。建立健全评价评估体系，激发创造活力，使广大社科理论工作者特别是青年科研人员尽快成为马克思主义的坚定信仰者、传播者、践行者。

### （二）不断完善重大课题选题机制，促进科研成果高层次转化

我院努力把握决策需求，不断完善重大课题选题机制。每年年初，就我省经济社会发展中的重大问题提出拟研究选题，上报省委、省政府领导，请省领导圈定课题。对省领导已经圈定的课题高度重视，列为院重大课题，组织科研骨干研究攻关。由于工作扎实，效果显著，日益得到上级领导的重视和肯定。2013 年，有三篇调研报告分别得到习近平、刘云山、张高丽等中央领导的批示，《借鉴先发地区经验打造我省沿海地区率先发展增长极》《关于抢抓战略机遇支持冀南地区快速崛起的建议》调研报告，得到省委书记、常务副省长肯定批示，并分别批转秦皇岛、唐山、沧州市委主要领导和邯郸、邢台市领导参阅；《关于“推动京津冀协同发展长远考虑”的研究报告》，得到省委书记等省领导重要批示后，上报中财办，多项建议被采纳。值得一提的是，我院上报的 2014 年研究选题被省委主要领导全部圈定，从而实现了为省委、省政府领导决策服务新的突破。

### （三）创新科研机制，建立灵活高效的科研组织形式

近年来，我院不断加大开门办院、开放办院的力度，先后开展了环首都绿色经济圈建设、河北沿海地区经济发展、冀南地区经济发展、河

北社会管理创新、京津冀协同发展等重大问题研究，根据课题需要整合院内外研究资源，组建跨部门、跨领域的课题组，集中优势力量开展决策咨询研究，形成了系列研究成果，在促进河北省经济社会发展战略实施方面提供借鉴，发挥了应有的作用。组织了一系列诸如举办河北经济形势分析会、编撰“河北发展蓝皮书”等带动能力强、整合效应明显、社会影响广泛的学术品牌活动。建立了访问学者研究制度，通过举办高层次论坛、高水平学术报告会等多种形式，加强与国内外各类智库和各领域专家学者的交流与合作。2013 年，在院内建立了河北生态环境建设研究中心和河北金融研究中心等虚拟研究中心，加强了对河北省投融资和生态环境保护及建设等重大问题的应用对策研究。积极拓宽成果转化渠道，抓好“河北发展蓝皮书”的编撰及赠阅，组织好河北经济形势分析会及会议成果上报，做好《决策参考》《决策建议》直报件的编辑报送，加强向中办、省委办等上级部门报送信息，为服务领导决策发挥了积极作用。

### （四）坚持知行合一，实现科研方式和科研作风的重大转变

在第一批教育实践活动中，我院提出坚持知行合一，切实解决好学风、文风、作风问题，强调社会科学工作者必须迈开双脚到群众中去，到实践中去调研，到第一线去研究。近年来，我院不断创新科研方式，组织实施了“三走”大调研活动。2012 年，按照“走转改”的要求，我院开展了“走基层太行行”“走基层沿海行”“走世界开放行”大调研活动。通过“走基层太行行”，接受革命传统教育，强化了宗旨意识，坚定了理想信念；通过“走基层沿海行”，增强了开放意识和创新意识，提升了科研能力；通过“走世界开放行”，提升了国际学术影响力，截至目前，我院已同亚、非、拉、欧、美、澳六大洲主要国家和我国港台地区 22 个科研机构和大学建立了长期稳定的学术交流与合作关系，形成了跨越世界六大洲的国际学术交流与合作对外开放格局。《光明日报》在头版以《到“源头”去　引“活水”来——河北省社科院结合实际“走转改”》为题报道了我院的经验。2013 年，我院继续实施“三走”活动，组织科研人员开展了“走基层中原

行——河北冀南地区发展大调研”活动，深入我省的邢台、邯郸两市和河南的安阳、鹤壁、新乡、郑州等地调研考察，完成了系列重要研究成果。出版了《中原经济区框架下河北冀南地区经济发展问题研究》一书，报送省领导和省两会代表、委员参阅，受到好评。

2014 年，我院紧紧抓住京津冀协同发展上升为重大国家战略的重大机遇，确定了《京津冀协同发展框架下河北省生态环境建设研究》重大专项调研，这也是省委书记交办的重大研究课题。6 月，我院组织课题组科研骨干到张承地区进行了为期 10 天的调研考察，行程 3500 公里，考察了 11 个县区的 30 多个在生态环境保护、生态产业发展方面具有代表性的项目，包括规划馆、污水处理厂、水库、河道治理工程、水源保护地、湿地和自然保护区、产业聚集区、风光能储输项目、农业种植园区、食用菌科技园等，召开了两个大型和若干个小型座谈会，对京津冀生态涵养区建设进行了全面深入的调研。目前，我院课题组正在抓紧时间撰写相关报告，修改后报省委、省政府主要领导参阅，充分发挥我院在京津冀协同发展中的智力优势和智库作用。

## 三 加强科研管理，建立长效机制，为新型智库建设提供重要保障

### （一）继续探索新形势下适应社科研究规律的有效运行机制

一是继续加强学科建设，完善“首席专家”制度。通过缜密调研，对学科申报评估考核量化计分标准进行修改完善，使之与科研人员年终量化考核、职称申报量化计分相统一，使科研人员的科研目标、方向更趋明确，使学科基础更加深厚，知名学科在全国的影响力、话语权进一步提升。二是加大开放办院、开门办院的力度。以重大课题为纽带吸纳院内外、省内外高端人才开展综合研究，同时总结建立院内河北生态环境建设研究中心、河北金融研究中心两个虚拟研究中心的经验和做法，根据现实条件积极推广。三是继续完善科研管理及成果的科学评价体系。积极探索，协调考虑，逐渐形成一套涵盖课题申报、评审、检查、结项、奖惩各方面内容，上下衔接，相互

配套，适应市场经济发展的科研管理及科研成果评价制度。四是拓宽科研成果转化渠道。制定促进科研成果转化应用办法，逐步形成一种多层次、多形式的社会化、市场化的转化机制；建立向领导机关呈报制度，拓展政府、企业、社会与研究机构之间的信息交流途径；实行重大科研成果的新闻发布制度，构建面向决策机关、社会和基层的成果转化平台。

### （二）继续探索完善干部队伍建设和作风建设新机制

一是不断壮大干部队伍，在院内开展事业部门处级干部第六轮聘用工作，及时把业绩突出、德才兼备的科研骨干吸收到专业技术领导干部队伍中来，发挥应有的作用。二是进一步加强作风建设，深入贯彻习近平总书记的重要讲话精神，进一步深化党的群众路线教育实践活动的成果，牢固树立为人民做学问的理念，倡导“三严三实”的工作作风，努力打造一支政治过硬、业务过硬、作风过硬的科研队伍。

### （三）继续探索完善人财物管理新机制

按照全面深化改革的要求，积极探索符合社科研究规律的财务管理新机制。从制度管人、管事入手，不断完善《优秀科研成果资助办法》《横向课题经费报销管理办法》《固定资产管理暂行办法》《财务报销办法》《督查工作管理办法》等制度，实行人、财、物集中统一管理，建立院内无障碍资金保障机制。加强与省政府财政、人事等职能部门的沟通，创新财务制度，特别是在科研经费使用和智力报偿方面进行积极调研和探索，调动和保护科研人员的工作积极性。通过进一步优化管理机制，为我院各项事业发展增添动力。

在前不久党中央举行的经济形势专家座谈会上，习近平总书记再次强调了建设中国特色新型智库的重要性，可以说，智库建设已经被提到前所未有的高度。今后，我院将继续深入贯彻习近平总书记系列重要讲话精神，以创新激发活力，以改革增添动力，加快建设“省级科研一流、国内国际知名，服务河北科学发展”的中国特色新型智库，为实现河北科学发展、绿色崛起，建成全面小康、富裕殷实、山清水秀的河北做出应有的贡献。

# 在院讲师团与科辅部门职能处室工作汇报会上的讲话

（2014 年 9 月 19 日）

今年 4 月，我和有关院领导听取了社科联职能处室的工作汇报，就“一院两制”、“三位一体”、阵地智库建设、干部队伍建设以及落实“三严三实”的要求等讲了一些意见。会后发了内部通报，想必大家都看了。今天，我们召集讲师团和科辅职能处室负责同志汇报工作，想听听大家对今后工作的打算、意见和建议。

2014 年第三季度快要结束了，一年三分之二的时间已经过去了。刚才听了同志们对前三个季度工作的汇报，总的感觉各个方面的工作进展情况还是非常好的。理论宣讲阵地不断创新，研究中心成果显著，网络宣传作用日益明显，《河北学刊》和《经济论坛》影响力在增强。今后，我们还需要继续努力，加油鼓劲，善始善终，善作善成，确保圆满完成宣讲、科辅的各项工作任务。同时，也有很多同志对工作提出了一些意见建议，大家讲得都很好。特别对有些方面的工作，思考是比较深入的。有些同志主持工作，尽管到岗的时间不是很长，但对工作的思考是深入的，了解情况比较全面，提出的很多办法和措施有很强的针对性、合理性和可操作性。有些工作与分管的院领导商量，定下来就可以去实施了。有些需要专报党组和院长办公会，按程序再进行研究。希望每项工作都落到实处，需要各处室之间协调和沟通，加强联系。这些事情各处室一把手要亲力亲为，把事情协调下来以后，为党组、院长办公会做决策时提供便利，提高工作效率。

下面，我就加强全院马克思主义学习、研究、宣传重要阵地建设讲几点意见。

## 一　加强马克思主义理论学习，要掌握好看家的本领

马克思主义是我们党的根本指导思想，是党和国家发展的重要指南。中国特色社会主义理论是马克思主义中国化的重大理论成果，习近平总书记系列重要讲话是马克思主义中国化的最新研究成果，所以我们社会科学院作为马克思主义宣传研究的重要阵地，作为社会科学工作者，我们对于马克思主义的理论、中国特色社会主义理论以及习近平总书记系列重要讲话，要率先做到真学、真懂、真信、真用。既要做学习者、研究者和宣传者，又要做信仰者、坚守者和践行者。在马克思主义学习必修课、重要阵地建设上，院党组也做了多次的研究，我们就“必修课”起草印发了《实施方案》，也组织了一系列的活动，包括写专题报告等，做了不少的工作。各个层面上，大家也都在认真地学习，特别是学习习近平总书记系列重要讲话，学以致用。从习近平总书记系列重要讲话上来看，还有一个实现中华民族伟大复兴中国梦的伟大任务，为我们提供了重要的思想方法和工作方法。

所以，作为社科理论工作者，学习马克思主义的理论，主要是学习马克思主义的立场、观点和方法。掌握了这个科学的思想方法和工作方法，也就掌握了我们工作制胜的看家本领。最近一个时期，我看报纸上发表的评论文章比较多，从总体的指导思想上，马克思主义的立场方法、思想方法、根本方法，作为社科理论工作者来说，这是我们的看家本事，一定要把它学懂弄通，运用好使用好。今天在这讲到这个问题，要特别强调学习和掌握好马克思主义的哲学。我们常讲，哲学就是明白学，哲学是人的智慧之学。学好哲学，才能提高战略思维、历史思维、辩证思维、创新思维等各种思维能力。也可以说学习才是我们前进的动力，要依靠学习，走向未来。现在从全党来看，对学习马克思主义理论、中国特色社会主义理论体系、习近平总书记重要讲话已经摆到非常重要的位置，特别是对哲学的学习，从总书记提倡到全党学习，到自觉自知，也到了要求相当高的程度。

我们研究部门有哲学研究所，我们的教研室有哲学教研室，对哲学的问题要下下功夫，你们得率先做出点贡献来，先要学习，要做好。哲学研究所，我专门去讲过一次，也有成效。但是现在看起来，不是很理想。从全党来说，总书记提倡我们学哲学，哲学研究单位要有新的认识，要有所作为。在看家本领这个角度上，我们首先要学会本领，要掌握它，要运用好。

## 二　加强马克思主义理论研究，推进理论创新

进入改革开放时期以来，我们党的理论创新是不断地在进行。实践在发展，让创新指导新的未来。最近中央电视台播放了《历史转折中的邓小平》，相信大家都看了，这个片子还是相当不错的，艺术性地再现了当时历史的过程。所以马克思主义理论研究本身，从理论贡献上，特别是从看家本事的角度上，从方法论上，是有个演变的过程。毛泽东同志讲实事求是，邓小平同志作为第二代领导核心，提出了实事求是前边还要加一个解放思想。从历史逻辑上来说，是实事求是、解放思想；从理论逻辑上来说，解放思想、实事求是，成为总体指导思想。拨乱反正，党的工作中心转移，最后全面走向现代化。后来，以江泽民同志为核心的党中央提出与时俱进，以胡锦涛同志为总书记的党中央提出科学发展，以习近平同志为总书记的党中央现在又有了很多思想方法、工作方法上的指导思想，总体坚持了辩证唯物主义和历史唯物主义。总体上说，坚持实事求是，解放思想，与时俱进，科学发展，全面推进改革。这一系列的思想，实际上是一个哲学问题，也是一个思想方法中的工作方法问题，也是我们的看家本事。搞理论研究，要学习这些东西，在这个基础上推进理论创新。

讲几个具体的要求。对我们社会科学理论工作者来说，第一方面，要知行合一。我们这次党的群众路线教育实践活动，特别在反“四风”上提出知行合一的问题。其中不良的表现就是知行不一，我们解决这个问题要知行合一。第二方面，要学中求知。全党提出要建设学习型政党，社会提出建设学习型社会，每一个人都要学习先行，通过学习求得知识，知识就是力量。第三方面，要知中求干。光有知识空谈道理你什么都干不成，一定要干，要

踏实地工作，只争朝夕，做好工作。第四方面，要干中求新。所以知行合一，学中求知，知中求干，干中求新。在知行合一里面，创新理论发展。过去我们从理论宣讲上，更多地侧重在传声，就是在讲，这没有问题，必须把党中央的声音传达到千家万户，家喻户晓，妇幼皆知，这是我们的任务。但是在理论创新上显得不够。其实理论创新本身的研究，对于我们社科理论工作者来说，应该是我们的灵魂所在。只有创新研究，才能把马克思主义真理真正地融入我们国家和我们省，解决社会实践的问题，才能够提升理论的穿透力，增强战斗力、凝聚力。所以理论创新这个任务，我们一定要加强。

在第一批、第二批党的群众路线教育实践活动中，我们从事社科理论工作的同志们参加到教育实践活动里面来，深入学习总书记的讲话，领会党中央的精神。同时又参与社会实践，不断地总结，写文章来提升。这一过程不是简单地宣传党中央的精神，而是结合我们的工作实际、思想实际，然后提升理论，发表了一系列的文章，实际上很得益于这个知行合一。我们每篇文章都结合干部的思想，结合主动反“四风”来写，我们也很受益。通过亲力亲为，针针见血，很鲜活。所以这是一个创新的过程，在研究上要下功夫，推进创新，这是个大题目，要认真去做。

## 三　要加强马克思主义理论的宣传，讲好中国故事

宣传理论核心是掌握话语权，传播好中国的好声音，同时要坚持开放思维、发散思维，请进来，走出去，发好中国声音。要唱好中国的好声音，讲好中国的故事是总书记的要求，在国际交往里面特别强调这一点。一个人讲好中国的故事，他就是传递正能量。对社科理论工作者也提出这样的要求，讲好中国故事，唱好中国声音，增加正能量。讲好中国故事，就是要用中国特色社会主义理论教育人。讲好共产党的领导，讲好只有社会主义才能救中国，只有中国特色社会主义才能发展中国、强大中国，讲好这些重点。强调要坚持理论自信、制度自信和道路自信，走出去讲好中国故事，掌握国际话语权，唱好中国好声音，这些事情离我们并不遥远。因为我们的对外交流日益增多，很多合作伙伴过来与我们做国际交流，有发达国家、欠发达国家、

发展中国家，乃至欧美国家和我国港台地区。这些专家学者，与我们进行学术交流、交往合作等，实际上是怎么看中国、怎么与中国来合作，这都需要中国发声。在我们的学术交流过程中，我们也是在发声，不光是代表咱们国内发声，而且是国际发声，我们的声音传得很远。所以这个方面，也是我们宣传中国特色社会主义理论，讲好中国故事的一个重要任务，也是重要的窗口。

这次福兴副院长带团赴美参加纪念世界反法西斯战争胜利的国际性会议，在这个会上参加的学者，中国的学者主要就是我们，并且都发了言，同时还签了一个合作协议，收获也不小。这个就在中美之间，有我们的声音，大家一看有我们的声音，就提升了我们社科院、社科理论工作者的地位，是一个非常好的途径。对促进和提高我们的学术水平、科研能力，也会有很大的帮助。

## 四　加强自身理论队伍建设，提高学习、研究、宣传的能力和水平

加强自身理论队伍建设是个老话题，但是在建设新型研究宣传阵地里边，非常需要科研人员提高自身的能力和水平。我们现在有几个处室都讲到年龄老化的问题、结构的问题，总觉得任务很重，力不从心，关键还是这个问题。现在又到了一个新老交替的重要时期了。前不久，院里召开会议选举新一届学术委员会委员，很顺利完成了任务，召开了第一次学术会议，在这个会上，我把这个意思也讲了讲。所以在这个问题上，我们社科院，特别是我们的整个科研、理论宣传、社科联工作的重点领域、骨干力量、学术带头人，都是这个任务。所以，“60后”应该挺起胸膛来，理直气壮地、底气十足地接好班、掌好权、用好权，把事业撑起来，然后干得越来越好。你有这个意识了，正如总书记讲的，接力棒传到我们手里了。现在我们院这个接力棒，从50年代的人向60年代的人来传接力棒了。所以在安排上，让他们永续不断发展上去，必须要看人员构成，这是很重要的事情。现在我们社会科学院也到了这么一个阶段，我们完成了第六轮科研、科辅人员的聘用和有关

行政处室的干部调整，经过了一段比较长的时间。但是我们严格按照党的干部选拔任用规定，从实际情况出发，顺利地完成了干部调整的任务，一些年轻同志、中青年同志都到位了，要把这个工作责任担起来。担起来以后，下一步就是加强建设，提高工作能力和水平。

要说阵地建设是全院的任务，那么我们今天这些处室，还有一个重要的问题，就是坚守阵地的任务，你们都是前线的指挥员。我特别要讲，真学、真信、真用，作为学习研究者、坚守者、践行者，都是前线指挥。你可以说你守着马克思主义重要阵地，前沿阵地，每一个人都跟打仗似的，你那个地方出了漏洞，敌人攻进来了，你的阵地就丢失了，整个战线就要面临问题。每一个方面，我们都是一个坚强的阵地。所以，我们很受鼓舞的是，习近平总书记在党的宣传思想工作会议上第一次以党中央总书记的身份提出来，社会科学院也是马克思主义学习、研究、宣传的重要阵地，他对我们的定位是很明确的，对我们社会科学理论工作者是个很大的鼓舞。

我现在简单地说一说能力的问题。

第一，学习能力。特别是我们的一线指挥员，要做到博大精深，学习要博大精深，掌握知识。向基层学习，向群众学习，向实践学习，向书本学习，向同行学习，向先进学习，真正地使自己成为这方面的专家，专门讲马克思主义也需要有创新。刚才讲要购买博士论文库，博士论文为什么大家这么看重？很重要的问题就是创新，理论观点上的见解，基本上每一部博士论文都是一本专著，都有创新的内容。

我们在座的这些处级领导干部，特别是你们，都有专业的问题，处级领导干部在专业上、在行业里头应该成为知名的专家学者。我们自己首先受教育、受武装。要给别人一碗水，自己得有一桶水啊。有的时候我们说起科研科辅，搞理论宣讲，科辅部门是相对研究的任务来说的。信息中心讲得很有针对性，主动征求意见，询问科研人员做研究需要什么，已经反映出来了。你把它（科研书籍目录）放到网上也好，科研人员去查去看就方便多了。还要鼓励大家读书，现在大家书读的不是很多，需要什么，从网上摘一摘，不论从哪里来的，应付过去了。认认真真地读一些书，是大有好处的，得有导向，有需求。同时，信息中心是个最能做学问的地方。前几天我就讲，我说别的地方不太了解，搞教学，搞研究，这些年主要在经济领域，我们对中国社会科学院的经济研究所比较了解。经济研究所的几任所长，甚至都当上副院长了，都是资料员出身。从资料员，一直拿报纸、接电话，又做学问，一直干到所长，又当了科研的副院长，都是知名的国内专家。

我们有很多有利的条件，要利用好时间，每一个部门都要做研究。把这些研究的成果用在宣讲上，宣讲的水平就不一样；用到办刊上，刊物的质量就不一样；用到管理资料上，资料的管理也不一样。我们现在工作都要上台阶，首先要提高标准和水平，中国的老话就叫“取乎其上，得乎其中；取乎其中，得乎其下”，一出手就很低，你还能很高吗？那不可能啊。所以得有个明确的目标，学习能力要加强。

第二，研究能力。研究能力，调查研究是基本功。我们的教育实践活动的成果得用起来啊，在研究能力上，至少得在三个方面下功夫。

一是走基层接地气。我们院里的做法，“到‘源头’去　引‘活水’来”，现实生活、基层群众实践，便称之为“活水”，到“源头”去充实自己。

二是加强国际学术交流与合作。这个培养我们的世界眼光、战略思维。没有视野，闭门造车，你怎么能拿出高质量的研究成果？去年我们召开了外事工作暨国际学术交流会议，我们对基本的工作方向也做了重要的调整。前些年，我们凭借有限的资源，也没有多少钱，但是我们努力去做这个事情，集中起来砸实。这些年就是组团建关系。我们与 22 个合作伙伴，6 个洲的一些国家及我国港台地区的科研机构，建立了实质性的交流和稳定的合作。我们都签订了合作协议，人员互访交流，做科研项目，合作研究，成果交流，学术会议。我们去参加他们的，他们也到我们这儿来。现在我们转到专家学者出去合作交流。在这些国家，资源我们要充分地利用好，院长、外办都在思考这些计划。以后其中的主体，包括院长出去，就是学术交流。去参加一些会议，搞一些课题，搞一些项目，做好学者，化整为零。我们现在的布局已经差不多了，我们交的朋友的层次是比较高的，我们是有选择地去交的，以建点、建根据地的形式，不是打一枪换个地方。有的社会科学院跟我们交流的时候也说，你们怎么做的工作？我说，我们学习毛主席那个时候打游击战建根据地的办法。如果光是出去看看，在哪儿找个地方，去了以后一下子就回来了，没联系了。这样，国外的一些合作伙伴，对这个事情也很讨厌。我们到南非西南大学访问，他们想研究人力资源和人才培养的问题，他自己想来，他们也想让咱们去，对中国人还是比较友好的。后来就说，我们想搞一个北京地区的人力资源调查，将来我们有个方案，可不可以？河北省离北京近啊，可以帮助我们修改意见建议，我们就可以这样。朋友都不忘啊，圣诞节的时候也互相发电子邮件问候。这些年来，我们开展了很多的对外合作，合作机构有英国密德萨斯大学、法国图鲁兹大学，意大利那不勒斯东方大学，俄罗斯科学院远东研究所等；美国印第安纳大学—普渡大学韦恩堡分校，迈克尔校长今年上半年在我们这儿做访问学者，张锡锋院长来参加学术会议；还有美国加州大学圣贝纳迪诺分校，加拿大多伦多大学，墨西哥大学，巴西圣保罗州立大学及研究机构；澳大利亚的大学，新西兰维多利亚大学；我国港台地区的高校，如“中国文化大学”、香港公开大学；还有日本的东北大学，韩国的大学，首尔京畿道开发研究院。我们院这几年对外关系处理得好，关系都建起来了，布局可以了。以后要内涵式发展，内涵就要大家充实，陆陆续续地充实，就是学者一个人两个人就去了，但是大家要加强语言学习，英语、俄语、日语、西班牙语等，还得重新学习。从国际交流合作上要做出点成果，要加强学外语。有的时候就一个人或两个人去开会，一定要把这个语言学好，不断提高我们的学术水平，出去交流。我们好多协议就是第一次去谈判，最后协议就签上了，也没什么大不了，就是要有一股精神。

三是要勤思考，求创新。科研的灵魂就在于创新。我们社科院这些年的工作，我的体会，首先要保证政治方向，同时要让科研人员保持空间。如果说全部照搬照抄的，一点创新空间都没有，好像没有存在的价值。把研究的思维放到“四项基本原则”中，真理在发展，科研在前行，要创新。不创新，不打破思维定式，你怎么能够创出新的成果来，怎么引导社会前进呢？同时的话要有原则。所以，既把握好方向，坚持原则，同时又有大家创新的空间。世上最难的事，不管是国事家事、大事小事，最难办的是什么？最难办的就是个度，就是度掌握到什么程度。还有就是研究所要下功夫，要有所作为，要做得很深，所以要勤思考。在理论创新、制度创新、机制创新、方法创新上下功夫。

第三，宣传能力。宣传活动这个我就不再重复说了。

第四，表达能力。我们说教研室主任、刊物总编社长、信息中心主任，都得面对镜头温文尔雅、端庄大气，要练这个东西。教研室的同志要专门强调多一些，这都需要功夫。要培养一批我们的演讲家，适当演讲表演，提高表达能力，文字表达、口头表达等。可以找一找省内外的一些专家，来做做报告，讲一讲，培养培养年轻人，现在年轻同志们也很需要这个。最近的报纸上登了不少这方面的文章，有一个叫《习近平的格言魅力》。你看总书记讲话多实在，温文尔雅的，国学基础不错，寓言、格言，到哪个地方都能讲，能讲很多道理，能讲出很多东西。可亲、可敬、可信、可读、可用。

今天就说这么多，供大家参考。

# 在院科研部门职能处室所工作汇报会上的讲话

（2014 年 9 月 25 日）

今天召开科研处所工作汇报会，主要是想听听大家对今后工作的一些意见和建议，进一步推动全院工作的开展。通过听大家的汇报和建议，总体上看，我们今年前三个季度科研工作进展是顺利的，应用课题研究取得了阶段性的成果，基础学科建设得到了加强，国际学术交流合作深入开展，科研评价机制在逐步完善。希望同志们继续努力，特别是到了第四季度，大家要进一步梳理一下自己的工作，要保质保量地按时完成全年的科研工作任务。

今天，我想主要谈谈中国特色智库建设的问题。2011 年，我院“十二五”发展规划明确提出，要建设“省级科研一流、国内国际知名、服务河北科学发展”新智库更高办院目标。在 2011 年 5 月，我院承办了全国社科院院长联席会议，我在会议上就中国特色新型智库建设做了一个比较系统的阐述。应该说，在我院 30 年发展的基础上，经过全院同志的共同努力，我院新型智库建设已经基本成型，完成了既定的阶段性任务，发挥了应有的作用，取得了不小的成绩。当然，我们同时也应该看到面临经济社会发展的新常态、新形势、新任务，我们这个新型智库建设，无论在职责、定位、机制体制创新，还是在研究、研判谋划能力、人才队伍建设上，还存在不小的差距。所以，结合近几年我院新型智库建设实际，我想就新常态、新智库、新探索、新发展，讲几点思考和想法。科研处和科研所的同志们要进一步研究探索，在今后的科研工作中去贯彻落实，进而强力推进我院新型智库建设，让它更好地服务于决策，服务于发展，服务于基层。

## 一 新智库、新内涵

智库是国家的头脑，智库的英文（Think Tank）表述，以前把它翻译成思想库，现在是智库，一般是比较规范的，大家认同了。智库是指研究公共政策的专业机构，主要职能是提供高质量的思想产品，为公共决策者解决政治、经济、社会、外交方面的问题，出谋划策。当代智库主要是以专业、客观、独立的方式提出政策，帮助决策者制定、推行政策，并且就有关的政策进行论证和评估。智库也是现代国家治理体系的重要组成部分。党的十八届三中全会，把国家全面深化改革的总体目标归结到坚持和发展中国特色社会主义制度，推进国家治理体系和治理能力现代化。智库，作为现代国家治理体系重要组成部分，我们的任务首当其冲。

现代意义上的智库产生于19世纪的西方国家。20世纪中叶以来，随着人类社会科技进步，世界政治格局多变，经济社会形势环境复杂，以个体为主的模式不能适应决策者的需要，所以团队式的智库应运而生。看到这个资料的时候，我就想，赵勇同志分管我院的时间不长，一年时间不到。他去唐山工作，临走的时候给我交代说，你一定要注意，社会科学院不光是发挥个人的、单独的个体作用，而是要发挥团队的作用。他指的方向是比较明确的，我们到现在还在思考这个问题，也在实践这个问题。

过去，我们的同志们也发挥了很多的、很重要的作用，但是团队的精神，特别是联合作战、跨学科的合作，相对还是比较薄弱，这几年我们加强了这方面的工作。智库以团队的形式出现的时候，它就逐步地成为国家治理体系的重要组成部分，发挥着越来越重要的作用。有一个统计资料，到2013年，全球各类智库已经达到了6800多家。美国现在已经有1800多家，世界第一。我们国家各类智库目前有1000多家，居世界第二位。我们国家的智库形式是党政军智库、社科院智库、高校智库和民间智库，多元发展的格局正在逐步形成。

当然，专家学者也有不同的认识。有人认为，智库本身要从分类上说，有相对独立性，并且有独立的经费来源、独立的选题。从这个角度上讲，他们把党政军智库排斥在智库之外。党委、政府、军队的研究室，算不上智库，是国家的组成机构。我们国家智库的多元格局，从这方面来看，在影响力上，世界前100名智库里面，中国只有6家入围，比重较小。所以说我们现在的问题，智库发展水平不均衡，整体实力相对滞后，特别是国际影响力还相对不足。

还有人从智库分类的作用上来说，按此分类还是比较科学。一是官方智库，因为独立性相对来说比较难，承担的任务有所不同，很典型的就是咱们党委、政府方面的研究室、研究中心。二是民间智库，独立性比较强，但是研究能力比较弱，政府对它的信任度不高。三是半官方的智库，能独立，也能争取政府的支持，它处在这么一个位置。

从智库的作用上来看，它现在基本上是咨政辅政、启迪民智、平衡分歧、献计献策。现在我重点说说我们院的智库，它的现实基础和改革创新的问题。

2011年初，院“十二五”发展规划提出要建智库，在我们河北省党委、政府研究机构里提议还是比较早的。在全国社科院系统研究智库也比较早，更早一些的是湖南院和上海院。也有的同志跟我探讨说，你提出的智库，现在缺乏顶层设计。有的说，你搞这个智库等于说就是把旧东西搬到一起，就叫智库了。是不是智库？其实现在我们河北省社会科学院的基础从总体上说还是不错的，我们有现实基础，特别是2009年机构改革之后，我们把资源整合了，社会科学院、讲师团、社科联，再加一块邓研中心的牌子，我们都是在改革创新的基础上建成的。2009年我们没有提智库的问题，后来整合到一起，在资源上我们的基础是有30年历史的社会科学院、社科联，讲师团相对时间短一点，这么多人集合到一起。这种历史的资源，在国内同类的社会科学研究系统里，一般还比不了我们力量的雄厚，我们的学科门类相对比较齐全。

因为这个改革，首先是省委、省政府的决策。讲师团、社科联并入社科院以后，我们形成了一个法人、一个账号、一个班子、一支队伍，改革是比较彻底的。在大部制改革的过程中，从我们内部改革的整合来说是到位的，而且我们有创新。省编委明确我们是省委、省政府直属事业单位，是理论宣传机构、社科研究机构和社团机构。这两句话，奠定了我们非常好的基础，他们别的地方是没有这种条件的。

在此基础上，我们的创新是“一院两制”，也就是参公管理和事业管理，还有“三位一体”。现在我们又在攀升，根据党中央要求，我们又界定为阵地、殿堂，最后形成有中国特色、河北特点的新型智库。所以我觉得它既有现实基础，同时又有改革创新，从体制机制上进行了改革，资源进行了整合，功能进行了整合，优化组合。我们也有自己的资源条件了。从我们作为科研工作者的链条来说，立项、研究、结项、评估、评奖、评职称、科研成果转化和著作的资助出版。尽管我们的链条不是很强，但是我们形成的链条是完整的链条，是一个能够自我满足并且拥有向外扩张能力的一个链条。在这个基础上建立了智库，如果完善起来的话，它是一个有战斗力、有凝聚力的智库。

## 二　新常态、新要求

新常态，近年来已经成为经济热词，有的同志可能也注意到了。“新常态”一词是由美国太平洋基金管理公司总裁埃里安提出来的，他主要是形容危机之后经济恢复缓慢而痛苦的过程。2014 年 5 月，习近平总书记在河南考察期间指出，我们国家发展仍处在重要的战略机遇期，我们要增强信心，从当前中国经济发展的阶段性特征出发，要适应新常态，保持战略上的平常心态。应该说这是中央主要领导首次以“新常态”来描述经济发展，意味着中国的经济已经进入了一个新的阶段。习近平总书记站在最高决策者的高度，以“新常态”描述中国经济特征，将它上升到经济站位的高度，它必将对中国宏观经济的运行发展，特别是宏观政策的选择产生具有方向性和决定性的作用。

作为中国特色新型智库的承载者，社会科学院，新常态的定位无疑会对我们智库建设的方向性和决定性产生重要影响。新常态提出来，大家要进一步研究。习近平总书记讲，中国保持现在的经济发展速度，不是不可为，不是说我想加快不能加快，而是不想为。他说，调整了经济发展的战略，就是向效益质量发展，提高效益，提高质量，不是一味地提高速度。

所以，新常态是智库建设大的社会背景，其实也是我们的政策基础背景。新要求就更明确了，党的十八届三中全会提出，加强中国特色新型智库建设，建立健全决策咨询制度。习近平总书记两次对智库建设做出重要批示，指出智库是国家软实力的重要组成部分，要高度重视，积极探索中国特色新型智库的组织形式和管理方式，并且他讲了两句话，“服务决策，适度超前”，这是对智库的要求，是带有根本指导性的意见。这些论述，为我们建设中国特色新型智库，指明了前进方向，提出了总体要求。

还有就是从国际借鉴上来说，西方国家最先出现现代意义上的智库。二战以后，美国智库发展比较快，很典型，越来越多地发挥了政府“外脑”的作用，所以美国智库一些做法值得我们学习借鉴。它的多种形式，有些材料我看了一下，归纳了一下。它对于政府和社会发挥影响力的方式是多种多样的，并且还带有很多的创新。第一，是开展项目研究。第二，组织召开国际国内的研讨会。第三，在政府决策过程中提供咨询。第四，开“旋转门”。干什么？就是政府的官员和智库的专家不断地替换角色。赖斯，就是斯坦福大学的教务长，后来直接当了美国总统国家安全事务助理，又当上了国务卿。“旋转门”说明什么？说明学者、智库的人员有的时候走到前台当决策者。而回过头来，又到研究部门去做研究。这是他智库的很大的职能。第五，开展第二轨道的对话，协助政府处理外交等问题。第六，向公众传播观点，扩大影响力。

美国智库为我们提供了一个参照系，试着比较一下。第一，开展项目研究我们做到了，至于程度怎么样，是另外一个问题。第二，组织召开国际国内研讨会，我们请进来开、派出去开。第三，政府决策咨询，辅导报告、直报件等我们做了。第四，“旋转门”，有的不是从智库出来的，但实际上在干部的调配使用上也在做这个事情，进来的多，出去的少。争取科研人员有机会也出去当决策者，转起来，挂职也是一种形式，目前基本上没有转起来。第五，第二轨道对话，代表国家层次更高了，但是我们也在做。最后，向公众传播观点，这是我们的强项。

从以上几条看，至少我们有六七成、甚至七八成都做了。从这个意义上说，我们的新型智库基本成型，还算说得过去。当然，还有不少的差距。在头脑中要有个概念，我们一直讲智库，智库到什么程度了？怎么回事？有了这个概念以后，我们下一步的工作目标就清楚了。

## 三　新探索、新发展

一是准确定位新型智库的职责，关键是明确功能和边界。有人专门研究过，出谋划策的机构也是分类别的。比如说，为商业服务，为了赚钱，这样的机构叫咨询公司；为学术服务的，也有这样的机构，叫学术团体；为政策服务，这才真正地成为智库。所以，我们现在如果建立现代智库，站在服务角度上，那肯定是为政策服务，所以我们叫服务决策，服务发展，服务基层。

二是积极创新新型智库的机制。下面，讲一讲阵地、殿堂、智库的关系。为决策服务，那基础学科怎么办？智库是不是应用学科的事，基础学科没有任务？不是的。我们的阵地、殿堂、智库，从内涵上来讲，我觉得三者有密切关系，应该摆好位。

我觉得阵地，在我们这个宽泛的智库里是方向，建立马克思主义学习研究宣传阵地。实际上马克思主义、中国特色社会主义理论、习近平总书记系列重要讲话，都是方向问题。这个方向是什么？那就是坚持走中国特色社会主义道路，坚持共产党的领导，要有理论自信、制度自信和道路自信。建立阵地，不仅仅是简单的宣传问题，社会科学院作为智库出现，决定你的发展方向。

殿堂是什么？我觉得殿堂是基础，是要解决专业化的问题。专业化的知识、专业化的队伍，我们研究的思想方法、理论方法和手段是专业的。我们的特点就是有专业化的队伍，并且是团队为主的形式，我们这支队伍具有专业知识，掌握现代研究手段，具有研判能力、谋划决策能力。你基础学科搞不好，就谈不上专业化。领导干部每天也在谋划，也在思考，之所以他要找我们，就是因为我们具有专业知识。在这个意义上说，基础学科贡献率更大。同时，应用学科的基础理论部分更显著。你没有这个基础，你的应用研究就事论事，很肤浅，没有深度，也站不到更高的位置上去。所以，首先要有专业知识，有基础，然后去深入实际，去调查研究，抓住问题，提出解决问题的方法。所以，说通俗点，对于决策者来说，为他服务，就是拿出的研究成果对他有用没用，能不能管用。

智库是什么？智库是载体、是机制，也可以说是社科院一个主体部分，智库本身是个实实在在的载体。所以，智库可以用广义的说法，广义上的智库就是阵地、殿堂和狭义智库的综合体，它的载体就是智库。

三是努力培育新型智库的能力。能力是什么？主要是研判和谋划能力。研判形势，谋划对策。这些年，文学所本是基础学科，但研究文化生产力，成果出了不少，进入了决策研究。历史所，研究李大钊，过去是当学问研究，成果也出了不少，后来转换了思想。包括研究会，包括我也思考这个问题，当前党的建设和教育实践活动是密不可分的。现在又强调哲学的问题。但是怎么把哲学的问题用于现实指导党的建设、指导经济社会发展、指导核心价值观的建设，贴近现实，都是值得去思考和实践的。

现在我们处在一个形势任务上非常复杂的局面，我们面对的科技进步，包括大数据、媒体融合，都需要我们社会科学理论工作者去思考、去研究。你处在这样时代和环境中，处处都有社会科学需要研究思考的问题。形势发展这么快，我们要主动地争取，主动地介入，主动地有所作为。

四是新型智库的队伍建设问题。刚才讲中国特色新型智库建设，国际化、专业化、网络化发展作为目标。这里有一个独立性的问题。有的讲智库的独立性，实际上片面地强调独立性是不对的，没有绝对独立的智库。哪儿有这样的智库啊？就站在自己的立场上去评论一些是非？那是不可能的。美国的兰德公司和一些民办的智库，独立性很强，但是它绝对没有脱离开政府，绝对没有脱离开国家。上一次我阐述这个问题的时候，说的道理可能浅一些，我觉得观点还是对的。但是社会科学院，我们自己这个智库，相对于政府研究部门有相对的独立性，我们都感觉到了。政府研究部门跟我们座谈的时候说，表达自己的观点，提出与政府不一样的意见，比较难，所以从这方面就制约了相对独立性。如果制约了相对独立性，恐怕也会影响到它的创造性和思维发散。我觉得独立性还是要立足于追求真理，崇尚科学。所以在研究的方法上和崇尚真理的角度上说，相对的独立性还是应该有。社科院给大家一定的空间。如果说我们完全按照条条框框去做，势必影响思考和创新。你怎么说我们就怎么做，就出现问题了，他还要你干什么呀？都念报纸和文件了，你还搞什么研究，还怎么创新呢？但是如果说你捅破了它的界限，那是培养反政府组织，政府能做这样的事情吗？也不是这样。何况我们的政府是人民的政府，我们共和国是人民共和国。所以这是立场观点的问题。所以从政治上来讲，必须要坚持与党中央保持一致，坚持党的领导，坚持中国特色社会主义道路，这是不能含糊的。但是从创新上来说，有自己的探索去创新，去开拓，还是有这个关系。

我们的队伍是个高素质的队伍，当然大家谈人才队伍的建设问题也谈得不少，有人才培养的问题、人才结构的问题等，都有一些很具体的问题。但是从我们的培养方向上，应该明确我们的导向。

今天，我把这段时间的一些思考给大家讲一讲，希望大家再继续研究，把智库建设放到新常态的大环境和背景下，再推进一步。到“十二五”末的时候，我们争取把智库建设的基本方面再进一步地完善起来，然后在基础上向前推进，发挥更大的作用。

# 在院行政后勤管理部门职能处室工作汇报会上的讲话

（2014 年 9 月 26 日）

按照院党组的工作部署，从今年 4 月开始，我和各位副院长分四批次听取了院属各职能处室的工作汇报。这次的工作汇报基本上是按照工作职能分片来进行的。4 月 3 日，听取了社科联职能处室的工作汇报，我就“一院两制”、“三位一体”、阵地智库建设、干部作风建设等讲了一些意见，会后发了内部通报。9 月 19 日，听取了讲师团和科辅部门职能处室的工作汇报，就加强全院马克思主义学习研究宣传阵地建设讲了一些意见。9 月 25 日，听取了 12 个科研所（中心）和科研组织处的工作汇报，重点讲了在新常态下新型智库建设的一些意见。今天是第四批次的工作汇报，主要是听取行政后勤管理部门职能处室的工作汇报。

刚才，各处室对今年前三个季度的工作进行了概括汇报。从总体情况看，大家的工作汇报准备认真，材料比较齐全，也做了认真总结。各处室的工作总体进展是顺利的，成效是显著的，大家做了很多工作，同时很多同志对今后的工作也提出一些很好的意见和建议，听后很受启发。会后，办公室要认真梳理，再分别进行研究，一项一项解决。今天，我想就加强全院党的建设和行政后勤工作、为新型智库建设提供坚实保障讲几点意见。

## 一　讲政治把握方向，为我院新型智库建设提供可靠的政治和组织保障

院属 9 个行政管理处室，承担着不同的行政管理职责，应该说，这些职

责是保证我院正常运行和事业发展必不可少的重要环节和关键方面。或者进一步说，这些处室也是院党组领导全院事业发展责任的具体化，是党组决策的具体落实者，所以责任是非常重要的。

这些年来，特别是2009年机构调整以来，行政管理工作的职能得到进一步加强。在省委、省政府领导下，院党组抓住构建“三位一体”工作新格局这个难得的契机，推动参公管理和事业管理“一院两制”新体制的建立。行政管理部门全部实现了参公管理，行政管理部门的多数同志都成了公务员。这在现行体制背景下，是一个创举。当然，这种转变也是我院“三位一体”工作新格局的需要，体现了省委、省政府对我院工作的重视和肯定。从制度上确定“一院两制”“三位一体”，在全国省级社科单位我们是独树一帜，是一个创新。这些年整个体制的运行是成功的，我们曾向省委、省政府做过汇报。去年开展的第一批党的群众路线教育实践活动，我参加习近平总书记来河北主持的座谈会的时候，也扼要汇报了我院的“一院两制”“三位一体”的工作情况。总书记非常关心，还问了其中一些细节的问题。

参公以后，我们的干部身份发生了变化，在这种情况下，我们也面临职能转变、能力提高的问题，在政治上、纪律上、业务上要向公务员管理法律法规的要求看齐。经过几年的努力，在院党组的领导下，我们已经建立起“三位一体”工作新格局和“一院两制”新体制，形成了以理论武装为龙头，以社科研究、社科联合为依托，以省社科团体、各市委讲师团、社科联和县区基层理论宣讲站为基础，把全省社科系统研、讲、联资源优化组合和有效运用的新型工作运行机制。应该说，极大地推动了我院“省级科研一流、国内国际知名、服务河北科学发展”新型智库的建设。在这个过程中，我们的工作量很大，面临的困难也很多，但是行政管理人员、党务工作者，首先经受住了锻炼和考验，发挥了积极作用。同时，在这个过程中也大大提升了我们的工作能力和工作水平。特别是近几年，我们组织了几次大的活动，比方说，庆祝建院30周年、承办全国社科院院长联席会议、组织开展“三走”大调研活动等。可以说，这些工作大家都付出了辛劳，特别是行政处室的同志们付出很大的辛劳，也取得了比较突出的成绩，应该说是亮点纷呈。我们的一系列工作也得到省委、省政府主要领导和中国社会科学院主要领导的充分肯定，这个肯定也给我们院进一步发展带来了很多的机遇，创造了必备的条件。但是，在新的形势下，面对党中央和省委对新型智库建设更高的要求，我们还要看到差距和存在的问题，需要进一步明确方向，深入地思考如何把工作做得更好，如何推动我院新型智库建设更上一层楼。

昨天，我在科研处所工作汇报会上提出，要在新常态下，建设国际化、现代化、网络化而又具有中国特色、河北特点的新型智库的目标，还需要大家再进一步的研究。

有句俗话讲，“兵马未动，粮草先行”。建设新型智库，行政后勤也要先行，大家要有这个先行的意识。对于行政后勤管理工作来说，要做好这个先行工作，做好后勤保障和思想组织支撑工作，第一位的是要牢牢把握政治方向、严守政治纪律。现在信息技术高度发达，社会全面开放，国内外各种思潮、各种观点甚至各种奇谈怪论也比较多，众说纷纭，泥沙俱下。从目前披露出来的一些情况看，我们社科理论界也不是一片净土。在这样复杂的国际、国内环境下，作为社科理论部门的行政后勤管理者，首先要保持理论上的清醒、政治上的坚定。理论上的清醒和政治上的坚定不是凭空产生的，必须得通过加强学习。必须通过政治学习和业务知识的学习，提高学习能力，提高自身素养，搞好个人修养，在全面提高马克思主义理论素养、掌握辩证唯物主义和历史唯物主义思想武器的同时，还要学懂弄通中国特色社会主义理论体系，系统学习习近平总书记的系列重要讲话，增强我们的自信心，从而不断增强中国特色社会主义道路自信、理论自信、制度自信，补足精神上的“钙”。

同时，要坚持学以致用，知行合一。在思想上、政治上、行动上要同以习近平同志为总书记的党中央和省委保持高度一致，同党组决议决定保持一致。这不光是在口头上讲，还要落实在自己的实际行动上，落实在我们工作的方方面面。凡是党中央、省委和院党组提倡的，要坚决地响应，坚决照办；禁止的要坚决杜绝，在任何情况下都要做到政治立场不移，政治方向不偏。要大力倡导“三严三实”的工作作风，努力做到严以修身、严以用权、严以律己，努力做到谋事要实、创业要实、做人要实。要弘扬无私奉献的精神，为党和人民的事业不图名、不图利，任劳任怨，心无旁骛做好本职工作。把党交给我们的工作当成一项事业去追求，而不只是当成一个职业、一个饭碗。这个要求首先在我们的处级以上干部里，院、处两级领导同志中，必须要高于其他人的标准。

## 二　讲大局强化服务，为新型智库建设提供行政后勤服务保障

近些年，我院积极适应新形势、新任务的要求和新型智库建设的需要，提出“为决策服务、为发展服务、为基层服务”的“三个服务”办院方针。实践证明，这个定位是符合我院实际的，取得了显著成效，也得到全院上下的广泛认同。

“三个服务”是针对全省来讲，那么对于院内的行政管理，还有另一层“三个服务”的含义，那就是为院党组的决策服务、为我院的自身发展服务、为全院的干部职工服务。同时，还要认识到行政后勤管理服务的内涵非常宽泛，管理是服务、保障是服务、督促落实也是服务。可以这样说，群众利益无小事，这是我们党的宗旨决定的。

行政后勤直接管群众的事情，群众无小事，所以行政后勤也无小事。比方我们每天三顿饭，特别是中午一顿饭，人们天天吃饭，顿顿吃饭，可是如果食堂一顿饭关了门，开不了火，这个时段可能就乱套了。很简单的事情，一个车辆出不去，会影响到工作运行的问题；一个保卫环节搞不好，那么就容易出现一些差错。这些事情都不是小事，实际上都是大事，所以行政后勤无小事。

院属行政处室分担着党务、思想政治、行政、后勤服务管理等不同的责任。比如财务，运行的责任，你是管运行的，一个环节出了问题，其他环节就会出现纰漏，就会有失误，就会出现不协调，甚至出现差错或是造成损失。所以，我们这些处室的处长是比较辛苦的，在科研部门不坐班的情况下，我们都要盯着坐班。刮风下雨的时候，科研人员可能到家里去工作，行政后勤人员就得出来查房子漏不漏、窗户关没关、水道通不通、车辆运行怎么样、值班的人有没有饭吃，很琐碎的事情，但是也是很重要的事情。所以

行政后勤无小事，这就要求我们尽心尽力做好每一项工作。

院里的同志都有一个体会，这次干部调整后，有许多新的工作任务要熟悉，特别是进入我们行政后勤管理的主要负责同志，已经开始明显觉得责任重了，觉得时间不够用了。像振虎同志讲，到了财务处长岗位上，有大量的财务政策和账目要熟悉、要看。这种态度是可取的，应该有这种精神状态。

下面具体说一说各处室的工作。

### （一）办公室的工作

办公室的服务不仅包括日常的服务、文件传送、车辆保障、内引外联，更重要的是发挥好参谋助手的作用。这几年来，办公室的工作很辛苦，工作做得也是不错的，大家是有目共睹的。参与了整个机构改革，参与了一些重大活动，牵头协调，同时又参与了几次干部调配的协助工作，帮助党组来协调这些事情。特别是有几项工作是有亮点的，几个大的工作，在咱们的运行上，总体是协调的，为我院赢得了很多的声誉。河北省社科院现在到全国其他省份的社科院，或者是副省级城市的社科院，大家接待我们是很热情的。不论是我们的科研人员去，还是管理人员去，甚至我们离退休老同志去搞调研，接待比以前热情多了。为什么？因为我们为全国的同行服务做到位了，有了感情了，这些感情就从精神变成物质的力量，为我们的工作提供了很多的便利。

还有我们的信息工作。两个“五年计划”之前我们很多时候在省委办公厅信息统计是零啊！经过七八年的努力，现在我们院已经由三类信息报送点变成了二类，二类中也站在了全省的前列。这不仅反映了我们院的自身工作，而且给科研人员转化成果提供了渠道。这个渠道打开就不得了，这些年来，中央领导同志，包括总书记、总理、全国人大常委会委员长等党和国家领导人对我们科研成果的肯定性批示、批件，都是通过这个渠道送上去的，这样就增加了一个渠道。所以，这个责任是重大的，大家一定要认真地把这个工作做好。特别是最近，习近平总书记对中办工作提出做好“五个坚持”的要求：第一，坚持绝对忠诚的政治品格；第二，坚持高度自觉的大局意识；第三，坚持极端负责的工作作风；第四，坚持无怨无悔的奉献精神；第五，坚持廉洁自律的道德情操。这五个坚持，谈得非常好。办公室的同志得首先带头做到，同时所有的行政处室都应该学习总书记提出的这五个要求。行政处室的工作，一个是无小事、琐碎、很拴人，要勤奋地去做，很耗时间，很耗精力，同时也容易落抱怨，还有很多工作是无名英雄的工作，是帮助别人做的工作，就得有甘作嫁衣裳的风格和品德。

我们行政处室的干部，总体素质是好的，是可以信赖的。我们的处长们都当了很多年了，十年以上的你数一数有多少人！太多了。在处长岗位上，有的进行了岗位调整，还是任劳任怨地来做，这是一个非常可贵的精神，这是什么？道德、操守。不光是被动地服从纪律，而且是道德操守啊，任劳任怨地做这个事情。所以这个参谋助手的作用，从办公室说还要充分发挥好组织协调，做好后勤保障服务的协调方面的工作。

### （二）人事处的工作

人事处是干部人才队伍之家，是事业发展的至关重要的一个环节。党组管干部、管人才，人事处认真落实具体职能。这些年我们比较突出的成绩，一个是干部队伍调配。今年比较顺利地完成了参公部门处级干部职位补充调整和事业部门处级干部第六轮聘用工作。另一个是硕士、博士高层次人才引进。也是有成绩的。我们没有很多特殊的条件来吸引高层次的人才，就是靠一片诚心，靠我们的工作，一个院校一个院校去面谈，从事业上、从感情上来打动争取。这些年我们科研高职人数中博士占到将近百分之二十，是个非常大的变化。过去真正的说博士毕业直接到社科院工作是微乎其微的。这几年我们科研部门要的博士和讲师团、社科联或者行政处室要的硕士，表现的后劲儿都很足、都不错，有的在科研成果的数量和质量方面明显地显示出来了。

当然，要完成我院“十二五”规划提出的干部人才队伍建设的目标，还要继续下功夫，为打造一支素质高、能力强、结构优、活力足的人才队伍继续努力。把剩下的任务好好捋一捋，分分轻重缓急。对于各处室提出进人的事，人事处要认真研究。

### （三）财务处的工作

财务处是智库建设的重要保障部门。近些年，财务处做了很大的努力，使我院的经费有了大幅度的提高。现在我们的运行资金达到6000多万元，运行起来基本够用。特别是近年来，收支平衡，略有结余，使我们能够办好多事情。主要原因，“一院两制”，改革红利释放出来了。我们自己跟自己比觉得宽裕多了，有好多事情我们就能办了。但是在花钱上也有新的形势任务要求，一个是财务管理制度进一步地严格规范，这是好事，只是对于预算管理的加强和公务卡的推行，我们还有些不适应。在行业财务管理上，没有国家统一的社会科学院财务管理办法，财务处要和科研处结合起来探讨研究这个问题，目前确实有点困难，但问题是可以解决的。

针对新的形势，一是开源节流。财政给我们的钱，一笔都不能丢，丢了以后你再去要就不好要了。财政资金到院以后我们搞二级预算。刚开始，个别处室觉得自己名下的钱，拿出来统一分配很不舒服，实际上这是个好事。现在财政厅发文要求搞内部二级预算，我们走的还是比较靠前的。该要的钱赶紧要回来，一笔不丢，做好开源工作。节流就是有计划地花，钱要花到刀刃上，不浪费。二是要疏堵结合。现在的一些政策，似乎都是在堵，都是在收，各个环节都在严格要求，这是好事啊。我们同样严格要求每一项开支，严格要求照章办事，按政策堵，按纪律堵。但是堵的同时也要疏，疏导的地方就是要把允许的政策用足。疏堵结合，这个事情就是新常态，新常态下还要有新作为。

### （四）行政处的工作

最近院里干部调整以后，行政处对处级干部的办公用房调整抓到了位。行政后勤保障要给大家创造条件，大家也要积极配合行政处的工作。我看这个事情做得就好，到了位。还有许多事，事无巨细，现在伙食委员会也要换届，各项工作都要抓到手，认认真真地完成。包括信息中心消防设施的问题，要尽早查明原因，及早处理，消除隐患，需要上新的设备要及早谋划。还有办公大楼地下室渗水的问题。20世纪80年代初，桥东最高的建筑是石家庄燕春饭店，桥西就是我院这个楼，但是地基渗水，老泡着，冬天冻夏天化，有安全隐患。你说咱们这么多人，这么多厅级干部、处级干部，连个院子都看不好，万一楼塌了、失火了，咱们怎么交代?！这个楼至少得看好了，不能出事情，一定要把这些事情认真抓起来。群众利益无小事，行政后勤无小事。这几年综合治理还是不错的，我们现在丢自行车的也少了，门口捣乱的也没有了。这是我们做了很多工作的结果，今后要继续把行政后勤工作抓实抓好。

### （五）培训处（外事办）的工作

外办的工作成绩有目共睹，成绩是比较突出的。说实在的，我们的外事资金比较紧张，没有多少钱，但是该花的钱我们也要花好。现在我们已经和六个洲、跨三大洋的23个科研教学机构建立了交流合作关系，今后不再扩大规模，要走内涵式的发展。我们交往的都不是穷朋友，都是“富”朋友，所谓的“富”不光是钱的问题，而是说这些科研机构学术水平都是很高的。今后我们给大家也创造一些机会和条件，出去看一看、走一走、交流交流。外办下一步的工作就是组织科研人员与国外科研机构开展实质性的交流。我们前期主要是通过组团建立关系，接下来就是深入的学术交流和合作，行政管理者也要出去交流合作。我们现在建智库，不是自行其是，而是落实党中央和总书记的要求。加强中国特色新型智库建设，完善决策咨询制度，是党的十八届三中全会全面深化改革的重要内容之一，并且是全面深化改革总目标的重要组成部分。总目标是什么？坚持和发展中国特色社会主义制度，推进国家治理体系和治理能力现代化。治理体系治理能力现代化，智库就是重要的内容。现在网络化、大信息化、大数据化是整个时代发展的潮流，要适应新的要求搞好智库建设，关键是看我们自己怎么做。你能不能为决策者出好招，能不能出思想、出办法，为决策做好服务？我们要提升能力做好这个事情。

### （六）老干部处的工作

我看你们提出的这个“五必问，五必访”很好，凡是工作做得细，就能做得好，不要小看一个电话或者一个走访。你们每一个同志分别联系二十到三十个老同志，这就是责任制，分到你的名下，你就要负好责任、做好服务。现在我们的老同志有 180 多位了，老同志们总体上都非常好，我在这儿九个年头了，老同志们基本上没有给我们找什么闲事。你说咱们做的工作都特别好？也不是，是这些老同志很理解我们。这个工作老干部处是有功劳的，今后还要把工作继续做细、做实、做好。今年省里召开老干部工作会以后，占文同志向党组做了专题汇报，我们也专门做了研究，要形成制度，党组决定每年都要有一两次听一听老干部工作汇报。一些基础设施要逐步创造条件改善，行政处、财务处结合起来做一做。政治上关心老干部很重要，请专家做报告，给大家讲一讲时事政治、健康知识等，都很好。同时，要及时掌握老干部的思想动态，和他们多交流，多沟通，精心组织好老干部的考察学习。我们这个地方知识分子比较多，这是一笔财富，要发挥他们的作用，但首先把身体养好。健康长寿，老有所养，然后是老有所为，做到量力而行，健康第一。

### （七）机关党委的工作

发挥好党组织的战斗堡垒作用和党员的先锋模范作用，是推动我院新型智库建设的重要保障。这些年我院机关党的建设，应该说成效还是比较明显的。在院党组领导下，机关党委认真工作，取得了较好的成绩。特别是这几年，在学习型党组织建设上，我们实施了“党组中心组引领工程、服务决策发展能力提高工程、全员学习队伍建设工程”。这个工程不是一时的，要长期抓下去。中央建设学习型党组织领导小组办公室还推举我院作为全国首批宣传表扬的单位；中央建设学习型党组织协调小组《工作简报》介绍了我院的做法；《求是》刊发了院党组的学习体会文章；人民日报来记者到院专访；新华社发通稿，人民日报、光明日报、经济日报、中央人民广播电台、中央电视台、河北日报、河北电视台等媒体报道了我院的活动成果，进一步提高了我院的知名度和影响力。

在第一批党的群众路线教育实践活动中，我院也收到了显著成效。一个是我们自身的活动，还有就是承担了省委教育实践活动办公室理论成果组的工作。前天省里开会，我院做了大会发言，刘月副院长代表我院领了优秀组织奖和优秀论文奖。同时，我们目前开展的“必修课”及阵地建设，从我们本职工作理论宣讲，还有我们自身的学习都做了大量工作。但是我们还要有清醒的认识，政治学习是个常抓不懈的事情，需要认真去做。一个是理想信念的坚定问题，这也是习近平总书记反复强调的。不管是年轻同志、老同志都要加强政治学习，坚定理想信念非常重要。同时要加强业务学习，提高自身素养，还要抓联系群众制度，这是我们教育实践活动的成果。联系群众制度不仅是到基层去，我们是双重任务，我们说“三走”，走太行、走沿海、走世界，这“三走”其中最深刻的反映就是联系群众，向群众学习，向基层学习，向世界学习。同时，要联系机关群众，这是我们内部的事，联系群众，大家聊一聊，深入深入，多交流交流，是有好处的。要听到最基层群众的意见，每一位处长都要认真做好这个事情。听听最基层群众的意见，这对我们也是一种营养剂，也是一个补充，要和大家同呼吸共命运。这几年，科研人员通过不同的组合去搞调查研究，我们的院领导也分别去参加，就是十天八天的接触也胜过平时的几年。大家同吃同住同劳动啊！你跟他们融合到一起后，科研人员跟你说心里话，你听到的是真话。事情要做好，就要和群众打成一片。

这段时间，孙毅副院长分管机关党委以后，把工作也开始做细了，提出了一些方案，党组会也通过了，要通过党支部换届选举进一步把行政处室和党支部建设好。

### （八）纪检、监察室的工作

纪检监察工作任务越来越重了，要在搞好执纪问责的同时做好保驾护航工作。今年上半年以来，工作做得还是比较到位的。特别是在完善制度上，按照中央纪委、省纪委的要求，做了大量工作。出台了一批制度，特别是党风廉政建设责任制度，成效还是比较突出的，制度在逐步地完善。应该说执纪上认真做了工作，在保驾护航上也认真做好，任务完成还是圆满的。下一步重点是抓好各项制度的落实，

在廉政建设上，作为领导干部，不管纪检监察干部还是其他处室的领导

干部，都要有敢于担当的精神，那就是坚持真理，修正错误。现在是越来越严格了。过去给大家发福利，比如，八月十五中秋节每人发一盒月饼。但是现在呢，党中央有要求，不让发月饼，不要铺张浪费，发月饼就违纪。这就不是说给大家搞福利的问题了，这叫与时俱进，令行禁止，要明白这个道理。大家评价干部，也要分清是非，敢于担当这种精神是可贵的，需要我们提倡。同时，还有一个问题需要讲一讲，要创造良好的政治生态环境，也就是大家干事的环境，这是需要各级党组织、每一个党员干部都要认真去做的事情。9 月 23 日，省委集体学习会议要求，要把营造良好从政环境，作为本届常委会的主要任期目标之一。要保护干事者，爱护干事的干部，尊重干事的干部，奖励提拔重用敢于担当能够干事的干部。要支持这些干部，务必使正派能干的人得到重用，坚决避免逆淘汰现象。作为纪检监察部门，保驾护航的含义贵在保护干部，重在惩治腐败分子。

这一段时间，全院各处室所的工作听了一遍，感到大家的信心是十足的，工作目标总体上比较明确，也有相应的措施，都很好。在暑期放假前，在干部上岗的时候我讲了一句话：我是越来越认识到我们这个队伍的可信赖性，特别是我们的处长、所长、主任们，我们的中坚领导骨干力量，还有我们党组的同志，干事任劳任怨，是完全可以信赖的。我们一定要齐心协力，把省委、省政府交给我们的任务完成好。

现在，思路清楚了，接下来要干好下一步的工作。大家很辛苦，对大家表示感谢。同时，大家很勤奋很认真，对大家表示信任。今天我就讲这么多。

# 在省社科界培育和践行社会主义核心价值观推进会上的讲话

（2014 年 9 月 28 日）

社会主义核心价值观是凝魂聚气、强基固本的基础工程、战略工程。为深入贯彻落实全省培育和践行社会主义核心价值观工作推进会精神，省委宣传部责成省社科院组织召开社科界培育和践行社会主义核心价值观推进会，发出《河北省社科界践行社会主义核心价值观倡议书》，号召全省社科工作者学习好、宣传好、践行好社会主义核心价值观，争做核心价值观建设的排头兵。下面我讲四点意见。

## 一　以社会主义核心价值观巩固思想阵地

社科理论界担负着“认识世界、传承文明、创新理论、资政育人、服务社会”的重要功能。培育和践行社会主义核心价值观，建设中华民族的共有精神家园，是社科理论界光荣而神圣的使命。阵地问题实际上是个方向问题。习近平同志在全国宣传思想工作会议上强调，我们的同志一定要增强阵地意识。宣传思想阵地，我们不去占领，人家就会去占领。我们要把培育和践行社会主义核心价值观同深入学习贯彻习近平总书记重要讲话精神结合起来，深刻认识巩固宣传思想阵地的极端重要性和现实紧迫性，不断增强阵地意识，更加积极主动有效地去建设、管理和使用宣传思想阵地，唱响主旋律，打好主动仗，不断巩固壮大主流价值取向和思想舆论。

当今世界的激烈竞争不仅是物质、技术、武力的竞争，更是文化、精神和价值信仰的角逐。随着世情、国情、党情发生深刻变化，宣传思想阵地的交锋和较量非但没有减弱，反而越来越严峻复杂、尖锐激烈。一是民族复兴进程中价值观和制度模式的较量更加凸显。有些国家不愿看到社会主义中国的发展和强大，处心积虑、变本加厉地对我进行错误思想文化渗透，方法手段多样，隐蔽性和迷惑性很强，防范难度越来越大。二是社会转型时期各种思潮的交流交融交锋更加频繁。有的鼓吹西方价值观，有的故意歪曲党史国史，有的以“反思改革”为名否定改革开放甚至否定四项基本原则。各种社会思潮竞相登场，冲击和淡化主流意识形态，企图用杂音、噪声干扰和影响大局。三是改革开放深化阶段思想道德领域面临的挑战更加复杂。随着各种社会矛盾和问题相互叠加、集中呈现，人们思想活动的独立性、选择性、多变性、差异性明显增强，有的理想信念不坚定，有的拜金主义、享乐主义、极端个人主义滋长，思想道德阵地上出现了不容忽视的道德滑坡和信仰缺失现象。四是信息网络时代思想舆论阵地的全面争夺更加激烈。以高度开放、海量信息、实时传播、易于互动为主要特征的新兴媒体，使思想舆论的传播、衍生、扩散、变异成倍增长。为什么近年来一些国家和地区的社会骚乱会演变成海啸狂澜？很大程度上，是因为其宣传思想阵地早已被别有用心的力量利用新兴媒体打开缺口，其社会信仰和价值观念已被互联网解构得支离破碎、混沌不清。因此，不论我国改革开放推进到什么阶段，不论我们党所处的历史方位和执政条件发生怎样的变化，宣传思想教育工作这个主阵地都不能丢。我们要努力把已有的阵地巩固好，把失去的阵地夺回来，把还没有建设的阵地建起来，构筑起宣传思想阵地的铜墙铁壁。

一要坚持政治导向不放松。正确导向是坚守阵地的核心和灵魂。阵地不能丢，导向更重要。以“三个倡导”为主要内容的社会主义核心价值观丰富和发展了马克思主义价值和道德理论，从国家层面的价值目标、社会层面的价值追求和公民个人层面的价值准则为我们提供了基本遵循，开拓了中国共产党人对社会主义核心价值理论认识的新境界，为我们更加有效地应对西方错误价值观的冲击提供了强大理论武器，也对进一步促进我国主流价值观的形成、巩固全党和全国人民共同思想基础产生了巨大的作用。我们要从巩固马克思主义在意识形态领域指导地位的高度认识社会主义核心价值观的地位和作用，立足推进中国特色社会主义伟大事业、实现中华民族伟大复兴中国梦，不断增强道路自信、理论自信、制度自信，在深化改革、实现治国理政现代化的过程中，扩大主流价值观念的影响力，提高国家文化软实力。

二要坚持服务导向不放松。要把培育和践行社会主义核心价值观同围绕党中央和省委、省政府重大工作部署结合起来，在价值追求和实践行动上坚决同党中央和省委、省政府保持高度一致，深入研究阐释和宣传普及党的理论和路线方针政策，不断提高为决策服务、为发展服务、为基层服务的能力和水平。

三要坚持责任导向不放松。把学术兴趣和学术研究同党和人民的事业、同国家和河北经济社会发展紧密结合起来，大力弘扬中国知识分子以天下为己任的宏伟抱负，切实担当起自己应当肩负的责任。

## 二　以社会主义核心价值观武装学术殿堂

我省社科理论工作者是省委、省政府的思想库、智囊团，担负着解疑释惑、升华思想和认识的光荣使命。培育和践行社会主义核心价值观为社科理论工作者提出了新要求、新目标和新任务，也提供了有所作为的广阔天地。我们要勇于担责，以社会主义核心价值观构筑、丰富升华宏伟的学术殿堂。

一要深刻理解和把握社会主义核心价值观的内涵和本质，加强基础理论研究。要围绕社会主义核心价值观及中国梦的重大意义、精神实质和实践要求，进行深刻解读和阐释。要发挥“河北省中国特色社会主义理论体系研究中心”和“河北省习近平总书记系列讲话精神研究中心”的作用，组织专家撰写有关社会主义核心价值观研究阐释的重点理论文章在中央级大报大刊发表。《理论信息》要重点摘编专家学者对社会主义核心价值观的理论解读文章。《党委中心组理论学习通讯》要精心选登全省各地学习社会主义核心价值观的体会文章、宣讲社会主义核心价值观的工作动态信息、培育和践行社会主义核心价值观的经验总结文章；河北省干部理论教育网要开辟专栏，对社会主义核心价值观进行宣传阐释。

二要促进理论和实际相结合，加强应用对策研究。要把社会主义核心价值观融入经济、政治、文化、社会、生态文明“五位一体”建设之中，融入党的建设之中，各方面都要充分体现社会主义核心价值观的要求，形成各方面工作与核心价值观建设同频共振、同向同行的强大正效应。要不断深化“社会主义核心价值观在河北”课题研究。继续深化“赶考”精神的时代意义研究、深化“善行河北”主题道德实践研究，并紧密结合我省“四大攻坚战”“树立四种思维”等重点工作开展研究，努力推出一批有价值、有分量的科研成果。

三要拓宽视野，放眼全局。要深入实施“走出去”“引进来”战略，既立足国情又立足省情，既深入生活又深入群众，既认识中国又认识世界，从深入的调查研究中获取第一手资料和数据，从人民群众的实践中汲取智慧和力量，在价值坚守上增强定力，提高系统思维、问题思维、战略思维、底线思维能力，不断提高服务大局水平，提高社会主义核心价值观的感染力、吸引力、影响力。

## 三　以社会主义核心价值观塑造智库品格

智库是加强阵地建设、打造学术殿堂的有效载体和实现机制。智库已成为影响政府决策、推动社会发展的重要力量，成为国家软实力的重要组成部分。作为智库，河北社科界学科齐全、人才密集，智库的价值取向不是小问题，是关乎决策、关乎“灵魂”的大问题。社科界在培育和践行社会主义核心价值观上必须先学一步、学深一层、识高一筹、知行合一、示范带动、善始善终，才能无愧于使命担当。

一要提升精神境界。有怎样的价值观念，就会有怎样的言论行动。要把社会主义核心价值观作为思想的压舱石、价值的定盘星，培育昂扬向上的精神品格。要正确认识当前主流价值观念认同形势，采取多种途径，长期浸润，逐步涵化，促进核心价值观的内在认同。要坚持中国特色社会主义先进文化发展方向，要从中华优秀传统文化和世界文明优秀文化成果中汲取精华，汇聚力量，建设共有精神家园。

二要强化职业规范。要增强问题意识，培育“天下兴亡，匹夫有责”的爱国精神，传承“善学者能，多能者成”的敬业作风，养成“以信立身，以诚处世”的诚信品格。要遵守社会公德、职业道德、家庭美德和个人品德规范，积极参与形式多样的精神文明创建活动，以先进典型为标杆，诚实守信、孝老爱亲、热心公益、勤劳节俭、爱岗敬业，以文载道，化育天下。

三要注重自觉践行。刘云山同志在《求是》撰文指出，天下大事必作于细。对核心价值观的践行是具体的，必须坚持由易到难、由近及远，动员人们从身边小事做起，从一点一滴做起，把“三个倡导”要求变成日常的行为准则，进而增强自觉奉行和日常践行的能力。“言为心声，行为心表”，个人的一言一行、一举一动无不体现着自己的修养水平和文明程度。践行核心价值观就需要从自身做起，从小事做起，积小成大，积善成德，以长期不懈的生活实践积淀对核心价值观的心理态度和情感结构，以良好的生活作风、学习作风和工作作风自觉培育践行核心价值观的微观载体。可以说，社科理论工作者只有从自己生活、工作的细节入手，从正确的价值诉求出发，充分调动积极性、主动性和创造性，强化道德养成，注重道德践行，从被动参与到主动付出，从刻意为之到习以为常，才能逐步形成良好的道德风尚和意志品质，才能用自己的言行诠释和践行社会主义核心价值观的真谛和要义，才能从国家、省委、省政府战略部署出发，关注重大问题，求真务实、奋发有为，以自觉前行的力量，多出具有前瞻性、战略性、针对性和可操作性的研究成果，为党和政府科学决策提供高质量的智力支持，努力做改革发展决策方案的建言者、政策效果的评估者、社会舆论的引导者，使思想库、智囊团的作用名不虚传。

## 四　推进社会主义核心价值观宣传普及

认真贯彻落实《中共河北省委关于培育和践行社会主义核心价值观的实施意见》和省委办公厅《任务职责分工方案》，还要抓好宣传普及，不断使社会主义核心价值观日常化、具体化、形象化、生活化。

一要面向干部群众开展社会主义核心价值观集中宣讲活动。紧密结合党的十八届三中全会、省委八届六次全会、全国两会和省两会精神的宣讲以及“中国梦·赶考行”“善行河北”的宣传教育，充分发挥党校、高校、讲师团、社科研究机构的优势，开展集中宣讲活动。利用网络视频会议系统组织专家开展网络专题宣讲，向基层干部群众深入解读社会主义核心价值观。开列一批社会主义核心价值观专题辅导题目，在河北省干部理论教育网发布，供全省干部学习“点播”。

二要积极做好重点普及读本的编撰工作。按照习近平总书记关于“培育和弘扬社会主义核心价值观必须立足中华优秀传统文化”的要求，完成好省委宣传部交办的《中华优秀传统文化简明读本》和“河北省培育和践行社会主义核心价值观”蓝皮书的编写任务，组织撰写理论著述、编写系列通俗读物，认真落实责任，按时保质完成任务，争取早日出版，为广大党员干部和基层群众培育和弘扬社会主义核心价值观提供参考教材。

三要举办座谈会、研讨会和系列讲座。通过这些途径和方式，努力深化拓展认知认同，在日常涵养以及带动辐射上下功夫，推动社会主义核心价值观落细、落小、落实，深化全省广大干部群众对社会主义核心价值观及“中国梦”的理论认识。举办2014年燕赵文化论坛，宣传弘扬社会主义核心价值体系，推动社会主义核心价值观的实践深化，为我省“科学发展、绿色崛起”，为建设全面小康、富裕殷实、山清水秀的河北，提供强有力的理论支持和精神动力。

四要举办河北省第十届社会科学普及周。采取全省联动的形式，结合社会主义核心价值观开展宣传普及活动，吸引广大群众积极参与。精心组织新闻舆论引导。做好社会热点问题如就业、住房、交通、收入分配等问题的准确解读，回应社会关切。

## 五　加强组织领导

要加强组织领导，坚持顶层设计，深度谋划，精心部署，有序推进。

一要领导带头，党员示范，争做培育和践行社会主义核心价值观的先锋。在培育和践行社会主义核心价值观中，党员干部既负有组织推动的职责，又被赋予带头示范的义务。党员干部要坚持讲党性、重品行、做表率，坚定理想信念、坚守高尚追求，切实学好世界观、人生观、价值观这门必修课，树立正确的权力观、地位观、利益观，以为民务实清廉的人格力量感召群众，引领风尚，形成人人参与、人人实践的生动局面。

二要精心组织，形成合力，使社科理论工作者理想信念更加坚定，道德素养进一步提升。要把社会主义核心价值观作为党员干部学习教育的重要内容，纳入党组中心组学习日程，建立指导和推动工作有效开展的机构和机制，切实负起政治责任和领导责任。要对实施方案进行分解细化，落实工作责任制，完善工作措施，做到培育和践行社会主义核心价值观与业务工作同部署、同实施、同检查。切实发挥基层党支部的作用，在党组的统一领导下，把社会主义核心价值观的要求融入支部活动中，加强沟通、密切配合，形成强大合力。

三要建章立制，形成规范，推动各项工作有序开展。要建立健全一系列工作制度、管理制度和考核制度。通过建制度、立规矩，进一步巩固培育和践行社会主义核心价值观的积极成果，真正做到制度设计与完善配套相结合、健全制度与资政育人相结合、制度制定与强化执行相结合，不断提高培育和践行社会主义核心价值观的实效性。

# 在传达贯彻习近平总书记重要讲话精神院党组（扩大）学习会上的讲话

（2014 年 10 月 10 日）

这次院党组（扩大）学习会的主要任务是，学习传达习近平总书记在党的群众路线教育实践活动总结大会上的重要讲话精神，深入落实党中央的决策部署，对全院深入学习宣传贯彻习近平总书记重要讲话精神进行部署，进一步推动我院党的作风建设，不断提升新型智库建设水平。经院党组研究，决定将今天的党组学习会扩大到院属各部门主要负责同志和主持工作的同志，目的是让大家早学深学，并紧密结合工作职责和自身实际，早安排、早部署、早落实。下面，由我来传达习近平总书记在党的群众路线教育实践活动总结大会上的重要讲话精神，并就深入学习宣传贯彻习近平总书记重要讲话精神和党中央及省委的要求，落实从严治党，扩大活动成果，深化作风建设，抓好全院当前和今后的重点工作，讲几点意见。

## 一　传达学习习近平总书记在中央党的群众路线教育实践活动总结大会上的重要讲话精神

10 月 8 日，党的群众路线教育实践活动总结大会在北京召开，中共中央总书记、国家主席、中央军委主席习近平出席会议并发表重要讲话。中共中央政治局常委李克强、张德江、俞正声、王岐山、张高丽出席会议，中共中央政治局常委、中央党的群众路线教育实践活动领导小组组长刘云山主持会议。会议以电视电话会议形式举行，开到县一级和人民解放军、武警部队团级以上单位。

习近平总书记在讲话中指出，在全党开展以为民务实清廉为主要内容的党的群众路线教育实践活动，是党的十八大作出的一项战略决策。党中央对开展这次活动高度重视，进行了深入调研和周密准备，决心以抓铁有痕、踏石留印的精神把活动抓好。从 2013 年 6 月开始，活动自上而下分两批开展，目前已基本结束。各级党组织和广大党员、干部积极响应党中央号召，高度重视、踊跃参与，广大人民群众热烈响应、热情支持，整个活动进展有序、扎实深入，达到了预期目的，取得了重大成果。

习近平总书记把这次教育实践活动取得的成果概括为五个方面。

一是广大党员、干部受到马克思主义群众观点的深刻教育，贯彻党的群众路线的自觉性和坚定性明显增强。通过活动，广大党员、干部精神上补了“钙”，进一步认识到人民是历史的创造者，我们党来自人民、植根人民，各级干部无论职位高低都是人民公仆，必须全心全意为人民服务；进一步增进了同群众的感情，拉近了同群众的距离，增强了同群众一块过、一块苦、一块干的自觉性；进一步掌握了贯彻党的群众路线的工作方法，看到了在联系服务群众中的差距，增强了做好群众工作的本领。广大党员、干部表示，自己找回了群众观点，站正了群众立场，强化了宗旨意识。

二是形式主义、官僚主义、享乐主义和奢靡之风得到有力整治，群众反映强烈的突出问题得到有效解决。这次活动就以解决问题开局亮相、以正风肃纪先声夺人、以专项整治寻求突破，对“四风”问题进行大排查、大检修、大扫除，刹住了“四风”蔓延势头。从上到下、各个领域都压缩了会议、精简了文件，减少了评比达标、迎来送往活动，全面清理了超标超配公车、超标办公用房、多占住房，普遍压缩了“三公”经费、停建了楼堂馆所，狠刹了公款送月饼、贺卡、节礼和年货等行为，坚决整治了“会所中的歪风”、培训中心的腐败，坚决整治了“裸官”、“走读”、“吃空饷”、“收红包”及购物卡、参加天价培训、党政领导干部在企业兼职等问题，广泛查处了吃拿卡要、庸懒散拖问题，高高在上、挥霍浪费、脱离群众现象明显扭转，党风、政风和社会风气为之一新。

三是恢复和发扬了批评和自我批评优良传统，探索了新形势下严肃党内政治生活的有效途径。广大党员、干部深入查摆问题，深挖问题根源，自我剖析触及了痛处。上下级之间不顾忌身份、不隐瞒观点，提意见开诚布公。领导班子成员脱去“隐身衣”，捅破“窗户纸”，相互批评不留情面。专题民主生活会和组织生活会敢于揭短亮丑、真刀真枪、见筋见骨，点准了穴位，戳到了麻骨，开出了辣味，起到了脸红心跳、出汗排毒、治病救人、加油鼓劲的作用。

四是以转作风改作风为重点的制度体系更加完善，制度执行力和约束力得到增强。这次活动坚持破立并举，注重建章立制。中央相继出台党政机关厉行节约反对浪费、国内公务接待管理、公务用车改革等一系列制度。各级根据中央八项规定精神，在联系服务群众、规范权力运行等方面制定和修订了一批工作制度和管理制度，扎紧了制度笼子，强化了对不良作风的刚性约束，按规矩办事、按规矩用权意识显著增强，越界犯规行为减少。

五是影响群众切身利益的症结难点得到突破，党的执政基础更加稳固。这次活动积极回应群众关切，着力打通联系服务群众的“最后一公里”，形成了人往基层走、钱往基层投、政策往基层倾斜的良好导向，改作风改到群众心坎上。一大批多年积累的矛盾和问题得到有效化解，一大批信访积案得到切实解决。

习近平总书记强调，党中央向全党承诺，一定要精心组织、确保实效，做到善始善终、善作善成。在全党共同努力下，这个承诺已经兑现。

习近平总书记在讲话中对这次教育实践活动概括出六条经验。

一是必须突出重点、聚焦问题。“伤其十指，不如断其一指。”党中央明确提出以反“四风”为突破口，以点带面，不搞面面俱到，对群众反映强烈的共性问题，集中开展专项整治；对出现的“四风”种种隐形变异问题，保持高度警惕，坚持露头就打；对顶风违纪现象，严肃责任追究，加大查处力度。实践证明，有的放矢事易成，无的放矢事难成，集中教育活动要取得实效，必须找准靶子、点中穴位。

二是必须领导带头、以上率下。正人必先正己，正己才能正人。中央怎么做，上层怎么做，领导干部怎么做，全党都在看。首先从中央做起，各级主要领导亲自抓、作表率，是这次活动取得成效的关键。实践证明，各级领导干部敢于拿自己开刀，解决问题才能势如破竹，改进工作才能立竿见影。

三是必须以知促行、以行促知。这次活动强调把学习教育贯穿始终、把解决问题贯穿始终，做到教育和实践两手抓、两结合，边学边查边改。实践证明，集中教育活动只有坚持知行合一，不断让思想自觉引导行动自觉、让行动自觉深化思想自觉，才能抓得实、做得深、走得远。

四是必须严字当头、从严从实。“取法于上，仅得为中；取法于中，故为其下。”我们一开始就强调活动要高标准、严要求，全程贯彻整风精神，“照镜子、正衣冠、洗洗澡、治治病”，坚决防止搞形式、放空炮、走过场。坚持严的标准、采取严的举措，重要节点一环紧扣一环抓。实践证明，只有严要求、动真格，真实抓、抓真实，才能真正达到预期目的。

五是必须层层压紧、上下互动。集中教育活动要搞好，必须批批接续、层层压紧、环环相扣。上面的问题需要下面配合解决的就上题下答，下面的问题根子在上面的就下题上答。实践证明，只有坚持问题导向，从细处入手，向实处着力，一环紧着一环拧，一锤接着一锤敲，才能积小胜为大胜。

六是必须相信群众、敞开大门。“知屋漏者在宇下，知政失者在草野。”这次活动在坚持自我教育为主的同时，注重强化外力推动，坚持真开门、开大门，让群众参与，让群众监督，诚恳请群众评判。实践证明，集中教育活动必须打开大门、依靠群众，让群众来监督和评判，才能做到不虚不空不偏。

习近平总书记指出，经过这次活动，全党改进作风有了一个良好开端，但取得的成果还是初步的，基础还不稳固。这一次党的群众路线教育实践活动基本结束了，但贯彻党的群众路线、保持党同人民群众的血肉联系的历史进程永远不会结束。活动收尾绝不是作风建设收场，必须以锲而不舍、驰而不息的决心和毅力，把作风建设不断引向深入，把目前作风转变的好势头保持下去，使作风建设要求真正落地生根。

为此，习近平总书记就新形势下坚持从严治党提出八点要求。

一是要落实从严治党责任。各级各部门党委（党组）必须树立正确政绩观，把从严治党责任承担好、落实好，坚持党建工作和中心工作一起谋划、一起部署、一起考核，把每条战线、每个领域、每个环节的党建工作抓具体、抓深入。习近平总书记指出，历史和现实特别是这次活动都告诉我们，不明确责任，不落实责任，不追究责任，从严治党是做不到的。经过这些年努力，各级建立了党建工作责任制，党委抓、书记抓、各有关部门抓、一级抓一级、层层抓落实的党建工作格局基本形成。然而，是不是各级党委、各部门党委（党组）都做到了聚精会神抓党建？是不是各级党委书记、各部门党委（党组）书记都成了从严治党的书记？是不是各级各部门党委（党组）成员都履行了分管领域从严治党责任？一些地方和部门还难以给出令人满意的答案。各级各部门党委（党组）必须树立正确政绩观，坚持从巩固党的执政地位的大局看问题，把抓好党建作为最大的政绩。如果我们党弱了、散了、垮了，其他政绩又有什么意义呢？各级党委要把从严治党责任承担好、落实好，坚持党建工作和中心工作一起谋划、一起部署、一起考核，把每条战线、每个领域、每个环节的党建工作抓具体、抓深入，坚决防止“一手硬、一手软”。对各级各部门党组织负责人特别是党委（党组）书记的考核，首先要看抓党建的实效，考核其他党员领导干部工作也要加大这方面的权重。

二是要坚持思想建党和制度治党紧密结合。思想教育要结合落实制度规定来进行，使加强制度治党的过程成为加强思想建党的过程，也要使加强思想建党的过程成为加强制度治党的过程。习近平总书记强调，从严治党靠教育，也靠制度，二者一柔一刚，要同向发力、同时发力。对党员、干部来说，思想上的滑坡是最严重的病变，“总开关”没拧紧，不能正确处理公私关系，缺乏正确的是非观、义利观、权力观、事业观，各种出轨越界、跑冒滴漏就在所难免了。思想上松一寸，行动上就会散一尺。思想认识问题一时解决了，不等于永远解决。思想教育要突出重点，加强党性和道德教育，引导党员、干部坚定理想信念，坚守共产党人精神追求。党员、干部必须认真学习马克思列宁主义、毛泽东思想特别是中国特色社会主义理论体系，自觉用贯穿其中的立场、观点、方法武装头脑、指导实践、推动工作，始终不渝为中国特色社会主义共同理想而奋斗。要加强警示教育，让广大党员、干部受警醒、明底线、知敬畏，主动在思想上划出红线、在行为上明确界限，真正敬法畏纪、遵规守矩。思想教育要结合落实制度规定来进行，抓住主要矛盾，不搞空对空。制度不在多，而在于精，在于务实管用，突出针对性和指导性。如果空洞乏力，起不到应有的作用，再多的制度也会流于形式。牛栏关猫是不行的！要坚持制度面前人人平等、执行制度没有例外，不留“暗门”、不开“天窗”，坚决维护制度的严肃性和权威性，坚决纠正有令不行、有禁不止的行为，使制度成为硬约束而不是橡皮筋。

三是要严肃党内政治生活。从严治党必须从党内政治生活严起，提高党内政治生活的政治性、原则性、战斗性，全党同志要在党言党、在党忧党、在党为党，把爱党、忧党、兴党、护党落实到工作生活各个环节，敢于同形形色色违反党内政治生活原则和制度的现象做斗争。习近平总书记强调，党内政治生活是党组织教育管理党员和党员进行党性锻炼的主要平台，从严治党必须从党内政治生活严起。有什么样的党内政治生活，就有什么样的党员、干部作风。一个班子强不强、有没有战斗力，同有没有严肃认真的党内政治生活密切相关；一个领导干部强不强、威信高不高，也同是否经过严肃认真的党内政治生活锻炼密切相关。从严治党，最根本的就是要使全党各级组织和全体党员、干部都按照党内政治生活准则和党的各项规定办事。严肃党内政治生活需要多方努力，其中至关重要的是要使全党深刻认识马克思主义政党有别于其他政党的本质特征，深刻认识严肃党内政治生活的重大作用，深刻认识党内政治生活不正常的严重后果。要坚持和发扬实事求是、理论联系实际、密切联系群众、开展批评和自我批评、坚持民主集中制等优良传统，下大气力解决好影响严肃认真开展党内政治生活的各种问题，提高党内政治生活的政治性、原则性、战斗性，使党内政治生活真正起到教育改造提高党员、干部的作用。严肃党内政治生活贵在经常、重在认真、要在细节。党中央权威，全党都必须自觉维护，并具体体现到自己的全部工作中去，党内组织和组织、组织和个人、同志和同志、集体领导和个人分工负责等重要关系都要按照民主集中制原则来设定和处理。党内政治生活和组织生活都要讲政治、讲原则、讲规矩，党内上下关系、人际关系、工作氛围都要突出团结和谐、纯洁健康、弘扬正气。批评和自我批评是解决党内矛盾的有力武器，也是保持党的肌体健康的有力武器。党内政治生活质量在相当程度上取决于这个武器用得怎么样。对批评和自我批评这个武器，我们要大胆使用、经常使用、用够用好，使之成为一种习惯、一种自觉、一种责任，使这个武器越用越灵、越用越有效果。党内要开展积极健康的思想斗争，帮助广大党员、干部分清是非、辨别真假，坚持真理、修正错误，统一意志、增进团结。

四是要坚持从严管理干部。从严治党重在从严管理干部，要坚持以严的标准要求干部、以严的措施管理干部、以严的纪律约束干部，使广大干部既廉又勤，既干净又干事。习近平总书记强调，干部掌握着方方面面的权力，是党的理论和路线方针政策的具体执行者，如果干部队伍素质不高、作风不正，那党的建设是不可能搞好的。我们国家要出问题主要出在共产党内，我们党要出问题主要出在干部身上。从严管理干部，总的是要坚定理想信念，加强道德养成，规范权力行使，培育优良作风，使各级干部自觉履行党章赋予的各项职责，严格按照党的原则和规矩办事，使干部心有所畏、言有所戒、行有所止。一方面，要根据形势变化，完善干部管理规定，既重激励又重约束，把哪些能做、哪些不能做真正搞得清清楚楚、明明白白。另一方面，要严格执行干部管理各项规定，讲原则不讲关系，发现问题该提醒的提醒、该教育的教育、该处理的处理，让干部感到身边有一把戒尺，随时受到监督。当前，所谓“为官不易”“为官不为”问题引起社会关注，要深入分析，搞好正面引导，加强责任追究。党的干部都是人民公仆，自当在其位谋其政，如果组织上管得严一点、群众监督多一点就感到受不了，就要“为官不易”，那是境界不高、不负责任的表现。我们做人一世，为官一任，要有肝胆，要有担当精神，应该对“为官不为”感到羞耻，应该予以严肃批评。各级干部特别是领导干部要按照“三严三实”要求，深学、细照、笃行焦裕禄精神，努力做焦裕禄式的好干部。各级党组织要旗帜鲜明肯定表彰锐意进取的干部，教育帮助“为官不为”的干部，支持和鼓励干部一心为公、兢兢业业、敢于担当。

五是要持续深入改进作风。不正之风离我们越远，群众就会离我们越近，作风建设必须抓常、抓细、抓长，持续努力、久久为功。习近平总书记指出，我们党历来强调，党风问题关系党的生死存亡。古今中外，因为统治集团作风败坏导致人亡政息的例子多得很！我们一定要引为借鉴，以最严格的标准、最严厉的举措治理作风问题。社会上各种各样的诱惑缠绕着党员、干部，“温水煮青蛙”现象就会产生，一些人不知不觉就被人家请君入瓮了。作风建设是攻坚战，也是持久战。反“四风”的实践说明，抓和不抓大不一样，真抓和假抓大不一样，严抓和松抓也大不一样。现在，改进作风到了节骨眼上，社会上有种种议论和思想情绪。很多人担心活动一结束就曲终人散，“四风”问题又“涛声依旧”了。还有一些人盼着紧绷的弦松一松，好让自己舒服舒服。对此，我们的态度是，作风建设永远在路上，永远没有休止符，必须抓常、抓细、抓长，持续努力、久久为功。逆水行舟，一篙不可放缓；滴水穿石，一滴不可弃滞。各级党委要把作风建设紧紧抓在手上，持续抓好各项整改任务的落实，绝不允许出现“烂尾”工程，决不能让“四风”问题反弹回潮。各级干部要从我做起、从小事做起，带头坚守正道、弘扬正气，努力营造良好从政环境。要紧紧盯住作风领域出现的新变化新问题，及时跟进相应的对策措施，做到掌握情况不迟钝、解决问题不拖延、化解矛盾不积压，谁以身试法就要坚决纠正和查处。要从解决“四风”问题延伸开去，努力改进思想作风、工作作风、领导作风、干部生活作风，努力改进学风、文风、会风，加强治本工作，使党员、干部不仅不敢沾染歪风邪气，而且不能、不想沾染歪风邪气，使党的作风全面纯洁起来。

六是要严明党的纪律。纪律面前一律平等，党内不允许有不受纪律约束的特殊党员，党的各级组织要积极探索纪律教育经常化、制度化的途径。习近平总书记强调，纪律不严，从严治党就无从谈起。去年以来，各级党组织结合教育实践活动完善了纪律规定，加强了执纪问责，效果是好的。同时，从已经查处的大量顶风违纪案件中可以看出，一些党员、干部对纪律规定还置若罔闻，搞“四风”毫无顾忌，搞腐败心存侥幸。因此，在纪律上还要进一步严起来。使党员、干部真正懂得，党的纪律是全党必须遵守的行为准则，严格遵守和坚决维护纪律是做合格党员、干部的基本条件。有纪可依是严明纪律的前提，党的纪律规定要根据形势和党的建设需要不断完善，确保系统配套、务实管用，防止脱离实际、内容模糊不清、滞后于实践。各级党组织和领导干部要切实履行执纪职责，拒绝说情风、关系网、利益链，采取管用的措施提高组织管理的有效性，使违纪问题能及时发现、及时查处。这样既有利于防微杜渐，也有利于教育和挽救干部。有的地方和单位有了问题总想捂着盖着，甚至弄得保护错误的力量大过伸张正义的力量，这个问题要认真解决。查处违纪问题必须坚持有什么问题查清什么问题、发现什么问题查清什么问题，不能装聋作哑、避重就轻，不能大事化小、小事化了，任何人不得隐瞒、简化、变通。

七是要发挥人民监督作用。人民群众中蕴藏着治国理政、管党治党的智慧和力量，从严治党必须依靠人民，要织密群众监督之网，开启全天候探照灯，各级党组织和党员、干部的表现都要交给群众评判。习近平总书记强调，得民心者得天下，失民心者失天下，人民拥护和支持是党执政最牢固的根基。让人民支持和帮助我们从严治党，要注意畅通两个渠道，一个是建言献策渠道，另一个是批评监督渠道。在这两方面，这些年我们总的是做得越来越好，但还有不足，主要是围绕经济社会发展听意见多、围绕从严治党听意见少，请上来听意见多、走下去听意见少。群众的很多想法，往往不是在那些很正式的场合、当着很多人的面会讲出来的，而是要同他们身挨身坐、心贴心聊才能听得到。各级干部要多沉下身子、走近群众，就从严治党问题多向群众请教。群众的眼睛是雪亮的，群众的意见是我们最好的镜子。只有织密群众监督之网，开启全天候探照灯，才能让“隐身人”无处藏身。群众对党组织和党员、干部有意见，应该欢迎他们批评指出。群众发现党员、干部有违纪违法问题，要让他们有安全畅通的举报渠道。群众提出的意见只要对从严治党有好处，我们就要认真听取、积极采纳。

八是要深入把握从严治党规律。深入基层、深入实际，深入研究管党治党实践，使从严治党的一切努力都集中到增强党自我净化、自我完善、自我革新、自我提高能力上来，集中到提高党的领导能力和执政能力、保持和发展党的先进性和纯洁性上来。习近平总书记指出，从严治党有其自身规律，对我们这样一个老党大党来说，从严治党更有其自身规律。我们党在长期实践中，不断总结自己正反两方面经验，也积极借鉴国外执政党建设的经验教训，深刻认识到了一些从严治党规律，这些都要继续运用好。随着世情、国情、党情的不断变化，影响从严治党的因素更加复杂，提出了很多新课题。

我们要深入基层、深入实际，深入研究管党治党实践，通过纵向和横向的比较，进行去伪存真、由表及里的分析，正确把握掩盖在纷繁表面现象后面的事物本质，深化对从严治党规律的认识。要注重把继承传统和改革创新结合起来，把总结自身经验和借鉴世界其他政党经验结合起来，增强从严治党的系统性、预见性、创造性、实效性。

习近平总书记最后强调，这次党的群众路线教育实践活动基本结束了，但贯彻党的群众路线、保持党同人民群众的血肉联系的历史进程永远不会结束。全党同志要更加紧密地团结在党中央周围，一心一意谋发展，聚精会神抓党建，继续打好党风建设这场硬仗，以好的作风保障党和国家各项工作顺利开展，为实现“两个一百年”奋斗目标、实现中华民族伟大复兴的中国梦而不懈奋斗！

以上就是习近平总书记在党的群众路线教育实践活动总结大会上的重要讲话的主要精神。

## 二　认真贯彻落实习近平总书记讲话精神，扩大活动成果，深化作风建设，推动全院各项工作深入开展

### （一）发挥理论优势，加强学习研究宣传，推动学习贯彻习近平总书记重要讲话精神不断引向深入

习近平总书记的重要讲话充分肯定了党的群众路线教育实践活动取得的重大成果，深刻总结了教育实践活动的成功经验，对新形势下坚持从严治党做出全面部署、提出明确要求。讲话充分表明了党中央坚持党要管党、从严治党的鲜明态度，体现了我们党适应时代发展要求、保持党的先进性和纯洁性的高度自觉，具有很强的思想性、针对性和指导性，是在新的起点上把作风建设不断引向深入的再部署。院属各部门和广大党员干部要深入学习领会习近平总书记重要讲话精神，切实用讲话精神武装头脑、指导实践、推动工作。

一是要及时组织专题学习。首先，院党组带头组织专题学习，研究提出

贯彻意见，对全院抓好总书记讲话精神的工作做出部署。今天的院党组扩大学习会，既是一次专题学习会，也是一次学习动员部署会，为全院的深入学习开了个头。院属各部门、机关各党支部要把学习贯彻习近平总书记重要讲话精神作为当前的一项重要政治任务，迅速安排部署，要结合实际抓紧制定贯彻措施，采取专题讨论、心得交流等多种形式，认真开展学习活动，切实抓好贯彻落实。机关党委要抓紧制发学习《通知》，把讲话精神传达到每个基层组织和每名党员干部。同时要抓好全院学习活动的督促督导和情况汇总，各支部、各部门要将学习活动中的好经验、好做法及时上报。要把习近平总书记重要讲话作为我院实施的马克思主义“必修课”工程的重要内容，作为青年党员培训的重要内容，同时，要把习近平总书记在党的群众路线教育实践活动总结大会上的重要讲话与习近平总书记系列重要讲话结合起来深入学习。

二是要深入开展理论研究。在全省的教育实践活动中，我院除了做好自身的教育实践活动以外，还努力发挥理论特色，积极承担了省委活动办理论成果组工作，并取得一系列重要理论成果，在《人民日报》《光明日报》《求是》等报刊发表10余篇文章；11篇理论文章呈报省委领导和省委活动办审阅、参阅；辑印了《理论成果汇编》，上报中央和省领导参阅，得到充分肯定。在近期开展的全省党的群众路线理论研讨征文活动中，我院又获佳绩，有13篇文章获奖，其中一等奖3篇，二等奖4篇，三等奖6篇，同时，我院还荣获全省党的群众路线理论研讨征文优秀组织奖。深化理论研究既是我们的特色，也是我院的重要职责。要继续发挥“河北省中国特色社会主义理论体系研究中心”的优势，按照习近平总书记的讲话要求，深入开展从严治党规律的研究，深入基层、深入实际，深入研究管党治党实践，通过纵向和横向的比较，进行去伪存真、由表及里的分析，正确把握掩盖在纷繁表面现象后面的事物本质，深化对从严治党规律的认识。要注重把继承传统和改革创新结合起来，把总结自身经验和借鉴世界其他政党经验结合起来，增强从严治党的系统性、预见性、创造性、实效性。组织理论骨干在大报大刊发表一批有影响的理论研究成果，为进一步深化党的建设提供有力的理论支撑。

三是要深入开展宣传宣讲。要把深入宣传贯彻习近平总书记在党的群众路线教育实践活动总结大会上的重要讲话精神与深入贯彻习近平总书记系列重要讲话精神和党的十八届三中、四中全会精神紧密结合，认真组织开展“送理论下基层”集中宣讲活动，发挥基层宣讲工作站的作用，广泛开展对象化、分众化、互动化的宣讲活动。完善宣讲菜单，接受干部群众点播。特别要重点围绕习近平总书记在讲话中强调的落实从严治党责任、坚持思想建党和制度治党紧密结合、严肃党内政治生活、坚持从严管理干部、持续深入改进作风、严明党的纪律、发挥人民监督作用、深入把握从严治党规律八点要求，分专题深入宣传宣讲。

四是要进一步健全大宣讲格局。要进一步发挥网络平台的作用，努力实现宣讲工作“全覆盖、面对面”。要认真搞好中心组学习服务，继续发挥《党委中心组理论学习通讯》、《理论信息》、《宣讲参考》和河北省干部理论教育网等宣讲平台的作用，为各级党委和广大党员干部深入学习提供优质服务。要充分利用在全省施行近期由省政府常务会议通过、以省政府令颁布的《河北省社会科学普及规定》的契机，组织广大社科工作者大力开展社科普及宣传，将习近平总书记的重要讲话精神作为宣传普及的重要内容，进机关、进企业、进农村、进社区、进课堂。

### （二）扩大活动成果，坚持知行合一，以作风建设的新成效推动新型智库建设再上新水平

习近平总书记指出，经过这次活动，全党改进作风有了一个良好开端，但取得的成果还是初步的，基础还不稳固。这次党的群众路线教育实践活动基本结束了，但贯彻党的群众路线、保持党同人民群众的血肉联系的历史进程永远不会结束。活动收尾绝不是作风建设收场，必须以锲而不舍、驰而不息的决心和毅力，把作风建设不断引向深入，把目前作风转变的好势头保持下去，使作风建设要求真正落地生根。我们要认真贯彻习近平总书记的讲话要求，进一步加强作风建设，不断巩固和扩大活动成果，持续推动我院的各项事业实现新跨越。

一是要积极扩大活动成果，推动作风建设实现大转变。在活动中，我院

坚持领导干部带头示范，开门搞活动，突出问题导向，强化外力推动，保证了活动效果。通过持续不断的思想教育，广大党员干部的理想信念得到进一步加强；通过对“四风”问题进行大排查、大扫除，党的群众路线的优良传统得到进一步弘扬；通过认真开展批评与自我批评，党内的民主生活得到进一步健全；通过整改提高、建章立制，贯彻党的群众路线的长效机制初步形成；通过解决群众反映强烈的难题，我院干事创业的环境得到进一步优化。通过开展教育实践活动，我院进一步解决了事业发展中存在的“四个不适应”：全省五级理论宣讲网络建设进一步加强，宣讲工作逐步实现了“全覆盖”“面对面”；前瞻性、战略性的研究进一步深化，决策咨询和决策服务的水平不断提高；社科联合工作进一步加强，桥梁纽带作用得到有效发挥；国际化、高层次人才建设稳步推进，我院新智库建设水平进一步提高。通过开展教育实践活动，我院真正做到了转作风、见行动、强队伍、提能力，以作风建设的新成效凝聚起了推动我院各项事业发展的强大力量。教育实践活动带来的新变化新气象，得到了群众的充分认同，得到了上级领导的充分肯定。但是，正如习近平总书记强调的，教育实践活动有期限，但贯彻党的群众路线没有休止符，作风建设永远在路上。因此，我们要继续做好整改措施的落实，不断扩大活动成果，对我院推出的克服“四风”问题三批十件实事认真开展“回头看”，逐项对照，逐条落实，确保高质量完成，切实让群众得到实惠，取信于民。在活动中，我们制定和修订出台了加强作风建设的系列制度办法，建立起一套科学、规范的长效机制。下一步，一定要立足抓落实，以抓铁有痕、踏石留印的劲头切实把各项制度落到实处。按照习近平总书记的讲话要求，坚持制度面前人人平等、执行制度没有例外，不留“暗门”、不开“天窗”，坚决维护制度的严肃性和权威性，坚决纠正有令不行、有禁不止的行为，使制度成为硬约束而不是橡皮筋。

二是要坚持坚守正道，弘扬正气，努力营造良好的干事环境。习近平总书记指出，“不矜细行，终累大德”。各级干部要从我做起、从小事做起，带头坚守正道、弘扬正气，努力营造良好的从政环境。谁以身试法就要坚决纠正和查处。总的来讲，我院干事创业的政治生态环境是好的。但近年来，也出现了一些怪现象，个别人自己不干事弄干事的，自己干不成事弄干成事的。虽然是极个别的现象，既起不了浪，也绝对翻不了船，但它传递的是负能量，给组织添麻烦，给同志找麻烦，给工作造成麻烦，本质上违反了党内政治生活原则和制度。全体党员干部要站出来，敢于同形形色色违反党内政治生活原则和制度的行为做斗争。

三是要坚持知行合一，强化“三个服务”，推动我院的新型智库建设迈上新台阶。在第一批教育实践活动中，我院提出坚持知行合一，切实解决好学风、文风、作风问题，强调社会科学工作者必须迈开双脚到群众中去，到实践中去调研，到第一线去研究。近年来，我院组织实施了“三走”大调研活动。通过“走基层太行行”，接受革命传统教育，强化了宗旨意识，坚定了理想信念；通过“走基层沿海行”，增强了开放意识和创新意识，提升了科研能力；通过“走世界开放行”活动，提升了国际学术影响力，截至目前，我院已同亚、非、拉、欧、美、澳六大洲主要国家和我国港台地区 23 个科研机构和大学建立了长期稳定的学术交流与合作关系，形成了跨越世界六大洲的国际学术交流与合作对外开放格局。《光明日报》在头版以《到“源头”去　引“活水”来——河北省社科院结合实际“走转改”》为题报道了我院的经验。2013 年，我院组织科研人员开展了“走基层中原行——河北冀南地区发展大调研”活动，深入我省的邢台、邯郸两市和河南的安阳、鹤壁、新乡、郑州等地调研考察，完成了系列重要研究成果。出版了《中原经济区框架下河北冀南地区经济发展问题研究》一书，送省人大、政协两会代表、委员，受到好评。我院成立了“京津冀协同发展框架下河北生态环境建设研究”课题组，组织科研人员赴张家口、承德等地实地调研，对张、承两市的 11 个县区的 30 多个在生态环境保护、生态产业发展方面具有代表性的项目进行考察。阶段性成果即研究主报告上报后，得到省委、省政府领导批示肯定，中央办公厅单条信息采纳近 3000 字，报中央领导同志。

以上这些成绩的取得，正是广大科研人员扎根基层深接地气，以发展中的问题为研究课题，以改革中的难点为研究重点，深入服务决策、服务发展、服务基层的结果。但是也要看到，总体而言，我院的科研活动与实际结合、与实践结合还不够主动、不够深入，还不能完全适应党委、政府的决策需求和广大干部群众与我省各项事业发展的需要。当前，我省正处于科学发展、绿色崛起的关键时期，转型升级正处于爬坡过坎的关键阶段，急需通过进一步深化社科理论研究，为经济发展、转型升级提供理论支撑和智力支持。因此，下一步，我们要紧紧围绕科学发展、绿色崛起的要求，重点加强对京津冀协同发展、实施“四大攻坚战”和改善民生的研究，开展对“稳增长、促改革、调结构、治污染、惠民生”等方面的研究。通过开展各种形式和类型的调研，主动贴近决策需求，加强战略性思维，开展前瞻性研究，提高服务决策的质量和水平，努力推进我院哲学社会科学研究不断创新。

四是要狠抓工作落实，确保全院各项重点工作落到实处。革命导师说过：“一打纲领不如一个实际行动。”到目前，2014 年的三个季度已经结束了，一年的时间已经过去了四分之三。要完成全年的目标任务，时间紧迫，任务繁重，千万不能松懈。从现在到年底的三个月，我们还需要继续努力，加油、鼓劲，各部门要认真对照年初确定的工作，仔细理一理项、算一算账，没做完的要抓紧完成。自今年 4 月以来，我和各位分管副院长先后听取了 34 个处室所（中心）主要负责同志或主持工作同志的工作汇报，从中总体上感到，同志们工作思路清楚，任务目标明确，工作措施得力，工作热情很高。院党组相信，只要同志们做到风清、气正、心齐，认真履职尽责，抓好综合协调，加强督促检查，善始善终，善作善成，就一定能够确保圆满完成年初确定的各项重点工作和目标任务，推动我院新型智库建设和各项事业发展不断迈上新的台阶。

# 在全省理论宣讲工作网络体系建设推进会暨党的十八届四中全会精神宣讲工作部署会上的讲话

（2014 年 10 月 15 日）

我们召开这次会议主要有两个任务：一是总结交流理论宣讲工作网络体系建设的初步经验，进一步推进理论宣讲工作网络体系建设在全省铺开；二是为宣传、宣讲好即将召开的党的十八届四中全会精神提前做一些安排部署。

自 2013 年以来，省委讲师团本着理论宣讲“面对面”“全覆盖”的要求，在石家庄、邯郸、保定等市抓了五级网络宣讲试点工作。今天，在会议的前半程，我们现场观摩了永年县刘营乡利用网络平台开展宣讲工作的情况，观看了榆林东村“惠民好声音”特色宣讲，大家对创新基层宣讲工作手段、对网络宣讲平台的运用都有了一定的感性认识。刚才，各市讲师团汇报今年以来在宣讲工作网络建设上所做的主要工作，邯郸永年县、保定涿州市等试点单位介绍了利用网络平台开展宣讲的工作情况，会后我们还将陆续建起 19 个县、乡、村三级宣讲站、点，这标志着我省宣讲网络建设已实现市级全覆盖。从目前情况看，经过大家共同努力，全省理论宣讲工作网络体系建设取得了一些积极成效，特别是利用网络平台开展宣讲开始成为理论宣讲的有效方式，与传统宣讲方式互为补充，使理论宣讲工作的覆盖面和影响力进一步扩大。但这些工作和成绩仅仅是个开始，只是有了一个好的开端。理论宣讲工作网络体系建设是一项系统性工程，我们要有长期作战的思想准备。

下面，就加强理论宣讲工作网络体系建设和做好党的十八届四中全会精神宣讲工作，我谈四点意见。

## 一 适应经济社会发展“新常态”，确立“重要阵地”建设新理念

思想决定行动，行动决定结果。干一项工作，首先要解决好思想认识问题，搞清楚为什么要做。为什么要在全省建立理论宣讲工作网络体系？简言之，“重要阵地”建设形势发展的需要。

### （一）建立宣讲工作网络体系是加强理论武装阵地建设，实现“两个巩固”的需要

习近平总书记在全国宣传思想工作会议上指出：“现在，宣传思想工作的环境、对象、范围、方式发生了很大变化，但宣传思想工作的根本任务没有变，也不能变。宣传思想工作就是要巩固马克思主义在意识形态领域的指导地位，巩固全党全国人民团结奋斗的共同思想基础。”实现“两个巩固”，就是要用马克思主义武装全党、教育群众，使党的主张最大限度地得到广大党员干部群众的认同，达成共识，形成合力。唱歌要有舞台，打仗要有阵地。开展好理论武装工作，首先要把理论武装工作的阵地建强建好。我们要通过在全省建设宣讲工作网络体系，在基层的县、乡、村以及企业、学校建立我们的工作阵地，更好地掌握基层理论工作的主动权和主导权，把党的理论在干部群众中宣传好、普及好、贯彻好。

### （二）建立宣讲工作网络体系是新的社会条件下加强理论宣讲工作的重要选择

我们面临怎样的社会条件“新常态”呢？一是社会思想意识多元多样，亟须主流意识形态的引导；二是媒体格局发生了深刻的变化，以互联网为代表的新兴媒体成为人们获取信息的重要渠道。在这样的社会条件下，作为党的理论宣传职能部门的党委讲师团，不能固守传统，必须改革创新。开展理

论宣讲工作，单纯采取传统的“面对面”宣讲办法，很难有效扩大影响力和覆盖面。这就需要我们根据形势的变化，借助最新媒体传播手段，整合社会资源，弥补我们自身力量的不足。通过建立宣讲工作网络体系，把省、市、县、乡、村各方面的力量整合起来，发挥上下联动、联合作战的优势。可以说，充分运用互联网开展理论宣传，是宣传思想工作的大势所趋，也是理论工作的重要阵地。在宣讲工作网络体系建设中，我们把建立网络宣讲平台作为工作着力点，正是我们面对媒体格局深刻变化的社会条件，面对“互联网已经成为舆论斗争主战场”新的工作形势，按照习近平总书记提出的“创新改进网上宣传，运用网络传播规律，弘扬主旋律，激发正能量”工作要求，改进宣讲工作方式、手段的有益创新。尽管它还有许多需要完善的地方，但这个大方向是正确的，对此，我们必须保持头脑上的清醒和行动上的坚定。

### （三）建立宣讲工作网络体系是加强基层理论武装工作、构建大宣讲格局的有力举措

近年来，我们的理论武装工作卓有成效，但也还存在一些问题和不足，特别是在基层，不同程度地存在对理论工作认识不够、力量薄弱、投入不足、设施匮乏等问题。正如习近平总书记讲的：“宣传思想工作的服务对象在基层，工作主体在基层，任务落实在基层。”基层是理论武装工作的“终端”，理论宣讲工作如果不能抵达基层，不能真正实现与基层群众的“面对面”，我们就不能完成用党的理论教育引导群众的根本任务。所以，加强基层理论宣讲工作必须是我们的工作重心。通过建立理论宣讲工作网络体系，能够有效整合宣讲工作资源，加强基层宣讲工作的机构、队伍、载体、设施、环境等方面的建设，进一步夯实基层工作基础，使基层理论宣讲工作成为传播党的理论方针政策的最坚强堡垒。

## 二　认真总结经验，为推进理论宣讲工作网络体系建设提供支撑

我们建立理论宣讲工作网络体系的主要目的，是通过工作网络体系的建

立，规范和明晰省、市、县、乡、村各级宣讲阵地的责任主体及工作职责，构建网络宣讲和传统理论宣讲并重的“两条线”工作模式，实现理论武装“全覆盖、面对面”，提升理论武装整体工作水平。从一年来的运行情况看，主要有三个方面的积极成效。

### （一）顺应理论武装工作新需要，受到了基层干部群众的普遍欢迎

一是工作站和联系点的建立弥补了乡镇（街道）、村（社区）没有宣讲工作机构和阵地的空白，实现了宣讲工作重心下移。二是利用互联网技术建立的网络宣讲平台实现了远程即时互动，开辟了理论专家与受众的“面对面”互动交流新渠道，为给基层干部群众提供更贴心的理论服务创造了条件，非常适合基层的学习需要，受到了基层干部群众的欢迎，成为又一条开展理论宣讲的有效途径。省委讲师团通过网络宣讲平台先后组织了“中国梦是人民的梦”“十八届三中全会精神解读”“我省农村面貌改造提升政策解读”“从历史和传统角度看搞好党的群众路线教育的方式方法”等理论宣讲网络直播活动，受众累计近千人。基层干部群众普遍认为网络宣讲优势明显：形式新、成本低、使用方便、及时贴心。

### （二）发挥引领示范作用，有力促进了基层理论武装工作整体水平的提升

一是理论武装工作得到了当地党委、政府的高度重视。通过工作站和联系点的建立，当地党委、政府对理论武装工作的重视程度普遍提高，主动围绕上级党委、政府工作中心，结合基层干部群众的需要，组织开展主题教育和宣讲，宣讲活动数量和质量明显提升。二是基层阵地建设进一步加强。各宣讲工作站和联系点都建立了宣讲工作的领导机构，乡镇（街道）党委书记和村（社区）支部书记担任工作站或联系点负责人，并明确了具体工作人员。各工作站和联系点都建立了面积较大、容纳人数较多、适合开展网络宣讲集中活动的宣讲场地，宣讲场地安装了我院（团）配备的电脑、电视、音响等硬件设备，为组织开展宣讲活动奠定了基础。

三是宣讲活动日益活跃。石家庄建安街道办事处工作站和建安路社区联系点邀请理论宣讲专家向居民群众宣讲党的十八届三中全会和习近平总书记系列讲话精神，还利用板报橱窗、电子显示屏、社区广播站等载体，随时开展理论宣传。邯郸永年县刘营乡注重从乡、村一线党员干部和大学生村官中发掘理论宣讲人才，积极组建乡、村宣讲员队伍，同时，借助网络宣讲平台，邀请县委党校教授，举办了“十八届三中全会精神解读”网络宣讲活动。该乡还组织承办了永年县党的群众路线教育实践活动“素质提升行动”大型特色理论宣讲活动，取得了圆满成功。榆林东村以评书、小品各种演艺形式为载体，创作了《要彩礼》《四个大嫂夸榆东》等宣讲作品，受到群众好评。各站、点建立后在当地理论武装工作中都发挥了不同程度的示范引领作用。

**（三）推动了工作创新，为在全省理论宣讲工作网络建设积累了经验**

在宣讲工作站和联系点的建设中，省委讲师团注重紧密结合基层工作实际，在工作推进、站点管理、活动组织等方面进行创新尝试。一是将工作站和联系点建设与省委讲师团“送理论下基层”活动结合起来，通过设立站、点保持“活动”持久的影响力，通过“活动”体现对站、点的重视，进而促进和带动基层做好站、点工作的积极性，收到良好效果。二是站点管理坚持属地管理为主，注重发挥基层组织和干部的作用。在总结宣讲站、联系点工作经验的基础上，省委讲师团先后出台了《关于建立健全理论宣讲工作网络体系的指导意见》和《基层理论宣讲工作站（联系点）工作职责》，规范和明晰相应责任主体及工作职责，调动了基层党组织开展理论宣讲工作的积极性。此外，省团还组织工作站、联系点的工作骨干参加省级宣讲骨干培训，在提高其工作能力的同时，增强了其归属感和荣誉感。三是在网络宣讲内容的选择上，注重联系实际“接地气”。直播活动前，主动征询基层干部群众意见，安排了有关“我省农村面貌改造提升政策”和“党的群众路线教育实践活动”等干部群众关注的有关内容，提高了站点干部群众参加活动的积极性。

## 三　明确任务，讲究方法，扎实推进全省理论宣讲工作网络体系建设

建设全省理论宣讲工作网络体系，工作涉及方方面面，各地所面对的实际情况也不尽相同，因此在具体推进过程中，需要大家进一步明确目标任务，抓住工作重点，提升工作成效。当前，主要是抓好三个方面的工作。

### （一）积极争取当地党委、政府支持，结合实际开展建站布点工作

建站布点是宣讲工作网络建设的一项基础性工作。我们建设宣讲网络体系的主要目的，是在全省重点领域逐步实现宣讲工作有阵地、有队伍、有制度、有活动、有效用。怎么实现这“五有”？就要靠建站布点，也就是让基层的宣讲工作有人管、有人干、有钱干。

需要明确的是，今后基层宣讲站、联系点的建设将以各市自建为主。怎么建站布点？一句话，争取当地党委、政府的支持。主动争取各级党委、政府支持是搞好宣讲工作网络建设的前提和保证。各市委讲师团和县（市区）宣讲工作站要妥善处理好与各级党委、政府的关系，积极争取地方党委、政府，特别是宣传部门对建站布点工作的支持，在宣讲网络平台建设上给予政策和财力支持。一要立足本职，有所作为，通过高质量完成本职工作赢得支持。二要围绕工作大局，延伸服务触角，以良好的服务赢得支持。三要加强协调沟通，争取工作主动，通过积极汇报工作赢得支持。四要注重宣传，大力宣传理论武装重要作用，使大家普遍认识到理论宣讲工作的重要性，为工作网络建设赢得多方位的支持。

### （二）充分发挥网络宣讲平台的示范、辐射效应，提升整体工作水平

省级宣讲站、联系点是我们基层理论武装工作的“桥头堡”。省委讲师团和各市委讲师团要注重发挥好这些宣讲站和联系点的作用，为开展基层宣讲工作闯路子、出经验、树标杆。首先，要利用网络平台开展好干部群众的

日常理论宣讲工作。要根据上级要求和自身需要，制订年度、季度和每月工作计划，通过制订和落实计划，增强工作的主动性。要注意选好宣讲内容，把理论宣讲与方针政策解读、解决群众生产生活中遇到的实际问题等内容结合起来，让群众想听、爱听，增加平台的吸引力。要扩展网络平台的使用方式，通过技术支持，实现与多种媒体的互通互联，延伸平台发挥作用的方式和途径。其次，要建好队伍。工作是靠人来干的，基层宣讲队伍是理论武装工作在基层落地的“顶梁柱”。各站点要注重发现、挖掘和培养生活在本地和周边区域，具有一定理论素养或者文化特长、热爱宣讲工作的党员干部，以多种形式组建起“接地气”的宣讲员队伍，切实解决基层宣讲队伍“沙滩流水不到头”的问题，保证宣讲工作基本需要。最后，要搞好活动策划。各站点要结合地域特色、受众特点，策划一些适合基层需要的宣讲活动和宣讲形式，让宣讲有生机、有影响。

### （三）进一步加强机制建设，形成宣讲网络建设和发展合力

要进一步推动五级宣讲网络建设，除需要努力抓好扩面、试点带动推进外，还需要进一步加强机制建设，为宣讲工作网络的正常运行和长远发展提供保障。

各市委讲师团要根据《关于建立健全理论宣讲工作网络体系的指导意见》的要求，结合工作的具体运行，完备各项工作和各工作环节需要建立的各项规章制度，如各级站点的管理、宣讲队伍管理、网络平台运行维护机制、工作投入保障机制等，以制度建设推动工作网络体系建设的规范化，保证工作成效的最大化。

最后，我想强调，各市委讲师团的主要负责同志作为“一把手”，一定要充分认识到自己肩上的责任和担子，增强紧迫感和使命感，发挥好带头人作用。一要开动脑筋精心谋划。在谋划本市的宣讲工作网络体系时，要看得远、想得全、出好主意，认真处理好整体与局部、重点与一般的关系，统筹兼顾，把握好方向、目标、路径和方法，使工作更有针对性和可操作性。二要脚踏实地抓好落实。定下来的事情要雷厉风行、抓紧实施，部署了的工作要一抓到底、抓出成效，已经完成的任务要及时总结、完善提高，确保每一

项工作都取得实效。三要注重发挥好站点负责人的作用，增强其责任意识，时刻绷紧宣讲工作这根弦，积极主动落实好各项工作任务。

## 四 以学习宣讲党的十八届四中全会精神为重点，全力做好第四季度各项工作

党的十八届四中全会将于10月20日至23日在北京召开。此次全会将通过《关于依法治国若干重大问题的决定》，对建设“法治中国”进行全面部署。可以预见，党的十八届四中全会将是党的历史上又一次具有标志性的重要会议，意义重大。希望各讲师团、宣讲工作站和联系点高度重视对党的十八届四中全会精神的学习宣讲工作，及早谋划、预做安排，全力以赴做好会议精神宣讲的各项准备工作。

### （一）高度重视，提前谋划

各讲师团、理论宣讲站和联系点，要把党的十八届四中全会精神宣讲工作作为一项重要政治任务，以强烈的政治责任感和使命感，积极做好宣讲准备工作。要认真做好前期调研，广泛听取党员干部群众对宣讲工作的意见建议，了解广大干部群众对依法治国的所思所想所盼，增强宣讲工作的针对性。要结合宣讲要求和工作实际，搞好各层次宣讲工作方案设计，做到安排科学、任务明确、责任落实。

### （二）加强学习，全面把握

要继续深入学习党的十八届三中全会精神，深刻把握“推进国家治理体系和治理能力现代化”的内涵和要求，结合深入学习习近平总书记系列重要讲话精神，特别是依法治国方面的重要论述，不断深化对讲话科学内涵和精神实质的理解把握。要通过集体学习、研讨座谈等形式认真学习、深刻理解党的十八届四中全会精神及相关决策部署等，先学一步、学深一层，真正做到学深学透，全面准确把握会议精神实质。

### （三）组建队伍，搞好培训

各讲师团、理论宣讲站和联系点要根据党的十八届四中全会精神的宣讲要求，注意整合社会资源，积极组建有理论水平、有宣讲能力、有责任担当的宣讲团队。在四中全会召开后，要围绕会议相关内容，及时组织专兼职理论教员和基层宣讲员培训，加强备课，确保宣讲队伍深刻领会、全面理解会议精神实质，提升宣讲效果。

### （四）灵活方式，扩大影响

在党的十八届四中全会精神宣讲中，各地要根据受众群体的不同特点，选择灵活多样的宣讲形式，创造性地开展宣讲工作。宣讲既要突出浩大声势，又要确保全面覆盖。要将主题宣讲、专题宣讲、辅导报告、讲座等面对面宣讲形式与利用报纸、电台、电视台、网络等平台开展宣讲紧密结合起来，特别要充分发挥基层理论宣讲工作站和联系点的优势，利用网络宣讲平台，开展“送理论下基层”活动，将全会精神传播到基层群众身边。

现在已经是 10 月中旬，各项工作都到了最后冲刺阶段。各市委讲师团要对照年初安排，对全年工作完成情况进行认真梳理，加大推进力度，确保全年目标任务圆满完成。同时，要搞好 2014 年工作总结和 2015 年重点工作的谋划，为明年实现工作的良好开局奠定基础。

同志们，希望大家通过今天的现场观摩会，能够进一步提高认识，坚定信心，转变作风，努力推进全省理论宣讲工作网络体系建设，不断扩大宣讲工作覆盖面和影响力，用党的理论更好地武装党员干部、教育人民，为建设“全面小康的河北、富裕殷实的河北、山清水秀的河北”做出积极贡献。

# 发挥社科联合优势<br>建设哲学社会科学创新体系*

（2014 年 10 月 22 日）

党的十八大提出发展哲学社会科学事业，建设哲学社会科学创新体系，为我国哲学社会科学的发展明确了发展目标。社科联是党领导下的社会科学界的联合组织，应把建设哲学社会科学创新体系作为自身工作的努力方向。2009 年，河北省委、省政府决定，省社科联与省社科院、讲师团合并，形成“一院两制”新体制和“三位一体”工作新格局；2012 年省委、省政府办公厅联合印发了《关于加强新时期社会科学界联合会工作的意见》，同年底，省社科联换届，由一名省领导兼任主席，省社科院党组书记任第一副主席，增设一名正厅级常务副主席；2014 年 9 月 18 日，省政府常务会议正式审议通过了《河北省社会科学普及规定》，以省政府令颁布实施。在此基础上，近年来河北省社科联在推动我省建设哲学社会科学创新体系方面，做了一些有益的探索。

## 一 创新思路，明确任务，推进习近平总书记系列重要讲话精神的学习宣传

党的十八大以来，习近平总书记发表系列重要讲话，深刻回答了新形势

* 本文为河北省社科院党组书记、院长、省社科联第一副主席周文夫在云南昆明 2014 年全国社科联联席会议上的发言。

下党和国家事业发展的一系列重大理论和现实问题。深入学习宣传研究习近平总书记系列重要讲话是哲学社会科学的首要任务，也是建设哲学社会科学创新体系的重要保证。河北社科联在工作中，发挥社科联合的优势，加强习近平总书记系列重要讲话的学习研究宣传，为深化理解、准确把握系列重要讲话精神提供正确的学理支撑。

一是及时对全省社科联系统学习宣传贯彻习近平总书记系列重要讲话精神做出安排部署。要求全省社会科学团体和社会科学工作者深刻理解中国特色社会主义最新理论成果，掌握夺取中国特色社会主义新胜利、实现中华民族伟大复兴中国梦的强大思想武器。在社科理论研究、社科普及宣传等各种社科工作中，把学习宣传习近平总书记系列重要讲话精神作为首要课题，在全省迅速掀起学习宣传贯彻习近平总书记系列重要讲话精神的理论热潮。

二是重视发挥高层次社会科学专家在学习宣传习近平总书记系列重要讲话精神中的作用。在全省社科联四届二次全委会上，举办学习习近平总书记系列重要讲话精神专题辅导报告会，邀请中央党校科社部主任王怀超教授和清华大学马克思主义学院院长艾四林教授为省社科联委员、学术委员会委员、专业委员会委员和各团体会员负责同志做了专题报告，深入解析习近平总书记系列重要讲话精神的思想内涵和重大意义，进一步明确了全省社会科学工作的方向。

三是在第五届河北省社会科学博士论坛中，把“新形势下夺取中国特色社会主义新胜利的政治宣言和行动纲领”作为主题。用党的十八大和习近平总书记系列讲话精神统一社会科学博士、专家的思想。与会 100 多名省内社会科学各学科的博士、专家围绕中国特色社会主义理论在河北实践中的理论与实际问题展开热烈讨论，众多媒体对论坛进行了现场采访或报道，收到了良好效果。

四是面向社会公众组织社会科学专家编写理论普及读本。在编著《讲科学谈发展》系列丛书的基础上，又结合党的十八大和习近平总书记系列重要讲话精神，围绕转变发展方式、社会建设与社会管理、文化建设、新农村建设、党的建设共五方面，编写了《讲主题　谈主线》系列丛书，图文并茂，通俗形象地宣传普及中国特色社会主义的思想内涵和现实意义，增强干部群众实现中华民族伟大复兴中国梦的信心。

## 二 创新机制，整合资源，发挥社会科学人才和学科的综合优势

根据省委、省政府关于机构改革的部署和要求，2009 年河北省委讲师团、省社科联并入河北省社科院。经过几年的努力，已形成理论武装、服务决策、繁荣发展“三位一体”工作新格局和参公管理、事业管理“一院两制”新体制，造就了推动全省社会科学事业繁荣发展的强大合力和综合优势。在这个新形势下，河北社科联抓住机遇，加大科研资源整合。

一是打破学科和专业的局限，树立以问题为中心的科研导向。在组织的社会科学活动中，联络整合全省社科联系统、社科院系统、讲师团系统的社会科学力量，以及各个部门、各个学科的专家学者，开展一系列重大理论和现实问题的研究，大大增强了全省社会科学学术年会、社会科学博士论坛、社会科学普及周等社科活动的辐射力和影响力，通过创新社科联组织的科研资源整合机制，提高社科活动的质量和水平。

二是调动多学科的研究资源，组织党的十八届三中全会精神系列研讨会。系列研讨会分经济、政治、文化、社会和生态文明五个专题，与会专家就京津冀协同发展与经济体制改革、推进国家治理体系和治理能力现代化与政治体制改革、文化发展与文化体制创新、社会治理创新与社会体制改革、大气污染治理与生态文明建设五个方面，分别进行了认真研讨。研讨会上，各界专家对党的十八届三中全会关于全面深化改革的战略部署进行了深入学习贯彻，同时明确了下一步的工作方向。

三是拓展社科联合的优势，延伸社科联合的新领域。目前河北省社科联已与省内八所大学签署协议，共同组建了赵文化与区域经济发展、燕赵文化遗产保护、农业经济发展战略、地方政府改革与发展、传媒与社会发展、城乡统筹一体化发展等八个哲学社会科学研究基地。这些哲学社会科学研究基地以特色研究和专题研究为中心，实行社科联出资扶持、合作方资金配套、

科研课题共同攻关、研究成果共享，以及基地组建数量动态开放式的管理，每年都产生一批在全国有影响的研究成果，在全省社会科学界出精品、出人才、出效益方面发挥了积极作用。

四是组织全省社会科学界的精干力量，开展河北社会科学发展研究。近两年组织撰写了《河北社会科学发展研究报告》，省内各学科 40 余名社科专家、学者参与了研究，全面梳理了河北社会科学组织机构、科研人员、学科建设、课题成果、科研现状、学术活动、管理体制等方面的基本情况和数据，分析了本省社会科学发展的特点和问题，提出了发展对策，填补了河北社会科学发展研究的空白，并且受到省领导和有关部门的充分肯定，有的内容已被吸收采纳。在编撰《河北社会科学年鉴》工作中，组织了全省 100 多个社会科学单位的数百名社会科学专家参与，建立起了协同联动机制。2010 年《河北社会科学年鉴》获全国专业年鉴三等奖，成为唯一社科类获奖年鉴。

## 三　创新载体，注重成效，突出社会科学活动的科研和社会效益

建设哲学社会科学创新体系，要求社科联通过创新高效的活动载体、搭建相应的科研平台、营造良好的学术环境来实现和完成。为充分发挥社科联学科齐全、人才荟萃的综合优势，就要在提升社会科学活动的质量和效果上做文章。

一是不断提升品牌活动的质量，扩大社会影响。从 2008 年起，河北省社科联以党和政府提出的“保障和改善民生，推进社会建设”为主题，连续六年组织开展了大型民生调研活动，在全省范围内组织社科专家和相关职能部门的科研力量，每年开展 200 余项课题调研，每年都产生一大批调研成果，有的成果得到了习近平、张德江、张高丽等中央领导和历任省委、省政府领导的批示肯定，有的成果获得相关部门研究与采纳，有的成果在省部级以上刊物发表。每年的优秀调研成果汇编成《河北民生报告》公开出版。这项活动已成为河北省社科联的一项品牌科研项目，《光明日报》专版做了总结介绍，在省内外社科界引起热烈反响。

二是围绕全省工作大局组织大型调研。为贯彻落实省委提出的“解放思想、改革开放、创新驱动、科学发展”的战略，在全省社会科学界组织开展了“推动河北科学发展大调研大建言”活动。重点围绕全省正在进行的“科学发展、绿色崛起”四大攻坚战，即全力打造沿海地区率先发展的增长极、大力培育环京津地区新的发展增长极、下大力量把县域经济和县城搞大搞强、下大决心推动工业转型升级和环境治理，开展深入实际的大调研，提出有针对性、应用性、前瞻性和可操作性的咨询方案和对策建议。活动得到了省社科联委员、社科学会和各社会科学机构的积极响应，收到高质量的调研报告、决策建议 120 余篇。省社科联将这些成果及时编报省委、省政府领导和有关决策部门，受到有关领导和机构的充分肯定。

三是突破应用研究的地域局限，积极参与区域协同研究。年初，京津冀三地社科联商讨并初步确定了京津冀协同发展研讨会轮值举办、编发信息刊物、共同开展京津冀协同发展年度课题研究等具体工作。5 月下旬，与北京市、天津市社科联共同召开了“2014 京津冀协同发展研讨会”，从全省各地报送征文 80 余篇中确定 10 篇论文参加会议交流。河北经贸大学、河北农业大学、河北省发改委等单位的专家代表河北在大会上做交流发言。河北省社科联主持了“京津冀生态、科技、文化合作与新兴城镇化”专题研讨会议。9 月、10 月，结合北京、天津社科联组织的专家调研组到河北设区市调研考察，在张家口、唐山、沧州、石家庄等地组织了“京津冀三地社会科学专家京津冀协同发展专题调研座谈会”，就产业转型升级、首都非核心功能转移与疏解、政府职能转变、文化建设、区域生态保护、县域经济发展等专题切磋观点，探讨对策，

四是不断在活动的形式和内容上求新求深。为防止常规性的社会科学活动停留在一般化的水平上，近几年组织的河北省社会科学发展课题立项、资助重要学术著作的出版等活动，都十分重视活动的整体效益，严格把好入门关口，坚持以水平看高低，以质量论短长。如在课题管理中，改变了课题资助的传统做法，将课题资助改为成果奖励，课题完成后进行评级评优，侧重从取得的社会和经济效益方面进行考核和评估，将奖励同成果质量挂钩，奖优汰劣，大大提高了科研人员的责任感和事业心，促进了社会科学研究走进

决策。此外，连续多年在全省组织开展“全面实施素质教育”征文与课件评选活动，注重传播素质教育的社会共识和实践经验；科普周活动也把工作触角不断向基层延伸，组织科普小分队下厂矿、社区，科学理论下乡，在大学生中开展社会科学知识竞赛等。通过活动载体创新，更加凸显了这些社科活动在全省社会科学界的学术品牌地位。

## 四　创新管理，加强建设，推动社科联工作职能进一步优化

在省委、省政府的支持下，2012 年 12 月省社科联召开了第四次代表大会，省委办公厅、省政府办公厅联合印发了《关于加强新时期社会科学界联合会工作的意见》，河北社科联迎来了强化工作职能、增强社科联工作吸引力和凝聚力的新机遇，近期重点抓了以下工作。

一是把社科联主管学会明确为组织管理的重点。社科联实行团体会员制，团体会员又分为主管学会和一般会员学会两类。为有效履行社科联管理职责，有必要根据管理权限和管理责任加强对社会科学学会的分类管理。在指导各团体会员结合学科和专业的实际，组织科研活动，发挥好自身“智库”作用的同时，对主管学会的资质审核、组织机构、科研取向、党建工作等重点管理、严格把关，提高社科联主管学会的工作水平和科研活动质量，使其成为省社科联所属各团体会员中的骨干学会和示范样本。

二是推进社会科学普及地方规章的出台。在省领导的重视和支持下，《河北省社会科学普及规定》以省政府令颁布实施，制定周期长达 12 年。年初成功列入全省年度立法计划之后，省社科联会同省政府法制办做了专题调研和论证，起草了规章文本，完成了向省财政厅、省发改委、省委宣传部等 18 家单位和各设区市的会签工作，并结合各部门意见对规定草案进行了再次修改完善。前往省内保定、衡水、唐山三市和宁夏回族自治区社科联开展了省内外的全面调研，邀请有关专家对文本做了进一步论证。9 月 18 日，省政府常务会议正式审议通过了《河北省社会科学普及规定》，以省政府令颁布实施，河北社会科学普及工作从此纳入法制化轨道。

三是探索创新社团党建工作的新途径。近期我院（省社科联）对京津鲁社科联学会党建工作进行了学习考察，深受启发，正在深入探讨如何改进与加强社团党建工作。将社团党组织建设情况作为年检工作的重要内容，实行年检“双检制”，与业务年检工作同步进行。指导社团党组织建立完善了“三会一课”、民主生活会、党员管理、工作例会等制度，利用党建工作 QQ 群等平台，畅通联系机制。完善档案管理制度，为所属的 60 个社团党组织建立专门档案。指导社团党组织开展党的群众路线教育实践活动，精心组织了“专题民主生活会日”“警醒日”“党章学习日”“党员活动日”等活动。建立社团组织党组织负责人离职报备案制度，社团组织党组织负责人离职的，需事先征求省社科院（社科联）的意见并说明理由。采取上党课、举行报告会、业务技能练兵等多种形式，提高社团党务工作者的综合素质和业务水平。省委组织部对社团党建工作的创新举措给予了充分肯定。

四是推动设区市社会科学“新智库”建设工程。为支持和鼓励各设区市社科联发挥智力优势，当好本地党委和政府科学决策的智囊团，河北社科联在全省 11 个设区市中，选择工作基础比较好的保定、唐山、张家口 3 个市社科联进行市级社会科学“新智库”建设的试点。要求试点市制订组建专家库、课题组、协调机构等具体实施方案，省社科联进行宏观指导，给予启动资金，并进行督导考核，鼓励设区市社科联利用自身的智力优势为市委、市政府科学决策服务，为“新智库”建设工程尝试基层实践模型。

建设哲学社会科学创新体系，是一项长期的工作任务和系统工程，必须解放思想，勇于探索，不断总结，稳步推进。社科联只有充分发挥自身社科联合的特有优势，不断创新工作思路、创新管理职能、创新工作方法、创新活动方式，才能为建设哲学社会科学创新体系凝聚正能量，并实现社科联自身工作的新突破、新发展。最后，感谢范建华主席及云南社科联为本次会议召开付出的辛劳和周到细致的服务！

# 在纪念李大钊同志诞辰125周年座谈会上的讲话

（2014 年 10 月 29 日）

大家好！在这秋风送爽的美好时节，我们满怀热情在石家庄隆重聚会，共同纪念中国共产主义运动的先驱、伟大的马克思主义者、中国共产党的主要创始人之一、杰出的无产阶级革命家——李大钊同志诞辰 125 周年。既是为了缅怀革命先烈，研讨革命先烈的生平、思想及其所取得的光辉业绩；又是为了抚今追昔，探讨李大钊思想理论遗产对当今经济社会建设和发展的现实意义。这次座谈会时间虽然很短，只有半天，但层次很高、水平也很高。在各位专家学者的共同努力下，这次座谈会开得很好，很成功。

作为李大钊同志的家乡人，刚才听了诸位代表的发言，感触很多。下面结合我对李大钊同志生平、思想及其主要业绩的认识，从建党思想、调和思想、伟大人格、民族复兴思想等方面谈几点看法。

第一，李大钊的建党思想，尤其是将马克思主义与中国革命实践相结合的思想，对于当前的党建工作仍然具有很大的借鉴意义，值得继续深入研究。

作为中国最早的马克思主义者和马克思主义在中国的最早传播者之一，李大钊不仅十分重视以科学的态度对马克思主义基本原理进行研究，而且还十分重视马克思主义在中国具体情况下的实际运用，并初步倡导了理论联系实际的原则。比如，他指出，马克思主义“是一个时代的产物”，是革命的科学，而不是抽象的理论和不变的教条。中国的马克思主义者必须认真研究马克思主义的理论及其“怎样应用于中国今日的政治经济情形”，同时在这一过程中把马克思主义科学理论推向前进，而不应“偏于纸上空谈”，要“向实际的方面去做”，应该使大多数的人都掌握马克思主义，并运用它去指导中国革命实践。在此思想指导下，李大钊对中国革命的诸多问题均进行了卓有成效的探索。比如，他关于中国的民主革命必须由无产阶级领导、必须依靠农民、必须建立民主联合战线、必须通过武装斗争达到革命目标等一系列论述，对于党的新民主主义革命理论的形成做出了最早的宝贵贡献。他还强调，社会主义在各国实现时，因为各国的实际情况不同，将是“共性与特性结合的一种新制度”，中国将来的社会主义也会有自己的特性。这也体现了李大钊关于理论联系实际、切不可把马克思主义理论当作教条的思想。

第二，李大钊的调和思想，对于当前的社会主义和谐社会建设，具有重要借鉴意义，仍然值得继续深入挖掘。

调和思想，是李大钊早期思想中的一个重要组成部分。而作为调和思想的一名信仰者，李大钊早年在阐扬调和思想方面做了很多工作，贡献卓著。比如，在 1917 年春到 1918 年秋这一年多的时间里，李大钊就先后发表了《〈甲寅〉之新生命》《调和之美》《辟伪调和》《调和之法则》《调和剩言》等一系列有关“调和论”的文章。从这些文章的论述内容来看，李大钊的调和思想之“和”主要体现在三个方面：一是世间万物应以和谐为美，于矛盾对抗中求和谐；二是世间万物应以和谐为进步，于斗争中求和谐发展；三是中西文化应互容并包，于对立中求和谐共进、协同发展。当然，作为民初调和论的主要代表人物之一，李大钊的调和思想并没有超越资产阶级民主思想的高度，而且一如有的论者所说存在诸如不利于革命等诸多方面的缺陷。或许正是基于此，对于李大钊的调和思想，一些学者有意避而不谈，或者一带而过，不予置评，或者虽然评说却将之与激进主义、革命论等相提并论，有的还不乏微词。其实，抛开各种偏见，李大钊调和思想中所蕴含的“和”的辩证法观念与当前构建社会主义和谐社会中所倡导的“和谐”理念有着某种程度的契合。因此，系统探讨李大钊的调和思想对于构建社会主义和谐社会有着极为重要的历史借鉴意义。

第三，李大钊拥有伟大的人格风范，不仅过去是，现在是，将来也仍是中国共产党人努力学习的楷模。

对于李大钊的伟大人格，陈毅曾做过高度评价，并将之概括为十六个字，即“学而不厌，诲人不倦，革命先驱，大节不辱”。中共中央为李大钊撰写的碑文也记载说：“大钊同志作为具有高尚道德品格的学者和革命家，受到社会各阶层的广泛尊崇，名重当世。”忆往昔，李大钊同志的人格风范仍然值得当今发扬。

一是为追求真理而鞠躬尽瘁、死而后已的革命情怀和不屈品格。李大钊把追求真理的不懈精神和实现自己的崇高理想完美结合在一起，并将其与英勇献身的精神融为一体，这是他思想品格中最突出的特点之一。正是基于这种信仰，李大钊在被捕入狱之后，面对敌人的严刑拷打，始终坚贞不屈，大义凛然；面对敌人的各种引诱，更是严词拒绝，真正做到了自己所说的“勇往奋进以赴之”“瘅精瘁力以成之”“断头流血以从之”，表现出了一名共产党员对党和人民事业的无限忠诚和崇高的革命气节。

二是孜孜以求、诲人不倦的学者风范。李大钊不仅是一位品德高尚的革命战士，还是一位名重当世的学者，学者和战士两种品格在其身上和谐地结合在一起。作为学者，李大钊一生热爱学习，勤于思考，在政治、经济、哲学、历史以及文学等许多领域辛勤开拓，是中国马克思主义学术体系的奠基人。作为青年导师，李大钊始终无微不至地关怀和爱护着广大青年学生。在当时，许多青年就是在他的影响下接受了马克思主义，如毛泽东、周恩来、邓中夏、高君宇等。

三是重视个人操守与道德的自我完善。李大钊非常注重自我道德修养，坦言“吾人自有其光明磊落之人格，自有真实简朴之生活”，并时刻告诫自己“当珍之、惜之、宝之、贵之，断不可轻轻掷去，为家族戚友作牺牲，为浮华俗利作奴隶”。以此为准则，李大钊的生活一直是十分俭朴的，常常是“黄卷青灯，茹苦食淡，冬一絮衣，夏一布衫”。尽管如此，他却经常拿出薪水，或接济贫寒的进步青年，或用作党的活动经费，以支持革命工作及其他社会事业，以至于不仅家无余财，还时常要为柴米油盐的开支发愁。待其牺牲后，家中更是一贫如洗，甚至连丧葬都要靠友人来捐助。在李大钊高尚的思想品德感召下，无论是他的亲属、师友，还是他的敌人，无不对他钦佩有加。

第四，在举国上下紧密团结在以习近平同志为总书记的党中央周围、奋力实现中华民族伟大复兴中国梦的当下，李大钊的民族复兴思想应该引起我们当今学者的高度重视，深入研究。

实现中华民族伟大复兴的中国梦，是近代以来中华民族的夙愿。梁启超提出了“少年中国”的主张，孙中山喊出了“振兴中华”的口号，而李大钊更是直接提出了“民族复兴”的主张。李大钊早年民族复兴的思想是在爱国主义精神的感召下萌发的，重要表现就是他很早就发出反对帝国主义侵略、反对袁世凯复辟帝制的号召，要求青年以生机勃勃的姿态担任起创造历史、创造新中华的梦想。他倡导民族独立、统一和民族复兴，寄民族复兴的希望于青年，并鼓励青年树立革命的人生观，振奋精神，勇往直前。李大钊的“青春中华”思想影响着一大批承载着救国救民梦想的青年投身于为民族复兴而奋斗的事业中去。五四运动后，李大钊更是运用马克思主义回答了中国革命迫切需要回答的问题，即要想实现民族复兴，就要先实现民族独立，而实现民族独立，就要建立先进政党，走知识分子和工农结合的道路。现在，虽然时代变化了，但是李大钊的民族复兴思想，仍然值得我们研究和探讨。李大钊民族复兴思想中所提出的一系列方案，对于解决当时中国问题具有很强的实践性和可行性，对于今天中国的问题仍然具有很强的指导性。

总之，李大钊同志虽然早已离开了我们，但他的思想和精神至今仍然具有强大的生命力和感召力。正如2009年习近平同志在《纪念李大钊同志诞辰120周年座谈会上的讲话》中所说：“李大钊同志开创的伟大事业和留下的思想遗产永远不可磨灭，他播撒的革命种子已经在中国大地上生根、开花、结果。”李大钊的理论遗产、伟大人格，永远值得我们学习。特别是在党的十八届四中全会精神指引下，全面推进依法治国，实现中华民族伟大复兴的中国梦，更需要我们认真学习李大钊精神，弘扬李大钊精神，坚定中国特色社会主义道路自信、理论自信、制度自信，坚定不移地走中国特色社会主义道路。

# 在传达学习贯彻党的十八届四中全会精神院党组（扩大）学习会上的讲话

（2014 年 10 月 30 日）

这次院党组（扩大）学习会的主要任务是，传达党的十八届四中全会精神，按照党中央和省委关于学习宣传贯彻全会精神的要求对我院深入学习宣传贯彻进行部署。经院党组研究，决定将今天的党组学习会扩大到院属各部门主要负责同志和主持工作的同志，目的是让大家紧密结合工作职责和自身实际，早学习、早安排、早部署、早落实。下面，我传达四中全会精神，并就如何深入学习宣传贯彻，不断提升新型智库建设水平，深化我院制度建设，巩固党的群众路线教育实践活动成果，确保今年各项工作任务如期高质量完成，讲几点意见。

## 一　传达学习党的十八届四中全会精神

中国共产党第十八届中央委员会第四次全体会议，于 2014 年 10 月 20 日至 23 日在北京举行。出席这次全会的有，中央委员 199 人，候补中央委员 164 人。中央纪律检查委员会常务委员会委员和有关方面负责同志列席了会议。党的十八大代表中部分基层同志和专家学者也列席了会议。全会由中央政治局主持。中央委员会总书记习近平做了重要讲话。全会听取和讨论了习近平受中央政治局委托做的工作报告，审议通过了《中共中央关于全面推进依法治国若干重大问题的决定》。

全会充分肯定党的十八届三中全会以来中央政治局的工作。一致认为，党的十八届三中全会以来，国际形势错综复杂，国内改革发展任务极为繁重，中央政治局全面贯彻党的十八大和十八届一中、二中、三中全会精神，高举中国特色社会主义伟大旗帜，以邓小平理论、“三个代表”重要思想、科学发展观为指导，深入贯彻习近平总书记系列重要讲话精神，团结带领全党全军全国各族人民，统筹国内国际两个大局，牢牢把握稳中求进工作总基调，保持战略定力，以全面深化改革推动各项工作，注重从思想上、制度上谋划涉及改革发展稳定、内政外交国防、治党治国治军的战略性、全局性、长远性问题。中央政治局适应经济发展新常态，创新宏观调控思路和方式，积极破解经济社会发展难题，着力保障和改善民生，基本完成党的群众路线教育实践活动，坚定不移反对腐败，有效应对各种风险挑战，各方面工作取得新成效，党和国家事业发展打开新局面。全会高度评价长期以来特别是党的十一届三中全会以来我国社会主义法治建设取得的历史性成就，研究了全面推进依法治国若干重大问题，认为全面建成小康社会、实现中华民族伟大复兴的中国梦，全面深化改革、完善和发展中国特色社会主义制度，提高党的执政能力和执政水平，必须全面推进依法治国。

全会提出，面对新形势新任务，我们党要更好统筹国内国际两个大局，更好维护和运用我国发展的重要战略机遇期，更好统筹社会力量、平衡社会利益、调节社会关系、规范社会行为，使我国社会在深刻变革中既生机勃勃又井然有序，实现经济发展、政治清明、文化昌盛、社会公正、生态良好，实现我国和平发展的战略目标，必须更好发挥法治的引领和规范作用。

### （一）《中共中央关于全面推进依法治国若干重大问题的决定》

《决定》共分三大板块。导语和第一部分构成第一板块，属于总论。第一部分旗帜鲜明地提出坚持走中国特色社会主义法治道路、建设中国特色社会主义法治体系、建设社会主义法治国家，阐述全面推进依法治国的重大意义、指导思想、总目标、基本原则，阐述中国特色社会主义法治体系的科学内涵，阐述党的领导和依法治国的关系等重大问题。第二部分至第五部分构成第二板块，对科学立法、严格执法、公正司法、全民守法进行论述和部署。第六部分、第七部分和结束语构成第三板块，提出加强法治工作队伍建设、加强和改进党对全面推进依法治国的领导等要求，结束语号召全党全国为建设法治中国而奋斗。习近平总书记就《决定》的起草背景和过程、总体框架以及需要说明的主要问题做了详细说明。

1. 全会提出了全面推进依法治国的指导思想

这就是必须贯彻落实党的十八大和十八届三中全会精神，高举中国特色社会主义伟大旗帜，以马克思列宁主义、毛泽东思想、邓小平理论、“三个代表”重要思想、科学发展观为指导，深入贯彻习近平总书记系列重要讲话精神，坚持党的领导、人民当家作主、依法治国有机统一，坚定不移走中国特色社会主义法治道路，坚决维护宪法法律权威，依法维护人民权益、维护社会公平正义、维护国家安全稳定，为实现“两个一百年”奋斗目标、实现中华民族伟大复兴的中国梦提供有力法治保障。

2. 全会提出了全面推进依法治国的总目标

这就是建设中国特色社会主义法治体系，建设社会主义法治国家。在中国共产党领导下，坚持中国特色社会主义制度，贯彻中国特色社会主义法治理论，形成完备的法律规范体系、高效的法治实施体系、严密的法治监督体系、有力的法治保障体系，形成完善的党内法规体系，坚持依法治国、依法执政、依法行政共同推进，坚持法治国家、法治政府、法治社会一体建设，实现科学立法、严格执法、公正司法、全民守法，促进国家治理体系和治理能力现代化。实现这个总目标，必须坚持中国共产党的领导，坚持人民主体地位，坚持法律面前人人平等，坚持依法治国和以德治国相结合，坚持从中国实际出发。

全会强调，党的领导是中国特色社会主义最本质的特征，是社会主义法治最根本的保证。把党的领导贯彻到依法治国全过程和各方面，是我国社会主义法治建设的一条基本经验。我国宪法确立了中国共产党的领导地位。坚持党的领导，是社会主义法治的根本要求，是党和国家的根本所在、命脉所在，是全国各族人民的利益所系、幸福所系，是全面推进依法治国的题中应有之义。党的领导和社会主义法治是一致的，社会主义法治必须坚持党的领导，党的领导必须依靠社会主义法治。只有在党的领导下依法治国、厉行法治，人民当家作主才能充分实现，国家和社会生活法治化才能有序推进。依法执政，既要求党依据宪法法律治国理政，也要求党依据党内法规管党治党。

3. 全会明确了全面推进依法治国的重大任务

这就是：完善以宪法为核心的中国特色社会主义法律体系，加强宪法实施；深入推进依法行政，加快建设法治政府；保证公正司法，提高司法公信力；增强全民法治观念，推进法治社会建设；加强法治工作队伍建设；加强和改进党对全面推进依法治国的领导。

4. 全会提出建设中国特色社会主义法治体系

法律是治国之重器，良法是善治之前提。必须坚持立法先行，发挥立法的引领和推动作用，抓住提高立法质量这个关键。要恪守以民为本、立法为民理念，贯彻社会主义核心价值观，使每一项立法都符合宪法精神、反映人民意志、得到人民拥护。要把公正、公平、公开原则贯穿立法全过程，完善立法体制机制，坚持立改废释并举，增强法律法规的及时性、系统性、针对性、有效性。坚持依法治国首先要坚持依宪治国，坚持依法执政首先要坚持依宪执政。健全宪法实施和监督制度，完善全国人大及其常委会宪法监督制度，健全宪法解释程序机制。完善立法体制，加强党对立法工作的领导，完善党对立法工作中重大问题决策的程序，健全有立法权的人大主导立法工作的体制机制，依法赋予设区的市地方立法权。深入推进科学立法、民主立法，完善立法项目征集和论证制度，健全立法机关主导、社会各方有序参与立法的途径和方式，拓宽公民有序参与立法途径。加强重点领域立法，加快完善体现权利公平、机会公平、规则公平的法律制度，保障公民人身权、财产权、基本政治权利等各项权利不受侵犯，保障公民经济、文化、社会等各方面权利得到落实。实现立法和改革决策相衔接，做到重大改革于法有据、立法主动适应改革和经济社会发展需要。

5. 全会提出建设法治政府

法律的生命力在于实施，法律的权威也在于实施。各级政府必须坚持在党的领导下、在法治轨道上开展工作，加快建设职能科学、权责法定、执法严明、公开公正、廉洁高效、守法诚信的法治政府。依法全面履行政府职能，推进机构、职能、权限、程序、责任法定化，推行政府权力清单制度。健全依法决策机制，把公众参与、专家论证、风险评估、合法性审查、集体讨论决定确定为重大行政决策法定程序，建立行政机关内部重大决策合法性审查机制，建立重大决策终身责任追究制度及责任倒查机制。深化行政执法体制改革，健全行政执法和刑事司法衔接机制。坚持严格规范公正文明执法，依法惩处各类违法行为，加大关系群众切身利益的重点领域执法力度，建立健全行政裁量权基准制度，全面落实行政执法责任制。强化对行政权力的制约和监督，完善纠错问责机制。全面推进政务公开，坚持以公开为常态、不公开为例外原则，推进决策公开、执行公开、管理公开、服务公开、结果公开。

6. 全会提出完善司法管理体制和司法权力运行机制

公正是法治的生命线。司法公正对社会公正具有重要引领作用，司法不公对社会公正具有致命破坏作用。规范司法行为，加强对司法活动的监督，努力让人民群众在每一个司法案件中感受到公平正义。完善确保依法独立公正行使审判权和检察权的制度，建立领导干部干预司法活动、插手具体案件处理的记录、通报和责任追究制度，建立健全司法人员履行法定职责保护机制。优化司法职权配置，推动实行审判权和执行权相分离的体制改革试点，最高人民法院设立巡回法庭，探索设立跨行政区划的人民法院和人民检察院，探索建立检察机关提起公益诉讼制度。推进严格司法，坚持以事实为根据、以法律为准绳，推进以审判为中心的诉讼制度改革，实行办案质量终身负责制和错案责任倒查问责制。保障人民群众参与司法，在司法调解、司法听证、涉诉信访等司法活动中保障人民群众参与，完善人民陪审员制度，构建开放、动态、透明、便民的阳光司法机制。加强人权司法保障。加强对司法活动的监督，完善检察机关行使监督权的法律制度，加强对刑事诉讼、民事诉讼、行政诉讼的法律监督，完善人民监督员制度，绝不允许法外开恩，绝不允许办关系案、人情案、金钱案。

7. 全会提出必须弘扬社会主义法治精神

法律的权威源自人民的内心拥护和真诚信仰。人民权益要靠法律保障，法律权威要靠人民维护。必须弘扬社会主义法治精神，建设社会主义法治文化，增强全社会厉行法治的积极性和主动性，形成守法光荣、违法可耻的社会氛围，使全体人民都成为社会主义法治的忠实崇尚者、自觉遵守者、坚定捍卫者。推动全社会树立法治意识，深入开展法治宣传教育，把法治教育纳入国民教育体系和精神文明创建内容。推进多层次多领域依法治理，坚持系统治理、依法治理、综合治理、源头治理，深化基层组织和部门、行业依法治理，支持各类社会主体自我约束、自我管理，发挥市民公约、乡规民约、行业规章、团体章程等社会规范在社会治理中的积极作用。建设完备的法律服务体系，推进覆盖城乡居民的公共法律服务体系建设，完善法律援助制度，健全司法救助体系。健全依法维权和化解纠纷机制，建立健全社会矛盾预警机制、利益表达机制、协商沟通机制、救济救助机制，畅通群众利益协调、权益保障法律渠道。完善立体化社会治安防控体系，保障人民生命财产安全。

8. 全会提出着力建设社会主义法治工作队伍

全面推进依法治国，必须大力提高法治工作队伍思想政治素质、业务工作能力、职业道德水准，着力建设一支忠于党、忠于国家、忠于人民、忠于法律的社会主义法治工作队伍。建设高素质法治专门队伍，把思想政治建设摆在首位，加强立法队伍、行政执法队伍、司法队伍建设，畅通立法、执法、司法部门干部和人才相互之间以及与其他部门具备条件的干部和人才交流渠道，推进法治专门队伍正规化、专业化、职业化，完善法律职业准入制度，建立从符合条件的律师、法学专家中招录立法工作者、法官、检察官制度，健全从政法专业毕业生中招录人才的规范便捷机制，完善职业保障体系。加强法律服务队伍建设，增强广大律师走中国特色社会主义法治道路的自觉性和坚定性，构建社会律师、公职律师、公司律师等优势互补、结构合理的律师队伍。创新法治人才培养机制，形成完善的中国特色社会主义法学理论体系、学科体系、课程体系，推动中国特色社会主义法治理论进教材进课堂进头脑，培养造就熟悉和坚持中国特色社会主义法治体系的法治人才及后备力量。

9. 全会强调加强和改进党对法治工作的领导

党的领导是全面推进依法治国、加快建设社会主义法治国家最根本的保证。必须加强和改进党对法治工作的领导，把党的领导贯彻到全面推进依法治国全过程。坚持依法执政，各级领导干部要带头遵守法律，带头依法办事，不得违法行使权力，更不能以言代法、以权压法、徇私枉法。健全党领导依法治国的制度和工作机制，完善保证党确定依法治国方针政策和决策部署的工作机制和程序，加强对全面推进依法治国统一领导、统一部署、统筹协调，完善党委依法决策机制。各级人大、政府、政协、审判机关、检察机关的党组织要领导和监督本单位模范遵守宪法法律，坚决查处执法犯法、违法用权等行为。加强党内法规制度建设，完善党内法规制定体制机制，形成配套完备的党内法规制度体系，运用党内法规把党要管党、从严治党落到实处，促进党员、干部带头遵守国家法律法规。提高党员干部法治思维和依法办事能力，把法治建设成效作为衡量各级领导班子和领导干部工作实绩重要内容、纳入政绩考核指标体系，把能不能遵守法律、依法办事作为考察干部重要内容。推进基层治理法治化，发挥基层党组织在全面推进依法治国中的战斗堡垒作用，建立重心下移、力量下沉的法治工作机制。深入推进依法治军、从严治军，紧紧围绕党在新形势下的强军目标，构建完善的中国特色军事法治体系，提高国防和军队建设法治化水平。依法保障“一国两制”实践和推进祖国统一，保持香港、澳门长期繁荣稳定，推进祖国和平统一，依法保护港澳同胞、台湾同胞权益。加强涉外法律工作，运用法律手段维护我国主权、安全、发展利益，维护我国公民、法人在海外及外国公民、法人在我国的正当权益。

全会分析了当前形势和任务，强调全党同志要把思想和行动统一到中央关于全面深化改革、全面推进依法治国重大决策部署上来，审时度势、居安思危，既要有抓住和用好重要战略机遇期推进改革发展的战略定力，又要敏锐把握国内外环境的变化，以钉钉子精神，继续做好保持经济持续健康发展工作，继续做好改善和保障民生特别是帮扶困难群众工作，继续做好作风整改工作，继续做好从严治党工作，继续做好保持社会和谐稳定工作，为明年开局打好基础。

全会号召，全党同志和全国各族人民紧密团结在以习近平同志为总书记的党中央周围，高举中国特色社会主义伟大旗帜，积极投身全面推进依法治国伟大实践，开拓进取，扎实工作，为建设法治中国而奋斗。

## （二）习近平总书记在党的十八届四中全会上的报告和讲话

习近平总书记在10月20日第一次全体会议上向全会做中央政治局工作报告，在10月23日第二次全体会议上做了重要讲话。

习近平总书记在第一次全体会议的报告中指出，党的群众路线教育实践活动基本完成。实践证明，这次教育实践活动是弘扬党的光荣传统和优良作风、贯彻党的群众路线的集中行动，是解决作风问题的战略举措，从思想上组织上作风上为我们党进行具有许多新的历史特点的伟大斗争打下了坚实基础。教育实践活动有阶段，作风建设无止境。要巩固和扩大教育实践活动成果，继续毫不松懈抓好整改后续工作、抓好制度建设、严格党内政治生活、落实管党治党责任，兑现向群众作出的整改承诺，推动作风建设规范化常态化长效化，营造良好政治生态和从政环境，把作风建设融入党的建设全过程，使为民务实清廉成为广大党员、干部的自觉行动，不断在从严治党上取得新成效。

习近平总书记在报告中强调了推进全面深化改革部署落实。今年是全面深化改革的元年，必须沿着正确方向，把握全局，协调各方，在狠抓落实上下功夫，突出制度建设，注重改革的关联性和耦合性，真枪真刀推进改革，蹄疾步稳，务求实效，引导广大干部群众共同为改革想招、一起为改革发力。一年来，我们把落实党的十八届三中全会提出的各项改革举措作为重要任务，凝神聚力抓改革，一些方法举措已经产生实际效果，全面深化改革实现良好开局。

习近平总书记强调，做好经济工作，必须加强和改善党对经济工作的领导，深刻认识我国经济发展处于增长速度换挡期、结构调整阵痛期和前期刺激政策消化期“三期叠加”的基本特征和工作要求，保持宏观经济政策连续性和稳定性，创新宏观调控思路和方式，重点做好稳定经济增长、促进就业扩大、优化经济结构、化解产能过剩、防控债务风险、抑制资产泡沫、治理环境污染等方面的工作，有针对性地解决突出矛盾和问题。

习近平总书记在报告中指出，我们在前进的道路上，要坚定不移走中国特色社会主义政治发展道路，坚持党的领导、人民当家作主、依法治国有机统一，推进社会主义民主政治建设，推进协商民主广泛多层次制度化发展，发展社会主义政治文明。我们高度重视加强意识形态工作和宣传思想文化工作，努力为经济社会发展提供思想保证、舆论支持、精神动力、文化条件。我们高度重视发挥社会政策的托底作用，从健全基本公共服务体系、保障和改善民生入手，推进社会体制改革和社会治理创新，人民生活水平稳步提高，全社会总体上保持了和谐稳定。我们以对人民群众、对子孙后代高度负责的态度，加大保护生态环境、治理环境污染的政策力度和工作力度。

习近平总书记在报告中最后指出，新形势下推进党的建设新的伟大工程，必须强化管党治党责任，深刻认识增强党自我净化、自我完善、自我革新、自我提高的重要性和紧迫性，把加强和改进党的建设作为重大政治责任，坚持聚精会神抓党的建设，抓措施配套、抓重点突破，抓制度完善，把从严治党的各项措施落到实处。

在四中全会第二次全体会议上，习近平总书记发表重要讲话。他主要讲了四点意见。

第一，深刻认识全面推进依法治国的重大意义。习近平总书记指出，全面推进依法治国，是我们党从坚持和发展中国特色社会主义出发，为更好治国理政提出的重大战略任务，也是事关我们党执政兴国的一个全局性问题。落实好这项重大战略任务，对推动经济持续健康发展、维护社会和谐稳定、实现社会公平正义，对全面建成小康社会、实现中华民族伟大复兴，都具有十分重大的意义。全面推进依法治国，是深刻总结我国社会主义法治建设成功经验和深刻教训做出的重大抉择，是全面建成小康社会和全面深化改革开放的重要保障。

第二，坚定不移走中国特色社会主义法治道路。习近平总书记强调，全面推进依法治国，必须走对路。如果路走错了，南辕北辙了，那再提什么要求和举措也都没有什么意义了。全会《决定》有一条贯穿全篇的红线，就是坚持和拓展中国特色社会主义法治道路。这就是必须坚持中国共产党的领导，必须坚持人民民主专政，必须坚持法律面前人人平等，必须坚持依法治国和以德治国相结合，必须坚持从中国实际出发。

第三，扎扎实实把全会提出的各项任务落到实处。习近平总书记提出四项要求。一是紧紧围绕全面依法治国总目标，加快建设中国特色社会主义法治体系。二是准确把握全面推进依法治国工作布局，坚持依法治国、依法执政、依法行政共同推进，坚持法治国家、法治政府、法治社会一体建设。三是努力完成全面推进依法治国重点任务，着力推进科学立法、严格执法、公正司法、全民守法。四是着力加强法治工作队伍建设，建设一支德才兼备的法治工作队伍。

第四，关于当前工作中注意的几个问题。习近平总书记主要强调了持之以恒抓好作风建设，坚定不移推进反腐败斗争，严守政治纪律和政治规矩，积极做好思想舆论工作。

综上所述，党的十八届四中全会是在我国全面深化改革新形势下和全面建成小康社会决定性阶段召开的一次十分重要的会议。习近平总书记在全会上的报告和重要讲话，全面回顾了党和国家一年来主要工作，深刻阐述了全面推进依法治国的重大意义，科学回答了坚定不移走中国特色社会主义法治道路必须坚持的基本原则，明确提出了落实全会各项任务的要求。全会《决定》提出了全面推进依法治国的指导思想、总体目标、基本原则和重大举措，是加快建设社会主义法治国家的纲领性文件。

## 二　认真贯彻落实党的十八届四中全会精神，巩固党的群众路线教育实践活动成果，深化我院新型智库建设和制度建设，推动今年各项工作任务如期高质量完成

10 月 27 日，习近平总书记主持召开中央全面深化改革领导小组第六次会议并发表重要讲话。他强调，党的十八届四中全会通过了《关于全面推进依法治国若干重大问题的决定》，与党的十八届三中全会通过的《关于全面深化改革若干重大问题的决定》形成了姊妹篇。学习贯彻党的十八届四中全会精神是当前和今后一个时期全党全国的重大政治任务，各地区各部门务必抓紧抓好。10 月 24 日，省委召开常委（扩大）会议，传达学习党的十八届四中全会精神，研究我省贯彻落实意见，要求全省各级党组织一定要把

学习党的十八届四中全会精神作为当前的一项重大政治任务来抓，通过学习和宣传，充分认识全会的重大现实意义和深远历史意义，切实把思想和行动统一到党中央关于全面推进依法治国的决策部署上来，迅速掀起学习宣传、贯彻落实全会精神的热潮，真正使全会精神在河北落地生根、开花结果。根据党中央和省委的部署，结合我院实际情况，就学习宣传贯彻党的十八届四中全会精神，提出以下四点要求。

**（一）做好学习研究宣传各项工作，创新载体形式，推动全会精神入脑入心、贯彻落实**

按照党中央和省委的要求，我院各部门要把学习宣传贯彻全会精神作为当前和今后一个时期的重大政治任务，精心组织，周密安排，把学习宣传贯彻全会精神列入重要议事日程，与深入学习贯彻习近平总书记系列重要讲话精神紧密结合起来，与全面深化改革和推进绿色崛起紧密结合起来，与巩固教育实践活动成果紧密结合起来，加强组织领导和督促检查，真正用全会精神武装头脑、指导实践、推动工作。

一是要及时组织专题学习。院党组将就贯彻落实四中全会精神进行专题研究，做出全面部署。院属各部门要制订具体的学习方案和计划，原原本本地学习研读全会公报、《决定》和习近平总书记对《决定》的说明。《公报》高度概括了全会精神，要准确领会；《决定》对全面推进依法治国的指导思想、总体目标、基本原则和重大举措作出系统部署，要全面把握；《决定》说明对《决定》的起草过程和背景、主要内容和主要问题进行了详细阐述，要深刻理解。今天的院党组扩大学习会，既是一次专题学习会，也是一次学习动员部署会。机关党委要抓紧制发学习《通知》，把讲话精神传达到每个基层党组织和每名党员干部，同时抓好全院学习活动的督促督导和情况汇总。院和处所室领导干部要带头学习，把握要义，领会实质。院属各部门、机关各党支部要迅速安排部署，结合实际抓紧制定贯彻措施，采取专题讨论、心得交流等多种形式，认真开展学习活动，切实抓好贯彻落实。各支部、各部门要将学习活动中的好经验、好做法及时上报。

二是要深入开展理论研究。理论研究既是我们的优势，也是我院的基本职责。通读四中全会《决定》，共提出了180多项全面推进依法治国的重要举措。所有这些举措，无一不是需要很好研究的重大课题，同时也是我们院应当肩负的深化依法治国理论研究的重大任务。我们要充分发挥理论研究的优势，很好履行理论研究的职责。作为法学理论研究的专门机构，法学所要发挥龙头作用，王艳宁和麻新平两位所长要根据实际情况，精心谋划具体研究课题，组织力量研究，争取在近期内推出一批研究成果。其他研究和教研部门，也要根据自己的研究专长，进行相关课题研究，争取推出尽可能多的研究成果来。科研处和其他部门要积极配合，为相关课题研究提供良好服务。“河北省中国特色社会主义理论体系研究中心”也要精心谋划，组织有关研究部门和专家学者，撰写一批学习研究四中全会精神的理论文章，在大报大刊和《河北日报》上发表，为全面推进依法治国提供有力理论支撑，营造良好舆论氛围。

三是要深入开展宣传宣讲。党中央和省委在学习宣传贯彻党的十八届四中全会精神通知中，都要求广泛开展学习宣讲活动，把全会精神迅速传达到党员群众之中，真正入脑入心。搞好全会精神宣传宣讲，也是我们院义不容辞的重要任务。我们要在认真学习《公报》《决定》及其《说明》、全面把握内容、吃透精神的基础上，编写《学习贯彻党的十八届四中全会精神宣讲提纲》，力求内容全面系统准确、形式生动活泼易懂。我们要通过集中宣讲、网站宣传等多种方式，通过有效手段和群众喜闻乐见的形式，把四中全会精神进行广泛的宣讲。认真组织开展“送理论下基层”集中宣讲活动，发挥基层宣讲工作站的作用，广泛开展对象化、分众化、互动化的宣讲活动。要进一步发挥网络平台的作用，努力实现宣讲工作“全覆盖、面对面”。要认真搞好中心组学习服务，继续发挥《党委中心组理论学习通讯》、《理论信息》、《宣讲参考》和河北省干部理论教育网等宣讲平台的作用，为各级党委和广大党员干部深入学习四中全会精神提供优质服务。科普处要组织广大社科工作者编写相关读物，开展以依法治国为主题的形式多样的普及宣传活动，使四中全会精神切实进机关、进企业、进农村、进社区、进课堂。

**（二）认真贯彻落实习近平总书记讲话精神，强化“三个服务”，推动我院新型智库建设迈上新台阶**

在中央全面深化改革领导小组第六次会议上，习近平总书记指出，智力资源是一个国家、一个民族最宝贵的资源。改革发展任务越是艰巨繁重，越需要强大的智力支持。近些年来，随着形势发展，我国智库建设跟不上、不适应的问题也越来越突出，尤其是缺乏具有较大影响力和国际知名度的高质量智库。要从推动科学决策、民主决策，推进国家治理体系和治理能力现代化、增强国家软实力的战略高度，把中国特色新型智库建设作为一项重大而紧迫的任务切实抓好。要坚持党的领导，把握正确导向，充分体现中国特色、中国风格、中国气派；坚持科学精神，鼓励大胆探索；坚持围绕大局，服务中心工作；坚持改革创新，规范发展。要统筹推进党政部门、社科院、党校行政学院、高校、军队、科技和企业、社会智库协调发展，形成定位明晰、特色鲜明、规模适度、布局合理的中国特色新型智库体系，重点建设一批具有较大影响和国际影响力的高端智库，重视专业化智库建设。

习近平总书记这个讲话，深刻阐述了智力资源和建设新型智库在党和国家事业发展中的重要作用，也指出了智库建设目前存在的与改革发展不相适应的突出问题，要求全党同志把中国特色新型智库建设作为一项重大而紧迫的任务切实抓好。总书记的这个讲话，可以说为我国新型智库建设指明了方向，提供了动力。总书记还把社科院摆到了新型智库建设第二位的突出位置，这为我们院推进新智库建设提供了前所未有的大好机遇，我们必须紧紧抓住，乘势而上，努力将我院新智库建设提升到一个新台阶。

近年来，我院提出坚持知行合一，切实解决好学风、文风、作风问题，强调社会科学工作者必须迈开双脚到群众中去，到实践中去调研，到第一线去研究，先后组织实施了“三走”大调研活动。通过“走基层太行行”，接受革命传统教育，强化了宗旨意识，坚定了理想信念；通过“走基层沿海行”，增强了开放意识和创新意识，提升了科研能力；通过“走世界开放行”，提升了国际学术影响力，截至目前，我院已同国外境外 23 个科研机构和大学建立了长期稳定的学术交流与合作关系，形成了跨越世界六大洲的国际学术交流与合作的对外开放格局。2013 年，我院又组织科研人员开展了“走基层中原行——河北冀南地区发展大调研”活动，出版了《中原经济区框架下河北冀南地区经济发展问题研究》一书，送省人大、政协两会代表、委员，受到好评。2014 年初，省委为我院圈定了“京津冀协同发展框架下河北生态环境建设研究”重大课题。我院成立了课题组，组织科研人员赴张家口、承德等地实地调研，对张、承两市的 11 个县区的 30 多个在生态环境保护、生态产业发展方面具有代表性的项目进行考察。阶段性成果即研究主报告上报后，得到省委、省政府领导批示肯定。中央办公厅单条信息采纳近 3000 字，报中央领导同志。这些成绩的取得，正是广大科研人员扎根基层深接地气，以发展中的问题为研究课题，以改革中的难点为研究重点，深入服务决策、服务发展、服务基层的结果。

但是也要看到，总体而言，我院的科研活动与实际结合、与实践结合还不够主动、不够深入，还不能完全适应党委、政府的决策需求，不能完全适应广大干部群众期待与我省各项事业发展的需要。当前，我省正处于科学发展、绿色崛起的关键时期，转型升级正处于爬坡过坎的关键阶段，急需通过进一步深化社科理论研究，为经济发展、转型升级提供理论支撑和智力支持。我们要紧紧围绕科学发展、绿色崛起的要求，重点开展对“稳增长、促改革、调结构、治污染、惠民生”等方面的研究。通过开展各种形式和类型的调研，主动贴近决策需求，加强战略性思维，开展前瞻性研究，提高服务决策的质量和水平，为努力建设“三个河北”提供更加强劲的智力支持。

### （三）继续推进我院制度建设，全体同志要遵制度，守规矩，使我院各项工作既生机勃勃又井然有序

中国古语讲：“不以规矩，不能成方圆。”这个规矩，就国家而言，就是法律法规；就单位来说，就是规章制度。深入贯彻落实党的十八届四中全会精神，就我们社科院来说，就是要继续推进制度建设，把我院规章制度健全好、完善好、执行好。近年来，我们院在制度建设方面取得很大进展，各项规章制度不断健全完善，尤其是在第一批党的群众路线教育实践活动中，我们对 2000 年以来制定的各项规章制度进行了梳理汇总，在征求各相关部

门的意见建议的基础上，废止了一批与我院实际已不相适应的规章制度，修订和制定了一批新的规章制度，推进了我院管理制度化、规范化和科学化的进程。今年9月，我们辑印完成《河北省社会科学院制度汇编》，汇总了我院党的建设、行政管理、科研管理、财务管理、宣讲管理、社团管理、网络管理、纪检监察等方面的规章制度，形成有章可循、按章办事、规范高效的制度体系，为实现我院办院目标提供了制度保障。

规章制度健全完善当然很重要，很好地贯彻执行更为重要。如果不能很好地贯彻执行，再好的规章制度都是一纸空文，产生的效果甚至可能比没有规章制度更差。所以，我们更要高度重视规章制度在各项工作的切实贯彻执行。这么多年来，总的看，我们院规章制度的贯彻执行还是不错的，效果也是不错的，这也是我们院各项工作不断进步的重要原因。但是，我们也要看到，一些制度的贯彻执行与预期目标还是有距离的，一些不执行制度、不守规矩的现象还是存在的。最近，纪检组（监察室）对院属各部门今年以来落实会议纪要（记录）制度情况和院党风廉政建设会议贯彻落实情况、主体责任落实情况进行了检查。通过检查发现，多数部门能基本执行处（室、所）务会制度，指定专人做好会议记录。工作相对较好的单位有办公室、财务处、行政处、科研处、社科联秘书处等，这些部门能够按照党组要求，内部一般性会议记录规范完善，对内部较重要的问题做到了集体研究、民主讨论，并制发会议纪要。所发会议纪要有明确议题、有明晰的讨论过程，有结论意见，落实措施，文件形式比较正式，制度运行比较规范。但是，从检查的总体情况来看并不理想，尤其在制度落实方面存在很多问题：一是部分处（室、所）务会议纪要（记录）制度落实不平衡，有的部门开会研究较为重要的问题没有制发会议纪要；一些部门制发会议纪要的内容、形式均不规范；有的只是用普通记录本简单记录了会议情况，有应付现象，也没有按照要求存档、备案。二是少数部门对贯彻落实院党组党风廉政建设工作任务重视程度不高，有的满足于传达学习文件，存在以会议落实会议、以传达代替贯彻的问题，对如何结合部门实际抓好贯彻落实没有具体可行的举措，工作的主动性自觉性不强、执行不到位、成效不明显。院党组希望各部门引起高度重视，针对这次检查暴露出的问题，认真审视自己的工作，搞好对照检查整改，该加强的加强，该补课的补课，该修正完善的修正完善。要强化组织领导，指定专人负责，提高制度执行力，确保制度落到实处。近期，院里将修订印发河北省社会科学院处（室、所）务会议记录制度，同时印发统一的会议记录本。各部门主要负责人要增强责任意识、民主意识、科学意识，将这一制度作为部门管理规范化、标准化的一项重要工作切实抓紧抓实，抓出成效。纪检组（监察室）要继续加大对制度执行情况的监督检查力度，不定期地进行明察暗访，对制度落实不好的部门进行点名通报，并限期整改。

总之，我们贯彻落实党的十八届四中全会精神，体现到我们院，一是要按照科学、合理、适用的原则，继续健全完善各项规章制度，下一步，我们要建立党组成员、处级干部参会，信息工作和值班情况等方面的通报制度，更好实现有章可循、有制可依。特别要指出的是，院党组会议是我院最高决策会议，院内其他各个会议都要服从党组会议，保证要求参会人员准时参加会议。这一点，要从党组成员自身做起，层层抓好落实，定期进行通报。二是增强法治意识、规矩意识，更加自觉遵守各项规章制度，执行各项规章制度。通过制度建设，确保我院各项工作既充满生机活力，又井然有序、有条不紊地进行。

### （四）深入贯彻落实党中央和省委党的群众路线教育实践活动总结大会精神，要以敢担当、有作为精神状态做好我院各项工作

10 月 8 日和 13 日，党中央和省委先后召开党的群众路线教育实践活动总结大会，标志着为期一年多的党的群众路线教育实践活动告一段落。但是，作风建设永远在路上，坚持党的群众路线没有完成时。习近平总书记在中央总结大会上做重要讲话。他指出，经过这次活动，全党改进作风有了一个良好开端，但取得的成果还是初步的，基础还不稳固。这次党的群众路线教育实践活动基本结束了，但贯彻党的群众路线、保持党同人民群众的血肉联系的历史进程永远不会结束。活动收尾绝不是作风建设收场，必须以锲而不舍、驰而不息的决心和毅力，把作风建设不断引向深入，把目前作风转变的好势头保持下去，使作风建设要求真正落地生根。我们要认真贯彻习近平

总书记的讲话要求，按照省委部署，进一步加强作风建设，不断巩固和扩大活动成果，持续推动我院的各项事业实现新跨越。

就我们院而言，教育实践活动后的作风建设任务仍然很重，坚持党的群众路线仍然有很多工作要做，最主要的是我们党员干部要有敢担当、有作为的精神状态，就是要干啥像啥，干啥能干出啥。干啥像啥，就是切切实实担当起自己应该担当的责任。不敢担当，遇到事绕着走，这不叫干啥像啥。干处长像个处长，得干起处长的活来，承担起处长的责任；干院长像个院长，承担起院长的责任。干啥能干出啥，就是狠抓工作落实，干出与岗位职责相适应的业绩来，不能尸位素餐、碌碌无为。革命导师马克思说过：“一步实际运动比一打纲领更重要。”现在，2014 年已经进入最后一个季度，确切说只有两个月时间了。要完成全年的目标任务，时间紧迫，任务繁重，我们必须以只争朝夕的紧迫感，倒排工作时间表，加快工作进度，确保各项工作如期高质量完成。在做好今年工作的同时，各部门要及早谋划明年的工作。截至今年 9 月底，院党组同志已陆续听取了各部门今年工作进展情况汇报和明年工作的打算，各处室所要进一步强化工作思路和举措，同时着手考虑院“十三五”发展规划，抓好当前，谋划长远，以求可持续发展。院党组相信，只要同志们做到风清、气正、心齐，认真履职尽责，抓好综合协调，加强督促检查，善始善终，善作善成，我们就一定能够确保圆满完成年初确定的各项工作任务，推动我院各项事业发展不断迈上新的台阶。

# 《京津冀协同发展框架下河北生态环境建设研究》序言*

（2014 年 10 月 31 日）

党的十八大把生态文明建设纳入中国特色社会主义事业“五位一体”的总体布局，指出必须树立尊重自然、顺应自然、保护自然的生态文明理念，把生态文明建设放在突出地位。党的十八届三中全会提出要紧紧围绕建设美丽中国深化生态文明体制改革。核心思想就是把建立新型的人与自然关系提升到国家发展总体布局的层面，强化生态环境因素在制定国家发展战略中的基础性和引导性作用。这种定位决定了未来河北必须在更加严格的资源环境因素约束条件下追求经济发展，这与过去那种在比较宽松的资源环境约束条件下实现经济发展的情况大不相同，是一种未曾有过的“新常态”，预示着河北未来生态环境建设面临艰巨任务与挑战。河北省社科院作为河北省委、省政府直属的决策咨询机构，对河北生态文明建设肩负着重要使命。为适应国家把生态文明建设作为五大发展战略需要，彰显河北加强生态文明建设的决心勇气，为河北生态文明建设提供强有力理论支撑，河北省社科院于 2013 年末成立了河北生态环境建设研究中心，2014 年又承担了河北省委领导圈定的“京津冀协同发展框架下河北生态环境建设研究”重大课题，并确定为 2014 年度院重大课题，从全院抽调青年科研骨干参与课题研究，多方面为课题调研提供保障，充分反映了河北省社科院对生态文明建设理论研

* 《京津冀协同发展框架下河北生态环境建设研究》，河北人民出版社，2015。

究的重视。经过各位青年学者的潜心研究、深入调研，如期完成了各专题研究，形成了丰硕的研究成果。

近年来，河北省努力改变发展指导思想，以绿色崛起为目标，把环境治理作为基本民生工程，一手抓污染治理，一手抓生态修复，通过加快实施压煤减排、治理超载、造林绿化等工程，努力改善空气质量，提升环境承载力，生态环境建设取得了显著成效。铁腕治污、集中攻坚，成为河北大气环境污染防治的集中体现，经过这两年的环境治理攻坚，河北大气环境质量得到改善，主要污染物考核指标同比均有所好转。同时，河北目前环境与经济、社会之间不相协调、不可持续、不平衡的矛盾突出。可以说，河北是以牺牲较快的经济增长为前提换来了空气质量明显改善，大气环境污染治理与经济发展之间的矛盾明显。再者，河北产业结构调整导致大量职工失业，社会不稳定，快速发展城市化引发的一系列环境问题也日趋严重，环境保护与社会发展之间的矛盾问题凸显。应对和解决这些问题，需要充分认识河北所处的发展阶段和未来情景，在均衡发展与环境关系的基础上强调保护优先，利用解决资源环境问题倒逼和引领发展方式转型，促进发展质量的提高，弥补因透支环境红利所造成的损失，实现发展与环境关系的再平衡。这就需要我们从可持续发展战略的高度，在更高层面、更广阔范围审视、谋划解决河北的环境突出问题，从经济、制度、社会、文化等多层面、多角度、全方位进行综合施治。以发展的眼光从理论上进行深入的研究和探讨，提出应对措施，未雨绸缪，有备无患，为党委、政府决策提供参考。

河北省地理位置独特，内环京津、外环渤海，河北生态环境建设不仅决定着河北省自身的可持续发展，也决定着京津地区和环渤海地区的可持续发展。现在，京津冀协同发展战略为河北生态环境建设提供重要机遇，河北生态环境建设已纳入京津冀协同发展的快车道，并发挥着越来越重要的作用。河北突出的生态保障与生态支出功能，决定了河北生态环境建设在京津冀协同发展中具有重要战略地位，直接关系着京津冀协同发展的成败。因此研究京津冀协同发展框架下河北生态环境建设问题不仅具有重要的现实意义，也具有深远的历史意义。

这次河北生态环境建设研究，是河北省社科院首次进行的一次集多学科青年科研骨干参与的环境科研活动。以影响河北省生态环境的几大方面：水体、土壤、大气、能源、海洋、农村环境、治污减排等为主要研究对象，最终形成一个总报告和八个专题报告。期望该书的研究成果，对推进河北省制定“十三五”环境保护规划乃至河北与京津协同发展战略规划、促进环境与经济社会协调、可持续发展提供参考意见，具有一定指导意义。另外，在京津冀协同发展新形势下，统筹解决区域生态环境问题，要创造良好的政策氛围和制度环境。生态环境建设研究是一项长期的工作，要逐步建立长效研究机制，使其走向常态化和制度化。目前的生态环境建设研究是一个良好的开端，所取得的成果也是阶段性的。相信在省委、省政府的领导下，在有关部门的积极配合下，经过各位专家学者的不懈努力，河北省的生态环境建设研究会不断取得新的成果，为实现河北省资源环境与经济社会的协调发展和可持续发展做出应有的贡献。

# 在传达贯彻省委落实中央巡视组反馈意见整改动员暨警示教育大会精神会议上的讲话

（2014 年 11 月 13 日）

2014 年 11 月 7 日，省委召开落实中央巡视组反馈意见整改动员暨警示教育大会。省委要求，各单位要认真组织学习，抓好贯彻落实。下面，由我代表院党组来传达省委落实中央巡视组反馈意见整改动员暨警示教育大会精神，并就抓好我院的贯彻落实提几点要求。

## 一　省委整改动员暨警示教育大会精神和案件通报情况

省委召开这次会议的主要任务是，认真学习贯彻习近平总书记党要管党、从严治党的重要战略思想，集中力量抓好中央巡视组反馈意见的落实整改，充分发挥典型案件的警示教育作用，坚定不移地把党风廉政建设和反腐败斗争进行到底。

会议首先由省委常委、纪委书记陈超英同志通报有关案件情况并讲话。陈超英同志指出，今年以来，全省纪检监察机关坚持以零容忍态度惩治腐败。

陈超英在通报有关案件情况后强调，全省各级党组织和广大党员干部一定要以案为鉴，吸取教训，按照中央巡视组反馈的意见坚决整改落实。正如中央政治局常委、中央纪委书记王岐山同志指出，党风廉政建设和反腐败是一场输不起的斗争。当前，河北省要重点打好反腐败“123”这场硬仗：简单地讲，就是一个立场、两个覆盖、三个重点。要坚定一个立场，就是坚持以零容忍态度惩治腐败，有腐必反、有贪必肃，严格依纪依法办案，既要严肃查处领导干部违纪违法案件，又要严肃查处“小官巨腐”案件，治病树、拔烂树，形成强有力的震慑态势。要强化两个覆盖，就是在全省地域上全覆盖，把惩治腐败的震慑力逐级传导到每个省直部门和每个市、每个县、每个乡，全面覆盖，不留空白；在重点领域上全覆盖，紧紧扭住土地和城建、国企经营和国资监管、工程建设、产权交易以及司法、民生等腐败现象易发多发的领域和环节，深挖细查、持续发力，努力做到查办案件不留死角，惩治腐败没有盲区。要突出三个重点，就是坚决查处党的十八大后不收敛不收手，问题反映集中、群众反映强烈，现在重要岗位且可能还要提拔使用的领导干部，越往后抓得越紧、越往后执纪越严。各级领导干部要时刻保持政治清醒，切实做到廉洁从政，决不能挑战党的纪律的权威。谁与党的纪律过不去，党就跟他过不去！谁敢不知收敛、顶风违纪，就必须为之付出代价！

会议指出，要坚决把思想统一到党中央关于反腐倡廉的重大决策部署上来。现在，反腐败的威慑态势已初步形成。全省党员干部从中央巡视组反馈的突出问题中，切身感受到党中央关于党风廉政建设和反腐败斗争的决策部署是完全正确的，党中央关于反腐败斗争形势仍然严峻复杂的判断是完全符合实际的，党中央从严治党的要求是深入人心的。因此，我们必须认真学习、深刻领会习近平总书记党要管党、从严治党的战略思想，持续保持反腐败的高压态势，持续保持整治作风的严肃氛围。要充分认识到，反腐败不仅不会影响经济发展，而且会促进经济发展；不仅不会影响干部干事，而且会促进干部干事；不仅不会影响党的形象，而且会提升党的形象；不仅不会鸣金收兵，而且会越来越严。我们要像抓经济社会发展一样抓反腐倡廉，像治理污染一样向腐败宣战，借势把我省的腐败突出问题好好治一治，把作风突出问题好好治一治，借势把政治生态优化好、把发展环境优化好，不仅要努力实现生态上的山青水绿，而且要努力实现政治上的风清气正。

会议指出，要坚决有力地抓好中央巡视组反馈意见的整改落实。今年7月29日至9月25日，中央第六巡视组对河北进行了巡视。10月30日，向我省反馈了巡视情况。中央巡视组实事求是地评价了河北省委和其他省级领导班子的工作，在肯定我省党风廉政建设和反腐败斗争取得成绩的同时，也严肃指出了四个方面存在的突出问题。这些问题的存在，警示我们对河北反腐败斗争面临的严峻复杂形势必须有清醒的认识，切不可看轻了、看淡了。为了切实整改这些问题，省委常委会专题进行了研究，成立了专门领导小组，对落实整改任务进行了责任分工。中央巡视组提出的时限非常明确，就是在两个月内将整改落实情况上报党中央。整改落实的工作要求也非常明确、非常严格。各地各部门要把落实巡视组的反馈意见，作为当前一项必须完成的重要政治任务，按照省委专项整治的方案，明确责任、倒排时间、拉条挂账，完成一个销一个，确保如期按质完成整改任务。一要切实解决党风廉政建设和反腐败工作方面存在的突出问题。纪委要加大案件查办力度，继续保持威慑态势；政府相关部门要对腐败问题多发易发的重点领域制定有效的监督制约措施，扎牢反腐败的制度笼子；领导干部个人要对照廉政准则进行自查，自我警醒，主动纠错，清廉为官。二要切实解决落实中央八项规定精神和作风建设方面存在的突出问题。每个地方、每个部门都要持之以恒地落实中央八项规定精神，存在问题的要立即进行整改。要与教育实践活动整改结合起来，看看向群众承诺的有没有兑现，没有兑现的要坚决兑现，取信于民。要按照总书记抓常、抓细、抓长的要求，对干部严格教育、严格管理、严格监督、严格执纪，特别要完善制度、落实制度，切实铲除歪风邪气滋生蔓延的土壤，坚决防止"四风"死灰复燃。三要切实解决严明党的政治纪律和组织纪律方面存在的突出问题。每个领导干部都要做到政治上讲忠诚、组织上讲服从、行动上讲纪律。省级四大班子成员要带头整改，率先垂范。要开展严格党内生活、严肃党内纪律、维护党内团结、营造良好政治生态专题教育。四要切实解决执行民主集中制和干部选拔任用方面存在的突出问题。对中央巡视组指出的问题，各地各部门各单位要认真对照检查，逐条逐项进行研究，一件一件地解决到位，对典型问题从严从重处置。要把整改工作与查处违纪行为相结合，与追究问责相结合，与警示教育相结合，与完善制度措施相结合，使解决问题的过程成为正风肃纪的过程，成为改进提升的过程。

上述四个方面的问题，有些领导干部或多或少、或大或小地存在。对这些问题，我们党的政策历来是惩前毖后、治病救人，重在主动觉醒、主动整改，贵在主动觉醒、主动整改。领导干部特别是中高级领导干部要带头警醒、带头整改。任何时候，主动觉醒、主动整改总比被动整改、顶着不改结果好得多。对于中央巡视组点出的问题，不要妄加推测，替他人对号入座，而要自我审视，自己对号入座。在这个问题上，人人都需要接受教育，人人都需要对照检查，人人都需要吸取教训。在当前严峻的反腐败形势下，人人都要自省自警，但也大可不必人人自危。现在查处的案件，没有一件是小错小过被查的，没有一件是仅凭反映就查的。我们通过主动觉醒、主动整改，主动收手，就可轻装上阵，清廉做官。

会议强调，务必从查处的重大腐败案件中吸取深刻教训。通报的这些案件，就发生在大家身边，相信对大家内心带来的冲击更加直接、更加震撼、更加警醒。这中间确实有许多深刻教训，值得各级干部特别是领导干部警醒与反思。各地各部门各单位近期都要普遍进行一次警示教育，使党员干部都警醒起来，自我从严要求起来。

要坚定理想信念，坚定“三个自信”，淡泊名利，并且要发扬教育实践活动中的好做法，经常运用“四个重要法宝”，不断解决自身的问题。要严格遵守规矩。凡是干部出问题，都是出在不守规矩上，乱了章法，乱了法度。我们现在不是没有规矩，而是有的人根本不把规矩当回事。比如，我们在干部任用上，有一套比较完备的制度，该过的程序、该走的环节、该守的规则，都规定得非常明白。而有的领导用干部，五人小组会也不开，与班子不通气，走程序也是走过场，随意性强，想走就走，不想走就不走。再如，在项目审批、工程招标上，对领导干部的禁令是非常明确的，但我们通报的6起领导干部案件，都有插手工程的问题，根本不把规矩当回事，搞暗箱操作、幕后操控。事实说明，谁不按规矩办事，就会被规矩所治；谁按规矩办事，就会被规矩所保护。我们每个领导干部，都要常怀敬畏之心、戒惧之心，讲规则、讲戒律，慎用权力，决不能独断专行、目无法纪。作为各级组织来讲，也要注意解决好规矩形同虚设的问题，使规矩真正成为带电的高压线，使诱人的油水变成烫手的油锅。

要严守官商两道，不能既做官又发财。对民营企业、外资企业的发展既要大力支持，又要坚持清水之交，切切不可权钱交易。要管好亲属子女，严格家规门风，教育亲属子女一定要谨言慎行，不要有非分之想，不要有越界之举。要始终防微杜渐。习近平总书记指出，针尖大的窟窿斗大的风。王岐山同志指出，党的十八大以来查处的党员领导干部案例，没有一个不是在违法之前首先违纪的。从我省发生的一些案件看，许多人违纪问题都出现在十几年前，都经历了一个温水煮青蛙的过程，从一件一件的小事开始，逐渐模糊了是非界限，淡化了防范心理。在当前的社会中，各种诱惑很多，陷阱也很多，一些别有用心的人，从吃吃喝喝拉关系、称兄道弟交朋友开始，使领导干部不知不觉地着了道。实际上，很多人搞的是“期货投资”，眼里都是利益，哪有什么交情？因此，大家一定要时刻把握住自己，认真对待生活中的每个第一次，见善如不及，见不善如探汤，千万不要被“接种”上腐败的细菌源，否则就会被侵袭并蔓延开来，到最后就不是自己所能控制的了。

会议强调，要不折不扣地把党风廉政建设两个责任落实到位。一些干部的腐败行为，既令人痛恨，又令人痛心。看着这些工作多年的干部倒下去，甚至家破人亡，我们心里是很不好受的。我在几个场合讲过，签字对干部采取措施时，虽然笔轻如鸿，却沉似千斤。每次签字，我都要反复问，证据是不是十分确凿？真希望不是真的。这些干部走到今天，作为组织上，也要深深地自责！我们过去失之于宽、失之于软，没管严、没管好，结果害了干部。因此，无论是为了对党负责、对人民负责，还是对干部个人负责，我们都应把落实党委的主体责任和纪委的监督责任切实担当起来，从现在起，真正严起来、硬起来。

根据党中央和中纪委的要求，省委出台了落实党风廉政建设两个责任意见，对党委班子负什么责、书记负什么责、班子成员负什么责、纪委负什么责，都做出了明确具体的规定。各级党委、党组必须逐条逐项落实好，坚持守土有责、守土负责、守土尽责。落实责任，至关重要的是一把手，一把手真正管起来、严起来、硬起来，其他干部就会跟着来，一个地方、一个单位的风气就会好起来。一把手要真正管起来、严起来、硬起来。要把压力层层传导下去，省委书记抓好市委书记和省直单位党组书记，市委书记抓好县委书记和市直单位党组书记，县委书记抓好乡党委书记和县直部门党组书记，一级一级抓下去，带动形成反腐倡廉的大气候。落实两个责任的情况，我们要严格考核、严格问责。接二连三发生重大腐败案件，出现系统性腐败问题，对腐败案件遮掩姑息，致使腐败现象滋长蔓延、势头长期得不到有效遏制的，我们是要问责的。

各级纪委要切实履行监督责任，严格监督执纪问责，持续加大案件查办力度。王岐山同志反复强调，要持续保持高压态势，治病树、拔烂树，强化“不敢”的氛围。对于党的十八大后仍然不收敛、不收手的，对于问题线索集中、群众反映强烈的，对于处在重要岗位且可能进一步提拔重用的，决不能手软，必须狠得下心，挥泪斩马谡。对于严重腐败分子，不斩不足以严明法纪，不斩不足以引起警示，不斩不足以平息民愤，不斩不足以挽救多数。当然，在办案时必须严格公正，确保查处的每一个案件都经得起历史的检验、经得起法律的检验。我们关心爱护干部，但绝不能为干部腐败行为埋单；我们鼓励干部大胆改革，但绝不容忍借改革之机中饱私囊。

习近平总书记强调，解决党内存在的种种问题，必须营造一个良好的从政环境，也就是要有一个好的政治生态。古人讲，管理国家，“必先正风俗。风俗既正，中人以下，皆自勉以为善；风俗一败，中人以上，皆自弃而为恶”。这说明了从政环境、政治生态的极端重要性。我们一定要把优化河北从政环境，作为落实两个责任的重要任务，作为省委、市委、县委任期的主要目标之一。各级班子和领导干部务必坚持任人唯贤，坚持君子之交，坚持实干兴邦，坚持清廉如水。同时，对不干事的找干事的岔子、提拔无望的泄私愤搞诬告、怕别人与自己竞争就告别人、自己有问题就想先搅浑水的，也要时刻保持警觉，及时发现和抵制，作为不良政治生态坚决加以整治。我们不会把有无告状信作为衡量干部好坏的标准，更不会因为有告状信就搁置不用，只要核实没有问题的，就要还干部清白，该用的就大胆用起来。通过狠刹歪风邪气，大树新风正气，让潜规则失去生存空间，让正能量不断集聚壮大。

会议最后强调，一心一意谋发展，聚精会神抓党建，这两句话都很重要，都不能忘，都要抓紧抓好。作为党委、政府，抓不好党建是失职，抓不好发展同样是失职；作为干部个人，不干不净、贪污腐败，愧对组织、愧对人民；不贪、不腐、不干事，同样愧对组织、愧对人民。我们要让党员干部不想腐、不能腐、不敢腐，也要让党员干部不敢懒、不能懒、不想懒。各级各部门、广大党员干部，一定要在搞好党风廉政建设的同时，闷着头、铆着劲，把项目搞上去，把发展搞上去，把污染治理好，把民生保障好，不断开创河北发展和党的建设新局面，努力向党中央和全省人民交上一份满意的答卷。

## 二　认真贯彻省委要求，切实抓好我院的党风廉政建设和反腐败工作

### （一）要认真贯彻省委的工作部署，抓好反馈意见的整改落实

院党组和院属各部门都要高度重视整改落实工作，必须把落实中央巡视组的反馈意见和省委要求，作为当前一项必须完成的重要政治任务，按照省委专项整治方案，明确责任，倒排时间，拉条挂账，完成一个销一个，确保如期按质完成整改任务。有的同志可能还存在模糊认识，认为我们单位无权无钱，这些问题也不存在，没什么整改任务。这样的想法是要不得的。在这个问题上，人人都需要接受教育，人人都需要对照检查，人人都需要吸取教训。我院要认真按照省委提出的切实解决四个方面的突出问题的要求，认真搞好自查，认真开展整改，认真做好对整改落实情况的及时反馈。

### （二）要认真落实党组的主体责任和纪委的监督责任，把省委的要求落到实处

会议强调要不折不扣地把党风廉政建设两个责任落实到位。院党组要认真按照党中央、中纪委和省委的要求，切实落实好省委出台的党风廉政建设两个责任意见，坚持守土有责、守土负责、守土尽责。院属各部门领导特别

是主要负责人要认真履行“一岗双责”的责任，真正管起来、严起来、硬起来。把压力层层传导下去，一级一级抓下去。院纪检监察组要切实履行好监督责任，严格监督执纪问责，该警示的警示，该查处的查处。形成合力，不断把我院的党风廉政建设和反腐倡廉工作推向深入。

**（三）要坚持预防与惩治相结合，认真加强警示教育，不断巩固广大党员干部的思想防线**

省委召开的这次会议，既是一个整改动员会，也是一个警示教育会。会上通报的这些案件，就发生在大家身边，相信对大家内心带来的冲击更加直接、更加震撼、更加发人警醒。从我省发生的一些案件看，许多人都经历了一个温水煮青蛙的过程，从一件一件小事开始，逐渐模糊了是非界限，淡化了防范心理。针尖大的窟窿斗大的风，可见预防与警示是多么重要。院党组和院属各部门、各支部要从关心爱护同志的角度出发，以对党、对事业负责的态度对党员干部进行经常性的教育。发现苗头性问题多提醒、多警示。每一名党员干部都要自觉加强党性修养，加强世界观的改造，常怀戒惧之心，严于律己，淡泊名利，自觉抵御各种诱惑，对党组织负责，对自己负责，对家庭负责。使我们的干部队伍一个都不掉队，一名都不能少。

**（四）要按照党中央和省委要求，不断保持和营造风清气正的良好发展环境**

孔子曰：“其身正，不令而行；其身不正，虽令不从。”努力营造良好的从政环境，各级党员干部都要坚守正道，弘扬正气，从我做起，从小事做起。会议强调，一定要把优化河北从政环境，作为落实两个责任的重要任务，作为省委、市委、县委任期的主要目标之一。各级班子和领导干部务必坚持任人唯贤，坚持君子之交，坚持实干兴邦，坚持清廉如水。同时，对不干事的找干事的岔子、提拔无望的泄私愤搞诬告、怕别人与自己竞争就告别人、自己有问题就想先搅浑水的，也要时刻保持警觉，及时发现和抵制，作为不良政治生态坚决加以整治。我们不会把有无告状信作为衡量干部好坏的标准，更不会因为有告状信就搁置不用，只要核实没有问题的，就要还干部清白，该用的就大胆用起来。通过狠刹歪风邪气，大树新风正气，让潜规则失去生存空间，让正能量不断集聚壮大。这既是省委的要求，也是省委的决心。我们一定认真落实省委的要求，不断深化作风建设，持续努力，久久为功。为大家心情舒畅地工作营造一个良好的氛围，为我院加快建设中国特色新型智库营造一个良好的发展环境。

## （五）要坚持党建和发展“两手抓”，加快推进我院的中国特色新型智库建设

会议强调，一心一意谋发展，聚精会神抓党建，这两句话都很重要，都不能忘，都要抓紧抓好。各级各部门、广大党员干部，一定要在搞好党风廉政建设的同时，闷着头、铆着劲，把项目搞上去，把发展搞上去，把污染治理好，把民生保障好。因此，我院一定要按照省委的要求，坚持党建和发展两手抓，两手都抓好。党的十八大以来，习近平总书记多次就加强智库建设、发挥智库作用发表重要讲话，做出重要批示，并多次提及社科院的工作，体现了党中央对中国特色新型智库建设和社科院工作的高度重视。近年来，我院的新型智库建设取得了一定成绩，但是面对我国经济发展的新常态、全面深化改革的新常态、全面推进依法治国的新常态、从严治党的新常态等新的形势，我们面对的“三个服务”的发展任务更加艰巨。对此，我们要有清醒的认识，全院上下必须团结一心，锲而不舍，埋头苦干，以抓铁有痕、踏石留印的劲头把我院的中国特色新型智库建设提升到一个新的水平，实现更大的发展。

# 在构建京津冀协同创新共同体调研座谈会上的发言*

（2014 年 11 月 17 日）

在京津冀协同发展重大国家战略中，协同创新是深层次、宽领域的合作。因此，无论对于河北、京津冀可持续发展，还是对于国家重大战略实施，都具有内生动力、率先示范的重大作用。我已提交的发言稿中的内容，不再重复。在发言稿基础上，围绕京津冀协调发展共同体构建，谈两点认识，提三点建议，供参考。

## 一　两点认识：河北自我认知与协同创新定位

10 月 17 日习近平总书记做出批示："要形成京津冀协同创新共同体，建立健全区域创新体系，整合区域创新资源，以弥合发展差距、贯通产业链条、重组区域资源。"我体会，总书记批示对建立京津冀协同创新共同体针对性十分强，结合河北实际谈点认识。

1. 河北自我认知

河北自上而下已形成共识，创新驱动是我省发展的"短板"，由此推论或衍生出"绝缘现象""虹吸现象""蛙跳现象"，属于不争的事实。关键

* 本文为国务院发展研究中心主任李伟带领调研组来冀调研时，周文夫在李伟主任主持的京津冀协同创新共同体建设座谈会上的发言。时任河北省委书记、省长出席座谈会。

是怎样看待这种现象？在河北与京津比较中，其经济落差、科技落差相当突出。但分析也表明，在科技投入方面，R&D 投入、R&D 投入强度、地方财政科技拨款、专利申请量、高新技术出口额等，北京是河北的4倍以上；但津冀的科技落差并不大，只有 R&D 投入强度和高新技术出口差额落差较大。再者，河北的创新资源是什么？在哪里？我认为，第一，是产业。在传统优势产业和部分战略性新兴产业，河北省有一定的技术创新与产业优势，如钢铁、装备制造、新能源、生物医药、卫星导航等产业，在国内甚至国际上都有一定优势，应当通过与京津协同创新，吸纳京津科技人才为河北省的这些产业创新助力，进一步增强优势产业的市场竞争力和国际国内地位。重点分布在唐山、保定、石家庄、邯郸，有规模，有质量，有效益！第二，是港口。京津冀出海口，临港经济，分布在秦、唐、沧。第三，是生态。水资源涵养及生态保护区，重点分布在张承地区。第四，是土地。发展地域空间，支撑区、承载区、拓展区。分布在环京津及全省。第五，是劳动力。分布在全省。

2. 协同创新共同体定位

京津冀协同创新总目标是：在政府引导和支持下，通过政策推动与市场驱动，将京津冀各方创新资源有效对接与优化配置，形成核心层、紧密层、协作层三圈层互动，官产学研金介多方紧密合作，知识、信息、资金和人才快速流动，基础研究、应用研究、孵化转化与产业化耦合度较高的创新协作体，成为具有国际影响、目标一致、分工合作、运作有序、协调发展的首都经济圈创新体系。

河北协同创新定位：自身——补短板，调结构，促转型，打造创新升级版；与北京——纵向分工关系，研发孵化，贯通产业链条；与天津——横向分工关系，分工布局，重组区域资源。

总的看来，京津对河北的创新带动会产生乘数效应。首先，河北省创新能力全国排名在二十位之后，与全国排名第二、第三位的北京和天津进行协同创新，将加快破解河北省产业、社会、环境发展中的关键技术难题，对河北省将产生重大的带动效应，迅速提高河北省科技支撑“科学发展、绿色崛起”的能力。其次，河北省紧邻北京，在科技成果转化和产业化方面拥有天然的区位优势，通过强化北京科技成果在河北省的转化和产业化，推动高新技术产业发展，是河北省转型升级的重要力量。最后，河北省县域经济、现代服务业发展等，都存在需要解决的重大技术与管理创新难题，而这些正是京津的优势。通过加强创新合作，让有一定基础的县域特色产业构建起技术支撑，让现代服务业联结起高端人才支撑，能够大大促进河北省县域特色经济崛起和现代服务业发展。

## 二 三点建议

1. 加快统一资质互认和质量标准

这是协同创新的基本前提。中央政府主持，三地协商统一，遵循经济、科技规律，纳入创新政策体系，确保创新要素在三省市自由流动和优化组合。

2. 加快建立健全知识产权交易市场

发挥市场配置资源的决定性作用。以改革的精神打造创新高地，取代政策洼地。河北需要优惠政策，更需要市场公平交易。举个例子，张承地区一个水库向北京供饮用水，从入口计算每方水补贴 3 角钱，北京市自来水入户每方水给 5 ~ 6 元钱，加上各项补贴，入户用水每方市价在 10 元钱，3 角钱与 10 元钱的比例，根本谈不上公平交易。还有一个例子，承德塞罕坝省属机械化林场，几代人种树，对京津冀生态保护和水资源涵养做出重大贡献，他们所提供的生产和服务具有很高的科技含量，但其市场转化率却很低，不足 12%。具体建议有三条。第一，建立京津冀技术交易网。通过整合技术市场信息资源，建立为科技成果交易服务的信息平台，为京津冀区域内的企业、市县技术产权交易提供一条龙服务。第二，建立科技专家信息服务网。疏通京津冀创新人才、创新资金、创新成果之间相互沟通的渠道，提高人才智力资源的利用效率。第三，建立京津冀科技合作、产业合作信息统计制度。定期发布，以便于对协同创新、产业协同发展动态把握，对运行特点、发展趋势等进行研究，对未来发展进行谋划。

3. 加快建立健全协调机制

发挥政府引导作用，在宏观、中观、微观层面，建立坚强有力、便捷高效的协调机制，研究出台支持协同创新政策，协调创新发展试点及项目落地，推进京津冀公共服务均等化。这种协调机制也应包括新型智库中介机构的作用。我认真学习了李伟主任今年4月22日在《人民日报》发表的《探索中国特色新型智库发展之路》的文章，很受鼓舞。

# 在省社科院第七次党代会上的讲话

（2014 年 12 月 24 日）

在全党认真学习习近平总书记系列重要讲话、深入贯彻落实党的十八大和十八届三中、四中全会精神和省委八届九次全会精神的热潮中，我院隆重召开第七次党代会，选举产生了新一届机关党委，具有特别重要的意义。在这里，我代表院党组向新一届院机关党委表示热烈的祝贺！并向辛勤工作在各个岗位上的全院党员和党务工作者表示诚挚问候！

近年来，机关党委在院党组和省直机关工委的领导下，认真贯彻执行党的路线、方针、政策，紧密结合我院实际，按照“围绕中心、服务大局、拓宽领域、强化功能”的党建工作思路，充分发挥党组织的作用，创新机关党建工作，思路更加清晰，工作更加规范，作风更加务实，成效更加明显，较好地保障完成了各项党建工作任务，推动了我院“理论武装、服务决策、繁荣发展”工作新格局的形成。成绩的取得，归功于省直工委和党组的坚强领导，归功于全院党员和干部职工的团结奋斗，也是机关党委全体同志辛勤努力的结果。

刚刚闭幕的省委八届九次全会，审议通过了《中共河北省委关于贯彻落实党的十八届四中全会精神全面推进法治河北建设的实施意见》。全会着眼于推动党的十八届四中全会精神的贯彻落实，明确了推进法治河北建设的指导思想、基本原则、总体目标、主要任务和保障措施，符合中央精神，切合河北实际，对于组织动员各方面力量，加快法治河北建设，切实把各项工作纳入法治化轨道，具有重要的指导意义。我们作为社科工作者，必须学习好、宣传好、贯彻好。下面，我就党建工作如何服务我院新智库建设讲几点意见。

## 一　要深入学习贯彻习近平总书记系列重要讲话精神，强化政治意识，在理论武装和统一思想上下功夫

习近平总书记系列重要讲话高瞻远瞩，博大精深，文风朴实，内涵深远，始终紧扣中国特色社会主义伟大实践，涵盖我们党治国理政的各个方面，思想性、理论性、系统性强。这些重要讲话对全面建成小康社会、实现中华民族伟大复兴的中国梦，具有十分重大的意义，是全面推进中国特色社会主义发展的纲领性文献，为我们做好各项工作提供了基本遵循，指明了前进方向。我们要深刻领会、准确把握，并贯穿于各项工作的始终。无论当前还是今后，机关党建工作的首要问题、重中之重，就是要把学习贯彻习近平总书记的系列重要讲话精神作为重大政治任务，认真组织，周密安排，引导全院党员干部正确认清形势，增强政治意识、大局意识和责任意识，把广大党员干部的思想统一到讲话精神上来，把力量凝聚到党中央和省委决策部署上来，把做好本职工作与推进我院事业发展紧密联系起来，形成推动我院中国特色新型智库建设的强大合力。

## 二　要牢牢把握机关党建的核心任务，在服务我院新智库建设事业上见成效

最近，为了深入贯彻落实党的十八大和十八届三中、四中全会精神，中央办公厅、国务院办公厅印发了《关于加强中国特色新型智库建设的意见》，明确提出：“地方社科院、党校行政学院要着力为地方党委和政府决策服务，有条件的要为中央有关部门提供决策咨询服务。”要充分发挥中国特色新型智库咨政建言、理论创新、舆论引导、社会服务、公共外交等重要功能，进一步指明了地方社科院的发展方向。省委已开始着手起草我省贯彻落实的意见。机关党委的核心任务就是要按照省委的统一部署和院党组的要

求，从社科院“一院两制”新体制实际出发，积极服务保障理论武装、服务决策、繁荣发展“三位一体”工作新格局的巩固和发展。因此，要继续巩固学习型党组织建设和创先争优活动成果，巩固深化党的群众路线教育实践活动成果，不断创新党建工作的载体和抓手，着力提高党支部的凝聚力和战斗力，发挥党支部的战斗堡垒作用，着力提高全院党员思想政治素养，发挥党员的先锋模范作用，为推动我院新型智库建设提供强大思想动力和有力组织保障。

第一，正确把握新形势，切实把思想和行动统一到院党组的要求和部署上来。党的十八大以来，以习近平同志为总书记的党中央面对复杂多变的国际国内形势和艰巨繁重的改革发展任务，总揽全局，运筹帷幄，团结带领全国人民，开新局，树新风，以扎实稳健的举措、锐意改革的精神，向着实现中国梦的目标迈出了坚实步伐。省委紧密结合河北实际，紧紧围绕京津冀协同发展这一大局，以加快转变经济发展方式为主线，打好四大攻坚战，努力建设全面小康的河北、富裕殷实的河北、山清水秀的河北。我院作为河北省委、省政府的“思想库”“智囊团”，要全面深刻地领会党中央精神和省委要求，正确把握形势，进一步统一思想，明确目标，抓住机遇，乘势而上，努力将我院新型智库建设提升到一个新台阶，推动“理论武装、服务决策、繁荣发展”各项工作发展。

第二，继续扎实推进学习型党组织建设和开展创先争优活动，提高工作水平和工作实效。总的看，近几年我院建设学习型党组织活动和创先争优活动组织严密，成效明显，各部门按照院党组的部署和要求，采取了一系列有效措施，取得了较好的效果。但也必须看到，建设学习型党组织和开展创先争优活动是一项长期的工作，需要我们以强烈的政治自觉和更高的积极性去推进，以卓有成效的工作去落实。一要增强推进学习型党组织建设和开展创先争优活动的责任感。新形势下，有大量新情况需要把握、新问题需要研究、新矛盾需要解决，我们只有通过推进学习型党组织建设和开展创先争优活动，进一步统一全院广大党员干部思想，才能真正在加快我院改革发展上达成共识，形成合力，取得突破，为推动我省经济发展方式转变做出社会科学工作者应有的贡献。二要坚持问题导向，创新活动形式。我们要不断总结、借鉴和运用学习活动的经验，坚持问题导向，突出实践特色，推动活动更加深入地开展。要坚持学研结合，关注学术前沿问题，带着研究的目的进行学习，在学习中找到研究方法、研究内容和研究主题。通过调研活动走向基层，走向社会，丰富学习内容。关注河北经济社会发展中的重点、热点问题，为省委省政府决策服务、为全省经济社会发展服务、为基层服务。三要注重搞好结合，提高活动效果。我院有 35 个基层党支部、262 名在职党员、137 个离退休党员。推进学习型党组织建设，开展创先争优活动，最根本的是要把基层党支部和广大党员的积极性调动起来，在干好本职工作上争优秀，在完成中心任务上创先进，努力做出一流业绩。因此，活动要与落实“新智库”建设的重点工作部署结合起来。各党支部要教育引导广大党员干部围绕中心、服务大局，按照我院“三位一体”的“新智库”战略定位去努力，尤其是结合本职工作选准切入点和突破口，以攻坚克难的精神和创先争优的行动，把推动“新智库”建设的各项部署落到实处，把各项工作提高到一个新水平。活动要与巩固党的群众路线教育实践成果结合起来。去年以来，通过深入开展党的群众路线教育实践活动，我院党员干部在作风建设方面发生明显转变。但是，作风建设永远在路上，它是一项长期任务，不可能一蹴而就，还要继续努力，坚决防止问题反弹。当前，最主要的还是我们党员干部要在敢担当、有作为上去努力，要干啥想啥，干啥像啥，干啥能干出啥。要大力弘扬求真务实、奋发有为的优良作风，干出与岗位职责相适应的业绩来，不能心猿意马，不能遇事绕着走，不能尸位素餐、碌碌无为。活动要与体制机制建设结合起来。以完善体制机制来推动干部作风建设的常态化、规范化，以干部作风的明显转变推动各项工作落实，以各项工作落实程度检验机关党建工作的实际成效。

第三，明确目标任务，在实现河北“科学发展、绿色崛起”进程中发挥智库作用。当前，我院要积极作为，抓住党中央推进新型智库建设这一前所未有的大好机遇，坚持“三个服务”方针，着力打造河北首席新型智库，巩固发展“理论武装、服务决策、繁荣发展”工作的新格局。一是强化阵地意识。始终坚持马克思主义在哲学社会科学领域的指导地位，用马克思主义的主流意识形态指导理论探索、学术研究，做马克思主义的坚强捍卫者、职业研究者、忠实宣传者和坚定践行者。要组织不同形式的宣讲小分队下基层、到一线，进行对象化、分众化、互动化等有针对性的宣讲教育。要创新小分队宣讲、“菜单式”点播、网络平台授课等宣讲形式，推动理论宣讲工作向乡村、厂矿延伸，进一步增强广大干部群众的道路自信、理论自信、制度自信。二是以社会主义核心价值观塑造智库品格。全院同志要不断提升精神境界，强化职业操守，注重自觉践行，打造中国特色、中国风格、中国气派的哲学社会科学话语体系，无愧于使命担当。三是突出服务导向。要紧跟理论热点、决策难点、政策重点，做好深刻解读和深入研究工作，为实现河北“科学发展、绿色崛起”提供更加强劲的智力支持。当前，要围绕“京津冀协同发展”这一重大课题和“绿色崛起”建设中心主题，积极发挥京津冀三地社科界专家的集体智慧，展开深层次、多维度、长时期的交流合作活动，共同探讨“京津冀协同发展”的路径、对策和推进“绿色崛起”的决策、方案，向党中央和省委拿出系列高质量的研究成果。要围绕党的十八届四中全会提出的一系列依法治国的新思想、新观点、新论断，深入研究，组织攻关，在大报大刊推出一批高水平的理论文章。

## 三　要紧紧围绕从严治党要求，强化组织功能，推动机关党建工作不断发展

习近平总书记在中央教育实践活动总结大会上提出全面加强党的建设八项要求，体现了我们党适应时代发展要求、保持党的先进性和纯洁性的高度自觉，是对新形势下坚持从严治党做出的全面部署。院党组、机关党委和全院党员干部都要深入学习领会，用以武装头脑、指导实践、推动工作。

一是加强以党支部为核心的基层组织建设。要把党支部建设作为基础性工程来抓，着力解决工作中存在的突出问题，切实增强党组织的创造力、凝聚力和战斗力。党支部建设关键在于严格党内生活制度，严格对每个党员的教育、管理和监督。要坚持“三会一课”制度和“党员学习日”制度，坚持对党员进行民主评议；要尊重党员主体地位，保障党员民主权利，推进党务公开，营造党内民主和谐环境；要坚持巩固党的群众路线教育实践活动成

果，提高民主生活会质量，认真开展批评与自我批评；要开展各种形式的党建工作调研活动，畅通诉求渠道，把握思想脉搏，积极化解矛盾、理顺情绪，充分调动干部职工的积极性；要积极完善机关党委听取各支部汇报工作制度，定期听取和检查各支部有关党的基层组织建设的情况。要积极稳妥地做好发展党员工作，注重在青年科研人员和科研骨干中发展党员。要扎实推进党建带工建、带团建、带妇建工作，支持工、青、妇等群团组织按照各自章程独立地开展活动，充分调动各方面的积极性，进一步增强党组织的吸引力和战斗力。

这里，我想强调一下，这次党委换届和10月的支部换届工作中，一批长期从事科研、教学业务工作的同志经选举担任党委委员、支部书记，这些同志在本专业领域是行家里手，但是对党务工作和管理工作的经验相对较少，要随着角色的转换，按照干什么学什么、缺什么补什么的要求，加强有关党的基本知识和党建工作规律的学习、了解和把握，使自己的知识结构和工作能力尽快适应新的角色需要，履行好新的岗位职责。

二是认真落实党建工作责任制。要结合我院实际，认真落实中共河北省委《关于落实基层党建工作责任制的若干规定》，建立健全党建工作责任制。院党组成员要自觉落实“一岗双责”要求，既要以普通党员身份积极参加所在支部的统一活动，又要加强对所在支部党建工作的领导。支部书记要切实负起责任，自觉从我做起、从我严起，带头践行宗旨、遵守党纪，始终坚守正道、弘扬正气。要建立健全党建工作考核评价体系，把抓党建工作的情况和成效，作为评价支部班子和领导干部实绩的重要指标。要鼓励各支部积极创新党建工作的方式方法，注意及时总结推广典型经验，加大宣传力度。要完善经费保障机制，为加强和改进我院机关党建工作创造良好的工作条件。

三是求真务实、开拓进取，以良好的精神状态抓好工作落实，努力提升机关党建工作新水平。“一步实际运动比一打纲领更重要。”加强我院机关党的建设工作，关键在于广大党员干部的高度重视和真抓实干。我们要巩固扩大党的群众路线教育实践活动的重要成果，按照习近平总书记的讲话要求，坚持以抓铁有痕、踏石留印的劲头切实把各项制度规定落实到位。要坚持知行合一，到实践中调研，深入第一线宣讲，强化“三个服务”，推动我院新型智库建设迈上新台阶。要坚持改革创新，根据不断变化的新情况、新任务、新问题调整工作思路，改进工作方法，在实践中创新，在创新中提高，敢于冲破固有的思维模式，打破制约工作发展的瓶颈，找到解决问题、提升境界、增强效果的方法和途径。

同志们，加强全院党的建设任务重要而使命光荣，希望全院各级领导干部、党务干部、广大党员以敢于担当的勇气、只争朝夕的精神，肩负起这个伟大时代赋予我们的伟大使命，群策群力，奋发有为，努力为开创我院党的建设工作新局面做出更大的贡献。

# 在院处级以上领导干部会议上的讲话*

（2014 年 12 月 31 日）

刚才，回建常务副部长宣布了省委关于省社科院主要负责同志任免职决定，永山常务副部长一会儿还要发表重要讲话，我表示衷心拥护、坚决服从。对组织上给予我以往工作的评价和肯定表示诚挚谢意。对郭金平同志来院主持工作表示真诚欢迎！金平同志是大家所熟悉的我省社科理论界主要领导者之一，理论功底深厚，熟悉社科院工作，熟悉讲师团工作，熟悉社科联工作，在他的主持下，社科院的事情会越办越好。

自 2006 年 4 月起，省委决定我由邯郸市委副书记、市纪委书记岗位调任省社科院党组书记、院长，又于 2009 年 4 月起主持机构调整后省社科院（省邓研中心、省委讲师团、省社科联）全面工作，迄今已 9 个年头。回想起和社科院同志们“一块苦、一起干”长达 9 年的日日夜夜，给自己留下了创业艰辛、成功快乐的美好记忆，也与同志们结下深厚的战友情谊。

9 年来，在省委、省政府的正确领导下，我和院党组一班人带领全院党员干部职工，认真学习贯彻党的十六大、十七大、十八大和十八届三中、四中全会精神，以中国特色社会主义理论体系为指导，深入学习贯彻习近平总书记重要讲话精神，落实省委、省政府决策部署和省领导交办的各项任务，团结创业，开拓进取，勤奋工作，使全院各项事业发展有了新的进步，为全省经济社会发展做出应有的贡献。

---

* 本文为周文夫在院处级以上干部会议宣布省委对院主要领导同志职务调整决定后的讲话。

几年里，我院确立并坚持“为决策服务、为发展服务、为基层服务”的办院方针，提出“出成果、出人才、出效益”的办院要求，明确了建设“省级科研一流、国内国际知名、服务河北科学发展”中国特色新型智库的办院目标。尤其是自2009年以来，我院坚定不移贯彻执行省委、省政府的重大决策部署，顺利完成了机构调整的任务，在全国社科理论界独树一帜，建立起参公管理与事业管理“一院两制”新体制，形成了理论武装、服务决策、繁荣发展“三位一体”工作新格局，为我院新型智库建设奠定了良好的制度基础，改革红利充分释放，为我院各项事业发展注入新的活力。

几年里，在决策咨询服务方面，我院紧紧围绕省委、省政府领导圈定课题或交办任务开展调查研究，取得河北“沿海强省建设”“转变经济发展方式”“构建现代产业体系”“社会管理与创新”“环首都绿色经济圈建设”“河北沿海地区发展”“冀中南地区经济发展”“县域经济发展和县城建设”“生态环境建设”“京津冀协同发展”等多项重大研究成果，受到党中央、国务院和省委、省政府主要领导或分管领导的批示肯定及采纳吸收，在决策咨询服务中发挥了重要作用。在理论武装方面，全力完成了中国特色社会主义理论体系、习近平总书记系列重要讲话与党的十七大、十八大和省委七次、八次代表大会及历次全会精神在全省的重大理论宣讲任务。日益健全宣讲机构，不断创新宣讲方式，积极探索建立宣讲站点，推进五级宣讲网络建设，逐步实现理论宣讲“面对面、全覆盖”。充分发挥河北省中国特色社会主义理论体系研究中心的职能作用，组织科研人员在中央大报大刊撰写发表一批理论文章，深化了理论宣讲，锻炼了理论队伍，扩大了我院在全国社科理论界及党员干部中的积极影响。依托河北中特中心，我院承担并较好完成了全省党的群众路线教育实践活动理论成果组的任务。按照省委的安排，我本人参加了由习近平总书记来河北调研指导教育实践活动时亲自主持召开的省直部门座谈会并发了言。在社科联合方面，顺利完成了省社科联四次代表大会换届工作，省委、省政府两办发文强调加强社科联工作，科普规定近期以省政府令颁布实施，学会建设不断加强，社团党建工作展开积极探索，民生调研报告在全国产生积极影响，学科研究基地建设、博士论坛和社科成果评奖等工作都有了新的进展。在开放办院方面，组织科研人员和干部职工，坚持走基层，深接地气；走沿海，增强开放意识；走世界，加强国际学术交流合作，成效显著。《光明日报》头版以《到“源头”去 引“活水”来——河北省社科院结合实际“走转改”》为题，介绍了我院“走转改”的经验做法。2011 年，我院成功举办了第 15 届全国社科院院长联席会议暨建院 30 周年庆祝表彰活动，加强了与兄弟社科院的交流与合作，扩大了我院的知名度与美誉度。截至目前，我院已同欧、美、澳、亚、非、拉六大洲国家及我国港台地区的 23 个科研院所和高等院校建立起长期稳定的学术交流与合作关系，为我院科研人员、管理人员和学术成果走向世界创造了有利条件。在学科建设和队伍建设方面，坚持不懈地抓了重点学科、重点扶持学科、重点培育学科建设，实行了首席专家、首席研究员制度；坚持不懈地抓了事业编制人员岗位管理制度改革，实行了科研科辅人员任期聘用制度；坚持不懈地抓了严把进人入口关，把科研科辅人员与参公管理人员学历标准分别提升到全日制博士生和硕士生以上；坚持不懈地抓了重点学科评价、科研成果考核、科研人员职称评审、优秀人才推荐制度改革，一整套公开、公平、公正的考核、评价机制日趋完善。目前，我院已拥有了一支政治业务素质比较高、拉得出用得上、能干事可信赖的科研和管理队伍。同时，我院基础学科建设得到了加强，具有我省地方特色的燕赵文化研究、河北地方史研究、李大钊研究取得丰硕成果；俄藏黑水城文献资料研究获得国家社科基金重大课题立项，其系列研究成果在国内国际上赢得了自己应有的学术地位。在党的建设和行政后勤服务方面，我院通过完善制度推进学习型党组织建设、通过学习促进“智库”建设升级，得到中央协调办的肯定，出了专期简报，新华社发通稿，《人民日报》专访，介绍我院的经验做法，《求是》发表了院党组的学习体会文章。我院积极开展创先争优活动，受到省委活动办的肯定，被省直工委评定为精神文明单位。我院深入开展党的群众路线教育实践活动，结合思想工作实际，深刻剖析纠正“四风”，建章立制形成长效机制，使院、处两级领导班子和党员领导干部作风有了明显转变，院党组民主生活会群众测评满意率达 97% 以上。纠正“四风”进一步促进了全院党风廉政建设和反腐败工作深入开展。我院先后胜利召开了全院第六次、第七次党的代表大会，顺利完成了两次换届选举工作，使党的基层组织建设得到加强，党员的先锋模范作用得到进一步发挥。我院行政后勤、科辅处室的领导和同志们，默默工作，无私奉献，使我院的工作、生活条件不断得到改善和优化，有力地保障和支持了“理论武装、服务决策、繁荣发展”中心工作。

我深知，这些成绩的取得，是省委、省政府坚强领导的结果，是省委组织部、宣传部等省直部门和市县领导及同志们大力支持的结果，是中国社科院和兄弟社科院指导帮助的结果，更是院党组一班人带领全院干部职工团结奋斗的结果！在离任之际，我想到了所有 9 年如一日始终支持我和我院工作的各级领导和同志们。我对大家给予的关怀、信任、理解和支持表示衷心感谢！

一个人的能力和作用是有限的。在社科院 9 年工作中，我只是担负起自己应该承担的责任，做了自己应该做的工作，尽心了，也尽力了，由此感到无比欣慰！有一点还要说明，以往工作中我做得对的地方，希望同志们坚持；做得不对的地方，请同志们纠正；做得不够的地方，还请同志们谅解并继续努力加强。

当前，社科院又站在一个新的历史起点上。重要阵地建立、新型智库建设、社科殿堂繁荣强烈呼唤着社科理论工作者发挥聪明才智，争取更大作为！今后，我在八届省委委员、十一届省政协常委任期履职尽责的同时，会继续关注、支持社科院事业的发展。

最后，我衷心祝愿同志们身体健康、工作顺利、生活幸福！祝愿社科院的明天更加美好！

# 京津冀协同创新共同体的河北思考与建议*

（2015 年 4 月 6 日）

在京津冀协同发展重大国家战略中，协同创新是深层次、宽领域的合作。习近平总书记2014 年 10 月 17 日重要批示强调："要形成京津冀协同创新共同体，建立健全区域创新体系，整合区域创新资源，以弥合发展差距、贯通产业链条、重组区域资源。"总书记批示为京津冀协同创新发展进一步指明了方向。

因此，形成区域协同创新共同体作为战略突破口，无论对于京津冀可持续发展，还是对于国家重大战略实施，都具有内生动力、率先示范的重大作用。下面，我围绕京津冀协同创新共同体构建，结合河北实际，谈点认识，提点建议，供参考。

## 一　河北自我认知与协同创新定位

### 1. 河北自我认知

河北自上而下已形成共识，创新驱动是我省发展的"短板"，由此分析归结出"绝缘现象""虹吸现象""蛙跳现象"，也属不争的事实。关键是怎样看待这种现象？在河北与京津比较中，其经济落差、科技落差、教育及其他公共服务资源落差尤为突出。我们应直面问题，但同时也要看到自身明

* 本文是周文夫为河北省政协十一届十二次常委会议提供的发言稿。

显的创新资源优势。河北的创新资源优势是什么？分布在哪里？我认为，第一，是产业。在传统优势产业和部分战略性新兴产业，河北省有一定的技术创新与产业优势，如钢铁、装备制造、新能源、生物医药、卫星导航等产业，在国内甚至国际上都有一定优势，重点分布在唐山、保定、石家庄、邯郸地区。第二，是港口。京津冀出海口，临港经济，分布在秦、唐、沧地区。第三，是生态。水资源涵养地及生态保护区，重点分布在张承地区。第四，是土地。发展地域空间，产业支撑区、生态承载区、创新拓展区，分布在环京津并及全省。第五，是劳动力。遍布全省。

2. 协同创新定位

京津冀协同创新总目标应该是：在政府引导和支持下，通过政策推动与市场驱动，将京津冀各方创新资源有效对接与优化配置，形成核心层、紧密层、协作层三圈层互动，官产学研金介多方紧密合作，知识、信息、资金和人才快速流动，基础研究、应用研究、孵化转化与产业化耦合度较高的创新协作体，成为具有国际影响、目标一致、分工合作、运作有序、协调发展的首都经济圈创新体系。

河北协同创新定位：自身——补短板，调结构，促转型，打造创新升级版；与北京——纵向协同，研发孵化，贯通产业链条；与天津——横向协同，分工布局，重组区域资源。总的来看，京津对河北的创新带动会产生乘数效应。首先，与京津协同创新会迅速提升河北“科学发展、绿色崛起”的科技支撑能力。河北与京津协同创新，将加快破解产业、环境及社会发展中的关键技术难题，产生重大带动效应；通过与京津协同创新，还会吸纳京津科技人才为河北产业创新助力，加速提升区域优势产业市场竞争力和国际影响力。其次，增强河北与京津创新合作的针对性和实效性。分析表明，在地方财政科技拨款、R&D 投入强度、专利申请量、高新技术出口额等方面，京冀差距在 4 倍以上。强化北京科技成果在河北转化和产业化，将加快推动河北高新技术产业发展和产业转型升级。所以，京冀创新呈纵向协同关系，要弥合发展差距重在贯通产业链条；而津冀科技落差相对并不很大，只有 R&D 投入强度和高新技术出口差额落差较大，但两地产业布局与发展趋同问题突出，需要进行合理分工，错位发展，优化创新资源布局。因此，津冀创新呈横向协同关系，要弥合发展差距重在重组区域创新资源。最后，促进河北县域特色经济崛起和现代服务业发展。河北县域经济、现代服务业发展等，都存在需要解决的重大技术与管理创新难题，而这些正是京津的优势。通过加强创新合作，让有一定基础的县域特色产业构建起技术支撑，让现代服务业联结起高端人才支撑，让县域特色产业和现代服务业进入更为广泛的国际国内市场。

## 二 构建协同创新共同体的几点建议

京津冀协同创新共同体作为创新体系，至少包括体制创新、机制创新、政策创新、市场化创新和科技创新。在顶层设计和具体实施中，必须坚持以全面深化改革为指导；必须坚持市场配置资源的决定性作用；必须更好地发挥政府引领调控职能；必须在深刻总结经验中发挥“一省两市”共同积极性，进而推进一体化全面创新。具体建议如下。

1. 摸清差距底数

河北与京、津发展差距知多少？据已有数据和研究显示，从经济规模、增速与绩效看，2013 年，京津冀经济密度分别为 11607 万/平方公里、12059 万/平方公里和 1507 万元/平方公里，京冀间落差为 7.7 倍，津冀间落差为 8 倍；京津冀经济增长速度分别为 7.7%、12.5% 和 8.2%，北京与全国增速一致，天津在京津冀地区最快，河北整体呈现持续放缓态势。京、津、冀人均 GDP 分别为 93213 元、99607 元、38716 元，京冀间落差为 2.4 倍，津冀间落差为 2.6 倍。从经济结构看，2013 年京津冀三次产业结构（%）分别为 0.8 ∶ 22.3 ∶ 76.9、1.3 ∶ 50.6 ∶ 48.1、12.4 ∶ 52.1 ∶ 35.5；三大产业需求贡献率（消费∶投资∶净出口）分别为 68.3 ∶ 37.3 ∶ −5.3、51.2 ∶ 81.2 ∶ −32.3、46.7 ∶ 66.1 ∶ −12.8。可以看出，北京第三产业已经成为支撑经济发展的支柱，天津二三产业融合发展程度好，京津优势产业主要集中于技术密集型现代制造业和现代服务业。河北产业结构长期呈“二、三、一”状态，优势产业主要集中在传统制造业和传统服务业，现阶段第三产业处于提速阶段。从财政收支与居民收入看，2013 年，河北人均地区财政收入为3130.5元，京冀落差为5.5倍，津冀落差为4.5倍。河北人均公共财政支出为6013.3元，京冀落差为3.28倍，津冀落差为2.88倍。2013年，京、津与河北城镇居民人均可支配收入落差分别为1.8倍、1.4倍；京、津与河北农村居民人均纯收入落差分别为2.0倍、1.7倍。从科技发展水平与创新能力看，在R&D投入强度上京、津与河北分别形成6倍、3倍的落差，河北科技发展处于全国中下游水平，科技贡献率不高，科技进步滞后于经济社会需求。从公共服务支出看，河北公共财政在人均教育、文化体育、社会保障与就业、医疗卫生支出等方面低于全国平均水平，北京与河北的落差分别达到2.82倍、7.38倍、3.08倍和2.51倍。这仅是一个初步的调查研究，各方面落差指标仍有待详细统计分析，以便提出政策诉求，明确努力方向，加快填平补齐。

2. 统一资质互认

这是协同创新的基本前提。建议中央政府主持，三地协商统一，遵循经济、科技规律，纳入创新政策体系，确保创新要素在三省市自由流动和优化组合。据了解，我省质监部门与京津质监部门沟通协调，已签订了《质量发展合作框架》，在此基础之上，应进一步推进三项工作。一是建立京津冀检验检测联盟。实行“联合、互补、共享、创新”，整合、共享三地检测资源，发挥更大检验检测效能。二是搭建京津冀检验检测服务平台。统一检验检测标准，实现互联互通、信息共享、结果互认。三是开放京津冀三地检验检测市场。建立健全检验检测资质市场准入与退出机制，统一监管审查制度、政府采购制度、税收和统计信息制度及相关法律法规制度。

3. 健全科技（资源）市场

以全面深化改革的精神，打造创新高地，取代政策洼地，发挥市场配置资源的决定性作用。河北发展需要优惠政策，更需要市场公平交易。例如，河北张承地区向北京提供饮用水源，每方水出水补贴与入户水价是几角钱与几元甚至十几元钱的“价差”，根本谈不上市场交易。又如，承德塞罕坝省属机械化林场几代人种树，为京津冀生态保护与水资源涵养做出重大贡献，他们所提供的生产和服务具有很高的科技含量，但其市场转化率不足12%。因此，只有发挥市场配置资源的决定性作用，让技术、人才、资金等各种创新要素在京津冀之间公平交易、自由流动，才能消除分离、补齐“短板”，实现创新资源充分对接、合理配比、高效组合。一是建立京津冀技术交易网。通过整合技术市场信息资源，建立为科技成果交易服务的信息平台，为京津冀区域内的企业、市县技术产权交易提供一条龙服务。二是建立科技专家信息服务网。疏通京津冀创新人才、创新资金、创新成果之间相互沟通的渠道，提高人才智力资源的利用效率。三是建立京津冀科技合作、产业合作信息统计制度。定期发布，以便于对协同创新、产业协同发展动态把握，对运行特点、发展趋势等进行研究，对未来发展进行谋划。

4. 共建创新载体

贯通产业链条，实现要素融合，需要创新载体。因此，京津冀三地要突出比较优势，强化产业互补，解决共性问题，加紧建立产业协作平台和利益联结机制，共建创新载体，实现共建共享。可在三个方面先行先试。一是共建产业园区。推广北京中关村国家自主创新示范区“一区多园”模式，将张承、唐秦、廊保等地具备条件的高新技术产业园区纳入中关村示范区管理，享受相同政策，率先创新发展。二是建立“总部＋基地”。吸引北京研发总部到河北建设科技人才创业和科技成果孵化转化基地，鼓励河北有条件的企业到北京建立创新中心，以科技成果反哺产业基地发展。三是组建科技创新联盟。支持河北知名龙头企业或科研机构牵头，与京津科研机构或知名企业共建区域产学研科技创新联盟，承担国家重大科研课题或重点产业关键技术攻关，提高科技创新能力和水平，研发孵化培育新兴产品产业。

5. 均等保障政策

建立、健全、修订、完善相关政策，确保京津冀在土地、投资、财税、金融等各项政策上享有平等权利，不存在政策落差，没有歧视性制度安排。

6. 建立协调机制

发挥政府引导作用，在宏观、中观、微观层面，建立健全坚强有力、便捷高效的协调机制，研究出台支持协同创新政策，协调创新发展试点及项目落地，推进京津冀公共服务均等化。

# 项目与环境共赢选择：生态工业园区*

（2015 年 7 月 18 日）

当前，“项目”与“环境”已成为河北经济发展的关键词。在以往经济发展中，项目支撑经济发展，环境制约项目落地，发展面临两难选择！“中国经验”与“国际经验”表明，建设生态工业园区不失为项目与环境共赢选择。

## 一　生态工业园区经验

1. 工业园区与生态环境

工业园区作为集聚工业生产的主要载体得到世界范围公认，而工业园区往往成为环境污染的高发地也受到人们的普遍关注。因此，规范工业园区可持续发展已成为推动其生态化转型的大势所趋。

2. 丹麦卡伦堡产业共生体系与生态工业园区

20 世纪 80 年代，丹麦“卡伦堡产业共生体系”作为创新生产模式的样板出现，引起美国、荷兰、英国、日本和韩国等国家的关注与效仿。进入 21 世纪后，国际石油危机带来能源成本升高和工业废料引发环境污染事件频发，通过产业共生实现环境与经济共赢的选择方案引起人们的广泛重视。美国、荷兰、日本、英国、韩国和中国等陆续自觉规划、改造和建设工业园

* 本文是周文夫为河北省政协十一届十三次常委会议提交的发言稿。

区，按照工业生态学原则开展工业园区生态共生实践，逐步形成当今的生态工业园区。合理借鉴发达国家工业园区成功经验，可以概括为“主导产业高新化、运行管理市场化、园区功能城区化、园区建设生态化”。

3. 苏州工业园区实践与“中国经验”

苏州工业园区成立于 1994 年 2 月，是我国与新加坡两国政府的重要合作项目，也是我国工业园区发展的一个缩影。20 年来，苏州工业园区以建设具有国际竞争力的高科技工业园区和创新型、生态型、幸福型综合商务城区为发展目标，在推进园区和城区治理现代化上积极探索、勇于实践，取得显著成效。苏州工业园区的实践经验是“坚持科学规划、促进均衡发展、探索多元共治”。21 世纪第一个十年，我国开始建设生态工业园区。2004 年起，国家开始在经济技术开发区和高新技术产业园区着手试点示范。截至 2015 年 4 月，环保部、科技部、商务部联合命名的国家生态工业园区达到 35 家，获批创建的有 76 家。事实上，我省曹妃甸循环经济示范区从创意上讲也属生态工业园区类型。十几年的实践探索，也初步形成了生态工业园区建设的“中国经验”，即“领导重视、规划先行，政策引导、制度保障，多措并举、狠抓落实，强化监督、节能减排”等基本经验。

4. 河北生态工业园区的选择

当前，在河北经济爬坡过坎，转型升级，面临疏解稳增长、优环境双重压力的情况下，建立生态工业园区，既解决眼前困难，又考量长期发展，具有重要的示范作用和前瞻意义。概括讲，建设生态工业园区，是京津冀协同发展的战略性选择，是河北创新发展、绿色崛起的内在需求，是实施“双生”调整战略方针的有效途径。

## 二　生态工业园区建设

1. 整体规划

更新理念，让可持续发展理念和工业生态学原则成为决策主流，将循环经济发展作为建设生态工业园区的基础，核心突出“减量化、再利用、再循环”。整体规划，与《京津冀协同发展规划纲要》、《中国制造 2025》、科技创新驱动等国家战略接轨，融入河北“创新发展，绿色崛起”目标，落实《京津冀协同发展规划纲要》实施意见和“无中生有”、“有中生新”战略举措，编制河北生态工业园区发展规划。

2. 政策先行

就目前企业状况而言，如果没有政府引导或利润增加预期，起步期大多企业很难主动加入工业生态链。因此，发展生态工业园区需要制度先行，制定并完善项目准入标准、技术水平政策、环境责任追究及突发事件处理等相关政策。政府要改善和优化园区绿色招商环境，完善土地、金融、税收等优惠政策，鼓励独资、合资、承包、股份制等不同经济形式参与生态工业园区建设。

3. 政府引导

政府引导生态工业园区建设要做好五件事，即合理角色定位（成立管委会、咨询委、监督委）、统一科学规划、出台优惠政策、制定多元主题（实施绿色招商）及依法实施监管。一是健全领导管理机构。成立园区管委会，负责制定、审查或批准总体规划、发展目标，制定绿色招商政策，督查项目规划、立项和建设实施，决策、指导和协调园区建设管理中的重大事项；设立环境监督委员会，负责园区环境可持续发展行为监督，编制环境突发事件应急预案，对员工进行循环经济和保护生态环境知识培训；设立低碳经济与可持续发展咨询委员会，负责对生态工业园区建设及可持续发展提供决策建议服务。二是建立科学评价体系。针对园区环境与企业行为，设置“产业共生”评估评价指标体系，建立可持续、系统、动态、可操作的评估评价机制，认真实施科学评价，切实做到奖惩严明。三是加强监管力度。建立预警机制、监管执法机制、环境综合治理机制，创新排污总量监管方式。

4. 市场主导

生态工业园区的发展运营方向是市场主导。起步期政府要推动园区项目管理市场化，充分发挥市场在资源配置中的决定性作用。例如，实施绿色招商计划的重要内容就是园区引入项目的后期管理工作，包括垃圾分类、污水处理、污染治理等。将具有一定公益性质的收费在一定期限内转化为经营性收入，组建环境污染治理公司，提供社会化、专业化污染治理服务。政府要进一步探索园区项目管理市场化的组织形式，推进污水集中处理、垃圾分类利用和环保设施管理的市场化运作，不断提高园区环境管理水平，树立园区整体绿色形象，形成园区经济、社会和环境良性循环。

5. 技术、人才支撑

技术和人才是生态工业园区建设的智力保障。强化技术与人才支撑，一要建立绿色技术支撑体系。二要大力实施生态补链工程。三要建设复合型人才资源队伍。四要打造信息数字园区，为园区提供整体信息交流基础网络平台，为企业间信息交流专门设置公共网络平台，合理接轨河北省电子政务系统。在数字化园区系统支持下，保障整个生态工业园区高效协调运转，支撑整个园区实现一体化资源再生运转，政府真正承担起领导、监管和推动者的职能。

# 河北民企抓机遇促发展的思考与建议*

（2015 年 11 月 24 日）

近年来，民营企业占我省经济总量比重已呈“三分天下有其二”之势，做出重要贡献。当前，民营企业既面对用地难、用工难、融资难、融资贵等实际问题，又面临“京津冀协同发展”、“一带一路”建设等千载难逢的历史性机遇。遵循省委八届十二次全会确定“协调发展、转型升级、又好又快”的工作主基调，我就河北民企如何进一步抓机遇、促转型、又好又快发展做了些思考，提一些建议。

## 一　融入京津冀协同发展，推进转型升级

京津冀协同发展上升为国家战略，为河北经济及全省民营经济发展带来千载难逢的机遇。协同发展的目标是通过疏解北京非首都功能，调整经济结构和空间结构，走出一条内涵集约发展的新路子，其中要求持续推进交通一体化、生态环境保护、产业升级转移三个重点领域率先突破。河北省委提出：“我们必须要在转型升级上迈出重要步伐。”因而，从我省民营企业产业低端、产品低端、技术低端、质量低端的总体现状出发，必须抓住协调发展的机遇，做足做好产业转型升级这篇大文章，力促民营企业长大、做强、“变绿”。一是编制民企产业指导目录，推动民企与京津产业精准对接，利

* 本文是周文夫为河北省政协十一届十四次常委会议提交的发言稿。

用京津产业、技术、人才、市场优势，促进我省民企产业调优“长大”。二是制定实施方案，编制河北省年度重点产业技术改造投资导向目录，作为安排省工业技术改造发展基金的依据，优先组织实施省级民企重点技术改造项目，把产品质量提上去，工业能耗降下来，走绿色发展之路，推进民企产品晋档升级。三是优化发展环境，搭建服务平台。大力推进工商登记制度改革，降低民企市场主体准入门槛。按照非禁即入、非禁即准原则，定期发布鼓励民间投资项目清单。引导银行业金融机构创新金融产品，加大上市民企培育力度。同时，搭建平台为民企提供全方位公共服务，如依托省级中小企业创业辅导基地、民营经济人才培养基地、公共技术服务平台、中小企业公共服务平台网络、法律服务基地等，为全省民营企业及中小微企业提供创业辅导、人才培养、技术开发、法律咨询、投融资辅导等多项服务。四是培育中小型科技企业，培养、引进创新人才，引领、带动民企创新。

## 二　对接“一带一路”建设，加大对外开放

推进“一带一路”建设，本质上是国家国际发展战略，为全国包括河北提供了参与国际分工合作的世界空间。今年以来，“一带一路”建设开局良好，重点方向是着力推进新欧亚大陆桥、中蒙俄、中国—中亚—西亚、中国—中南半岛、中巴、孟中印缅六大国际经济走廊建设，加强重点领域即以互联互通和产业合作为支点，促进国际产能合作和优势互补，推进务实互利合作向宽领域发展。据商务部数据显示，今年 1 ~ 7 月，我国企业对“一带一路”沿线 48 个国家直接投资合计 85.9 亿美元，同比增长 29.5%，占我国非金融类对外直接投资的 13.5%。同时，我国与沿线国家经贸合作也在不断深化。我省加快推进钢铁、水泥、玻璃优势产能“走出去”，目前已投产、在建或正在推进的境外项目中，钢铁产能超过 600 万吨、水泥产能近千万吨，冀东水泥、河北钢铁、沙河玻璃等项目，均已成为中外产能合作的典范。国内外专家认为，参与全球价值链已成为发展中国家开发生产力的重要途径。“一带一路”建设推动亚洲基础设施进一步改善，“为以生产中间产品为主要特征的亚洲生产网络创造资源整合的条件，形成与亚洲生产网络互

动的局面"，"中国的'一带一路'构想为伙伴国开创了互惠互利、共同发展的美好前景"。

这一切给我们的启示是，我省民企自觉融入"一带一路"建设，开拓国内国际两个市场，利用国内国际两种资源，化解过剩产能，引进先进适用技术、资金和短缺资源，促进转型升级、提质增效、做大做强，是可以大有作为的！据《人民日报》刊载，今年10月底，全球顶级智库支招中国民企走出去，中民投全球专家咨询委员会聚会新加坡为中国民企献计献策。摘其要义：其一，中国民企要更国际化；其二，要乘"一带一路"春风投入其互联互通优先发展领域；其三，要选择好具有长期合作关系的海外平台。这些"计"与"策"值得我省民企借鉴。

## 三　参与大众创业万众创新，实施创新驱动

创新是人类社会发展进步的源泉。国家实施创新驱动发展战略，推动大众创业、万众创新；河北省委提出"以科技创新为重点，大力推进创新驱动"，为我省民企发展注入了活力，增添了动力。近年来，我省不断优化环境、创新路径，全省民营企业数量增多了，实力增强了，核心竞争力得到提升。然而，站在全局与战略高度来看，与目前民企发展先进省份比较，创新仍然是我省民企发展中的短板。要把促进民企发展和推动经济提质增效升级、促进民生持续改善切实推动节能减排结合起来，积极参与大众创业、万众创新，仍需要进一步解放思想，转变观念，完善措施，推动民企发展再上新的台阶。

进入21世纪，全球科技创新竞争的本质已演化为创新体系的竞争。在当今京津冀协同发展的框架内，北京中关村海淀园协同创新的经验做法值得格外关注和学习。2014年8月，北京协同创新研究院宣告建立；2015年4月，北京协同创新园正式启动。根据规划，创新园区以研究院创新优势为支撑，以就地转化院自主创新研究成果等方式发展"高精尖"产业，将建成集研发、孵化、投资、总部和配套等功能为一体的创新型科技园。我认为，北京协同创新园（院）助力大众创业、万众创新生动实践的可贵之处有两

方面：一方面是“一院一园”的国际化发展理念；另一方面是“一镇一园”的本土化实现路径。就发展理念而言，目前园区国际化发展已具备六个特点：高端要素加速聚集；国际技术转移中心建设步伐加快；企业创新实力增强；金融和资本对创新国际化的支撑作用增强；企业开拓国际市场步伐加快；创业孵化全球合作日益密切。就实现路径而言，园区由研究院与海淀区苏家坨镇共同建设、共同运营管理，开启了镇域集体经济与科研院所、高校合作的新篇章，探索了一条农村集体经济产业转型升级的新路径。另据介绍，目前北京协同创新研究院已同我省保定、邯郸等地建立了深度合作关系，支持河北的企业与研究院所开展技术合作。北京协同创新“一院一区”的国际化发展理念与“一镇一园”的本土化实现路径，对于我省民营企业实施创新驱动，强化技术改造，壮大新兴产业，加速中高端迈进步伐，具有重要的实践借鉴意义。

## 四　用足金融支持民企政策，破解融资难题

金融是经济的血脉。“融资难、融资贵”依然是我省民营企业发展的头等难题。今年 8 月召开的我省金融工作会议强调，主动适应新常态，积极引导新常态，金融工作要更好地服务实体经济发展，为破解中小企业融资难、融资贵开辟新途径。各级政府、金融机构和民营企业要抓住机遇，用足政策，破解难题，积极作为。一要抓住金融服务实体经济根本。金融机构要积极主动地为民企提供融资服务，加强融资辅导，设计融资方案，创新抵质押方式，帮助解决融资难问题。二要持续搭建融资平台。地方政府要促进融资性担保行业规范发展，进一步规范融资担保行为，健全融资担保体系，提高融资担保能力。加快设立政府中小企业发展基金，充分发挥财政资金政策引导和杠杆放大作用，带动更多民间资金支持中小企业发展。三要不断优化金融生态环境。政府要树立现代金融意识，用好现代金融工具。整合信息资源，建立诚信体系。要适应经济新常态，推进银企保对接常态化、规范化，服务中小企业发展。金融监管部门要发挥职能作用，调整、完善及执行好行政审批、市场准入、银行评级、高管评价、资本计量、坏账核销等风险底线

政策，做好风险预警、风险评估和风险处置工作，防止系统性、地区性金融风险形成，切实维护金融稳定和社会稳定。四要创新金融服务和金融产品。要加快地方金融机构改革，大力发展城市商业银行、融资租赁、融资担保、互联网金融等金融业态。要加强精准服务，推进金融政策和金融产品创新，多渠道为民企提供优势成本金融产品。要在组织架构、担保方式及审批流程等方面，开展金融产品和服务创新。五要鼓励民企自身积极作为。指导、帮助民营企业做大做强，创造条件，到主板、“新三板”、股权交易市场及境外等多层次资本市场上市直接融资。

# 走好大众创业、万众创新的“四步棋”*

## ——基于河北创业创新的思考

（2016 年 4 月 21 日）

大众创业、万众创新（以下简称“双创”），是实施国家创新驱动发展战略的重大安排，是拉动大众创业就业的关键步骤，是推进经济社会创新发展的实际举措。“双创”对于处在经济转型升级期的河北，意义尤其非凡。调研表明，河北干部群众对“双创”充满希望，但同时也认识到“双创”开展既是机遇又是挑战，确也面临环境、人才、资金、平台等方面亟待解决的诸多问题。基于河北考量，坚持创新、协调、绿色、开放、共享发展理念，适应当前经济发展新常态，充分释放全社会创业创新潜能，开创河北特色“双创”新路子，需要走好“四步棋”。

## 一　优化环境先手棋

环境，“双创”的前提。优化环境为“先手棋”。一是政务环境，从厘清行政许可权力清单入手，界定各级政府及组成部门权力边界，明确权责职能，规范运行流程，健全监督机制。总结、完善行政服务中心职能，大力推行“互联网 + 政务服务”。建立公正、廉洁、高效的政府，以公正取信于民，以廉洁降低管理成本，以高效服务于民，为企业及民众提供更加平等的

* 本文是周文夫为河北省政协十一届十七次常委会议提交的发言稿。

创业机会和更大的创新空间。二是法制环境，完善“双创”法律法规，加强知识产权保护和运用，依法严惩侵权和制假、售假行为。三是市场环境，加快建设统一、开放、竞争、有序的市场体系，深化商事制度改革，试行市场准入负面清单制度，建立便捷的市场退出机制。四是人文环境，大力弘扬创新文化，充分激发企业家精神，形成大众创业、万众创新的浓厚人文氛围，广泛凝聚创新创业的社会力量。五是生态环境，着力治理土壤、大气和水污染，推动生态环境持续好转，让“双创”活动享有更多蓝天白云、绿水青山。

## 二　引用人才关键棋

人才，“双创”的根本。引进和用好人才是“关键棋”。一是引进创新人才。河北具有紧邻京津两大“人才高地”的独特优势。但据资料介绍，近些年来北京有50%以上的科研（专利）成果被江浙引走，河北引入成果不足2%，出现“蛙跳”现象；而从另一方面也充分表明，河北引用京津创新人才（成果）有巨大空间。故应乘“创业创新”和“协同发展”大势，不拘一格选才，多种渠道引才，特殊政策留才，充分信任用才。二是用好现有人才。河北有高校142所，拥有自然科学工作者250万人，社会科学工作者30多万人，这是巨大的“双创”科技支撑力量。怎样在“双创”中用好现有人才？当下适逢“甘霖”！近日，中共中央印发《深化人才发展体制机制改革的意见》，摘其所要如下。首先，要深化人才发展体制机制改革，健全人才管理、培养、评价、流动、激励、引用、保障机制；其次，“纠正人才管理中存在的行政化、‘官本位’倾向，防止简单套用党政领导干部管理办法管理科研教学机构学术领导人员和专业人才”，扩大高校和科研院所自主权，砍掉科研管理中的繁文缛节；最后，强化人才创新创业激励机制，“完善科研人员收入分配政策……实行以增加知识价值为导向的激励机制。完善市场评价要素贡献并按贡献分配的机制”。建议我省加紧制定并精准实施人才发展规划和配套政策，激发全省高校、科研院所创新创业的积极性，充分释放广大科研工作者创新创业的巨大潜能。

## 三　融资投资布局棋

金融，“双创”的血脉。融资投资属“布局棋”。开展“双创”，适逢供给侧结构性改革，投融资将为“双创”注入动力与活力，“双创”将引导投融资调整方向与结构，两厢互动互利共赢共惠，可成就创新创业与结构调整的总体优化布局。一是要强化金融服务职能。坚持金融为实体经济服务的方向，树立资本为智力打工的理念。为“双创”企业拓展融资渠道，创新金融机构支持方式，探索投贷联动融资模式，大力发展普惠金融，鼓励金融机构设立科技支行、科技担保、科技保险等新型专营机构，建立省级科技型中小企业贷款风险补偿机制，加快发展互联网金融，形成包括科技信贷、科技保险、集合融资、融资租赁等综合创业金融服务体系。深化投融资体制改革，推动地方市场化融资，增强资本市场融资能力。支持省内有条件的“双创”企业在中小板、创业板、新三板、区域股权交易市场上市、挂牌融资。二是要大力发展创业投资。加强创业投资引导，落实国家新兴产业“双创”三年行动计划，加快组建省战略性新兴产业创业投资引导基金，鼓励有条件的市、县及经济（高新）技术开发区设立新兴产业创业投资基金，下力培养本土创业投资团队，吸纳国内外优秀创投企业来省创业，发挥有效投资对稳增长调结构的关键性作用，补齐基础设施、民生领域短板和满足产业改造升级需求。要支持天使投资、创业投资、股权投资的发展，积极开展互联网股权众筹融资试点，加大对大学生自主创业小额担保贷款的支持力度。

## 四　搭建平台决胜棋

平台，“双创”的依托。搭好平台乃“决胜棋”。大众创业是民生，万众创新是发展。“双创”平台，是众创空间，是创新要素集聚载体，是创造创业得以延展的依托。一是要加强顶层设计。由政府制定推动“双创”专项规划，遵循市场主导、企业主体、众创众筹、政府引导和支持的原则付诸实施。二是要强化企业“双创”主体地位。鼓励企业自主创新，积极引导民营企业参与创新，支持中小微企业创新创业。三是要激发高校、科研院所“双创”生力军作用。鼓励大学生创新创业就业。四是要加快发展创业服务平台。强化公共平台服务，推进众创空间集约化发展，创新社会、区域、基地（园区）及“互联网+”等多元服务平台，持续拓展并日益满足创客参与众创空间，逐步形成市场化、专业化、集成化、网络化的众创空间等新型“双创”服务机构，为劳动者创业提供低成本、便利化、全要素的开放式综合服务平台。当前，我省唐山市先行一步，正在积极着手准备申报国家级“双创”示范城市。据称此项工作由工信部负责，每年评定10座城市。近年来，唐山市出台政策，从资金和政策上保障“双创”战略实施。截至目前，全市已建成唐山科技中心（科技服务大厦）及融通清科科技企业孵化器、建华石墨烯科技企业孵化器等国家级孵化器1家、省级6家、市级10家，在孵企业411家。全市形成省、市众创空间11家，入住创客团队198家。全市新建扩建创业孵化基地29个，入住项目1258个，带动就业7013人。而且，在创建“苗圃+孵化器+加速器”产业模式、实行“孵化+催化”链条搭接等方面，也进行了有益的探索。这些经验做法，值得借鉴。五是要大力推进协同创新。京津冀协同发展战略实施，为三省市协同创新创业开辟了道路。据悉，北京、天津均已就打造京津冀协同创新创业体系做出制度性安排，我省要积极主动地与京津搞好对接，加强区域创新创业政策衔接、载体共建、资源共享和优化配置，进而带动战略合作功能区共建，优化区域创新创业公共服务，逐步提高区域公共服务均衡化水平，提升区域创新创业服务保障能力。同时，我省要积极主动地与“一带一路”发展战略对接，打造创新创业对外国际交流平台，鼓励、引导国内资本和新兴产业领域与国际优秀创业服务机构合作，吸收集聚国际创新创业资源，推动人才、技术、管理等方面的交流合作，逐渐提升我省国际化创新创业发展水平。

# 政府权力清单制度落实情况省直座谈会上的发言*

（2016 年 6 月 15 日）

我很高兴参加今天的座谈会，有机会见到老省长季允石副主任。

十多年前，季省长在河北工作期间，河北省委、省政府就着手实施行政权力公开透明运行试点和推广工作，取得显著成效。记得在国务院召开的全国廉政建设电视电话会议上，温家宝总理出席会议，季省长做了重点发言。随后，中央纪委和全国政务公开领导小组在河北邯郸市召开了部分省（区）市政务公开和行政权力公开透明运行座谈会。《人民日报》综合报道了河北清权、确权工作情况，中央电视台《新闻联播》以《邯郸实现阳光政务完成国内首份地方政府权力清单》为题对试点工作做出报道。此后直到中办、国办印发《关于推行地方各级政府工作部门权力清单制度的指导意见》的十几年中，河北省在建立和落实政府权力清单制度上一直做着努力，省纪委、监察厅在权力运行监督上也做出积极探索，以上袁桐利常委、副省长和省直几位领导同志已做了全面汇报。

我的发言，准备围绕今天座谈会关于“政府权力清单制度落实情况”的主题，谈一点认识，提两点建议，供领导参考。

---

* 本文是周文夫在全国政协“政府权力清单制度落实情况”调研组来河北召开省直座谈会上的发言，座谈会由全国政协社法委副主任、原河北省省长及国家人社部副部长季允石主持。

## 一　一点认识：落实“政府权力清单制度”是推进国家治理体系和治理能力现代化的重要突破口

公权民授，人民政府理应对人民负责，为人民掌好权、用好权。所谓权为民所用、情为民所系、利为民所谋，正是实施“政府权力清单制度”的法律依据和现实基础。党的十八届三中全会提出全面深化改革的总目标，而实行“政府权力清单制度”也正是推进国家治理体系和治理能力现代化的重要突破口。权力清单的核心内容是“清权、确权、制权”，是现代化国家治理体系的基本要素；实行权力清单的目的是规范政府执政行为“有限、有为、有效”，在全面深化机构改革和建设“法治、创新、廉洁”政府中具有突破性的意义。

## 二　建议之一：把行政服务中心建成落实政府权力清单制度的重要平台

全国各级行政服务中心是行政审批制度改革和政务公开的产物。20世纪80年代末，我国一些地方开展了多种形式的行政审批制度改革试点和政务公开试点，随后逐步推开，成为政府施政的一项基本制度。当时有个口号，叫作“让人民知晓、请人民参与”。近30年的实践表明，深化行政审批制度改革，推进政务公开，加强政务服务，有力地推进了服务型政府建设，其办事机构行政审批大厅即后来的行政服务中心应运而生。

21世纪初，随着法治政府建设深入推进，清理行政权力被正式提上党和国家领导人的议事日程。一些地方开始行政权力公开透明运行试点。如前所述，河北省属较早试点省份，试点市邯郸还在实践中总结出“坚持五个原则、把握四个要点、抓实三个环节、实现两个确保、达到一个目标”的清权确权工作思路，并跟进了职权清理备案、编制职权目录、绘制权力运行流程图、建立权力公开透明运行平台和制定投诉受理、绩效考核、责任追究制度工作。

现在有个问题需要研究和回答：政务公开与权力公开（清单）是个什么关系呢？今年年初，中办国办印发《关于全面推进政务公开工作的意见》指出，公开透明是法治政府的基本特征。全面推进政务公开，“公开内容覆盖权力运行全流程、政务服务全过程”。我理解，政务公开注重结果与过程，权力公开注重根源（确权）与流程，政务公开是权力公开的现实基础，权力公开是政务公开的延续、深化和提升性发展。基于此种考虑，如果加强改进、完善和提升行政服务中心职能建设，真正做到“统一受理、一站式服务、限时办结、责任追究”，应能充分发挥出承担行政权力公开透明运行平台的作用。诚然，“互联网＋政务”是政务公开以至行政权力公开透明运行平台建设的发展方向。

## 三　建议之二：在从行政审批到行政服务、政务公开到权力公开的变革中大力推进政府机构改革

十年前，我在邯郸市委工作，有一件事让我思考至今。那一年，中央编办有几位同志去邯郸调研行政权力公开透明运行试点工作，临别向我提出一个问题：“在通透式办公室发现有的工作人员在打瞌睡，你怎样解释这种现象？”我回答说：“这是编办的工作啊，打瞌睡是因为没事干，这正是你要找的裁员对象！其实他早已上班打瞌睡了，只是在通透办公之前没有被发现。”当时大家一笑了之。十年后再提这件事还有什么意义？我思考的结果是，政务公开、权力公开为行政体制改革开辟了道路，政务公开、权力公开延续、提升更需要全面深化行政体制改革予以支持！

其实，行政权力公开透明运行走得比较超前的还属邯郸市成安县。在权力公开试点时，试点县成安将县委、县政府办公大楼与县行政服务中心合二为一，两栋共计1.5万平方米综合办公大楼容纳了县四套班子领导、59个县直局级单位1000余名公务员，每个职能单位全部实行大房间敞开矮屏分隔通透式办公。办事群众随意进入，各级领导干部及全体公务人员与群众无障碍、零距离接触，公开透明办事。这样搞了两年多，成效就出来了。一是提高了行政办事效率，方便了群众。二是从源头遏制了腐败现象发生，转变

了机关工作作风。三是降低了行政成本，减轻了财政负担。据当时概算，进入综合办公大楼的 59 家县直单位，由于水、电、暖、伙食、卫生、安全等设施共享，每年可节省费用1400 多万元（当时县年财政收入约6000 万元）；县直一次清退了 210 多名临时招用人员；再加上各单位原址土地、房屋清产核资处理，更是节约出一大笔巨额公共资产。进一步取得的成果是：社会稳定了，成安由信访大县变成了全国维稳先进县；经济发展了，发展环境优化引来一大批工业项目，2015 年全县财政收入达到 7.3 亿元，相当于 10 年前的 12 倍；城乡居民收入增加了，生活得到改善。

迄今，成安综合办公大楼一直运行良好。但随着行政权力公开透明运行不断深入，一些深层次矛盾和问题也逐渐显露出来：工作效率提高后，需要精简人员，涉及干部人事制度改革；推进依法行政，实施阳光政务，涉及行政体制改革；一些部门之间收入差距较大，明显表现为待遇不公，涉及分配制度改革；办公方式变革，集中通透办公，涉及公务员素质亟待提高，等等。但目前解决这些问题，还缺乏宏观法规的配套跟进和有针对性政策的强有力支持。

总之，“权力公开”先行者们反馈的信息是：实施行政权力清单制度，必然引发对加快政府机构改革的强烈呼唤，决策者与执行者要有充分思想准备，抓住机遇，适时推进。

我的发言时间到了。说的不对，请领导批评指正。谢谢！

# 精准扶贫重在准、精、实*

## ——基于河北扶贫开发的思考

（2016 年 6 月 16 日）

据了解，河北省现有贫困人口 310 万人，其中具有劳动能力的 164 万人，完全或部分丧失劳动能力的 146 万人；贫困人口主要分布在燕山—太行山、黑龙港流域和环首都三大片区；今后五年即至 2020 年，要实施脱贫攻坚“五个一批”工程，完成全部脱贫任务。可谓任务明确，责任清楚，部署全面。然而，基于省情复杂性考虑，在我省真正打赢这场脱贫攻坚战并不轻松，必须在准、精、实上狠下功夫！

## 一　识贫要准：扶持谁？

扶贫先识贫，关键找真贫。河北贫困人口 310 万人，占全省人口约 4.2%，比重不大但居住分布散落；自然地理地形地貌多样化，生产生活环境条件各异；各家各户个人情况不同，致贫返贫原因复杂；加之贫困人口多处动态化，及时全面掌控难度加大。因此，做到精准识贫，一方面，要建立自上而下与自下而上相结合识贫确扶机制。先“自上而下”，由县区及以上各级政府根据现有情况做出总体规划设计，修正和确定贫困人口规模，按行政区划或扶贫片区逐级分解扶贫指标；再“自下而上”，由农村社区组织农

* 本文是周文夫为河北省政协十一届十八次常委会议提交的发言稿。

户自我申报或群众推选、民主评议、对象摸底公示；然后，由各级党委、政府组建精准识贫队，开展民情大走访，以不低于20%的比例抽查核对贫困户，做到村村到、户户访、人人见。最后，综合分析研究帮扶名单，经各级党委、政府审核、批复，确定帮扶贫困对象。另一方面，建档立卡且健全扶贫信息系统。在挨村入户逐人摸底的基础上建档立卡，将帮扶对象全部汇集纳入省扶贫开发大数据平台，做到分类清楚、应扶尽扶、有进有出、动态管理，真正达到识真贫、扶真贫、真扶贫。

## 二　施策要精：怎么扶?

统筹施策要精当。党中央提出实施“五个一批”工程，明确了扶贫开发基本路径。据此我省做出安排，如，培育产业“强支撑”，通过培育特色产业项目和就业创业服务增强内生动力，实现具有劳动能力的164万贫困人口脱贫；兜底保障“有政策”，通过全部纳入农村低保及社会保障，实现完全或部分丧失劳动能力的146万贫困人口脱贫；社会合力“扶一把”，通过实施基础设施脱贫、生态保护脱贫、易地搬迁脱贫行动，破解贫困地区发展瓶颈。各地落实这些重要举措，需要因地因人号脉施策。例如，脱贫规划应详细至片区，增强扶贫政策的针对性；基础设施建设应布局于地区，加强破解发展瓶颈的统筹性；资金、产业项目应落实到村、户，提高帮扶的实效性。

创新脱贫精选项。今后5年，河北脱贫，既面挑战，又临机遇，创新扶贫，攻坚助力，在四方面可有大作为。

其一，生态功能区脱贫——破解贫困与生态双重困扰。我省张承地区，是京津冀水源生态涵养区、生态安全保障区和生态系统平衡枢纽区。同时，该区域生态环境脆弱、人口贫困度高、贫困性资源环境问题突出。《京津冀协同发展纲要》将张承地区确定为生态功能区，为张承片区脱贫致富创造了千载难逢的机遇。需要创新性的工作是，破解自然困境、发展困境、市场困境、投入困境、政策困境：一是战略抉择，坚持张承生态功能区建设与京津冀协同发展同步；二是规划先行，制定和实施张承生态功能区建设专项规划；三是资源定价，实施区域生态补偿机制，促进生态资源市场化配置；四是产业支撑，将农民脱贫致富与生态环境建设相结合，重视和研究生态产业发展与技术升级；五是资金筹措，拓宽脱贫致富与环境治理资金路径，发挥财政、税收的重要作用；六是政策保障，整合完善脱贫致富与环境建设政策，强化约束激励机制；七是素质提升，重点加强贫困人口和劳动力的素质教育，树立生态文明观念和提高脱贫致富能力。

其二，易地搬迁脱贫——整合资源内生动力。据统计，我省现有42万贫困人口需要易地搬迁脱贫，今年上半年开始启动，这是投入人力、财力、物力最大的扶贫行动。易地搬迁扶贫，既是治本之策，又可整合资源，更会内生动力，当然必须伴随着多方面创新性工作。2004～2005年，邯郸市在涉县成功组织实施了易地、整村、低费用扶贫搬迁，一些做法值得借鉴。一是认识起点高，纳入新农村建设统筹规划。把扶贫搬迁与农村城镇化、农业产业化、基层组织建设及统筹解决“三农”问题有机结合起来。二是组织措施得力，让群众搬得出。充分思想发动，尊重群众意愿，体现人文关怀，制定搬迁方案，解除“故土难离”和生活安排后顾之忧，达到易地搬迁户满意。三是搞好新址建设，让群众稳得住。邯郸涉县当时扶贫搬迁，第一轮是利用“小三线”军工企业废弃厂址建起千亩科技示范养殖园区，利用旧有职工住宅楼改造、维修建成搬迁户家庭住房，创造了生产、生活基本条件，实现了两个村合并整体搬迁。第二轮是依托临近县城的503建筑工程公司旧址建设新居住区，完成了5个行政村、29个自然村、255户、669口人整体易地搬迁，使农村人一下子“过上城市人的生活”。四是广开就业门路，让群众能致富。在千亩养殖园区，经过政策、资源整合，吸引民营企业入园办厂（场），吸收搬迁户劳动力就业。在503公司旧址新居，通过协调部分土地、山场和进入县劳动力市场，解决了搬迁户群众生产就业问题。至此，两轮易地搬迁，基本做到“搬得起、迁得出、稳得住、能致富”，贫困群众打心眼里感谢党和政府，对脱贫致富奔小康和建设美好家园充满信心和希望。

其三，职业教育脱贫——阻断贫困代际传递。扶贫必扶智，扶智在教育。职业教育在农村教育扶贫中举足轻重，利在当代，可提高贫困家庭精准脱贫能力；功在千秋，能阻断贫困代际传递。当前，随着城乡一体化进程加快，农村教育承担着多元化责任：一是“为升学的教育”；二是为城市输送有技能劳动力的教育；三是为农村本土发展培养新型农民的教育。三者之间相融又互不替代。其现实结果，一方面，农村基础教育与农村实际联系不够，贫困地区未能升学的初、高中毕业生比例又很高，以致“小农民”不懂“大农业”，新农村发展后继乏人；另一方面，农村职业教育大都单纯围绕城市求发展，导致学生学习内容“不伦不类”，大多“毕业等同于失业”。因此，完善贫困地区农村教育体系，加强农村职业教育，满足农村内生需求，建立起适宜贫困地区发展的人力资源储备，是推动我省贫困地区稳定脱贫和实现可持续发展的根本性扶贫。一要推进贫困地区初中普教与职业教育相结合的办学模式。通过渗透式教育，同步提升人力资源文化素质和职业能力，推进农村劳动力资源开发和合理配置。二要加强骨干示范性职业学校建设。以贫困县为单元，强化政府投入，整合教学资源，建立或健全一所规模较大、培养能力较强、能起骨干作用的职业中专学校，围绕贫困地区扶贫产业设置专业和人才培养计划，立足于学生毕业主要服务于本地需要，享受国家同等学力毕业生待遇，以此推动扶贫产业可持续发展。三要完善县、乡、村三级农村职业教育网络。充分利用农业院校、农广学校、中等农校、农村中小学、农业技术推广站和培训中心等现有场地、设备、师资，开展包括学历教育、远程教育、短期培训、专题讲座、技术咨询等多种形式的农村职业教育。我省曲周县与中国农业大学建立的全国首家农科教网络，发挥了很好的作用，积累了可复制的经验。

其四，社会帮扶脱贫——构建大扶贫格局。扶贫脱贫是庞大的系统工程，必须建立起政府主导、定点扶贫与协作扶贫结合、社会组织与民间力量共同参与的大扶贫格局，形成全社会扶贫脱贫的强大合力，共同打赢这场脱贫攻坚战。

## 三　成效要实：谁来扶?

精准扶贫需较真，要紧紧盯住“谁来扶”，围绕如何取得脱贫成果出实招、下实功、见实效。其一，落实领导责任。党政共责，政府主导，层级分责，省市县乡（镇）“竖到底”，各行各业“横到边”。其二，坐实帮扶目标。依据贫困户及人口详细档案，精准量化脱贫指标，个性化设计帮扶方案，有针对性帮扶和投资，持续跟踪和可持续扶贫。其三，严实督查问责。对扶贫工作不达标者要批评问责，对“走过场”、成效“缩水”者要严肃查处，专项监察要确保看紧、用对扶贫款。其四，完善效果考核机制。要建立包括精准识贫、精当扶贫、资金使用及贫困人口收入增长、基本生活条件改善等几大类指标的扶贫考核指标体系；引入贫困群众满意度“软性”评价指标；或引用第三方评估机制，委托有关科研机构、社会组织，通过实地考察、专项调研或抽样调查，对主要脱贫数据进行前期评估，以确保和丰富扶贫效果考核的客观性和真实性。其五，鼓励贫困群众自主脱贫。对于具有劳动能力或一定经营管理特长的贫困群众，要激励他们树立自力更生、艰苦奋斗的精神，在党和政府的带领、帮助下，勤奋劳动，大胆创业，以身作则，带动和鼓舞更多贫困群众走出自己的脱贫路子。

# 《滦河文化研究文集》总序[*]

（2016年10月6日）

滦河，堪称一条伟大的流域母亲河。

她，从远古走来，依巍巍燕山山脉流淌，奔浩浩太平大洋相聚；滋养流域万物生灵，承载厚重滦河文化，奉献中华民族复兴。纵观近、现代史上滦河流域，中国近代工业摇篮唐山、辛亥革命举义重地滦州、革命先驱李大钊故里乐亭、《红楼梦》作家曹雪芹祖籍丰润，无一不坐落于斯。

滦河，古名“濡（渜）水”。形成于6500万年前燕山运动晚期至180万年前新生代第四纪，在我国古代典籍中多有记载。东汉班固所著《汉书·卷二十八下·地理志第八下》“辽西郡”条记，“濡水南入海阳”。三国时成书专著《水经》和南北朝郦道元著《水经注》，均对这条古老的河流做了记录。后晋刘昫等撰《旧唐书》、北宋欧阳修等撰《新唐书》则均以“滦河”称之，故史上首现“滦河”名称且演进至今。滦河发源于今河北省丰宁县西北部巴延屯图古尔山北麓，全长888公里，汇入常年有水支流500余条，其中流域面积大于1000平方公里河流9条，总流域面积44750平方公里。流经河北、内蒙古、辽宁三省区，承德、张家口、锡林郭勒盟、赤峰、朝阳、葫芦岛、唐山、秦皇岛八市（盟），丰宁、沽源、多伦、喀喇沁、凌源、建昌、青龙、迁西、迁安、滦县、滦南、乐亭、昌黎等27个县（市、旗），是河

[*] 本文系周文夫应邀为河北省滦河文化研究会主编六卷本《滦河文化研究文集》所作总序。《滦河文化研究文集》，团结出版社，2017。

北省第一大河流、华北地区第二大河流。

滦河是滦河流域人类的母亲河。考古研究表明，今隆化县隆化镇头道营后街遗址，处于旧石器时代早期，距今约20万年，这是迄今已知滦河流域最早的人类活动遗址。滦河上游一直是我国古代北方游牧民族发展壮大的摇篮。夏、商、周时期，今承德、朝阳、唐山、秦皇岛等地区有土方、山戎、东胡等游牧民族；秦代和西汉时期，承德、宽城、滦平、兴隆、青龙等地为匈奴左地；西汉中期以后，滦河流域部分地区为乌桓、鲜卑控制；曹魏和西晋时，滦河流域多属鲜卑宇文部和鲜卑段氏部；十六国和北朝时期，滦河流域或部分、或全部先后属于羯族、鲜卑慕容部、氐族、鲜卑拓跋部政权以及汉人汉族地方政权；隋代，滦河流域大部分属北平郡、渔阳郡、柳城郡及涿郡，今承德附近为奚和突厥所辖，契丹、室韦等族也开始进入；唐代，滦河流域大部分为唐朝河北道所辖，承德北部为松漠都督府，部分地区为奚、契丹和突厥所辖；五代十国时期，滦河上游地区短时期曾为沙陀族政权所辖，中下游地区初属汉族地方政权，后大部分地区为契丹所辖，并在这一地区建立了辽朝；辽朝末年，女真族进入滦河流域；金朝后期，蒙古族占有滦河流域，直到明朝后期、整个清朝和民国时期，蒙古族一直活跃在滦河北岸的塞外地区；元初，回族入居滦河下游，清初，入居承德地区；明末清初，满族进入滦河流域。此外柔然、高车、霫等民族也曾栖息、活动于滦河流域。滦河上游是我国古代汉族与少数民族政治交往、经济交易、文化交流、民族交融最为活跃的地区。自先秦至清朝，这一区域先后有匈奴、鲜卑、契丹、女真、蒙古、满族等少数民族，曾经在相当长的历史时期与汉族和中原王朝碰撞、融合、共生，有的与汉族和其他民族融合，有的还建立了统治中国北方乃至全中国的政权，对中华民族的形成和中国历史的走向均产生了重大影响，滦河流域亦成为中华民族重要发祥地之一。

滦河孕育了辉煌的文化。滦河北过内蒙古高原，中经冀北山地丘陵和燕山山地丘陵以及燕山山前平原、滦河三角洲平原，南连渤海。有史以来，世世代代生活、劳作于滦河流域的人们，创造了延绵不断、辉煌灿烂的多种文化。以地形形态论，滦河流域同时具有草（高）原文化、山岳文化、河谷文化和海洋文化；以文化现象论，有夏家店文化、兴隆洼文化、赵宝沟文化、红山文化及龙山文化等；以朝代演进论，有夏商周文化、春秋战国文化、秦汉文化、北朝文化、隋唐文化、辽金文化、元朝文化、明代文化、清朝文化等；以地域文化论，有孤竹文化、燕文化、碣石文化、元上都文化等；以民族文化论，有汉族文化、东胡文化、山戎文化、匈奴文化、鲜卑文化、契丹文化、奚文化、女真文化、蒙古文化、满族文化等；以经济形态论，有游牧文化、农耕文化、铁冶文化、盐业文化、渔业文化、商旅文化、工业文化等；以教育艺术形态论，有庠序文化、演艺文化等。这种种文化，早期的都留有很多遗存，晚近期的尚有继续发展繁荣。足以看出，滦河文化积淀了塞北游牧民族的成长和发展，彰显了草原和中原在经济、商贸、宗教、文艺等多领域多层面的深入交流与融合；滦河文化不仅有它鲜明的区域性，同时也有代表中华文化的全局性，是中华文化大系统的一个分支，是连接中原与塞外的一座桥梁，在特定历史阶段还曾扮演过核心文化的角色。可以说，滦河文化涵盖的种种文化，无不融入整个中华文化，成为中华文化不可或缺的有机成分，对整个中华文化的发展繁荣做出了重要贡献。

滦河文化诚然源远流长，但以“滦河文化”之名进行理论性、学术性研究则是近些年的事。2004 年 5 月，一批情系滦河的有志之士发起成立唐山市滦河文化研究会，打起“滦河文化研究”的旗帜，这是有组织地、全面系统地研究滦河文化的肇始。2014 年 10 月，河北省滦河文化研究会成立，使滦河文化研究迈上更加宽阔、伸展的舞台。滦河文化研究会的成立，填补了整合、研究滦河流域文化的空白，开启了凝练、光大滦河文化的先河。广大社会科学工作者以“滦河文化研究”为旗帜的调查研究及学术活动，迄今已走过了十二个春秋。十二年风雨兼程，初心不改；十二载春华秋实，成绩斐然。到如今，滦河文化已经成为备受世人瞩目的文化符号。首先，创办了《滦河文化研究》刊物。坚持始终以马克思主义唯物史观指导办刊方向，突出学术性、知识性和时效性，已出版 50 期，刊载各类文章 1200 余篇、近 700 万字，其中学术性文章约占 85%。这些文章中，既有滦河文化的综合性概论，又有专项文化的学术性研究；既有对恢宏文化的寻根溯源，又有对历史细节填白补正；既有对民俗风情的记述，又有对人文精神的探讨。这些文章观点鲜明，论理透彻，言之有据，记之成文，具有很高的学术价值和史料价值，得到了学术界和社会各界的充分肯定，有力地推动了滦河文化研究的不断扩展、深化。其次，打造了一支高素质研究队伍。研究会会员已经由创始期的50名发展到700多名，形成了多层次、多领域、阶梯式、金字塔型、遍布滦河流域的研究人才集群。会员中，有从事文化、历史、社会科学研究的专家学者，有退而不休的政治、经济、艺术界的名人名家，有以创作乡土文学著称的作家诗人，有党政机关、事业单位的干部职工，有工商企业的经营管理者和普通员工，可谓人才济济，群英荟萃。多年来，广大会员以不图索取、任劳任怨的奉献精神，以锐意进取、自强不息的创新精神，以刻苦研究、勇于探索的学术精神，孜孜不倦地研究滦河文化，得到了社会各界"素质高、层次高、声望高"的高度赞誉。再次，深化了专项文化研究。先后举办了"老呔文化""孤竹文化""防震减灾文化"等专项文化学术研讨会，对专项文化进行了深入探讨。研究会陆续组织出版了《滦河文化概览》、《滦河文化研究文选》（第一、二、三辑）、《滦河流域古代少数民族》、《滦河流域历代名人》、《滦河作家论》、《玉带明珠》等11部"滦河文化丛书"。许多会员也出版了研究滦河文化的专著，如宋坤的《中国孤竹文化》、任月海的《多伦汇宗寺》、张墨瑶的《唐山皮影及其历史文化研究》、董宝瑞的《碣石纵横谈》、李洪发的《古代永平府移民问题研究》等。很多会员还创作出了众多文艺作品，以人们喜闻乐见的体裁和形式，艺术地反映、展示了滦河文化。最后，梳理明确了滦河文化基本特征和精神内核。研究会先后多次组织召开"滦河文化学术研讨会"，邀集专家学者和研究人员，通过全面、系统、深入的研究、探讨，对滦河流域文化的基本特征进行了清晰梳理，明确为民族文化的融合性、不屈不挠的刚健性、博大包容的和合性、开放吸纳的进取性；而滦河文化的精神内核，则是刚健自强。这是一项重大的研究成果。

近日，河北省滦河文化研究会汇集滦河文化研究开展以来的精粹，出版六卷本《滦河文化研究文集》（以下简称《文集》）。这不仅是对过往成绩的总结，也是对今后工作的展望，是我省社科文化界的一件盛事。

《文集》共收集专著11部、论文200余篇，共计900多万字，可谓皇皇巨著，充分体现了广大社科工作者在拓展滦河文化研究疆域、深究滦河文化根脉、延伸滦河文化内涵、传承滦河文化风骨、弘扬滦河文化精神的崇高事业中取得的骄人业绩和奉献精神。《文集》上自远古，下至当代，时空辽阔，博大深邃，囊括了古今物质和精神的多层次文化形态，昭示了与其他地域文化不同的文化特质，表明了滦河文化是历史文化，是现实文化，是发展创新的文化，像燕山山脉绵延不绝，像滦河河水川流不息。《文集》作为学术性较强的研究专著，以大量的第一手文史资料，对滦河文化做了概括性、综合性的归纳、整理和分析。例如，对滦河文化的时空界定、源流走向、基本特征、自身性质等进行了清晰解说；对上下游不同民族的文化形态进行了深入探索；对滦河作家群体及演艺文化的产生环境、表现形式、发展趋势等进行了全面阐述；对一些学术性难题和历史谜团进行了解疑释惑等。尤其重要的是，学术研究坚持服务现实，坚持时代意义与现实作用紧密结合，发挥其正能量，实现滦河文化的现实价值，为我国社会主义核心价值体系建设增添助力。《文集》还是一部高质量、高品位的精品佳作，它的出版，必将增强滦河文化影响力，提高其吸引力，提升其竞争力，使滦河文化研究呈现异彩纷呈的可喜局面。同时，对我省社会科学的繁荣发展也将起到推进作用。

在《滦河文化研究文集》付梓之际，本书主编、河北省滦河文化研究会会长刘向权同志嘱我作序，故友相约，盛情难却，不胜荣幸和惶愧，作为一名滦河之子和社会科学工作者，又深感义不容辞，故斗胆命笔，浅陋成文。

是为序。

# 河北水资源保护战略举措及政策建议*

（2016 年 10 月 25 日）

水，生命之源、生产之要、生态之基。针对河北面临水资源短缺、供求失衡、污染严重、环境承载力接近极限的严峻形势，提出全省水资源保护战略性举措与政策性建议，供参考。

## 一　战略性举措

1. 设立水生态功能区

根据水资源生态环境分布，设立水生态功能区，是加强水资源管理的重要平台。面对我省水资源状况和治理机遇，一是要积极推动全省水生态功能区的划分，抓紧制定《河北省水功能区管理规定》，实施水功能区的分级分类管理，实现水资源开发利用和保护之间的统筹协调，促进经济社会发展与水资源承载能力相适应；二是借力京津冀协同发展契机，参照京冀签署《共同加快张承地区生态环境建设协议》的做法，三方共同商讨统筹解决跨行政区域水生态区保护问题；三是从省情出发，参照国家相关政策，综合考虑水生态功能区诸多因素，制定出台省级支持生态功能区转移支付办法，实行特殊的经济政策、财政政策和考核政策，并优先在张、承地区实施生态管理体制改革试点。

* 本文为周文夫在河北省政协十一届十九次常委会议上的口头发言材料（之四）。

2. 制定水环境治理中、长期规划

以生态规划的理念，制定水环境治理中、长期规划，可为水资源保护提供基本遵循。在省政府《关于加快山水林田湖生态修复的实施意见》基础上，研究制定水环境治理规划，应以经济发展与水环境承载力相协调为核心，设计与水环境承载力相适应的产业布局；对省内流域生态统一考虑河流上下游、左右岸各产业的合理布局；加紧淘汰落后低效益的重污染行业；出台产业政策，吸引、扶持科技含量高、能耗低、污染少的高新产业发展。

3. 深化水资源管理体制机制改革

坚持政府主导、市场机制配置及发挥自主治理和公众参与的作用，是水资源保护的根本保障。国际国内水资源保护经验表明，水环境治理离不开政府介入，政府自上而下的科层型控制模式对水环境治理发挥举足轻重的作用。河北省内整个流域要建立政府间协调机制，构造赋予沿流域各地方利益表达的平台，使流域各地方政府能够平等地共同参与到整个流域的决策，通过协商博弈的方式参与到水环境治理。此外，要健全公众参与机制，增强水环境治理的民主性。

4. 建立全省水权交易市场

我国首例水权交易是浙江义乌市花费 2 亿元从东阳市横锦水库购水，这次水权交易填补了水权市场空白。以平等协商方式达成交易，证明市场是水资源配置的一种有效手段。河北省可以试点水权交易，把水资源作为一种商品进行流转，利用市场配置水资源实现各方公平利益；借助水权交易对于水质的要求，驱使交易主体克制对流域水体的污染，减少对流域的外部损害。

## 二　政策性建议

1. 建立、完善水生态补偿机制

在我省生态补偿实践中，诸如对水库移民的补偿与扶持、对源头生态涵养区的补偿、提高造林补贴和稻还旱等补偿标准、逐步扩大生态公益林补偿范围等方面，尚存在补偿不规范、补偿形式单一、补偿标准偏低或补偿主体对象不明确等问题，这都需要法律、制度及补偿机制的完善。在顶层制度层面，应明确生态补偿责任和生态主体义务，为生态补偿机制的规范运作提供法律依据，推进生态补偿的制度化和法制化。在生态补偿标准化方面，要在建立科学的生态价值评价体系前提下，完善分类及测算方法，分别制定生态补偿标准，加快建立生态补偿标准体系。在经济社会发展考核评价体系上，把资源消耗、环境损害、生态效益纳入经济社会发展评价体系，使之成为建立生态补偿制度、推进生态文明建设的重要导向。

2. 完善排污权交易制度

我省排污权交易需要在以下三个方面予以完善：一是调整市场结构，开发交易市场；二是组建专业排污权交易中介机构；三是引入公众参与机制，以保障排污权交易健康有序进行。

3. 发展节水循环经济模式

解决我省水安全问题，根本出路在于转变生产方式和生活方式，节水护水也是一场观念和体制的革命。张家口坝上地区已全面建立工程网、信息网、服务网、监测网及用水指标分配到户的“四网一分配”高效节水体系。它的高效节水灌溉体系对推进冀西北区域乃至全省农业高效节水灌溉发展，具有重要的推广意义。

4. 加强流域水生态环境监测与评估

由于有关监测网络和监测制度的缺乏，很多地方水质得不到有效监控。河北省水质达标率仅为27.8%，地表水污染严重，地下水超采突出。基于此，我省应进一步完善流域层面生态环境监测网络，建立长期监测机制，加强对流域管理规划实施效果阶段性评估，并动态地调整规划目标和内容。

5. 加强水环境审计工作

水环境审计包含财务审计、合规审计、绩效审计。水环境财务审计，旨在确定被审计单位财务报表是否反映了水环境成本和债务；水环境合规性审计，旨在评价被审计单位是否遵守开支授权和水环境方面的法律条约和政策；水环境绩效审计，旨在确定被审计单位是否实现水环境目标，是否经济高效地开展水环境保护活动。随着水环境保护越来越受到重视，水环境将是审计机关环境审计的持续性核心主题。

6. 实行绿色 GDP 政府绩效考核制度

2012 年 11 月，安徽省首次在国内提出生态竞争力指标体系，要求政府目标考核中将绿色 GDP 与政绩直接挂钩。河北省建立绿色 GDP 考核制度可考虑三方面：一是在理论研究、地方试验和实践总结基础上，提出河北省绿色 GDP 核算体系框架；二是以市场价格和非市场价格为基础，启动关于我省水资源、森林资源、矿产资源等的核算研究工作；三是绿色 GDP 纳入政绩考核可以分步骤进行，选择一些反映绿色 GDP 的环境指标先行纳入政绩考核，例如万元 GDP 能耗、污染物排放等。

# 《京津冀协同发展若干重大关系研究》序言*

（2016 年 12 月 8 日）

以习近平同志为总书记的党中央亲自谋划和推进京津冀协同发展重大国家战略，为京津冀尤其是河北经济社会发展提供了历史性重大机遇，中共河北省第九次代表大会对深入推进京津冀协同发展做出全面部署。

立足京津冀实际，坚持问题导向，进行深度思考，寻求对策举措，全面、统筹、深入、扎实推进京津冀协同发展，应处理好十大关系，即生态与民生的关系、产业与转型的关系、创新与发展的关系、交通与信息的关系、生产与安全的关系、城市与农村的关系、沿海与内地的关系、政府与市场的关系、协同发展与长江经济带的关系、协同发展与“一路一带”的关系。近年来，河北省社会科学院课题组围绕如何处理好京津冀协同发展十大关系，进行了较为深入的研究与思考。

## 一　生态与民生的关系

之所以置生态与民生于众关系之首，是因为京津冀区域大气雾霾、土壤污染、地下水超采已严重影响到人们的生产、生活与健康，受到普遍深切关

* 《京津冀协同发展若干重大关系研究》，河北人民出版社，2017。2017 年 1 月，周文夫以《京津冀协同发展十大关系》为题，作为大会书面发言材料之一〇二，提交省政协十一届五次会议；2016 年 11 月 10 日中共河北省委八届十四次全会综合简报摘发周文夫谈“京津冀协同发展十大关系”的发言要点。

注。河北自然生态退化、资源环境超负荷的经验教训表明：生态支撑民生，民生制约生态，生态就是民生。

时下，我们谈正确处理生态与民生的关系，本质上就是着力解决人与自然和谐问题，目的是建设资源节约、环境友好的美丽河北。一要牢固树立“生态就是民生”理念。诸如解决过度放牧导致水土流失、库区网箱养鱼污染水体等老大难问题，关键是下力气解决好当地群众生产、生活问题。只有发展经济，改善民生，才能保持生态涵养区“长治久安”。二要坚持绿色发展方向。立足实际，因地制宜，培养发展绿色、低碳、循环经济，引导人们转变传统落后的生产经营方式和生活方式。三要建立并实施生态补偿机制。国家要依财力增长加大财政转移支付力度，生态资源受益方要加大资金补偿额度，以保障生态涵养区的资金需求。四要精准规划、严格监管。从建设京津冀生态环境支撑区大局出发，精准确定生态功能分区，划定生态保护红线，实施生态环境严格监管，对各级各类违法违规行为坚持零容忍。五要将生态保护、环境改善列入政绩考核。同时应降低或取消生态涵养区经济增长指标考核。

## 二　产业与转型的关系

产业作为国民经济一切生产物质产品或提供劳务活动的集合体，其转型是对现存产业结构各个方面进行直接或间接的调整，目标是实现产业转型升级。“十二五”期间，京津冀区域产业结构优化升级取得巨大成就，北京的亮点表现在第三产业和文化创意产业高速发展，天津的亮点表现在自主创新能力显著提高和第三产业发展步伐加快，河北的亮点表现为装备制造业和高新技术产业成绩斐然。“十三五”发展规划已为京津冀区域产业结构转型升级明确了努力方向，北京将致力于构建“高精尖”经济结构，天津致力于建成全国先进制造研发基地和生产性服务业集聚区，河北致力于建设产业转型升级试验区。

从京津冀各自支柱产业发展特点和关联性考察，京津冀三次产业结构差异明显，产业形成阶梯式关系，产业构成关联度较强。事实上，北京生产性服务业的进一步发展需要周边制造业的崛起，而天津和河北的现代制造业和重化工业的大发展，也迫切需要北京提供科技、人才等全方位的服务和支持。尤其河北制造业完全可以利用北京生产服务业和天津高端制造业的优势，加快自身转型升级的步伐。当然，京津冀协同发展中产业转型升级也面临诸多制约因素。比如，产业转型升级的立足点大多仍然只从本行政区域的立场出发；推动整体区域产业转型升级的协调机制效率低下；区域综合性产业转型升级能力较弱；京津冀三地互惠互利的格局没有建立起来等。河北以往的优势产业以钢铁、煤炭、电力为主，导致与京津产业缺少联系，要素相互利用不够充分，以至河北对京津很好的人才、科技、资金要素资源借力不大。

所以，推进京津冀协同发展产业转型升级，需要立足先进发展理念，从更高视野确立目标决策发力。一要确立绿色发展理念，引领企业转型升级；二要树立全局意识，构建利益协调机制；三要加强顶层设计，明确产业结构定位；四要做优创新新型产业集群，提升区域综合竞争力；五要拓展转型视野范围，提高产业升级标准，选择优势产业瞄准进而嵌入全球产业价值链中，在主动承接国际产业转移的同时，不断提升区域产业价值链两端的服务区域和服务全球的能力。

## 三　创新与发展的关系

创新是发展的动力，发展是创新的结果，创新发展着力解决的是发展动力问题。当今创新发展已居于国家发展全局的核心位置，《京津冀协同发展纲要》要求，京津冀区域将成为“全国创新驱动经济增长的新引擎”。

创新发展是河北要补的“短板”。据研究表明，河北科技投入产出水平总体偏低；工业企业整体研发水平和研发活动滞后于国内平均水平；高校和科研机构 R&D 经费内部开支占 GDP 比重均不到 2%，与京津相比无论资金规模还是比重上都有很大差距。总体上看，京津冀在高新技术产业化领域差距最为悬殊，京津居国内前两位，而河北为国内倒数第三位，高新技术产业方面的巨大差距也反映出京津冀在产业发展定位、前景等方面的落差。基于发展基础的分析，京津冀协同创新发展的主要影响因素突出表现为三个落差：一是资源配置落差；二是政策落差；三是产业落差。

因此，以创新推进京津冀协同发展，一要以创新为重点构建京津冀协同发展目标体系；二要加大中央财政对河北公共服务的支持力度；三要构建京津冀现代产业体系；四要选准协同创新的推进模式与路径。如，建立政府推进模式，着力推进信息资源的合作与共享，推进企业、高校和科研机构组成知识创新联盟，推进建立京津冀科技专家信息服务网；创立创新共同体模式，共建产业科技园区，强化产业技术战略联盟，构建京津冀创新网络；形成市场化推进模式，加快河北成果转化基地和制造中心建设，形成以省生产力促进中心为龙头的组织网络体系，发展一批技术经纪、科技咨询、技术评估等技术服务机构和科技中介服务组织。

## 四　交通与信息的关系

现代交通与信息呈现相互依存、相互促进、相互融合关系，信息化引领交通现代化发展，交通现代化推进信息技术应用和创新，交通信息化一体化已成为交通信息现代化的基本走向。交通连同生态、产业已成为京津冀协同发展率先突破的重点选项。近年来，国家发改委和交通运输部发布的《京津冀协同发展交通一体化规划》和三省市签署的《京津冀信息化协同发展合作协议》，绘就了本区域未来交通信息化一体化发展的蓝图，必将加快实现互联互通，有力促进京津冀协同发展。

在协同发展背景下，审视交通信息一体化发展，目前存在的突出问题是：京津冀交通部门间存在信息壁垒；交通信息资源共享和市场服务机制还未形成；交通信息化基础设施建设不健全；交通信息化发展方面缺乏统筹考虑及统一规划、标准。究其直接原因，一是交通运输信息资源共享和开发利用水平较低；二是交通信息基础设施建设投入不足；三是行业基础信息网络还不能适应发展需要。促进京津冀交通信息化一体化发展，其一，需要加快补齐交通信息基础设施“短板”。要加大区域交通设施建设；要以“大智移云”建设促进智能交通发展；要推进公众出行信息服务平台建设。其二，需要加快交通信息化保障建设。要提高交通信息化建设战略意识；要培养交通信息化人才队伍；要完善京津冀大交通信息资源共享机制；要建立智能交通统一技术标准和规范；要建立协同交通智能执法体系。

## 五　生产与安全的关系

2015年，天津港“8·12”瑞海公司危险品仓库特别重大火灾爆炸事故，是一起特别重大生产安全责任事故，它再一次特别警示人们：生产安全重于泰山！生产必须安全，安全促进生产，这就是安全与生产的辩证统一关系。

京津冀协同发展，建设世界级超大城市群，首要任务就不得不科学评估和适时建立区域一体化安全生产保障。力求使生产过程中各种潜在事故风险和伤害因素处于有效防控状态，预防和减少突发事件发生，遏制重特大安全事故形成，健全安全生产体系，规划好一体化安全生产路径。近年来，北京围绕“四化三体系双基”总任务深化改革，安全生产形势持续保持稳定好转；天津深刻吸取“8·12”特大事故教训而痛定思痛，把安全建设列为全市“十三五”重大战略任务；河北完成了一批安全生产重大工程建设和专项工作，全省安全生产工作取得积极进展。2015年7月，京津冀三地共同签署了《京津冀百项安全生产地标协同合作框架协议》，标志着三地安全生产协同联动迈出了实质性的步伐。诚然，由于京津冀安全生产协同联动起步较晚，联动基础依然薄弱，联动工作存在诸多问题：一些地方和企业领导安全发展观念不够牢固；一些行业管理和监管部门对三地联动安全生产新形势、新任务、新风险深入研究不够；三地安全生产信息化平台建设滞后；三地联动安全生产工作机制与应急救援体系尚未建立；风险防控和隐患排查联动治理机制尚未形成。

在京津冀协同发展背景下，三地安全生产重点任务及实现路径大致如下。第一，全力夯实三地协同联动的安全生产基础。明确严格统一的安全生产准入条件；推进安全生产标准化建设；提升安全生产法治化水平；建立统一的安全隐患排查发现机制；提升企业安全生产保障能力；提升安全运行风险防控能力；提升安全生产科技水平；推进安全生产社会共同治理；构建安全生产公共文化服务体系。第二，构建完善的三地联动安全生产工作机制。建立三地联动定期工作会议制度；形成突发事件信息通报、应急资源互通共享、突发事件协调联动、联合培训应急演练的机制；加强相互学习交流；实行联合执法检查监管。第三，全面加强三地重点行业领域安全监管。建立三地危险化学品、矿山瓦斯水害火灾、建筑工程质量、道路交通营运、特种设备使用的动态监管、风险管控和技术支撑体系；强化三地重点区域消防安全管控，开展区域风险定量评估，优化空间布局，严控安全容量，保持安全距离，推进高风险单位物联网消防设施远程监控系统互联互通；强化三地工贸企业和农业机械安全监管，组织开展涉爆粉尘企业安全隐患治理专项行动，认真开展农机安全生产宣传教育和隐患排查治理。第四，加快建立三地互通高效的应急救援联动体系。建立三地协同应急救援联动机制；完善救援基础设施条件；加强三地应急救援队伍建设；强化三地预案管理和应急演练。

## 六　城市与农村等其他几种关系

处理好城市与农村的关系，重点解决城乡二元经济结构问题，统筹推进城乡一体化发展；处理好沿海与内地的关系，重点解决港口与腹地的问题，推动临港经济带动内地经济协同发展；处理好政府与市场的关系，重点解决“看得见的手”与“看不见的手”调节经济运行问题，充分发挥市场配置资源的决定性作用与发挥好政府引导、调控经济发展作用；处理好京津冀协同发展与长江经济带的关系，重点考虑国家两大区域战略相互关联、协调联动问题，推动两大战略区域合作共赢、包容借鉴、支撑互补、协调发展；处理好京津冀协同发展与“一带一路”的关系，重点考虑立足区域协同发展与构建全方位开放新格局问题，推进京津冀区域积极参与国际经济新常态下“一带一路”建设和融入世界经济全球化、社会信息化发展进程。

近些年来，河北省社会科学院坚持“为决策服务、为发展服务、为基层服务”的办院方针，围绕京津冀区域经济社会发展做出系列课题研究，取得一批研究成果。特别在京津冀协同发展上升为国家战略前后，我院按照河北省委、省政府领导的要求，组织科研人员对京津冀协同发展若干重大问题进行深入调查、做出专项研究，一些研究报告已提交河北省委、省政府领导及党中央、国务院有关部门参阅，一些意见、建议得到肯定和采纳。在此基础上，我们对京津冀协同发展十个重大关系进一步研究，本书即为其成果总结，意在为推动京津冀区域更好更快协同发展提供决策咨询服务和智力支持。书中不妥之处，敬请读者批评指正。

# 《农村现代化问题研究》序言*

（2017 年 6 月 9 日）

当前，我国农业农村发展已进入新的历史阶段，内在动因与外部环境正发生重大而深刻的变化。深入推进农业供给侧结构性改革，推动农业现代化与新型城镇化互促共进，加快培育农业农村发展新动能，必将为开创农业农村发展新局面注入强大动力。顺应新形势新要求，坚持问题导向，及时研究农村现代化建设重大战略问题，恰逢其时。

农村现代化不仅是世界各国农业和农村发展的必然趋势，也是我国当前解决“三农”问题、全面建成小康社会和实现全面现代化的关键。党的十八大报告明确指出：“解决好农业农村农民问题是全党工作重中之重，城乡发展一体化是解决‘三农’问题的根本途径。”加快农村现代化建设是城乡发展一体化的重要载体和主要抓手，也是全面建成小康社会的基本保障。

深刻把握经济社会发展阶段性特征，借鉴发达国家农村现代化有益经验，结合我国农村发展实际，本书研究界定了具有“七化”内涵和“四化”互动特征的农村现代化发展方向与目标，构建了农村现代化的基本模式是“城乡一体化框架下的美丽乡村”，勾勒出现代化农村的基本型式是功能完善、环境优美的乡村综合体，较为科学地设计了农村现代化的实现路径和模式，提出了相关对策建议。

具体来讲，现代化农村的基本特征是“七化”，分别指现代农业生态高

* 本文发表于周文夫、彭建强主编《农村现代化问题研究》，河北人民出版社，2017。

效化、农村三次产业深度融合化、村容村貌整洁化、农民知识化和职业化、农村社会管理民主化，农村文化多元化，农村环境生态化。从“四化”互动角度看，就是在加快农业现代化与新型工业化的互动、农业现代化与信息化的互动过程中，形成现代农业园区、新型工业园区、美丽乡村社区、新型职业农民“四位一体”的现代化农村。

所谓乡村综合体，就是以一定的空间聚落为载体，以中心村落为居住生活区，以现代农业区或新型工业区为生产活动区，通过基础设施和公共服务资源的集约集中配置，形成居民生活区与现代农业园区或工业园区互动发展的乡村综合单元。乡村综合体内布局有居民居住区、现代农业区或新型工业区，通过两两之间的经济社会有机联系，形成一个较为完整的区域单元。依据居住区的人口规模和空间布局，乡村综合体建设具有两种基本形式：“单中心”建设模式和“多中心组团”建设模式。“单中心”式，即以现有的具有产业基础的中心村或新型农村社区为中心，通过集中配置各项基础设施和公共服务，使居住区与周边现代农业园区或新型工业园区有机统一，形成一个较为完整的单元。“多中心组团”式，即以若干个地域空间上比邻且有一定产业支撑的自然村为组团成员，折中选择条件好的村落为中心，通过集中配置各项基础设施和公共服务，形成自然村落抱团发展的有机联系整体。

农村现代化建设的总体思路是，以城乡发展一体化理念为指引，以构筑新型农业经营体系为基本支撑，以生态型美丽村庄建设为主要载体，以壮大特色优势产业为动力引擎，以繁荣农村文化为重要内容，以构建网络化农村治理模式为组织保障，以提高农民幸福指数为基本落脚点，整合城乡要素资源，构建现代农业生态高效、农村经济业态多元融合、农村社会和谐开放、新型农民知识化和职业化、农村社会管理民主化和法制化、农村文化繁荣发展、农村环境生态优美的现代化农村，形成现代农业园区、新型工业园区、美丽乡村社区“三区”互动发展格局。

基于上述模式，结合发展实际，加快推进我国农村现代化的现实路径和基本着力点主要有以下七个方面：路径一，以城乡等值化为突破口，完善城乡一体化发展的体制机制；路径二，以构建新型农业经营体系为突破口，助推现代农业跨越发展；路径三，以发展县域产业园区为突破口，加快农村三次产业融合发展；路径四，以增加农民人力资本为突破口，加快传统农民向新型职业农民转型；路径五，以打造升级版的现代农村为突破口，建造农民幸福生活的“美好家园”；路径六，以创新农村社会管理模式为突破口，提升农村社会管理水平；路径七，以加快农村社会事业发展和特色文化传承为突破口，繁荣农村文化。

围绕基本模式与路径，加快推进我国农村现代化应着重实施十项重点举措。

一是加快提升农业产业化经营水平。围绕提升区域特色农业竞争力，加大农业产业化投入力度，依据区域资源禀赋优势和主导产业，优化农业空间布局，高标准建设现代农业示范区，打造一批重点农业龙头企业，发挥龙头企业示范带动作用，提高区域农业现代化水平。

二是全力实施“农业组织化提升工程”。加快发展多种形式的农民合作组织，加大对农民合作组织的规范、扶持力度，推动自然人农业向法人农业转变，组建省、市、县、乡四级农村合作组织联合社，提升农业的组织化、规模化、专业化和标准化水平。

三是全面建立新型农业社会化服务体系。构建“1+5”现代农业综合服务体系，加快市场信息化建设，形成自主服务与公共服务有机结合、贯穿“产加销”全过程、满足多主体需要的新型农业社会化服务体系。

四是着力构筑土地流转大平台。全面开展土地确权工作，积极探索规范有序的土地流转形式，完善土地流转服务组织体系，创建省级土地流转信息互联网平台，提高土地流转透明度和成功率，切实提高农民土地流转增值收益。

五是加速农村三次产业联动融合。依托农业内部结构、区位条件和资源禀赋优势，促进农业与工商贸的融合联动，形成集农业生产、加工、仓储、运输、销售于一体融合发展的产业格局；促进农业资源与农村文化的融合联动，积极拓展农业的外延功能，打造农业生态旅游、农业劳作休闲体验园等新品牌，提高农业经济效益和生态效益。

六是以就业培训加快农民职业分化。适应土地的适度规模化和农民的兼业化，紧跟现代农业步伐，加快新型职业农民培训，使农民掌握先进的农业科技知识，操作现代化机械设备，熟练掌握生产过程，成长为会经营会管理高素质的现代农民。通过非农就业培训、订单培训等形式，鼓励有意愿、有条件的农民从事非农产业；通过搭建劳务平台，鼓励农村劳动力进城务工，提高农民整体素质。

七是积极创建“4 + X”农村社会管理模式。借鉴河北省肃宁县“四个覆盖”模式，广泛吸纳农村新型组织加入，建立“4 + X”治理模式，拓展服务职能，形成以农村基层党组织为核心，农村基层自治组织为主体，各类社会组织相配合的基层治理体系，搭建农村社会管理大网络，构建乡村治理新机制。

八是努力实现农村现代化与新型城镇化协调联动。着眼城乡统筹发展大局，科学谋划、合理规划，在农村实施改善农民生活条件配套改造提升工程，因地制宜地开展具有田园风光特色的新民居建设，完善农村社会保障体系，有序推进农民市民化，切实提升农村现代化质量和水平。

九是加速推进县域经济“转型腾飞”。围绕县城，科学规划建设产业园区，依托产业基础和资源条件，培育壮大特色主导产业和龙头企业，形成特色产业集群，提升产业园区的整体实力和综合竞争力，推动县城扩容升级，实现县域经济在新的起点上实现又好又快发展，促进农村经济发展。

十是积极开展农村改革试点。积极开展农村综合改革和重点领域单项改革试点工作，加大政策资金支持力度，实施“省直管试点县”管理体制，探索推广关键环节、关键领域改革经验，增强农村发展活力。

近几年来，河北省社会科学院课题组立足河北及全国农业农村发展实际，总结借鉴国内外农业农村发展经验，对农村现代化建设问题初步进行了较为全面、深入的研究与思考。本书即为其阶段性研究成果，及早付梓以助力于我国全面建成小康社会以至农村现代化发展，提供决策咨询服务及实际工作参考。书中不妥之处，敬请读者批评指正。

# 工作纪实

# 周文夫：一位学者型官员的“知行合一”*

越野车在裸露的河床上颠簸前行，山高沟深，峭壁陡立。这是周文夫担任邯郸市委副书记、市纪委书记期间，一次印象深刻的“深山访贫”。那是在晋冀豫三省交界处、太行山南麓的涉县，曾经以八路军 129 师鏖战太行名垂青史，也是国家级贫困县。

周文夫，“50 后”中普通而又经历丰富的一员。说普通，因其从社会底层走来，通过党的培养和自身努力，一步步走上领导岗位，是一代人的缩影；说丰富，因其角色变化之多，从事岗位跳跃之大：从民办教师到享受国务院特殊津贴教授，从农村党支部书记到市委副书记、市纪委书记，从公社专职理论辅导员到省社会科学院党组书记、院长……

“很多人劝我不要去，涉县北部的大山深处，就是当年左权将军牺牲的十字岭一带，很容易发生翻车，根本就没有路。”周文夫回忆道，“但是我管扶贫，我就要了解清楚，我管的这个地界，百姓最穷会穷到什么程度?”

## 走进深山

周文夫与邯郸的“缘分”，要从 2001 年说起。是年 6 月，河北省设区

* 本文发表于《中华儿女》2010 年第 18 期；人民网、中国共产党新闻网，2010 年 10 月 9 日。

市党委领导班子换届，时任省委党校副校长的周文夫，被选派到河北省最南端的邯郸市，任市委常委、组织部部长，分管组织和基层党建工作。

当时，《中国共产党农村基层组织工作条例》和《中华人民共和国村民委员会组织法》刚刚颁布实施，如何处理好基层党组织与村民自治的关系，成为基层党建的重大课题。2001 年初，新华社内参报道了邯郸市农村解决“两委”关系的消息，时任中共中央政治局常委、国家副主席胡锦涛做出重要批示，要求认真总结、完善“一制三化”经验。

“一制三化”，亦即推动和落实党支部领导下的村民自治运行机制，努力实现村党支部工作规范化、村民自治法制化、民主监督程序化。周文夫初到邯郸，凭借多年积累的理论功底和不断学习、创新的勇气，提出了“一制三化”在邯郸全面推进的总体工作思路，得到上级肯定和支持。“一制三化”的经验很快在邯郸大地生根、开花、结果，极大地推进了全市农村经济社会的发展。2002 年，中组部正式发文向全国推广邯郸“一制三化”的经验和做法。

2003 年，周文夫任邯郸市委副书记、市纪委书记，一方面主持纪委工作，另一方面负责农业农村工作，这便有了上文“深山访贫”的故事。

涉县，太行山深处，车队在离山村三四里的地方停下，前面有一群人挥锹挥镐地正在垫路。下车一问，说是消息传来，一位有史以来最大的“官儿”要来考察情况，赶紧把路修修。“靠他们自己能修多少路？那是一片心意！”周文夫感慨道，“我是从村里头走出来的，也当过村支部书记，一看情况，便知问题所在。主要还是路的问题，山外的东西运不进来，运进来后就很贵；山里的东西核桃啊花椒啊这些特产运不出去……都不用说，该怎么干就怎么干，先修路，再挖井，扶贫的第一目标是先让村主任娶上媳妇！”

把路修好，确能使一部分山村脱贫，但在大山的更深处，就地脱贫则不现实。于是，周文夫又开始组织“园区扶贫”。他带上市扶贫办主任，找来县委、县政府和市直部门领导同志，一起商量方案并组织实施。邯郸西部的山区，有部分曾经的“三线”军工企业遗弃厂址，经过修缮整治，吸引民营企业入园，给予优惠政策，发展养殖和加工业，条件是吸收贫困群众就业。路通了，电通了，水通了……产业园区和扶贫基地同时诞生。2000 多名山区贫困群众整体搬迁，就业的就业，上学的上学，彻底告别了过去。

敲锣打鼓，喜气洋洋。第一批搬出深山的群众原先居住在两个村子，一个叫寺峪村，另一个叫庙峧村，现在合二为一。新任村支书抱了一个大南瓜，拎上半袋玉米面，无论如何也要让周书记带上，大伙儿还让周书记给新村起个名字。周文夫沉吟片刻，留下了让大家难以忘怀的话：“不靠寺，也不靠庙，寺和庙从来就没有解决我们祖祖辈辈的贫困。要靠，靠的就是共产党的领导，靠的是自力更生、互帮互助！所以，合并后的村子，去掉一个寺，再去掉一个庙，就叫峪峧新村吧……”

几年里，周文夫还带领邯郸市东部10县和市直部门分管“三农”工作的领导干部，奔赴山东、江苏学习考察和对接项目，积极推进农业产业化和产业园区建设，使一大批农业产业化项目在世代以农业为主的东部地区落地、发展、壮大，农民人均纯收入以两位数的速度增长。

## 权力阳光

原河北省外经贸厅副厅长受贿案发生后，人们不禁发问，一名受党培养多年的领导干部，在反腐力度不断加大的形势下，为何还敢如此肆无忌惮？以此为教训和思考，河北省纪委、监察厅提出了推进行政权力公开透明运行的设想。而后，河北省纪委第六次全会正式部署推进行政权力公开透明运行工作，邯郸市被选定为全省唯一的试点市，周文夫欣然受命。

那段时间，周文夫作为市试点工作领导小组副组长，经常遭到各路记者的“围追堵截”，被问得最多的一个问题是：“你在第一线抓行政权力公开透明运行，知道会有什么结果吗？”

“这是个好活，也是个不好干的活。”面对记者事隔多年后的又一次追问，周文夫坦言，“好活是因为这是上级领导交办的任务，是信任和考验，也符合邯郸市经济社会发展的内在需求；不好干的活是因为这是清理权力，既需要理论上探索，也需要实践上突破，势必触及一些部门和个人利益。”

但是，周文夫并没有忐忑不安，相反倒很踏实。他坚信，让行政权力在阳光下健康运行，避免乱作为和不作为，使行政权力回归到应有的位置和状态，意义重大。因此，他在各种场合反复强调："行政权力公开透明运行就是要打破'行政权力部门化、部门权力个人化、个人权力利益化'，是政府和行政机关的一场革命。""对揽权不放、拒不公开的，要敢于较真，该教育的教育，该批评的批评，该查处的查处。"

清理行政权力包括两个层面：一是给包括市长在内的所有公务员拉出权力清单；二是首次为所有行政职权编制工作流程图。经过三轮审核，一个包括 384 项行政许可权、420 项非行政许可权、521 项行政处罚权、25 项征税权、184 项行政事业性收费权的权力清单终于浮出水面——这就是邯郸市大小官员们的权力家底。而市长的权力被限定为 92 项，这 92 项权力汇编成册，对全社会公开——这是我国第一份市长权力清单。

这项工作无疑是基础性、革命性的。而在这次权力梳理中，对市长权力的限定无疑最具标本意义，引发了各方面的高度关注和轰动效应。

2006 年 6 月，全国部分省市自治区行政权力公开透明运行暨政务公开座谈会在邯郸召开，中央书记处、中纪委领导及全国政务公开领导小组主要领导同志等出席了会议。此时的周文夫虽已调任河北省社科院党组书记、院长，仍应邀作为正式代表出席了会议。

2007 年，"让权力在阳光下运行"正式写进了党的十七大报告，周文夫欣慰地对记者说，当年我被你们蜂拥而来的记者同行提得最多的问题，有了最终的答案。

"但是，这个课题并不算完，长久地研究和探索是非常有价值的，关系到中国的行政体制改革，我至今还在思考。"周文夫说。

## 激情岁月

时光重回到 1970 年代，那是周文夫充满激情、在基层摸爬滚打的难忘青春岁月。

1974 年，年仅 20 岁的周文夫担任了公社专职理论辅导员，高中毕业的他通读了《共产党宣言》《哥达纲领批判》《苏联社会主义经济问题》等经典著作和教科书，头脑里开始闪现一些问题：小生产能不能产生资产阶级？

农村社队要不要搞成本核算？利与义是个什么关系？

当周文夫沉浸于思考和学习的乐趣之际，公社党委派他回村任党支部书记。小小年纪的他看着像个书生，但真办起事来却不发怵。21 岁的周支书主持召开了第一次村支委会，先做两件事：一是制定村支委“约法三章”，不吃请，不收礼，开会误工记大队工；二是研究安排农田基本建设。

1975 年冬天，县里在渤海湾海滩上修建水库。“三九严寒天，修库想把上游淡水截住好养鱼养虾种水稻，现在想来精神可嘉，但得不偿失。”周文夫感慨道，“其实，那个地方离如今的曹妃甸大港、离渤海大油田不足十几里路，所以说，过去河北人守着大油田、守着大港口，心里天天想着种地！现在的河北正在转变观念，重新看海、用海！”

天寒地冻，呵气成霜，周文夫带着村里的青壮年劳力住进了海滩工棚。大家穿着结满了白碱的衣服，啃着一会儿就冻硬了的干粮，苦战一个冬天，硬是修了一座周长 25 华里的水库。工程完工时，已是腊月二十八，迎着风雪踏上回家的路……对于这段时光，周文夫难以忘怀。

而后，周文夫又担任过公社中学校长，并在 1977 年高考恢复以后，考入河北大学经济系攻读政治经济学专业，开始系统地学习经济学理论。1982 年初，周文夫毕业分配到中共河北省委党校，当年就登上课堂，一边为来校学习的县委书记们讲解《资本论》，一边开始了自己的理论研究生涯。

1988 年，为纪念党的十一届三中全会召开十周年，中宣部等从全国五大系统征集论文，周文夫决定以“失业问题”作为切入点一试身手。当时，商品经济的概念虽已出笼，但“失业”这样的提法还是很敏感的。许多人劝他放弃这一想法，但周文夫的脾气是认准了的就干。于是，一篇 5000 余字的《论失业及适度失业在我国社会主义商品经济发展中的意义》诞生了，并在全国上报的 900 多篇论文中脱颖而出。周文夫以入选者的身份，赴北京人民大会堂参加了纪念党的十一届三中全会召开十周年理论讨论会。一位中央党校的领导同志高兴地说：“全国党校系统也有人能写失业的文章啦！”

此后，备受鼓舞的周文夫事业步入上升通道，先后被评为河北省优秀教师、优秀知识分子、全国优秀教师，并于 1992 年 3 月出任当时全国最年轻的省级党校教育长。后来，他又担任省委党校副校长，1997 年被评为教授，享受国务院颁发的政府特殊津贴。

## 海洋之心

光阴荏苒，转眼跨入了 21 世纪。2006 年，正在邯郸从政，满脑子还想着惩防体系建设和农业产业化的周文夫，被一纸调令任命为河北省社科院党组书记、院长，回到了社会科学战线。

既来之，则安之。周文夫风风火火率领一班人谋划制定社科院“十一五”发展规划，明确了“服务决策，服务发展，服务基层”的办院方针，提出了“出成果，出人才，出效益”的总体工作要求，确立了“省级一流，国内知名”的办院目标，并实施服务决策工程、科研创新工程、人才建设工程、思想政治与行政后勤保障工程等“四项工程”加以推动。全院干部职工的积极性调动起来了，社科院的面貌焕然一新。“变化的确很大！以前，社科院都是找领导同志圈定课题或是报送科研成果，而现在，省委、省政府主要领导共同为社科院圈定重点课题，并直接交办科研任务，史无前例。”周文夫欣慰地告诉记者。

2007 年 5 月，正在中央党校学习的周文夫接到省委领导交办的一项重要任务，嘱他为省委理论学习中心组北戴河（扩大）学习会议做一次讲座，题目圈定在“科学发展观与沿海强省建设”。接到这一任务的周文夫百感交集，思绪联翩。踏遍了燕赵大地的山山水水，他的心中其实早已在思考与海洋有关的问题，当年在渤海滩头修水库的场景又一次浮现在眼前。

“多少年来，河北人身临大海，却目不视海，心不在海，从来就没有想过要把河北谋求发展的出路放在大海，以至于形成了‘东部区位，中部水平，西部观念’的尴尬。”周文夫告诉记者，“确立面向海洋建设强省的观念，这是一次发展理念的革命，其最深远的意义还在于文化层面，是一种心理暗示，从根子上调整河北的自我认识。”

时间紧，任务重。为了讲好这一课，周文夫马不停蹄，走遍了我国各主要沿海港口和码头，晚上挑灯夜战，抓紧时间备课。两个半月后，他以

《科学发展观与我们建设沿海经济社会发展强省的路径选择》为题，做了一场精彩的讲座，获得极高的评价。

2009年，省委领导又交给他新的任务，组织研究加快建立符合河北实际的现代产业体系。由他主持的研究报告，省委书记批示作为参阅材料印发省委中心组学习会议，时任省长批示以《政府通报》印发全省。当年，由他主持的该项重大课题出版专著，被评为河北省社会科学优秀成果一等奖。

2009年2月，河北省委、省政府决定，省委讲师团、省社科联并入省社会科学院。4月，调整该院领导班子，周文夫任省社会科学院党组书记、院长，兼任省委讲师团主任、省邓研中心主任、省社科联副主席。在广泛调研、集思广益的基础上，周文夫主持召开党组会议，提出了构建理论武装、服务决策、繁荣发展“三位一体”工作新格局和参公、事业管理并存即“一院两制”管理新体制，得到省委、省政府领导的肯定，赢得了全院干部职工的拥护。

如今，周文夫又把目光凝聚在了谋划院“十二五”发展规划、打造中国特色社会主义新智库上。他注重取百家之长，虚心向全国各兄弟社科院学习；他放开世界眼光，领导河北院与英、法、意等国家和中国港澳台地区的科研院校建立了稳定的学术合作与交流关系。记者了解到，河北省社科院已获得举办明年全国社科院院长联席会议暨院长论坛的承办权，会议的主题初步定为：打造中国第三经济增长极——环渤海经济圈崛起与中国特色社会主义新智库建设。

寻找河北发展的“海洋之心”，周文夫的人生再次扬起了新的风帆。

## 对话周文夫：看准了就要把事做成

**《中华儿女》：**您从“学者官员”到“官员学者”，两股道交叉走了几遭，从心态上来说是超脱了，还是更加执着了？

**周文夫：**平静，在功名利禄上比较平静。一个人的成长脱离不开群众、社会和时代，有的人通过主观努力和客观机遇成了英雄，而多数人成不了英雄，但不要当“狗熊”。从我自身来说，从基层一步一步走来，离不开方方面面的支持和帮助，以及自己融入时代和群众之中，找准自己的位置。

**《中华儿女》**：从村支部书记这个岗位做到现在，您遇到最难办的事情是什么？您的学者型气质在基层适不适应？

**周文夫**：分管计划生育，这是“天下第一难”的事情。基层的情况很复杂，要做到理论和实践统一，政策和实情统一，太难！这就需要干部的素质、经验和策略。我在邯郸抓计划生育，给县委书记、县长们开会，我跟他们讲：“各位县委书记、县长，你们都管着一方水土，的确很忙，都觉得抓计划生育忙不过来，我就问你们一个问题，如果不让你们干了的话，你们还忙不忙？”大家你看着我，我看着你，觉得这个人怎么这么说话，这算文算武？我们一次处理了40多名超生的干部，着手基层队伍和基础设施建设，认真落实“第一责任人”制度，最终使全市的计划生育工作由三类市上升为二类市。

**《中华儿女》**：那您能谈谈自己的强项和弱项吗？

**周文夫**：我自认为的强项，一个是“知行合一”，理论联系实际，直到学以致用。只要有实践的机会，我都会去尝试，我看准了的就要把它去做成！第二个强项是在学习中创新。古语云，学而不思则罔，思而不学则殆。我走上新的领导岗位以后，都是先当小学生；但我不是光学一家，我学好多家，总结提升然后创新。但我这个人也有弱点，很大的弱点，就是不愿意也不擅长做应酬性的交际。而且我的确太忙了，时间有些不够用。

**《中华儿女》**：如果把这个所谓的弱点克服了，是不是个人的进步还能更大些？

**周文夫**：（笑）这可是你说的，不是我说的。对于个人进步，我说什么都不想，不是老实话；说不想进步，不是老实人。

**《中华儿女》**：您做了许多冒尖的事，有些还处在理论探索前沿，担不担心影响自己？

**周文夫**：在自己的职责范围内能做成点事，既符合中央的要求，又服务广大群众，还能在理论上提高点水平，这是值得欣慰的。我在邯郸当纪委书记时，河北省11个地级市，我们承担着八分之一的办案率，一年处理500多人，县级干部多的时候“送”进去十多个人。但大家深知我的为人和用心，500 多名党代表选举市委委员，我全票当选；从市委委员选常委，我也是一票不丢；我心里很坦荡。

**《中华儿女》：**社科院知识分子扎堆，而且您这儿还有“三股”力量，感觉怎么样？

**周文夫：**我现在的确是身兼三职，肩上的担子很重！所谓天下大势，有分有合，分和合都是时势的要求。现在是合，就有合的道理，就要按照合的办法来做工作。把这些人拢到一起得有办法，现在新的工作格局和新的体制框架已基本形成。我做事不做则已，要做就做到底，做出一流水平。

# 到“源头”去　引“活水”来

## ——河北省社科院结合实际“走转改”*

这个春天，河北省社会科学院的全体研究人员过得分外忙碌。他们从书桌前站起身来，一批批走出去，走到基层的干部群众中，走到火热的生产生活里；又一批批地走回来，带着厚重的精神收获，带着深深的震动与思索。

“深入开展‘走转改’，为决策服务、为发展服务、为基层服务”，这是他们贯穿始终的行动主题；“走基层太行行”“走基层沿海行”“走世界开放行”，这是他们的三条“行军路线”。

“理论联系实际是科研工作者的‘生命线’。我们就是要以‘三走’为载体，鼓励大家到‘源头’去，引‘活水’来，提升全院的战斗力、研究力、创新力”，院党组书记、院长周文夫说。

### “太行行”
### ——红色壮歌里锤炼作风

3 月 19 日，河北省社科院“走基层太行行——河北‘老’‘少’‘边’区红色教育大调研”隆重启动。

调研队伍从革命圣地西柏坡出发，兵分两路，沿巍巍太行走访革命老

* 本文发表于《光明日报》2012 年 6 月 21 日。

区、少数民族地区、边远贫困地区。

3月19日下午，南线调研团来到抗大旧址——邢台县浆水镇前南峪村。昨天，这里是红色革命圣地，老一辈无产阶级革命家及抗大学员曾在这里学习、战斗；今天，这里是“太行山最绿的地方”，树木覆盖率达90.7%，荣获联合国环境保护全球“五百佳”提名奖。调研团参观了这里的绿色生态农业园区，并倾听了8300亩栗树林背后的故事：2001年，前南峪已成为远近闻名的富裕村，但前南峪人没有满足，而是继续推进产业优化升级，逐步建起高新技术示范园区、优种苗木繁育园区、无公害食品生产园区、干鲜果品加工储藏园区和休闲娱乐园区，优化生态体系，实施“二次创业”。

前南峪带来的震撼还未消散，调研团又走进了武安市康二城镇车辋口村、冶陶镇和邯郸市涉县。老区已旧貌换新颜，调研队员们瞻仰故居、考察新农村建设和乡村文化事业发展。与此同时，北线调研团先后来到了保定市阜平县、保定市唐县、顺平县南腰山村和张家口市蔚县，近距离观察当地经济社会发展现状。

“一路走来，大家时时处处都被革命先辈和老区人民英勇顽强、无私奉献的革命精神感染着，更加坚定了为理想奋斗、为人民服务的工作信念。”副院长孙毅感慨地说。

## “沿海行”
## ——蓝色机遇中寻找“燃点”

4月28日，一场特别的研讨会在河北省社科院举行。

“河北发展沿海经济，独特的核心竞争力在哪里？怎么把这些独特能量释放出来，形成‘燃点’？”

“辽东半岛、天津滨海新区、胶东半岛已经形成了稳定的沿海经济铁三角。我们的海洋经济如何整合资源，使效益最大化？”

讨论热烈，是因为“走”得仔细。

4月8日至16日，河北省社科院又一队人马分南北两路，开展了“走基层沿海行——河北沿海地区发展大调研”活动。

时值河北经济发展转型的关键期。如何使沿海“洼地”变成发展“高地”，做好加快发展这篇大文章？作为省委、省政府重要的决策咨询机构，河北省社科院自发组织了这次调研，到实践中去发现问题，寻找答案。

9天时间里，他们走进环渤海沿线的秦、唐、沧等新兴增长区域开展调研，深入毗邻的天津、辽宁、山东的沿海地区学习考察，行程4000余公里，考察20余个港口、企业和社区，听地方决策者谈发展思路，和企业高管直接对话，与当地专家学者座谈交流，学习经验，展开思考。

在唐山曹妃甸，他们看到昔日的不毛之地正向着“环渤海明珠”蜕变；在秦皇岛港，他们看到这个世界最大的能源输出港吞吐巨轮，运输繁忙……他们带着问题座谈交流、现场参观并及时分析调研中掌握的第一手材料，解答调研中发现的一道道难题。目前，调研团队正在抓紧撰写《河北沿海发展调研报告》，为河北沿海经济发展提供参考。

## “开放行”
## ——国际交流中开阔视野

通过一段时间的“走转改”，河北省社科院认识到：理论研究不仅要在火热的生活中接地气，还要与世界发展潮流相接轨；要想更好地服务决策、服务发展、服务人民，就必须“跳出河北看河北”，以世界眼光、战略思维来回答河北改革发展中面临的矛盾和问题。

于是，一场别开生面的“走世界开放行”活动拉开帷幕。他们邀请来日本京都大学学者，一起到河北农村调研，并就新农村建设问题举办“中日农村发展学术研讨会”，与日本高校合作完成了当代农村发展趋势研究课题；主办了有中、英、美等国家高校、科研机构学者参加的“欧美经济走势与中国经济转型”专题国际学术研讨会议，为我国及河北经济转型提出有针对性的建议……一批优秀人才也迈开了“走世界”的步伐，带着科研成果赴日本、俄罗斯等参观学习、建立合作，开拓了国际视野。

边行走，边摸索。目前，河北省社科院已经总结出了自身“走转改”的有益经验——针对问题“走转改”，做好理论武装工作，既当学生又当先生；结合特点“走转改”，坚持开阔视野与发现问题相结合；突出特色“走转改”，坚持自我提升与搞好服务相结合。

（本报记者　王斯敏）